Eberhard Busch

KARL BARTHS LEBENSLAUF

Eberhard Busch

KARL BARTHS LEBENSLAUF

Nach seinen Briefen und autobiographischen Texten

Chr. Kaiser Verlag

1978

CIP-Kurztitelaufnahme der Deutschen Bibliothek

Busch, Eberhard
Karl Barths Lebenslauf: nach seinen Briefen
u. autobiograph. Texten. – 3. Auflage – München:
Kaiser 1978. – (Kaiser extra).

ISBN 3-459-01154-8

Dritte Auflage
© 1975 Chr. Kaiser Verlag München
Alle Rechte vorbehalten, auch die des auszugsweisen Nachdrucks,
der fotomechanischen Wiedergabe und der Übersetzung.
Umschlaggestaltung von Christa Manner.
Foto: Warman/New York Herald Tribune.
Gesamtherstellung: Georg Wagner, Nördlingen.
Printed in Germany

Vorwort

Als am 26. September 1909 der 23jährige Hilfsprediger Karl Barth in der Calvin-Stadt Genf zu seiner ersten Predigt vor seiner ersten Gemeinde auf der Kanzel stand, da legte er seiner Predigt sehr überlegt die Worte aus dem Philipperbrief zugrunde: »Nicht daß ich's schon ergriffen habe . . ., ich jage ihm aber nach, ob ich's auch ergreifen möchte, nachdem ich von Christus Jesus ergriffen bin« (Phil. 3,12–15). Er sagte damals dazu: es komme »gerade für uns Theologen« darauf an, »daß wir all unser Handeln und Reden in unserem besondern Beruf immer nur als einen Anfang . . . betrachten, dessen Vollkommenheit in nichts Anderem besteht als in der bleibenden Richtung auf das Ziel«. Darum müsse »die erste Losung und die letzte für den Pfarrer und für die ganze Gemeinde . . . sein: das Ziel im Auge behalten. Unser Anfang und unser Ziel ist aber Christus«.

Das war wie ein Motto, seinem folgenden nachdenklichen und tatenreichen Leben vorangestellt. Es lag damals noch alles vor ihm: sein Predigen und Unterweisen im Pfarramt, sein Dozieren und Unterrichten im theologischen Lehramt, die vielen Bücher und sonstigen Schriften, die er einmal schreiben sollte, die mannigfachen Widersprüche und die mancherlei Ehrungen, die ihm einmal zuteil werden sollten, der »rote Pfarrer« von Safenwil, der Trompetenstoß seiner »Römerbrief«-Auslegung, die »Dialektische Theologie« in den Zwanziger Jahren, dann die »Wendung zur Analogie«, der Kirchenkampf in Bonn und die »Kirchliche Dogmatik« in Basel. Er zählte sich damals in Genf noch zu den Vertretern der liberalen Theologie. Aber er trat damals einen Weg an – einen langen, vielfältig gewundenen und doch seltsam geraden Weg, auf dem es jedenfalls immer weiter und weiter vorwärts ging: jeweils neuen Erkenntnissen und letztlich dem »vorgesteckten Ziel« entgegen. Wenn etwas für Karl Barths Weg bezeichnend war, so sicher sein ständiges Unterwegssein, sein lebenslanges »Laufen« in Richtung auf dieses Ziel: ein seufzend oder lachend, rufend oder schweigend, geduldig oder ungeduldig, grimmig oder fröhlich, lernend oder lehrend, bedächtig oder unvorsichtig, aber so oder so immerhin

geübtes Laufen – auf keinem erreichten Punkt der zufriedenen
Meinung,»daß ich's schon ergriffen habe«. Und doch war dieses
»Laufen« in aller bewegten Unruhe des Unterwegsseins zugleich
getragen von einer merkwürdig ruhigen Gewißheit, von einer uner-
schütterlichen Zuversicht. Denn es war ein Lauf,»nachdem ich von
Christus ergriffen bin«. Die Bewegung, von der Paulus im Philipperbrief redet, ist das Geheimnis eines jeden Christenlebens. Sie war in
besonderer Weise das Geheimnis des Lebens von Karl Barth. Wenn
diese Biographie den Titel »Karl Barths Lebenslauf« trägt, so soll
damit angezeigt werden, daß sie auf diesen seinen eigentlichen
»Lebens-*Lauf*« aufmerksam machen möchte.

Der Titel soll freilich gleichzeitig von vornherein die besondere
Art andeuten, in der diese Biographie mit Bedacht geschrieben ist.
Das Wort »Lebenslauf« hat ja – abgesehen von jenem tiefen Sinn –
in seinem gängigen Gebrauch eine sehr nüchterne Bedeutung: es
bezeichnet gewöhnlich die Zusammenstellung der (»äußerlich«)
wichtigsten Personalien und Daten eines Menschenlebens. In diesem Sinn sollen hier möglichst sachlich die wichtig und charakteristisch erscheinenden »Personalien und Daten« des Mannes, der
Karl Barth hieß, zusammengestellt werden. Es geht hier demzufolge
nicht so sehr um ein Ausmalen, auch nicht um ein Deuten und
Beurteilen, es geht in erster Linie um ein Berichten, um ein Referie-
ren, um ein Aufführen von »Fakten«: so und so verlief dieses
Leben, das und das fand da statt. Es geht hier gleichsam um die
Erstellung – nicht eines Aquarells oder eines Ölgemäldes, sondern
um die einer *Landkarte:* um sich anhand ihrer in der unerhört
reichen »Landschaft« der Wege und Wandlungen, der Werke und
Taten, der Gedanken und Begegnungen, die Karl Barths Leben
ausmachen, zurechtfinden zu können. Ich bin mir dabei bewußt, daß
diese »Landkarte« – zwar etwas genauer als die bisher vorhandenen, aber doch immer noch reichlich großformatig ist und zudem
gewiß auch noch einige »weiße Flecken« aufweist.

Wenn Karl Barths Leben hier in eben dieser Weise beschrieben
wird, so geschieht das in der Meinung, daß auch eine solche Darstellung zum Verständnis dieses Theologen, seiner Person *und* seines
Werks, sinnvoll und nötig ist. Ich hege in der Tat die Hoffnung, daß
diese Biographie – über die Erschließung der näheren Lebensum-
stände des Mannes hinaus – gerade auch dem Verständnis seiner
Theologie dienlich ist. Nicht umsonst liebte Karl Barth überaus das
Wort »Latet periculum in generalibus« (Gefährlich sind Verallge-
meinerungen). Nicht nur seine politischen, auch seine theologischen
Äußerungen, auch die in der »Kirchlichen Dogmatik«, waren keine
Begriffsbildungen von »allgemeinen«, zeitlosen Wahrheiten. Wohl

hat er gegenüber dem (von den »Deutschen Christen« im »Kirchen-kampf« propagierten!) Diktat eines »Gebots der Stunde« in aller Entschiedenheit zum Ungehorsam aufgerufen. Derselbe Mann aber hat seine Aussagen, die er im entschlossenen Gehorsam gegen die Heilige Schrift »bilden« wollte, in seltener Weise durchweg bewußt in einem bestimmten Augenblick, im Blick auf ein bestimmtes irdisch-geschichtliches Gegenüber formuliert. Möglicherweise haben das Anhänger wie Kritiker bis jetzt noch zu wenig gesehen. Wenn man das, angeregt vielleicht auch durch diese Darstellung, besser sehen lernen sollte, wird das m. E. der Erkenntnis gerade der bleibenden Aktualität von Barths besonderem Dienst in der christlichen Kirche nur förderlich sein.

Entsprechend der Absicht, hier (eben auch in jenem gängigen Sinn) den »Lebenslauf« Karl Barths darzustellen, ist die Einteilung und Abfolge der Kapitel nicht durch sachliche Gesichtspunkte, sondern durch das *chronologische Nacheinander* der Ereignisse im Leben dieses Theologen bestimmt. Dementsprechend fallen auch die Kapitelabschnitte jeweils mit relativ »äußerlichen« Markierungen eines Lebensabschnitts zusammen (öfters einfach mit einem Wohnungswechsel). Die Frage, welches der verschiedenen Stadien in Barths Leben das entscheidende und wichtigste sei, ist schon viel verhandelt worden und wird vermutlich je nach dem Interesse des Fragestellers und je nach dem Geist der Zeit anders beantwortet werden. Man hat bekanntlich besonders Barths Beteiligung am deutschen Kirchenkampf, man hat aber auch schon der »Frühlingszeit« seiner Dialektischen Theologie in den Zwanziger Jahren und man hat neuerdings seinen frühen Safenwiler Aktivitäten eine Schlüsselstellung in seiner Biographie beigemessen. Wer weiß, ob nicht eines Tages einmal ein Kühner, hinter den jetzt entdeckten »sozialen« Barth zurückgreifend, vor allem anderen den »liberalen Barth« bevorzugen wird?! Jedenfalls wäre es eine erwünschte Frucht dieses Buches, wenn es dazu beitrüge, deutlicher zu sehen, daß doch auch die in den meisten Barth-Biographien auffallend kurz behandelten Jahre 1936–1945 und dann die Nachkriegsjahre in ihrer Weise bedeutsame Epochen in Barths Leben waren. Im übrigen bin ich allerdings der Meinung, daß alle Stadien in diesem Lebens-Lauf (mit ihrem je eigenen Gewicht und ihrer darin gefundenen je eigenen Erkenntnis) zusammengehören und daß das Besondere dieses Lebens in der Zusammengehörigkeit und Abfolge *aller* darin durchlaufenen Stadien liegt. Karl Barth war der, der er war, in der ganzen Geschichte seines Lebens.

Der Absicht entspricht das Verfahren der Darstellung. Sie will gewissermaßen einen »dokumentarischen« Charakter haben. Wie der Untertitel ankündigt, wird »Karl Barths Lebenslauf« hier in enger Anlehnung an eigene Äußerungen von ihm (»nach seinen Briefen und autobiographischen Texten«) beschrieben. Das Wort des Biographen tritt darum so weit wie möglich hinter das Wort von Karl Barth selbst zurück. Es beschränkt sich auf einen Begleittext, auf »verbindende Worte« zu der zu einem großflächigen Mosaik zusammengesetzten, bunten Fülle von Zitaten aus Barths eigener Hand oder eigenem Mund, zu denen nur in Ausnahmefällen auch Sekundärliteratur herbeigezogen wurde. Insofern ist diese Biographie allerdings sehr subjektiv, als sie immer wieder Barths Sicht der Dinge und auch seiner eigenen Figur wiedergibt. Zum Verständnis speziell der Aussagen über sich selbst ist füglich zu beachten, daß Barth wohl ein Mann war, der sich seines Weges immer wieder gewiß war, daß er aber über seine dabei eine Rolle spielende Person gewöhnlich nur mit einem gewissen ironischen Schmunzeln redete. Die Fundorte der Zitate (nur sie!) sind für den wissenschaftlich an Barth interessierten Forscher im Anmerkungsverzeichnis in größtmöglicher Knappheit angegeben. Bei den Worten, die in den Zitaten in eckige Klammern gesetzt sind, handelt es sich um meine Zusätze. Im übrigen ist der Text so eingerichtet, daß er auch für Laien lesbar und verständlich sein dürfte. (Die mit Sternchen angegebenen Anmerkungen bieten Übersetzungen der fremdsprachigen Wendungen und Sätze an.) Die eingefügten Photographien mögen den »dokumentarischen« Charakter der Biographie unterstreichen. Sie haben freilich auch in dem Sinn dokumentarischen Wert, als es sich bei ihnen zum größeren Teil um »Schnappschüsse« von Amateuren handelt. (Wenn nicht anders angegeben, sind die abgebildeten Personen in den Bildlegenden von links nach rechts bezeichnet.)

Es bleibt mir übrig zu danken: vor allem Frau Nelly Barth und der Familie Karl Barths, die mir den Zugang zu seinem »Nachlaß« und zu einem großen Teil jener Photographien gewährten und mir mit hilfreichen Anregungen und Ratschlägen beistanden. Zu danken habe ich auch meinem – nun verstorbenen – väterlichen Freund Prof. Dr. Eduard Thurneysen sowie Dr. Hinrich Stoevesandt, die mir beide je in ihrer Art bei der Entstehung des Buches in unvergeßlicher Weise halfen.

Uerkheim, im Sommer 1975   Eberhard Busch

Inhalt

10 *Inhalt*

I. »Karli«

Die Jugendzeit 1886–1904

In der Vaterstadt Basel

Karl Barth wurde am 10. Mai 1886 in Basel geboren. Es war ein Montag, morgens gegen fünf Uhr, als der neue Erdenbürger das Licht der Welt erblickte. Und der Ort, an dem er ins Leben trat, war das Haus Nr. 42 in der Basler Grellingerstraße. Er sollte nach dem ältesten Bruder der Mutter den Namen Karl tragen.

Seine Eltern hießen Johann Friedrich (»Fritz«) Barth und Anna Katharina geb. Sartorius. Als Karl, ihr erster Sohn, geboren wurde, wohnten sie gerade erst einen Monat in Basel. Und es war genau eine Woche her, seit der Vater dort eine neue Stelle angetreten hatte. Der Vater war »vorher 7 Jahre Pfarrer in der aargauischen Gemeinde Reitnau« gewesen[1]. Nach fünfjährigem Junggesellendasein im Reitnauer Pfarrhaus hatte er in jener Anna seine Lebensgefährtin gefunden. Schon vorher war er mit einer patristischen Arbeit (über die Paulus-Deutung des Tertullian) hervorgetreten; mit ihr hatte er sich 1881 den theologischen Lizenziaten erworben. Sie war eine der Voraussetzungen dafür, daß er Anfang 1886 überraschend den Ruf als Lehrer an die Predigerschule in Basel erhielt. In dieser damals eben zehn Jahre alten, von einem Pfarrer W. Arnold begründeten und geleiteten Einrichtung wurden – in Opposition zur liberalen Theologie – »schriftgebundene« Prediger, meist für Freikirchen, ausgebildet.

So kamen also Fritz und Anna Barth nach Basel. Diese Stadt war für beide jedoch kein Neuland. Beide waren hier geboren und aufgewachsen. Ihre Väter – also Karls »beide Großväter waren in der Mitte und in der zweiten Hälfte des 19. Jahrhunderts Pfarrer in Basel«[2]. Die Familie Barth stammte ursprünglich »aus Mülligen im Aargau. Mein Urgroßvater ist am Anfang des 19. Jahrhunderts von dort nach Kleinbasel übergesiedelt und hat sich mit Tabakhandel beschäftigt«[3]. Der älteste Sohn dieses Samuel Barth und der Veronica Elisabeth geb. Otto, Franz Albert (1816–1879), studierte Theologie und »war einer der ersten Basler Schüler von J. T. Beck, aber auch verehrungsvoller Hörer von de Wette, wurde Pfarrer in Bubendorf im 1833 selbständig gewordenen Kanton Baselland . . ., trat 1840, von seinem Lehrer Beck eingesegnet, in die Ehe mit Sara

Lotz und wurde 1852 Lehrer an der ›Höheren Töchterschule‹« – für Religion und Musik! – »und endlich 1861, wie man damals sagte, ›Diakon‹ (3. Pfarrer) an der Theodorskirche in Basel«[4]. »Allem gemachten, unwahren und übertriebenen Wesen stand er stets mit klarem Blick und freimüthigem Urtheil gegenüber . . . Es war seine Überzeugung, daß in dem gegenwärtigen kirchlichen Zustand, welchen er tief beklagte, nicht durch gewaltsames Abbrechen und Neubauen, sondern allein durch Stillesein und Hoffen und vor allem durch demüthiges Achthaben auf Gottes ernste Mahnungen die Hilfe kommen könne.«[5] »In der Familie im Pfarrhaus an der Rebgasse ist . . ., wenn sie sich abends (gern bei einem Glas Bier) versammelte, nicht nur viel musiziert, sondern oft und gern auch politisiert worden« – und zwar in großer Sympathie für Bismarck![6]

»Auch durch meine Großmutter [Sara] Barth, eine geborene Lotz, bin ich in besonderer Weise mit Klein-Basel verbunden.«[7] Diese Frau (1817–1888) war das fünfte Kind des Seidenfärbers, Großrats und Zunftmeisters Peter Friedrich Lotz und der Sara geb. Heußler und entstammte mithin einer Familie, die »ein arbeitswilliges und geschäftskundiges, sicher sehr vitales, aber auch ein wenig wildes Geschlecht« war, mit der Fähigkeit zu jäh ausbrechenden Wutanfällen, die »unter dem Namen ›Lotzenzorn‹ fast sprichwörtlich« geworden sind[8]. Auch diese Sara selbst besaß offenbar »ein lebhaftes, stark empfindendes und thatkräftiges Gemüth, welchem auch die Schattenseiten dieser Sinnesart nicht mangelten«[9]. »Sie wußte aber auch . . . als aufrichtig fromme Christin und Beterin, wie sie ihren und anderen Schwierigkeiten ihres irdischen Lebens zu begegnen hatte. Zwischen ihr und meinem Vater«, ihrem Siebten und Jüngsten, »muß ein besonders inniges Verhältnis bestanden haben«; er hat jedoch auch »immer mit liebevollstem Respekt« von seinem Vater gesprochen[10].

Dieser Sohn, ein etwas kränklicher, schonungsbedürftiger, scheuer Knabe (*25. Oktober 1856), besuchte 1871–74 das Basler Pädagogium, an dem er in seinem Banknachbarn Eduard Thurneysen (1856–1931), dem Vater des gleichnamigen späteren Freundes von Karl Barth, einen Lebensfreund fand und an dem er den Unterricht u. a. eines Jacob Burckhardt, Emil Kautzsch und Friedrich Nietzsche genoß – alle drei blieben ihm in guter Erinnerung, namentlich auch der letzere: »Ich kann von Nietzsche persönlich nur mit großer Achtung reden, da ich ihn als Gymnasiast zum Lehrer gehabt und nicht den mindesten unheilvollen Einfluß von ihm erfahren habe.«[11] Nach dem Vorbild von dreien seiner Brüder entschied sich auch Fritz für das Theologiestudium, das er in Basel begann (u. a. als Hörer des Nietzsche-Freundes Franz Overbeck!),

dann in Leipzig und endlich in Tübingen absolvierte. Nach Leipzig
zog ihn die Musik, nach Tübingen die Theologie. Dort kam er mit
dem jungen Privatdozenten Adolf Harnack in Kontakt. Hier wurde
ihm nach eigenen Worten die Gestalt des alten Tobias Beck zum
unverlöschlichen Eindruck: »Ich konnte diesen ehrwürdigen Mann,
dessen erste Vorlesung seinerzeit mein Vater mit angehört hatte,
noch in der zwölften Stunde seines Lebens und meines Studiums
ungestört kennenlernen. Von ihm habe ich den tiefgehendsten
Eindruck erhalten; er ist mir nicht nur ein Lehrer, sondern auch ein
geistlicher Vater geworden und hat mich aus der dürren Haide einer
selbstgenügsamen Kritik auf die grüne Weide des Gotteswortes
geführt. Ihm verdanke ich es, daß ich meines Glaubens auch als
Theolog gewiß und froh sein darf.«[12] Kurz nach dem Tod seines
Vaters und unmittelbar nach seiner Ordination ging Fritz Barth
1879 in das Pfarramt eben von Reitnau. Der Ernst seiner Verkündigung, sein Mut zur Wahrheit und die Demut seiner Person blieben
dort lange unvergessen.

Auch Anna Sartorius, die dort seine Frau wurde, stammte aus
Basel. Sie »war die Großtochter eines ebenfalls am Anfang des 19.
Jahrhunderts durch die Berufung an das Humanistische Gymnasium
aus Deutschland nach Basel gekommenen Literaturprofessors
K(arl) Sartorius«[13] (seine Vorfahren lebten in Franken und einer
von ihnen war Konsistorialrat in Bayreuth). Dieser Karl war »ein
etwas zu lustiger Vogel« und »nach seinen gedruckten Predigten . . .
ein reichlich rationalistischer Theologe«[14]. Wegen – Trunksucht
wurde er 1832 nachgerade von der Universität vertrieben, woraufhin er, unter Hinterlassung seiner zwölf Jahre jüngeren Gattin
Sophie geb. Huber und seiner Kinder, Basel verließ und drei Jahre
später im sächsischen Bärenstein bei Annaberg verschied. Daher
der »geheimnisvolle Bann . . ., von dem ich [seinen] Namen . . .
schon als Kind umgeben fand«[15]. Kurz nach seinem Tod heiratete
seine Witwe den vormaligen Hauslehrer ihrer Kinder, Dr. phil. Karl
Roth. Ihr Ältester, Karl Achilles (1824–1893), »mit schwarzen, fast
bis auf die Schultern herabfallenden Locken, wie er sie, im Alter
weiß geworden, noch bis zu seinem Tode getragen hat«[16], wurde
Theologe. Nach kurzer Tätigkeit in Bretzwil amtete er seit 1851
zeitlebens als Pfarrer erst an der alten, dann an der neuen Elisabethenkirche in Basel. Er war hier »eine Zeitlang Modeprediger
streng orthodox-reformierter Richtung«[17]. Er »hatte in den vierzig
Jahren des 19. Jahrhunderts in Berlin u. a. bei dem späten Schelling
und nachher in Heidelberg bei R. Rothe studiert und also immerhin
noch etwas von der Atmosphäre Schleiermachers in sich aufgenommen, war dann aber in der Folgezeit wie so viele seiner Zeitgenossen

zu einem etwas primitiven, nur durch den milden Pietismus meiner guten Großmutter gedämpften theologischen Konservativismus übergegangen«[18]. »Sicher auch die unterdrückte Erinnerung an seinen idealistischen Vater . . . hat ihn . . . scharf in die entgegengesetzte Richtung getrieben . . . Meine Mutter hat es noch aus seinem eigenen Munde gehört: ›Anna, die biblische und kirchliche Lehre ist ein Gebäude, aus dem man kein Steinlein herausbrechen darf, sonst fällt das Ganze zusammen.‹«[19] Darüber hinaus war er dann einmal seinem Enkel auch ein Musterbeispiel dafür, »in welcher Selbstverständlichkeit sich die Kirche« damals »auf die Seite der von Gott eingesetzten ›Obrigkeit‹ gestellt« hat[20].

Dieser Großvater heiratete in zweiter Ehe Johanna Maria geb. Burckhardt (1832–1915). Durch sie, also »durch die Mutter meiner Mutter habe ich die Ehre, auch von der alten Basler Familie Burckhardt abzustammen und sogar mit dem berühmten Jacob dieses Namens nicht allzu weitläufig verwandt zu sein«[21] – er war ein Vetter dieser Großmutter. Ihr gemeinsamer Großvater, Johannes Rudolf Burckhardt, war »kein Geringerer als der aus der Basler Kirchengeschichte und aus der Geschichte des älteren schweizerischen Protestantismus . . . nicht wegzudenkende langjährige Pfarrer an der Peterskirche« zu Basel. Dessen 21. und jüngstes Kind, ein Johannes, war *der* Mann unter Karl Barths Vorfahren, von dem er »den stärksten geistlichen Eindruck empfangen« hat. Er war »ein ausgesprochener Pietist«, aber »kein borniter«, »kein düsterer« und »kein harter«, sondern »ein freudiger« und »erfreuender Pietist«. Er stand in regem Verkehr mit Albert Knapp, Ludwig Hofaker und Emil Krummacher, aber auch mit dem älteren Blumhardt und Isaak Dorner[22]. Nach kürzerer Wirksamkeit in Wuppertal und an der Basler St. Jakobskirche wurde er 1827 Pfarrer in Bretzwil BL – bis der Basler Krieg (am 3. August 1833), in dem die »Landschaft« über die Stadt siegte und sich von ihr trennte, ihm als Baselstädter sein weiteres dortiges Wirken unmöglich machte. »Meine Großmutter . . . wurde damals als kleines Kind in einem Korbe über Frankreich nach Basel zurückgeschleppt« (während übrigens »mein Großvater Barth . . . damals Schildwache vor dem Rathaus« stand)[23]. Johannes Burckhardt übersiedelte daraufhin Ende 1833 in ein Schaffhauser Pfarramt und damit in die Heimat seiner Frau, Amalie geb. Peyer, die von dem Zürcher Reformator Heinrich Bullinger abstammte – »auch dessen Blut also rollt irgendwo in meinen Adern!«[24] Und eben in Schaffhausen wuchs nun Karl Barths Großmutter als drittes Kind der Burckhardts auf. Im Februar 1854 zog sie nach Basel, um Karl Achilles Sartorius zu heiraten.

Das siebte ihrer neun Kinder war Anna Katharina (*15. April

1863). Nach Durchlaufen der Basler Töchterschule übernahm sie die Aufgabe, ihrem ältesten Bruder Karl, einem noch ledigen Pfarrer, den Haushalt zu führen – erst in Fleurier, dann in Bennwil. Dieser Karl war aber nun »der intimste Studienfreund meines Vaters«, Fritz Barth[25]. So traf es sich, daß dieser bei einem Besuch von Reitnau aus im Bennwiler Pfarrhaus Anna Sartorius kennenlernte. Am 15. April 1884 verlobten sie sich, und bereits vier Monate später, am 28. August, verheirateten sie sich. Der alte Schulfreund Thurneysen war »bei der Hochzeit meiner Eltern Brautführer«[26]. In Fritz und Anna Barth hatten sich zwei durchaus verschieden veranlagte Menschen gefunden. Im Gegensatz zu seiner bedächtigen, zurückhaltenden Art war sie eine ausgesprochen energische Frau –»wenn meine Mutter sich etwas vorgenommen hat«, wurde es auch »in der Regel ausgeführt«[27]. Doch »die stille, ernste, innerlich aber stark bewegte Art unseres Vaters bot ihrem lebhaften, frohen Wesen einen guten und schönen Ausgleich«[28].

Es war also in der Tat für beide vertrauter, heimatlicher Boden, auf den sie traten, als sie im April 1886 von Reitnau nach Basel zogen. Nicht weniger als sie hat sich dann auch der Sohn, der ihnen hier alsbald geschenkt wurde, lebenslang gerade mit dieser seiner Geburtsstadt verbunden gefühlt. Er war neben allem anderen, das ihn kennzeichnete, und bei aller kritischen Distanz gegenüber den eingefleischten Basler Kreisen, jedenfalls doch auch ein typischer Basler. Nach seinem Empfinden ist es tatsächlich etwas Eigentümliches, ein Basler zu sein. Man »atmet« hier eine »besondere Luft«[29]. Und es herrscht hier eine spezifische, »wahrscheinlich . . . chthonisch bedingte Tradition des Geistes«[30]. Was Karl Barth einmal von der Basler Theologie sagte, die hier getrieben werde und »wahrscheinlich auch bis zum jüngsten Tag weitergetrieben wird«, das gilt wohl überhaupt vom Geist des typischen Baslers: er »ist von Haus aus und im Grund konservativ . . . Er hat . . . daneben seine geheime, gleichsam sympathetische Lust an den Radikalismen und Extravaganzen Anderer . . . Er wird sich aber, indem er sie furchtbar interessant findet, wohl hüten, sie sich zu eigen zu machen.« Nach rechts »ist er gefeit durch eine sozusagen angeborene, mild humanistische Skepsis«. Und nach links »beschützt ihn eine durch immer wieder geübtes Zuschauen erworbene Lebensweisheit. Irgendwo in der Mitte dieser Extreme wird er sich also niederlassen, vielleicht im Stillen einer kleinen Freigeisterei, vielleicht auch ebenso im Stillen einer kleinen frommen Schwärmerei ergeben, aber nach außen unter allen Umständen das Bild einer gesunden Vereinigung von Freiheit und Mäßigung bietend, . . . immer geneigt, den Kern aller Diskussionen in einem bloßen Streit um Worte zu suchen, siegreich in der Methode, immer Anderen das erste und letzte Wort zu überlassen und sich seine Sache dabei zu denken, ohne sich selbst in dem Handel offenkundig kompromittiert zu haben«[31].

Zu den hervorstechenden Eigenschaften des Baslers gehört gewiß sein eigentümliches Lachen. Es handelt sich dabei um ein spitzes, scharfes, angriffiges und spottlustiges Gelächter, nicht um ein heiteres, mozartisches Lächeln. »Nun ja, Basel ist nicht Salzburg, nicht Prag, nicht Wien, Basel ist Basel.«[32] Karl Barth erbte auch etwas von dieser Basler Art zu lachen. Er belachte damit freilich oft genug auch – den typischen Basler selbst: »froh, nur zu drei Achteln aus dem richtigen, echten Basel zu stammen«[33]. Die Fastnacht, bei der jenes Lachen alljährlich zum solennen Ausbruch kommt, machte er nie gern mit: »weil ich eine tiefe eingewurzelte Antipathie gegen – Masken habe«[34]. Und jedenfalls durchschaute er, daß gerade hinter dem herben Basler Humor im Grunde ein exaktes, ernstes Wissen um den Tod steht. »Die Menschen hier in Basel haben von jeher viel über die Vergänglichkeit alles Irdischen nachgedacht, über die Flüchtigkeit ... alles menschlichen Wesens ... Nicht umsonst hat es hier in Basel schon im Mittelalter den berühmten ›Totentanz‹ gegeben. Ich habe eine Reisebeschreibung eines Franzosen gelesen, der vor zweihundert Jahren nach Basel kam und hier ein Buch fand, von dem er sagt, daß ihm ein solches Buch noch in keiner Stadt begegnet sei. Es war das achtzig Jahre vor seinem Besuch erschienene ›Basilea Sepulta‹, das ›Begrabene Basel‹, und enthielt lauter Darstellungen der hier in Basel vorhandenen Gräber. Und so hat Johann Peter Hebel sein unvergängliches Gedicht über die Vergänglichkeit geschrieben, das Gedicht vom Röteler Schloß. Hieher gehört auch dies, daß in Basel an der Fastnacht so laut getrommelt wird und man so betont, fast überbetont, Freude zeigen muß, als ob man diese Gedanken ein paar Tage vergessen möchte. Sie pflegen aber trotzdem wieder zu kommen. Darum haben wir auch in Basel einen so prächtigen Friedhof sondergleichen, den Hörnli-Friedhof. Und vielleicht hängt das alles damit zusammen, daß an Basel der Rhein vorbeifließt, vorbei und immer wieder vorbei fließt: am Münster und an der Pfalz, an der Messe und an der Mustermesse, an der Universität und am Volkshaus, am Kunstmuseum und an allem, was uns Baslern groß und wichtig ist.«[35]

Eben an diesem Ort wurde Karl Barth geboren. Es war eine schwere Geburt. Und das Aussehen des neuen Menschen war »nach damaliger Aussage einer lieben Tante geradezu ›abscheulich‹« – aber er tröstete sich selber später der Regel, »der zu Folge die wüstesten Buschi* nachher die schönsten Kinder und Menschen

---

* Babies

werden«[36]. Am 20. Juni 1886 wurde er im dortigen Münster von
seinem Großvater Sartorius getauft (welcher just in diesen Tagen
ein Manifest wider die »Leichenverbrennung« abschloß!). Zu Paten
bekam Karl dabei jenen Bruder der Mutter, in dessen Haus sich die
Eltern verliebt hatten und der eben Pfarrer in Pratteln geworden
war, Karl Sartorius (1856–1906), sodann Hans Burckhardt-Burck-
hardt (1840–1923), ein Bruder der Großmutter Sartorius, und
schließlich seine andere Großmutter Sara Barth, »die ich leider
nicht mehr bewußt kennen gelernt habe«[37]; sie starb anderthalb
Jahre später. Es waren nur drei Jahre, die der kleine Karl in Basel
verbrachte. In dieser Zeit wuchs er unter der Obhut seiner Eltern
und eines Kindermädchens gedeihlich heran – obwohl das Tagebuch
des Vaters vom 27. April 1887 die Schreckensnachricht festhält:
»Karlchen fällt vom Buschelkissen.« Und am 12. Juni 1888 ist dort
vielsagend vermerkt: »Karlis Schreinacht.« Karli – mit dieser Kose-
form seines Namens pflegten ihn seine Eltern anzureden.

Erinnerlich blieb ihm aus dieser Zeit, »wie ein . . . ›Predigerschü-
ler‹ in unser Eßzimmer an der Grellingerstraße trat, so daß jedenfalls dieser Begriff mir schon in jüngsten Jahren irgendwie Eindruck
gemacht haben muß«[38]. Erinnerlich blieb ihm, »wie ich als kleiner
Kerl im Kinderwagen von der Grellingerstraße durch die Aeschen-
vorstadt nach dem Pfarrhaus St. Elisabethen gebracht wurde«.
Erinnerlich blieb ihm als Bewohner dieses Hauses der Großvater
Sartorius, »der dort in weißen Locken in seinem Lehnstuhl saß«;
»ich . . . habe von seiner großväterlichen Würde und pastoralen
Feierlichkeit einen Eindruck empfangen, den ich später meinen
eigenen Enkelkindern zu vermitteln von ferne nicht imstande war«.
Und »die gute Großmutter« konnte »nichts dafür, daß sie mir – ich
muß noch ein kleinstes Wickelkind gewesen sein – bei Anlaß
einer . . . sanitarischen Maßnahme, zu deren Durchführung sich
meine Mutter offenbar noch nicht im Stande fühlte, durch ihren
scharfen (durch eine sonst nicht aufgesetzte Brille noch verschärf-
ten) Blick ein Trauma verursachte, das mich tatsächlich noch fast bis
in mein Mannesalter hinein gelegentlich beunruhigte . . . Tiefenpsy-
chologie ans Werk!«[39] Erinnerlich blieb Karl aber auch in der Hand
seines Onkels Wilhelm Bernoulli, »der in meiner allerzartesten
Kindheit . . . meine Gesundheit überwachte, das Stethoskop, mit
dem er mich von vorn und hinten belauschte«[40].

Von weitreichender Bedeutung für das Büblein waren die basel-
deutschen Kinderlieder, die er schon in frühen Jahren durch seine
Mutter singen lernte. Sie stammten von »einem – keinem großen,
aber jedenfalls um mich in sehr merkwürdiger Weise verdienten
Theologen namens Abel Burckhardt, der vor rund hundert Jahren

als Zeitgenosse des berühmteren Jacob Burckhardt hier in Basel zweiter Pfarrer am Münster (›Obersthelfer‹) gewesen ist«. Seine Kinderlieder »waren das Textbuch, an Hand dessen ich zu Beginn des letzten Jahrzehnts des vorigen Jahrhunderts in der meiner damaligen Unmündigkeit angemessenen Form meinen ersten theologischen Unterricht empfing. Was sich mir unverlöschlich eingeprägt hat, war die heimelige Selbstverständlichkeit, in der in diesen gewiß bescheidenen Dichtungen von den Geschehnissen der Weihnacht, des Palmsonntags, des Karfreitags, der Ostern, der Himmelfahrt, des Pfingsttages geredet wurde als von Ereignissen, die sich zufällig gerade heute Morgen in Basel oder in der Nähe von Basel abspielten wie irgendwelche anderen aufregenden Tagesvorfälle. Historie? Lehre? Dogma? Mythos? Nein! Das alles war ja in vollem Geschehen. Das Alles sich selbst anzusehen, anzuhören und sich zu Herzen zu nehmen, wurde man ja, indem einem diese Lieder in der Sprache, die man auch sonst hörte und zu sprechen begann, vorgesungen wurden und indem man sie mitsang, eben jetzt von der Mutter an der Hand mitgenommen: zum Stall von Bethlehem, auf die Straßen von Jerusalem, wo der Heiland, von anderen gleichaltrigen Kindern schon begrüßt, soeben seinen Einzug hielt, auf den düsteren Hügel Golgatha und bei aufgehender Sonne in den Garten des Joseph . . . Eine naive Sache . . .? Gewiß sehr naiv, aber vielleicht in der Naivität tiefster Weisheit, in höchster Kraft, und, wenn einmal begriffen, wohl geeignet, den Menschen nachher durch ganze Ozeane von Historismus und Antihistorismus, Mystik und Rationalismus, Orthodoxie, Liberalismus und Existentialismus – gewiß nicht unversucht und unangefochten, aber doch verhältnismäßig schadlos hindurchzutragen und irgendeinmal zur Sache selbst zurückzuführen«[41].

Mitte April 1888 konnten die Barths aus ihrer bisherigen, in einem Mehrfamilienhaus gelegenen Wohnung in ein benachbartes Einfamilienhaus, Grellingerstr. 36, umziehen. In diesem Haus gesellte sich, eine Woche nach Karlis zweitem Geburtstag, ein zweiter Sohn zur Familie hinzu, Peter (oder »Bäti«) genannt. Und kaum war die Familie in der neuen Wohnung häuslich geworden, traten vor der Weihnacht desselben Jahres die Berner »Positiven« mit dem Wunsch an Fritz Barth heran, er möge Nachfolger von Adolf Schlatter auf einem von ihnen bezahlten Lehrstuhl werden. Fritz Barth nahm die Wahl an, und so verließen die Barths schon nach genau drei Jahren wieder Basel und wandten sich Bern zu. Ende April 1889 ließen sie sich dort in der Länggaßstraße 75 nieder, wo sie im ersten Stock zur Miete wohnten.

Die frühe Jugendzeit in Bern

Wenige Tage darauf nahm der Vater seine neue Tätigkeit auf – einerseits als Privatdozent an der Berner Universität mit der Venia legendi für Dogmatik, andererseits als Religionslehrer an einer christlichen Privatschule, der sogen. »Lerberschule«, nämlich nach ihrem Gründer Theoderich von Lerber so genannt, mit dem Fritz Barth schon in Basel Bekanntschaft geschlossen hatte.

Unter den Kollegen an der Universität stand ihm der Alttestamentler Samuel Oettli sachlich am nächsten. Und mit dem liberal gesinnten Karl Marti, der 1895 Nachfolger dieses Kollegen wurde, verband ihn von der Studienzeit her immerhin eine gute menschliche Freundschaft. In näheren Kontakt kam er in Bern auch mit dem edlen und frommen Rechtsgelehrten Carl Hilty. Im März 1891 wurde Fritz Barth von der Berner Regierung zum außerordentlichen Professor und dann im Juni 1895 zum Ordinarius für ältere und mittlere Kirchengeschichte befördert. Neben seinem ihm damit vorgeschriebenen Pensum las er aber auch regelmäßig über neutestamentliche Gegenstände. Hier lag wohl sogar sein eigentliches Interesse. Seine beiden Hauptschriften waren denn auch rein neutestamentliche Bücher: »Die Hauptprobleme des Lebens Jesu« und »Einleitung in das Neue Testament«. Darüberhinaus erwies er sich überhaupt als ein vielseitig offener Mann: lebhaft interessiert auch an dogmatischen Fragen, über die er diverse Vorträge im In- und Ausland hielt, beteiligt am Gang der Berner Kirche, in der er (seit Herbst 1895 als Synodalmitglied) eine geachtete Stellung einnahm, aufgeschlossen auch für die Probleme der Zeit, insbesondere für die Frauenfrage und für die soziale Frage, zu deren ernstlicher Beachtung er eine christlich-soziale Gesellschaft mit begründen half. Sein vielfältiges Wirken machte im Lauf der Zeit seinen Namen in einem gewissen Maß bekannt. Seine Arbeiten zeichneten sich durch fleißige, besonnene, solide Gründlichkeit aus. Bei allen festen Grundsätzen war er ein freier Mann, der nicht nur mit einem Adolf Schlatter, sondern durchaus auch mit einem Adolf Harnack freundlich verkehren konnte; beide kehrten gelegentlich in seinem Hause ein. Obwohl und indem er den »Positiven« zugerechnet wurde, trat er – zuweilen zum Verdruß dieser Gruppe – entschieden für ein verantwortliches Ernstnehmen der wissenschaftlichen Aufgabe der Theologie ein. Nach Kräften bemühte er sich – die kommende Krisis irgendwie vorausahnend – um Vermittlung zwischen Anhängern und Kritikern des Hergebrachten, zuversichtlich, daß sich das Evangelium auch in einer veränderten Welt bewähren werde. Offenbar suchte er so etwas wie einen Weg jenseits der Frontstellung von

»positiv« und »liberal«. Wohl eben deshalb gehörte er aber nun
doch im ganzen »zu den von den theologischen Säulen und Säulchen
seiner Zeit Übersehenen und ein wenig Verachteten«[42]. Nicht zuletzt aus diesem Grunde wurde er auch nie so ganz heimisch in Bern.
Aus dem gleichen Grund erhielt er aber auch, entgegen seinem
großen Wunsch, keinen Ruf wieder fort von Bern. Als man ihn an
den »positiven« Lehrstätten Halle und Greifswald in Erwägung zog,
hat ihn seltsamerweise speziell seine Leugnung der – Jungfrauengeburt »zweimal eine Professur gekostet«[43]. Zum Trost verlieh ihm
dann immerhin die Universität Halle 1903 die theologische Ehren-
doktorwürde.

»So kam es, daß ich meine ganzen Jugendjahre unter den
Bernern zugebracht habe.«[44] Es war im Vergleich mit später »eine
total andere Welt, in die ich dort hineingewachsen bin. Ich mag mich
noch dunkel erinnern, daß ich als Kind von Bismarck reden hörte
wie von einer gegenwärtigen Gestalt«[45] – von dem Mann, der Karl
Barth einmal als der typische Repräsentant der ganzen damaligen
Ära erscheinen sollte. Er selbst erlebte gerade die ersten Jahre in
Bern als eine überaus glückliche Zeit. »Meine frühesten deutlichen
Jugenderinnerungen verbinden sich mit der damals noch sehr ländli-
chen Gegend des äußersten Länggaß-Quartiers am Rande des
Bremgartenwaldes.«[46] »Wir wohnten . . . an der äußersten Grenze
der Stadt und so gehören viel Wald, Feld und Garten zu meinen
frühesten und eindrücklichsten Jugenderinnerungen, daneben die
Arkaden, Brunnen und Türme der alten Stadt, die Seen und Thäler
des Berner Oberlandes.«[47]

Karl verbrachte diese Zeit an der Seite und Spitze einer wachsenden Geschwisterschar. Auf ihn und Peter folgten am 3. Februar
1890 Heinrich, am 1. Januar 1893 Katharina und drei Jahre später,
wieder am Neujahrstag, Gertrud. Peter »ist mein erster und für
lange Jahre auch getreuster Gespiele gewesen in diesem Erdental: . . . der immer eifrige, immer auf irgendwelche muntere Darstellungen bedachte Peter, auf dessen vielseitige Ausführungsgaben
man sich immer verlassen konnte und der auch unsern ernsten Vater
durch seine Bemerkungen und Unternehmungen immer wieder zum
Lachen bringen konnte«[48]. Der Dritte, Heinrich (»Hinz«), war
dagegen ein stiller, scheuer Einzelgänger, sehr verletzlich und mit
scharfem Humor auch selber verletzend. Seine besondere Art hing
wohl auch damit zusammen, daß er im Alter von elf Monaten – im
Januar 1891 – schwer an Kinderlähmung erkrankte; er trug von
dieser Krankheit eine starke Gehbehinderung davon. Und »Käthi«
entpuppte sich dann als ein erfreulich »begabtes, lebensvolles
Kind«[49]. Gertrud (»Trudi«) gegenüber empfand sich der zehn Jahre

ältere Karl erklärtermaßen als »Onkel«. Er selbst gab zweifellos den
Ton an unter seinen Geschwistern, wenn auch nur mehr oder
weniger zu ihrer Freude. »Ich war . . . der Älteste unter meinen
Geschwistern und habe diese Würde wohl weithin nicht in der
richtigen Weise verwaltet: mit der Folge, daß besonders meine
Brüder es mir bis in ihre alten Tage hinein nachtrugen, daß ich ihnen
damals so herrscherlich begegnet sei und alle Wasser auf meine
Mühle geleitet habe.«[50] Er wurde – eine Bildung aus (K)A(r)l(i)-
chen – Ulchen genannt, woraus er später, als er sich bei der
Papstwahl von Pius X. eine Zeitlang selber für einen neuen Papst
hielt, eigenmächtig ein »*St.* Ul(i)chen« machte. (»Ihr liebe Lüte,
hört mich an/ Ich bruch jetz nit zur Schuele z'gahn/ Sintemal sie
mich wand zum Papste han . . .«)
   Die Erziehung der Eltern war nach Art der Zeit streng, aber doch
auch freundlich und verständnisvoll. »Meine Eltern haben uns . . .
aufgezogen in einem, wie ich nachträglich jedenfalls bekennen muß,
guten christlichen Geiste.«[51] Der Vater stellte sich die Erziehung so
vor: »Da leiten die Eltern unter Gottes Beistand die Erziehung ihrer
Kinder und kommen ihrer Unerfahrenheit mit Mahnung und Zucht
zu Hülfe. Ihr Herz bleibt jung bei den fröhlichen Spielen der
Jugend; sie durchleben die eigene Kinderzeit noch einmal und
dürfen bei manchem Erlebnis bekennen: ›Ja Herr, aus dem Munde
der Unmündigen hast du dir Lob zugerichtet!‹ Die Kinder stehen
unter dem heilsamen Bann des Gebotes: ›Du sollst deinen Vater
und deine Mutter ehren‹; aber sie erziehen auch uns, nämlich zur
Demut durch die Wahrnehmung unserer eigenen Fehler an ihnen,
durch die Beobachtung, wie tief der Hang zur Sünde schon im
Kinderherzen wurzelt und wie oft unsere Kraft im Kampf gegen
dieselbe zu erlahmen droht; auch dadurch werden uns die Kinder
zum Segen.«[52] Und die Mutter erzog – wie der Sohn später meinte –
etwas allzu stramm nach dem Grundsatz: »»Sehr, sehr lieb haben« –
verbunden mit dauernder Vorhaltung des Gesetzes (des angeblichen Gesetzes!) in Form von ausdrucksvollem, bald stummem, bald
lautwerdendem Kopfschütteln.«[53] Es entstanden durch diese Art
von Erziehung allerlei »Zusammenstöße . . ., von denen her mir
Fragen zurückgeblieben sind« – und doch, »das ist sicher, daß wir
es, wenn man sich mit so vielen Andern vergleicht, sehr gut gehabt
haben und für eine Unmenge von unbewußt Empfangenem dankbar
sein dürfen«[54]. Und so verehrte Karl seinen Vater doch hoch und
hing herzlich an seiner Mutter.
   In der Ernährung hat »unsere gute Mutter . . . bei meiner Auf-
zucht die Ratschläge von Onkel Wilhelm [Bernoulli] und später von
Professor Stooß . . . gewissenhaft und unerbittlich durchgeführt . . .,

obwohl man es heute glaub nicht mehr für angemessen hält, Kindern soviel Milch zu trinken zu geben«[55]. »Ich werde nie vergessen, wie ich als kleiner Bub jahrelang jeden Morgen ein Gläschen Fischtran trinken mußte. Es war schrecklich – aber es hat mir offenbar gut getan.«[56] Im übrigen hat »man es uns . . . mit Recht als entscheidenden Grund zu ernstlicher Zufriedenheit vorgehalten«: daß man überhaupt »von der Sonne beschienen« werde[57]. Der Erziehung fehlte nicht die strafende Seite. »Ich habe . . . in einem Brief meines Vaters aus dem Jahre 1890 gelesen (da war ich also 4 Jahre alt), wo es heißt: ›Karli mußte heute wieder Streiche erleiden.‹«[58] Und in der Länggaßstraße befand sich ein »Wandschrank, in den man mich einmal wegen wüsten Geschreis auf der Straße eingesperrt hat«[59]. Karl hat sich übrigens gerade durch diese Maßnahme nicht einschüchtern lassen, sondern hat seine Eltern dadurch etwas verwirrt, daß er sofort aus dem Schrank heraus behauptete, er habe – ein gewisses Bedürfnis zu verrichten. Aber in der Regel versuchten die Eltern nicht durch Strafen, sondern durch gutes Zureden Mißliches abzustellen – etwa das Streiten zwischen den Kindern. »Mein Vater pflegte uns in unseren Jugendtagen bei gewissen Anlässen mit erhobenem Finger zuzurufen: ›Siehe, wie fein und lieblich ist es, wenn Brüder einträchtig beieinander wohnen.‹«[60] Für eine originale Wortschöpfung seiner Mutter hielt Karl hingegen ihren gelegentlichen Ausruf: »Me sott dr aint vonene näh und mittem die andere durrebriigle!« Da der Vater immerhin Verständnis hatte für das jugendliche Bedürfnis, sich auszutoben, nahm er sich jeweils nach dem Mittagessen Zeit für Ring- und Boxkämpfe mit seinen heranwachsenden Buben.

Natürlich wurden auch in Bern die Lieder des Abel Burckhardt weitergesungen. Und bald wurde Karl von den Eltern in die »Sonntagsschule« geschickt. »›Ruh, Ruh, Ruh, Ruh, himmlisch Ruh!‹ – ich erinnere mich aus der Sonntagsschule meiner Kindheit, wie ich bei diesem Klang an irgendein afrikanisches Tier zu denken pflegte (wahrscheinlich an ein Kängeruh . . .).«[61] Dort trug sich dann aber folgendes zu: »Ich [hatte] eine gutmeinende, aber etwas törichte Sonntagsschullehrerin, die es für richtig hielt, uns Kindern eine genaue Beschreibung der Hölle und der dort auf die Bösen wartenden ewigen Strafen zu geben. Natürlich hat uns das interessiert und wohl auch ziemlich aufgeregt. Aber die Furcht des Herrn und damit den Anfang der Weisheit hat auf diese Weise bestimmt keines von uns damaligen Kindern gelernt.«[62] Das war damals wenigstens die Meinung des Vaters, der daraufhin Karl aus der Sonntagsschule herausnahm und ihm mit seinen Geschwistern fortan selbst in seiner Studierstube den sonntäglichen Kindergottesdienst hielt.

Schon früh, als »Büblein von fünf Jahren«, machte er seine »erste Bekanntschaft mit der Römischen Kirche«: »Ich war mit meiner Großmutter in den Ferien . . . und logierte damals in einer römisch-katholischen Pfarrei. Mir ist immer in Erinnerung geblieben, daß der Priester gern ein gutes Gläschen trank. Seinem Meßdienst habe ich auch beigewohnt. Ich begriff natürlich nichts davon und konnte die lateinischen Worte auch nicht verstehen, mit Ausnahme des immer wiederholten Dominus vobiscum, wovon ich das Wörtlein ›Dominus‹ herleiten zu können meinte; aber ich verband das mit dem Domino-Spiel.«[63] Schon früh kam Karl aber auch – durch den Namen Friedrich Naumanns – in eine allererste ferne Berührung mit der christlich-sozialen Thematik. »Ich erinnere mich noch des Untertitels, den seine Zeitschrift ›Die Hilfe‹ damals trug (ich sah sie . . . jeweilen auf dem Schreibtisch meines Vaters): ›Gotteshilfe, Bruderhilfe, Staatshilfe, Selbsthilfe‹ und des Eindrucks, den diese starken Worte auf mich machten, obwohl ich sie kaum verstand. Man spürte weithin: da ist etwas ganz Starkes, Großes, Neues im Kommen.«[64]

»In die Schule gehn die Buben . . .«

Von einer neuen Seite trat eine erzieherische Macht in Karls Leben, als er vom 21. April 1892 an die Schule zu besuchen begann. »›In die Schule gehn die Buben, die Soldaten ziehn ins Feld, sorge jeder, daß er werde . . .‹ Noch höre ich, wie mich mein Vater mit diesem ermunternden Vers entließ am Vorabend des Tages, da ich die Elementarschule . . . beziehen sollte. Das Rechnen sagte mir von diesem ersten Tage an nicht zu und meine Handschrift ist nie schön geworden, dagegen wurde ich bald eine Leseratte.«[65] »Meine Schulbildung empfing ich von den untersten Elementarklassen bis zu der . . . Maturität in der damaligen ›Lerberschule‹, später ›Freies Gymnasium‹ genannt.«[66] Es handelte sich um jene Schule an der Berner Nägeligasse, an der Fritz Barth von 1889–1912 als Religionslehrer, von 1896 an auch als Direktoriumsmitglied wirkte. Sie war 1859 von Th. von Lerber gegründet worden – in der Absicht, entgegen dem offiziellen Schulunterricht, der sich damals entschieden an freisinnigen Grundsätzen zu orientieren begann, einen Schulunterricht im bewußt »bibelgläubig-positiven« Sinn anzubieten. Dieser Absicht gemäß wurde in dieser Schule nicht nur jeder Tag mit Gebet und Choral begonnen, sondern auch »Religion« nahezu als Hauptfach gelehrt. Als gerade im Jahr von Karls Schuleintritt der Religionsunterricht von sechs auf drei Wochenstunden reduziert wurde, trat von Lerber unter Protest aus der Schulleitung zurück und entzog der Schule seinen Namen. Einige Zeit später demissionierte auch der Vizepräsident der Schule – aus Protest gegen »bibelkritische Auslassungen« und »Konzessionen nach links« von Fritz Barth[67]. Da in Bern die »Positiven« ihren stärksten Rückhalt in den reichen Aristokratenfamilien besaßen, wurde das Freie Gymnasium vorwiegend von Söhnen gerade dieser Familien besucht. Und so wurde die Schule nicht ganz zu unrecht dort einmal spöttisch als »diese für ein par (sic!) Herrensöhnlein in pietistischem Sinn errichtete Schule« tituliert[68]. Karl war nie Primus seiner Klasse. Dazu fehlte ihm der Ehrgeiz und in gewissen Fächern auch die Neigung. »Weiter als bis zum Zweiten in der Klasse habe ich es nie gebracht und auch das geschah nur einige wenige Male. Feindseligste Abneigung gegen die auf den Berner Gymnasien damals mit Hochdruck gepflegten mathematisch-naturwissenschaftlichen Disziplinen verfolgt mich gelegentlich noch bis heute in die Träume. Beklagenswerter Weise sind wir dafür in den alten Sprachen nie so ordentlich drangenommen worden, wie dies in den deutschen Gymnasien der Fall zu sein pflegt. Von ganzem Herzen bin ich wohl nur in der Geschichte und vor Allem beim Aufsatzschreiben dabei gewesen, eine Sache, bei der ich wohl in allen Klassen alle Konkurrenten spielend aus dem Feld zu schlagen in der Lage war.«[69]

Natürlich war für Karl die Begegnung mit seinen verschiedenen Lehrern eine Geschichte voller mehr oder weniger tiefer, bewegender, förderlicher Eindrücke. Ein Lehrer Pfister war es, der Karl beibrachte, »mit Tinte und Feder zu schreiben« – »ich [hätte nicht] in meinem Leben so viele Bücher« schreiben können, »wenn er es mir nicht beigebracht hätte, mit jenen Dingen umzugehen«[70]. Und es war ein Lehrer Dr. Rudolf Huber, der in der Mathematik »mich . . . auf die Höhe zu bringen« suchte. »Sie wollen einfach nicht«, pflegte er »jeweils von seinen widerspenstigen Schülern und so auch von mir« zu sagen. »In den Morgenandachten hat er besonders den 104. Psalm gerne vorgelesen. Nur die viermal im Tag fälligen Gebete hat er manchmal etwas kurz erledigt. ›Herr segne uns. Amen‹ lautete eine seiner knappsten Formeln. Aber mit der ist ja wirklich auch alles gesagt.«[71] Unvergeßlich blieb ihm immer der »Spruch, den uns einst ein Religionslehrer bei Anlaß der Geschichte des Jeremia eingeprägt hat: ›Ebimelech, der Mohr, hatte Zartgefühl‹«[72]. Und unvergeßlich auch der Satz, den der Französischlehrer, »wenn der Aufruhr in der Klasse zu wild wurde«, ihr zuzurufen pflegte: »Aimez vous les uns les autres*!«[73]

---

* Liebt euch einander!

Karl hat die Schule nie gern besucht. »Die Darbietungen und Anforderungen des Unter- und Obergymnasiums habe ich als unvermeidliches Kreuz mehr nebenbei auf mich wirken lassen.«[74] Umso mehr bedeutete Karl die Freizeit, die ihm neben der Beanspruchung durch die Schule gelassen war, eine herrliche Gelegenheit zur vollen Entfaltung seiner Kräfte und seiner Phantasie. »Die Allotria, die ich in jenen Jahren neben der Schule geliebt und getrieben habe, sind mir lebendiger in Erinnerung als diese selbst.«[75] Dabei zeigte sich, daß seinem Wesen zwei merkwürdig verschiedenartige Seiten eigen waren. Er war einerseits mit einer sehr feinfühlenden Empfindsamkeit begabt, die sich besonders in einer zarten und intensiven musikalischen Hörfähigkeit äußerte. Unverlöschlich prägte sich ihm seine »erste Begegnung mit großer Musik« ein. »Ich muß damals etwa fünf oder sechs Jahre alt gewesen sein.« »Mein Vater war musikalisch und spielte gern frei am Klavier.« Da spielte er eines Tages etwas von W. A. Mozart. »Es handelte sich – ich sehe die Situation noch vor mir – um ein paar Takte aus der ›Zauberflöte‹ (›Tamino mein, o welch ein Glück . . .‹), von meinem Vater auf dem Klavier angeschlagen. Sie gingen mir ›durch und durch‹« und »in mich hinein, ich weiß nicht wie, und ich habe gemerkt: Der ist's!«[76]

Daneben gab es in Karls Wesen aber noch eine ganz andere Seite: eine kämpferische und geradezu kampfeslustige. »Ausgesprochen kriegerische Interessen standen wohl bis zu meinem 16. Lebensjahr heimlich und offen im Mittelpunkt meines geistigen Lebens. Das Bleisoldatenspiel war mir und meinen Brüdern eine mit Ausdauer und Sachlichkeit betriebene ernste Beschäftigung.«[77] Auch auf ganz »reale« Faustkämpfe und Schlachten ließ Karl sich von Zeit zu Zeit nicht ungern ein. Wiederum konnte sich seine Freude am Kampf auch vollauf an der Lektüre von geschichtlichen Werken über Kriegsgeschehnisse befriedigen. »Unvergeßlich die erste im Alter von 7–8 Jahren durchgeführte Lektüre auf diesem Feld: Chr. Niemeyer, ›Heldenbuch. Ein Denkmal der Großthaten in den Befreiungskriegen‹, Leipzig, 1818. Das Buch steht noch jetzt auf meinen Borden.«[78] Es enthielt eine »blutrünstige Schilderung der Kriege gegen den nicht genug zu verurteilenden ›Buonaparte‹ . . . Zur Bildung eines Satzes mit Akkusativobjekt aufgefordert, konnte ich daher schon in zarter Kindheit durch die prompte Antwort: ›Napoleon gründete den Rheinbund‹ meinen Lehrer in starres Erstaunen versetzen. Und mir hat man später vorgeworfen, daß die ›Geschichte‹ in meiner Theologie zu kurz komme!«[79] Eine andere Lektüre galt dem »gebundenen Exemplar einer umfangreichen deutschen Illustrierten« aus den Kriegsjahren 1870/71, »auf deren Bildern kolbenschwingende Bayern und fliehende ›Turkos‹ eine beträchtliche

Rolle spielten und aus deren Texten ich mich, als ich Lesen gelernt
hatte, für die Schlachten von Weißenburg, Wörth, Sedan, über die
Belagerungen von Paris und Straßburg usw. ausgiebig unterrichte-
te«[80]. Der Held dieses Krieges, Bismarck, trat Karl auch durch einen
in seiner Familie gebrauchten Nußknacker, der die Züge des Kanzlers trug, eindrücklich vor Augen.

»Der erste Krieg, den ich – aus sicherer Ferne! – mit Bewußtsein
miterlebt habe, [war] der zwischen Japan und dem alten China im
Jahre 1895. Gab es damals nicht einen japanischen Feldherrn
namens Yamagata? Ich erinnere mich jedenfalls, daß ich die Taten
dieses Mannes und der in jener Zeit in Europa noch sehr wenig
bekannten Japaner überhaupt in großer Aufregung und Beteiligung
verfolgt und mich an dem Sieg des Kleinen gegen den Großen so
richtig knabenhaft gefreut habe. Von da an hat bei dem Wort
›Japan‹ immer etwas in mir geklungen, obwohl ich später gewissen
anderen weltgeschichtlichen Unternehmungen der japanischen Regierung und Armee weniger Beifall zu geben vermochte!«[81] Und
noch spannender war es, als aus Bangkok »ein König Tschulalong-
kom . . . im Jahre 1897 nach Bern kam« und »von schweizerischen
Dragonern umgeben im Triumph durch die Stadt geführt wurde: ein
Ereignis, das mich so aufregte, daß ich mit Fieber zu Bett gelegt
werden mußte. ›Siam‹ hieß das Land damals noch«[82].

Das Leben Karls entfaltete sich auf all diesen Linien nur noch
zum Teil im Länggaß-Quartier. Die berufliche Besserstellung des
Vaters im Jahr 1895 erlaubte es diesem, sich bald innerhalb Berns
eine bessere Wohnung zu suchen. Er fand sie am entgegengesetzten
Ende der Stadt, östlich der Aareschlaufe, die die Berner Altstadt
umschließt, auf der Schoßhalde, von der man einen schönen Blick
nach der einen Seite auf das alte Bern, nach der anderen auf die
Alpen hat. Von Ende April 1895 bis Anfang Oktober 1896 wohnten die Barths dort zunächst im Höheweg Nr. 13, vom Herbst 1896
an in einem eigenen, neu errichteten Haus am Claraweg Nr. 8. Hier
auf der Schoßhalde hat Karl von seinem neunten Lebensjahr an bis
in seine Studienzeit hinein gelebt – »während die Aare rauschte und
rauschte und der Gurten, das Stockhorn und die Jungfrau immer
gleich ruhig auf das schöne Land und auf das alte und neue Bern
herunterschauten«[83].

Ferien

So gern Karl in Bern und nun auch in diesem neuen Stadtviertel
wohnte, es war doch so, »daß ich mit der bernischen Art im Grunde
einfach nicht gut auskam«[84]. Es entwickelte sich in ihm im Lauf der

Zeit geradezu eine »Opposition gegen ein Temperament und eine Geistesrichtung, unter deren lähmender Resistenz ich schon meinen Vater nicht selten leiden sah. Was mich damals aufregte, ist mir später ceteris imparibus* aus den Erfahrungen Calvins mit derselben Nation verständlicher geworden«[85]. Und diese Abneigung verstärkte sich dadurch, daß in Bern seines Erachtens speziell »ein einfältiger, blöder Haß gegen die ›Baslerbeppi‹« herrschte[86]. Darum waren für Karl – der mit seinen Geschwistern daheim zur Pflege eines reinen Baseldeutsch angehalten wurde – die Höhepunkte seiner Jugendzeit die Ferien: nicht nur, weil er in ihnen den lästigen Druck der Schule los wurde, sondern auch, weil er in ihnen in der Regel von Bern fortkam – nach Belpberg, nach Beatenberg, nach Sigriswil oder sonst an einen Ort in der näheren oder ferneren Umgebung von Bern oder eben nach Basel. Als 13jähriger dichtete er:

> In den Ferien, da fühlt sich der Mensch erst recht,
> da ist er nicht mehr ein geschundener Knecht,
> da ist ein menschenwürdiges Dasein! . . .

Denkwürdig der »Aufenthalt, den unsere Familie – ich denke anno 1893 – in Lauterbrunnen machte: wo ich den blauen Husten bekam und der Menschheit beinahe entrissen worden wäre. Im Jahr vorher oder zwei Jahre vorher waren wir« mit einer Reihe von Verwandten »in Kandersteg. Die umständliche Reise dort hinauf in einer langen Wagenreihe – auf dem letzten Wagen ein aus Basel mitgeführtes Fäßlein Wein! – unter lebhaften Scheltreden« des Onkels Fritz Sartorius »und in strömendem Regen, der Geruch der Pferde und des Lederzeugs der Wagen, schließlich das viel zu kleine Häuslein eines Herrn Ogi . . . – das Alles steht mir noch jetzt sehr deutlich vor Augen. Und dann weiß ich noch«, wie Onkel Ernst Sartorius »am Oeschinensee Trompete geblasen . . .: ›Behüt dich Gott, es war so schön gewesen . . .!‹«[87] »In der Nähe von Gerzensee, in einem damals einem Herrn von Muralt gehörigen Landhaus unterhalb des Kutzens auf dem Belpberg habe ich mit meinen Eltern und Geschwistern in den Jahren 1896 und 1897 unvergeßliche Ferienmonate erlebt und bin von dort regelmäßig nach Gerzensee gewandert, zu Kommissionen für meine Mutter, zu einem alten, freundlichen Fräulein von Wyß und am Sonntag zu Besuchen in den Predigten von Herrn Pfarrer Hopf, dessen strenge Haltung mir in Verbindung mit dem Liede ›Mache dich mein Geist bereit‹, das ich dort zum erstenmal hörte, eindrücklich geblieben ist. Die

---

* Unter im übrigen ungleichen Verhältnissen

Campagne auf dem Belpberg war innerlich und äußerlich ein wahres
Bijou aus dem 18. Jahrhundert, mit Hogarth-Stichen an den Wän-
den, die mir viel zu denken gaben.«[88]
    Vor allem Basel erschien dem jungen Karl von Bern aus als ein
wahres Paradies. Dort wohnte ja die Großmutter. Und die »regelmäßigen Reisen nach Basel zu der geliebten Großmutter Sartorius«
bedeuteten »jedesmal ein Fest«[89]. »Ihr Witwensitz in dem Haus
Nonnenweg 60, wo sie von ihrer jüngsten Tochter Elisabeth (unserer heißgeliebten ›Tante Bethi‹) bis an ihr Ende treulich umhegt und
gepflegt wurde, war für uns ein richtiger Wallfahrtsort, dem wir
immer wieder zustrebten . . . Es gab da viele Merkwürdigkeiten,
z. B. ein Bild von Lavater mit der Inschrift: ›Siehe nichts in dieser
Gestalt, denn Liebe zur Wahrheit, welche bedächtiglich forscht
und, was sie gefunden, bezeuget!‹ Ferner: eine große Darstellung
der Ankunft der Pilgerväter auf amerikanischem Boden samt den
sie ehrfurchtsvoll begrüßenden Indianern. Ferner: ein altmodischer
Guckkasten mit wunderbaren Perspektiven, der uns damals mehr
erfreut hat als später jedes Kino. Ferner und vor allem aber: eine
vollständige Sammlung der Bildnisse sämtlicher Basler Antisti-
tes* . . . Es roch . . . dort alles nach verehrungswürdiger Vergangenheit, speziell nach dem 18. Jahrhundert und dem Anfang des 19. In
der Großmama selber aber – in ihrem schwarzen Häubchen, das so
selbstverständlich zu ihr gehörte wie einst das Sammetkäpplein zum
Großvater – war die Vergangenheit auch Gegenwart.«[90] Das war um
so mehr der Fall, als sie ein großes, lebhaftes Interesse an allem
Historischen hatte. Wenn ihr junger Enkel Heinrich in Bern einmal
in monatelangem Fleiß einen umfassenden »historisch-geographi-
schen Kalender« herstellte oder wenn ihr anderer Enkel Karl (bis in
seine Professorenjahre hinein!) riesige Sammlungen von Porträts
»wichtiger Persönlichkeiten« in Geschichte und Gegenwart anlegte
und ergänzte, so äußerte sich in diesen Hobbies wohl insbesondere
ein Erbe dieser Großmutter.
    »Hinter der kleinen, schmächtigen leiblichen Erscheinung, die ihr
lebenslang eigen war, verbarg sich . . . ein ausgeprägter und fester
Wille, den sie gegebenenfalls energisch durchzusetzen wußte. Ihre
gewisse Strenge war aber modifiziert und gewissermaßen über-
strahlt durch eine große Güte und Freundlichkeit.«[91] »Ihre Gemüts-
tiefe, verbunden mit klarem Verstand und wohltuendem Humor
tat allen, die mit ihr in Berührung kamen, ungemein wohl. Ihre
Ratschläge und Urteile, die sie aus der Fülle ihrer Erfahrung
schöpfte und stets aus Ewigkeitsgesichtspunkten heraus gab, trafen,

---

* Oberpfarrer

ohne weh zu tun, in oft verblüffender Weise das Richtige.«[92] Eine ebenso eindrucksvolle Gestalt muß auch jene »Bethi« gewesen sein und war sie jedenfalls für Karl. »Durch öfteren Aufenthalt in Bad Boll und speziell durch den Verkehr mit Pfr. Blumhardt eröffnete sich ihr immer mehr ein weiter Blick für das Reich Gottes. Statt durch ihre Frömmigkeit ausschließend zu werden, erfaßte sie eine erbarmende Liebe zu allen Menschen . . . Was Wunder, daß sie auf diese Weise überall Eingang fand? Sie war, wo sie hinkam, in kurzer Zeit beliebt.«[93]

Dort in Basel wohnte ferner Karls Pate Hans Burckhardt, der sich als »angesehener Vertreter der älteren Basler Schappenindustrie* . . . ein ansehnliches Vermögen« erworben hatte. »Er betätigte sich auch als beflissener Kunstfreund« und ist »noch in seinem 80. Lebensjahr täglich ausgeritten. Sein Name bekam in der Familie einen fast magisch-mythischen Klang und sein schönes altes, prächtig möbliertes Haus am Leonhardsgraben durfte von uns Jüngeren niemals anders als in festlichster Aufmachung und zu höchst gesittetem Verhalten aufgefordert betreten werden.«[94] Karl erhielt als Patensohn von ihm manches wertvolle Geschenk – etwa einmal, zu seiner Begeisterung, »den ›Alexanderzug‹ von Thorwaldsen in Gips . . . ein 150 cm langes und 50 cm hohes Ding«[95]. In Basel wohnte ferner z. B. auch der Onkel Wilhelm Bernoulli in der Schärtlingasse, »wo . . . alle Geheimnisse des winklig angelegten Hauses sich für mich in einer großen blechernen Badeanstalt konzentrierten, mit der man unter Verwendung von wirklichem Wasser herrlich spielen konnte«[96].

Und vor den Toren Basels, in Pratteln, lebte der andere Pate, Karl Sartorius. Auch sein Pfarrhaus hat Karl in den Ferien freudig aufgesucht. »Herrliches Pratteln! Wie lieblich bist du! . . . Wie wohl, ach mir Armen, wie wohl wars mir hier!«, dichtete er einmal – zu einer Zeit, als Pratteln tatsächlich noch ein liebliches Dörflein war. Dort passierte es ihm einmal (was ihm später zum Gleichnis für sein Tun wurde): daß er, im »dunklen Kirchturm sich treppaufwärts tastend, unvermutet statt des Geländers ein Seil [ergriff], das ein Glockenseil war, und nun zu seinem Schrecken hören mußte, wie die große Glocke über ihm soeben und nicht nur für ihn bemerkbar angeschlagen hatte«[97]. Zum Besitz des Onkels gehörte auch »ein malerisches, altes Türmchen oberhalb Pratteln« – Hagenbächli genannt – »umgeben von einem Rebberg, in dessen Schatten ich schon manche süße Traube gekostet habe. Man übersieht von dort das

---

* Seidenspinnereien

ganze Land bis zu den Vogesen«[98]. – In und um Basel gab es aber noch eine Menge weiterer Verwandter, und als Kind hat Karl von Bern aus in dem von seinem Ururgroßvater Huber erbauten Sommerkasino »nicht weniger als fünf« familiäre Hochzeitsessen »mitgemacht«[99]. Freilich der Verkehr mit der weiteren Familie – das »Salonwesen und Scharwenzeln nach hinten und vorn bei Onkeln, Tanten und Vettern und Basen«, wie er als 16jähriger seufzte – lag ihm durchaus nicht[100]. »Die verwandtschaftlichen Konventionen – z. B. die feierlichen Aufmärsche bei Onkel H. Burckhardt . . . waren mir schon, als ich noch klein war, so etwas wie ein Greuel.«[101]

Streiter und Dichter

Seit die Barths auf der Schoßhalde wohnten, entwickelte sich Karl zu einem recht ungebärdigen Lausbub. Er beteiligte sich an Straßenschlachten seiner Mitschüler gegen die Zöglinge des Städtischen Gymnasiums – oder auch an Kämpfen zwischen den Söhnen bernischer Aristokratenfamilien und denen aus ärmeren oder zugezogenen Familien (zwischen denen es innerhalb der Schüler des Freien Gymnasiums fortwährende Spannungen gab). Auch auf der Schoßhalde führte sich Karl eine Zeitlang als ein streitbarer Bandenchef auf, der schon damals (nur anders) mit dem Nachbarskind Martin Werner, dem nachmaligen Berner Dogmatiker, in erbitterter Fehde lag. Und im Winter betätigte er sich ebenso lebhaft als Schlittschuhläufer auf dem nahegelegenen Egelsee. Bezeichnend eine Eintragung (am 21. Januar 1899) in seinem Tagebuch: »Heute prügelte ich viele und wurde von vielen geprügelt. Es liegt eigentlich eine herrliche Poesie in diesem Aktiv und Passiv.« Oder (am 9. Februar 1899): »Beim Aufstehen prügelte ich Bäti und er weinte bitterlich.« Am 26. April desselben Jahres notierte er: »Heute passierte nichts Merkwürdiges« – und am folgenden Tag: »Heute passierte merkwürdiger Weise auch nichts.« Oder ein andermal (25. Mai 1899): Der Lehrer »Kacher regt sich auf und reißt mir zwei Haare aus, die jetzt in meinem Museum aufbewahrt sind«. Mit seinen Mitschülern zusammen führte er sich eben auch in der Schule wild auf – so wild, daß einmal sein Lehrer Rudolf Feldmann (der Großvater des nachmaligen Bundesrats Markus Feldmann) »auf dem Höhepunkt einer der vielen in seinen Stunden üblichen Randalszenen . . . die schlimmen Buben förmlich verfluchte: wir würden dereinst in unserm Alter die Strafe für das, was wir ihm antäten, zu erfahren bekommen«[102]. Und ebenfalls 1899 hatte »ich . . . einen lebhaften Zusammenstoß« mit Lehrer Huber, »dessen Nachwehen ich dann in der

Das alte Basel am Rhein – Blick auf das Spalentor um 1860. An diesem Ort wurde Karl Barth geboren.

2 Der Großvater Franz Albert Barth
(1816–1879), Schüler von Tobias Beck, Pfarrer in
Bubendorf und an der Basler Theodorskirche.

3 Die Großmutter Sara Barth-Lotz (1817–1888,
Karls Patin, stammte aus dem »minderen Basel
und war eine kränkliche, doch energische Frau.

4 Der Großvater Karl Achilles Sartorius
(1824–1893), konservativ-orthodoxer Pfarrer an
der Elisabethenkirche in Basel.

5 Die Großmutter Johanna Sartorius-Burckhar
(1832–1915), eine Kusine des berühmten Jacc
Burckhardt. Ihr Enkel Karl liebte sie innig.

6 Die Mutter Anna Barth-Sartorius (1863–1938) kurz nach der Übersiedlung vom Reitnauer Pfarrhaus nach Basel (1886) mit ihrem ersten Kind Karl.

7 Der Vater Johann Friedrich Barth (1856–1912), Lehrer an der Predigerschule in Basel, im Jahr 1888 mit seinem zweijährigen Sohn Karl.

Die Familie Barth im Jahr 1897 vor ihrem neuen Haus Claraweg 8 in Bern: Katharina, Tante Bethi Sartorius, Karl (gezeichnet von einer eben empfangenen väterlichen Züchtigung), Großmutter Sartorius, Gertrud, Vater Fritz Barth (derzeit Professor für Kirchengeschichte), Heinrich, Mutter Anna, Peter.

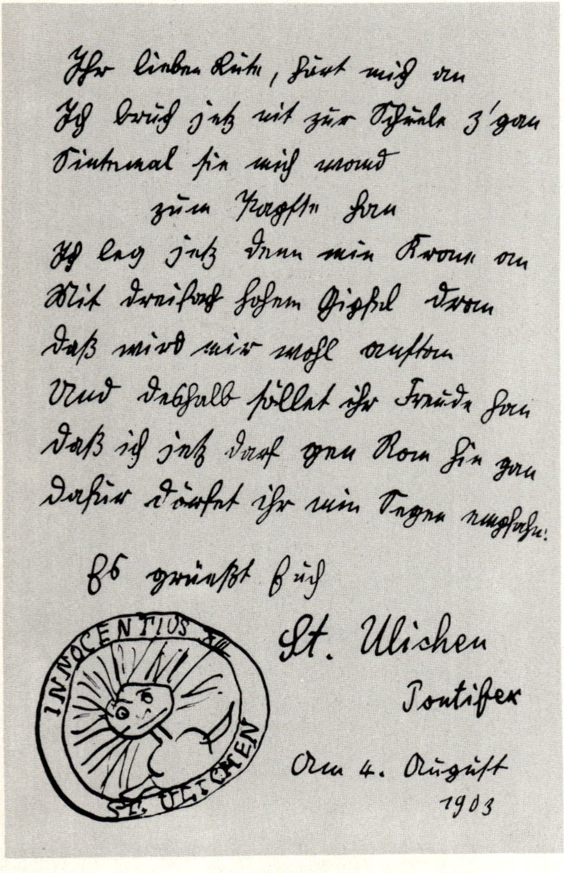

Ihr lieben Leute, freut euch an
Ich brauch jetzt nit zur Schule z'gehn
Eintmal für mich wand

zum Papste her
Ich leg jetzt dann mein Krone an
Mit dreifach hohem Giebel dran
daß wird mir wohl anstehn
Und deshalb wollt ihr Freude han
daß ich jetzt doch gen Rom hin gan
dahin dürft ihr mir nun Tagen nachsehn

Es grüßt Euch

St. Ulichen
Pontifex

am 4. August
1903

INNOCENTIUS XIII · ST. ULICHEN

9 Karl in der Zeit seiner Konfirmation
(1902) mit seinen Geschwistern Peter
(* 1888), Gertrud (* 1896) und Heinrich (* 1890). Katharina war drei Jahre
zuvor gestorben.

10 Karl, von seiner Familie »Ulicher«
genannt, ließ sich bei der Papstwahl
von Pius X. (1903) etwas zu begeistert
belehren, daß jeder Christ zum Papst
gewählt werden könnte.

Weise sichtbar machte, daß ich eine Woche lang jeden Tag den Eintrag machte: ›Sehr böse über Süppli‹. Eine Woche später aber heißt es: ›Immer noch böse über Süppli, aber nicht mehr so sehr‹«[103]. Unvermeidlich gab es jetzt öfters in Karls Schulzeugnissen speziell zu seinem Betragen etwas zu bemerken – etwa: »träumt oft« oder »3 Stunden Carcer wegen Unfug« oder – hinsichtlich der Beteiligung am Religionsunterricht: »bei der Sache sein!«

Unter diesen Umständen konnte nun auch der Geigenunterricht, den ihm etwa vom zehnten Lebensjahr an ein älterer Herr Jahn erteilte, nicht recht gedeihliche Fortschritte machen. In Karls Tagebuch heißt es z. B. am 28. April 1899: »Großvater hat in der Geigenstunde schlechte Laune, (und ich kann nicht viel) infolgedessen avanciere ich vom ›gräßliche Bueb‹, welche schmeichelhafte Titulatur ich bis dahin führte bei ihm, zum ›alte Doppel‹.« Daher war es nicht verwunderlich, daß »meine Übungen auf der Violine, trotz eifriger Pflege des musikalischen Lebens in unserm Hause, weniger ergiebig waren«[104]. Er ist darum später – kritisch gegenüber allem Dilettieren – mehr und mehr »ein richtiger Musik-Hörer geworden«[105]. Immerhin hat es Karl im Lauf der Zeit auf seinem Instrument doch zu einer gewissen Fertigkeit gebracht. Er spielte im »Schulorchester, wo wir . . . brausenden Händel und heiteren Mozart zur Aufführung gebracht haben«[106]. Viel lieber als gegeigt hat Karl aber gesungen – und er besaß dazu eine feste Bariton-Stimme.

Gewissermaßen kanalisiert wurde sein kämpferischer Betätigungsdrang, als er 1897 den Berner Kadetten beitrat. »Vier Jahre lang habe ich in einem der in der Schweiz damals . . . bestehenden Kadettenkorps eine ziemlich regelrechte militärische Ausbildung empfangen und brachte es trotz dürftiger Leistungen im Scharfschießen zum Grad eines Feldwebels.«[107] Noch ohne die Problematik des Militarismus zu empfinden, fiel er vielmehr gerade durch seine »leidenschaftliche Beteiligung an den Übungen und Ausmärschen des Berner Kadettenkorps« auf[108]. Als er dann später – 1905 – in die Rekrutenschule einrücken sollte, wurde er aus Gesundheitsgründen (vor allem wegen Kurzsichtigkeit) vom Militärdienst befreit.

Bald nach Einzug im Claraweg 8 begann Karl auch, in immer größeren Mengen eigene Dichtungen zu Papier zu bringen. »Man sagt, daß den Gliedern der Familie Barth das Tintenfaß so gefährlich sei wie andern die Weinflasche.«[109] Karls Dichtungen waren genährt durch seine fleißige Lektüre geschichtlich-kriegerischer Werke. Und sie wurden beflügelt durch seine Entdeckung Friedrich Schillers. Dieser Klassiker war »für mich *der* große Mann meiner Gymnasialzeit. Da habe ich nicht höher gelebt als ›Maria Stuart‹,

›Jungfrau von Orleans‹, ›Wallenstein‹ . . . Der Schiller stand mir
irgendwie als positives Leitbild vor Augen«. Durch ihn wurde Karl
»Idealist . . . – das durfte man damals noch sein, und ich bin's mit
Lust gewesen«[110]. Karl las und verschlang Schillers Werke. Und
nicht nur das, er brachte auch gern Szenen daraus mit Geschwistern
und Freunden zur Aufführung – im Gartenhäuslein im Garten von
Claraweg 8 oder anderswo. Zum Beispiel habe »ich . . . einmal in
einer Aufführung von ›Wallensteins Lager‹ den Ersten Jäger gespielt«[111]. Und als er ein andermal in den Ferien in Beatenberg mit
seinen Brüdern und dem dortigen Pfarrerssohn Hans von Rütte
»zwei Szenen aus Wallensteins Tod aufzuführen« gedachte, bat er
seine Mutter um sofortige Zusendung der »reichhaltigen Vorräte an
Schärpen, Bärten et caetera! . . . Wir würden dir sehr dankbar sein,
im Nichtfalle aber in eine tiefe Melancholie verfallen!« Nebenbei
seufzte er im Anblick der Alpenberge: »Wenn nur Schiller alle diese
Herrlichkeiten sehen könnte, der würde sich wundern . . .!«[112] Es
sah bei allem so aus, »daß ich mich u. U. auch zum Schauspieler . . .
hätte entwickeln können«[113].

Eben dieses Lesen und Spielen gab Karl nun auch die Anregung,
eigene »kühne Versuche als dramatischer Dichter« zu wagen[114]. So
»betätigte ich mich, durch die Jamben von Schillers Wilhelm Tell
und Körners Zriny aufgewühlt, jahrelang als verdächtig produktiver
dramatischer Dichter«[115]. Mit zehn Jahren verfaßte er sein erstes
Drama – »Prinz Eugen, in 5 Akten«. Ihm folgte eine beträchtliche
Reihe weiterer Spiele und besonders Trauerspiele, darunter sogar
ein französisch geschriebenes. Als 11/12jähriger schrieb er sich
etwa in dem Stück »Die Henziverschwörung« unverkennbar seine
Abneigung gegen die Berner Aristokratie vom Herzen. Es begann
mit einer Verschwörerszene (»Hauri: Ich lechze nach Aristokraten-
blut . . . Jost: Nieder mit der Oligarchie! . . . Alle: Freiheit! Gleich-
heit!«). Ihr wird die Schilderung einerseits der Devotheit des Volkes
gegenübergestellt (in breitem Berndeutsch: man dürfe nicht »mule
gäge die gnädige Obrigkeit«), andererseits der Arroganz der Berner
Aristokraten, die über die »niedrigen Plebejer« spotten (Regiean-
weisung: »Alles wird in elegantem, näselndem und hochmütigem
Ton gesprochen«). Das Ganze schließt mit einem Monolog des zum
Tod verurteilten Henzi, der prophetisch in die Zukunft schaut: »Ich
sehe, wie die Herren von den angemaßten Thronen steigen . . .
Alles ist gleichberechtigt . . . – o schöne Zeit.« Neben derlei Dra-
men, in denen »die Freiheit« durchweg als Leitbegriff auftaucht,
verfaßte Karl auch eine Fülle von Gedichten und »historische
Aufsätze« (über »Die Blutnacht von Eger«, die von den Bernern
1798 verlorene Schlacht von »Neuenegg« usf.).

Im Jahr 1899 zeigte sich Karl – er mußte von jetzt an zeitlebens eine Brille tragen – besonders produktiv. Das Jahr blieb ihm auch aus anderen Gründen denkwürdig – vor allem dadurch, daß in der Nacht auf den 31. Mai seine Schwester Käthi »im Alter von sechs Jahren ganz unerwartet schnell aus dem Kreis der Familie genommen wurde«[116]. Sie starb an einer Diphtherie, die der Arzt zu spät erkannt hatte. In den folgenden Sommerferien fing Karl in Beatenberg mit einemmal an, sein bisheriges Schrifttum in einer Sammlung zusammenzustellen, unter dem verheißungsvollen Titel »Karl Barths Gesammelte Werke, gewidmet seiner Großmama«. Im August erkrankte auch die dreijährige »Trudi« an Diphtherie. Und Anfang September mußte Karl wegen Scharlach für einen Monat ins Spital. Die Genesungszeit, die er dann bis Mitte November bei der Basler Großmutter verbrachte, füllte er wieder mit allerlei Schriftstellerei aus. In diesen Tagen besuchte er mit seiner Tante Bethi auch einmal ein Hundetheater. »Es ging ziemlich lang, bis es losging, da hab ich in die feierliche Stille hinein gekräht, gegackert und gebellt, so daß sich aller Augen auf mich richteten. Das freute mich!«[117]

Auch eine im April 1900 mit seinem Vater an den Genfersee unternommene Reise hat er natürlich literarisch festgehalten. Sein umfangreichstes Drama entstand dann 1901 unter dem Titel »Leonardo von Montenuova oder Freiheit und Liebe« (es wurde 1931 von Bonner Studenten wieder ausgegraben und unter Helmut Gollwitzers Ägide aufgeführt)[118]. Es war »ein Trauerspiel ... mit vielen gewaltsamen Todesfällen«[119]. Aber neben den alten kriegerischen Klängen fiel an diesem Stück als Neuheit der Ton zarter Liebesworte auf.

> Mein Fräulein, soll ich länger mich verbergen?
> Seitdem ich euch erblickte, lieb ich euch ...
> O wie mein Herz heut freudig, ruhig schlägt
> Die Liebe gab mir neue, bessre Kräfte
> Nicht fühl ich mehr in mir den alten Druck
> Verschwunden ist die Plage grauer Sorgen
> Im hellen Lichte frohen Jugendsinns
> Seh' ich die Welt gar lieblich, rosig glänzen
> Und wo ich meinen Blick nur lasse schweifen
> Seh ich das Bild der Liebsten in der Ferne ...
> In ihren Armen ewig glücklich sein – – –
> Das ist das Ziel, – Der Weg wird sich noch finden.

Der neue Ton kam nicht von ungefähr. Karl hatte sich verliebt: Anna Hirzel hieß die Erkorene, die Tochter eines Literaturhistorikers an der Universität. Sie war die Jugendfreundin, mit der Karl

»Schlittschuh zu fahren pflegte«[120], mit der er »an der Neubrücke für je 10 ct., welche [er] großmütig . . . auslegte, heißes Zuckerwasser getrunken« und dann auch die Tanzstunde besucht hat – »ein ›flotter Tänzer‹« aber »bin ich zu meinem Leidwesen nie geworden und gewesen«. Eben sie war es, die in der »Hauptheldin« jenes Stücks »mir hehr vor Augen« stand[121]. Beide kamen indessen bald auseinander – und sie begegneten sich erst wieder als 70jährige im Tessin . . .

Karls Dichten und Treiben hatte inzwischen dadurch überhaupt einen neuen Horizont und neue Entfaltungsmöglichkeiten bekommen, daß sein Leben zunehmend durch eifrige Pflege von Geselligkeit bestimmt wurde. Seine Freunde fand er vor allem unter den Schülern des Freien Gymnasiums. Zu seinen engsten Vertrauten in seiner Klasse gehörten Werner Häberli und der Klassenprimus Otto Lauterburg, die beide dann auch Pfarrer wurden, daneben der Zürcher Fabrikantensohn und nachmalige Jurist Wilhelm Spoendlin. Dessen Vater besaß das Schloß Greifensee, auf dem Karl bis Anfang der zwanziger Jahre kürzere und längere Ferientage zu verbringen liebte. In seine Klasse gingen ferner etwa der spätere Oberstdivisionär René von Graffenried und der spätere Heilsarmee-Offizier Ernst von May, die nachmaligen Mediziner Albert Schüpbach und Hans Zurlinden; letzteren sah er dann einmal in Bremen wieder. Eine Klasse unter ihm war sein – und Peter Barths – guter Freund Martin Nil (nachher Pfarrer in Grindelwald), eine über ihm Adolf L. Vischer, den er als Gerontologen an der Basler Universität später wiedertraf. Und vor allem hatte er auch eine Reihe von älteren Kameraden und Gefährten, zu denen er hoch hinaufschaute und von denen er verschiedenste Belehrungen gern entgegennahm: da waren zwei Klassen über ihm Karl Buxtorf (später Basler Pfarrer) und Gerhard Rüfenacht und drei über ihm – »das Urbild eines ebenso wissenden, wie weisen Enthusiasmus« – Gottfried Bohnenblust (nachmals Literaturprofessor in Genf)[122]. Sechs Jahre älter war (der spätere Arzt) Siegfried Aeschbacher, der Bruder seines Konfirmators, auf den er als auf einen »väterlichen Freund« eine lange »Ode« dichtete. Und sieben Jahre älter war Albert Schädelin, der dann als Berner Pfarrer und praktischer Theologe Karl zeitlebens ein verläßlicher Freund war. Letzterer blieb ihm von damals her erinnerlich durch die »bei den Promotionsfeiern des Freien Gymnasiums in der Nägeligaß-Kapelle von Lehrer Ulrich Kriemler in monotonem Singsang vorgetragenen Ranglisten, unter denen sich die einer hoch, hoch über der meinigen figurierenden Klasse befand, die (wenn ich nicht irre, regelmäßig) so anfing: ›Der Erste Albert Schädelin, der Zweite . . .‹ (Diese Erinnerung scheint, wie ich inzwischen aus kompetentester Quelle erfahren habe, historisch nicht eben exakt zu sein. Ich lasse den Satz dennoch stehen: man soll nicht alles ›entmythologisieren‹ wollen.) Eine oder zwei Klassen näher der Tiefe, in der ich mich befand, war dann jeweils auch der Name eines heutigen Bundesrates ... zu hören«[123] – es handelte sich um Eduard von Steiger, mit dem Karl schon damals nicht gut auskam. Die gleiche Schule besuchten auch Karls Brüder Peter und Heinrich.

Mit einigen Schulkameraden gründete Karl im November 1900 einen Schülerverein »Studia«, der sich der »Pflege von Freundschaft und Wissenschaft« verschrieb. Hier wurde Caesar übersetzt und Schiller und Lessing gelesen. Und hier glänzte Karl (»Fink« genannt) durch Gedicht-Deklamationen und Vorträge (»Die Feste Hüningen«, »Der 3. August 1833«, »Ludwig XIV.« usw.). 1902 trat er einer anderen, älteren Verbindung, »Patria« bei, um in ihr (nun »Zwaspel« genannt) erst recht an einer »zeit- und kraftraubenden und umso ergötzlicheren Vereinsmeierei« teilzunehmen[124]. Dieser Verein bestand – laut Statuten – »aus jungen Abstinenten des Freien Gymnasiums« und diente »der Freundschaft, der Geselligkeit und der Bildung«. Er existierte im stolz gepflegten Gegensatz zu einem (nicht abstinenten) anderen Schülerverein, der mehr von den Aristokratensöhnen besucht wurde. In der »Patria« trat Karl, zeitweise auch als Präsident, wieder hervor mit zahlreichen Darbietungen. Er hielt Vorträge: über die Jesuiten oder (voll Lobes) über »Richelieu« oder »über Theaterbesuch«, worin er nicht nur diesen dem Gottesdienst gleichstellte, sondern auch Wagners »Tannhäuser« als »gewaltige Verkündigung« lobpries: »Warum sollte man nicht im Genie eines Mozart und Wagner auch ein Göttliches erkennen dürfen? Ja, das Theater kann auch sehr konkret geradezu predigen.« Karl wirkte aber auch mit an Theateraufführungen. Und er schrieb für den Verein einige Gedichte und Szenen – z. B. eine »große romantische Spektakeloper« unter dem Titel »Der Traum des Primaners«, in der er Mozart-Arien neue Texte unterlegte. Das von ihm gedichtete »Farbenlied« wurde für Jahrzehnte zum Vereinslied. – Bei diesen oder anderen, freien Gelegenheiten wurden immer wieder mit jugendlichem Ernst in langen Debatten allerlei tastende oder stürmische Schritte in die »Geisteswelt« unternommen. »Es waren die Jahre, in denen Haeckel und Nietzsche – ›Gibt es einen Gott?‹ – in aller Munde waren und sogar das Freie Gymnasium erreichten, in denen, wer das Zeug dazu hatte, auch schon Schopenhauer und doch auch wieder Kant diskutierte; und schon begann sich an unserem Horizonte der gewaltige und etwas gewaltsame Hermann Kutter abzuzeichnen.«[125]

Der Konfirmand

Es waren Karls letzte Gymnasialjahre, in denen sich das abspielte.
In ihnen war er sich über seinen künftigen Beruf schon klar geworden. Die Entscheidung war in ihm durch die Begegnung mit dem
Pfarrer an der Nydeggkirche gereift: Robert Aeschbacher, »einem
damals in Bern . . . mit Recht eifrig gehörten Prediger«[126]. Er war
»Schüler und später naher Freund meines Vaters«[127] und stand
theologisch »mindestens mit einem Fuß schon diesseits der Linie,
von der aus es dann weitergehen sollte«[128]. Nach Fritz Barth pflegte
dieser »den Problemen des theologischen Denkens nicht auszuweichen, sondern er versenkte sich gründlich und gewissenhaft in
dieselben, auch wenn dabei manches Überlieferte ins Wanken
kam . . . Er behandelte die Frage des christlichen Denkens aber nie
bloß als theoretisch, sondern als Lebensfrage . . . In schweren inneren Kämpfen wurde es ihm zur Gewißheit, daß in Jesus allein das
Heil für alle Menschen zu finden ist, und diese frohe Botschaft zu
verkündigen, war nun seine Lebensfreude; aber er verkündigte sie
mit dem Hirtensinn, welcher den Verlorenen nachgeht . . . Die
Forderungen des Evangeliums in bezug auf das soziale Leben
machte er mit einer Entschiedenheit geltend, welche ihm von seiten
mancher Ängstlichen und Unverständigen den Vorwurf des Sozialismus eintrug«. Seine Konfirmandenstunden waren »dem jugendlichen Verständnis so sehr entsprechend und durch ihre gemütvolle
Frische so anziehend, daß sie aus allen Stadtteilen besucht wurden
und in mehrere Abteilungen zerlegt werden mußten«[129].
    Auch Karl nahm an diesen Unterweisungsstunden teil. »1901/02
besuchte ich mit großer Freude den Konfirmandenunterricht« dieses Pfarrers[130]. Dieser Unterricht blieb »mir als eine ganz außerordentlich fesselnde, um nicht zu sagen: aufregende Sache im
Gedächtnis . . . Das Hauptgewicht seiner Vorträge – ich brauche
absichtlich dieses Wort, weil ich mich jedenfalls nicht erinnere, daß
katechetisch (im Sinn eines Frage- und Antwortspiels) gearbeitet
oder irgend etwas ›abgefragt‹ wurde – lag auf dem *Lehr*haften: die
damals sehr aktuelle Apologetik und Polemik gegen Haeckel u. a.
Materialisten spielte eine große Rolle, aber dann doch auch die
positive Entwicklung der Bedeutung des Lebens, des Todes, der
Auferstehung Jesu . . ., aber dann doch auch Darlegungen zur
Ethik, in denen wir z. B. (lange vor Kutter und Ragaz) ein Erstes
zur sozialen Frage zu hören bekamen«[131]. »Ich lernte z. B. schon
damals, daß es sich in den fünf mittelalterlichen Beweisen für die
Existenz Gottes und in der spätorthodoxen Theorie von der Literal-
inspiration der Bibel um sehr zweifelhafte Unternehmungen handle

– viel wichtiger aber: daß es eine schöne und gute Sache sein möchte, die großen Sätze des christlichen Glaubensbekenntnisses nicht nur zu kennen und zu bejahen, sondern von innen heraus zu verstehen.«[132] »[Der Unterricht] war, dem Styl der Jahrhundertwende entsprechend, wohl reichlich apologetisch eingestellt, brachte mir aber das ganze religiöse Problem so nahe, daß ich mir beim Abschluß des Unterrichts klar war über die Notwendigkeit, Weiteres über diese Sache in Erfahrung zu bringen.«[133] »Am Abend meines Konfirmationstages [am 23. März 1902] beschloß ich kühnlich, Theologe zu werden: nicht etwa im Gedanken an Predigt, Seelsorge und so weiter, wohl aber in der Hoffnung, auf dem Wege dieses Studiums zur Realisierung eines mir dunkel vorschwebenden sachlichen Verstehens des Glaubensbekenntnisses zu gelangen.«[134]

Karl hat dann in der Folgezeit Robert Aeschbachers »Predigten (unvergeßlich eine Serie über Röm. 1,16 und eine andere über Ps. 23,1!) in der bis fast unters Dach vollgepackten Nydeggkirche jahrelang mit größter Teilnahme begleitet«[135]. Wurde er durch ihn unmittelbar zum Theologiestudium angeregt, so wurde er es mittelbar, aber heimlich wohl doch noch wesentlich stärker durch seinen eigenen Vater. »Der Mann, dem ich zweifellos die Voraussetzungen für mein späteres Verhältnis zur Theologie verdanke, war mein Vater Fritz Barth . . ., der mir in dem stillen Ernst, in welchem er als Gelehrter und Lehrer den christlichen Dingen zugewendet war, ein unauslöschliches und oft genug mahnendes Vorbild geworden und geblieben ist.«[136]

Und dann rückte der Beginn des Studiums für Karl in Griffnähe. Im Sommer 1904 bestieg er auf einer Schülerreise den Titlis und Urirotstock. Und in den Juliferien bereitete er sich mit Spoendlin am Greifensee auf die kommenden Examina vor. Er begegnete dort auch einer deutschen Pfarrerfamilie Vietor. Mit der Tochter geigte, mit dem Sohn sang er viel zusammen – aus der »Zauberflöte«, »cet magnifigne œuvre immortel du grand Mozart«*; sie sangen »même en baignant au lac**: Ein Mädchen oder Weibchen etc.«[137]. Miteinander brach man auch zu einer »nächtlichen Seefahrt« auf, Karl mit einer großen Pfeife, »mit der ich damals die Nachtluft verpestete«[138]. Anfang September 1904 fand dann seine schriftliche, am 15./16. September seine mündliche Maturitätsprüfung statt und am folgenden Tag wurde ihm das Reifezeugnis ausgestellt. So »bestand ich das Maturitätsexamen, strauchelnd über Chemie, Physik und dergl., nur mit Note 2«[139]. Zwei Tage später durfte Karl die »Mulus«-Rede halten, in der er unverblümt erklärte, wie ungern er zur Schule ging

---

* dieses gewaltige, unsterbliche Werk des großen Mozart
** Sogar beim Baden im See

(»Du sollst mir stets in Ehren sein / doch bringt kein Pferd mich mehr hinein«) – aber auch, wie schwer es die Lehrer gerade mit dieser Klasse hatten (»Wahrlich, die Leiden Hiobs oder des göttlichen Dulders Odysseus mögen gering gewesen sein gegen die Summe von Plagen und Aufregungen, die wir dem Freien Gymnasium und seinen Lehrern bereitet!«). »Eine als Belohnung für die ausgestandene Unbill gedachte Reise nach Frankfurt und Köln führte mich Staunenden« zusammen mit Wilhelm Spoendlin »zum ersten Mal in das weite deutsche Reich hinaus.«[140]

II. stud. theol.

Die Jahre im Studium und im Vikariat 1904–1911

Die ersten Semester in Bern

»Dann begann ich, von meinem Vater mit freundlichem Ernst geleitet und beraten, in Bern zu studieren.«[1] Karl Barth wohnte weiterhin im Claraweg bei seinen Eltern und besuchte von da aus die Universität. Am 17. Oktober 1904 ließ er sich an der theologischen Fakultät immatrikulieren. Durch die Türe, die sich ihm damit öffnete, betrat er ein Gebiet, das ihm noch weithin Neuland war. Die ersten Eindrücke von der theologischen Wissenschaft gingen freilich nicht gerade tief. Er fand sich durch seine theologischen Lehrer in Bern irgendwie nicht richtig angesprochen und mitgenommen. Aber gewiß hat er ihre Vorlesungen und Übungen regelmäßig und aufmerksam besucht. Und ihre »gediegene, aber etwas trockene Weisheit . . . habe ich, ohne vorerst Überblick zu gewinnen, jedenfalls fleißig nachgeschrieben«[2]. Die sorgfältig und genau angefertigten Nachschriften pflegte der Studiosus übrigens jeweils am Semesterende von einem Buchbinder binden zu lassen, um dann den Umschlag mit allerlei Spottversen, Anekdoten, Aussprüchen und Karikaturen zu verzieren. So zeigt ein Heft aus seinem zweiten Semester das Bild eines vergrämten Mannes – mit der Unterschrift: »Dr betrüebt Vatter nachem Exame vom fule Barthli.«

Unter seinen Lehrern gab es z. T. recht eigenwillige Gestalten. »Das Neue Testament habe ich damals kennengelernt unter Leitung eines alten Berner Professors namens Rudolf Steck«, der den Unterricht füllte »mit seinen freundlich, aber etwas langweilig exakten Analysen«. Er war »ein letzter, schärfster Vertreter der Tübinger Schule« und vertrat die Ansicht, »daß sämtliche unter dem Namen Paulus umgehenden Briefe unecht seien und ins 2. Jahrhundert gehörten«[3]. Altes Testament hörte Barth bei Karl Marti, »ein strammer Schüler Wellhausens«[4], »auch er ein großer Gelehrter« – aber »was er . . . zu erzählen wußte, war eine arg trockene Weisheit«[5]. »Und in der systematischen Theologie haben wir einen wackeren Mann gehabt, der hieß Hermann Lüdemann, ein Schleswig-Holsteiner, der seinerzeit dort droben nicht mehr existieren konnte, weil er sich gegen Bismarck erklärt hatte.«[6] Er war »wie Steck ein direkter Schüler F. Chr. Baurs«[7]. Und er hat »mit seinem immer galligen systematischen Scharfsinn« und »unter bitterer Polemik gegen Ritschl und seine Nachfolger«[8] ein theologisches System erbaut »einerseits ganz auf Kant, andererseits auf dem – Positivismus kann man's nennen ... Er nannte sich Empiriokritizist. Und er diktierte uns in seinen ersten Paragraphensätzen die These: ›Kraft seines religiösen Bewußtseins weiß der Christ ...!‹ Das religiöse Bewußtsein, also ein empirisches Faktum, sei ... das Löchlein, durch das wir hineinblicken ins Transzendente«[9].

Karl Barth hörte sich diese Lehrer etwas lustlos an. Sie »vermochten ... nicht, mich tiefer und nachhaltig zu interessieren«. Immerhin, »was ich jenen Berner Meistern trotz allem verdanke: ich habe damals das Gruseln verlernt, habe nämlich die ›historisch-kritische‹ Schule in ihrer älteren Gestalt damals so gründlich durchlaufen, daß mir die Äußerungen ihrer späteren ... Nachfolger nicht mehr unter die Haut oder gar zu Herzen, sondern, als nur zu bekannt, nur noch auf die Nerven gehen konnten«[10]. »Damals, als 19jähriger Student, habe ich viel schärferen Tabak geraucht als alles das, was man« dann Jahre später »unter dem Titel Entmythologisierung« zu hören bekam[11]. Und »was man gegen ›die alte Orthodoxie‹ ... auf dem Herzen haben kann, und daß alle Wege Gottes bei Kant anheben und womöglich auch zum Ziel kommen müssen, das habe ich mir in meinen Berner Semestern ernstlich sagen lassen und angeeignet«[12].

»Mit unvergleichlich viel mehr Anteilnahme, aber gerade darum nicht ohne Ausschau nach neuen Wegen folgte ich den Vorlesungen und Übungen meines Vaters.«[13] Barth hörte bei ihm in den vier Semestern, die er hintereinander an der Berner Universität zubrachte: »Gleichnisse Jesu«, »Einführung in das Studium der Theologie«, Kirchengeschichte I–IV, das »Leben Jesu« und »Leben und Schriften des Paulus«. Doch auch durch diese Vorlesungen fand er sich nicht richtig gefesselt. »Meinen Vater ... – sein Bild hängt noch heute unmittelbar vor mir – hatte ich, von allem Persönlichen und Geistlichen abgesehen, als gediegenen Wissenschaftler hoch respektiert. Aber seine, wie man damals sagte, (gemäßigt) ›positive‹ ... theologische Haltung und Richtung konnte ich mir nicht zu eigen machen.«[14]

Der vorhin genannte Name des Philosophen Immanuel Kant war es, der Karl Barth allerdings doch schon in diesen Berner Semestern hell zu leuchten und ihm einen zunächst freudig betretenen Weg zu weisen begann. »Das erste Buch, das mich als Student wirklich bewegt hat, war Kants Kritik der Praktischen Vernunft.«[15] Diese Lektüre Kants hat Barth wenige Jahre später einmal geradezu in den Farben einer Bekehrungsgeschichte schildern können: »Und dann kam die Zeit, wo ich anfing,eine große Entdeckung zu machen. Und das war die Entdeckung, daß das Evangelium etwas Einfaches sei, daß die göttliche Wahrheit nicht ein verzwicktes, schwieriges Gebilde von hunderterlei Sätzen und Meinungen und Vermutungen sei, sondern eine schlichte, klare Erkenntnis, die jedem Kinde zugänglich ist. Ich weiß noch deutlich, wie diese Einsicht über mich kam, während ich ein Buch studierte, dessen Inhalt war, es gebe nichts Gutes in der Welt und außer der Welt, außer dem guten Willen*. Der gute Wille sei die Wahrheit, das Göttliche in meinem Leben. Daran hielt ich mich. Es war nicht viel, aber es war etwas, und es konnte etwas draus werden ... Der Wirrwarr von Fragen und Meinungen in meinem Kopfe begann ein Ende zu nehmen und an seine Stelle traten drei oder vier große Hauptfragen: Was Gott sei? Was Jesus für uns bedeutet? Was das Ziel unsres Lebens sei? Wie wir dieses Ziel erreichen? ... Ich stellte mir zur Regel auf: Je einfacher, umso besser. Die Freude an der Wissenschaft kam mir dadurch nicht abhanden; ich studierte sogar fleißiger und mit mehr Freude als vorher, aber was ich in den Büchern und bei den Professoren von jetzt an suchte, das war die rechte Erkenntnis des Einfachen. Tiefer, klarer, bestimmter werden in *dieser* Erkenntnis, das wurde mein Ziel.«[16]

Aber nun hatte Karl Barths Leben als Student gerade in diesen seinen ersten Semestern zugleich noch eine andere Seite: die Aktivitäten in einer Verbindung, die ihn vorläufig sehr viel mehr erfüllten und in Atem hielten als seine Gehversuche auf dem Feld der Theologie. Kurz nach seiner Immatrikulation wurde er in den gleichen Verein aufgenommen, in dem einst sein Vater schon kräftig mitgetan hatte. Er bekam den Übernamen »Sprenzel« und eiferte seinem Vater jetzt zunächst vor allem in der Betätigung gerade auf diesem Sektor nach. »Viel Zeit, Geld und Kraft verbrauchte ich in dieser Zeit in der Studentenverbindung Zofingia; sie war von der damals erst leise anhebenden Jugendbewegung auch nicht aufs Leiseste angekränkelt; meine Lebensfreunde habe ich später auf ganz anderen Wegen gefunden; doch möchte ich um der fröhlich farbigen Erinnerung willen auch dieser Episode nachträglich nicht gram sein.«[17] Kaum dort aufgenommen, begann er mit seinen Kumpanen stolz »in unsern Mützen stadt auf und ab« zu schreiten und zu »protzen«[18]. Und kaum der abstinenten Schülerverbindung »Patria« entronnen, wurde er hier binnen kurzem ein sehr aktiver Biertrinker. Ein fröhlicher Raucher war er ohnehin schon längst – von seiner Großmutter hatte er sich denn auch zur bestandenen Maturität eine »lange Tabakpfeife«, »eine Menge guten Tobaks« und

---

* Aus Kants »Grundlegung zur Metaphysik der Sitten« zitiert.

»viele Cigaretten« gewünscht[19]. Wohl fand Barth: »der herrschende Ton ist mir etwas allzusehr blos biergemütlich«[20]. Aber dann tat er in dem Verein wiederum doch auch gern mit. Schon gleich im ersten Semester eilte er fleißig an allerlei regelmäßige und außerordentliche Veranstaltungen dieser »Zofingia« – in Bern und an anderen Orten. Das nötige Geld verdiente er sich z. T. selber, indem er privat – Violinstunden erteilte (»Ist das nicht der reine Hohn?«[21]).

Durch die Kontakte in der Berner Verbindung und mit auswärtigen »Zofingia«-Gruppen wurde Karl Barth mit einer bunten Reihe von werdenden und schon gewordenen Akademikern bekannt. Besonders in der Basler Abteilung lernte er einige kennen, mit denen er aus anderen Gründen später wieder nah zusammengeführt wurde. Da war Alphons Koechlin, der nachmalige Basler Kirchenratspräsident und Ökumeniker (1885–1965), der »am Laupen-Kommers des Jahres 1905 . . . in meinen . . . Gesichtskreis getreten ist«. Als Zentralaktuar trug er die Fahne »und ich bin als Hörnli-Fuchs rechts neben [ihm] . . . hergelaufen . . . Als ich gelegentlich etwas unsanft in die Spalier bildende Menge des Publikums hineinmarschierte«, hat er »mich mit sanfter Stimme ermahnt: Gäll, de bisch ordlig mit de Lit! Das hat sich mir . . . tief eingeprägt, obwohl ich im späteren Leben mit den Leuten . . . nicht immer ausgesprochen ordlig gewesen bin«[22]. Da war ferner Lukas Christ (1881–1958), der nachmalige Baselbieter Konventspräsident, dessen Vater schon mit Barths Vater befreundet war: er stand nach Barths Erinnerung »immer da wie ein Fels«, den »ich . . . wegen dessen Kälte und Steilheit als Jüngling sogar ein wenig gefürchtet habe«, bis er »mir . . . [sein] Zutrauen geschenkt und durch die vielen guten und bösen Tage langer Zeiten hindurch nie mehr zurückgezogen« hat[23]. Da war Oskar Farner (1884–1958), später in Zürich den »spezifisch schweizerischen Theologen und Kirchenmann in seinen besten Möglichkeiten« darstellend: ausgezeichnet durch ein »mannhaftes, gerades Wesen« und eine »echte Offenheit nach allen Seiten«[24], »liberaler Herkunft, mit dem ich mich doch in den wichtigsten Dingen so gut verstand«[25] – jetzt schon und in den folgenden Jahrzehnten immer noch. Und da war schließlich Eduard Thurneysen (1888–1974): als er und Karl Barth sich »kennen lernten, war [Thurneysen] Mitglied der damals eben sehr bewegten Zeiten entgegengehenden Basler Zofingia und als junger Theologe Schüler von Paul Wernle und Bernhard Duhm«[26].

Im Winter 1906 erregte Karl Barth in seiner Berner Verbindung Aufsehen und lange Debatten durch einen Vortrag (am 20. Januar 1906) über eine Frage, die »mich seit dem Tage meines Eintritts in die Zofingia beschäftigt hat, ja mir zu einer Herzenssache geworden ist«, über »Zofingia und Sociale Frage«. Er stellte fest, »daß auch bei uns . . . der Riß zwischen Kapital und Arbeit, zwischen Mammonismus und Pauperismus, kurz gesagt: zwischen Reich und Arm . . . immer größer wird«. Unter Berufung auf Leonhard Ragaz sah er in der sozialen Frage »ein Glied in der Entwicklungsreihe eines, besser *des* Menschheitsproblems, das einst Jesus der antiken Welt gegenüber gestellt hat«. Und von daher forderte der junge Theologiestudent eine Umwandlung der Zofingia aus einer »strammen Couleurverbindung, deren wesentliche nationale (!) Aufgabe darin besteht, die ›ehrwürdigen alten Studentensitten‹ der Nachwelt möglichst intakt zu überliefern«, in eine Verbindung, die »von einem neuen Geist, vom Geist socialer Verantwortlichkeit den untern Volksschichten und vor allem uns selbst gegenüber erfüllt« ist. Heftigster Opponent in der Diskussion: der ehemalige Mitschüler und jetzige Jurastudent Eduard von Steiger!

Im selben Winter verfaßte er immerhin doch auch zwei Seminararbeiten (eine neutestamentliche und eine kirchengeschichtliche) – nachdem er schon im Sommer vorher für ein Seminar einen langen Aufsatz über die (als »neuropathische«, aber doch auch wunderbare Erscheinungen erklärte) »Stigmata des Franz von Assisi« zu Papier gebracht hatte. Am 17. März 1906 erschien dann die erste Nummer seiner »Bibliographie«: ein Bericht über die X. Aarauer Christliche Studentenkonferenz, an der u. a. Adolf Schlatter mit einem Vortrag hervortrat. Bei dieser Konferenz handelte es sich um eine mit durch Fritz Barth ins Leben gerufene Tagung, die jahrzehntelang jeweils an drei Tagen im Frühling durch Vorträge und Diskussionen – laut Statuten – »das Interesse für religiöse Fragen unter den Studenten zu wecken, dieselben im Sinne Jesu Christi zu beantworten und christliches Leben unter den Studenten zu fördern« suchte[27]. Gut einen Monat später hielt Karl Barth in Bern vor dem akademischen evangelisch-theologischen Verein seinen ersten theologischen Vortrag über »Die ursprüngliche Gestalt des Unser Vater« (»Wir haben heute einen Blick gethan in die Werkstätte der historischen Kritik, die, und das von Rechts wegen, auch vor dem Höchsten und Heiligsten, . . . nicht Halt machen kann!«).

Im folgenden Herbst, am 17. Oktober 1906, schloß er erfolgreich (mit Note 1!) die erste Etappe seines Studiums mit dem Propädeuticum ab, auf das er sich wieder auf Schloß Greifensee vorbereitet hatte. Bei diesem Examen muß ein schweizerischer Theologiestudent seine Kenntnisse in Philosophie, Religionsgeschichte, Kirchengeschichte und Bibelkunde nachweisen. Besonders Mühe machte Karl dabei das Hebräisch, »eine Sprache, mit der ich mich von der ersten Bekanntschaft her auf dem Kriegsfuß be-

fand . . . Mein Vater war sehr firm darin und hat mich oft und leider
umsonst getadelt, daß ich nicht einsteigen wollte oder konnte«[28].
»Nach der . . . sog. propädeutischen Prüfung . . . nach schweizerischer Übung auslandsreif geworden, strebte ich nach Marburg,
während mein Vater mich gern nach Halle oder Greifswald hätte
ziehen sehen. Das Resultat war, daß ich nach dem angeblich neutra-
leren Berlin kam.«[29] Der Schulfreund Wilhelm Spoendlin begleitete
ihn dorthin, ebenfalls der Zofingia-Bruder Oskar Farner. Als sie in
der deutschen Hauptstadt eintrafen, waren die Menschen dort übrigens gerade lebhaft bewegt und erregt durch das Husarenstücklein
des Hauptmanns von Köpenick. Im dritten Stock in der Halleschen
Straße Nr. 18 hatte Karl Barth im Winter 1906/07 sein Quartier.
Sein »Mittagessen« pflegte er natürlich »bei Aschinger« einzunehmen[30]. Über die Weihnachtstage, die er zum ersten Mal nicht mit
seiner Familie verbrachte, fuhr er nach Greifswald zu Professor
Samuel Oettli, einem Freund und ehemaligen Berner Kollegen des
Vaters.

Schüler Harnacks

In Berlin studierte Karl Barth sehr intensiv. Freilich nicht bei
Reinhold Seeberg, den zu hören der Vater ihm vor allem empfohlen
hatte – noch 1924, als er dort in Berlin auf der Durchreise einen
künstlich präparierten Wal besichtigte, fand er: »einfach gräßlich,
die lebendige oder vielmehr ausgestopfte Wiederholung der Dogmatik von Seeberg!«[31] Es war vielmehr so, daß »ich . . . Seeberg
weislich umging, von Holl in meiner Torheit leider keine Notiz
nahm, dafür Harnack (und mit nicht weniger Eifer auch Kaftan und
Gunkel) mit . . . Begeisterung hörte«[32]. Bei Kaftan hörte er »Spezi-
elle Dogmatik« und bei Gunkel Alttestamentliche Theologie; »daß
es sich im Alten Testament um eine bewegende Sache handeln
möchte, fing mir erst . . . bei Gunkel an aufzugehen«[33]. Vor allem
aber hörte er Harnack (1851–1930) – nämlich »seine große Vorlesung über Dogmengeschichte«[34], in der er also aus dem Mund dieses
Mannes selber die These vernahm, daß »das alte Dogma . . . eine
Selbstdarstellung des griechischen Geistes auf dem Boden des
Evangeliums« sei[35]. Karl Barth wurde – als jüngster Teilnehmer –
sogar »ordentliches Mitglied seines kirchenhistorischen Seminars
über Apostelgeschichte . . . und durfte auch ein oder zwei Mal in
[seinem] Hause an der Fasanenstr. sein«. Bei ihm begegnete
»ich . . . einmal einem nachmals sehr berühmten Mann«, mit dem
sich Harnack am Familientisch »über allerlei baltische Dinge unter-

hielt: es war Graf Hermann Keyserling«[36]. Unvergeßlich blieb auch, »wie ich [Heinrich Scholz] in Berlin als Senior in Harnacks Seminar – er hatte damals etwas Blitzendes – unter uns kleinere Geister treten sah«[37]. Eben für dieses Harnack-Seminar schrieb Karl Barth eine bemerkenswert umfangreiche (158seitige) Arbeit über »Die Missionsthätigkeit des Paulus nach der Darstellung der Apostelgeschichte«. Fazit: »Für die paulinische Lehre ist und bleibt die Apostelgeschichte eine Quelle zweiten Ranges« – wozu der Lehrer am Rand bemerkte: »Ich würde sagen: ersten Ranges . . .« Nach Harnacks handschriftlicher Beurteilung hatte der Verfasser »manches zu breit behandelt«, aber sonst »sehr fleißig und sehr tüchtig« und »mit Umsicht und Besonnenheit« gearbeitet.

Mehr als an allen anderen, auch »mehr als an Gunkel«, lernte Barth jetzt »an Harnack hoch hinaufsehen«[38]. »Begeisterter für die Persönlichkeit und für die Lehrart« dieses Mannes »ist damals jedenfalls unter den vielen Schweizern, die mit mir dort waren, keiner gewesen als ich. Es ging so weit, daß ich wegen der Arbeit, die ich für sein Seminar zu machen hatte und mit der ich Monate lang fast Tag und Nacht beschäftigt war, fast völlig versäumte, vom Kaiser Friedrich-Museum und andern Schönheiten Berlins die gebührende Notiz zu nehmen«[39] und auch sonst »von den mannigfaltigen Anregungen der fremden Großstadt den für meine Allgemeinbildung nötigen Gebrauch zu machen«[40]. »Denn ich sagte mir, das ist der große Augenblick: du bist mit *dem* Theologen der Zeit zusammen; was kümmern dich Museen, Theater, Konzertsäle? . . . So habe ich wenig von Berlin erlebt – nicht einmal die große Kaiserrede vom Altan des Schlosses herab gegen Zentrum und Sozialdemokratie«[41], habe aber dafür eben Harnack, »wie ich wohl sagen darf, sehr gründlich« gesehen und gehört[42]. In späterer Zeit bereute Barth freilich sein damaliges Versäumnis, sich in Berlin näher umzusehen, – und in Safenwil zudem das Versäumnis, bei Adolph Wagner Nationalökonomie zu belegen. Immerhin beteiligte er sich hier nebenbei auch an einer Vorlesung von Walter Simons über »Christentum und soziale Frage«. Und immerhin nahm er im Vorbeigehen doch auch einiges von der Weltstadt Berlin in ihrem damaligen Glanz in sich auf, hörte im Dom, wenig erbaut, den Oberhofprediger Dryander und erlebte sogar einmal – was ihm wie ein Märchen vorkam – an der Schinkelschen Wache den Vorbeizug von Kaiser Wilhelm II. mit dem dänischen König an den salutierenden Gardekürassieren.

Karl Barth begann sich jetzt merklich von der »positiven« Linie seines Vaters zu entfernen. »Die Möglichkeit religionsgeschichtlichen Verständnisses der Bibel leuchtete mir ein und Schleiermacher trat jetzt neben Kant deutlicher als zuvor in mein Bewußtsein.«[43] Von der »Durcharbeitung der Kritik der praktischen (dann erst, aber ebenso intensiv betrieben), der reinen Vernunft Immanuel Kants herkommend«[44], stieß Barth nun eben auf Schleiermacher, der gerade von dem Berliner Semester an auf Jahre hinaus zum Leitstern seines Denkens wurde. »In Berlin . . . kaufte ich mir . . ., zusammen mit Wilhelm Herrmanns ›Ethik‹, mein bis heute benütztes Exemplar von Schleiermachers ›Reden‹ in der Ausgabe von R. Otto. Heureka! Ich hatte offenbar ›Das Unmittelbare‹ gesucht und hatte es nun – nicht bei Hermann Kutter, der unter diesem Titel sein erstes Buch schrieb – bei Schleiermacher gefunden . . . Ich war geneigt, ihm fide implicita* auf der ganzen Linie Kredit zu geben. Immerhin, wie es ja auch sachlich in Ordnung ging, liebte ich doch auch Eichendorff und besonders Novalis. War . . . ich doch selbst ein bißchen Romantiker! . . . Sicher ist, daß ich schon vor 1910 in der bourgeoisen Welt Ritschls und seiner Schüler in meinem Innersten ein Fremdling war.«[45]

Gleichzeitig mit der Zuwendung zu Schleiermacher trat gerade in diesem Berliner Semester nun auch das ein, was Fritz Barth durch das Verbot eines Studiums in Marburg hatte verhindern wollen: der Sohn wurde hier zu einem entschiedenen Schüler und Anhänger Wilhelm Herrmanns (1846–1922). »Der Tage, in denen ich . . . in Berlin zum erstenmal seine Ethik las, erinnere ich mich, wie wenn es heute wäre. Hätte ich das Temperament von Klaus Harms, so könnte ich von Herrmann wohl Ähnliches sagen, wie jener von Schleiermacher oder wie Stilling von Herder: ›ich empfing von diesem Buch den Stoß zu einer ewigen Bewegung‹. Ich möchte zurückhaltender, aber nicht weniger dankbar sagen: Von da an meine ich mit selbständiger Aufmerksamkeit dabei gewesen zu sein in der Theologie.«[46] Das Berliner Semester hatte also Barths Wunsch, in Marburg zu studieren, keineswegs verdrängt, sondern nur verstärkt. Aber bevor dieser sein Wunsch in Erfüllung gehen konnte, nahm sein Lebensweg zunächst eine etwas bizarre Wendung.

Er schrieb sich im April 1907 wieder an der Universität Bern ein, um sich dort alsbald in einer heißen Kampfabstimmung (gegen den einstigen Klassenkameraden und nachmaligen Berner Medizinprofessor Albert Schüpbach) zum Präsidenten der Berner »Zofingia« wählen zu lassen. Nach den Worten eines Kommentators war diese Wahl eine große »Überraschung: Ein Ketzer war Papst geworden. Die Mitketzer frohlockten, die Strenggläubigen waren voll Kum-

---

* sinngemäß: blindlings vertrauend

mers. Aber Hoffnungen und Ängste wurden nicht erfüllt. Der neue
Kirchenfürst versuchte es kaum, mit den alten geheiligten Überlie-
ferungen zu brechen. Bald handelte er ganz orthodox, ganz com-
mentmäßig. Und daran tat er wohl. Mit Zwängen und Drängen
hätte er nur eine ruhig fortschreitende Entwicklung gehemmt . . . So
hat denn dieses Semester einen ›ruhigen und normalen Verlauf‹
genommen«[47]. In der Tat, Karl Barth war nun ein Semester lang
»etwa mit derselben Intensität Präsidium, wie weiland an der Halleschen Straße Harnack-Seminarist«. Er mußte gestehen: »Die Theologie liegt ganz brach«; meistens »sitze ich mit Amtsgesicht im
[Verbindungslokal] Stadtbachgarten unter den Bäumen oder auf
dem Kanapee und regiere«[48]. Als Leibfuchs stand Barth dabei
Martin Nil zur Seite: »ein treuer, immer zu allerhand Schalk aufge-
legter Kamerad, . . . ein Berner Gemüt mit allerhand Winkeln und
verborgenen Träumereien«[49]. Die Zeit ging nur so vorbei mit Sitzungen, mit Früh- und Spätschoppen, mit der Teilnahme an allerlei
Festen, Bällen und Kommersen, mit dem feierlichen Tragen einer
Fahne quer durch Bern oder durch die Zürcher Bahnhofstraße und
dann mit verschiedenen Ausfahrten und Ausflügen – die »›Herren‹
mit den steifen Krägen« und die »›Damen‹ mit ihren phantastischen
weißen Hüten in ihrer ganzen Vorkriegsherrlichkeit«.[50] »In Berlin
habe ich ›geschafft‹, aber in Bern habe ich meine Tage mit studentischer Herrlichkeit zugebracht . . . Das ist wahrscheinlich ein Moment meines Lebens gewesen, in dem das ausgelebt werden mußte.
Ich *habe* es ausgelebt – bis auf den Grund.«[51] Karl Barth war von
dem allem so bewegt, daß er beim Besuch des (später mit ihm
befreundeten) Berliner Domstift-Kandidaten Günther Dehn in seinem Elternhaus das Tischgespräch damit und nur damit beherrschte. »Ich erinnere mich dunkel, daß ich nach jenem Abend
eine strenge Censur meines Vaters empfangen habe.«[52]

In besonderer Weise verklärt wurde dieser Sommer durch Karl
Barths erste große Liebe – zu einem Berner Mädchen namens Rösy
Münger. Er hatte sie ein Jahr zuvor entdeckt. Und »ich habe die
glücklichsten Stunden mit ihr erlebt«, ihr natürlich gleich auch »ein
ellenlanges lyrisches (!!!) Gedicht gemacht«[53]. Die Begegnung mit
ihr »war eine der einschneidendsten und rätselhaftesten Erfahrungen meines Lebens«[54]. Es kam bald im Verhältnis der beiden zu
allerlei schmerzlichen Komplikationen. Es ging wie in jenem Lied:
». . . sie konnten zusammen nicht kommen . . .« Ihre Eltern waren
nicht für ihre Freundschaft und für ihre Verlobung. Und in einer
Auseinandersetzung über diese Frage mußte Karl Barth sogar einmal den unerbittlichen Standpunkt hören: »Elternwille ist Gottes
Wille.« Vor allem auf Drängen seiner Eltern hat er sich dann im Mai

1910 von Rösy getrennt. »Ich habe dieses Mädchen – sie ist 1925 gestorben – nie vergessen können.«[55] Sie war in Gedanken »immer wieder da: fragend, aber freundlich und lieb«[56].

Am Ende des Sommersemesters 1907 war Fritz Barth des wilden Treibens seines Sohnes müde. Mit einem Machtwort suchte er sein Leben in gemäßigtere Bahnen zu lenken. Er wollte ihn im Blick auf jene Freundschaft auf andere Gedanken bringen. Und »er fand, es sei an der Zeit, daß ich mit meinen liberalen Neigungen einmal etwas Ordentliches an positiver Theologie zu hören bekäme . . . Infolgedessen hat er mich nach Tübingen zu Adolf Schlatter geschickt. Neben ihm sollte ich auch Theodor Häring hören, der ja zur Ritschlschen Theologie gehörte und mit dem mein Vater auch befreundet war«[57]. Bevor Karl Barth dem väterlichen Befehl gehorsam folgte, übernahm er im August ein »vierwöchiges Vikariat in einer großen Gemeinde des Berner Oberlandes«[58], in Meiringen. Die erste der dort gehaltenen Predigten (über Ps. 121!) enthält eine ausgiebige Beschreibung der Meiringer Bergwelt (»Wenn . . . der Orgel Töne durch das Gotteshaus erbrausen und von drüben rauschen wie immer die Wasserbäche und die Firnen grüßen in ewiger Reinheit – wer hätte es nicht schon empfunden: ›Der Anblick gibt den Engeln Stärke . . .!«). Und die Basler Großmutter ließ es sich »nicht nehmen, meiner ersten Kinderlehre' in der alten Kirche in Meiringen, halb hinter einer Säule sich verbergend, beizuwohnen, wobei ich doch kaum annehmen kann, daß ich es ihr recht gemacht habe«[59]. Barth war auf das Vikariat insofern vorbereitet, als er im vergangenen Semester wenigstens doch ein homiletisches Seminar absolviert und bei der Gelegenheit seine erste Predigt (über Mark. 8,34 f.) geschrieben hatte.

Im Oktober war es dann so weit, daß er – »der nun schärfer zugreifenden väterlichen Autorität, nicht dem eigenen Trieb gehorchend«[60] – nach Tübingen zog, wo er sich in der Neckargasse 10 niederließ. »Wenn ich den Kopf zum Fenster herausstreckte, so konnte ich den Hölderlin-Turm und auf der linken Seite die Neckarbrücke sehen. Und dort habe ich nun wirklich gearbeitet, da ich eine Akzeß-Arbeit schreiben mußte – das war damals in Bern für das Examen vorgeschrieben.«[61] Sie handelte »über das selbstgewählte Thema ›Der Descensus Christi ad inferos* in den ersten drei Jahrhunderten‹«[62], das betont historisch, nicht–»dogmatisch« erörtert wurde, und wuchs schließlich zu einer 194 Seiten starken Schrift an. Daneben memorierte Karl Barth eifrig den Examensstoff, und etwa auf die Dogmatikprüfung präparierte er sich durch die Anlage

---

* Christi Höllenfahrt

einer dicken Exzerptesammlung, über die er den Titel setzte: »Consensus repetitus Fidei Christianae vere Lutheranae sive Lustgärtlein der Dogmatik angelegt für Kinder und solche, welche die Kinder liebhaben, nach Chr. E. Luthardt.« »Von früh bis spät bin ich auf der Bibliothek und eben auf dieser Bude tätig gewesen. Ich habe mir dann, um mir die Würde eines richtigen Tübinger Studenten von damals zu verschaffen, eine ganz große Pfeife gekauft, die neben mir am Boden stand, und habe da sehr fleißig geraucht und gearbeitet.«[63] Spät abends hat Barth jeweils »noch ein Glas Bier getrunken« und sich »als Gast der ›Königsgesellschaft‹* auch hier an allerlei studentischen Allotria« beteiligt[64].

»Nur Eines ist nicht gelungen in Tübingen: ich bin nicht ›positiv‹ geworden.«[65] Er fühlte sich in den dortigen Hörsälen so unwohl, daß er in seiner Wut »die theologische Fakultät eine Spelunke« und Tübingen »ein miserables Nest« nannte[66]. Er hörte (über den Römerbrief) »mit Erstaunen Haering, mit Freude nur den Kirchenrechtler F. Fleiner« – dagegen ganz unregelmäßig und wenn, dann nur »mit heftigster Renitenz Schlatter«[67]. Er mokierte sich über dessen »Talent, über Schwierigkeiten elegant hinwegzuturnen, ohne sie gründlich anzupacken«[68]. »Ich habe mich nur entsetzt über Schlatter. Ich . . . war nun so eingefuchst auf die andere Richtung, auf Jülicher und Heitmüller usf. Darum konnte ich es gar nicht vertragen, wie der Schlatter da das Matthäus-Evangelium behandelte. Schon nach drei Wochen habe ich meinem Vater einen Brief heimgeschrieben und gesagt (wie es im Jonabuch heißt): Ach Herr, habe ich es dir nicht gesagt, da ich noch in meinem Vaterland war . . ., das würde nicht gut herauskommen. Also: der Schuß ist hinten hinaus gegangen. Erst viel, viel später bin ich dann auf ganz anderen Wegen selbständig aus diesem liberalen Teich herausgekommen.«[69] Dem Mann, der ihm dabei behilflich sein sollte, ist Barth gerade in dieser Tübinger Zeit schon (zum ersten Mal am 27. Dezember 1907) begegnet: Christoph Blumhardt, den er damals »mehrfach«, wenn auch vorläufig »ohne gründliche Einsicht« in Bad Boll aufgesucht hat[70]. Für den Augenblick jedoch hatte das väterliche Machtwort nichts gefruchtet – woraus der Sohn dann einmal nach Jahrzehnten die Lehre zog: »Eines der besten Mittel gegen die liberale und sonstwie üble Theologie besteht darin, sie eimerweise zu sich zu nehmen. Wogegen alle Versuche, sie dem Menschen künstlich oder zwangsweise vorzuenthalten, ihn nur veranlassen können, ihr in einer Art Verfolgungswahn erst recht zu verfallen.«[71]

---

* eine Studentenverbindung

Schüler Herrmanns

Ob auch Fritz Barth aus dem Verhalten seines Sohnes diese Lehre zog? Jedenfalls, als er einsehen mußte, daß dieser sich auch durch die Tübinger Zwangsverordnung nicht auf die gewünschte Linie lenken ließ, erlaubte er ihm schließlich, im April 1908 nach Marburg, »meinem Zion«, zu ziehen[72]. Am Hirschberg Nr. 4 fand er seine Studentenbude. Vor Semesterbeginn hatte Karl Barth schon an der Aarauer Studentenkonferenz Wilhelm Herrmann in einem Vortrag (»Gottes Offenbarung an uns«) hören können – und übrigens auch Leonhard Ragaz mit seiner aufregenden These, daß Gott den Menschen heute im Sozialismus begegne. Und jetzt »brachten allerlei Umstände es mit sich, daß ich das um des einen Herrmanns willen so heftig erstrebte Marburg nun doch noch aufsuchen durfte, ich bekam nun endlich zu hören, was ich damals hören wollte, außer von Herrmann besonders von Heitmüller, während ich mich in Jülichers Art wieder weniger zu finden wußte«[73]. Barth hörte daneben wohl auch Stephan und Rade, besuchte ein katechetisches und ein homiletisches Seminar und nahm zudem von den dortigen neukantianischen Philosophen Notiz: »Daß es einmal eine nahezu priesterlich ernste Philosophie gegeben hat . . ., das ist uns in Marburg . . . an den Gestalten eines Cohen und Natorp eindrücklich geworden.«[74]

Aber eben, einzig und allein »Herrmann war *der* theologische Lehrer meiner Studentenzeit«[75]. Nur seinetwegen bildeten die folgenden »drei Semester in Marburg . . . schlechtweg meine schönste studentische Erinnerung«[76]. »Herrmann war einerseits Kantianer und . . . andrerseits ein Schüler des jüngeren Schleiermacher, nicht des älteren . . . Die vier ersten ›Reden‹ waren für W. Herrmann so wichtig, daß er uns im Seminar gesagt hat: . . . das sei die wichtigste Schrift, die seit dem Abschluß des Kanons des Neuen Testaments an der Öffentlichkeit erschienen sei. Das habe ich ihm nicht ohne weiteres abgenommen«, was aber nicht im mindesten hinderte, ihm mit »großem Respekt« zuzuhören: »Zumal ich selber, bevor ich nach Marburg wallfahrtete, den ganzen Kant durchgearbeitet hatte! Davon kam ich eigentlich her: Kants Kritik der praktischen Vernunft zuerst, und dann bin ich zweimal sozus. mit dem Pflug durch die Kritik der reinen Vernunft hindurchgegangen . . . So, haben wir damals gemeint, müsse man die Theologie anfangen. Und dann von Kant aus bin ich also . . . auf Schleiermacher gestoßen.«[77]

Bei Herrmann hörte Barth Dogmatik I (Prolegomena zum Begriff »Religion«) und Ethik, und am 5./6. Juni schrieb er sich dessen gesamtes Kolleg vom letzten Winter (Dogmatik II) ab. »Ich habe

Herrmann mit allen Poren in mich aufgenommen.«[78] »Was einem in Herrmann begegnete, war . . . die Möglichkeit, daß Theologie, nicht nur als Parasit der vierten Fakultät, sondern Theologie als solche ihren *eigenen* wissenschaftlichen Ernst haben könnte. Es war Metall in Herrmanns Stimme.«[79] »Herrmann schämte sich des Evangeliums nicht. So fehlte auch schon seinem leiblichen Gesicht gänzlich jener Zug von weltgewandter Schlauheit, der nicht ganz selten gerade den ›systematischen‹ Theologen schon von Weitem als solchen erkennen läßt. Er fehlt auch seiner Theologie. Manche haben sie darum als naiv empfunden, haben wohl schon als Marburger Studenten gemurrt über den ›höhern Konfirmandenunterricht‹, den man in diesen Vorlesungen empfange . . . – und das zu einer Zeit, da eben der Stern Troeltschs mit den weltweiten Programmen und Perspektiven, die dort zu haben waren, seinem Zenith sich näherte.«[80] Ja, Karl Barth meinte sogar: »Umgeben von noch so viel Kant und Schleiermacher – entscheidend für Herrmann, und das habe ich eben von ihm gelernt, war doch der christozentrische Anstoß.«[81]

Und doch und gerade so war die Theologie dieses Mannes auch eigentümlich kritisch. »Sie war wohl zu unterscheiden vom alten Liberalismus, aber auch von aller ›Orthodoxie‹ und aller ›positiven‹ Theologie; beide haben wir tief verachtet: zur linken und zur rechten fühlten wir uns frei und überlegen, um nun – das war es damals schon – auf dem schmalen Grat fortzuschreiten.«[82] Und so blieb es Barth unvergeßlich: »Es wehte Freiheitsluft in seinem Auditorium. Es war gewiß kein Zufall, daß während langer Jahrzehnte jedes Semester eine kleine Karawane gerade von Schweizern die Wallfahrt nach Marburg antrat und sich dort überaus heimisch fühlte. Unser ohnehin gegen alle Autoritäten rebellischer Sinn kam da auf seine Rechnung.«[83] In diesem Sommer hielten sich in Marburg nicht weniger als fünfzehn Schweizer Theologiestudenten auf. Sie trafen sich hier und da im Wirtshaus »Matthäi«[84]. Mit einigen fuhr Barth Mitte Juni zu einer theologischen Konferenz in Gießen und besuchte über Pfingsten ein »großes Posaunenfest« in Bethel[85]. Unter den anwesenden Schweizern kam er besonders einem nahe, Gottlob Wieser (1888–1973), mit dem er dann lebenslang treu verbunden bleiben sollte.

Für ihn selbst folgte auf dieses Semester ein heißer Sommer: er schrieb Mitte Juli seine Klausurarbeiten für die theologische Abschlußprüfung und »versah ein zweites Mal, diesmal im Berner Jura, selbständig ein Vikariat«[86], nämlich in Pruntrut. Unterdes lernte er weiter für den zweiten, mündlichen Teil der Prüfung – gelegentlich in folgender Gestalt: »Sonnenbad auf grüner Alp, klassische Nacktheit, Strohhut, Stumpen in der Schnorre, Buch unter einem Schirm, Insektenstiche, Hautbrand.«[87] Und dann stieg er »leidlich wohlgerüstet in das zweite (systematische und praktische) Examen«[88]. Er bestand es am 28. Oktober mit der Note: 2. »Es fand sich zum Schluß, daß ich mich im Gegensatz zu der Richtung meiner Großväter und meines Vaters zu einem entschiedenen Adepten der noch bis in die Zeit des ersten Weltkriegs herrschenden und als allein menschenwürdig geltenden ›modernen‹ Schule gebildet hatte, in der das Christentum nach Anweisung von Schleiermacher und Ritschl einerseits als kritisch zu erforschendes historisches Phänomen, andererseits als Sache eines vorwiegend moralisch gearteten inneren Erlebnisses interpretiert wurde. So war ich nicht schlecht geeignet, im Herbst 1908 einen Posten als Redaktionsgehilfe bei der in Marburg erscheinenden ›Christlichen Welt‹ von Professor Martin Rade, einer führenden Zeitschrift jener Schule, zu übernehmen.«[89] In die kirchliche Praxis wollte Barth durchaus noch nicht gehen – obwohl die reformierte Gemeinde in Nürnberg-Schwabach ihn zu rufen gedachte.

Am Mittwoch, 4. November, wurde Karl Barth von seinem Vater im Berner Münster »konsekriert« (Text der väterlichen Predigt: Matth. 10,26 f.). Kaum war das geschehen, hatte er nichts Eiligeres zu tun, als gleich am nächsten Morgen nach Marburg abzureisen, wo er jetzt am Hainweg 1 Wohnung fand. Er besuchte wohl weiter Vorlesungen und Seminare – im Seminar von Jülicher war er stolz, direkt neben dem Lehrer plaziert zu werden. Aber in der Hauptsache war nun seine Zeit durch die Arbeit für jene Zeitschrift ausgefüllt. »Die Fron im Hause Rade war heiter und leicht und für den neugierigen und auch wissensdurstigen, jedenfalls ziemlich vorwitzigen jungen Mann, der ich damals war, hochinteressant. Sie bestand in der Hauptsache darin, die vielen eingehenden Manuskripte zu lesen, mir ein Vorurteil dazu zu bilden, dieses Martin Rade in angemessener Weise vorzutragen und schließlich das von ihm ausgewählte Material druckfertig zu machen. Unzähliges beschriebenes Papier, das ich und das dann auch der Meister für weniger bedeutsam hielt, verschwand für eine mehr oder weniger lange oder auch endgiltige Wartezeit in einer Art theologischer Wolfsschlucht . . . Rade hat mich innerhalb gewisser Grenzen in der ihm eigenen generösen Art schalten und walten lassen und es konnte nicht fehlen, daß ich mir von meinem (damals etwa in der Mitte zwischen Kant und dem jungen Schleiermacher bezogenen) Standpunkt aus als so etwas wie ein Untersteuermann nicht wenig wichtig vorkam. Wie sollte es anders sein, da doch auch die Schreibwerke von Troeltsch, Bousset, Wernle, Gunkel usw., soweit sie die Chr. Welt

1 »Viel Zeit, Geld, Kraft verbrauchte ich in dieser Zeit in der Studentenverbindung Zofingia.« Karl Barth, er 1907 ein Semester lang die Berner Sektion anführte, im Jahr 1905 mit seinen Verbindungsbrüdern echts, neben dem Bierfaß). Links W. Häberli, dritter von links A. Schüpbach, rechts mit der Fahne F. ulauf.

2 Der traditionelle Besenbummel der Zofingia im Mai 1906 auf der Aare vor der Kulisse des alten Bern. arl Barth in der Mitte stehend, rechts neben ihm sein Freund Otto Lauterburg.

Die Lehrer

13 Martin Rade, systematischer Theologe in Marburg, de
Karl Barth 1909 bei der Redaktionsarbeit für die »Chris
liche Welt« half (links oben).

14 Den Berliner Kirchengeschichtler Adolf von Harnac
hörte er im Winter 1906/07 mit solcher Begeisterung, daß
darüber fast alles andere vergaß (rechts oben).

15 Der Marburger Systematiker Wilhelm Herrmann, d
Kant und Schleiermacher zu verbinden suchte, war d
entscheidende Lehrer Karl Barths. Für Jahre folgte er seine
Spuren.

16 Die große Gruppe Schweizer Theologiestudenten
Marburg im Sommer 1908. Neben Karl Barth (oben rech
stehend) die Freunde Gottlob Wieser und Fritz Zulauf.

angingen, zuerst und zuletzt durch meine Censur zu gehen hatten?
Mit der Zeit wurde mir dann auch gestattet, mich selbst in ein paar
kleinen Rezensionen – ich hielt sie für Meisterwerke – auf die Szene
zu führen und mein Selbstbewußtsein schwoll aufs Höchste, als ich
im Sommer 1909, als Rades in ihre Ferien fuhren, zwei Nummern
selbst redigieren und verantwortlich unterzeichnen durfte.«[90] Barth
hat nie verleugnet, was er dabei speziell von Rade – in seiner
Studierstube oder in der »sonnigen Laube am Roten Graben«[91] –
»gelernt und auch abgelauscht und in meiner Weise nachzuprakti-
zieren versucht« hat: »von der nie ermüdenden Emsigkeit und
Aufgeschlossenheit des Sichumblickens in Kirche und Welt bis hin
zu der flatternden schwarzen Kravatte, die dann noch viele Jahre die
Zeitgenossen daran erinnerte, wo und bei wem ich meine Gesellenjahre zugebracht hatte«[92].

Neben der Redaktionsarbeit blieb Karl Barth aber auch noch Zeit
für eigenes Forschen. Er suchte sich »durch eingehendes Studium
von Kant und Schleiermacher endgiltig theologisch zu fundamentie-
ren«[93], half Horst Stephan mit Korrekturen und »wertvollen Notizen« bei der Herausgabe von dessen Buch über die Neuzeit (1909)
und verfaßte im Juni eine Abhandlung »Der kosmologische Beweis
für das Dasein Gottes« (der natürlich mit Kant und Herrmann
erledigt wurde!). Nebenbei floß ihm auch noch einmal eine »Furcht
und Mitleid erregende Tragödie« (»Iphigenie in Aulis«) für eine
Aufführung in seiner früheren Verbindung »Patria« aus der Feder.
Und sonntags predigte er gelegentlich in den hessischen Dörfern um
Marburg oder unternahm mit Freunden Lahnfahrten und Wanderungen. »Als ich noch Student war, da zog ich einmal mit einem
guten Freund [Wilhelm Loew] aus dem schönen Marburg . . . übers
Land. Wir wollten einen Pfarrherrn aufsuchen, für den wir beide
schon gepredigt hatten. Und als wir an den Ort kamen, geschah es,
daß eben das ganze Dorf eine große Hochzeit feierte. Das hatten wir
vorher nicht gewußt, aber weil wir einmal da waren, gings uns wie
denen von den Straßen und Zäunen im Gleichnis: Man nötigte uns,
hereinzukommen. Das ließen wir uns gerne sagen, und so haben wir
eine hessische Bauernhochzeit miterlebt, schöner als dergleichen in
den schönsten Büchern geschildert und abgebildet ist . . . Das
Brautpaar war . . . während des ganzen Essens – und es war nicht
kurz – darauf angewiesen, zusammen nur aus *einem* Teller zu essen,
mit Hilfe *eines* Löffels, *einer* Gabel und *eines* Messers.«[94]

Karl Barth lebte also auch jetzt in regem freundschaftlichem
Verkehr mit allerlei Gleichaltrigen. Sein Bruder Peter und Martin
Nil waren nun auch zum Studium nach Marburg gekommen. Zudem
wurde er mit dem zwei Jahre älteren Doktoranden bei Heitmüller,

Rudolf Bultmann (*1884) bekannt. Und »ich fand vor allem zwei Freunde, die es noch heute sind und die es bleiben werden: Eduard Thurneysen . . . und Wilhelm Loew«[95]. Thurneysen kannte er ja schon aus der »Zofingia«. »In Marburg . . . trafen wir uns wieder. Doch hat unter den damals geltenden deutschen Meistern Ernst Troeltsch mehr Eindruck auf ihn gemacht als der von mir bevorzugte Wilhelm Herrmann. Er hat jedenfalls das Beste, was die damalige liberale Theologie zu bieten hatte, begierig und mit Erfolg in sich aufgenommen.«[96] Loew (*1887) hielt Barth geradezu für einen »der geistvollsten Zeitgenossen, die mir begegnet sind: von sehr geprägter charakterlicher Eigenart, von hoher und sehr selbständiger Intelligenz, theologisch und auf allen Randgebieten nicht nur reich belesen, sondern umfassend gebildet«[97]. Die Freunde gründeten, zusammen mit dem Assistenten Karl Bornhausen, einen privaten Arbeitskreis, der regelmäßig zu gemeinsamer Lektüre und ausgiebigen Debatten zusammentrat. Der flugs zum »Ehrenschweizer« erhobene Loew – merkwürdigerweise »Dampfschiff« genannt – galt als der eigentlich führende Mann in diesem Kreis. »Der damals im Mittelpunkt unserer Diskussionen stehende Name Troeltsch bezeichnete die Grenze, diesseits derer ich der damals herrschenden Theologie die Gefolgschaft verweigern zu müssen meinte.«[98] Ob Barth schon damals bei Troeltsch ahnte, was er dann später merkte, »daß die ›Glaubenslehre‹ sich bei ihm in ein uferloses und unverbindliches Gerede aufzulösen im Begriff« war?[99] Jedenfalls konnte er schon jetzt nichts mit ihm anfangen – obwohl er sich doch im Winter 1908/09 die ganze Religionsphilosophie-Vorlesung von Troeltsch aus dem Sommer 1908 abschrieb.

Im übrigen aber fühlte sich Karl Barth als »entschlossener Anhänger« der modernen Theologie – »wie Z. Th. K. Jahrg. 1909 ausweist!«[100] In einem dort veröffentlichten Aufsatz (»Moderne Theologie und Reichsgottesarbeit«), verfaßt am Ende seiner Studienzeit, brachte er den Inhalt des von ihm nun erworbenen »Schulsacks« auf den Nenner: »religiöser Individualismus und historischer Relativismus«. Zugleich reflektierte er in dem Aufsatz bewußt den Übergang vom Studium in die Praxis – und zwar in Auseinandersetzung mit dem Einwand, daß dieser Übergang gerade für den »Schüler der ›modernen‹ Theologie« besonders schwierig sei. Er beteuerte aber, daß diese Schwierigkeit überwindbar sei, und warnte vor allem davor, sich durch die Praxis zur Preisgabe jenes »Schulsacks« verleiten zu lassen. »Wer Schüler, nicht bloß Schulbube gewesen ist, als er bei Herrmann und Harnack seine Kollegienhefte füllte, wird den Weg der ›Flucht in die Praxis‹ nicht gehen wollen.«[101] Barth hat sich später selbst gewundert, »was für erstaunliche Dinge ich als 23jähriger Kandidat zum Schrecken weniger konsequenter Freunde Herrmanns damals freudig vortrug«[102]. Es war tatsächlich derart provozierend, daß sich gleich zwei ehrwürdige Professoren, der Marburger Ernst Christian Achelis und der Hallenser Paul Drews, zu Entgegnungen herausgefordert fühlten. Seine Duplik hat Karl Barth aber schon nicht mehr in Marburg zu Papier gebracht. Er war inzwischen – in die »Praxis« übergegangen.

»An gutgläubiger Gutheißung der damals ›modernen‹ Theologie ließ ich mich am Ende meiner Studienzeit kaum von einem meiner Altersgenossen übertreffen. In den damit angedeuteten Gesinnungen bin ich 1909 ins Pfarramt übergegangen.«[103] Noch im Alter wollte Barth es »als einen guten Willen der Vorsehung bezeichnen, daß ich durch den Zauber der Chr. Welt, in dem ich damals lebte, gerade den vorschnellen und unechten Lösungen etwa der Seeberg-Schule gegenüber gewissermaßen immunisiert war und des Suchens nach einem besseren Ausgang aus dem Engpaß, in dem sich die ganze Theologie schon damals befand, immerhin fähig blieb. Aber ich selbst wußte damals nichts von diesem Engpaß. Die Fragen, die ich an meine damaligen Meister und damit an mich selbst zu stellen hatte, waren reine Verständnisfragen innerhalb einer Problemstellung, die ich für unerschütterlich hielt . . . Daß ich nach jenem Jahr nicht als ein halber, sondern nun erst als ein ganzer Marburger ins Leben, in die Kirche, in mein weiteres theologisches Nachdenken hineingegangen bin, das ist es, was ich meiner Zeit in der ›Chr. Welt‹ verdanke. Ich mußte einmal so völlig – und vielleicht gerade im täglichen Umgang mit dem vortrefflichen Martin Rade, seiner Familie und seinen Freunden – in der Luft und im Geist jener Spätzeit der Schleiermacherschen Epoche gelebt haben, ich mußte ihr noch einmal mein ganzes jugendliches Vertrauen zugewendet haben, um dann etwa 7 Jahre später die Entdeckung machen zu dürfen, daß sie nun wirklich zu ihrem Ende gekommen sein dürfte«[104].

Vikar in Genf

Am 18. August 1909 nahm Karl Barth Abschied von Marburg. Einen Monat später, am 16. September, nach einigen Ferienwochen, in denen er auch die Silberne Hochzeit seiner Eltern mitgefeiert hatte, traf er in Genf ein: hier sollte er für knapp zwei Jahre »die Stelle eines pasteur suffragant* an der deutschsprachigen Gemeinde der dortigen église nationale versehen«[105]. Er wohnte hier zuerst

* Hilfsprediger

(am Rhôneufer, unweit der Rousseau-Insel) am Quai des Bergues 21 im vierten Stock, dann seit Mai des folgenden Jahres in der Villa »Les Marguerites«, an der Avenue des Petits Délices 9. Als sein besonderes Aufgabenfeld übertrug man ihm die Betreuung des Quartiers Pâquis. Am 26. September wurde Barth in sein neues Amt eingeführt und hielt er seine erste Predigt, der er – als Ausdruck der Gesinnung, in der er in sein Vikariat hineinging – den Text Phil. 3,12–15 zugrundelegte. »Und als am Tag, da ich mein erstes Amt antrat, fünf Minuten, bevor ich die Kanzel besteigen sollte, die Post mir die damals neue vierte Auflage der Ethik [Herrmanns] vom Verfasser geschenkt zutrug, da habe ich dieses Zusammentreffen als eine Einweihung für alle Zukunft aufgefaßt.«[106] In jener Predigt führte Barth u. a. aus, wie er sein Amt verstehen wollte: »Gute Freunde, Wegweiser, Führer sein auf dem Gebiet des innern Lebens . . . mehr können wir nicht. Die Zeiten sind auf immer vorbei, wo die Pfarrer nicht nur als Botschafter, sondern als Statthalter gelten wollten und galten. Wir Pfarrer und Theologen haben die Religion weder zu verwalten noch auszuteilen, sondern immer nur zu wecken, zu fördern, zu gestalten.« Vor allem aber lag ihm daran, im Blick auf seinen künftigen Dienst Gott »zu bitten, daß er Christum immer reicher und deutlicher werden lasse in unsrer Mitte. Dann werden wir, Gemeinde und Pfarrer, einander etwas sein können als Freunde und Brüder und Schwestern«.

Die erste Pfarrstelle hatte an dieser Gemeinde Adolf Keller (1872–1963) inne, der somit Barths eigentlicher Vorgesetzter war: »ein ungemein reicher und vielseitiger Geist«, fand er; »auch theologisch bin ich mit ihm . . . gut ausgekommen«[107]. Keller war bereits ein weitgereister Mann, hatte als Student auf dem Sinai geforscht und als Pfarrer in Kairo gewirkt und sollte dann ja nachmals als Ökumeniker noch viel mehr in der Welt umherreisen. Freilich zog er schon im Oktober von Genf fort, um Pfarrer an St. Peter in Zürich zu werden, weshalb Barth die deutsche reformierte Gemeinde in Genf »infolge Vakanz der Hauptstelle sofort ein halbes Jahr lang allein zu versehen hatte«[108]. Gerade in diesen Monaten war seine Zeit nahezu restlos durch die pfarramtliche Tätigkeit ausgefüllt. Und es bedeutete ihm eine Entlastung und Erleichterung, als Ende Februar 1910 die Hauptstelle wieder besetzt wurde: ebenfalls von einem Weitgereisten, Pfarrer Walter, der zuvor in England, Moskau und Marseille tätig war.

Große Aufmerksamkeit widmete Karl Barth damals schon der Predigtvorbereitung, bei der er jedesmal seine ziemlich langen, gewöhnlich 16 Seiten umfassenden Predigten wörtlich ausarbeitete. Speziell die Situation seiner Predigtvorbereitung im Dezember 1909

kam ihm so sonderbar vor, daß er sie ausdrücklich geschildert hat:
»Unter meinem Fenster, auf der Insel in der Rhône, haben sie vor
einigen Tagen eine Rutschbahn errichtet, ein ungefüges Ding, mit
vielen elektrischen Lampen und zuoberst eine Schweizerfahne. Eine
Maschine setzt die Sache irgendwie in Bewegung und nun lassen
sich die großen und kleinen Kinder hinuntergleiten ... Zur Ver-
mehrung ihres und meines Vergnügens gibt ein Orchestrion in
regelmäßigen Abständen ... die Gesänge der ›Lustigen Wittwe‹
und andere klassische Weisen zum besten. Ich vernehme mit freudi-
gem Erstaunen, daß das bis zum dritten Januar so fortgehen wird,
und mache mir erbauliche Gedanken über Freuden und Leiden der
Predigtvorbereitung in der Großstadt.«[109]

Barth hat in seinen Genfer Predigten vor allem (mit Unterbrechungen) nach und nach den Jakobusbrief ausgelegt: das gleiche
Buch, über das er zu Beginn seines Studiums Robert Aeschbacher
hatte predigen hören. Nun predigte er selbst darüber – in dem
stolzen Bewußtsein, daß Jakobus, wenn er »Männer wie Luther und
Calvin, Kant und Schleiermacher gekannt hätte, an die ich mich hier
öfters angeschlossen habe . . ., seine Texte selbst so oder ungefähr
so ausgelegt haben würde, wie ich es hier gethan habe«[110]. Barths
Predigten wurden übrigens an einem denkbar ehrwürdigen Ort
gehalten: »ausgerechnet in Calvins Auditoire«[111] und sogar »auf
seiner Kanzel«[112], unmittelbar »neben der Kathedrale St.-Pierre«[113].
Im gleichen Saal hatte einst Calvin seine Vorlesungen und hatte
John Knox Predigten gehalten. »Es ist freilich zu befürchten, daß
Calvin an den Predigten, die ich damals auf seiner Kanzel gehalten
habe, kaum große Freude gehabt hätte.«[114] Barth predigte reichlich
gelehrt (in der Reformationspredigt 1910 wagte er es, die »Loci«
Melanchthons zu analysieren!). Und speziell zum Ärger seines
Onkels Ernst Sartorius, der zu seinen Gemeindegliedern zählte,
predigte er durchaus liberal. Aber er mußte später selber den Kopf
darüber schütteln, »mit welcher an das Gebaren eines jungen Bern-
hardiners erinnernden Unerfahrenheit und Tolpatschigkeit und un-
überbietbaren Zuversichtlichkeit ich damals – ein hundertprozenti-
ger Marburger, der Alles, aber auch Alles besser wußte – in das
geistliche Amt hinein und die Treppe von Calvins Kanzel hinauf
stolperte. Wenn ich ... daran zurückdenke, komme ich mir vor wie
jener Reiter auf dem Bodensee«[115].

Da hieß es etwa: »Das ... Größte ist das, was sich in unserm
Herzen vollendet.« Da wurde gesagt: »An jeden Menschen ergeht
jener Ruf, sich selber getreu zu werden, nämlich ... jenem Urbild
des Besten, was aus jedem werden kann.« Da wurde der Hörer
aufgefordert: »Wolle wertvoll werden!« Und da wurde er eingela-

den: »Lieber Freund, besinne dich ernstlich auf dich selbst.« Da
wurde erklärt: »Bevor ich Gott erkennen kann, muß ich mich selbst
erkennen.« Da wurde Goethes »Faust« als »zweifellos der echte
Protestant« vorgeführt. Da erfuhr die Gemeinde: »Calvins Auffassung von der Autorität der Bibel wäre für uns eine Unwahrhaftig-
keit.« Da wurden die zehn Gebote kritisch beleuchtet: sie »enthalten für die Bedürfnisse unsres Lebens teils zu viel . . . teils auch zu
wenig«. Da wies er einmal eine ganze Predigt lang nach: »den
Abschnitt, der uns heute beschäftigt, hat Jakobus in einer schwa-
chen Stunde geschrieben«. Da wurde polemisiert gegen den Christus der »Formeln der alten Kirchenlehre« von Chalcedon: »ich
gestehe offen, daß ich in diesem Fall kein Interesse an Jesus hätte.«
Vielmehr, »wenn Christus in *uns* anfängt zu leben, . . . das ist der
Beginn des christlichen Glaubens«[116]. Barth schickte seine in diesem
Stil gehaltenen Predigten jeweils seinem Vater zur Lektüre, der die
Weisheit hatte, seinen Sohn, obwohl dessen Lehre gar nicht nach
seinem Sinn war, ohne Tadel ruhig gewähren zu lassen.

Am Gottesdienst nahmen damals nicht gerade viele teil. »Ich
besuchte einmal einen alten, kranken Mann, und indem ich mich mit
ihm unterhielt, stellte ich ihm auch die Frage, zu welcher Kirche . . .
er denn gehöre. Da bekam ich im Tone ziemlicher Entrüstung
folgende Antwort: ›O Herr Pfarrer, ich bin immer ein braver Mann
gewesen. Ich bin nie in die Kirche gegangen und ich habe nie etwas
mit Gendarmen zu tun gehabt‹.« Barth hatte den Eindruck, daß
dieser Brave »in Genf, in der deutsch-reformierten Gemeinde . . .
zahlreiche Vettern und Basen, hauptsächlich Vettern hat«. Von den
800 wahlberechtigten Männern habe man »seit Menschengedenken« in der Kirche fast nie »etwas wahrgenommen. . . . Auch die
Frauenbänke habe ich übrigens selten vollständig besetzt gesehen . . . Überfüllung oder auch nur Anfüllung des Lokals war bis
jetzt nicht vorhanden«[117]. Diese Unkirchlichkeit hing nach Barths
Meinung wohl mit dem »mit Mômiers*-Komplexen übersättigten
Unter- und Oberbewußtsein der freien Bürger« Genfs zusammen,
das ihm überhaupt zu schaffen machte[118].

Neben den Predigten hatte er im Gemeindesaal an der Rue
Pépinière Konfirmandenunterricht zu halten. Er stieß hier auf die
gleiche Unkirchlichkeit. Der Unterricht, durch den seines Erachtens
doch »die jungen Leute den Zusammenhang und die Klarheit in ihr
inneres Leben bekommen sollten, deren sie für das selbständige
Dasein, dem sie entgegengehen, bedürfen«, war in Genf auf ein
halbes Jahr beschränkt. Und Barth meinte bei seinen Schülern
religiöse Kenntnisse zu finden, die »unter denen der christlichen

---

* In der franz. Schweiz Spottname für Pietisten

Negerkinder von der Goldküste« standen. So ist ihm »z. B. auf die
Aufforderung, einige Propheten des Alten Testaments zu nennen,
die Antwort gegeben worden: ›Abraham und Eva‹«[119]. Dieser Übel-
stand bewegte Barth dazu, jeweils Mittwoch abends »Konfirman-
denabende« einzurichten, die zur Vertiefung der christlichen
Kenntnisse der schon Konfirmierten bestimmt waren und zu denen
auch deren Eltern eingeladen wurden. An diesen Abenden versuchte er, jeweils abwechselnd, die Knaben in »Evangelische Missions-
kunde« und die Mädchen in »Lebensbilder der christlichen Religion« einzuführen (wobei er als solche »Lebensbilder« etwa auch
Athanasius und – Sokrates vorstellte!).

Zu den Obliegenheiten des jungen Hilfspfarrers gehörte neben
Predigt und Unterricht die Seelsorge. Er machte in jener Zeit recht
eifrig Hausbesuche und verwandte viel Zeit für die sogen. »Armen-
sprechstunden«. Hier ist er sehr bewußt wirklicher Armut begegnet
– mit dem starken Gefühl, ihr ganz unzureichend gegenüberzuste-
hen[120]. Und offenbar dadurch fand er sich angeregt, gelegentlich –
aus dem Kategorischen Imperativ Kants abgeleitete – soziale Gedanken zu äußern[121]. Damals hat er auch einmal öffentlich »Kutter
und unsere Religiös-Sozialen« kritisiert: weil sie bei aller »sozialen
Gesinnung . . . in praxi die denkbarsten . . . Subjektivisten« seien,
unfähig, sich mit den Armen tatsächlich »in Reih und Glied zu
stellen«[122]. – Zu Barths Amtspflichten gehörte ferner die redaktio-
nelle Mitarbeit an einem monatlich erscheinenden »Gemeinde-
blatt«. In diesem Blatt ließ er ungeniert Gedichte von C. F. Meyer,
von Herder, aber auch von dem Baselbieter Pietisten Annoni ab-
drucken. Er verfaßte dafür auch eigene Beiträge: etwa im März
1911 einen apologetischen Artikel über den Satz »Tue recht und
scheue niemand« oder auf Ostern 1910 einen mit dem Titel »Ob
Jesus gelebt hat?« oder zum eidgenössischen Bettag 1910 einen
über »Gott im Vaterland«. Hier erschienen auch die Résumés
zweier Vorträge, in denen er im November 1910 bzw. im April 1911
seiner Gemeinde sehr zustimmend über die Liederdichter Terstee-
gen und Novalis (der »Verkündiger der erlösenden Selbstverleugnung«!) berichtet hatte.

Um auf einen dieser kleinen Artikel besonders hinzuweisen: In jener »Osterbe-
trachtung« griff er mit der Frage »Ob Jesus gelebt hat?« ein damals vieldiskutiertes
Problem auf. Er erklärte aber sogleich alle Antworten auf diese Frage als belanglos
für den Glauben. »Der Grund unseres Glaubens steht und besteht *unabhängig* von
allen Beweisen und Gegenbeweisen.« Denn – »der Glaube ist nicht ein Annehmen
und Für-wahr-halten äußerer Tatsachen«. Er ist vielmehr »unmittelbare, lebendige
Berührung mit dem Lebendigen«. Und so lebt er nicht von einer »Reihe von äußeren
Tatsachen, die ihm überliefert ist . . . Sondern Grund des Glaubens ist das persön-

liche, innere Leben Jesu. Ich verstehe darunter sein menschliches Charakterbild, das sich uns darstellt als völliger Gehorsam gegen Gott, als völlige Liebe zu seinen Brüdern und darum als völlige Selbstverleugnung, die auch vor dem Tode nicht Halt macht«. Dieses Charakterbild sei in sich wahr, selbst wenn es die Jünger (was Barth nicht annimmt) erfunden haben sollten.»Wenn es uns angesichts dieses Charakterbildes deutlich wird, was *Gott* ist, und was wir *werden* sollen, dann *glauben* wir, dann *haben* wir die Versicherung und Verankerung, deren wir bedürfen, um freie, frohe Menschen zu werden.«

Seit die Hauptstelle in Genf neu besetzt war, konnte Barth es sich leisten, gelegentlich von Genf fortzureisen. Im Juni 1910 wirkte er in Bern bei einer Aufführung der damals von ihm sehr geschätzten »Matthäuspassion« von Bach mit und kam ein weiteres Mal dorthin, um an der Tagung einer »sozial-politischen Vereinigung« teilzunehmen. Im Juli fuhr er schnell wieder einmal nach Marburg – aus Anlaß der Antrittsvorlesung von Karl Bornhausen, aber vor allem, um persönlich mit Herrmann, auch mit Heitmüller, Jülicher und Rade zu sprechen. Und im August machte er einen Besuch bei seinem schwer erkrankten Vater (dieser hatte sich, solange das Semester noch lief, – von seinem Sohn Peter vertreten lassen!). Anschließend verbrachte Karl mit seiner Großmutter die Ferien, in denen er ausgiebig Cohen las.

Überhaupt erlaubte die Entlastung in Genf ihm, sich nun auch wieder vermehrt wissenschaftlich-theologisch zu beschäftigen. Seine Bibliothek vergrößerte er durch gelegentliche »Raubzüge« in der »Hinterlassenschaft meines Großvaters mütterlicherseits in Basel« – dadurch kamen schließlich die Predigten Friedrich Schleiermachers, »zusammen mit seinen Briefen, mit der ›Christlichen Sitte‹ und anderen seiner Hervorbringungen in meinen Besitz«[123]. Barths besondere Predigtstätte sowie die Tatsache, daß im Herbst 1909 Calvin-Feiern über die Genfer Bühne gegangen waren, haben damals sein theologisches Denken nicht allzu tief berührt. Im ganzen »lebte ich in Genf noch ganz und gar von meinem aus Marburg, speziell aus dem Kreis der ›Christlichen Welt‹ und ihrer Freunde mitgebrachten religiösen Pathos«[124]. »Ohne nachträgliche Beschämung über all den Historismus und Individualismus, den ich da den Leuten in Genf . . . zugemutet habe, ging es freilich nicht ab. Aber in actu habe ich schon mit jenem mageren Pfund, das ich zu meinem Werk mitbrachte, leidlich vergnügt gewuchert.«[125] Und immerhin, »der Genius Loci . . . mag es veranlaßt haben, daß ich mich hier neben dem immer und immer wieder gelesenen Schleiermacher mit starken Eindrücken in Calvins Institutio vertiefte. Ich erlebte keine subita conversio*, meinte vielmehr [zunächst] idealistisch-romanti-

---

* plötzliche Bekehrung

sche und reformatorische Theologie sehr wohl in mir vereinigen zu können. In diesem Sinn habe ich damals eine größere Abhandlung über Glaube und Geschichte drucken lassen, die besser ungedruckt geblieben wäre«[126].

Diese zwar erst 1912 gedruckte, aber schon am 5. Oktober 1910 an einer Pastoralkonferenz in Neuchâtel vorgetragene »Abhandlung« wies Barth erneut als einen entschiedenen Marburger aus und zeigte auch ihn bewegt durch das »im ersten Jahrzehnt unseres Jahrhunderts viel verhandelte, damals besonders in der Theologie von Wilhelm Herrmann scharf gestellte Problem ›Glaube und Geschichte‹«[127].

Der höchst gelehrte Vortrag enthält in nuce alle Momente der damaligen Theologie Barths: die unentwegte, z. T. auch auf die Reformatoren ausgedehnte Polemik gegen das »orthodoxe« Verständnis des Glaubens als eines Fürwahrhaltens, die Definition des Glaubens vielmehr als »inneres Erlebnis«, das seinen (nicht Gegenstand, sondern) »Grund« im »inneren Leben Jesu« hat, die beständige Berufung auf Kant und Schleiermacher, aber auch auf Goethe und Schiller als Gewährsmänner und so die Freiheit, neben Paulus auch Franz von Assisi und Bodelschwingh, Michelangelo und sogar Beethoven als »Offenbarungsquellen« zu behaupten. Deutlich ist die Abgrenzung von Troeltsch, aber auch die »osiandrische« Interpretation Calvins. Und Luthers »Glaubst du, so hast du« und Melanchtons Beschränkung auf die »Wohltaten Christi« werden ebenso begrüßt wie »des alten Angelus Silesius Sprüche« (»Wird Christus tausendmal in Bethlehem geboren und nicht in dir . . .«). Wie sollte das alles anders sein, da ja der Glaube verstanden ist als »die Entstehung der Wirklichkeit des Lebens, die Aktualisierung der in den apriorischen Funktionen gegebenen Bewußtseinsmöglichkeiten«?[128]

In die ähnliche Richtung weisen auch die Stichworte, die Barth (vielleicht schon damals?) unter dem Titel »Ideen zur Religionsphilosophie« zusammenstellte. Zweifellos war er in Genf ein Anhänger der in Marburg gefundenen Erkenntnis geblieben. Nur sehr tief in seinem Innersten begann freilich nun »der Betrieb der wissenschaftlichen Theologie . . . mir, je länger ich zu predigen und zu unterrichten hatte, ›irgendwie‹ fremd und rätselhaft zu werden«. Und das war dann doch unter anderen einer der Gründe dafür, daß der schon näher skizzierte Plan, bei Herrmann zu doktorieren, ins Wasser fiel. »Die Absicht, in Marburg den Lic. Theol. zu erwerben, kam aus innern und äußern Hemmungen nicht zur Ausführung.«[129]

Im Frühjahr 1911 haben zwei Ereignisse Karl Barth außerordentlich bewegt. Das eine, Anfang Februar, bestand im Auftritt »des vielgenannten Studentenapostels und Studentenorganisators« John Mott in Genf, dessen Vorträge ihn – trotz ernstlicher Vorbehalte gegen das Amerikanisch-Geschäftliche im Gebaren des Mannes –

tief berührten. »Er hat nur *eine* Melodie wie der alte Dessauer, aber die ist gut: Evangelisation, die Menschheit für Jesus und Jesus für die Menschheit . . . Man spürt sich einer Stärke und Geschlossenheit des religiösen Erlebens gegenüber, das wir . . . gern als überlegen anerkennen werden; gerade wie uns unsere individual- und sozialsittlichen Prinzipien neben der Wirklichkeit, die uns in Mott entgegentritt, mindestens etwas farblos vorkommen dürften.« »Er ist das, worüber wir Reden halten und Bücher schreiben: eine Persönlichkeit.« »So ists mir beim Anhören der Genfer Vorträge gegangen.«[130]

Der andere Vorfall spielte sich am 28. April in den Straßen Genfs ab, als Tausende von Genfern, angeführt von ihrer Regierung, gegen das bundesrätliche Verbot von Hazardspielen protestierten. Barth erlebte mit, wie an jenem Abend »mindestens fünf Stunden lang ununterbrochen geschrieen« wurde, und er meinte, »daß ich noch nie ein so kräftiges, harmonisches, andauerndes Pfeifen, Schreien und Schimpfen gehört habe«. Mehr noch als diese »Gassenbubenstimmung« machte ihn aber die »gedankenlose Phraseologie, in der sich die Spitzen unseres Staates gefielen«, stutzig[131]. Speziell erschütterte es ihn, »wie ich einen bekannten schweizerischen Staatsmann habe sagen hören ›Wir respektieren die Religion, aber man soll uns damit in Ruhe lassen‹«[132] – es war Henry Fazy, der das sagte. Barth ergriff entschieden Partei gegen diese Genfer und für das Verbot der Glückspiele, in der Meinung, daß es sich dabei um »nur *einen* Punkt in der gegnerischen Linie« handle, die für ihn durch Alkoholismus, Mammonismus und Libertinismus gekennzeichnet war. Und er zog aus dem Vorfall für sich die Lehre: »Durch entschiedene *Negationen* das Reich Gottes geltend zu machen, das ists, was ›die Kirche‹ jetzt vor allem zu tun hat.«[133]

In diese Zeit fiel für Karl Barth auch eine bedeutsame familiäre Entscheidung. Er verlobte sich – mit Nelly Hoffmann. Sie gehörte zum ersten Jahrgang seiner Unterweisungsschüler. Sie hatte seinen Unterricht stark beteiligt besucht und war von ihm an Himmelfahrt 1910 in der Genfer Madeleine-Kirche konfirmiert worden. Am 26. August 1893 geboren, war sie als jüngste von fünf Schwestern zunächst bei Rorschach, dann in Zürich und seit 1905 in Genf aufgewachsen. Ihr Vater, der Jurist Robert Hoffmann, Staatsschreiber in St. Gallen, war schon 1894 gestorben. So lag die Erziehung der heranwachsenden Mädchen ganz in den Händen der Mutter, Anna Elisabeth geb. Hugentobler (1854–1934). Sie war mit ihnen nach Genf gezogen, um ihnen hier eine gute sprachliche und künstlerische Schulung zu ermöglichen. Nelly konnte am dortigen Konservatorium Geigenunterricht nehmen, verzichtete dann aber nach ihrer Verlobung auf ihr angestrebtes Musikstudium. Am 16. Mai

1911 verlobte sich Karl Barth mit diesem noch nicht 18jährigen Mädchen – eine Woche, nachdem er um ihre Hand angehalten hatte. Er freute sich, wie er damals schrieb, seines Verlobtseins »mit all dem Vertiefenden und Bereichernden und Ernsthaft-Machenden, das es mit sich bringt, mit all der Wonne und Innigkeit, die darin liegt«[134].

Vierzehn Tage später, am 31. Mai, hielt er vor dem Genfer Pfarrverein – auf französisch – einen Vortrag, in dem er sich kritisch auseinandersetzte mit: »La réapparition de la métaphysique dans la théologie«*. Darin verwarf er in gut Herrmann'schem Sinn und unter nachdrücklicher Berufung auf Melanchthon die alte und die neu wieder ins Gespräch gekommene Metaphysik als »une entreprise infructueuse aussi bien que dangereuse pour la théologie«.** Die durch sie erfaßte Wirklichkeit sei nicht als göttliche Wirklichkeit anzuerkennen und habe nichts zu tun mit »cette élévation pratique de l'âme, qui est l'essence de la religion«***. Dieser Vortrag war aber nun fast schon Barths Abschiedsvorstellung in Genf. Denn unterdes hatte sich noch eine weitere wichtige Wendung in seinem Leben angebahnt. Am 2. April 1911 hatte er in einem aargauischen Dorf eine Probepredigt (über Matth. 5,10–12) gehalten. Und noch im gleichen Monat war er dort als Pfarrer der Gemeinde gewählt worden. Am 25. Juni 1911 hielt er in Genf seine Abschiedspredigt – über den gleichen Text, über den sein Vater bei seiner Konsekration geredet hatte. Er gab darin seiner Hoffnung Ausdruck: »Es müßte aus der gegenseitigen Gleichgiltigkeit und aus der Gleichgiltigkeit den höchsten Dingen gegenüber ein gegenseitiges und gemeinsames Suchen werden. Es müßte das entstehen in Wahrheit, was vorläufig erst als Gedankending und auf dem Papier besteht, eine christliche Gemeinde . . .«

---

* Die Wiedererscheinung der Metaphysik in der Theologie
** ein ebenso unfruchtbares wie gefährliches Unternehmen für die Theologie
*** mit der praktischen Erhebung der Seele, die das Wesen der Religion ist

III. Genosse Pfarrer

Die Jahre in der Kirchgemeinde Safenwil 1911–1921

Der Pfarrer . . .

Es begann unverkennbar ein neuer Lebensabschnitt, »als ich 1911, wie einst mein Vater, als Pfarrer in den Aargau kam: in die Bauern- und Arbeitergemeinde Safenwil«[1]. Nach einer 1910 aufgestellten Übersicht zählte das Dorf damals (in 247 Häusern) 1625 Einwohner, von denen 1487 Protestanten und von denen nicht weniger als 318 Schulkinder waren. Das in einem breiten Tal gelegene Dorf war in diesen Jahren stark im Wandel begriffen: es wurde zunehmend industrialisiert, während der Bauernstand abnahm. Ende 1913 bekam es elektrischen Strom. Die Bevölkerung wuchs stetig. Soeben war eine neue Schule erbaut worden. Barth war erst der vierte Pfarrer, der in dieses Dorf kam. Denn es waren erst rund 40 Jahre her, seit Safenwil überhaupt eine selbständige Kirchgemeinde geworden war und – besonders durch die Unterstützung einer Familie Hüssy – eine eigene Kirche bekommen hatte. Sie war auf einer Anhöhe südlich des Dorfes erbaut worden. Rechts und links von der – hoch in der Mitte der Vorderwand postierten – Kanzel las man die Bibelworte Joh. 13,35 und 14,6. Vom unterhalb der Kirche gelegenen Pfarrhaus führte ein Weg auf jene Anhöhe zur Kirche – ein Weg, »den ich, mit einer mehr oder weniger guten Predigt im Kopf oder an der Spitze eines Leichenwagens oder mit den Konfirmanden zu irgend einem Auszug ins Gyrhölzli . . . oder auch hinter der Güllenbähre so oft hinaufgegangen bin«[2]. Das ältere, im Aargauer Stil erbaute, ziemlich feuchte Pfarrhaus hatte früher einmal als Schule und auch als Post gedient und trug den Namen »Zum Fellenberg«.

Am 3. Juli 1911 zog Karl Barth in diesem Pfarrhaus ein. Am folgenden Sonntag, 9. Juli, wurde er nachmittags – in Anwesenheit auch seiner Braut, seines Freundes Spoendlin und seiner Tante Bethi – von seinem Vater ins Amt eingeführt: mit einer Predigt über 2. Kor. 4,1 f., die durchaus »die schöne gerade Linie biblischer Erfahrungstheologie« einhielt[3]. Und er selbst hielt seine Antrittspredigt über Joh. 14,24, in der er seiner Freude darüber Ausdruck gab, »daß ich nun nach langen Jahren des Wechsels und der Wanderschaft in Eurer Mitte wieder eine Heimat und ein freundli-

ches Heim gefunden habe« und in der er zugleich seine Überzeugung aussprach, »daß ich Euch nicht von Gott rede, weil ich einmal
Pfarrer bin, sondern daß ich Pfarrer bin, weil ich von Gott reden
muß, wenn ich mir selber, meinem bessern Ich, treu bleiben will«.
Gleich am nächsten Morgen wanderte Barth zu seinem Kollegen im
benachbarten Uerkheim, Paul Schild, mit dem er in ein freund-
schaftliches Verhältnis kam, das bis zu dessen Tod 1966 dauerte.

Karl Barth sollte nun während der nächsten zehn Jahre seines
Lebens hier in Safenwil leben und wirken – in der ersten Zeit noch
als Junggeselle, von einer Haushälterin, Fräulein Hanna, betreut
und von einer Schar Katzen umgeben. Sein Leben war jetzt vor
allem dadurch bestimmt, daß er »Landpfarrer war und daß er dies
sein Landpfarramt in der ihm eigenen Bewegtheit und Ganzheit
ernst genommen und ausgeübt hat«[4]. »Ich habe in diesem Aargauer
Dorf in jeder Beziehung sehr lebhaft gelebt. Was es mit der Aufgabe eines reformierten Predigers, Lehrers und Seelsorgers auf sich
habe, ist mir dort erst in seiner ganzen Größe wenigstens bewußt
geworden.«[5] Aus verschiedenen Gründen kam es sogar so, »daß
meine Beschäftigung mit der Theologie« sich nun zunächst »für
Jahre auf die allerdings sehr sorgfältige Vorbereitung von Predigt
und Unterricht reduzierte«[6]. Aber gerade so, in dieser Konzentration und Reduktion, wurde Barth dann in eben diesen Jahren zu
wichtigen Entdeckungen geführt. »In die Safenwiler Zeit . . . fällt
die entscheidende sachliche Wendung meines Weges, durch die
dann auch seine äußere Fortsetzung bestimmt worden ist.«[7] Barth
meinte geradezu, seine spätere Theologie habe ihre Wurzeln im
damaligen Pfarrdienst gebildet. »Sie ist herausgewachsen aus meiner eigenen Situation, wo ich unterrichten, predigen und ein wenig
Seelsorge üben mußte.«[8]

Als seine vordringlichste Aufgabe sah Barth die Woche um
Woche aufs neue fällige Ausarbeitung der sonntäglichen Predigt an.
Gleich am Sonntag nach seiner Einführung setzte er mit einer
längeren Serie von Predigten über das »Unser Vater« ein. Im ganzen
hat er dann in Safenwil rund 500 Predigten verfaßt und gehalten, die
er wie schon in Genf nahezu jedesmal »wirklich minutiös und bis ins
Einzelne« ausschrieb[9]. Mehr als einmal kam die Sonntagspredigt
»als entsetzliche Notgeburt zustande«[10]. Es kam vor, daß er ganze
zwei Tage an ihr arbeitete, daß er »fünfmal neu ansetzen« mußte[11]
oder daß er erst am Sonntagmorgen mit der Vorbereitung fertig
wurde. »Und er hat diese Predigten am Sonntag nicht etwa vorgelesen, sondern hat sie in eindrucksvoller Weise seiner Gemeinde frei
gehalten.« Dabei haben freilich »seine Predigten der Gemeinde viel
zugemutet . . . an innerer Arbeit des Verstehens«[12]. Während er in

der Regel im Gottesdienst nur zweimal singen ließ, zeichneten sich seine Predigten formal durch ihre bemerkenswerte Länge aus. Umgekehrt fand die Kirchenpflege bald die ungewöhnliche Kürze von Barths Beerdigungen zu rügen, bei denen er sich anfangs mit Gebet und Verlesung der Personalien begnügte[13]. Schon im August 1911 verlegte er übrigens gleich zweimal den Gottesdienst »mit befriedigendem Erfolg« in den nahen Wald (Gyrhölzli)[14].

Von Anfang an war es für ihn »nicht nur ein schöner, alter Brauch, sondern eine Notwendigkeit, daß unsere Predigt jedesmal an einen sog. Text anknüpft, d. h. an ein Wort Jesu oder seiner alttestamentlichen Vorgänger oder seiner Nachfolger, der Apostel«[15]. Oft wählte er kurze Bibelworte als Textgrundlage und oft waren seine Predigten auf ein Thema zugespitzt – wie z. B. »Gebet«, Reformation«, »Geiz«, »Mission«, »Frühlingszeit ist Kinderzeit«, das Leben von William Booth usf. Nach liberaler Art pflegte er in ihnen die Gemeinde als »meine Freunde« oder als »liebe Zuhörer« anzureden. Und sie waren ja zunächst auch sachlich weitgehend – ebenso wie in Genf – »modern-theologische Predigten im ›Christliche-Welt‹-Stil«[16]. Wo er jetzt stand und vorerst stehen blieb, offenbarte 1912 seine Rezension von Karl Heims Buch über das »Gewißheitsproblem«, worin er Schleiermacher als den genialen Erneuerer der Reformation feierte. Allerdings, »war ich bei diesen pfarramtlichen Aktivitäten zwar ein entschieden von Schleiermacher Angeregter, so habe ich mich doch selbstverständlich – wie Schleiermacher es selbst ja auch gehalten hat – nicht etwa in der Sprache oder auch nur im originalen Sinn seiner ›Reden‹ geäußert«[17].

Als Zentralbegriff stach in den Predigten der ersten Safenwiler Zeit der in Marburg so viel gebrauchte Begriff des »Lebens« und »Erlebens« hervor. Bezeichnend für sie war auch die betonte Bemühung um »Aufrichtigkeit«, in der sich der junge Pfarrer an seine Hörer wenden wollte – in der er dann etwa offen seine Mühe mit einem Text bekennen konnte: »Ich bin noch nicht so weit. Ich war bis jetzt innerlich zu sehr mit anderen Dingen – auch mit guten Dingen beschäftigt . . . Ich stehe der Sache, von der ich heute reden soll, etwas fremd gegenüber. Das empfinde ich als Fehler. Aber es ist so; ich muß ehrlich sein.«[18] Des weiteren fiel doch auch schon in der ersten Zeit seine Entschlossenheit zu mutigen und kritischen Worten auf – etwa folgendermaßen: »Ja, der Pfarrer soll wohl die Wahrheit sagen, aber er soll nichts gegen die Wirte sagen und nichts gegen die Fabrikanten, nichts gegen die Lehrer, nichts gegen die Gemeinschaftsleute und gegen den Turnverein und vor allem nichts gegen mich! Ja, liebe Freunde, die Wahrheit ist überhaupt gegen

Niemand, sondern für Alle. Und mir könnt ihrs glauben, daß ich Euch Alle gleich lieb habe, gerade wie Gott uns Alle gleich lieb hat.« Aber »dazu habe ich mein Amt, um zu reden und zwar um deutlich zu reden . . . Wenn ich beliebt sein wollte, dann würde ich schweigen«[19]. Schließlich ist an Barths damaligen Predigten auch der starke – seiner späteren Meinung nach: allzu starke Bezug auf Vorfälle und Ereignisse des öffentlichen Lebens in der Welt, im Land und am Ort bemerkenswert. »In meiner . . . Pfarrtätigkeit . . . bin ich oft dieser Gefahr einer falsch verstandenen Gemeindemäßigkeit erlegen. So glaubte ich im Jahr 1912, als der Untergang der ›Titanic‹ die ganze Welt erschütterte, in der darauf folgenden Sonntagspredigt dieses Unglück zum Hauptthema der Predigt machen zu müssen, so daß geradezu ein Ungetüm einer ganzen Titanicpredigt zustande kam.«[20]

Es ist aber auch erwähnenswert, daß sich schon in den ersten Safenwiler Predigten überraschenderweise gelegentlich einige, wenige Sätze und Gedankengänge finden, die seine im Studium gefundene und sonst die Predigten beherrschende Theologie durchkreuzen oder doch über sie hinausweisen.

So kann er etwa unvermittelt sagen: «Die Botschaft des Karfreitag hat ihre Kraft . . . ganz abgesehen von dem, was du und ich dazu sagen.« Oder: Er, Jesus, »verschwindet nicht, wenn die schönen religiösen . . . Gefühle . . . verschwinden . . . Er muß nicht ein zweites Mal für uns geboren werden, leben und sterben«. Oder, ganz dialektisch: Durch Jesus würden »alle Maßstäbe umgekehrt«, so daß es gerade von den Unfrommen gilt: »sie *sind* Gottesmenschen, weil sie wissen, daß sie es nicht sind«. Oder wieder ein andermal: »Was würden wir für eine Christenheit sein, wenn wir lernten, Gott wieder in der Zukunft zu suchen als den, der *vor* uns steht.« Oder: Es gebe »nur *ein* Reichsgotteswerk: das, welches Gott selbst treibt«. »Nicht wir kommen, sondern Gott und sein Reich kommen . . . es handelt sich nicht um eine Bewegung von unten nach oben, sondern von oben nach unten.«[21] Aber eben, solcherlei Sätze nehmen sich in den frühen Predigten Barths aus wie Findlinge in einer sonst recht anders gestalteten Landschaft.

Das Echo auf Barths Predigten war nicht gerade groß. Ja, es war »mir . . . immer, ich schreie gegen eine Wand«[22]. Wohl fand er eine Schar von treuen, verstehenden und mitgehenden Hörern, aber es blieb eine kleine Schar. Zum Teil lag das wohl auch daran, daß die Bevölkerung überhaupt ziemlich unkirchlich war – »die . . . grundsätzliche Unkirchlichkeit der Aargauer habe ich immer mit der Erinnerung an das [einstige] Berner Regiment erklärt, in der der Pfarrer mit dem Landvogt zusammen als der verhaßte Aristokrat ›weiterlebt‹«[23]. Zum Teil lag der geringe »Erfolg« der Predigten Barths wohl auch daran, daß sie zu wenig der Aargauer Mentalität entsprachen, die »auf der einen Seite die rationalistische Fortschrittlichkeit, auf der andern Seite ein sentimentaler Pietismus« kenn-zeichnet[24]. So schien es ihm, als betrachteten »ich und die Safenwi-ler . . . uns immer nur wie durch Glasscheiben«[25]. Und so hatte Barth des öfteren vor geradezu »gähnenden leeren Bänken« zu predigen[26]. Aber er hat sich auch durch »den gewöhnlich so dürfti-gen Kirchenbesuch«[27] nicht davon abbringen lassen, jede neue Predigt neu ernst zu nehmen. Freilich hat er das mangelnde Echo auch mit seinem innerlich unruhigen Unterwegssein und Suchen jener Jahre in Verbindung gebracht, das gerade in seinen Predigten seinen Niederschlag fand. »Meine Gemeinde . . . hat mir nachträg-lich leid getan, die das alles mitmachen mußte.«[28] Als Barth am 1. Advent 1935 wieder einmal auf seiner Safenwiler Kanzel stand, bemerkte er im Rückblick auf seine einstige Predigttätigkeit: »[Das Evangelium] ist es, was ich euch in der Zeit, da ich euer Pfarrer war, nach meiner jetzigen Einsicht zu wenig deutlich gesagt habe. Ich habe seither oft nicht ohne Schrecken an die gedacht, die dadurch vielleicht irregeleitet oder geärgert worden sind, und an die Verstor-benen, die hinübergingen und die gerade das jedenfalls von mir nicht so gehört haben, wie es nach menschlichem Ermessen nötig gewesen wäre.«[29] Und schon vorher hatte er einmal geäußert: »Mich plagt die Erinnerung, wie sehr . . . ich als Pfarrer von Safenwil schließlich doch versagt habe.«[30]

Besondere Mühe verwandte er neben der Predigt auf seinen Konfirmandenunterricht, der jeweils in einem im Pfarrhaus gelege-nen kleinen Saal stattfand. Wie schon in Genf erteilte er »ihn stolz nach eigenem Heft, statt nach Leitfaden.« Und zwar faßte er den Inhalt einer Stunde jeweils in einem Leitsatz zusammen, versah ihn mit biblischen Belegstellen, um dann Stunde um Stunde diese »meine Paragraphen wie ein alter Professor« den Schülern in ein Heft zu diktieren[31]. Diese Leitsätze waren gedacht nicht »zum Auswendiglernen, sondern als Bügel zum Aufhängen für das Ge-dächtnis, später zum Wiederholen«[32]. Barth hat in seiner zwölfjähri-gen Pfarrertätigkeit den Unterrichtsgang nicht weniger als acht Mal neu konzipiert.

Seine erste Konzeption wies zwei Teile auf: »Der Weg zu Jesus« und »Der Weg zu Gott« (mit den Unterteilen: 1. Gehorsam, 2. Liebe, 3. Selbstverleugnung). Zu Anfang des ersten Teils diktierte er den Schülern folgende zwei Thesen: »Der Mensch soll sich von der Natur unterscheiden durch die *Vernunft,* d. h. durch die Tatsache, daß er denkt, will und fühlt nach bestimmten Gesetzen, die er in sich selbst trägt. Er erfüllt seine Bestimmung, wenn er seine Vernunft *anwendet* oder wenn er *strebt* nach dem, was wahr, gut und schön ist. Und diese Bestimmung ist die Bestimmung des Menschen für *Gott,* denn Gott ist die ewige Wahrheit, Güte und Schönheit. Gott *suchen* heißt Gott *finden* (Plato).« Und sodann: »Am deutlichsten kommt diese göttliche Bestimmung des Menschen zum Ausdruck in dem innern Gesetz des *Willens:* Jeder Mensch soll so handeln, wie nach seinem eigenen Urteil *Alle* handeln sollen. Ein solcher Wille ist ein *guter* Wille (I. Kant).«

Im Blick auf die Durchführung des Unterrichts setzte sich Barth den Grundsatz: »Der Unterricht kann nicht blos Lehren und Lernen sein, wir müssen uns persönlich finden, gute Freunde werden.« Er erwartete darum von den Schülern »also Teilnahme, Zutrauen, Offenheit. Fragen stellen!«

Gegen einen Zwang der Konfirmanden zum Gottesdienstbesuch wehrte er sich entschieden. Dafür verlangte er umso bestimmter einen regelmäßigen Besuch des Unterrichts. (»Ein Knabe ließ mich . . . durch seinen Vater fragen, ob er nicht die letzten 3 Stunden fehlen dürfe – wegen eines Obstbaumkurses . . .! Ich ließ ihn freundlich wieder fragen, ob er nicht auch den Karfreitag [den Konfirmationstag] bei den Obstbäumen zubringen wolle?«[33]) Bereits im Winter 1911 ließ Barth sich von der Kirchenpflege genehmigen, den Unterricht im letzten Quartal auf drei Wochenstunden auszudehnen – mit der Begründung, es könne so »die Besprechung gerade der praktischen Lebensfragen eingehender und persönlicher gestaltet werden«[34]. Dadurch, daß er zudem darauf insistierte, daß der Unterricht der (nach Schweizer Brauch ja schon 15jährigen) Konfirmanden während ihrer Arbeitszeit stattfand, kam es bald zu nicht enden wollenden Streitigkeiten mit dem Fabrikanten Hochuli, der einmal die Konfirmanden einfach in der Fabrik festhielt, ein andermal erklärte, er nehme keine Konfirmanden mehr als Arbeiter, und ein weiteres Mal Konfirmanden nach Zofingen zum Unterricht schickte. Schließlich ließ der von Barth zu Hilfe gerufene Kirchenrat in Aarau verlauten, der Streit liege »auch an der Persönlichkeit des Pfarrers«[35]. Eine Zeitlang legte Barth auch Wert darauf, vor der Konfirmation mit jedem Konfirmanden ein Einzelgespräch zu führen.

Den Zweck des der Konfirmanden-Unterweisung vorangehenden Präparandenunterrichts, der erst seit dem Frühjahr 1912 im Aargau eingeführt wurde, sah er darin, unmittelbar mit der Bibel und speziell mit biblischen Personen vertraut zu machen. Für diesen Unterricht hat er offenbar erst von 1917 an schriftliche Leitsätze ausgearbeitet. Ebenfalls biblische Geschichten erzählte er den 12–14jährigen sonntags nach der Predigt in der sogen. »Kinderlehre« (für die noch jüngeren gab es eine von einer »Jungfer Wilhelm« gehaltene »Sonntagsschule«). Und wie in Genf richtete Barth in der ersten Zeit in Safenwil auch wieder wöchentlich Abende für die Konfirmierten ein, abwechselnd für Knaben und Mädchen. Im ganzen empfand er das Unterweisen der Jugendlichen in all diesen

Formen als eine Last, die zu tragen er sich nicht für besonders fähig hielt. Diese Aufgabe bedeutete »mir immer eine greuliche Sorge«[36]. Er stehe »so oft ganz mißlich . . . vor gelangweilten Gesichtern«, und es gehe ihm »gewöhnlich einfach der Atem« aus, selbst »bei den bekanntesten Dingen«[37]. »Das Reich Gottes will und will sich bei mir nicht zum Lehrstoff gestalten, trotz aller Künste.«[38]

Barths Mühe mit dem Unterrichten bestand zum wenigsten in Disziplinschwierigkeiten. Es kam natürlich auch vor, daß »mir . . . einmal einer unter Protest und Türenzuschlagen die Kirche verlassen« hat oder »daß ich zwei Buben, die sich während meiner Bemühungen um die Athalja-Geschichte prügelten, mit je einer kräftigen Watsche aus der Kirche entfernte«[39]. Aber das waren Ausnahmen. Barth kam mit den Jugendlichen sonst menschlich gut aus. In den ersten Jahren hat er während des Sommers seine Konfirmanden gern in der freien Natur unterrichtet, statt in jenem Unterrichtslokal. Hie und da unternahm er mit ihnen auch Spaziergänge und Wanderungen und »alle Winter zur Erhöhung der gemeinsamen Freudigkeit« eine »große Schneeballenschlacht«[40].

Zu Predigt und Unterricht hinzu kam für Barth die Aufgabe, während des Winters Gemeindebibelstunden zu halten und im Blaukreuzverein biblische oder kirchengeschichtliche Vorträge darzubieten. Und »die Safenwiler Schulstube« füllte sich »in den besten Tagen meiner Blaukreuzagitationszeit, wenn ich von David und Goliath erzählte«[41]. Das Blaukreuz besaß damals am Ort (wie überhaupt im Land) eine nicht geringe Anhängerschaft – es war die Zeit, in der »fast die Hälfte aller Pfarrer abstinent waren«. Barth wurde auch ein aktives und also abstinentes Mitglied in der Safenwiler Gruppe und wurde sogar für einige Jahre deren Präsident. Jahre später kam er von der Abstinenz wieder ab, und er hörte dann schmunzelnd, daß »im Blaukreuz solche Theologen, die nicht mehr abstinent sind, . . . ›Wiedersäufer‹ genannt werden«[42]. Zeitweilig amtierte er auch als Dirigent des großen Blaukreuzchors, und er leitete hier mit Schwung den Gesang »all der Idas, Röslis, Emmas usw.«[43], stolz, ihnen wenigstens einmal Mozarts »Ave verum corpus« beibringen zu können. Hausbesuche machte er weniger häufig: und wenn, dann so, daß er in gewissen Abständen eine Menge Besuche auf einmal durchführte. Gelegentlich ermahnte ihn die »Kirchenpflege« zu vermehrten Hausbesuchen[44]. Aber er meinte, daß er von »vermehrter Häufigkeit dieser Begegnungen« an sich nicht viel erwarte[45]. Zu seinem Seelsorge-Bereich gehörten übrigens über Safenwil hinaus auch die Diasporagemeinden Rothacker und Walterswil, die jenseits der nahen Kantonsgrenze auf solothurnischem Boden liegen. Ein Anliegen war Barth stets die gedeihliche

Mitarbeit seiner »Kirchenpflege«, einer in Safenwil aus sechs Laien
bestehenden Gruppe, die mit dem Pfarrer zusammen die Leitung
der Kirchgemeinde innehatte. Nach aargauischer Sitte fungierte
Barth nie als deren Präsident, wohl aber von 1911–19 als deren
»Aktuar«, der vornehmlich die Sitzungen zu protokollieren hatte.
Sein Wunsch und Ziel war es, daß es zu »sachlichen Sitzungen«
käme mit »Aussprache über den lieben Gott und sein Verhältnis zu
den Safenwilern«, während Fragen wegen »neuen Ziegeln aufs
Pfarrhaus« usw. tunlichst in den Hintergrund treten sollten[46]. Und er
war froh, als dann die Kirchenpfleger in den Sitzungen Vorträge
über Calvin und Zwingli usw. zu halten begannen. Mitunter unternahm er mit ihnen Ausflüge und Ausfahrten in einer Kutsche. Von
Zeit zu Zeit veranstaltete er zudem in der Kirche Vorträge, die nach
seiner Heirat von seiner Frau Nelly – manchmal sogar unter seiner
Mitwirkung – musikalisch umrahmt wurden.

Als Dorfpfarrer konnte es ihm passieren, daß er auch zu seltsamen Nebenbeschäftigungen gerufen wurde. So übernahm er im
Winter 1911/12 die Aufgabe, in der Haushaltungsschule Kurse
nachgerade über – »Gesundheitslehre« und »Buchführung« zu geben. In ihnen hat er sich den Witz erlaubt, bei den dabei vorgeführten Musterbeispielen in verulkter Form Namen seiner Freunde und
theologischen Lehrer zu verwenden – z. B. so: »Inventar von Bäk-
ker Julius Kaftan« usf. Während einer Reihe von Jahren war er auch
Mitglied und sogar Präsident der »Schulpflege«. In dieser Eigenschaft hat er sich u. a. um die Einführung des Turnens für Mädchen
verdient gemacht.

Auf all den angedeuteten Feldern wirkte Barth als Pfarrer der
reformierten Landeskirche. Ein Teil der reformierten Bevölkerung
in Safenwil besuchte jedoch nicht den Gottesdienst der Landeskirche, sondern war einer pietistischen Gemeinschaft angeschlossen,
den von Amerika aus angeregten »Albrechtsbrüdern«, die einen
eigenen Gottesdienst in der sogen. »Kapelle« hielten. Von Zofingen
kam jeweils ein Prediger zu ihnen. In ihnen begegnete Barth in
konkreter Form das Problem des Pietismus, und sie wurden ihm im
Lauf der Zeit direkt zu Opponenten. Katholiken gab es nur wenige
am Ort, und sie konnten nur auswärts zur Messe gehen. »In der
unmittelbaren Umgebung« freilich lag »ein römisch-katholisches
Dorf«, jenes Rothacker. »Und mit dem dortigen Priester hatte ich
in diesen Jahren viel Kontakt.« Er hieß Grolimund und »war ein
nicht sehr fortgeschrittener, aber frommer Mann, und wir haben uns
viel miteinander unterhalten. Wir haben über Trient gesprochen
und über die Kontroverse zwischen Rom und der Reformation«,
aber auch »über Mystik, Sozialismus und Coelibat«. Und so hat

dieser katholische Kollege »die gewiß wichtige Funktion gehabt, mich zum ersten Mal mit dem römischen Katholizismus in eine lebendige Beziehung zu bringen«[47]. Die Verbindung blieb bis ins höhere Alter der beiden Pfarrer erhalten.

Daß sich für Barth in Safenwil sein theologisches Interesse schon bald weitgehend auf seine Gemeindetätigkeit konzentrierte und »reduzierte« und daß also seine Lust an einem eigentlichen Weiterforschen auf den Bahnen der liberalen Theologie nun immer mehr nachließ, hing nach seinem Empfinden unterschwellig wohl auch mit einem traurigen Datum gleich in seiner ersten Zeit im Aargau zusammen: »der 1912 erfolgte Tod meines Vaters mochte das Seine dazu beitragen«[48]. Der erst 55jährige starb am Sonntag, 25. Februar, überraschend schnell an einer Blutvergiftung. Er hatte noch kurz zuvor Vorträge in Berlin und Bern gehalten und im vorangegangenen Herbst seinen zweiten Sohn zum Pfarrer ordiniert. »Im Zusammenleben der Familie brachte ihm gerade diese letzte Zeit eine besonders innige Harmonie.«[49] Karl eilte gleich nach seiner Sonntagspredigt an das Sterbebett seines Vaters. »Friedlich verabschiedete er sich von den Seinen. Eines seiner letzten vernehmlichen Worte, wie im Hörsaal zu den Studenten gesprochen, lautete: ›Den Herrn Jesum lieb haben, das ist die Hauptsache, nicht Wissenschaft, nicht Bildung, nicht Kritik. Es braucht eine lebendige Verbindung mit Gott, und darum müssen wir Gott den Herrn bitten‹.«[50] Drei Tage später bei der Beerdigung würdigte u. a. der befreundete, wenn auch theologisch anders ausgerichtete Karl Marti den Verstorbenen als »einen hervorragenden Lehrer, einen ausgezeichneten Gelehrten, einen vortrefflichen Kollegen«. Der Sohn selbst aber hielt am folgenden Sonntag in Safenwil eine bewegte Predigt aus Anlaß dieses Todesfalls. Und man darf wohl sagen, daß er seinen Vater eigentlich erst von jetzt an sachlich zu achten und zu beachten begann, nachdem er ihm während des Studiums nur mit großer Reserve hatte folgen können. Als er drei Jahre später von einem Vetter C. G. Jungs psychoanalytisch »ausgenommen« wurde, wurde – »ein prächtiger Vaterkomplex zutage gefördert«[51].

. . . und der Genosse

Dazu kam ein Anderes, das noch sehr viel stärker jenes gewisse Desinteresse gegenüber der einst so stürmisch begrüßten Art, Theologie zu treiben, in Barth wachsen ließ. »[Es] mußte mein Interesse an der Theologie als solches (wenn auch genährt durch eifriges Weiterlesen . . . in der ›Christlichen Welt‹, in der ZThK, auch in den

Werken von Troeltsch usw.) in dem Industriedorf Safenwil merklich zurücktreten gegenüber meiner durch die in der Gemeinde vorgefundene Lage heftig angeregten Beschäftigung mit dem Sozialismus, speziell mit der Gewerkschaftsbewegung.«[52] »In dem Klassengegensatz, den ich in meiner Gemeinde konkret vor Augen hatte, bin ich wohl zum ersten Mal von der wirklichen Problematik des wirklichen Lebens berührt worden. Dies hatte zur Folge, daß . . . mein eigentliches Studium sich [nun] auf Fabrikgesetzgebung, Versicherungswesen, Gewerkschaftskunde und dergl. richtete und mein Gemüt durch heftige, durch meine Stellungnahme auf Seiten der Arbeiter ausgelöste, lokale und kantonale Kämpfe in Anspruch genommen war.« Speziell theologische Bücher traten darum jetzt in den Hintergrund – »ich hatte [den freilich schon 1908 in Marburg angeschafften] Sombart und Herkner, ich hatte die Schweizerische Gewerkschaftszeitung und den ›Textilarbeiter‹ zu lesen«[53].

Nach einer Statistik aus dem Jahr 1920 waren in Safenwil zu dieser Zeit von 780 Erwerbstätigen 587 mit industrieller Arbeit beschäftigt[54]. Ein kleinerer Teil der Arbeiter schaffte auswärts, der größte Teil in Safenwil selbst: in der Strickerei Hochuli und in den Fabriken der in Bürger- und Kirchgemeinde angesehenen Familie Hüssy, die am Ort eine Weberei und Färberei und eine Dampfsäge betrieb. Den Arbeitern wurden hier extrem niedrige Löhne gezahlt. Und da sie nicht gewerkschaftlich zusammengeschlossen waren, konnten sie sich fast nicht ihrer Haut wehren. Ihnen mit theoretischer Belehrung und praktischer Unterstützung zu Hilfe zu kommen und zu einem organisierten Handeln Anleitung zu geben, war für den jungen Safenwiler Pfarrer verblüffend selbstverständlich. Er hatte freilich auch hier das Vorbild des Vaters vor Augen, der schon 1894 öffentlich auf den »großen und schweren« sozialen »Notstand« hingewiesen und dazu aufgefordert hatte, zu »ändern, was anders werden muß«[55].

Bereits im Oktober 1911 begann Barth in der alten Safenwiler Schule vor dem »Arbeiterverein« Vorträge zu halten. Er kam ihnen zuerst viel zu akademisch, sogar mit Cohen. Er machte aber bald die Erfahrung: »Die akademische Behandlung des Sozialismus findet nun einmal bei den Leuten kein Verständnis . . . Sie denken nur an die lokalen Verhältnisse . . . und beurteilen Alles, was man sagt, nach diesen . . . *Gelegentlich* ein wohlgezielter Schuß, der die Leute aufrüttelt, thut natürlich gut . . . Und im Übrigen wartet man besser ab, bis etwas *Konkretes* vorliegt . . . Da geht dann dem Volk auf einmal mehr Licht auf als mit 100 sozialen Predigten . . . Nur nicht ins Blaue hinein pülvern, das habe ich hier einige mal getan« – mit ungutem Erfolg[56].

Die ersten Vorträge handelten über »Menschenrecht und Bürgerpflicht«, über »Religion und Wissenschaft«, über die Stichworte »Verdienen, Arbeiten, Leben« (so im April 1912 in Fahrwangen). Ein am 17. Dezember 1911 gehaltener Vortrag über »Jesus Christus und die soziale Bewegung« wurde sofort auch in der sozialistischen Tageszeitung »Freier Aargauer« publiziert.

Darin stellte er der Kirche, die 1800 Jahre lang gegenüber der sozialen Not versagt habe, Jesus Christus gegenüber als den Parteigänger der Armen, für den es »nur einen solidarischen, sozialen Gott« gegeben habe und nach dem man »ein Genosse werden muß, um überhaupt ein Mensch zu sein«. Der rechte Sozialismus sei das rechte Christentum in unserer Zeit; doch sei der rechte Sozialismus nicht das, was die Sozialisten jetzt machen, sondern was Jesus mache – und was die Sozialisten letztlich *wollen* (nur »wollen«!). Barth sagte das alles nicht, um die Arbeiter für die Kirche zu gewinnen. Wieso auch? »Jesus ist nicht die Kirche«, die in ihrem Auf-den-Himmel-Vertrösten angesichts der materiellen Not sogar im Gegensatz zu Jesus steht. Barth sagte das vielmehr, weil er an die Nähe des Reiches Gottes zu den Armen und an die Solidarität Jesu mit ihnen glaubte. In diesem Sinn: »der eigentliche Inhalt der Person Jesu läßt sich in die beiden Worte: soziale Bewegung zusammenfassen«. Und darum: »der Geist, der vor Gott gilt, ist der soziale Geist«.

Barth redete hier so provozierend, daß der Fabrikant Walter Hüssy alsbald mit einem scharfen Angriff auf ihn reagierte, in dem er den Pfarrer als einen unwissenden Idealisten lächerlich zu machen suchte. Barths nicht minder deutliche »Antwort auf den offenen Brief des Herrn W. Hüssy in Aarburg« (vom 9. Februar 1912) verriet dann allerdings, wie sachkundig er sich bereits in dieser Materie auskannte. Kurz darauf mischten sich auch anonyme Briefschreiber in die Diskussion. Und am 13. Februar reichte der Präsident der Safenwiler Kirchenpflege, Gustav Hüssy, ein Vetter jenes Walter Hüssy, aus Protest gegen Barths Haltung seine sofortige Demission ein. Auch aus »Marburg«, wo der Vortrag bekannt wurde, erhielt er Kritik: wegen »Oberflächlichkeit« seiner Theologie!

Diese Widerstände konnten Barth aber nicht von seiner engagierten Parteinahme für die Sache der Arbeiter abbringen. Denn »ich [halte] die sozialistischen Forderungen für ein wichtiges Stück Anwendung des Evangeliums, glaube allerdings auch, daß sie sich nicht ohne das Evangelium realisieren lassen«[57]. Barth wollte sich an der Antwort auf diese Forderungen speziell so beteiligen, daß er den Arbeitern mit politischer Schulung und Aufklärung beistand. Es ging ihm dabei »darum, nach unserer besseren Einsicht dem Volk seine eigene Sache klar zu machen und ans Herz zu legen, natürlich unter Erleuchtung der tieferen Voraussetzungen und der höheren Konsequenzen«. Bezeichnend für Barths Beteiligung an der Arbei-

terfrage war von Anfang an der Verzicht sowohl auf eine apologetische Anbiederung seitens der Kirche gegenüber den Sozialisten wie
auch auf eine religiöse Verklärung des Sozialismus. Bezeichnend für
seine Haltung in dieser Sache war ferner, daß er einerseits die
Sozialisten »über sich selbst hinauszuweisen« suchte[58] – eben in
Richtung jener »tieferen Voraussetzungen und höheren Konsequenzen« – und daß er sie andererseits an die praktisch mögliche
Bewältigung der konkreten Situation wies. In seinen ethischen
Ratschlägen wollte er sie von einem Ausweichen vor ihrer Not in die
(im Aargau besonders geschätzte) bürgerliche Vereinsmeierei ab-
halten, aber auch davon, ihren notwendigen Kampf um eine bessere
Gerechtigkeit etwa im Namen nur eben eines neuen Egoismus zu
führen. Deutlich sah Barth auch die Verzahnung der Arbeiterfrage
mit der des Alkoholismus. Unter seiner Leitung haben die Safenwiler »Blauen« darum manchmal zusammen mit den »Roten« agiert.
Und ebenso sah Barth den Zusammenhang der sozialen Frage mit
der des Militarismus. Davon zeugt seine »Gegenrede betr. Militär-
flugzeuge« (vom 14. März 1913), in der er sich freilich auch klar
vom naiven Pazifismus der damaligen Sozialisten distanzierte: man
könne nicht halb gegen den Krieg sein; anerkenne man, daß er
vorläufig noch nötig werden könne, dann könne man nicht plötzlich
davor zurückschrecken, dabei sogar – Flugzeuge zu verwenden.
»Krieg ist Krieg.« Von ferne begleitete er übrigens auch die
deutsche SPD: »Ich habe noch um August Bebel und um den alten
Liebknecht gewußt« und »habe über der deutschen Sozialdemokratie noch die prophetische Wolke schweben gesehen, die sich dann
merklich entfernt hat.«[59] Es war kein Zufall, daß schon im Frühjahr
1913 für Barth die Möglichkeit einer sozialdemokratischen Groß-
ratskandidatur* auftauchte. Als ihn im Juni desselben Jahres der
Vorstand des Safenwiler Arbeitervereins bedrängte, Parteimitglied
zu werden, hat er das jedoch nach längerer Bedenkzeit abgeschlagen. Es paßte immerhin zu dem allem, daß er im Lauf dieses Jahres
eine Predigt-Serie über das Buch »Amos« hielt.

Mitten in diese innerlich und äußerlich bewegte Zeit fiel seine
Hochzeit. Er hatte inzwischen seine Braut nur wenig gesehen, aber
einen regen Briefwechsel mit ihr gepflegt. Ihre Mutter war 1912 von
Genf zurück nach Zürich gezogen, und Nelly selbst hatte sich im
gleichen Jahr vom Juni bis Oktober in England als Hauslehrerin in
einer Offiziersfamilie aufgehalten. Am 27. März 1913 wurden sie
und Karl Barth in der Berner Nydeggkirche getraut – auf Wunsch
der Familie Hoffmann von Adolf Keller. Die Freunde Thurneysen

---

* Großrat ist Abgeordneter im Kantonsparlament

und Spoendlin nahmen auch an dem Fest teil, das »in bescheidenem Rahmen und in ziemlich kleinem Kreise gefeiert« wurde[60]. Die kurze Hochzeitsreise führte das Paar nach Lugano und Mailand. Barth sah sein Leben durch die Ehe mit einemmal einigermaßen verändert. »Soviel Borstiges, was dem Menschen von Natur anhaftet, wird in der Ehe mit sanfter Gewalt bekämpft und geht der Unterdrückung entgegen . . . Andrerseits empfängt man Anregung und Förderung in allem Guten: liebevolle Kritik sämtlicher Predigten und andrer Aussprüche, Ansporn zu wissenschaftlicher Tätigkeit, Ergänzung der eigenen Wirksamkeit durch Halten von Mädchenkonfirmandenabenden und Missionsstunden usf.«[61] Später hielt seine Nelly sogar einmal auch einen politischen Frauenabend. Und ihr Mann bekannte, an ihr eine Frau zu haben, die »sehen und tragen hilft«[62]. Noch mehr wurde Barths Leben verändert, als der Ehemann übers Jahr – am 13. April 1914 – dann auch Vater wurde, nämlich einer Tochter, Franziska Nelly (»Fränzeli«).

Bald nach der Hochzeit hatte er sich an die Vorbereitung eines Vortrags über den »Glauben an den persönlichen Gott« zu begeben, den er dann am 19. Mai vor dem aargauischen Pastoralverein in Lenzburg hielt. In diesem Vortrag wies er sich nicht nur erneut als einen Abkömmling, sondern doch auch als einen intimen Kenner der Theologie des 19. Jahrhunderts aus.

Er versuchte darin das Doppelte nachzuweisen: einmal, daß die divergierenden Vorstellungen von Gott als persönlichem und Gott als absolutem Wesen zu verstehen seien als Ausdruck verschiedener »religiöser Erfahrung«, nämlich der Erfahrung des unendlichen Werts der Seele resp. der des überpersönlichen »Reiches Gottes«. Und ferner suchte er sodann nachzuweisen, daß diese beiden Vorstellungen sich wohl nicht zusammen*denken* ließen, daß sie aber aufgrund eben der religiösen Erfahrung doch zusammengestellt werden müßten.

Offenbar wollte Barth hier auch seine »Marburger« Erkenntnisse (unter dem Stichwort: »Persönlichkeit«, »Seele«) irgendwie in Einklang bringen mit seinen neuen sozialen Entdeckungen (unter dem Stichwort »Reich Gottes«). Die Liberalen nahmen freilich den Vortrag als Wasser auf ihre Mühlen. Und Barth fragte sich, ob sein Weg jetzt vielleicht in der Erstellung einer »Religionsphilosophie« weitergehen sollte. Es kam nicht dazu.

Der Freund Thurneysen und weitere Freunde

Wenige Tage nach diesem Vortrag, am 1. Juni, wanderte Barth nach Leutwil, wo Eduard Thurneysen – unter Anwesenheit auch seines verehrten Lehrers Paul Wernle – in das Amt des dortigen Pfarrers eingeführt wurde. Zuvor war er zwei Jahre lang im Zürcher »Glokkenhof« als CVJM-Sekretär tätig gewesen. »Im Aargau sind wir uns . . . als junge Dorfpfarrer wieder begegnet.«⁶³ Sie kannten sich ja schon von ihrer Studentenzeit her. Aber eigentlich erst jetzt wurden die beiden enge Freunde. Mit Thurneysen bin »ich in dieser Zeit zu ungezählten besorgten Aussprachen zusammengekommen«⁶⁴. »Unsere Dörfer lagen durch einige Höhenzüge und Täler voneinander getrennt.«⁶⁵ Und zwischen beiden Orten kam es nun zu einem häufigen, »eiligen Begehen des Friesenweges hin und zurück«, wobei »weder Jülicher noch erst Harnack, sondern höchstens die Bewohner von Holziken und Schöftland etwa bei einem Blick auf die Straße den Kopf schütteln konnten über die beiden seltsamen Wanderer zwischen zwei Welten«⁶⁶.

Barth vermochte den weiten Weg »damals jeweilen in 2½ Stunden« zu bewältigen⁶⁷. Noch schneller ging es »auf meinem getreuen Velo«⁶⁸, das Barth als einer der ersten Pfarrer im Kanton besaß. Und er machte sich gern so frühzeitig auf den Weg, daß er »manchmal schon zum Morgentrinken« in Leutwil eintraf, »ganz erhitzt und durchschienen, und dann fing ein großes Reden und Brüten, teilweise auch Schimpfen und Lachen über andere Leute an und verschiedene Bouts* wurden geraucht und das nannten wir dann ›graben, bohren, anklopfen, ringen‹ – und etwas davon war ja auch dabei – und am nächsten Sonntag ging es umso gewaltiger weiter über die Köpfe der erstaunten Aargauer hinweg: Gott ist, Gott gilt, Gott will –! bis dann [die Nachbarkollegen] Epprecht und Schild willigwiderwillig unsere ersten theologischen Zuhörer wurden . . . Von ferne grüßte der Hallwilersee und die Hähne krähten und über dem ganzen schien freundlich . . . die Sonne und sah uns zu«⁶⁹. Und »so wurde das heute vom Erdboden verschwundene alte Pfarrhaus in Leutwil zum Schauplatz unzähliger Gespräche über die Führung unseres Amtes, insbesondere über unser Predigen und insgemein über die Kirche und ihre Aufgabe in der Welt. Wie groß der Wechsel aller Dinge war, der sich eben vorbereitete, wußten wir nicht. Wir wußten nur, daß wir nach entscheidenden, nach verbindlichen, nach substantielleren Worten suchen mußten als die, die wir rings um uns her hörten. Und wir wußten, daß wir in dem uns überlieferten Stil der Zunft auch in der Theologie nicht mehr mittun konnten. So wurde damals auch in Leutwil viel Nein gesagt nach vielen Seiten«⁷⁰.

»Wohl wanderten wir unaufhaltsam hin und her, um einander zu begegnen, aber das genügte nicht. Wir hatten ja das unabweisbare

* Stumpen

Bedürfnis, in wirklicher Bruderschaft uns auszutauschen über alles, was, wie wir damals sagten, in Kirche, Welt und Reich Gottes geschah. Und weil damals in unseren Pfarrhäusern das Telephon noch fehlte . . ., kam es zu einem lebhaften Schriftwechsel, der fast Woche für Woche geführt wurde.«[71] Der gesamte Briefwechsel zwischen den beiden Freunden umfaßt rund 1000 Briefe. »Unsere damalige Sprache . . . war reich, um nicht zu sagen überreich an Bildern aller Art, unter denen auffallenderweise besonders die militärischen, speziell die dem artilleristischen Bereich entnommenen eine entscheidende Rolle spielten . . . Man wird gerechterweise verstehen, daß uns die ausgesprochene Kampfsituation, in der wir uns in jenen Jahren befanden, wie von selbst solche Redensarten in die Federn drängte.«[72]

Wie Barth meinte, war es »in unserem . . . Verkehr zwischen Leutwil und Safenwil . . . nicht so, daß ich der Anregende bzw. Gebende, Thurneysen nur der Angeregte bzw Empfangende war«[73]. »Das Wort, in dem sich alle meine persönlichen Eindrücke von ihm zusammendrängen, ist das Wort *Offenheit* . . . Thurneysen hat die seltene Gabe, von andern zu lernen, und zwar von jedem das gerade bei ihm Lernenswerte zu lernen und in sich lebendig werden zu lassen. Man wird ihn aber auch schwerlich sobald bereitfinden, sich auf irgendwelche formulierten Seiten und definierten Richtungen festzulegen, daß man ihn ein für allemal an einem bestimmten Ort zu suchen oder auch nicht zu suchen hätte. Er ist bei aller Entschiedenheit ein beweglicher Mann, mit dem man im einzelnen immer wieder Überraschungen erleben kann . . . Er ist ein Mann, der in erstaunlicher Weise für andere zu haben ist, sich in sie versetzen, mit ihnen gehen kann, der dem Mitmenschen damit zum Wohltäter wird, daß er ihn – und nun doch von einer überlegenen Stelle aus und in einem verklärenden Lichte! – versteht und in seiner Klage oder Freude gelten läßt. Die sehr spürbare Kritik, mit der er ihm dabei gegenübersteht, wird fast immer jene radikale, jene immanente Kritik sein, die als solche tröstlich, hilfreich, freundlich weiterführend ist . . .Es gleicht so sein Studierzimmer und doch auch seine Schau von Kirche und Welt der Arche Noahs, die allerlei Tiere besteigen und dann, bis auf weiteres gerettet, im Zeichen des Himmel und Erde verbindenden Bogens wieder verlassen dürfen.«[74] Barth schätzte den Freund in dieser seiner Art und glaubte, daß er gerade so eine »seelsorgerliche Funktion speziell mir gegenüber« hatte[75]. Und eben in dieser seiner Art war Thurneysen gegenüber Barth tatsächlich ein »Anregender und Gebender«.

Er war für Barth aber auch insofern ein »Anregender und Gebender«, als er eben dank jener »Offenheit« einen großen Kreis inter-

essanter Freunde und Gesprächspartner hatte, deren Bekanntschaft
er geradewegs Barth vermittelte. So etwa die mit dem Kaufmann und
Inhaber einer Eisenwarenhandlung Rudolf Pestalozzi und seiner
Frau Gerty geb. Eidenbenz. Diese beiden waren in ihren Wander-
jahren – auf verschiedenen Wegen, aber beide in England – mit der
christlich-sozialen Bewegung in Berührung gekommen. Zurückgekehrt nach Zürich, hatte Pestalozzi im dortigen CVJM in Thurneysen einen verständnisvollen Freund gefunden. »Durch ihn kam er zu
den religiös-sozialen Konferenzen, wo er als Oberleutnant der
Schweizer Armee und Mann des Wirtschaftslebens ein einigermaßen fremder, aber interessierter und Interesse erregender Mitarbeiter wurde.« Durch Thurneysen kam er dann aber auch mit Karl
Barth in freundschaftlichen Verkehr. »Ruedi« spielte fortan eine
mehr und mehr unentbehrliche Rolle in Barths Leben: als Förderer
in vielfacher Hinsicht, als Zuhörer und Gesprächspartner, als Gast-
geber, als finanzieller Helfer, als Reisebegleiter, und übrigens auch
als Fotograf. Er war nicht arm. Aber Barth fand es nachgerade
»glaubensstärkend im besten Sinn«, wie er sein Geld verwendete
und verschenkte. »Ja, in den Händen von Leuten wie Pestalozzi
wird das Geld auf einmal etwas anderes.«[76] Und einen ebenso
treuen Mitmenschen hatte Barth an Frau Gerty, die eine eindrucksvolle »Freudigkeit zu helfen« besaß, sowie »eine unerschöpfliche
Gabe des Aufnehmens und Mitteilens in allen Fragen der Lebensre-
form von Lucci-Purtscher und Bircher-Benner bis Tolstoi und
Gandhi«[77].

Eine andere Persönlichkeit, mit der Barth durch Thurneysen in
näheren Kontakt kam, war der der religionsgeschichtlichen Schule
angehörige Basler Theologe Paul Wernle (1875–1936). Es kann
nicht leicht übertrieben werden, »in welchem Grade Wernle in
seiner Glanzzeit mit seinen Büchern und Artikeln die ganze theologische Schweiz in Atem hielt und so oder so bestimmte«. Und eben
dieser Mann hat nun »als *der* Vertreter *der* damals modernen
Theologie . . . viel für mich bedeutet«[78]. Barth korrespondierte mit
ihm und besuchte ihn in Basel. Und – er begann sich bald an ihm zu
reiben, um ihn doch gerade so, als Gegenüber, weiter interessant zu
finden. Er bedauerte das Mißlingen einer Verständigung. »Wieviel
könnten gerade wir von ihm haben, wenn er einfach ein wenig
verständiger sein wollte . . . Es ist nur eine dünne Wand zwischen
ihm und uns, ich höre ihn deutlich klopfen auf der anderen Seite,
aber ich glaube nicht mehr, daß die Aussicht noch frei wird.«[79]

Eine dagegen für die nächste Zeit überaus positiv anregende
Bekanntschaft, die Barth damals ebenfalls durch Thurneysen erschlossen wurde, war die mit dem gerade 50jährigen Hermann

Kutter (1863–1931). Er hatte 1896 in Bern den Lizenziatengrad erworben und war dabei auch mit Fritz Barth näher in Berührung gekommen. Seit 1898 wirkte er als Pfarrer an der Neumünstergemeinde in Zürich. Thurneysen kannte auch ihn von seiner dortigen Arbeit her. Und als Pfarrer von Leutwil hat er dann Barth bald auch mit Kutter »persönlich und sachlich bekannt gemacht«[80]. Es kam zu Besuchen in Kutters Haus an der Zollikerstraße, in seinen Predigten und besonders in seinen Kinderlehren. Es kam zu Gegenbesuchen im Aargau. Und es kam zu vielen ausgiebigen, ja tagelangen Gesprächen, die Kutter mit dem »Feuerstrom seiner Beredsamkeit« und wie »ein unheimlicher Vulkan« gänzlich dominierte[81]. Barth »bewunderte« dabei »seine staunenswerte Intelligenz und geistige Arbeitskraft, mit denen er über Schützengräben und Granattrichter feuerspeiend hinwegpoltert«[82]. Und er bekannte, »von Hermann Kutter entscheidende Anregungen erhalten [zu] haben«[83]. »Bei Kutter lernte ich schlicht, das große Wort ›Gott‹ wieder ernst, verantwortlich und gewichtig in den Mund zu nehmen.«[84] »Wenn er predigte, wie auch im privaten Gespräch konnte er einem eindrücklich machen, daß es da um eine grundernsthafte Sache geht, die nicht so billig zu haben ist.«[85] Und es war eben dieser »prophetische Denker und Prediger . . ., der mit einer Kraft wie keiner neben ihm . . . [damals] die Erkenntnis vertreten hat, daß der Machtbereich Gottes wahrlich größer ist als der Bereich der Kirche und daß es Gott je und je gefiel und gefällt, seiner Kirche gerade in den Gestalten und Ereignissen des profanen Weltgeschehens, warnend und tröstend entgegenzutreten. Kutter sagte das, vor allem in seinen älteren Büchern ›Sie müssen‹ 1903, ›Gerechtigkeit‹ 1905 und ›Wir Pfarrer‹ 1907, im besonderen Blick auf die Sozialdemokratie der Vorkriegszeit«[86]. In den massiven Stil, in dem er diese Erkenntnis vortrug (»Dröhnen«), konnte sich Barth jedoch schon damals wenig finden.

Durch Kutter wiederum kam Barth sofort mit einer ganzen Gruppe von ähnlich Suchenden und Denkenden in Berührung. Es haben nämlich damals auch noch eine Reihe anderer Schweizer Theologen dem »Kampf um das Reich Gottes‹ dann damit eine besonders überraschende Wendung gegeben, daß sie in ausdrücklicher Bejahung auf die Eschatologie und Hoffnung der sozialdemokratischen Arbeiterbewegung hingewiesen und diese der Kirche, der Theologie und der Christenheit entgegengehalten haben, als die für unsere Zeit repräsentative Verwirklichung jenes Glaubens, den Jesus in Israel nicht gefunden«[87]. Einer der Tonangebenden und Hervorragendsten unter denen, die damals so dachten und handelten, war Leonhard Ragaz (1868–1945). Er vertrat und verbreitete diese »Reich-Gottes«-Sicht seit 1902 vom Platz des Basler Münsterpfarrers aus (an die gleiche Stelle kam 1927 Eduard Thurneysen!) und seit 1908 als Inhaber einer theologischen Professur in Zürich (die er aber 1921 – im gleichen Jahr, in dem dann Barth Professor wurde – niederlegte, um sich ganz der Sozial- und Friedensarbeit zu widmen!). Durch den Einfluß Kutters, aber maßgeblich auch durch eben den von Ragaz entstand 1906 in der Schweiz die religiös-soziale Bewegung, deren Organ »Neue Wege« im gleichen Jahr zu erscheinen begann.

Die Bewegung verstand sich als Aufhebung des herrschenden kirchlichen und theologischen »Richtungswesens« und machte in gleicher Weise Front gegen die damaligen »Positiven« wie gegen die »Liberalen«. Und eben so fand sie in der Schweiz zunehmend Anklang und Anhang. Nach Barths Meinung war »der ›Religiöse Sozialismus‹, obwohl auch von der Hoffnungsbotschaft des jüngeren Christoph Blumhardt angeregt, gerade in seinem kritisch-polemischen Auftreten schon eine charakteristisch schweizerische Bewegung«[88]. Entschieden mitbeteiligt an der Bewegung war auch Albert Schädelin, der Berner Freund Barths: »Er gehörte mit seinem feurigen, nie rastenden, kritischen und doch, solange ich ihn kannte, immer aufs Aufbauen bedachten Geiste zu den Konstanten meines eigenen Lebensweges ... An ihn zu denken, war mir immer so etwas wie der Ausblick auf eine feste Burg.«[89] Und gerade er war »wohl einer der ersten, der damals auf Hermann Kutter gehört und auch uns andere auf ihn zu hören angeregt hat, nachher freilich auch einer der ersten, der sich diesem Gewaltigen gegenüber wieder energisch auf seine eigenen Füße stellen wollte«. »Aber ... da waren auch Hans Bader, Emanuel Tischhauser, Karl von Greyerz und so manche andere, jeder mit seinem eigenartigen Impuls und Pathos, deren Auswirkung und Begegnung – während sie nach außen eine Einheit zu bilden schienen und auch bildeten – so manche Konferenz zu einem bewegten Treffen werden ließ, das dann zu unzähligen Gesprächen im engeren und weiteren Kreis ... Anlaß gab. Jeder nicht schlafende oder sonst irgendwie hinter dem Mond lebende oder aus irgendeinem Grund verbockte jüngere Schweizer Pfarrer war damals im engeren oder weiteren Sinn ›religiös-sozial‹. Wir wurden – im Negativen allerdings sicherer als im Positiven – heftig antibürgerlich ... Es war die Zeit, in der ein Spötter [Heinrich Barth!] ... über mich und meine Tätigkeit in meinem Aargauer Dorf gedichtet hat: ›Und das Reich Gottes stehet dorten, nicht nur in Kraft, sondern auch in Worten‹.«[90]

Diese Bewegung trat vor allem – abgesehen von ihrer Presse – in ihren damals viel beachteten »Konferenzen« in Erscheinung. Barth nahm auch an ihnen teil, las die »Neuen Wege« und verkehrte mit den verschiedenen Häuptern der Bewegung. Sein Kontakt mit dem »Religiösen Sozialismus« wirkte zweifellos bestätigend, klärend und fördernd auf sein theologisches Suchen und auf sein sozialistisches Engagement. Wiederum gab es bei ihm doch immer Hemmungen, sich mit dem »Religiösen Sozialismus« zu identifizieren. »Ragaz und seine ›Religiös-Sozialen‹ interessierten Thurneysen und mich auch, aber doch nur in einigem Abstand.«[91] Denn – so spürten sie irgendwie von Anfang an mit Unbehagen – »zu der Theorie, daß die Kirche zum Sozialismus als zu einer vorlaufenden Erscheinung des Reiches Gottes Stellung zu nehmen habe, zum eigentlichen System des ›religiösen Sozialismus‹ ist das, was bei Kutter als eine aktuelle Schau und Deutung der Zeichen der Zeit und in keiner Weise als ein Programm gemeint war, erst bei Leonhard Ragaz geworden«[92]. Und eben diese Systematik bei den Religiös-Sozialen widerstrebte Barth wie Thurneysen.

Ein anderer, regelmäßig aufgesuchter Ort der Begegnung und Diskussion waren und blieben für Barth und Thurneysen daneben auch alljährlich die Aarauer Studentenkonferenzen. In den dort veranstalteten Vorträgen und Debatten hatte sich seit etwa 1910 eine deutliche Zuwendung zu den »praktisch-sozialen Gegenwartsfragen« vollzogen[93]. »Es war die Hoch-Zeit der Aarauer Konferenzen mit all den regulären und irregulären Dogmatikern und Propheten, die dort, aus der Nähe oder Ferne herbeigeholt, zu Worte kamen.«[94] Als Referenten konnte Barth hier führende Vertreter der noch modernen Theologie hören wie Wilhelm Herrmann, Ernst Troeltsch, Johannes Weiß, Theodor Häring und Paul Wernle, den Philosophen Rudolf Eucken und den Pädagogen Paul Häberlin – daneben aber auch etwa Heinrich Lhotzky, Johannes Müller und Friedrich Wilhelm Foerster, auch Adolf Schlatter und seinen Vater Fritz Barth. Dann waren es aber mehr und mehr Religiös-Soziale, die dort ans Rednerpult traten – unter ihnen auch Vertreter der damals jüngsten Generation: der Deutsche Emil Fuchs, der Berner Albert Schädelin, die Basler Lukas Christ und Ernst Staehelin oder auch Barths Vetter Albert Barth aus Schaffhausen.

Barth schätzte jeweils die drei Märztage in Aarau als eine gute Gelegenheit zu freundschaftlichem Austausch. Einen guten Teil der Teilnehmer kannte er schon aus seiner Schul- und Studienzeit und von der Zofingia-Verbindung her. Und einen nicht geringen Teil der Teilnehmer traf er öfters auf den religiös-sozialen Konferenzen wieder an. Auch seine Geschwister machten dabei eifrig mit. Er behielt hier Kontakt mit der studierenden Jugend und entdeckte neue Bekannte und Freunde. Aus Zürich kam Emil Brunner dort-

hin, aus Bern der dann so treue Gefährte Gottfried Ludwig, später
Pfarrer in Biel. Vor allem waren es eine Reihe Basler, die Barth hier
– z. T. wieder vermittelt durch den Basler Thurneysen – näher
kamen: der Jurist Max Gerwig, der 1914 als Zentralpräsident der
»Zofingia« »den Kampf um die soziale Erneuerung aufgenommen«
hat[95] und einmal an der Basler Universität Barths Kollege werden
sollte; ferner die Theologiestudenten Fritz Hoch und Walter Steiger. Dazu die schon Erwähnten: Alphons Koechlin, Thurneysens
Schulkamerad Gottlob Wieser, der »in seiner ... Art ... zuverlässige Basler Lukas Christ«[96] und Ernst Staehelin, Schwiegersohn
Kutters und späterer Basler Kirchengeschichtler, von dessen Studien und Forschungen Barth sich viel erhoffte.

Es gab damals noch allerlei weitere Gelegenheiten, sich zu treffen
und sich zu unterreden. Es gab noch andere »Konferenzen«, zu
denen man pilgerte. Und man besuchte sich gegenseitig in seinen
Pfarrhäusern und scheute dabei selbst weite Fußmärsche nicht. Und
so war auch Karl Barth oftmals unterwegs nach hier- und dorthin
und empfing umgekehrt bei sich mancherlei Besucher. Vor allem
aber liebte er »Kränzli«, freie Zusammenkünfte von ähnlich bewegten Pfarrern in kleinem und ab und zu sogar kleinstem Kreis an
verschiedenen Orten. In ihnen wurden Bibeltexte und eigene Predigten und von da aus überhaupt »die Lage« besprochen. Während
Barth vor allen offiziellen Pfarrerversammlungen zurückscheute, lag
ihm daran, in dieser freien Weise »Fühlung zu gewinnen, wo wir nur
können, unter den Pfärrern«[97].

Durch all die vielen Kontakte empfing Karl Barth natürlich
denkbar reiche Anregungen. Wo er sich in der Zeit unmittelbar vor
dem Ersten Weltkrieg geistig befand und worauf seine Interessen
ausgerichtet waren, dokumentieren allerhand Äußerungen von ihm,
in denen er sich damals – über seinen normalen Pfarrdienst hinaus –
an die Öffentlichkeit wandte. Er lud auf den 24. August 1913 zu
einem aargauischen Abstinententag in Safenwil ein, zu dem er
Lukas Christ als Redner bat. Dann wandte er sich in einem Artikel
gegen einen Dr. J. Kreyenbühl. Der These, daß Jesus wegen seiner
abnormen Züge eine Gestalt der Sage sein müsse, begegnete er
darin mit dem Argument, daß die großen »Genies« nun einmal den
Mittelmäßigen als »abnormale« erschienen – wo sie doch in Wahrheit die großen »Normalen« seien! Und dann kommentierte er in
den »Basler Nachrichten« mit beißenden Worten die aargauische
Synode vom Herbst 1913: »Null, Null, Null.« Aber vor allem
beschäftigte er sich, »abgesehen vom Amt, hauptsächlich mit Sozialismus, um mich nach und nach zu einigem Sachverständnis zu
entwickeln«. Und indem dadurch sein Name allmählich über seinen

Ort hinaus bekannt wurde, bekam er immer häufiger Gelegenheit, »ab und zu als Wanderprediger« aufzutreten[98], der in allerlei Turnhallen, Schulhauslokalen und Wirtshaussälen über Sozialismus zu hören war. So etwa am 1. November im (gemäßigt sozialistischen) »Grütliverein« in Entfelden, wo er für die Schweiz nach Erreichung der nationalen und politischen nun auch noch die »*soziale* Demokratie« forderte.

Für die Arbeit im »Arbeiterverein« in Safenwil selbst erstellte Barth im Winter 1913/14 eine umfangreiche Dokumentation zur »Arbeiterfrage«. Dort redete er im Frühjahr zudem speziell über das Thema »Evangelium und Sozialismus« und über »Das neue Fabrikgesetz«. In einem gewissen Zusammenhang mit seinem Einsatz in dieser ganzen Sache stand 1914 auch sein Engagement als Präsident des (freilich nur aus ihm selbst und seiner Frau bestehenden) aargauischen Komitees für eine Initiative zur Bekämpfung des Spielbankwesens (noch 1920 war er in dieser Angelegenheit aktiv!). In einer Predigt vom Juni über die Berner »Landesausstellung«, die er gleich in den »Neuen Wegen« veröffentlichte, erklärte er: »das Übel« des Kapitalismus sei der Exponent einer Welt ohne Gott, der er eine ganz vom »lebendigen Gott« durchdrungene, neue Welt als Hoffnung der Christen gegenüberstellte. Und im Juli befaßte er sich in einem Safenwiler Vortrag und einem Beitrag für die »Christliche Welt« kritisch mit Friedrich Naumann; er hielt ihm dort vor, daß er vor lauter Kompromissen nicht mehr sehnsüchtig eines Besseren, eines »›Jenseits‹ von Krieg und Kapitalismus« harre. »Wir möchten von Gott mehr erwarten.«[99]

In seinen Predigten – er veranstaltete 1914 zwei längere Reihen (über Röm. 1,16 und Matth. 6,33) – bewegte ihn in dieser Zeit in der Art der eben genannten Predigt besonders die Frage nach Gott.

»Ich muß bei jeder Predigt immer am meisten dann studieren, wenn ich an das Wort ›Gott‹ . . . komme.« »Das kleine Sätzlein: Gott ist! bedeutet eine Revolution.« Man darf seine Sache »um Himmels willen« nicht verwechseln mit dem Kirchenwesen »noch mit anderen guten und notwendigen Bestrebungen«. Und sie muß immer unbedingten Vorrang haben: »*Zuerst* Gottes Sache, *dann* unsere Sachen.« Gäbe es Menschen, die »mit Gott auf der ganzen Linie ganzen Ernst machen«, dann gäbe es auch eine Erlösung im Blick auf die soziale Not. »Der Sozialismus ist eine sehr wichtige und notwendige Anwendung des Evangeliums.« Jesus ist der Mensch, der ganz Ernst machte mit Gott: »Er lebte in Gott.« Darum ist er »der Anfang eines Menschenlebens«, das siegt über die Not[99a].

Der Ausbruch des Ersten Weltkriegs

Und dann begann am 1. August 1914 der Erste Weltkrieg. Da eine große Zahl von Safenwilern zur »Grenzbesetzung« eingezogen wurde – und ihr Pfarrer zu seinem Bedauern nicht, half dieser nun wochenlang Bauernfamilien beim Heuen. Immerhin ist er doch einige Male, mit einem Gewehr bewaffnet, nachts auf »Dorfwacht« gezogen. Für die in Safenwil stationierten Soldaten richtete er alsbald im Unterrichtslokal ein Lesezimmer ein. Aber das war nur der kleinste Teil seiner Reaktion auf diesen Krieg, dessen Ausbruch ihn zuinnerst erschütterte und aufwühlte. »Als 1914 die ganze Welt durch den Kriegsausbruch in Atem gehalten wurde, fühlte ich mich verpflichtet, diesen Krieg in allen meinen Predigten wüten zu lassen, bis schließlich eine Frau zu mir kam und mich bat, doch einmal von etwas anderem zu reden.«[100] Auch wenn der Krieg fortan nicht mehr ganz so direkt in den Predigten auftauchte, hat Karl Barth gewiß weiterhin – »durch meine Verbindungen mit Deutschland besonders bewegt, aber allerdings nicht bestimmt! – den ersten Weltkrieg von weitem mitbedacht und miterlitten«[101]. Und vor allem hat das Datum des Kriegsausbruchs ihn im folgenden zu einer höchst kritischen Besinnung und Wendung angestachelt.

Denn mit diesem Datum erschien »– für mich fast schlimmer noch als die Verletzung der belgischen Neutralität – das schreckliche Manifest der 93 deutschen Intellektuellen, die sich vor aller Welt mit der Kriegspolitik Kaiser Wilhelms II. und seines Kanzlers Bethmann-Hollweg identifizierten. Und unter denen, die es unterschrieben hatten, mußte ich mit Entsetzen auch die Namen ungefähr aller meiner deutschen Lehrer (mit ehrenvoller Ausnahme Martin Rades!) entdecken«[102]. »Ich habe eine Götterdämmerung erlebt, als ich studierte, wie Harnack, Herrmann, Rade, Eucken etc. sich zu der neuen Lage stellten«, wie Religion und Wissenschaft »restlos sich in geistige 42 cm Kanonen« verwandelten[103]. Barth wurde dadurch irre »an der Lehre meiner sämtlichen theologischen Meister in Deutschland, die mir durch das, was ich als ihr Versagen gegenüber der Kriegsideologie empfand, rettungslos kompromittiert erschienen«[104]. An ihrem »ethischen Versagen« zeigte sich, »daß auch ihre exegetischen und dogmatischen Voraussetzungen nicht in Ordnung sein könnten«[105]. Und also, »eine ganze Welt von Exegese, Ethik, Dogmatik und Predigt, die ich bis dahin für grundsätzlich glaubwürdig gehalten hatte, kam damit und mit dem, was man damals von den deutschen Theologen sonst zu lesen bekam, bis auf die Grundlagen ins Schwanken«[106]. Barth brachte seinen Protest gegen dieses Versagen noch im gleichen August in einem privaten

Brief ausgerechnet an den relativ zurückhaltenden Martin Rade
zum Ausdruck. Er wandte sich darin gegen eine christliche Sanktio-
nierung des Krieges und gegen »das Kriegs›erlebnis‹ als religiöses
Argument«, wie er es dann im November auch in einer scharfen
»Anfrage« an Wilhelm Herrmann schrieb[107]. Ohne die Zustimmung
des Verfassers einzuholen, ließ Rade jenen ersten Brief durch
Ragaz in den »Neuen Wegen« publizieren. Anfang Januar 1915
konnte Barth in Bern – im Beisein des französischen religiös-sozialen Pfarrers Elie-Joël Gounelle – Rade seine Bedenken auch mündlich mitteilen. Barths Kritik aber begann sich nun bald auszuweiten
und überhaupt auf die Theologie des 19. Jahrhunderts auszudehnen, bis hin zu Schleiermacher: »entscheidend durch ihn war nun
einmal die ganze Theologie, die sich in jenem Manifest und allem,
was ihm (doch auch in der ›Christlichen Welt‹) folgte, demaskierte,
begründet, bestimmt und beeinflußt!«[108]

Der Ausbruch des Weltkrieges bedeutete für Barth sogar »ein
doppeltes Irrewerden«[109] – nämlich nicht nur an jenen theologischen
Lehrern, sondern zugleich auch »am europäischen Sozialismus, von
dem wir (›Sie müssen‹) mehr oder weniger bestimmt erwartet hatten, daß er sich als eine Art Hammer Gottes bewähren werde, und
den wir dann doch überall in die nationalen Kriegsfronten einschwenken sahen«[110]. War es doch noch nicht lange her, »daß im
Münster zu Basel die Sozialisten aller Länder sich selbst und der
Welt feierlich genug versicherten, daß sie sich dem Ausbruch jedes
neuen Krieges wirksam zu widersetzen wissen würden!«[111] Und
dann kam gleichwohl »der große Sündenfall dieser Partei«[112] – und
speziell »das Versagen der deutschen Sozialdemokratie gegenüber
der Kriegsideologie«[113]. »Viele von uns wurden gründlich stutzig.
Unsere muntere Kritik begann sich auf uns selbst zu richten. Wir
bemerkten, daß es wohl eine neue Offenheit und Bereitschaft für
weitere Einsicht gelte.«[114]

Eben diese seine Kritik an der Sozialdemokratie hat Karl Barth
aber nicht gehindert – und das war bezeichnend für seine Art –, sich
ausgerechnet jetzt mit dieser Partei solidarisch zu erklären und
(anders als Thurneysen) ihr Mitglied zu werden. Er trat am 26.
Januar 1915 der Partei bei. Fortan wurde er von den Safenwiler
Arbeitern nachgerade »Genosse Pfarrer« tituliert. Gerade weil er
sich bemühte, auf der Kanzel »Sonntag für Sonntag von den letzten
Dingen zu reden, ließ es es mir nicht mehr zu, persönlich in den
Wolken über der jetzigen bösen Welt zu schweben, sondern es
mußte gerade jetzt gezeigt werden, daß der Glaube an das Größte
die Arbeit und das Leiden im Unvollkommenen nicht aus- sondern
einschließt.« Umgekehrt vollzog Barth diesen Schritt in der Hoff-

nung, dadurch nun »der ›wesentlichen‹ Orientierung nicht mehr untreu zu werden, wie es mir vielleicht noch vor zwei Jahren bei diesem Schritt hätte passieren können«[115]. Barth wagte also die äußere Solidarisierung erst, als er meinte, »daß ich nun auch meinen sozialdemokratischen Freunden . . . etwas Besseres bieten kann als früher, wo ich mich . . . mit ihnen gleichstellte«[116]. Aber immerhin, jetzt »war ich *so* liberal, daß ich – im Gegensatz zu den dortigen Liberalen – Sozialdemokrat werden konnte; ich galt als der ›rote Pfarrer von Safenwil‹. Das hat mir aber nichts ausgemacht. Natürlich, heute hätte das ja nichts Aufsehenerregendes an sich. Aber damals war das eine ›schlimme‹ Sache, wenn man Sozialdemokrat war. Dann wurde man gleich Bolschewik genannt« – auch und gerade im Aargau, wo doch die Arbeiterpartei »mit Ausnahme weniger Entschlossener keine von den gefährlichen Ecken der roten Internationale war«[117].

Anfang Februar fuhr Barth wieder kurz nach Bern: um den Parteieintritt seiner Mutter, die darüber beunruhigt war, zu erklären. In der Zeit seines Parteieintritts schloß sich übrigens sein Bruder Peter, jetzt Pfarrer in Laupen, der »helvetischen Gesellschaft« an. Karl hielt ihm vor, es gelte zuerst nach dem Reich Gottes zu trachten und zum Erstreben des »Übrigen« dürfe man doch nicht einen eigenen (z. B. vaterländischen) Verein gründen (»Patriotismus ist doch kein politisches Prinzip, zum Donner!«)[118].

Den ersten Vortrag als neues Parteimitglied hielt Barth am 14. Februar 1915 in Zofingen über »Krieg, Sozialismus, Christentum«.

Er machte darin deutlich, daß nun nach Kriegsausbruch beide, Christentum und Sozialismus, einer »Reformation« bedürftig seien und daß beide sich dabei gegenseitig brauchten. »Ein wirklicher Christ muß Sozialist werden (wenn er mit der Reformation des Christentums Ernst machen will!). Ein wirklicher Sozialist muß Christ sein, wenn ihm an der Reformation des Sozialismus gelegen ist.«

Im Frühling und Sommer redete er entsprechend über »Christus und die Sozialdemokratie« (in Seon), über »Die innere Zukunft der Sozialdemokratie« und über »Was heißt, ein Sozialist sein?« – Antwort: Sozialist ist, wer es im Herzen ist. Hier führte er auch aus, daß nicht *vor* der Besserung der Zustände der Mensch bzw. vor der des Menschen die Zustände zu bessern seien, sondern es müsse »beides mit- und ineinander« geschehen. Als ihn dann einmal der radikale »Genosse« Willi Münzenberg in Safenwil aufsuchte, klärte man ihn vorher auf: hier dürfe er nicht gegen die Kirche reden!

Die Begegnung mit Christoph Blumhardt

Barth stand indes auch weiterhin stark unter dem Eindruck der *Verlegenheit,* in die die Theologie, aber eben doch auch der Sozialismus und damit schließlich sein eigenes bisheriges Denken durch den Krieg geraten war. »Der Zwang zum Predigen erwies sich als sehr heilsames Korrektiv und Stimulativ für den Gedankenfortschritt . . . Mir ist über Allem immer klarer geworden, daß das, was uns fehlt«, etwas sein müsse jenseits von »aller Moral und Politik und Ethik, die beständig zu Kompromissen mit der ›Wirklichkeit‹ gezwungen sind und darum keine Erlösungskraft in sich haben, auch die sog. christliche Moral und die sog. socialistische Politik«[119]. Und eben »in dieser heillosen Verlegenheit ist mir« dann insbesondere »die prinzipiell an der christlichen Hoffnung orientierte Botschaft der beiden Blumhardt einleuchtend geworden. Ich verdanke die Bekanntschaft mit ihr meinem Freund Eduard Thurneysen«[120]. Wohl war Barth als Student ein paar Mal nach Bad Boll gereist; aber Thurneysen hatte ihm »gegenüber den hohen Vorzug, den jüngeren Blumhardt persönlich zu kennen« – er war schon in seinen Schülertagen durch sein Elternhaus in eine nähere Beziehung zu ihm getreten. Und nun hat er also den Safenwiler Freund – nicht nur »mit dessen Gedankenwelt . . . vertraut gemacht«[121], sondern auch selbst in Bad Boll eingeführt: an jenem Ort, an dem Christoph Blumhardt durch Andachten und seelsorgerliche Gespräche unter den mancherlei dorthin geeilten Pilgern wirkte.

Im April 1915 fuhr Barth zusammen mit Thurneysen in das vom Krieg aufgewühlte Deutschland – zunächst freilich nach Marburg, wo am 9. April sein Bruder Peter Martin Rades Tochter Helene heiratete. Auch Karl Barth kam dadurch in ein noch näheres Verhältnis zu diesem Marburger (»Onkel Rade«), an dem er trotz aller starken Vorbehalte immer mehr respektieren mußte, »wie wach und aufgeschlossen und willig er . . . Alle und Alles in seiner besonderen Weise begleitet, mitgelitten und mitdurchgestritten hat«[122]. An jener Hochzeitstafel traf Barth auch Rades Schwager Friedrich Naumann (dessen Schwiegersohn wiederum Karl Barths guter Freund Wilhelm Loew war!). »Als ich ihm . . . begegnete, hatte ich, im Gegensatz zu seinen unentwegt sicher geschriebenen Büchern und Aufsätzen, den Eindruck eines Mannes, der seiner Sache nicht so ganz sicher ist, weil er heimlich noch etwas Besseres weiß, als das, was er sagt. Diese Unsicherheit war jedenfalls das Beste in ihm.« Aber allerdings, er hat »das Bessere, das er wußte, nicht mehr gesagt«. Barth hat ihm darum – bei einem Biertrunk – leidenschaftlich widersprochen, als dieser ihm damals wörtlich

sagte: »Alle Religion ist uns recht, . . . heiße sie Heilsarmee oder
Islam, wenn sie nur dazu taugt, uns den Krieg durchhalten zu
helfen.«[123] Auf der Linie einer sich selbst so wenig noch ernstneh-
menden christlichen Theologie konnte es doch nicht weitergehen!
Und dann hielt Barth sich vom 10. bis 15. April eben in Bad Boll
auf. Dabei war »ich . . . in der seltsamen Lage, Blumhardt einen
Gruß von Naumann ausrichten zu dürfen, den letzten wahrscheinlich. Im Eilen und Zugreifen hat der letztere den ersten verstanden,
im Warten und Lauschen weniger . . . Das Einzigartige, wir sagen
mit vollem Bedacht: das Prophetische in Blumhardts Botschaft und
Sendung lag darin, wie sich das Eilen und Warten, das Weltliche
und das Göttliche, das Gegenwärtige und das Kommende in seinem
Reden und Tun begegnete, vereinigte, ergänzte, immer wieder
suchte und fand«[124]. Barth hörte eine Andacht Blumhardts (über
»Der Friede sei mit euch«) und führte mit ihm in diesen Tagen
ausgiebige Gespräche, in denen ihm offenbar eben jene differenzierte Kombination von aktiv-tätigem »Eilen« des Menschen in
Richtung auf Zeichen und »Durchbrüche« des Reiches Gottes *und*
stillem, geduldigem »Warten« auf Gottes, allein von ihm selber zu
vollstreckendes und alles entscheidendes Tun wichtig wurde.Und
noch wichtiger wurde ihm bei Blumhardt die grundlegende Ver-
knüpfung der Erkenntnis Gottes mit der christlichen Zukunftshoff-
nung; dadurch lernte er Gott neu verstehen als den radikalen
Erneuerer der Welt und zugleich als den ihr gegenüber schlechthin
Neuen. Von da aus konnte und mußte es für ihn weitergehen!

Bald nach seiner Rückkehr begann er die Lektüre von Zündels
Buch über den älteren Blumhardt. Er fand sich äußerst bewegt von
dem, was ihm in Bad Boll begegnet war. »Man kann das Neue und
Neutestamentliche, das in Boll wieder aufging, zusammenfassen in
das eine Wort: Hoffnung.«[125] Kraft dieser Hoffnung hatte Blumhardt, auf dem Feld der Kirche in größter Einsamkeit, 1900 sozial-
demokratischer Abgeordneter im württembergischen Landtag werden können – aber das in einer großen geistlichen Freiheit, die
Barth in diesem Augenblick seines Lebens besonders beeindruckte.
»Er geht freundlich, aber ganz unbeteiligt vorbei an den dogmatischen und an den liberalen, an den ›religiös-sittlichen‹ und an uns
sozialistischen Theologen. Er widerlegt niemanden und niemand
braucht sich durch ihn widerlegt zu fühlen, aber er gibt auch
niemandem Recht . . . Ich vermute, er hätte auch allerlei zu sagen
über die Gegensätze und Probleme, die uns jetzt bewegen. Aber er
will es nicht sagen, es ist ihm nicht wichtig genug, weil ihm anderes
wichtiger ist.«[126]

Bald nach der Rückkehr griff Barth in einem Artikel jenes Thema des »Friedens« auf und sagte dazu: »Nicht der Krieg ist der Unfriede. Er ist auch nicht des Unfriedens Ursache. Er hat es nur an den Tag gebracht, daß wir Alle auf dem Boden des Unfriedens leben.« Und »auf dem Boden des Unfriedens kann es keinen Frieden geben«. Aber »Gott ist der Friede«. Und wo kein Friede ist, da ist darum Gott »nicht dabei, wir machen's ohne ihn«. Auf die Begegnung mit Blumhardt hin begann in Barth vor allem aber nun »die Sehnsucht« zu rumoren, »sich selbst und den Andern das Wesentliche zu zeigen«[127]. Aber wie? Es war eine Zeit, in der »ich . . . wie eine Hummel gegen alle die verschlossenen Fenster angerannt bin«[128]. Seine Predigthörer empfanden zunächst nur eben »eine *besondere* Schwierigkeit meiner Predigten seit meiner Deutschlandreise«[129]. In die gleiche Richtung, in der er seit der Entdeckung Blumhardts suchte, wies ihn überraschenderweise in derselben Zeit die innere Verfassung, in der sich ihm die nach vielen Seiten auseinanderstrebenden Religiösen Sozialisten darstellten. Insbesondere interessierte ihn und wirkte fruchtbar auf ihn der immer schärfer werdende Gegensatz zwischen Kutter und Ragaz. Ihren Gegensatz könnte man kurz so bezeichnen, daß der erstere den Ton mehr auf die – prophetische – Erkenntnis des »lebendigen Gottes« legte, während es dem anderen mehr um die aktive Nachfolge im Sinne des franziskanischen Armutsideals ging. Dementsprechend suchten beide sehr verschieden die Erschütterung durch den Ersten Weltkrieg zu verarbeiten: Kutter mit dem Aufruf zu stiller Neubesinnung, Ragaz mit Appellen zu pazifistischem Handeln. Bezeichnend war auch, daß Kutter nie und daß Ragaz schon 1913 Sozialdemokrat wurde. Aber nun war das Verblüffende, daß Karl Barth sich angeregt fand, einen Weg zu suchen, der diesen Gegensatz gerade überwand. »Ists nicht besser, nach dem Punkt zu streben, wo Kutters Nein und Ragazens Ja, Kutters radikale Gelassenheit und Ragazens energisches Anpacken der Probleme . . . zusammenklingen? Ich glaube einfach an die Möglichkeit einer solchen Position, wenn ich sie auch nicht gleich beschreiben kann.«[130] Auf einer religiös-sozialen Versammlung Anfang September 1915 in Pratteln, auf der Hans Bader über jenen Unterschied referiert hatte, wurde es Barth noch klarer, daß er wohl »in den Betonungen . . . überall auf die Seite Kutters gedrängt« sei, daß er »aber die Positionen von Ragaz in keinem Hauptpunkt als auszuschließende betrachten könne«, daß ihm gerade das »Streben nach praktischem Ernstmachen bei Ragaz trotz seiner deutlichen ›Gefahr‹ ein unentbehrliches, wenngleich sekundäres Moment in der Sache sei«[131].

Barth suchte. Und in diesem Suchen geriet er hart an den Rand der Kirche. Ihm wurde das »Religionsgetriebe« höchst fragwürdig,

»an das man nun als Pfarrer einmal geschmiedet ist«. Ja, er seufzte gelegentlich geradezu: »Könnte man doch etwas Anderes sein als Pfarrer!«[132] Speziell empörte ihn das »allgemeine Toleranzsüpplein, das besonders in unsrer Landeskirche nachgerade als höchstes Gut ausgerufen wird«[133]. »Ich habe . . . einen noch vor dem Ersten Weltkrieg in den . . . ›Basler Nachrichten‹ erschienenen Bericht über eine in Aarau abgehaltene Kantonalsynode mit den staubaufwirbelnden Worten: ›O Aargau, o Staatsreligion, daß Gott erbarm!‹ beschlossen. Ein weiterer Artikel, den ich kurz darauf in Befriedigung meines Zornes über die damals moderne Beteiligung der Kirche an der Berner Landesausstellung 1914 (Schaubude!) schrieb, wurde mir von den ›Basler Nachrichten‹ damals ›mit Dank‹ zurückgeschickt.«[134] In besonderer Weise erfüllten auch die offiziellen Pfarrerversammlungen, die sogen. Kapitel, »mich immer mit einer höchsten Beunruhigung und Beklemmung, . . . und dann möchte ich etwas in den Saal hinaus schreien können und habe doch die Stimme und das Wort nicht, und dann hänge ich zappelnd wie ein Dachdecker am Seil«[135]. Doch, einmal hat er tatsächlich »in den Saal hinaus« gerufen: bei einer Herbstsynode seiner Landeskirche, am 11. November 1915. Er stellte nämlich an die Synode den förmlichen »Antrag«, ihre traditionelle Eröffnung mit einem Gottesdienst fallen zu lassen – um damit (und einzig an dieser Begründung war es Barth gelegen) offen zuzugeben, daß »alles, vor allem alles Staatliche hier hundertmal wichtiger genommen wird als Gott«[136]. Darin steckte schärfste Kritik an der Kirche. Und doch kam sie, wie Barth meinte, nicht aus einer Distanz zur Kirche, sondern »aus innerer notvoller Beteiligung an der Sache der Kirche in der Welt heraus«[137]. Und das Bezeichnende an dieser Kritik war zugleich der Gesichtspunkt, unter dem sie erfolgte: nämlich der, daß »Gott« ganz anders wieder »wichtig« genommen werden müßte. Die Frage nach einem zentralen Zur-Geltung-Kommen Gottes wurde für Barth nun überhaupt immer grundlegender. Sie war für ihn dabei – infolge der Bekanntschaft mit Blumhardt – aufs engste verknüpft mit der eschatologischen Frage der christlichen Hoffnung.

In dieser Fragehaltung hielt Barth kurz nach jener Synode am 15. November in Basel einen Vortrag über »Kriegszeit und Gottesreich«, in dem er stark die »Abwesenheit Gottes in den innerweltlichen Kreisen« hervorhob – und den Paul Wernle »mit dem Schimpfwort ›apokalyptisch‹ nicht ganz unrichtig aufgefaßt« hat[138]. Von jenen »innerweltlichen Kreisen«, zu denen Barth auch die menschlichen Reformversuche, auch die Kirche zählte, sei nichts Neues zu erwarten: »Welt ist Welt. Aber Gott ist Gott« – darum »*aber*«, weil von Gott allerdings das Neue zu erwarten ist! Eine

Woche später begann er in Safenwil eine Besinnungswoche durchzuführen – unter dem charakteristischen Thema der »christlichen Hoffnung«. Er eröffnete die Reihe, zu deren Fortgang er als Referenten Thurneysen, die Nachbarkollegen Robert Epprecht und Paul Schild und seinen Schulkameraden Ernst von May herbeirief – speziell der letztere, nunmehr ein Heilsarmee-Mann, beeindruckte ihn tief:»ich habe mich eigentlich geschämt vor diesem Menschen mit meinem bißchen innern Tun und mit all meinen Orientierungsfragen und Zänkereien, vor diesem selbstverständlichen schlichten Leben in der Liebe Gottes, in dem Alles so organisch und gar nichts Gemachtes ist«[139].

Unterdes setzte Barth auch seine sozialdemokratischen Aktivitäten fort. Im Winter 1915/16 hatte er in Safenwil »wieder einen Kurs über die ordinären praktischen Fragen (Arbeitszeit, Kassenwesen, Frauenarbeit etc.) im Gang alle Dienstage unter Ausschlachtung meines einst gesammelten Dossiers über diese Dinge«. Er machte das jetzt freilich »ohne Begeisterung, einfach weil es notwendig ist und weil ich das Primär-Notwendige doch nicht *so* an sie heranbringen kann, wie es geschehen müßte«[140]. Daneben hielt er dann und wann auch Einzelvorträge, an seinem Ort oder auswärts. Am 4. Dezember erklärte er sich in einem Safenwiler Vortrag (»Religion und Christentum«) näher über die Art seiner Beteiligung am Sozialismus: »Ich halte den ›politischen Pfarrer‹ in jeder Form, auch in der sozialistischen für eine Verirrung. Wohl aber stelle ich mich . . . als Mensch und Bürger auf die . . . sozialdemokratische Seite.« Und am 7. Dezember redete er in Baden (»Religion und Sozialismus«) eingehender über die religionskritische Bedeutung des Reiches Gottes:

Dieses »kann ich da nicht finden, wo man doch immer wieder das Geld wichtiger nimmt als die Menschen, wo der Besitz doch immer der Maßstab aller Werte ist, wo man ängstlich und kleinlich das Vaterland über die Menschheit stellt, wo man immer wieder stärker an das Gegenwärtige glaubt, als an das Zukünftige«. Und insofern der Sozialismus über ein solches Denken hinausweist, ist er »mir trotz seiner Unvollkommenheiten, über die man ganz ruhig und offen reden kann, eines der erfreulichsten Anzeichen dafür, daß Gottes Reich nicht stille steht, daß Gott an der Arbeit ist«.

Im Januar 1916 sprach Barth über »Unsere Stellung zur Kirche«, die zu Recht kritisch gegenüber deren »Organisation« und »Religion« sei, und im März (in Rohr) über »Der Wille Gottes und der Krieg«. Im gleichen März referierte er außerdem über die »Gewerkschaftsbewegung« in Bern auf einer »Frauenkonferenz«, einer Unternehmung, an der sich auch seine Mutter, eifrig interessiert an allen Frauenfragen, beteiligte. Einige Wochen vorher, war es in seiner Gemeinde zu einer stürmischen Auseinandersetzung zwischen ihm und dem Fabrikanten Hochuli gekommen. Anlaß dazu gab ein Trinkgelage, zu dem der Fabrikant die Konfirmanden verführt hatte. Barth nahm sofort in Aufsehen und Ärgernis erregender Weise Stellung zu dem Vorfall: in der nächsten Konfirmandenstunde erklärte er seinen Schülern, »sie hätten nun ein Stücklein Hölle kennengelernt«[141] und in der Predigt vom 16. Januar über Psalm 14,7 setzte er das »gefangene Volk« gleich mit den Safenwilern unter der Mammonsmacht, die sich alles erlaube . . .

In dieser gleichen Zeit war Barth aber nun wesentlich stärker bewegt und in Anspruch genommen durch den immer konkreter heranreifenden Gedanken, »einmal gründlich anzufangen mit einer *innern* Neuorientierung an den primitiven Grundwahrheiten des Lebens, die uns allein aus dem Chaos der gescheiten konservativen oder revolutionären Meinungen und Gegenmeinungen herausbringen kann«. Beim Jahresanfang 1916 äußerte Barth, es sei ihm die ganze Fragestellung von Ragaz nun doch nicht radikal genug. Es sei nötig, daß das »Rede- und Schreibeproblem: Krieg oder Frieden etc.? abgelöst würde durch das radikale und bitterernste Glaubensproblem: mit Gott oder wie bisher ohne ihn? . . . Wir müssen entschieden ›eines andern warten‹«[142]. In eben diesem Sinn hielt er am selben 16. Januar, an dem jene Predigt in Safenwil Furore machte, in der Stadtkirche Aarau einen Vortrag (»Die Gerechtigkeit Gottes«), worin er lapidar erklärte: »Es wird sich . . . vor allem darum handeln, daß wir Gott überhaupt wieder als Gott anerkennen . . . Das ist eine Aufgabe, neben der alle kulturellen, sozialen und patriotischen Aufgaben . . . Kinderspiel sind.«[143]

Das Ernstnehmen gerade dieser Aufgabe fand seine konkrete Gestalt vor allem in einem erneuten, konzentrierten Nachdenken über die Predigt. Die Problematik dieses Tuns wurde Barth bald sogar als solche aufschlußreich für das Problem der Gotteserkenntnis überhaupt. (Wobei er das Predigen mit dem Unterweisen eng zusammensah, indem er nunmehr den Unterricht streng »als Spezialfall der Predigtaufgabe« verstand: »mit dem Ziel, eine Anschauung zu geben von der biblischen Botschaft, wobei der Gesichtspunkt der Erziehung zurückzutreten hat«[144].) Er hatte das Predigen schon seit längerem als ein »grenzenloses Problem« empfunden[145]. Und er hatte auch bereits das »deprimierende Auf und Ab«, unter dem er bei seinem eigenen Predigen litt, als unvermeidlich erkannt: es liege »eine Notwendigkeit« darin, »die zu unserer ganzen Stellung gehört und die wir uns nicht hinwegwünschen können«[146]. Und so klagte er einmal: »Ich predigte heute mit dem deutlichen Eindruck: das *kann* noch nicht durchschlagen, . . . weil es ja bei mir selbst noch lange nicht durchgeschlagen hat. Wir postulieren doch immer noch mächtig.«[147] Entsprechend erging es ihm in Seelsorge und Unterricht: »Meine Hausbesuche und mein Unterrichten sind eine lächerliche Stümperei, ich komme mir dabei vor wie einer, der mit vollen aufgeblasenen Backen in eine Trompete stoßen möchte, aber es kommt kurioserweise kein Ton heraus.«[148] Freilich war es so, daß das Predigen – wie das andere pfarramtliche Tun – Barth nicht allmählich leichter wurde; sondern es wurde »mir all die Zeiten immer schwerer«; ja, er sprach von der »zunehmenden Erkenntnis der apriorischen Unmöglichkeit unseres Predigens«[149]. Und das hing nun zweifellos damit zusammen, daß er sich immer klarer zu werden begann, daß es beim Predigen noch ganz anders und radikal um – »Gott« gehen müsse. So ist das bezeichnende Dokument seiner Predigttätigkeit in dieser Zeit seine drei Wochen nach jenem 16. Januar 1916 gehaltene Predigt über Ezechiel 13, die er in einem Privatdruck gleich auch in alle Häuser im Dorf austragen ließ. In ihr redete er, selber in prophetischem Ton, von der »großen Unruhe, die unvermeidlich ist, wenn Gott mit uns redet«, und davon, daß »der Pfarrer, der es den Leuten recht macht«, ein falscher Prophet ist. In anderer Weise bezeichnend für sein damaliges Predigen war seine Predigt Mitte März auf der Aarauer Studentenkonferenz über »Das Eine Notwendige«. Es sei bitter nötig, hieß es dort, daß wir nun endlich, statt alles mögliche zu tun, »mit dem Anfang anfangen« und »anerkennen, daß Gott Gott ist«. 1916 hielt er auch eine Serie von Predigten über den 1. Johannesbrief, die wieder stark im Zeichen dieser Frage stand.

Die Erkenntnis, daß es beim Predigen noch ganz anders um Gott gehen müsse, bedeutete für Barth allerdings – und das war das Eigentümliche seiner Denkbewegung – gerade keine »Lösung« des Predigtproblems, sondern sie machte ihm das Predigen erst recht zur Verlegenheit. Und eben diese Verlegenheit wurde ihm in dieser Zeit als solche lehrreich. »Zu den Menschen, in den unerhörten Widerspruch ihres Lebens hinein sollte ich ja als Pfarrer reden, aber reden von der nicht minder unerhörten Botschaft der Bibel, die diesem Widerspruch des Lebens als ein neues Rätsel gegenübersteht. Oft genug sind mir diese beiden Größen, das Leben und die Bibel, vorgekommen . . . wie Skylla und Charybdis: Wenn das das Woher? und Wohin? der christlichen Verkündigung ist, wer soll, wer kann da Pfarrer sein und predigen?« Diese »bekannte Situation des Pfarrers am Samstag an seinem Schreibtisch, am Sonntag auf der Kanzel verdichtete sich bei mir« zu einer »Randbemerkung zu aller Theologie . . . Nicht als ob ich etwa einen Ausweg gefunden hätte aus jener kritischen Situation, gerade das nicht, wohl aber wurde mir eben diese kritische Situation selbst zur Erläuterung des Wesens aller Theologie . . . Wie kam es nur, mußte ich mich fragen, daß das schon mit der Existenz des Pfarrers gesetzte Frage- und Ausrufezeichen in der Theologie, die ich kannte, sozusagen gar keine Rolle spielte . . .? Wußten denn etwa andre den Ausweg, den ich nicht fand? Ich sah sie wohl Auswege gehen, aber solche, die ich als Auswege nicht anerkennen konnte. Aber warum suchten dann die mir bekannten Theologien jene Situation, wenn sie sie überhaupt berührten, als erträglich und überwindbar darzustellen, statt sie vor allem einmal zu begreifen, ihr ins Gesicht zu sehen und – dabei vielleicht zu entdecken, daß der Theologie eigenster Gegenstand sich gerade in dieser Situation in ihrer ganzen Unerträglichkeit und Unüberwindbarkeit manifestiert? Sollte es sich nicht lohnen, fragte ich mich weiter, sich zu überzeugen, was für ein Licht alle Theologie gerade von hier aus empfängt?«[150]

Die Verlegenheit, auf die Barth beim Predigen stieß, war also für ihn in erster Linie keine technisch-praktische Frage (*wie* sage ich es?), sondern ein grundlegend-sachliches Problem (*kann* und *darf* ich überhaupt von Gott reden?). Und die Entdeckung, die er jetzt machte, war die, daß schon das Erkennen der grundsätzlichen *Schwierigkeit*, von Gott zu reden, als solches sachgemäßes Erkennen *Gottes* ist. Er empfand diese Entdeckung als eine tiefgreifende *Wende* gegenüber seinem bisherigen Theologisieren. Das Neue war nicht eine zufriedenstellendere Antwort auf die Gottesfrage, sondern dies, daß sie ihm jetzt zur ernstlichen *Frage* wurde – doch nicht in dem Sinn einer Infragestellung der Existenz Gottes. Die war ihm im Grunde jetzt so wenig wie früher fraglich. »Meine Frage war von Anfang an die, wie man auf Grund der Voraussetzung, *daß* Gott ist, weiterdenken, was ich als Pfarrer auf Grund dieser Voraussetzung nun eigentlich sagen sollte . . . Ich kann . . . meinen damaligen Leichtsinn [zu Beginn der Pfarrertätigkeit] *nicht* darin sehen, daß ich so selbstverständlich von jener positiven Voraussetzung ausging und für das ganze Anliegen der Apologetik einfach kein Ohr hatte . . . Schlimm war, daß ich so lange nicht merkte, daß die eigentliche und ernsthafte Anfechtung gerade und erst auf dem Boden jener positiven Voraussetzung möglich und wirklich wird. Was weiß man denn von letzter ›Infragestellung‹ auf dem Boden der Skepsis, sofern darunter die Offenheit der Frage: ob Gott ist? verstanden wird? Ist man bei dieser Frage . . . nicht noch immer gründlich bei sich selber und in sich selber unerschüttert? Wird die Sache nicht erst dann lebensgefährlich, *wenn* und *weil* Gott ist, weil die entscheidende Frage sich dann gegen einen selbst kehrt, weil dann das Anfangen *und* das Weiterkommen, die ›Skepsis‹ *und* der vermeintliche Glaubensmut, . . . kurz das ganze Sichselbst- und Beisichselbst- und Vonsichselbstaussein miteinander auf die Waage zu liegen kommt und endgültig (was bei der skeptischen Frage ja notorisch nicht der Fall ist) als zu leicht erfunden wird? Das ist die Frage, die ich heilloser Weise als Student und junger Pfarrer nicht kannte, *die* Frage, die dann etwa um 1915 herum ›wie ein gewappneter Mann‹ über *mich* gekommen ist.«[151]

Während Barths Denken mehr und mehr durch diese Problematik bestimmt wurde, entfernte er sich zunehmend von der Gruppe der Religiös-Sozialen, die freilich auch sonst durch andere Differenzen immer mehr zu zersplittern drohte. Zum Zweck einer allgemeinen Versöhnung berief Hans Bader auf den 23. Mai 1916 eine religiös-soziale Konferenz nach Brugg ein. Und da geschah nun das Seltsame, daß ausgerechnet Barth (zusammen mit Thurneysen und Pestalozzi – und dem Baselbieter Pfarrer Sandreuter als Beisitzern) zum Präsidenten der religiös-sozialen Konferenzen gewählt wurde – offenbar darum, weil er nicht als ein ausgesprochener Anhänger von Kutter oder Ragaz galt. Er bekam den Auftrag, auf den Herbst eine nächste Konferenz einzuberufen. Ende Oktober ließ er jedoch Ragaz durch Thurneysen mitteilen, daß sie die Konferenzen überhaupt aufzulösen gedächten – in der Meinung, daß jetzt nicht die Zeit zu organisatorischen Taten sei, sondern (wie Barth in dieser Zeit gern sagte) zu einem sich in der Stille vollziehenden Wachsenlassen. Das entsprach auch dem Urteil Kutters, der »uns damals Jüngere mit kräftiger und heilsamer Ironie von allen Konferenzen . . . ›heim‹ auf unsere Dörfer schickte«[152]. Kutter besuchte übrigens Ende Oktober Barth in Safenwil.

Im Juli war es noch aus einem anderen Grund zu einer Verstimmung zwischen Barth und Ragaz gekommen. Barth hatte diesem eine Rezension zu Blumhardts »Hausandachten« – unter dem Titel »Auf das Reich Gottes warten« (wobei das letzte Wort kritisch betont war!) – zum Abdruck in den »Neuen Wegen« zugeschickt. Darin hieß es, unüberhörbar an die Adresse der Religiös-Sozialen gerichtet: »Unsere Dialektik ist auf einem toten Punkt angelangt und, wenn wir gesund und stark sein wollen, müssen wir von vorn anfangen« – und zwar nicht aufs neue mit dem eigenen Tun, sondern mit einem stillen »Warten« auf Gottes Tun[153]. Ragaz verweigerte die Veröffentlichung der Rezension, weil er ihre These als quietistisch ablehnte[154] (sie erschien dann im September im »Freien Schweizer Arbeiter«). Daraufhin trafen sich Barth und Thurneysen mit Ragaz am 3. November im Haus ihres Freundes Pfr. Richard Preiswerk in Umiken zu einer gründlichen Aussprache. Sie verlief versöhnlich, aber der Verkehr zwischen Barth und Ragaz war

farrer Barth

7 Vom Herbst 1909 bis zum Sommer 1911
irkte er als reichlich liberaler Hilfsprediger an der
eutschschweizerischen Gemeinde in Genf.

8 Nelly Hoffmann (im Jahr 1906) gehörte zum
rsten Jahrgang seiner Konfirmanden in Genf. Sie
urde 1911 seine Braut und 1913 seine Frau.

9 Vom Juli 1911 bis zum Oktober 1921 be-
ohnte er als vielfach unruhiger und manchmal
ich Unruhe stiftender Pfarrer von Safenwil dieses
aus.

20 Unmittelbar vor dem umstürzenden »Tambacher
Vortrag, der seinen Namen in Deutschland bekan⟨nt⟩
machen sollte, unternahm er im Sommer 1919 Berg⟨-⟩
touren bei Saas-Fee.

21 In der Zeit des Beginns seiner Arbeit am »Röme⟨r⟩
brief« (im Jahr 1916) mit seiner Frau Nelly und seine⟨n⟩
Kindern Markus (* 1915) und Franziska (* 1914).

22 Wie mit keinem anderen suchte, forschte un⟨d⟩
fragte er in diesen Jahren zusammen mit Eduard Thu⟨r⟩-
neysen: hier in dem eben (1920) eröffneten Landha⟨us⟩
»Bergli« der Freunde Pestalozzi.

eligiöse Sozialisten

3 Der Zürcher Neumünster-
farrer Hermann Kutter.

4 Leonhard Ragaz, im Gegen-
atz zu Kutter der »Aktivist«
nter den Religiösen Soziali-
en.

5 Der Seelsorger und
Prophet« von Bad Boll, Chri-
oph Blumhardt.

26 Zum Anfang des Ersten Weltkriegs hielt Kaiser Wilhelm II. vom
Balkon des Berliner Schlosses eine von A. von Harnack verfaßte Rede
(»Ich kenne keine Parteien mehr, ich kenne nur noch Deutsche«).
Der Kriegsausbruch machte Barth irre an der Theologie seiner
Lehrer.

Der »Römerbrief«

27 Die Berliner Universitätslehrer unterwegs zu einer Gefallengedenkfeier (1919). Hinter den zwei Pedellen der Rektor Seeberg. Dahinter die Theologen Kaftan, Graf Baudissin, von Harnack, Mahling, Deißmann, Holl, Strack, Runze, Greßmann, C. Schmidt, Richter, Eißfeldt, K. L. Schmidt.

28 Einen Bruch mit der herrschenden – liberalen und positiven – Theologie stellte Barths Auslegung des »Römerbriefs« dar (1919). Hier der Anfang, konzipiert im Sommer 1916.

seither weitgehend unterbrochen. »Ragaz und ich brausten wie zwei Schnellzüge aneinander vorbei: er aus der Kirche heraus, ich in die Kirche hinein.«[155] Immerhin hatte Ragaz bei jener Begegnung – vergeblich – versucht, Barth zum Nachfolger auf seinem Lehrstuhl, von dem er sich zurückziehen wollte, zu gewinnen. Und beim Abschied auf dem Brugger Bahnhof flüsterte er Thurneysen mit Blick auf Barth zu: er fürchte, »wen die Götter lieben, lassen sie früh sterben« . . .

Der erste »Römerbrief«

Noch während diese Auseinandersetzung spielte, hatten sich Barths Gedanken immer deutlicher in eine bestimmte Richtung bewegt. »Über den liberal-theologischen und über den religiös-sozialen Problemkreis hinaus begann mir doch der Gedanke des Reiches Gottes in dem biblisch real-jenseitigen Sinn des Begriffs immer dringlicher und damit die allzu lange als selbstverständlich behandelte Textgrundlage meiner Predigten, die Bibel, immer problematischer zu werden.«[156] Anfang Juni erholte sich Barth einige Tage lang in Leutwil bei Thurneysen, der sich vor kurzem mit Marguerite geb. Meyer aus Basel verheiratet hatte. Sie war wie Nelly Barth musikalisch geschult, und beide Frauen haben gern zusammen gespielt, wobei sich Karl Barth mitunter »vom Geist getrieben« fühlte, »in der wildesten Weise in das Handgemenge einzugreifen« und also mitzumusizieren[157]. In jenen Junitagen nun wurde er sich mit Thurneysen darüber klar, »daß man sich zwecks weiterer Klärung der Lage der wissenschaftlichen Theologie wieder zuzuwenden habe«[158]. Denn Barth hatte den Eindruck: »Das Sammelgebiet für die innere Konzentrierung und Kräftigung, aus der heraus ich so gern reden und wirken *möchte,* muß ausgeweitet und vertieft werden, . . . sonst droht ein toter Punkt.«[159] *Daß* etwas geschehen müßte, war zunächst deutlicher als das, *was* zu tun sei. »Thurneysen war es, der mir . . . unter vier Augen das Stichwort halblaut zuflüsterte: Was wir für Predigt, Unterricht und Seelsorge brauchten, sei eine ›ganz andere‹ theologische Grundlegung.«[160] Es war eine »nächtliche Wegstelle in Leutwil, wo wirs zum ersten Mal laut sagten«, daß »wir . . . Schleiermacher . . . nicht mehr recht glauben konnten«[161]. »Aber wo sollten wir sonst einsetzen? Mit Kutter ging es auch nicht: . . . weil mir . . . sein ›lebendiger Gott‹ durch sein Kriegsbuch ›Reden an die deutsche Nation‹ . . . reichlich verdächtig geworden war.«[162] Barth selbst schwebte offenbar für einen Augenblick ein neues Kant-Studium vor[163]. »Auf einer Wiese oberhalb des

Hallwylersees«[164] hat Thurneysen dagegen »die seltsame Frage auf-
geworfen: ob wir nicht – Hegel studieren sollten? Es kam damals
nicht dazu«[165].

»Faktisch-praktisch drängte sich uns dann . . . etwas viel Nahelie-
genderes auf: nämlich der Versuch, bei einem erneuten Erlernen
des theologischen ABC noch einmal und besinnlicher als zuvor mit
der Lektüre und Auslegung der Schriften des Alten und Neuen
Testaments einzusetzen. Und siehe da: sie begannen zu uns zu reden
– sehr anders, als wir sie in der Schule der damals ›modernen‹
Theologie reden hören zu müssen gemeint haben. Am Morgen nach
dem Tag, an dem Thurneysen mir jenes allgemein gehaltene Flü-
sterwort gesagt hatte, begann ich mich, immerhin mit allem mir
damals zugänglichen Rüstzeug, unter einem Apfelbaum dem Römerbrief zuzuwenden. Es war der Text, von dem ich schon im
Konfirmanden-Unterricht . . . gehört hatte, daß es sich in ihm um
Zentrales handle. Ich begann ihn zu lesen, als hätte ich ihn noch nie
gelesen: nicht ohne das Gefundene Punkt für Punkt bedächtig
aufzuschreiben . . . Ich las und las und schrieb und schrieb.«[166]

Barth verstand seine Niederschrift, die er als eben 30jähriger
begann, als »Schreibübungen, in denen ich zunächst nur mir selbst
und einigen Freunden über meinen veränderten Stand und Ort
Rechenschaft ablegen wollte«[167]. »Ich habe das Buch zunächst wirklich nur für mich selbst und etwa zur privaten Erbauung von Eduard
Thurneysen und andern Mitbekümmerten geschrieben.«[168] Und »ich
habe das nicht als eine Dissertation beabsichtigt, sondern schrieb es
einfach so vor mich hin«[169] (– und zwar, wenn nicht unter jenem
Baum im Garten, dann an einem kleinen, unbequemen Pult, an dem
einst sein Ururgroßvater Burckhardt und wohl auch einmal Lavater
meditiert hatte. Es war – mit einem Stoß Büchern – aus dem Besitz
der geschätzten Großmutter Sartorius an ihn gekommen. Sie war
eben erst – am 26. Dezember 1915 – in Basel gestorben, und Karl
Barth hatte an ihrem Grab schlicht eine Reihe von Bibelworten
gesprochen).

Was er jetzt »für sich« aufschrieb, war freilich für ihn selbst
bedeutsam genug. »Jetzt erst begann ich meines . . . verstorbenen
Vaters auch sachlich ›ehrerbietig und dankbar‹ zu gedenken, wie ich
es dann im Vorwort zum ersten ›Römerbrief‹ angedeutet habe . . .
Und ich will nicht verhehlen, daß mir einen Augenblick – uneinge-
denk der am Schluß der ›Entführung aus dem Serail‹ vernehmbaren
Warnung: ›Nichts ist so häßlich wie die Rache‹ – der Gedanke durch
den Kopf schoß, ich wollte und werde nun eine Art Vergeltung an
denen üben, die meinen Vater, obwohl er so viel wußte wie sie (nur
eben anders), so in den Schatten gestellt hatten!«[170] Der Sohn tat das

aber nicht, da er bei seinem begonnenen Studieren und Forschen viel zu sehr durch Wichtigeres in Atem gehalten war. Es war die Entdeckung der Bibel, die ihn in Atem hielt. Er war eben nun »allmählich auf die Bibel aufmerksam geworden«[171]. Und so erwartete er die neue Grundlegung, die er suchte, geradewegs von einer neuen Bemühung darum, »der Bibel gegenüber noch einmal unbefangener zu werden und mir von ihr ein wenig direkter als bisher sagen zu lassen, was es mit dem Christentum auf sich haben möchte«[172]. Und zwar speziell vom Römerbrief des Paulus wollte er sich das sagen lassen. Gerade ihn hatte er gewählt, um ihn »unsern Gegnern« zu entwinden, wie er im November 1916 Ragaz erklärte[173]. Es war dann freilich der Eindruck eines für ihn selbst gänzlich Überraschenden und Fremden, den er bei seinem Bibelstudium bekam. »Es war mir über der Arbeit oft, als wehe mich von weitem etwas an von Kleinasien oder Korinth, etwas Uraltes, Ur-orientalisches, undefinierbar Sonniges, Wildes, Originelles, das irgendwie hinter diesen Sätzen steckt ... Paulus – was muß das für ein Mensch gewesen sein und was für Menschen auch die, denen er diese lapidaren Dinge so in ein paar verworrenen Brocken hinwerfen, andeuten konnte! ... Und dann *hinter* Paulus: was für Realitäten müssen das sein, die den Mann *so* in Bewegung setzen konnten! Was für ein abgeleitetes Zeug, das wir dann über seine Sprüche zusammenschreiben, von deren eigentlichem Inhalt uns vielleicht 99 % entgeht!«[174]

Freilich, es wurde »dort zum Römerbrief des Paulus noch ganz heftig auch Goethe zitiert und Carl Spitteler« und auch Schiller. »Ich bin damals noch erst im Begriff gewesen, aus den Eierschalen der Theologie meiner Lehrer herauszukriechen.«[175] Zu den alten traten neue Lehrer – besonders der von seinem Vater und Großvater so verehrte Tobias Beck. »Unter den von meinem Vater ererbten Büchern fand und fruktifizierte ich auch viele von J. T. Beck.«[176] Barth fand gerade ihn »als Bibelerklärer einfach turmhoch über der übrigen Gesellschaft, auch über Schlatter, und auch in seinen systematischen Wegen für uns zum Teil ohne weiteres zugänglich und vorbildlich«[177]. Wie er erst später sah, wurde sein Zugang zur Bibel durch diese neuen Lehrmeister aber nicht nur gefördert, sondern in neuer Weise doch auch wieder gehemmt. Die Auslegung »stand mehr, als ich selbst merkte, unter starkem Einfluß bengel-ötinger-beck'scher und (auf dem Umweg über Kutter auch) schellingscher Gedanken, die sich nachher für das, was zu sagen war, als nicht tragfähig erwiesen«[178]. »Ich habe also den biblischen Text damals (sicher auch noch später) mit sehr vielen, auch unter sich sehr verschiedenen Brillen gelesen und das auch ungeniert kenntlich gemacht. Was ich aber durch alle jene Brillen hindurch lesend zur Sprache bringen wollte, war doch nach meiner ehrlichen Absicht und Überzeugung das Wort des Paulus.«[179] Und indem Barth auf den Römerbrief lauschte, glaubte er, daß immerhin doch »der Apostel Paulus mir dabei in besonderer Weise zum Führer in die Wahrheit und Klarheit des biblischen Zeugnisses geworden« ist[180].

Was erkannte Barth unter diesem Studium? Daß es nicht mehr so weiter gehe, wie es in allen christlichen Gruppen, Richtungen und »Bewegungen« seiner Zeit gehe! »Es war immer schon alles fertig ohne Gott. Gott sollte immer gut genug sein zur Durchführung und Krönung dessen, was die Menschen von sich aus begannen. Die Furcht des Herrn stand nicht objektiv am Anfang unserer Weisheit, sondern seine Zustimmung wurde immer nur so im Vorbeigehen zu erhaschen gesucht. Und je größer der Eifer für Gott wurde, desto größer wurde ... die Nicht-Unterordnung unter das, was Gott eigentlich will, denn wenn es einmal im Ansatz an jenem Merken gefehlt hat, so kann auch das, was daraus folgt, nichts göttlich Neues und Hilfreiches sein, sondern wird im letzten Fall zu einer Reform oder auch bloß Neudrapierung der alten Weltverhältnisse, die vom Standpunkt Gottes aus betrachtet mehr schadet als hilft, weil es über die Notwendigkeit des Kommens *seines* Reiches wieder auf eine weitere Weile hinwegtäuscht. Unsere ›Bewegungen‹ sind dann direkt die Ursache, daß Gott sich nicht bewegen kann, unsere ›Sachen‹ stehen der Sache Gottes im Wege, unser reich entfaltetes ›Leben‹ hindert das stille Wachstum des göttlichen Lebens in der Welt ... Einmal mußte es ja doch im Zusammenbruch *unserer* Sachen an den Tag kommen, daß *Gottes* Sache ausschließlich seine *eigene* Sache ist. Da stehen wir heute.«[181]

In immer neuen Wendungen sprach Barth vor allem zwei Gedanken aus. Einmal, daß die Menschen niemals »den Standpunkt Gottes zu ihrem Parteistandpunkt« machen könnten, daß darum kein Einzelner und keine Gruppe gegenüber anderen einfach auf der Seite Gottes stehe, daß vielmehr alle miteinander, »solidarisch verantwortlich«, Gott gegenüber stehen[182]! Also Kritik an jeglicher Form von Individualismus, speziell in seiner religiösen Form! Also Relativierung aller menschlichen Unterscheidungen zwischen religiös und unreligiös, moralisch und unmoralisch usf.! »Der Unterschied von Berg und Tal wird bedeutungslos, wenn die Sonne, im Zenith stehend, beide mit ihrem Licht erfüllt.« »Umwertung aller Werte!«[183] Zum anderen betonte er, daß es beim Reich Gottes nicht »um einen Emporstieg innerhalb des alten Äon, sondern um den Anbruch eines neuen« gehe, nicht um eine »Entwicklung innerhalb der bisherigen Möglichkeiten, sondern [um] die neue Lebensmöglichkeit«. Also klare Unterscheidung zwischen diesem Reich und allen menschlichen Reformversuchen! »Ihr Licht ist ein künstliches Licht in der Nacht, nicht Sonnenaufgang und Tagesanbruch.« Aber auch klare Unterscheidung zwischen diesem Reich und den religiösen und moralischen Möglichkeiten des Menschen: »Sie schaffen kein Neues!«

Gottes Reich aber schafft in dieser Welt ein ganz Neues: »Wirkliche Gotteser-kenntnis . . . weiß sich gerade mit ihren letzten Gewißheiten . . . nicht am Ende, sondern am Anfang der Arbeit, ist mit den Rätseln und Schwierigkeiten des Lebens nie fertig . . . Gotteserkenntnis ist kein Entrinnen in die sichere Höhe reiner Ideen, sondern ein mitleidendes und mitschaffendes und mithoffendes Eintreten auf die Not der jetzigen Welt. Die im Christus geschehene Offenbarung ist ja eben nicht die Mitteilung . . . einer Weltformel, deren Besitz die Möglichkeit einer Beruhigung böte, sondern Kraft Gottes, die uns in Bewegung setzt, Schöpfung eines neuen Kosmos, Durchbruch eines göttlichen Keims durch widergöttliche Schalen, . . . Ar-beit und Kampf an jedem Punkt und für jede Stunde.«[184] Ob jene Unterscheidungen zwischen den Möglichkeiten Gottes und des Menschen klar genug waren, wurde Barth wenig später freilich fraglich – vor allem im Blick auf seine durchgehende »Behauptung eines organisch wachsenden göttlichen Seins und Habens im Menschen im Gegensatz zu der Leerheit der idealistischen Forderung«[185].

Diese beiden zentralen Gedanken Barths enthielten eine Fülle von Abgrenzungen: gegenüber der Romantik und dem Idealismus und gegenüber dem Pietismus, der ihm Mitte November 1916 während des Auftritts des Evangelisten Vetter in Safenwil als »eine ganz üble Religionsmechanik« besonders problematisch vor Augen getreten war. Heimlich wandte er sich nun auch von Schleiermacher – und doch auch von seinem Marburger Lehrer ab: »das letzte direkte Lebenszeichen, das ich von Wilhelm Herrmann empfangen habe, war . . . eine Dedikation im Jahre 1918. Sie trug die lakoni-schen Worte: ›Trotzdem‹ mit bestem Gruß von W. Herrmann«[186]. Ja, Barth setzte sich nun sogar – trotz aller Anerkennung und Anlehnung – deutlich von Ragaz und vom Religiösen Sozialismus ab. »Pazifismus und Sozialdemokratie vertreten nicht das Reich Gottes, sondern in neuen Formen das alte Reich des Menschen . . . Die Kritik und der Protest . . ., die sie dem Verlauf der Weltent-wicklung entgegenschleudern, sind innerweltlich, kommen aus der Not, nicht aus der Hilfe heraus.«[187]

Allmählich füllte sich unter Barths »Schreibübungen« ein erstes »Heft mit ›Scholien*‹«[188], dann ein zweites und drittes, und allmäh-lich erwuchs daraus ein ganzes dickes Buch. Im Juli 1916 – also in der Mitte des Ersten Weltkriegs hatte er mit der Niederschrift begonnen. Im September stand er bereits bei Römer 3[189]. Da erlitt er wegen Überarbeitung eine gesundheitliche Störung, die es nötig machte, sich im Oktober vom Kirchenrat einen Erholungsurlaub genehmigen zu lassen. Im folgenden Winter kam er nur noch langsam vorwärts, und im März 1917 – im Anlauf zu Römer 5 – blieb er offenbar gänzlich stecken, um erst ein halbes Jahr später erneut an die Auslegung dieses Kapitels zu gehen: jetzt aber mit der

* Randbemerkungen

Absicht, das Buch über ein Jahr fertig zu haben und drucken zu lassen. Um zügiger vorwärtszukommen, ersuchte er im Oktober 1917 den Kirchenrat um einen vierwöchigen Studienurlaub. Er verbrachte ihn nach Ostern auf dem »Krähenbühl« in Zürich im Hause seines Schwagers Kisling, eines beflissenen Förderers der Schönen Künste.

Noch vor jener halbjährigen Unterbrechung hatte er – am 6. Februar 1917 – während einer Leutwiler Besinnungswoche, in der er neben Emil Brunner und Gottlob Wieser redete, einen denkwürdigen Vortrag gehalten. In ihm gab er zum ersten Mal öffentlich Rechenschaft über den Ertrag seiner neuen Bibelstudien. Es hieß darin – unter der Überschrift »Die neue Welt in der Bibel« –, in der Bibel werde etwas für uns ganz Ungeahntes sichtbar – nicht »Historie«, nicht Moral, nicht Religion, sondern eine geradezu »neue Welt«: »nicht die rechten Menschengedanken über Gott, sondern die rechten Gottesgedanken über den Menschen«, und somit geleite uns die Bibel »aus der alten Menschenatmosphäre heraus und an die offene Türe einer neuen Welt, der Welt Gottes«[190]. – Während jenes Halbjahres hat Barth dann noch einige weitere Vorträge ausgearbeitet. Ende April redete er in Safenwil vor Mitgliedern der Schülerbibelkreise über »Alltagskraft« – und er wandte sich nun überhaupt eine Zeitlang in merkwürdiger Aufmerksamkeit pietistischen Gestalten in Geschichte und Gegenwart zu, besuchte im Mai die von dieser Seite gestaltete »Badener Konferenz« und studierte speziell Hofacker-Predigten. Ende Juli sprach er dann (zusammen mit Ernst Staehelin auftretend) in einem Lager der Basler Jungchristlichen Allianz bei Buus im Baselbiet über »Die Zukunft des Christentums und der Sozialismus«. Und schließlich äußerte er sich am 9. Oktober vor einem kleinen Kreis von Lehrerinnen zum Problem des »Religionsunterrichts« (»Religion und Leben«); dabei fiel seine deutliche Kritik an der »Religion« (als Privatsache, als bloße Innerlichkeit, als ruhige, nichts bewegende Gesinnung) auf: sie gehe als solche am Leben vorbei – am Leben in der Welt und erst recht am Leben in der Bibel.

In denselben Monaten hat Barth darüber hinaus zusammen mit Thurneysen eine kleine Sammlung von je sechs Predigten für den Druck bereitet – etwas zögernd, denn »auch Abraham, Isaak und Jakob haben ja nichts drucken lassen«[191]. Aber er hielt es doch für angebracht, einmal in dieser Weise »den derzeitigen Stand unsrer Dinge zu objektivieren« und öffentlicher Kritik auszusetzen[192]. Noch während das Buch beim Drucker war, seufzte Barth aufs neue unter der nur noch größer gewordenen Mühe, die ihm das Predigen mache. »Unsere Sprüche ... mahnen mich alle an Brücken, die

vorläufig erst halb gebaut, verheißungsvoll, traurig, drohend oder
wie man will in die Luft hinausstarren.«[193] Zum Jahresende erschien
bei Bäschlin in Bern das Buch unter dem Titel »Suchet Gott, so
werdet ihr leben«. Es richtete sich nach seinem Vorwort an »Menschen, die mit uns beunruhigt sind durch die große Verborgenheit
Gottes in der gegenwärtigen Welt und Kirche und mit uns erfreut
über seine noch größere Bereitschaft, ein Durchbrecher aller Bande
zu werden«.

Barths Predigten in diesem Buch unterschieden sich merklich von denen in der
ersten Safenwiler Zeit. Nun wurde da in dem Ton und Stil geredet: »O, nicht wahr,
wir haben ihn manchmal schon so von Herzen satt gehabt, unsern bisherigen
›Gott‹ . . . Aber wir sind zum Glück alle in Revolution begriffen. Das was wir meinen
und nicht treffen, suchen und finden, vermissen und entbehren und doch nirgends
entdecken, das ist ein *lebendiger* Gott . . . das Gegenteil von dem, was uns bisher
›Gott‹ gewesen ist: ein Gott, der wirklich *Gott* ist! . . . Kein fünftes Rad am Wagen,
sondern das Rad, das alle Räder treibt . . . Kein Gedanke, keine Ansicht, sondern die
Lebenskraft, die die Todeskräfte überwindet . . . Kein Schmuck der Welt, sondern
ein Hebel, der eingreift in die Welt! Kein Gefühl, mit dem man spielt, sondern eine
Tatsache, mit der man ernst macht . . . Wir ahnen ihn jetzt nur, den lebendigen Gott.
Es ist keine Rede davon, daß wir ihn kennen, daß wir ihn ›haben‹, wie man sagt.«[194]

In jenen gleichen Monaten hat Barth auch einmal ausgiebig mit
seiner Familie Ferien gemacht – Thurneysens und Pestalozzis waren
mit dabei: und zwar (unmittelbar nach einem Besuch von Martin
Rade in Safenwil) im Juni in Risch am Zuger See. Barths Leben
hatte in all diesen Jahren ja auch immer eine familiäre Seite. Er
freute sich seiner Kinder. Diese Freude hatte sich schon vor der
Ankunft seines Ersten gezeigt, als er wiederholt ungeduldig in sein
Tagebuch schrieb: »Wo bleibt das Buschi?« Und bei seiner Taufe
hatte er immerhin ein eigenes, etwas liberales »Credo« verlesen und
nachher bei der Feier im Familienkreis mit seiner Frau das Lied
»Die Gedanken sind frei« gegeigt und gesungen. Seine Älteste war
nun schon dreijährig. Inzwischen hatte sich noch (am 6. Oktober
1915) ein zweites Kind eingestellt, Karl Markus. Und bereits war
das dritte unterwegs, Christoph Friedrich (»Stöffeli«), der am 29.
September 1917 zur Welt kam. Es war bezeichnend für Barths
nähere mitmenschliche Beziehungen, wen er jeweils zu Paten für
seine Kinder bat. Bei seiner Tochter waren es seine Schwester und
eine Schwester seiner Frau sowie der ihm in Genf nahegerückte
Onkel Ernst Sartorius. Bei Markus war es – zusammen mit Helene
Barth-Rade und einem ihm von der Schulzeit her bekannten, 1915
gerade als Soldat in Safenwil stationierten Juristen Dr. Karl Gug-
genheim – der Leutwiler Freund, der seinerseits Nelly Barth zur
Patin seines ersten Kindes bat. Auch mit Pestalozzis und Spoendlins

war er durch eine Patenschaft verbunden, während diese wiederum
Taufzeugen von Christoph werden sollten.

Während jener Ferienzeit in Risch fuhr er für einige Tage nach
Bern, um als offizieller Delegierter am Parteitag der Schweizer
Sozialdemokraten teilzunehmen – jener Anlaß, bei dem die seines
Erachtens »ebenso großzügige wie bedeutungslose Ablehnung der
Landesverteidigung« beschlossen wurde[195]. Gerade über diese Frage
hatte Barth im Winter vorher (neben einigen Analysen der Kriegs-
lage) an mehreren Abenden in »seinem« Arbeiterverein referiert.
Bald nach den Sommerferien begann er in seinem Dorf ernstlich
»in erhebliche Kämpfe verwickelt« zu werden[196], die ihn freilich
nicht tief erschüttern konnten. »Als Pfarrer von Safenwil ist mir eine
dicke Haut gewachsen . . ., so daß mir nicht vieles unter die Haut
gegangen ist, sondern es ist so an mir vorbeigezogen.«[197] Kern der
Kämpfe war jetzt die Bildung gewerkschaftlicher Organisationen
unter den Arbeitern, die von den Fabrikherren ebenso gehemmt wie
von Barth gefördert wurden: »so unter der Hand, manchmal auch
direkt, manchmal ein bißchen von der Kanzel herunter«[198]. Barth
sah in der Bildung von Gewerkschaften eines seiner politischen
Hauptanliegen. »In Safenwil hat mich am Sozialismus vor allem das
Problem der Gewerkschaftsbewegung interessiert. Ich habe es jahrelang studiert und habe auch mitgeholfen, daß in Safenwil (wo es
solches vorher nicht gegeben hat) drei blühende Gewerkschaften
auf dem Plan blieben, als ich von dort wegging. Das war meine
bescheidene Beschäftigung mit der Arbeiterfrage und mein sehr
beschränktes, nämlich in der Hauptsache nur praktisches Interesse
am Sozialismus. Natürlich habe ich da auch noch andere Sachen
mitgemacht. Aber das Prinzipielle, das Ideologische lag für mich
immer am Rande.«[199] Besonders Ende August, Anfang September
1917 kam es wegen Gewerkschaftsbildungen in Safenwil zu Zusam-
menstößen. Barth trat als Demonstrationsredner auf und ließ seine
»Grabrede« für einen Arbeiter publizieren, in der er dessen Einsatz
für eine »Menschheitssache« als vorbildlich hinstellte. Er begab sich
damals auch persönlich zum Strickereibesitzer Hochuli und – hat
mit dem Fabrikanten »in der Villa« geredet »wie Mose mit Pharao,
um ihn zu bitten, das Volk in die Wüste ziehen zu lassen«. Das
Gespräch endete aber »mit einer glatten Ablehnung und Kriegser-
klärung . . ., wobei ich hören mußte, ich sei ›sein ärgster Feind‹ in
seinem ganzen Leben«[200]. Durch Barths Haltung in dieser Sache
entstanden nun starke Spannungen in seiner Gemeinde. Sie polari-
sierte sich. Das hatte sich übrigens schon im Juni bei der (nach
aargauischer Sitte) fälligen Bestätigungswahl Barths gezeigt: 189
stimmten mit Ja, aber 85 mit Nein oder leer. Die Spannung wuchs,

als im Herbst die Sozialisten aufgrund eines wahltaktischen Rats ihres »Genossen Pfarrer« im Gemeinderat »eine Mehrheit von drei zu zwei Stimmen gegen den Freisinn« errangen[201]. Die Kirchenpflege stellte ihren Pfarrer deswegen zur Rede, der aber meinte: der Zorn richte sich wohl gar nicht gegen sein »bischen Politik«, sondern »gegen das, was ich als Pfarrer überhaupt zu vertreten suche und was offenkundig den ›Bürgern‹ sowohl wie den Sozialisten neu, fremdartig und unangenehm ist«. Der Kirchenbesuch ging zurück. Ja, es wurde jetzt sogar aus Protest gegen den Pfarrer regelrecht »eine Kirchenaustrittsbewegung inszeniert«[202]. Umgekehrt gewann Barth doch auch als Pfarrer das Vertrauen gerade der Arbeiter. »Sie sind zu mir ins Pfarrhaus gekommen. Aber sie sind auch in die Kirche gekommen. Die Sozialisten gehörten zu meinen fleißigsten Predigthörern – nicht weil ich Sozialismus gepredigt habe, aber weil sie wußten, ich bin der gleiche Mann, der auch ihnen zu helfen versucht.«[203]

Auf ein Verbot jeglicher politischer Tätigkeit, das ihm die Kirchenpflege auferlegen wollte, ließ sich Barth natürlich nicht ein. Immerhin enthielt er sich nun für einige Zeit politischer Vorträge. Ende 1917 zog er sich auch direkt von den Religiös-Sozialen zurück. Im Sommer hatte er sich einer Neuorganisation der Bewegung zum Zweck größerer Funktionstüchtigkeit widersetzt – da nämlich »ohne Streit . . . ein gemeinsames Losbrechen *jetzt* unmöglich sei«[204]. Am 10. Dezember wurde auf einer Konferenz in Olten diese Neuorganisation dennoch beschlossen, so freilich, daß Barth (wie Thurneysen) aus den Ausschüssen ausschied. Er überlegte, ob er nun auf der nächsten Aarauer Konferenz in einem Vortrag gegenüber den Ragazianern »reinen Tisch schaffen« sollte, unterließ das aber dann.

Unter den religiös-sozial Interessierten hatte er indes noch besonders zwei – unter sich sehr verschieden geartete – Basler Theologiestudenten kennengelernt, die ihn auch auf seinem jetzt selbständig werdenden Weg treulich begleiten sollten: der eine war Wilhelm Vischer (*1895), gerade in Marburg studierend, ein feinfühliger Ästhet – auch er bereits mit dabei, als »wir uns, zunächst unter dem starken Anstoß des religiösen Sozialismus, aber sofort in einer bestimmten Radikalisierung dieser Bewegung« damals »nach neuen Ufern hin in Bewegung setzten«[205]. Der andere war Fritz Lieb (1892–1970), im Unterschied zu Vischer ein geradezu wilder, funkensprühender Geist – ein Vetter von Frau Thurneysen und ein späterer Schwager von Gottlob Wieser und Ernst Staehelin; er hörte eben damals bei Ragaz und wohnte bei Kutter. Gerade er imponierte Barth als ein »Denker von erstaunlicher Ausbreitung, Frische und Beweglichkeit«. »Ausgehend von orientalistischen, speziell assyriologischen Studien, . . . beschäftigte ihn Karl Marx.«[206] Barth lernte ihn »am Hallwylersee« folgendermaßen kennen: »Geschmückt mit einem der damals . . . beliebten Panamahüte stiegst du aus dem Zug und begannst sofort, eifrig von deinem eben gefaßten Entschluß zu sprechen, das Gewehr eines schweizerischen Infanteristen nicht mehr anzurühren, sondern – zur Sanitätstruppe überzutreten: eine Demonstration, auf der Linie von Ragaz, die wir in jenen Tagen, ob wir sie billigten oder nicht, jedenfalls bestaunten und für höchst bedeutsam und verheißungsvoll hielten.«[207]

Das Jahr 1918 war für Barth vor allem mit viel harter Arbeit an seiner »Römerbrief«-Erklärung ausgefüllt – nicht ohne daß ihn mitunter der Zweifel überkam: »ob der liebe Gott dieses Geschreibe eigentlich will?«[208] Anfang Juni hatte er die Auslegung »in erster Lesung« beendet, und nach sorgfältiger Durchsicht des Manuskripts konnte er am 16. August in sein Tagebuch schreiben »Römerbrief fertig«. Er war sich dabei dessen bewußt: »es bleibt noch unendlich viel Unverstandenes zurück für spätere Entdecker«[209]. Es war nicht leicht, einen Verlag für sein Buch zu finden. »Drei bekannte schweizerische Verleger hatten es, was damals gewiß verständlich war, abgelehnt, sich auf die Sache einzulassen . . . Es war der Berner G. A. Bäschlin, der es schließlich, indem ihm mein Freund . . . Pestalozzi bei der Finanzierung großzügig an die Hand ging, mit dem Buch wagen wollte. Mehr als 1000 Exemplare zu drucken, kam nicht in Frage.«[210] Das Buch, das als Erscheinungsjahr 1919 nennt, lag schon im Dezember 1918 gedruckt vor.

Während Barth die Korrekturen des Buches las, hörte der Erste Weltkrieg auf. Und in den Wirren, in denen er endete, brach im November 1918 in der Schweiz der Generalstreik aus. Barth seufzte in diesen Tagen: »Hätten wir uns doch früher zur Bibel bekehrt, damit wir jetzt festen Grund unter den Füßen hätten! Nun brütet man abwechselnd über der Zeitung und dem N. T. und sieht eigentlich furchtbar wenig von dem organischen Zusammenhang beider Welten, von dem man jetzt deutlich und kräftig sollte Zeugnis geben können.«[211]   Wie schon im Juli grassierte auch in diesem Herbst eine derartig heftige Grippe, daß der Safenwiler Gottesdienst für einige Sonntage ausfallen mußte. Sie warf auch Barth – eben während jenes Generalstreiks – ins Bett. Kaum genesen, »erwachte ich als Präsident einer elfköpfigen Notstandskommission mit 6000 Franken Barkapital, das von unsern Fabrikanten aufgebracht wurde«. Und so hatte Barth nun vollauf genug damit zu tun, »bei den letzten Maßnahmen gegen die abziehende Grippe mitzuwirken«[212].

Kurz darauf kam in seinem Dorf das Gerücht auf, Barth habe den Generalstreik »verherrlicht«. Obwohl er nachweisen konnte, daß er ihn nur eben »*erklärt*«, erläutert hatte (als Folge der politischen Lage), demissionierten auf das Gerücht hin am 20. November vier seiner sechs Kirchenpfleger. Barth ließ sich dadurch nicht anfechten, setzte vielmehr im Februar 1919 nach längerer Unterbrechung in seinem Arbeiterverein wieder mit einer Serie von Vorträgen ein, in denen er die politischen Vorgänge »›auslegte‹ – wie unsre Arbeiter [von] einer solchen Erklärung sagen«[213]. Er redete z. B. eben über jenen Generalstreik, über das Treffen der »Zweiten Internationale« Anfang Februar in Bern und den gleichzeitig stattfindenden Parteitag der Schweizer SP, die die 2. Internationale ablehnte, und dann über die russische Revolution, die er als einen Versuch würdigte, der einmal zu wagen war, der aber nicht nachzuahmen sei. Denn deutlich sah er auch die Problematik dieses Versuchs: die gewaltsame Umwälzung (die die Errichtung der neuen Gesellschaft »auf den alten Grundlagen« bedeute), die Exklusivität der Arbeiterklasse (im Widerspruch zur Aufhebung der Klassen) und die Minoritätsherrschaft (»Die anerkannten Fehler der Demokratie werden nicht besser durch ihre Aufhebung«). Am 1. Mai marschierte er dann sogar mit seinen Arbeitern hinter der roten Fahne her nach Zofingen.

Das war nun manchen Safenwilern endgültig zuviel. Der Fabrikant Hochuli trat mit anderen aus der Kirche aus und gründete – da er die Religion nicht missen mochte – einen eigenen »Kultusverein«. Und am 10. August unternahmen zwei bürgerliche Parteien einen Vorstoß, um Barth durch Verweigerung einer dringend fälligen Lohnerhöhung das Safenwiler Pfarramt zu verleiden (er hatte einst mit einem Monats-Lohn von 230 Franken begonnen und verdiente auch jetzt nicht viel mehr, weniger als die anderen Pfarrer im Kanton). Als der Sozialismus des Pfarrers als Grund für jenen Antrag genannt wurde, erklärte Barth: »Seit zwei Jahren sei der Groll gegen ihn angewachsen und sei nun endlich zum Ausbruch gekommen. Daß er den Bolschewismus und Spartakismus verherrliche, sei eine Lüge; gerade das Gegenteil habe er getan, er habe die Arbeiterschaft hievor gewarnt . . . Sozialistische Propaganda treibe er nicht und habe noch keine betrieben.« Allerdings, »er schäme sich nicht, wenn er schon zu den Arbeitern halte«[214]. Im übrigen ließe er sich wegen des Lohnes das Safenwiler Pfarramt nicht verleiden. Gegen 99 Gegenstimmen wurde der Lohn dann doch erhöht.

Zweimal äußerte sich Barth in diesen Tagen auch schriftlich zu politischen Fragen. In einem »Wort an das aargauische Bürgertum«

machte er dieses verantwortlich für die Radikalisierung der Sozialisten. Indem es deren gemäßigte Vertreter nicht ernstnehme, treibe es sie »wie in Rußland und Deutschland« dazu, »ihren eigenen Ursprung zu verleugnen und zum verheerenden Feuerbrand zu werden«. Und in einem Artikel »Das, was nicht geschehen soll« warnte er die SP vor dem Beitritt zur (von Rußland abhängigen) 3. Internationale. Die Beitrittsfrage bewegte und erschütterte übrigens die Schweizer Sozialdemokratie für zwei Jahre aufs äußerste. Sie wurde dann erst am 20. Dezember 1920 in Bern endgültig (zu ungunsten der 3. Internationale) entschieden – um den Preis, daß sich eine Minderheit von der SP abspaltete und zur KP konstituierte. »Als Augen- und Ohrenzeuge war ich auch dabei, als es am Schweizerischen Sozialdemokratischen Parteitag 1920 zur scharfen Spaltung . . . zwischen der zweiten und dritten – horribile dictu moskowitischen – Internationale kam und als dann die Anhänger dieser dritten, in die Minorität versetzt, unter dem Gesang ›Völker, hört die Signale, auf zum letzten Gefecht . . .!‹ protestierend den Saal verließen – *wer* war da als einer der Entschlossensten und Trotzigsten mitten unter ihnen?!« – (ganz im Unterschied zu Karl Barth) Fritz Lieb![215]

In jenem Jahr 1919 geriet Barth übrigens auch mit seiner weiteren Verwandtschaft (wenigstens mit ihrem konservativen Teil) in einen gewissen Konflikt. Er trat bei der Hochzeitsfeier seines Onkels Ernst Sartorius in Basel zutage, bei der »ich eine als furchtbar taktlos empfundene Tischrede über und gegen das Familienleben im Allgemeinen und Besonderen gehalten habe. Noch sehe ich, wie vernichtend mich Onkel Hans Burckhardt nachher angesehen und wie Onkel Fritz [Sartorius] . . . auf einem Fauteuil in einer Ecke saß und mir mit einem langgezogenen Ajajajaj! unter einem mir besonders eindrücklichen Zittern seiner Kinnhaut sein völliges Mißfallen kundgetan hat«[216]. Sehr viel besser verstand sich Barth hingegen mit seinen nächsten Familienmitgliedern. Mit seiner Mutter stand er in all den Safenwiler Jahren in einem regelmäßigen Kontakt, in dem er sie an seinen Gedanken und Wandlungen teilnehmen ließ. Die Schwester der Mutter, Karls geliebte Tante »Bethi«, lebte nun schon nicht mehr. Sie war nach dem Tod der Großmutter Sartorius in die Kriegsgefangenen-Fürsorge gegangen, in deren Dienst sie im August 1917 in Bulgarien gestorben war. Einen regen Austausch pflegte Karl in dieser Zeit auch mit seinen zwei Brüdern. Peter amtierte, nachdem er zunächst in Laupen gewirkt hatte, seit 1918 (bis zu seinem Ende) als Pfarrer von Madiswil. Heinrich hatte 1913 über Descartes doktoriert und wurde 1918 Lehrer an der Höheren Töchterschule in Basel. Im selben Jahr siedelte seine

Mutter von Bern zu ihm an den Basler Rheinweg, um den noch ledigen Sohn zu versorgen, um sich daneben aber auch eifrig als Vorstandsmitglied der »Frauenhilfe« zu betätigen. Karl schätzte besonders auch seinen Schwager, den bernischen Pfarrer Karl Lindt. Im Mai 1919 heiratete dieser Gertrud Barth, die bisher Jura studiert hatte. Der Safenwiler Bruder traute das Paar. Die Verbundenheit mit den Geschwistern wurde dadurch unterstrichen, daß Karl Pate von Peters Sohn Ulrich und Gertruds Tochter Hanni wurde.

Nachdem Barth den »Römerbrief« erklärt hatte, machte er sich sogleich hinter weitere, neue biblische Forschungen und Untersuchungen – so daß er, während sich jene politischen Auseinandersetzungen abspielten, gleichzeitig doch auch immer davon in Anspruch genommen war, *Bibeltexte* zu lesen, zu bedenken und »auszulegen«. Teils diente die Arbeit direkt der Predigtvorbereitung, teils fand sie nur in privaten Aufzeichnungen ihren Niederschlag. Im Winter 1918/19 schaffte er an der Apostelgeschichte, die er »als ein vortreffliches Buch voll Eigenart und Universalismus« schätzen lernte, und dann am 1. Korintherbrief, zu dessen 15. Kapitel er im Februar 1919 ein »Kommentärlein« verfaßte: »Das Kapitel ist der Schlüssel des ganzen Briefes mit seinen merkwürdig steilen, aus letzter Weisheit kommenden Eröffnungen über dies und das, von denen uns letzthin einige getroffen haben wie Schläge eines Zitterrochens.«[217] Besonders eingehend beschäftigte ihn der Epheserbrief, den er schon im Vorjahr stundenlang mit seinen Konfirmanden kursorisch gelesen hatte (!), über den er nun im Sommer 1919 eine Reihenpredigt hielt, zu dem er dann im folgenden Winter eine kurze Auslegung niederschrieb, um ihn dann im nächsten Sommer während einer Bibelstunde erneut zu betrachten. Den vorläufigen Ertrag seiner biblischen Studien zeigte ein Vortrag Barths am 9. Juni 1919 an einer CSV-Tagung* in Aarburg über »Christliches Leben« an, den er – für F. W. Foerster stellvertretend einspringend – in *einer* Nacht entwarf. In ihm machte sich zugleich auch eine Einsicht bemerkbar, die ihm im Frühling während eines Vortrags seines Bruders Heinrich an der Aarauer Konferenz (über »Gotteserkenntnis«) bedeutsam geworden war: nämlich die, daß »das totaliter aliter** des Gottesreiches« gegenüber allen menschlichen Zuständen und Bewegungen noch viel stärker hervorzuheben sei[218].

»Das Reich Gottes ist das Reich *Gottes*. Wir können uns den Übergang von den Analogien des Göttlichen zu der menschlichen Wirklichkeit nicht radikal genug denken. Das Schema der Entwicklung versagt ... Das neue Jerusalem hat nicht das

---

* Christliche Studenten-Vereinigung
** »ganz anders«; gemeint ist: die gänzliche Andersartigkeit

geringste zu tun mit der neuen Schweiz und mit dem revolutionären Zukunftsstaat, sondern es kommt in Gottes großer Freiheit auf die Erde, wenn die Stunde da ist.« Diese Hoffnung nehme freilich nicht, sondern gebe erst recht »den Mut und die Kraft . . . für das Heutige und Diesseitige«.

Der Vortrag zeigte an, daß Barths Denken jetzt eine noch konzentriertere, noch grundsätzlichere »Radikalität« annahm – in einer Weise, daß sein Weggenosse Adolf Preiswerk damals zu ihm sagte: »*Du* unternimmst Großes, *ich* könnts nit.«[219]

Der Tambacher Vortrag und seine Folgen

Unter Zugrundelegung der Hauptgedanken dieses Vortrags arbeitete Barth dann im Spätsommer einen weiteren Vortrag aus, der seinen Namen schlagartig in Deutschland bekannt machen sollte und der ebenso schlagartig zeigen sollte, wie sehr sein bisher in ziemlich beschränktem Kreis gedachtes und gesagtes Wort ein neues, wegweisendes Wort für seine Zeit und Epoche war. Es kam folgendermaßen zu diesem Vortrag: Die hessischen Pfarrer Otto Herpel und Heinrich Schultheis luden auf den 22.–25. September zu einer religiös-sozialen Tagung im Erholungsheim »Tannenberg« eines Wilhelm Scheffen in Tambach (Thüringen) ein. Dabei sollte deutschen Interessenten der schweizerische religiöse Sozialismus vorgestellt werden. Da der zunächst als Redner begehrte Ragaz absagen mußte, wurde (offenbar auf Anregung des jungen Alfred de Quervain, der gerade in Marburg studierte) der in Deutschland fast unbekannte Safenwiler Pfarrer um einen Vortrag gebeten. Bis dahin hatte sein »Römerbrief« in der Tat nahezu ausschließlich Schweizer Leser und Rezensenten gefunden (einer der ersten, die das Buch begrüßten, war schon im Februar 1919 Emil Brunner gewesen!). Ende Juli nahm Barth zunächst zu seiner Stärkung und Erholung Ferien, in denen er mit Thurneysen und Pestalozzi im Berner Oberland und in den Bergen um Saas Fee tüchtig wanderte und kletterte. Und dann, nachdem er Anfang September aus Anlaß des Todes von Naumann und Blumhardt das Werk des einen verneinend, das des anderen bejahend gewürdigt hatte, begab er sich »in ununterbrochener Tag- und Nachtschicht« an die Ausarbeitung seines Vortrags[220]. Begleitet von den religiös-sozialen Freunden Hans Bader und Rudolf Liechtenhan, einem Vetter Barths, damals Basler Pfarrer, später Basler Neutestamentler, reiste er am Vortag der Konferenz erst nach Frankfurt, wo der Zoo und eine Operette angesehen wurden, und dann weiter nach Thüringen. Auf anderen

Wegen kamen noch weitere Gesinnungsgenossen aus der Schweiz dorthin – u. a. Thurneysen und Wieser.

Zu jener Tagung erschienen im ganzen um die 100 Teilnehmer, unter sich verschiedenste Geister, denen aber das gemeinsam war, daß sie »durch die Umwälzung der letzten Jahre zu innerst bewegt waren und nun als Christen nach neuen Wegen im politischen und kirchlichen Leben Ausschau hielten«[221]. Es waren Menschen, »die in den bestehenden kirchlichen Richtungen keine Heimat für ihr persönliches Leben sahen und ihnen auch wenig Verheißung zutrauten für die Aufgaben, die der Kirche nach dem Zusammenbruch von 1918 erwuchsen . . . Die meisten von ihnen waren entweder Leute aus der Jugendbewegung oder Außenseiter der verschiedensten Art und der eigentümlichsten Lebensgeschichte«[222]. Nach dem Vortrag von Liechtenhan über »Der Christ in der Kirche« und von Bader über »Der Christ im Staate« kam am letzten Konferenztag Barth an die Reihe mit dem Thema »Der Christ in der Gesellschaft«, wozu der radikal-pazifistische und -pietistische Eberhard Arnold ein Korreferat hielt. Barths Vortrag war »eine nicht ganz einfache Maschine geworden, vorwärts- und rückwärtslaufend, nach allen Seiten schießend, an offenen und heimlichen Scharnieren keinen Mangel«[223].

Gleich zu Anfang legte sich Barth das Thema charakteristisch zurecht: der Christ, von dem Verheißung und Unruhe in die menschliche Gesellschaft ausgehe, sei natürlich kein (auch kein religiös-sozialer) Christ, sondern sei allein »der Christus«. Und aufsehenerregend war, wie Barth dann scharf und grundsätzlich zwischen Christus bzw. dem Reich Gottes einerseits und den menschlichen konservativen *oder* revolutionären Taten andererseits differenzierte. »Das Reich Gottes fängt nicht erst mit unsern Protestbewegungen an. Es ist eine Revolution, die *vor* allen Revolutionen ist, wie sie *vor* allem Bestehenden ist.« Es ist beidem gegenüber ein radikal Neues, und zwar so, daß es zu beidem ein Nein sagt – ein Nein freilich, in dem je das eine begrenzt wird durch die relative Bejahung des anderen. Zum Reich Gottes gehört darum einerseits sehr wohl der Protest gegen das Bestehende. Andererseits wollte Barth darum auch mit »Gleichnissen« des Himmelreichs, mit »Analogien des Göttlichen« im Weltlichen rechnen. Und jedenfalls fand er sich genötigt, sich doch auch explizit gegen die jetzt als solche erkannte Gefahr abzugrenzen, »Christus zum soundsovielten Male zu säkularisieren, heute z. B. der Sozialdemokratie, dem Pazifismus, dem Wandervogel zu Liebe, wie ehemals den Vaterländern, dem Schweizertum und Deutschtum, dem Liberalismus der Gebildeten zu Liebe«[224]. Der Vortrag vollzog dergestalt einen Abschied: von einer Theologie, der Barth doch selber einige Zeit angehangen hatte, speziell vom Religiösen Sozialismus. Er führte denn auch erst recht zur Entfremdung mit Ragaz, der fand, daß Barth den Einfluß dieser Bewegung in Deutschland durch ihre »dialektische Entstellung« verdorben habe[225]. Der Vortrag stellte aber auch eine programmatische Ankündigung dar: man kann sagen, er enthielt in nuce die Gedanken, die Barth in den nächsten Jahren dann ausführlich entfaltet hat.

Seine Worte übten in Tambach auf seine Hörer eine außerordentlich starke Wirkung aus. »Ihm gegenüber verblaßte alles, was sonst gesagt und diskutiert wurde.« Wohl reiste einer, Carl Mennicke, daraufhin sofort verärgert zurück nach Berlin, und wohl gingen in den folgenden Jahren die Hörer sehr verschiedene Wege weiter und auseinander, bis hin dann in die Reihen der »Deutschen Christen«. Aber im Augenblick wurde »wohl jeder in irgendeiner Weise geweckt«[226]. »Daß ich Dinge gedacht und ausgesprochen hatte, die ich vor einer größeren Öffentlichkeit zu verantworten haben werde, das begann mir erst klar zu werden, als ich . . . [in Tambach] zum ersten Mal der gänzlich veränderten Lage im Deutschland der Nachkriegszeit ansichtig wurde. . . . Hier fand ich auf einmal einen Kreis und Ausblick auf weitere Kreise von Menschen, zu deren Unruhe sich meine Versuche verhielten wie Antworten zu Fragen – Antworten, die mir doch gerade in dem nun anhebenden regen Verkehr mit diesen deutschen Zeitgenossen unter der Hand selber wieder zu Fragen wurden. Die Begrüßung mehr als eines dieser nach Realitäten hungrigen Geister ließ mich stutzig werden.«[227]

Barth fand durch seinen Tambacher Vortrag also Zugang zu einem größeren Kreis von Menschen, die in einer parallel laufenden kritischen Aufbruchsbewegung begriffen waren. Rudolf Bultmann kannte er schon aus alten Marburger Zeiten. Als neue Gefährten entdeckte er z. B. die religiös-sozialen Pfarrer Dedo Müller, Wolf Meyer und Hans Hartmann (der die Tagung mit einer musikalischen Darbietung eröffnet hatte!), weiter Otto Herpel und den Philosophen Hans Ehrenberg, der dann zur Theologie überging. Geradezu Freundschaft schloß er mit Günther Dehn (1882–1970), Pfarrer von Berlin-Moabit. »Der Ort und Augenblick«, da dieser sich »mir unvergeßlich eingeprägt« hat, war »unser Gegenüber im Eisenbahnwagen, der uns . . . nach Tambach führte«; er hat »mich dort (wahrscheinlich im Anhören irgendwelcher kühner Reden meinerseits) mit einem Blick angeschaut, in welchem kritische Güte und gütige Kritik sich in einer Art mischten, die mich [ihn], wie es in Luthers Katechismus in dem Verhältnis zum lieben Gott vorgesehen ist, gleichzeitig fürchten und lieben ließ.« Und in Tambach selbst hat er »dann über den Altar, den Abraham dem Herrn baute, mit einem numinösen Nachdruck gesprochen, der mich wieder zugleich anzog und in respektvolle Distanz versetzte«[228]. Und »hier begegnete ich . . . dem Stelzendorfer Pfarrer Friedrich Gogarten« (1887–1967), der mit Oskar Ziegner und Otto Piper, zwei Freunden aus dem Jenaer Wandervogel, auch dorthin gekommen war und »der auf *seinem* Dorf auf ganz anderen Wegen in ganz ähnliche Sorgen und Erwägungen wie ich verwickelt worden war«[229].

Durch die Wirkung des Tambacher Vortrags wurde für Barth in der Tat nun die Türe nach Deutschland weit aufgetan. Das demonstrierte die Reise, die ihn schon im nächsten Februar wieder in das Nachbarland führte. Begleitet von seiner Frau und von Thurneysens, besuchte er zunächst in Heidelberg Hans Ehrenberg, der ihn dort mit den Medizinern Richard Siebeck und Viktor von Weizsäcker und dem Schriftsteller Philipps bekannt machte. Von dort fuhr er weiter nach Stuttgart zu einem Gespräch mit Eugen Rosenstock-Huessy, der auf Barth aufmerksam geworden war und den Kontakt mit ihm gesucht hatte; es kam denn auch für eine kurze Zeit zu einem regen Austausch zwischen beiden und so zu einer ebenso kurzen, bald wieder abgebrochenen Begegnung mit dem »prophetischen« Patmos-Kreis, zu dem dieser mit den Brüdern Ehrenberg gehörte; es waren wohl »positive, wenn auch sehr ungeklärte Beziehungen«[230]. Über Bad Boll, wo Barth der Frau von Blumhardt und dessen Nachfolger Eugen Jäckh eine Visite abstattete, gelangte er schließlich nach München, von dem lutherischen »Pfarrer Merz mit – hocherhobenem Römerbrief als Kennzeichen« auf dem Bahnhof erwartet[231].

Georg Merz (1892–1959) verkehrte, als ein nach vielen Seiten offener Mensch, in den geistig bewegten Zirkeln des damaligen München, als ihm Barths Römerbrief zu einer umstürzenden Entdeckung wurde. Barth befreundete sich auf der Stelle mit ihm. »Merz ist sehr gut, kennt den Römerbrief besser als ich. Er kommt von Rittelmeyer und hat noch einige entsprechende Residuen, war aber die ganze Zeit über höchst aufgeschlossen, unermüdlich in Fragen, menschlich überaus sympathisch . . ., kann entzückend lachen und erzählen . . ., dirigiert überdies den Verlag Lempp in theologischer Hinsicht höchst intelligent.«[232] Merz stellte Barth Friedrich Heiler, Artur Bonus und Alo Münch vor und ließ Barth in kleinerem Kreis reden, in dem auch Hilde, die Tochter von Kurt Eisner, dabei war und in dem der Schwabe Albert Lempp, der Inhaber des Christian Kaiser Verlages, zum Schluß bekannte: »Das ischt mir alles fabelhaft neu.«[233] Dieser Verlag übernahm nun die Verlagsrechte für den »Römerbrief«. »Eben als die Aufnahmefähigkeit des schweizerischen Marktes sich nach dem Verkauf von (immerhin) 300 Exemplaren zu erschöpfen schien«, ist das Buch an den »Verlag Christian Kaiser übergegangen, unter dessen Betreuung die restlichen 700 Exemplare ziemlich im Nu ihre deutschen Käufer und Leser fanden«[234] – und ihre Rezensenten. Noch im gleichen Jahr widerfuhr Barth eine »sehr würdige, aber entschiedene Ablehnung« – nicht nur »durch den damals anerkannten Altmeister neutestamentlicher Wissenschaft, Adolf Jülicher«, sondern auch durch den jungen Neutestamentler Karl Ludwig Schmidt; beide stellten Barth dem »Ketzer« Marcion zur Seite. Aber auch Bultmann schob das Buch in einer Rezension »in unverkennbarem Unwillen als ›enthusiastische Erneuerung‹ . . . beiseite«[235], während Walther Köhler ihn mit Schwenckfeld und Harnack ihn mit Thomas Münzer verglich.

Ein Teil der neugefundenen deutschen Freunde besuchte im folgenden Sommer und Herbst umgekehrt den Safenwiler Pfarrer in seinem Dorfpfarrhaus: Eugen Rosenstock, Wolf Meyer, Hans Ehrenberg, Georg Merz, Richard Siebeck, Friedrich Gogarten und Otto Herpel. »Der liebe Gott hat eben sehr verschiedene Kostgänger, das ist doch wohl für uns die Lehre aus all diesen Besuchen.«[236] Barth bekam von ihnen – unter unterschiedlichen Gesichtspunkten – viel zu hören von »allerlei Gestalten und Erregungen des damals jungen Deutschland, von den dort hoch- und niedergehenden Geistesblitzen, von den dort in hellem oder dunklem Drang gesuchten und in allerlei Tiefsinn und Enthusiasmus gefundenen neuen Wegen«. Und Richard Siebeck überreichte ihm sogar ein »Buch über Nierenkranke«, das aber »mir, bevor ich versuchen konnte, etwas davon zu erfassen, . . . von meinem damaligen Hausarzt auf Nimmerwiedersehen entführt worden« ist. Barth spürte immerhin, daß dieser Freund auf seinem Gebiet »von einer ganz ähnlichen Unruhe umgetrieben« war, »wie ich auf dem meinigen«[237]. Bei jenem Hausarzt handelte es sich um einen Bruder des Editors der Blumhardt-Andachten, um den Kölliker Arzt Erwin Lejeune, mit dem Barth all die Safenwiler Jahre hindurch durch das religiös-soziale Interesse verbunden war und mit dem er auch einmal eine Zeitlang zu zweit über »Kant« brütete.

Im übrigen war 1920 das Jahr, in dem Barth seine im »Römerbrief« dargelegte Sicht durch vielfältiges, intensives Studium neu kritisch überprüfte und durchdachte. Er las eine Fülle von theologischer und anderer Literatur, er erforschte den Kolosserbrief, er arbeitete an den Psalmen (um aus ihnen ein »Gebetbuch« zusammenzustellen!) und studierte ausgiebig Calvin – während gleichzeitig gehaltene Serien-Predigten über den 2. Korintherbrief ihn weiter in Paulus selbst hineinführten.

In diesen Predigten wird stark die Krisis betont, die von Gott her über den Menschen kommt: »Wäre kein Gott . . ., wir brauchten auch nicht zu seufzen . . . Weil Gott die Ursache unseres Seufzens ist, darum müssen wir seufzen.« Im übrigen zeigte Barth in diesen Predigen gegenüber der universalistischen Sicht des »Römerbriefs« ein wachsendes Gespür für Differenzierungen. So, wenn er hervorhebt, daß Gottes Tun ein freies Erwählen ist, das unberechenbar zwei Seiten hat (»Licht kann erfreuen *und* blenden, Wind kann erquicken *und* erkälten«). So, wenn er jetzt die Bedeutung des »Einzelnen« im Reich Gottes entdeckt (»Das Verhältnis Gottes zu uns Menschen ist kein staatliches, wo der Grundsatz gilt: Alle Bürger sind vor dem Gesetz gleich! . . . Es ist ein freies Verhältnis. Es geht nicht zum Vorneherein alle an, sondern zunächst nur Einzelne«). So, wenn er darauf Wert legt, daß nicht alle Zeiten gleich sind (»Von der Bibel aus kann man durchaus nicht sagen, daß Gott zu allen Zeiten in gleicher Weise Gott ist«). So, wenn er öfters auf den qualitativen Unterschied zwischen der biblischen Zeit und der Gegenwart hinweist (»Wenn etwas heute aufhören muß, so ist es die . . . Überheblichkeit, die sich erlaubt, was Propheten, Apostel und Reformatoren sagen durften, ohne den Beweis des Geistes und der Kraft nachzusagen«).[237a]

Infolge seines ausgebreiteten Studiums bewegten sich seine Gedanken nun »unabhängiger von der altwürttembergischen und sonstwie spekulativen Theologie und in jetzt erst klargewordener und ausgesprochener offener Opposition zu Schleiermacher, dessen Unbrauchbarkeit nachher von Emil Brunner im Zusammenhang dargestellt worden ist. Das erste Dokument dieser Wendung ist der Aarauer Konferenzvortrag ›Biblische Fragen, Einsichten und Ausblicke‹«[238]. Neu in dem Vortrag, dem übrigens eine Osterpredigt zugrundelag, war die außergewöhnliche Schärfe, in der Barth hier Gott als »das ganz Andere«, die Offenbarung als die Begegnung mit einem Gekreuzigten, die Gotteserkenntnis als eine Erkenntnis »an den Grenzen der Humanität«, als »Todesweisheit«, das göttliche Ja als dialektisch verborgen in der Gestalt eines Nein, die christliche Existenz nicht als ein »Besitzen, Schmausen und Austeilen«, sondern als ein »grimmiges Suchen, Bitten und Anklopfen« erklärte. Der Vortrag (am 17. April im Aarauer Großratssaal) führte zu einem »fast kirchengeschichtlich bedeutsamen Zusammenstoß mit Adolf von Harnack«[239], der auch als Hörer anwesend war und der vorher zu dem gleichen Publikum über die Frage gesprochen hatte: »Was hat die Historie an fester Erkenntnis zur Deutung des Weltgeschehens zu bieten?« Harnack war von Barths Ausführungen schockiert. »Ich erinnere mich sehr deutlich des Entsetzens, mit dem er sich in der Diskussion nach meinem Vortrag äußerte: seit Kierkegaard (ich höre noch den baltischen Klang des Namens in seinem Munde) sei die Sache nicht mehr *so* schlimm gemacht worden, wie jetzt eben! – aber auch der großen Vornehmheit, in der er dem so viel Jüngeren und unbekannten Landpfarrer gegenüber Stellung nahm.«[240] Wie fremd sich Lehrer und Schüler in der Tat geworden waren, zeigte sich, als Barth anderntags in Basel »eine einstündige Entrevue mit ihm und Eberhard Vischer«, dem Vater von Wilhelm Vischer, hatte. »Die beiden Herren« meinten, »ich solle meine Auffassung von Gott . . . doch lieber für mich behalten, keinen

›Exportartikel‹ (!) daraus machen. Zuletzt wurde ich als Calvinist und Intellektualist beschimpft und mit der Weissagung, daß ich nach allen Erfahrungen der Kirchengeschichte eine Sekte gründen und Inspirationen empfangen werde, entlassen«. Barth war enttäuscht. »Es ist offenbar, daß der Götze wackelt. Harnack machte den Eindruck eines im Grunde gebrochenen Mannes, er wußte wirklich erstaunlich wenig außer seinen erhabenen Witzlein.« Anderntags »ging ich . . . zu Frau Professor Overbeck, und das war nun ganz fein. Sie ist . . eine häßliche, lebhafte, gescheite alte Dame . . . und entwarf mir ein Bild von ihrem Mann, das nun einfach haarscharf stimmt zu unsrer Auffassung«[241]. Sie zeigte »mir eine große deutsche Bibel, schlug den Text 1. Kor. 15 auf und sagte mir irgend etwas in der Richtung: dies sei es, was ihr Mann gern gelesen habe«[242].

Eben dieser Mann Franz Overbeck (1837–1905), der Freund Nietzsches, »den man im damaligen Basel nur zu nennen brauchte, um aller Haare zum Sträuben zu bringen«[243], war nun einer von denen, die zu Barth jetzt besonders hilfreich und weiterführend zu sprechen begannen. Speziell »die postumen Veröffentlichungen«[244] dieses »seltsamen Fremdlings«[245] gaben ihm viel zu denken und regten ihn im Frühjahr 1920 zu einer eigenen Arbeit an unter dem denkwürdigen Titel »Unerledigte Anfragen an die heutige Theologie«. Darin vertrat er die Meinung, daß dieser Mann in seiner radikalen Kritik am Christentum »*negativ*« sehr genau »den Punkt gesehen hat, auf den es *positiv* ankommen würde«[246]. Auch Nietzsche selbst studierte er jetzt, freilich mit dem Eindruck: »Overbeck war einsichtiger.«[247] Er las auch Ibsen und las Dostojewski, wobei gerade der letzte klärend und vertiefend auf ihn einwirkte. Bei seiner Lektüre war »Thurneysen führend«[248], der diesen Russen dann auch an der nächsten Aarauer Konferenz (1921) tiefsinnig auslegte. Nicht zu vergessen: auch den Maler Matthias Grünewald empfand Barth bei seinem erneuten Suchen als erhellend – vor allem »Johannes den Täufer auf Grünewalds Kreuzigungsbild mit seiner in fast unmöglicher Weise zeigenden Hand. Diese Hand ist's, die in der Bibel dokumentiert ist«[249]. Barth hängte sich eben dieses Bild über seinen Schreibtisch, und es begleitete ihn fortan an diesem Platz auf allen Stationen seines Lebens.

Wieder ein anderer, den Barth damals entdeckte, war Sören Kierkegaard: »Das erste Buch dieses Mannes, das ich mir – es war im Jahr 1909 – kaufte, war der ›Augenblick‹. Ich nehme an, daß ich es damals auch gelesen habe. Aber tieferen Eindruck kann es mir . . . nicht gemacht haben . . . Ernstlich und in größerer Breite ist er erst um 1919, in der kritischen Wende zwischen der ersten und zweiten Auflage meines ›Römerbriefs‹ in mein Denken eingetreten, um dann auch in meinen literarischen Äußerungen in wichtiger Rolle sichtbar zu werden . . . Was uns bei ihm besonders anzog, erfreute und belehrte, war die in ihrem Schneiden und Scheiden so unerbittliche Kritik, mit der wir ihn aller den unendlichen qualitativen Unterschied von Gott und Mensch verwischenden Spekulation . . . zu Leibe gehen sahen. So wurde und war er uns in jener zweiten Phase der Revolution, in der wir uns befanden, einer von den Hähnen, deren Stimme uns aus der Nähe und aus der Ferne den Anbruch eines nun wirklich neuen Tages anzukündigen schien.«[250]

Und noch einer beeinflußte und förderte Barth damals nicht wenig: sein »philosophischer Bruder Heinrich«[251]. Dieser habilitierte sich 1920 an der Basler philosophischen Fakultät mit einer Arbeit über »Die Seele in der Philosophie Platons«. Am 23. November hielt er – unter Anwesenheit auch seines Safenwiler Bruders – seine Antrittsvorlesung über »Das Problem des Ursprungs in der platonischen Philosophie«, worin ihn besonders die sokratische »Todesweisheit« beschäftigte. Eben »mit Hilfe meines jüngsten Bruders«[252] wurde Karl Barth jetzt »auch die Weisheit Platos wieder ernstlich vor Augen geführt«[253]. Und der gleiche Bruder zeigte ihm zugleich auch die Möglichkeit eines »von Plato her neuverstandenen Kant«[254]. Heinrich Barth wirkte damals gerade mit jenem Begriff der »Todesweisheit« befruchtend auf Karls Denken und regte ihn (wie besonders auch Emil Brunner) zu einer Kombination des theologischen Ansatzes mit platonischer Ursprungs-Philosophie an.

Der zweite »Römerbrief«

All die intensiven und extensiven Studien im Jahr 1920 führten Barth schließlich zu der Erkenntnis, daß er »dasselbe«, das er im »Römerbrief« gesagt hatte, doch noch einmal »anders« sagen müßte. Ende Oktober besuchte ihn Gogarten in Safenwil, der gerade auf der Wartburgtagung der »Christlichen Welt« mit seinem Vortrag »Krisis und Kultur« eine ähnliche Wirkung hervorgerufen hatte wie Barth in Tambach. Dieser lernte ihn jetzt als »ein Dreadnought für uns und gegen unsere Widersacher« schätzen[255]: »o ho! ein Kreuzer erster Klasse, holländische Valuta, ohne Zweifel der Mann, der . . . in Deutschland der Rufer im Kampf sein wird«[256]. Unmittelbar nachdem Gogarten »fort war, fing plötzlich der Römerbrief an, sich zu häuten«[257]. Indem eine neue Auflage des »Römerbriefs« fällig geworden war, faßte Barth den Entschluß, seine Auslegung noch einmal von Grund auf neu zu schreiben. Es drängte sich ihm die »Notwendigkeit« auf, »das Buch einer Revision zu unterziehen, in welcher von dessen ursprünglichem Bestand kaum ein Stein auf dem anderen geblieben ist«[258]. »In der Zeit der Entstehung dieses zweiten Buches erzählte unsere Älteste, . . . damals ein sechsjähriges Mägdlein, jedem, der es hören wollte: Der Papa schreibe jetzt ›einen noch viel schöneren Römerbrief‹! Was sich die Engel bei diesem Anlaß erzählt haben mögen, ist eine andere Frage.«[259]

Barth arbeitete ungemein fleißig an der zweiten Fassung seines »Römerbriefs«. Er schrieb das 521 Seiten dicke Buch in knapp elf Monaten – und zwar so, daß er laufend die fertig beschriebenen Blätter sofort dem Drucker zuschickte. »Meine Gemeindegenossen haben« in dieser Zeit »ihren Pfarrer oft nur in der Studierstube gehabt«[260]. Mitten in der angestrengten Arbeit, Ende Januar 1921, fiel »ein bedenklich großer Stein in den Teich«: es erreichte ihn ein Ruf auf einen Göttinger Lehrstuhl, was ihn jetzt nur noch mehr zur Eile antrieb[261]. Er kam sich über dem Nachdenken über Paulus vor »wie ein alter Hafner, den ich einmal in einem Ofen arbeiten sah: so, daß tatsächlich nur noch die Schuhe hervorragten«[262] – oder dann wie bei einer »Kanufahrt auf dem Niagara«[263] oder dann wie bei einer Übung »am hohen Trapez«[264]. Im August 1921 sagte er Thurneysen: »Dieser heiße Sommer wird mir aber unvergeßlich bleiben. Ich wandle wie betrunken hin und her zwischen Schreibtisch, Eßtisch, Bett, bei jedem Kilometer immer schon den nächsten im Auge.«[265]

Eben Thurneysen begleitete »das ganze im Entstehen begriffene Manuskript« höchst beteiligt und hat »sich durch Einschaltung zahlreicher vertiefender, erläuternder und verschärfender Korollarien*, die ich meist unverändert übernommen habe, in sehr selbstloser Weise ein verborgenes Denkmal gesetzt. Kein Spezialist wird dahinter kommen, wo in unserer auch hier bewährten Arbeitsgemeinschaft die Gedanken des einen anfangen, die des andern aufhören«[266]. Thurneysen wohnte und wirkte allerdings seit dem Frühjahr 1920 nicht mehr im Aargau, sondern in der St. Gallischen Arbeitergemeinde Bruggen. Diese räumliche Trennung hat aber ihre Gemeinschaft offensichtlich nicht unterbrochen; sie wurde vielmehr während der Arbeit am zweiten »Römerbrief« erst recht vertieft. In Kreisen ihrer Bekannten kursierte die Anekdote über sie: »wir zwei seien uns einmal einen ganzen Nachmittag rauchend gegenübergesessen. Nach einer Stunde habe *ich* gesagt: Vielleicht!! und nach einer Stunde weitern Schweigens [Thurneysen]: vielleicht auch

---

* folgerichtige Ergänzungen

nicht!!! und das sei unser Gespräch gewesen und der konzentrierte Inhalt unseres Systems . . .«[267]

Und noch einer war – in anderer Weise – Barth jetzt behilflich: Fritz Lieb, der im Mai und Juni 1921 durch die Übernahme eines Vikariates in Safenwil seinem älteren Freund ein konzentriertes Arbeiten am Schreibpult ermöglichte. Barth war wieder erstaunt über seine »hemmungslose Intelligenz und Ehrlichkeit« und suchte seinen politischen Extremismus (besonders nach einem Besuch des wilden Basler Kommunisten Handschin in Safenwil) in etwas andere Bahnen zu lenken[268]. Damals ereignete sich auch die Szene, die Barth in farbiger Erinnerung blieb: »Im Pfarrhaus Safenwil« war für das am 17. April geborene vierte Kind der Barths, Robert Matthias, »eine Kindertaufe fällig. Und es war VDM Fritz Lieb, der mich an jenem Sonntag in Predigt und Kinderlehre vertrat. Im Anschluß an die Kinderlehre sollte ich inmitten einer Schar von herbeigeeilten Verwandten taufen. Aber das war nicht so einfach, denn das Thema, das der Katechet der Safenwiler Jugend zu Gemüte führte, war die Geschichte vom babylonischen Turmbau, und ich höre noch, wie der Vortrag von dessen aufregenden Einzelheiten und ihren Anwendungen auf die Gegenwart wie ein schier unerschöpflicher Fluß durch die geöffneten Kirchenfenster ins Freie drang, bis das himmelstürmende Unternehmen endlich in seiner ganzen Nichtigkeit bis auf den Boden dargestellt und durchleuchtet war und die Taufe stattfinden konnte«[269]. Die neuen Freunde Siebeck und Merz waren übrigens Paten von Matthias.

Während nach Barths Meinung die erste Fassung seines Römerbriefs »in einer noch reichlich wolkig spekulativen Gestalt« geschrieben war, entstand jetzt in der Zeit vom Herbst 1920 bis zum Sommer 1921 Seite um Seite die zweite Fassung des Buches, die sich »in scharf konturierter Antithetik« an die Leser wandte[270]. Er glaubte, in der Wendung von der ersten zur zweiten Fassung eine »Wendung von Osiander zu Luther« zu vollziehen[271]. Gewiß, »es wird auch diesmal noch allerhand übersehen und verschoben sein, aber ein *bißchen* näher an der Sache weiß ich mich doch als damals. Das pantheistische Schillern ist jetzt jedenfalls weg; freilich ists mir bei dem Abhauen all der üppigen Triebe [bei der Korrektur des ersten Buchs] zu Mute wie dem Abraham, als er Isaak opfern sollte«[272].

Und so geriet nun eben die zweite Fassung wesentlich deutlicher als die erste zu dem kühnen Versuch, »eine Theologie ins Feld zu führen, die darin besser sein möchte als die des 19. Jahrhunderts und der Jahrhundertwende, daß in ihr ganz schlicht *Gott* in seiner Eigenständigkeit gegenüber dem Menschen, und insbesondere ge-

genüber dem religiösen Menschen, zu der Ehre komme, in der wir
ihn in der Bibel zu erblicken meinten«[273]. Dieser Versuch enthielt
eine radikale Kritik an der liberalen und »positiven« Theologie des
letzten Jahrhunderts: daß sie Gott nicht mehr als Gott anerkannt
habe.

»[Sie] war fast auf der ganzen Linie, jedenfalls in allen ihren repräsentativen
Gestalten und Richtungen *religionistisch* und damit *anthropozentrisch* und in diesem
Sinn: *humanistisch* geworden . . An Gott denken hieß für sie, kaum verschleiert: an
den Menschen, eben an den religiösen, den christlich religiösen Menschen denken –
von Gott reden: in erhöhtem Ton, aber noch einmal und erst recht von diesem
Menschen reden – von seinen Offenbarungen, von seinem Glauben und seinen
Werken. Keine Frage: hier wurde der *Mensch* groß gemacht auf Kosten *Gottes.*«
Demgegenüber erkannte Barth nun eben, »daß es . . . so nicht weitergehen konnte«.
Demgegenüber machte er »die Entdeckung, daß das Thema der Bibel – der kritischen und der gläubigen Exegese, von der wir herkamen, zuwider – bestimmt nicht
des Menschen Religion und religiöse Moral, bestimmt nicht seine eigene heimliche
Göttlichkeit sein möchte, sondern – das war der rocher de bronze, auf den wir
zunächst stießen – die Göttlichkeit Gottes . . ., Gottes Eigenständigkeit und Eigenart
nicht nur dem natürlichen, sondern auch dem geistigen Kosmos gegenüber, Gottes
schlechthin einzigartige Existenz, Macht und Initiative vor allem in seinem Verhältnis
zum Menschen«[274].

Darum betonte, rief, erklärte, buchstabierte Barth nun in immer neuen – dialektischen – »Mäanderwindungen«[275], daß Gott – Gott ist. Und um das klarzustellen,
sagte er das vor allem – und darin unterschied sich der zweite vom ersten »Römerbrief« – in einer Fülle *negativer* Bestimmungen: indem er die Unanschaulichkeit, die
Jenseitigkeit, die Andersartigkeit, die Distanz, die Fremdheit, die Verborgenheit
Gottes, seine Bedeutung als Frage und Negation gegenüber dem Menschen und
gerade gegenüber dem Glauben, der Kirche, den Gottesvorstellungen herausstrich.
»Gott! Wir wissen nicht, was wir damit sagen. Wer glaubt, der weiß, daß wir es nicht
wissen.« Die neue Welt berührt die alte »wie die Tangente einen Kreis, ohne sie zu
berühren, und gerade indem sie sie *nicht* berührt, berührt sie sie als ihre Begrenzung,
als *neue* Welt«. Gerade Gottes Offenbarung ist zugleich »die denkbar stärkste . . .
Unkenntlichmachung Gottes«[276]. Demgemäß ist der wahre Charakter des Glaubens,
der Lehre, des Kultus, der Kirche immer bloß der eines »Hohlraums«, eines
»Einschlagtrichters«, eines »Stands in der Luft«. Und so ist Gott nach Barth nicht die
Beschwichtigung, sondern die Begrenzung des Menschen; er bringt ihn nicht ins
Gleichgewicht, sondern in die Unruhe, in die »Krisis«. Wobei es nachdrücklich heißt,
man dürfe sich auch nicht etwa »damit beruhigen, daß ich ja – unruhig bin«! Auch
der »Pharisäismus« des Zöllners, der sich womöglich sogar noch seiner »Unsicherheit
und Gebrochenheit« rühmt und wenigstens durch sie Gott zu erreichen sucht, verfällt
der Kritik. Denn Gott ist »das *Jenseits* des ›Diesseits‹ *und* des ›Jenseits‹«[277] Indem
Gott auch jenseits des »Jenseits« ist, ist er nicht etwa – wie man Barth dann oft
mißverstanden hat – einfach der Welt fern. Fern ist er wohl denen, die nach ihm
greifen und ihn ergriffen zu haben glauben, den Habenden. Nicht fern aber ist er
denen, die ferne von ihm sind, die ihn nicht »kennen«, »erleben«, »haben« – freilich
so, daß ihr Nichthaben keinen Anspruch darauf begründet.

Das alles waren zweifellos sehr kritische Erkenntnisse; aber es lag Barth daran, daß sie weder als Aufstand der jungen gegen die ältere Generation verstanden noch mit einem allgemeinen Kulturpessimismus verwechselt werden (gegen Spenglers »Untergang des Abendlandes« empfand er nur Antipathie!).

Barth erinnerte sich später in einer gewissen Zwiespältigkeit an seine damaligen Thesen und Antithesen. »Wenn ich so zurückblikke, dann mußte ich zunächst [wohl] so greulich von der Transzendenz Gottes reden, von der Tangente und der Todeslinie usw., und mußte den Paulus mit dieser ganzen Lehre belasten. Es ist ja nicht nur eine Belastung. Es steht ja auch im Römerbrief. Aber ich habe diesen Faden zunächst einmal herausgezogen.«[278] »Ich habe damals in Auslegung von Röm. 8,24 ff. folgende Sätze gewagt: ›Sichtbare Hoffnung ist nicht Hoffnung. Direkte Mitteilung von Gott ist keine Mitteilung von Gott. Christentum, das nicht ganz und gar und restlos Eschatologie ist, hat mit Christus ganz und gar und restlos nichts zu tun . . . Erlösung ist das Unanschauliche, Unzugängliche, Unmögliche, das als Hoffnung begegnet . . .‹ Well roared, lion! . . . Ich denke noch jetzt, daß ich damit zehnmal recht hatte gegenüber denen, gegen die sie sich damals richteten und die sich damals dagegen auflehnten . . . Gewagt (im Sinn von bedenklich) waren meine damaligen Sätze nicht wegen ihres Inhaltes, sondern weil ihnen . . . keine anderen in gleicher Ausdrücklichkeit und Schärfe kompensierend und damit erst ihre Totalität bestätigend, gegenüberstanden. Man muß gerade das Evangelium nicht allzu gut verstehen wollen, sonst versteht man es auf einmal gar nicht mehr.«[279]

Bereits am 26. September 1921 lag das Manuskript abgeschlossen auf dem Tisch. Und es war gerade der »Römerbrief« in dieser zweiten (1922 erschienenen) Fassung, »der für die Fama des Verfassers für Jahrzehnte fast schicksalhaft entscheidend wurde«[280]. »Es war mir, ohne daß ich mir dessen bewußt war, gegeben gewesen, einen Schritt zu tun, auf den Viele gewartet hatten, und den so oder so auch zu tun, Viele bereit waren.«[281] Angesichts dieses erstaunlichen Echos dachte Barth, daß er sich nun vorkomme wie damals, als er im Pratteler Kirchturm aus Versehen am Glockenseil gezogen hatte. »Er hatte das nicht gewollt, und er kann und wird das nicht wiederholen wollen. Er wird, betroffen über das Ereignis, so behutsam als möglich weitersteigen.«[282] Als das Buch dann gedruckt vorlag, hat Barth selbstkritisch in sein »Handexemplar . . . eine Widmung hineingesetzt, wie man das mit einem Buch macht, das man einem anderen schenkt . . .: ›Karl Barth, seinem lieben Karl Barth 1922‹« – dazu schrieb er ein Lutherzitat: »Fühlest du dich aber, und lässest dich dünken, du habest es gewiß und kützelst dich mit deinem eigen Büchlin, Lehren oder Schreiben, als habest du es sehr köstlich gemacht . . ., mein Lieber, so greif dir selber an deine Ohren, und greifest du recht, so wirst du finden ein schön Paar großer, langer, raucher Eselsohren . . .«[283]

Wie die Gemeinde ihren Pfarrer, so hatte auch die Familie ihren Vater in den zurückliegenden Monaten meist nur am Schreibtisch. Aber so ausgefüllt seine Zeit war, er hat doch aufmerksam und freudig das Heranwachsen seiner nun auf vier angewachsenen Kinderschar begleitet. Er hatte immerhin noch die Zeit, z. B. seinen Sohn Christoph, »mehr zu meiner eigenen Lust, als zu [seinem] Gewinn und Vergnügen, alle Morgen zu kämmen«[284]. Und er nahm sich einmal gar die Zeit, die Kinder durch die Herstellung eines Quartettspiels zu ergötzen, in dem hübsch ein Stück »Safenwil« eingefangen ist. Darin waren unter einem Obertitel je vier Begriffe zusammengeordnet – etwa »Amtspersonen: Herr Ammann*, Herr Gmeindschriber, Herr Großrat Hüssy, Herr Dambach Bieneninspektor« oder »Berühmte Musiker: Lehrer Scheurmann, Lehrer Hans Jent, Frau Pfarrer, Frl. Wilhelm, Coiffeuse« – oder »Wichtige Personen: Krankenschwester, Totengräber, Schulhausabwart**, der Herr Pfarrer« – oder »Du sollst nicht: kifeln***, ausplaudern, übelnehmen, politisieren« – oder »Nicht in der Kirche weil: es schneit, es regnet, es ist heiß, ausschlafen«.

Hatte auch die Gemeinde ihren Pfarrer während seiner Arbeit am Römerbrief oft am Schreibtisch, so hatte sie ihn doch noch – und seine »dialektische«, kritische Wendung, die sich im zweiten »Römerbrief« artikulierte, machte sich gewiß auch in seinen Predigten und Unterrichtsstunden bemerkbar. Er war sich »der krassen Belastung und Beraubung, die meine Lehre für das Gros meiner armen Gemeinde bildet«[285], durchaus bewußt. Und er war sich auch dessen bewußt, »daß man unter unserm Wort eigentlich nicht gerade ›glücklich‹ wird«[286]. Aber er konnte nicht anders. Und er glaubte, durch diese enge Pforte müsse man heute »hindurch mitsamt unsern Gemeinden«[287]. Ohne Zweifel litt er selber unter dieser Last. Und so seufzte er etwa, »daß ich mich oft . . . zurücksehne nach den Fleischtöpfen Ägyptens, wo man den Leuten doch ›etwas‹ zu bieten hat«[288] – oder: daß »ich viel lieber [Hosea] wäre, als als Amos mit Geschrei das Herbstfest zu stören, worauf es offenbar herausläuft bei mir«[289].

Auch im Aufbau und Vortrag seines Konfirmandenunterrichts zeigte sich, wie tiefgreifend sich Barths Denken seit seinem Antritt in Safenwil gewandelt hatte. Ein

* Bürgermeister
** Hausmeister
*** zanken

Gedanke, der jetzt in seinen Heften beständig auftauchte, war der von den »zwei Welten«: »Wie die Wasser sich scheiden auf der Höhe der Alpen, so entspringen im Geheimnis Gottes, das unser eigenes Geheimnis ist, zwei Welten. In Gottes Hand ruhen beide. Aber verborgen ist Gott in der *einen,* von Angesicht zu Angesicht wird er erkannt in der *andern.* Schatten und Dunkel walten *hier und jetzt,* Licht und Herrlichkeit *dort und einst.* Im Vergehen ist eine *alte* Welt, im Kommen eine *neue.*« Dementsprechend stellte Barth dann gegenüber: Schöpfung und Erlösung, Menschengerechtigkeit und Gottesgerechtigkeit, Hölle und Himmel, Tod und Leben, Zeit und Ewigkeit, Gericht und Gnade, Adam und Christus. Dabei hieß es im einzelnen etwa: »Was wir jetzt und hier sehen, ist unbegreiflich; denn wir sehen Gutes *und* Böses, Wonne *und* Leiden, Herrliches *und* Entsetzliches. Ja, Gott ist Herr dieser Welt. Alles, was Odem hat, lobe den Herrn! Aber das muß wahr *werden.* Diese Welt wartet darauf, eine *ganz andre* Welt zu werden.« Oder: »Es entsteht die lange ernste Leiter von den Edelsten zu den rechtschaffenen Bürgern zum gedankenlosen Volk zu den Gefangenen in Lenzburg. Und Gott? Seine Gerechtigkeit ist eine ewige Gerechtigkeit, gleich fern und gleich nahe denen auf den höchsten und denen auf den tiefsten Stufen. Gottesgerecht wird der Mensch, indem eine *ganz andre* Welt anbricht« (1921). Als Teil der alten Welt stellte Karl Barth in einer Stunde jeweils auch »Safenwil« in Geschichte und Gegenwart dar: »Schule, Wirtshaus, Fabrik, Kirche und Friedhof, schließlich alle Häuser erzählen auf ihre Weise davon, wie die Menschen so gerne leben möchten. Aber auch in unsrer schönen Heimat, unter allen Dächern, auf allen Wegen und in allen Herzen tobt der große schwere Kampf von Himmel und Hölle« (1918). Und wir Menschen? »Wanderer zwischen zwei Welten sind wir Menschen, heimatlos geworden in dieser, noch nicht zu Hause in jener Welt. Aber gerade als solche Wanderer sind wir Gottes Kinder in Christus. Das Geheimnis unsres Lebens ist ja *Gottes* Geheimnis. Bewegt von *ihm* müssen wir seufzen, uns schämen, erschrecken und sterben. Bewegt von *ihm* dürfen wir uns freuen, mutig sein, hoffen und leben. *Er* ist der Ursprung. Darum beharren wir in der Bewegung« (1921). Und wer merkt, daß er solch ein Wanderer ist, der wird unzufrieden, der »kann sich nicht mehr beruhigen, sondern bekommt viel zu fragen – das ist recht! So fängt der Glaube an. Die immer Zufriedenen aber sind nicht zu beneiden« (1919).

Der Abschluß der zweiten Fassung des »Römerbriefs« fiel »zeitlich zusammen mit meinem Abschied von der Gemeinde Safenwil«[290]. Berufungen an eine andere Pfarrstelle – nach Basel an die Theodorskirche oder »zum Frühprediger bei St. Martin«[291] – die einmal nahelagen, waren nicht zustande gekommen. Und in Bern, wo man ihn an der Nydeggkirche in Erwägung gezogen hatte, hatte man ihn schließlich auch nicht gewollt. Aber nun folgte er dem Ruf nach Göttingen: »Es war nicht der ›berühmte‹ zweite, [sondern der] nachher ins Dunkel geratene erste ›Römerbrief‹, dem ich meine anfangs 1921 ergangene Berufung auf einen mit Hilfe amerikanischer Presbyterianer neu begründeten Lehrstuhl für reformierte Theologie in Göttingen und also meine Erhebung zu einem beamteten ›Subjekt wissenschaftlicher Theologie‹ zu verdanken hatte. Inwiefern ich den damals unter den deutschen Reformierten maßgebenden Kreisen und Personen auf Grund dieses Buches als für diese Aufgabe geeignet erscheinen konnte, mochte und mag man wohl fragen. Mir war es, was man im Blick auf den Inhalt und Stil dieses Buches nicht befremdlich finden wird, zunächst sehr neu, auf meine Eigenschaft als reformierter Theologe in so verpflichtender Weise angeredet zu werden, und ich hatte mich in die mir zugedachte Funktion als solcher in jedem Sinn erst einzuleben. Durch die inzwischen erarbeitete zweite Fassung des Buches war mir das sachlich leichter gemacht, während man diese erste wohl kaum durch besonderen calvinistischen Metallgehalt ausgezeichnet finden wird. Was einen Mann wie Professor Karl Müller in Erlangen, auf dessen Empfehlung meine Berufung vor allem zurückging, und was den emeritierten Pastor Adam Heilmann in Göttingen, der die Sache an Ort und Stelle mit höchstem Nachdruck ins Werk setzte, dazu bewog, gerade mich dorthin zu holen, war wohl sicher das Formale, daß sie mich in diesem Buch so leidenschaftlich mit der Heiligen Schrift beschäftigt sahen.«[292] Daß in Göttingen überhaupt ein reformierter Lehrstuhl zugelassen wurde, war das Ergebnis jahrzehntelanger zäher Verhandlungen zwischen den nordwestdeutschen Reformierten und dem preußischen Ministerium.

Barth wurde jedenfalls völlig überrascht durch »die Anfrage des alten Pfarrers Heilmann und später des preußischen Kultusministeriums, ob ich die in Göttingen zu errichtende Honorarprofessur . . . zu übernehmen willens sei. Wenn ich trotzdem nach kürzester Besinnung zusagte, so geschah es aus der unmittelbaren Empfindung, daß nach Lage der Dinge mein Ort bei der deutschen theologischen Jugend sei und nicht anderswo, und in der blinden Zuversicht, daß es mit der Wissenschaft – und mit der Obsorge für meine munter heranwachsende Kinderschar da draußen irgendwie gehen müsse und werde«[293]. Präpariert durch die Lektüre der Biographien von Ludendorff und Scheidemann, fuhr Barth gleich Ende Februar nach Göttingen. Er besah sich die neue Arbeitsstätte an Ort und Stelle und hielt dort am 27. Februar – keine Vorlesung, sondern (über Spr. 16,2) eine Predigt, »wonach ich überhaupt auch im Blick auf meine Dozentur am liebsten beurteilt« sein wollte[294]. Er sagte in dieser Predigt: »Ganz wichtig ist nicht das, was wir sagen, sondern das, was zu uns gesagt wird und gesagt ist.« Und weiter: »Gerade die *Frage* nach Gott kann nicht abreißen, nicht aufhören, nicht erledigt werden . . . [Wir] können nie fertig werden mit ihm und können es doch nicht lassen, immer neu mit ihm anzufangen.« Auf der Rückreise besuchte er in Marburg Martin Rade, in Lißberg Otto Herpel, in Erlangen Karl Müller und in München Merz und dessen Freunde.

Kaum war Barth wieder in sein Dorf zurückgekehrt, kam für einen Moment eine Versuchung auf ihn zu – dergestalt, daß »ein aufgeregter Zeitgenosse zu mir kam mit dem Ansinnen, im Lande zu bleiben, mich in den aargauischen Großen Rat* wählen zu lassen, um dann meine Tage – wer weiß? – als Regierungsrat**in diesem Kanton zu beschließen«[295]. Aber die Versuchung war für den »Genossen Pfarrer« jetzt nicht mehr groß, und so winkte er ab. Ein erneuter Auftritt Gogartens in der Schweiz, anläßlich eines Vortrags an der Aarauer Studentenkonferenz 1921, konnte Barth nur bestärken, den Weg theologischen Forschens, der sich unerwartet vor ihm aufgetan hatte, auch wirklich zu betreten. Freilich machte ihm diese Zukunft auch Angst: »Es ist ein greuliches Glatteis, auf das ich da gehen soll.« »Ich sehe mich so gar nicht in der Situation und kann mir etwas anderes als ein groteskes Versagen dort eigentlich gar nicht vorstellen«[296]. Im Juli reiste Barth erneut mit Pestalozzi kurz nach Göttingen, um die Übersiedlung nach dort vorzubereiten.

Es traf sich, daß er bei seinem Abschied vom Aargau vom Kirchenrat seiner Kirche aufgefordert wurde, einen (periodisch fälligen) »Generalbericht« über das Leben der Kirchgemeinde in den letzten acht Jahren zu verfassen. Er ergriff die Gelegenheit, um »mein Abschiedswort an die aargauische Kirche« zu sagen. »Ich schrieb es in ziemlichem Grimm, wie in alten Zeiten.«[297] Es wurde darin der moderne kirchliche »Eifer um das Wie, Wo, Wieviel und die entsprechende Gleichgültigkeit gegenüber dem Was« hinsichtlich der Verkündigung gegeißelt. Und es wurde darin gefordert: »Einsehen sollte heute die Kirche, daß sie am Sozialismus versagt hat, um sich dann auf sich selbst und ihre Aufgabe zu besinnen, um dann vielleicht einer *neu* auftretenden Frage . . . anders, offener, für Gott bereiter entgegenzugehen.«[298] Allerdings hatte Barth inzwischen ein etwas positiveres Verhältnis zu seiner Landeskirche gefunden – so daß er bereit war, seit dem Sommer 1920 in einer Kommission zur Erarbeitung einer neuen Kirchenordnung aktiv mitzuwirken. Er setzte sich dabei gegen ihre Dekoration durch Bekenntnis-Formeln ein.

Am 20. Juni, als er im Haus seines Schwagers Richard Kisling in Zürich eine Taufe zu vollziehen hatte, begegnete er dort persönlich dem jungen Dichter Hermann Hesse. »Ich war wieder erstaunt über die pietistische Enge, mit der sich diese Künstler offenbar meistens um das Problem ihrer privatesten Existenz bewegen.«[299] Im Haus dieses Schwagers war er schon früher mit zwei anderen Künstlern

---

* Kantonsparlament
** Mitglied der Kantonsregierung

bekannt gemacht worden, mit denen er freilich in einen gedeihlicheren Kontakt gekommen war: mit dem Bildhauer Hermann Hubacher und mit dem (dem Kreis der Dresdener »Brücke« zugehörigen) Maler Cuno Amiet. Anfang Oktober, unmittelbar nach Abschluß des »Römerbriefs«, unternahm Barth zusammen mit Thurneysen und Pestalozzi eine sehr vergnügliche Wanderung über den Sustenpaß. Und dann machte er in Eile viele Besuche im Dorf. Es galt Abschied zu nehmen.

Bei der Wahl von Barths Nachfolger geriet Safenwil noch einmal in Wallung und Aufregung. Es erschienen heftige Zeitungsartikel gegen Barth. Die Freisinnigen suchten einen eigenen Kandidaten. Barth selbst hätte gern seinen Schwager Lindt als seinen Nachfolger gesehen. Tatsächlich aber wählte man als einen »Einigungskandidaten« den Zürcher Pfarrer Hans Brändli. Und überhaupt zeigten jetzt »die Safenwiler . . . mit verschwindenden Ausnahmen nur das eine Begehren, nun bald ihre Ruhe wieder zu bekommen«[300]. Barths Empfindungen beim Abschied waren gegensätzlicher Art. Einerseits meinte er, daß »ich doch in diesen 10 Jahren ein bedenklich unnützer Knecht« war[301], und andererseits lag ihm »die Erinnerung an Matth. 10,14 . . . auch ohne religiösen Übermut nicht ganz ferne«[302]. Am 9. Oktober hielt er seine Abschiedspredigt. »Der Text meiner letzten Predigt« lautete: »Alles Fleisch ist wie Gras und alle Herrlichkeit des Fleisches wie des Grases Blume; das Gras verdorrt, die Blume ist abgefallen (das ist wahr!), aber (und das ist noch wahrer!) des Herrn Wort bleibt in Ewigkeit.«[303]

Ein Lebensabschnitt ging damit zu Ende und ein neuer begann. »Es wird wohl so sein«, dachte Barth, »daß wir auf all das Geknorz, Geseufz und all das mühselige Bohren dieser Zeit bald zurückblikken werden, wie man eben auf eine selige – Jugendzeit zurückblickt. Denn was nun kommt, dürfte die Hitze des Sommers sein«[304]. Am 13. Oktober brachen die Barths auf nach Göttingen. Sie haben zeitlebens mit besonderer Anhänglichkeit an Safenwil gedacht. Als Barth in Göttingen von seinem Nachfolger besucht wurde, habe »ich . . . mir von ihm über jedes Haus in der Gemeinde berichten lassen«[305]. Und noch später fand er je und je »Anlaß, jenen Ort . . . gerne wieder aufzusuchen«[306].

IV. Zwischen den Zeiten

Als Theologieprofessor in Göttingen und Münster 1921–1930

Einübung im Lehramt

Karl Barth »verließ also den schönen Aargau, ging unter die
›Schweizer in fremden Diensten‹« und kam »in die ferne Stadt
Albrecht Ritschls, wo ich mit einer Sicherheit, die mir heute wiederum unbegreiflich ist, alsbald die Bücher aufschlug, über deren
Inhalt ich nun unversehens und sofort akademische Vorträge zu
halten berufen war«[1]. Wohnung fand er mit seiner Familie für die
nächsten vier Jahre am Nikolausberger Weg 66. Es handelte sich
dabei um »ein etwas geheimrätliches Haus im ›bessern‹ Quartier
von Göttingen«[2]. Barth konnte es von dem systematischen Theologen Arthur Titius erwerben, der eben von Göttingen auf den
Lehrstuhl Schleiermachers in Berlin berufen worden war. Zu Nachbarn hatte er den eigenwilligen, liberal-sozialistischen Philosophen
Leonard Nelson, einen Professor Oldenberg (dessen Frau eine
Tochter von S. Oettli war, dem Freund von Fritz Barth) und den
Rechtsanwalt Lütgebrune, einen (stramm deutschnational gesinnten) Presbyter der reformierten Gemeinde.

Für Barth war der Wechsel von Safenwil nach Göttingen ein
einschneidendes Ereignis. Obwohl er gewiß im Grunde »das gleiche, was eben in Safenwil gesagt wurde«, sagen wollte[3], wurde doch
nun vieles anders. »Die ›Bewegung‹ hörte auf. Die Arbeit begann.«
»Mit dem Angreifen von allerlei Irrtum und Mißstand war es nun
nicht mehr getan. Wir kamen auf einmal ins erste Glied. Wir hatten
Verantwortlichkeiten zu übernehmen, die wir, solange wir einfach
in der Opposition standen, so nicht gekannt hatten. Uns war plötzlich Raum gegeben, um in der Theologie zu sagen, wie wir es denn
eigentlich meinten, und in der Kirche zu zeigen, was wir eigentlich
wollten und könnten . . . Und wir waren doch wahrhaftig alles
andere als ›fertig‹. Wir hatten doch wahrhaftig keine Positionen
bezogen, die nun einfach auszubauen und zu vertiefen waren. Wir
hatten doch einen Weg erst angetreten, den nun jeder an seinem Ort
mühsam genug zu gehen hatte. Im einzelnen war ja alles erst zu
entdecken, zu klären und vor allem zu bewähren. Aus der Nähe
sahen viele Dinge, so ganz anders aus, als wir sie im ersten Anlauf zu
sehen meinten.«[4]

Zum Predigen kam Barth in Göttingen nur noch selten. Wohl stand er gleich Mitte November auf einer Göttinger Kanzel – mit einer Predigt über den »Namen des Herrn« (Spr. 18.10). Und es klang wie eine grundsätzliche Besinnung auf seine neue Aufgabe, wenn er darin erklärte: die Theologie sei »in ihrem Wesen die Flucht von allen menschlichen Namen . . . zum geoffenbarten Namen des Herrn. Von *ihm* zu wissen, das ist ihre ›Wissenschaftlichkeit‹«[5]. Im ganzen aber trat der Predigtdienst für ihn jetzt in den Hintergrund. In der Hauptsache bewegte er sich vielmehr nun eben in der akademischen Sphäre – »in einer gewissen guten Entfernung vom Allerheiligsten . . . Irgendwie wahrscheinlich die Situation jener, die nach Ps. 1 über dem Gesetz ›brümmeln‹ . . . Tag und Nacht«[6]. »Ich war jetzt freudig entschlossen, mit der theologischen Forschung und Lehre – Ragaz und Kutter gaben mir keinen Beifall zu diesem Entschluß – in meiner Weise und in meinem Stil grimmigen Ernst zu machen. Auf seine Ausführung war ich freilich nur sehr teilweise vorbereitet.«[7] In hohem Respekt vor den Anforderungen eines wissenschaftlichen Lehramts suchte Barth sich darum nun in stürmischem Eifer »die nötigsten Voraussetzungen dazu . . . in ziemlich harter Arbeit zu verschaffen«[8]. »Die gewisse Unbestimmtheit meines Lehrauftrags sorgte dafür, daß ich die Aneignung wenigstens der nötigsten Stoffe, die ich, auf diese Zukunft nicht gefaßt, früher versäumt hatte, Schritt für Schritt wenigstens in etwa nachholen konnte.«[9] »Und so kündigte ich denn – wesentlich zu meiner eigenen Unterrichtung – . . ., bevor ich mich an die Dogmatik wagte, lauter historische Vorlesungen an.«[10]

Der Schreibtisch, an dem Barth von jetzt an (bis zu seiner Emeritierung) arbeitete, war derselbe, »an dem schon mein so viel gediegenerer Vater gelebt und gearbeitet hat«[11]. »Da gabs nun ein tage- und nächtelanges Studieren und Hin- und Herwälzen von alten und neuen Büchern, bis ich einigermaßen – ich will nicht sagen, aufs Roß, aber wenigstens auf den akademischen Esel kam, so daß ich reiten konnte an der Universität.«[12] Mit unerhörtem Fleiß gab sich Barth der Vorbereitung seiner Vorlesungen hin – »fast immer Nachtschicht!«[13] »Mehr als einmal wurde das, was ich [morgens] um 7 Uhr vorbrachte, erst zwischen 3–5 Uhr fertig.«[14] Es war »immer etwas schneller« zu arbeiten, »als mein natürliches Tempo wäre . . . Und unsere ›komplizierenden‹, alles auf den Kopf stellenden Gesichtspunkte vereinfachen das Geschäft auch nicht: es ist ein ewiger Krieg zwischen diesen ›Gesichtspunkten‹ und dem Stoff, der durchaus in die alte bekannte banale Form zurückschnellen möchte«[15]. Und wie oft seufzte der junge Professor »angesichts der Türme von Stoff, die ich nicht beherrsche«![16] Wie oft klagte er darüber, »wie ich armes Maultier da im Nebel meinen Weg suchen muß, über allem andern auch immer noch gehemmt durch mangelnde gelehrte Beweglichkeit, unbefriedigende Lateinkenntnis, *schlechtestes* Gedächtnis!«[17] »In meinem Kopf gehts zu wie in einem Hyänenkäfig *vor* der Fütterung.«[18] »Kam mir vor wie einer jener Männer auf der Messe, die mit einem Hammer auf eine Kiste schlagen, um einen Ring oder dergleichen irgendwie in die Höhe zu treiben, aber immer kommt er wieder herunter.«[19] »Also, ›Lehramt‹ = Knorzerei, von ›Glanz‹ keine Rede.«[20] Wenn Barth sich nun doch in kurzer Zeit in die theologische Wissenschaft hineinarbeitete und auf diesem Feld bald auch sehr produktiv wurde, so lag das wohl auch daran, daß er sich schon damals streng an den Grundsatz zu halten lernte, nach dem es sich immer rächt, »wenn man sich – und geschehe es aus noch so guten Gründen – vor dem jeweils eigentlich und primär Geforderten (als ob dieses warten könne) davon macht«[21].

Kaum hatte er sich an seine neue Situation gewöhnt, wurde er Ende Januar 1922 durch die »sensationelle Mär« überrascht, »daß ich von der [evangelisch-]theologischen Fakultät Münster zum Dr. theol. ernannt worden sei« – und zwar »wegen seiner mannigfachen Beiträge zur Revision der religiösen und theologischen Fragestellung«[22]. Durch diesen Titel, der »mir dann 1938 durch höhere Gewalt wieder abgesprochen worden« ist, »bin ich . . . also akademisch nachträglich legitimiert worden«[23]. Und so bedeutete Barth die Ehrung »Trost und Ermunterung«[24]. Vergnügt nahm er auch die Reaktion seiner Tochter »Fränzeli« zur Kenntnis, die ihn fragte, »ob ich nun Kindlein gesund machen könne?!«[25]

In seinem ersten Semester trug Barth seine Hauptvorlesung nur zweistündig vor. Ihr Thema – die Erklärung des »Heidelberger Katechismus« – zeigte, daß Barth sich nun bewußt um die Erschließung der Eigenart reformierter Theologie bemühte.

Er verstand gerade diesen Text als das Dokument des Augenblicks, in dem »die reformatorische Unruhe zur kirchlichen Ruhe wurde«. Der Text habe darum »ein doppeltes Gesicht«. »Fortwährend könnte ich ungefähr *alles* gut *und* nicht gut heißen, wenn ich mir die historischen Zusammenhänge und den Sinn überlege, je nachdem entscheide ich mich dann zu Belehrungszwecken für das Eine oder für das Andere.« So sei schon die erste Frage als Frage nach »meinem Trost« zwar »entschieden nicht gut«, werde aber »glücklicherweise durch die Antwort sofort in die Luft gesprengt«[26].

Wie die Themen der folgenden historisch-systematischen Vorlesungen belegen, setzte er die Erkenntnisbemühung um das reformierte »Erbe« zielbewußt auch in den vier nächsten Semestern fort. Auf die Pflege gerade dieser Tradition wies ihn ja auch sein spezieller Lehrauftrag hin – nämlich, nach den etwas unklaren Worten des preußischen Ministers Becker vom 16. August 1921, der Auftrag zur »Einführung in das reformierte Bekenntnis, die reformierte Glaubenslehre und das reformierte Gemeindeleben«[27]. »Ich kann jetzt . . . wohl gestehen, daß ich damals die reformierten Bekenntnisschriften nicht einmal besaß, geschweige denn gelesen hatte, um von allen andern ungeheuerlichen Lücken meines Wissens nicht zu reden.« »Es fand sich zum Glück, daß meine Theologie, wie sie bis dahin geworden war, reformierter, calvinischer war, als ich selbst gewußt hatte, so daß ich meiner konfessionellen Sonderaufgabe mit Freude und gutem Gewissen nachgehen konnte.«[28] Aber ihr mußte immerhin nun allererst nachgegangen sein. »Mit den materiellen Geheimnissen spezifisch reformierter Theologie . . . habe ich mich tatsächlich erst in Göttingen in ziemlich harten Lukubrationen* neu vertraut gemacht und auseinandergesetzt.«[29] Und indem Barth sich jetzt dieser Arbeit unterzog, wurde er mehr und mehr auch ein bewußt reformierter Theologe und wurde er »langsam aber sicher auf reine *reformierte* Lehre bedacht«[30].

Die zweite, eben »calvinischere« Fassung seines »Römerbriefes« erschien ja auch erst jetzt – mit einem Vorwort versehen, das ein »munteres Kampfgeschrei voll homerischer Schmähungen« anstimmte[31]. Es entsprach Barths Entdeckung der »Bibel« gerade durch die Arbeit am »Römerbrief«, daß er schon in seinem ersten Semester nicht darauf verzichten mochte, neben jener historisch-systematischen auch eine exegetische Vorlesung zu veranstalten: nämlich eine über den Epheserbrief. »Heute greife ich mir an den Kopf: wie konnte ich es wagen, über den Epheserbrief nur einstündig anzuzeigen? Natürlich kam ich kaum bis ins zweite Kapitel.«[32] Freilich trieb Barth in sehr eigentümlicher Weise Exegese. Er sah dabei seine erste Aufgabe darin – nicht in grundsätzlicher Opposition, aber »als notwendiges Korrektiv« zu einer vorwiegend historisch interessierten Exegese – »den Versuch einer *theologischen* Exegese« zu wagen. Und so legte er nun die Schrift aus im Wissen um »das gegenseitige Ärgernis . . ., daß mich manche Probleme der andern [Exegeten] nicht oder fast gar nicht zu interessieren scheinen, während ihnen umgekehrt meine Fragen und Sorgen scheinbar wenig oder gar keine Mühe machen«[33].

Mit der Durchführung von Vorlesungen war Barths damaliges akademisches Tun noch nicht erschöpft. Regelrechte Seminare hat er sich zwar in Göttingen noch nicht zugetraut. Aber er nahm aufmerksam wahr, daß die durch die Katastrophe des Weltkriegs

---

* nächtlich fortgeführte Arbeiten

Amerikalied. *(mit bortheilhaftem Apparat)*
----

3. Willst du dein Dienstbüchlein zerreissen,
Das dir das Kreiskommando gab,
Willst nicht mehr Schweizerbürger heissen,
Willst reisen ~~So reis ins Land~~ Amerika. .....

2. Ich sehe schon den Dampfer rauchen,
Der mir den Freund vom Busen reisst.
Die Zähre kann ich nicht gebrauchen,
Die mir in Fremdes Auge gleisst.......

1. ~~Es pfeift~~, die Ankerketten stöhnen,   *Hör ich*
Am Sprachrohr steht der Kapitän.   *H diesen unbekannten*
Bei ~~solchen schauervollen~~ Tönen
Ist es recht H ~~Hält~~ schwer, ~~nach Amerika zu gehn~~....   *H einen Freund nach Amerika gehen*
                                                                  zu sehn

4. Dich locken Kaliforniens Felder,
Wo man das Gold im Sande wäscht,
Was nützen dir die vielen Gelder,
Wenn du das teure Hochland nicht mehr hast ....

5. Leb wohl, ich wünsch dir gute Reise,
Vergiss das teure Hochland nicht.
Wo sich der Fremde Edelweisse
T schöne Und] Alpenrosenkränze fflicht.......   *F zerne*

6. Grab dir dein Grab im Wüstensande,
Verdirb am Sakramentostrom!
Ich bleib im lieben Schweizerlande,
Bei meinen Vätern will ich ruhn.......

7. Schon schwebt das Schiff auf salz'gen Wogen,
Das zieht ihn fort nach fernem Strand.
Ach Gott, er ist dahingezogen,
Das Nastuch schwenkt er noch in seiner Hand......

Den ehemaligen Bonnern in Erlangen ❀ Zürcher unverwüstlichen Gedenken überreicht von

Karl Barth

29 Höhepunkte im Semesterleben waren die Abschlußabende, die Barth jeweils mit seinen Studenten feierte. Dabei durften studentische Persiflagen über die Professoren nicht fehlen. Und Barth selbst sang dabei gern mit eigener Begleitung das »Amerikalied«. Diese Textfassung widmete er 1931 den »ehemaligen Bonnern in Erlangen«.

aufgewühlte Studentenschaft das lebhafte Bedürfnis besaß, »Fragen zu stellen« und »Einwände geltend zu machen«[34]. Barth gab diesem Bedürfnis Raum und richtete darum schon im Herbst 1921 zu jeder Vorlesung wöchentlich je eine zusätzliche Fragestunde ein, in der Probleme im Zusammenhang des von ihm Dargebotenen besprochen wurden. Darüber hinaus lud er seine Studenten regelmäßig zu »Offenen Abenden« in sein Haus. Auch hier war Platz für ausgiebige Diskussionen, bei denen Barth es aber für sinnvoll hielt, sie immer an bestimmte Texte anzuknüpfen – etwa an Predigten von Blumhardt und Kutter oder an das frisch erschienene Dostojewski-Büchlein von Thurneysen oder Stücke moderner Dichter wie Shaw und Thomas Mann oder dann auch an politische Autobiographien (von Tirpitz, Liebknecht, Scheidemann usw.)[35]. Und damit nicht genug, sorgte er noch für eine weitere Gelegenheit zum Diskutieren: jeweils am Samstag nachmittag traf er sich mit einem Grüpplein Interessierter zu Ausflügen, auf denen »lehrend spaziert« oder spazierend gelehrt wurde[36] und auf denen es vorkam, daß »ich ununterbrochen Frage auf Frage zu beantworten hatte: Herr Professor, was halten Sie von . . .? woher wissen Sie, daß . . .? wie meinen Sie das, wenn . . .?«[37] »Und an jedem Semesterschluß (es war auch noch in Münster und Bonn der Brauch bei den Schülern) ein rauschendes Fest mit Persiflagen, selbstdichteten Aufführungen, bei denen auch eine Travestie auf den Meister nicht fehlen durfte und wobei wohl Barth selbst sich ans Klavier setzte, um das unvergessene ›Lied der Schweizer Auswanderer‹ zur eigenen Begleitung zu singen.«[38]

Barth trug seine verschiedenen akademischen Darbietungen »vor einem zunächst mäßigen, aber sehr bewegten Auditorium« vor[39]. Obschon die Studenten bei ihm als einem bloßen Honorarprofessor keine Pflichtvorlesungen hören mußten und obschon die Reformierten eine verschwindende und sogar verachtete Minderheit in »Hannover« bildeten, fand er unter der »Gesamtzahl von ca. 180 Theologen« doch bald einigen Zulauf[40]. »Die Studenten haben sich nun gerade für einen Professor interessiert, der sozusagen selber noch Student ist. Das haben sie natürlich bald bemerkt, daß ich jede Vorlesung . . . erst erstellen mußte, ihnen aber dadurch ganz frisches Brot vorlegen konnte.«[41] In der ersten Hauptvorlesung hatte er 15, in der exegetischen 50 bis 60 Hörer. Im nächsten Semester zählte er in der Hauptvorlesung schon 42 Hörer, wozu auch noch »immer Zaungäste, fremde Geistliche und Gelehrte und sogar Überläufer aus dem Konkurrenzkolleg von Stange« stießen[42]. Zu seinen Hörern gehörten in Göttingen z. B. H. Landau-Remy, Heinrich Graffmann, Hans Erich Heß und Elisabeth Haas (später Frau

Schlier), ferner die späteren Kirchenführer Hanns Lilje, Joachim
Beckmann und Wilhelm Niesel, dazu die besonders geliebten Bayern Oskar Grether, Walther von Loewenich, Karl Nold, Wolfgang
Trillhaas und Hermann Zeltner sowie die Schweizer Walter Nigg
und Artur Mettler. Die Hörerschar bot überhaupt ein buntes Bild.
Es fanden sich darunter »viele alte Kriegsleute, ein Kompagnie-
kommandant, ein Batteriechef (!), ein österreichischer Kaiserschüt-
zenleutnant (der hier täglich einige Stunden pflästert – mitten auf
der Straße! – um Geld zu verdienen)«[43]. In späteren Semestern
erschienen dann »auch Diakonissen, alte Damen, Chemiker, Juristen . . . u. a. Horcher«. »Einer kam einmal mit einem Gewehr, aber
kein Stahlhelmmann, sondern ein Förster, direkt vom Weidgang.«[44]
»Ich sah und hörte, im Hörsaal und sonst, die damalige studentische Jugend. Sie gehört zu den lichtesten Punkten meiner Erinnerungen. ›Jugendbewegt‹ nannte und gab sie sich in jenen Jahren.
Indem ich ihr das heiter gutschrieb, habe ich sie in ihrer großen
Aufgeschlossenheit und Beweglichkeit nach allen Seiten rasch lieb-
gewonnen. Und sie wurde mir ihrerseits zu einem oft aufregenden,
aber immer anregenden Partner, der mich mit seinen Sprüchen,
Einsprüchen und Widersprüchen in meiner in voller Entwicklung
begriffenen theologischen Forschung und Lehre mächtig gefördert
hat.«[45] »Was ich in Safenwil entbehrte, die Rede und Gegenrede
nicht nur mit Büchern, sondern mit Menschen, das habe ich nun in
Göttingen in Fülle« gefunden[46]. »Für die Dankbarkeit, mit der ich
mich von Seiten vieler Göttinger Studenten alsbald umgeben sah,
war ich ihnen dankbarer, als sie wissen konnten.«[47]

Unter ihnen trat die Gruppe der »Schlüchterner Jugend« hervor,
»eine Art christlicher Wandervögel, die in einer Siedlung in
Schlüchtern (b. Frankfurt) ihre Propheten und Helden haben«.
Auch mit ihnen kam Barth in Kontakt. Gleich im Dezember 1921
besuchte er sogar jenen Ort selbst und die dortigen Häupter Eberhard Arnold und Georg Flemmig, dazu den Tillich-Freund Hermann Schafft: »auch wieder so ein Deutscher, voll Einsichten und
Schrullen, ganz Zunge«[48]. Und natürlich kam er in nahe Berührung
mit der kleinen Schar der »reformierten Conviktualen, leider meistens zu den ganz Ahnungslosen zu zählen, die nun auf einmal
gewahr werden, daß das ›reformiert‹ nicht so billig zu haben ist, wie
man in Deutschland zu meinen gewohnt ist«. Barth hat sie einmal zu
Weihnachten damit erfreut, daß er ihnen »Gutzi, Zigarren und
einen Römerbrief überreicht« hat – je »für den sarkischen, psychi-
schen und pneumatischen Menschen«[49]. »Inmitten all dieser Jüng-
linge und Jungfrauen« kam Barth sich vor »bald wie ein Bienenva-
ter, der heftig tubakend, um nicht gestochen zu werden, unter

seinen Pfleglingen seine Arbeit tut, bald auch wie ein guter Papa, der seine Kinderschar betreut, lehrend, mahnend, tröstend nach allen Seiten, öfters in der Lage, das Eine gegen das Andre in Schutz zu nehmen«[50].

Als Lehrer der Studenten war Barth nun aber zugleich auch ein Professor unter anderen Professoren. In einiger Distanz und mit der ihm eigenen staunenden Neugier nahm er sie neben sich wahr. »Wie der allgemeine (selten ohne einen Einschuß von Fichteschem Hochmut auftretende, aber gewiß in seiner Weise auch respektable) Akademiker- und Gelehrtenernst aussieht, das kann man in Deutschlands Universitätsstädten auf jeder Straße kennenlernen.«[51] Was speziell die Kollegen an der Göttinger theologischen Fakultät angeht, so hatte er vor ihnen jedenfalls großen Respekt. »Im Dozentenzimmer kam ich mir klein und häßlich vor zwischen diesen Giganten der Wissenschaft« – oder wie ein »schweifende[r] Zigeuner . . ., der nur ein paar verlöcherte Kessel sein eigen nennt und dafür gelegentlich ein Haus anzündet«[52]. Da waren anzutreffen – als ein »fabelhafter Diplomat« und »gewandter Advokat des Christentums«[53] – »der modern-positive Apologet Carl Stange etwa, der Religionsgeschichtler und Alttestamentler Bertholet (ein Basler übrigens), der kritische Neutestamentler Walter Bauer, S. Maj. Geheimrat Prof. Dr. Mirbt (für Kirchengeschichte, Kirchenrecht u. dgl. Scherze), der Praktiker Johannes Meyer mit seinem milden blonden Bart«, ferner der Alttestamentler Alfred Rahlfs und seit 1922 der liberale Systematiker Georg Wobbermin. Sie alle gingen freilich »allzu andere Wege«, als daß Barth in nähere Fühlung mit ihnen kommen wollte[54]. Natürlich traf Barth verschiedentlich mit ihnen zusammen, bei Sitzungen und anderen Anlässen. So auch etwa am 25. März 1922, als er mit ihnen am Grab des »seligen Ritschl« zur »Feier seines 100jährigen Geburtstags in Zylinderhüten« stand, »um ihm, ›dem Begründer des Ruhms unserer Göttinger theologischen Fakultät‹, einen Kranz zu dedizieren«[55]. Ja, »die Fakultät hat mich auch ein wenig gepiesackt; die wollten mich drunten halten . . . Auf dem schwarzen Brett, wo die Vorlesungen angeschlagen wurden, haben sie meine nur angezeigt zusammen mit den Stunden des Lehrers, der den Studenten beibrachte, wie man das Harmonium spielt, ja . . . dort drunten kam dann die reformierte Theologie; ein Turnlehrer war dort auch noch mit von der Partie . . ., aber ich hab's überstanden«[56]. Und Stange war es, der Barth zu verstehen gab: »die reformierte Kirche bedeute in Hannover nicht mehr als die Millennium-Sekte*!!«[57]

---

* Vereinigung wie etwa die Adventisten, die den Anbruch des Tausendjährigen Reichs zu einem nahen Datum erwartet.

Im Sachlichen aber gingen die Wege Barths und seiner Kollegen im großen und ganzen einfach aneinander vorbei. Mit zwei Ausnahmen! Es gab an der Fakultät zwei Gelehrte, beide Kirchengeschichtler, die ihn doch unmittelbar interessierten: der junge Privatdozent Erik Peterson war der eine – ein ironischer »promeneur solitaire«, überzeugt »von der Unhaltbarkeit der irdischen Dinge«, ausgezeichnet auch »durch allerlei Bizarrerien«[58]. Bei ihm hat Barth dann im Winter 1923/24 über »Thomas von Aquin« gehört und dabei »so Erleuchtendes vernommen«, daß dieser Mann ihm als »ein nicht wenig Begnadeter« erschien[59]. Fast noch mehr, aber anders, nämlich als ein bitter ernst zu nehmender Gegner interessierte Barth Emanuel Hirsch, der gleichzeitig mit ihm nach Göttingen gekommen war: ein »gelehrter und scharfsinniger Mann«[60], ein »gewandter Dialektiker« und »Schlangenmensch«, ein »großer Luther- und Fichtekenner, eine ausgemergelte Gelehrtengestalt, wie sie im Buche steht, deutsch-national bis auf seine sehr gebrechlichen Knochen, aber . . . eine beachtliche Erscheinung«[61]. Barth traf sich öfters mit ihm zu Disputen und Streitgesprächen – in den Studierstuben oder während gemeinsamer Spaziergänge. Schon im Februar 1922 kam es zu einem schriftlichen »Notenwechsel« zwischen beiden, in welchem sie in elf Thesen und Antithesen ihre theologische Differenz artikulierten. Barth setzte dabei dem Verständnis der Bibel als einer allgemein religiösen Urkunde sein Verständnis von ihr als Urkunde konkreter Gottesoffenbarung entgegen[62]. Aber die Fühlung blieb weiterhin »dicht und anregend«. »Lebhafte Gefechte« wechselten »mit Feststellungen weiter Gemeinsamkeiten . . . Sein Kauziges, Berlinerisches, Akademisches, Wingölfisches und wie die Ingredienzien alle heißen«, gab »zwar genug zu schlucken, aber *meine* verschiedenen Ingredienzien ihm nicht minder«[63].

Weggefährten

Indem Karl Barth neben jenen Göttinger Professoren und vor den dortigen Studenten seinen eigenen Weg suchte und ging, hatte und fand er nun aber auch eine Reihe mehr oder weniger nahestehender Weggefährten. Mit den profiliertesten unter ihnen traf er bereits Anfang 1922 nacheinander zusammen. Zunächst erschien – mitten während eines Streiks – »in einer roten, feuerroten Halsbinde« Fritz Lieb[64]. Mitte Februar kam dann Friedrich Gogarten nach Göttingen und »schritt drei Tage lang gemessen auf unserer Bühne auf und ab«[65]. Es zeigte sich, »in gewissen starken Negationen waren wir einig«[66], im wesentlichen jedoch nur darin. Und das begann allerdings schon jetzt die Entfaltung der Freundschaft zu hemmen. Gogarten wurde mit Hirsch und dem zum Patmos-Kreis zählenden Physiologie-Professor Rudolf Ehrenberg »konfrontiert . . ., gab dem ersteren boshaft Rätsel über Rätsel auf und wurde dafür aus der ›Christenheit‹ ausgeschlossen«. Er äußerte »sogar etwas vom kopernikanischen Weltsystem, das die Voraussetzung der modernen Bildung sei, tat sich viel zugute darauf, daß er mit dem Philosophen Grisebach je neun Briefe gewechselt, in denen ›grundsätzliche Klarheit‹ geschaffen worden sei, bezeichnete sich selbst als gesandt an das *literarische* Publikum, an die *Kultur*menschen (deren er auch einer sei, man solle nur seine Studierstube in Stelzendorf ansehen), machte dann aber in seinem Vortrag über ›Offenbarung und Zeit‹ (an sich eine gute Leistung!) auf die Studenten seltsamerweise im Gegensatz zu mir den Eindruck eines Dogmatikers, indem er wieder wie in Aarau und ohne klarer reden zu können, am entscheidenden Punkt mit dem Herrn Jesus hereinbrach wie mit einer Keule«[67].

Er ist damals auch »mit in meine Vorlesungen gekommen, hat sich das ein paar Mal angehört, was ich da über den ›Heidelberger‹ und über den Epheserbrief bot. Und ich höre heute noch, wie er, bevor er wieder nach seinem Stelzendorf abreiste, zu mir sagte: Weißt du, Karl Barth, ich glaube, es wird doch nicht so gehen, wie du es meinst. Bevor wir über den Heidelberger Katechismus und den Epheserbrief richtig reden können, müssen wir erst wissen, was ›Geschichte‹ ist . . . Ich fragte ihn: Wie willst du denn dahinter kommen, was Geschichte ist? Antwort: Ja, da muß ich mich erst mit Troeltsch, Dilthey, Yorck von Wartenburg und einigen anderen Größen der beginnenden zwanziger Jahre auseinandersetzen (er selber kam ja von Fichte her, . . . von dem er sich dann allerdings gelöst hat). Also, wir müssen zunächst einen Geschichtsbegriff finden und [erst] aufgrund dessen kann man solche Texte wie den Epheserbrief und den ›Heidelberger‹ lesen . . . Und damals, also schon im Winter 1921/22, habe ich gemerkt, . . . wir meinen es doch nicht ganz gleich. Denn für mich war es nun genau umgekehrt: ich wollte zunächst den ›Heidelberger‹ und den Epheserbrief studieren und dann erst bei diesem Anlaß begreifen, was ›Geschichte‹ ist. Das waren doch wirklich zwei Wege«[68]. Diese sachliche Differenz zwischen beiden hat wiederum nicht verhindert, daß sie sich in den nächsten Jahren gegenseitig in freundlicher Aufmerksamkeit begleiteten.

Ein anderer, mit dem Barth um die gleiche Zeit in Verkehr trat, war der ihm ja längst bekannte Rudolf Bultmann, seit Herbst 1921 als Ordinarius für Neues Testament in Marburg tätig. »Natürlich, Bultmann war auch dabei, war auch zu haben für den Bruch mit

dem Liberalismus . . . Und ich meinte ihn zu verstehen, vielleicht
meinte er, auch mich zu verstehen. Wir sagten ja auch gewisse
Dinge gemeinsam.«[69] Ende Februar 1922 fuhr Barth zu einem
ersten Besuch nach Marburg, wo ihn zunächst einige Studenten »in
einer Bude mit vielen bleistiftdurchfurchten Römerbriefen« zu
einer Diskussion erwarteten, wo er aber auch Rudolf Otto (»eine
richtige indische Radja-Erscheinung«) und den Philosophen Paul
Natorp aufsuchte – letzteren, um ihm seinen »Römerbrief« zu
überreichen. Bei dieser Gelegenheit nahm er an einem etwas seltsamen »Kult« teil – freilich »gänzlich ohne Kontakt mit dem Numino-
sum. *Bultmann* leitete den Zauber. Thema: Die Nacht. Die Nacht
der Traurigkeit und des Todes, die mystische und die gewöhnliche
Nacht, alles was mit Nacht, Dunkelheit, Schlaf, Ruhe, ›Stille‹,
Dämmerung, Bett etc. zusammenhängt, wurde in Wort, Lied und
Gebet bis zur Erschöpfung behandelt und erwogen«. Anschließend
hatte Barth aber doch »noch einen guten Abend bei Rades mit
Hermelink, Stephan, Bultmann, dem nächtlichen Redner und My-
stagogen . . . Bultmann viel besser, als ich nach seinem kultischen
Versuch befürchtet hatte«[70].

Im gleichen Jahr 1922 erschien immerhin eine weithin zustim-
mende Rezension Bultmanns zum zweiten »Römerbrief«. Allerdings, »der ›Glaube‹ und immer wieder der ›Glaube‹ war für Bultmann das Zentrum dessen, was ihn an meinem Buch . . . interessierte und [was er] jetzt lobenswert fand. Was ich nach ihm vom
›Glauben‹ vorgebracht hatte, das konnte er mühelos mit dem in eine
Reihe stellen, was Schleiermacher, was R. Otto, was E. Troeltsch
unter dem Titel ›Religion‹ verhandelten. Und in dieselbe Reihe hat
er dann gleich auch noch den Römerbrief des Paulus selbst zu
stellen gewagt!«[71] Die Art, in der sich Bultmann hier zu Barth
stellte, weckte in diesem die Frage, ob sie denn wirklich das Gleiche
meinten. Und diese Frage begleitete für die nächste Zeit ihren
gegenseitigen Kontakt. Als Barth im Juli 1922 das Vorwort zur 3.
Auflage des »Römerbriefes« schrieb, warf er diese Frage an einem
konkreten Punkt auf. Bultmann hatte ihm gegenüber geltend gemacht, bei Paulus kämen neben dem Geist Christi auch noch andere
Geister zu Worte. Dem hielt Barth entgegen, es sei dort alles
Stimme jener »anderen Geister« und die exegetische Aufgabe
bestehe nun darin, danach zu fragen, inwiefern diese anderen Geister dennoch dem Geist Christi dienstbar werden.

Wenige Tage nach jenem Besuch Barths in Marburg hielt er vor
den Göttinger Liberalen einen Vortrag über »Das kirchliche Leben
in der Schweiz«, in dem er dieses ironisch als das »Wunschtraum-
land« für alle Liberalen schilderte[72]. Anfang März tauchte bei ihm

derjenige Freund auf, der ihm auch in diesen Jahren der verläßlichste war, der Bruggener Pfarrer Thurneysen. »Man kann . . . sagen, daß [die] Begründung und Beziehung der Theologie auf die Kirche und speziell auf die Arbeit des Pfarrers ein Merkmal der ganzen theologischen Erneuerungsbewegung ist . . . Man muß aber einerseits wissen, daß Eduard Thurneysen unter allen andern vielleicht doch der Allererste gewesen ist, der die Notwendigkeit einer in diesem Sinne kirchlichen Theologie neu eingesehen hat: von ihm habe jedenfalls ich die Anregung empfangen, in dieser Richtung zu arbeiten. Man muß andererseits beachten, daß unter allen, die innerhalb dieser neuen Theologie Ruf und Namen haben, kaum einer ist, der sie als Bewegung aus der Kirche für die Kirche so charakteristisch verkörpert wie eben Eduard Thurneysen«[73]. »[Es] war mir der Verkehr und Austausch mit ihm auch in Göttingen nötiger als das tägliche Brot: nicht nur, weil ich wußte, wie ihn meine Erzählungen ergötzten und weil ich mich ihm mit meinen beständigen, nicht ab-, sondern zunehmenden Sorgen und Bedrängnissen anvertrauen konnte wie keinem anderen, . . . sondern weil es mir dauernd tiefstes Bedürfnis war, sein Urteil über mein Gehaben zu hören und mich – indem ich meinem Stern zu folgen hatte wie er dem seinigen – immer wieder an ihm zu orientieren, weil ich ihn verstehen und von ihm verstanden sein mußte, um mich selbst recht zu verstehen. Wer ging da dem anderen voran? Wer folgte da dem anderen? Wir waren eben einig – in einer Einigkeit, die darum nicht langweilig werden konnte, weil wir die Dinge und die Menschen wohl auch dauernd verschieden sahen und anfaßten«[74]. Sie suchten sich wohl auch weiterhin während der Ferien gegenseitig in ihren Häusern auf, und Barth war speziell dankbar dafür, »wie viele gute Stunden ich . . . in jenem reinlichen Bruggener Pfarrhaus zubringen durfte«[75]. Aber wegen der großen räumlichen Distanz zwischen ihren Wohnorten mußte sich ihr Verkehr nun vorwiegend auf die Korrespondenz beschränken, die lebhaft genug zwischen Bruggen und Göttingen hin und her ging.

Kaum war Thurneysen nach seinem ersten Augenschein in Göttingen wieder abgereist, erschien dort in Paul Tillich (1886–1965) ein weiterer Theologe, der – freilich in einem größeren Abstand und nur vorübergehend – sich Barth theologisch verwandt fühlte. Im Ersten Weltkrieg Militärgeistlicher, wurde er 1919 Privatdozent in Berlin, wo er in einem Zirkel u. a. mit Carl Mennicke, Karl Ludwig Schmidt und Günther Dehn der religiös-sozialen Thematik nachdachte. Ende März besuchte er Barth in Göttingen und lernte ihn in zwei ausgiebigen Gesprächen kennen. In dem einen setzten zwei Studenten »dem Fremdling mit Seitenfragen« zu, »während ich

mir die Pfeife stopfte oder sonst einen Augenblick nicht weiter
wußte«. »Das Bemerkenswerteste an ihm ist sein ›antiorthodoxes
Ressentiment‹ und seine Geschichtsmythologie, in die sich das im
Übrigen streng unterdrückte ›supranaturale‹ Bedürfnis bei ihm er-
gießt.« In dem anderen Gespräch machte sich Hirsch »ein Vergnügen daraus, uns gegeneinander aufzuhetzen, Tillich bei mir als
unchristlich und mich bei Tillich als unwissenschaftlich zu denunzie-
ren, auf welche ›Typisierung‹ wir uns natürlich grundsätzlich nicht
einließen, obwohl irgend etwas dran ist und ein Friedensschluß
zwischen uns nur auf der uns gemeinsamen, etwas schmalen Front
gegen Hirsch erzielt werden konnte, im Übrigen nur auf der Basis,
daß man gegenseitig das Beste voneinander denken und erwarten
wolle«[76].

»*Dialektische Theologie*«

Seit seinem zweiten Semester im Sommer 1922 wagte Barth, seine
Hauptvorlesung jeweils vierstündig anzukündigen. Und zwar begab
er sich jetzt zunächst an eine über Calvin, der ihm eine unerhörte
Entdeckung wurde: »ein Wasserfall, ein Urwald, ein Dämonisches,
irgendetwas direkt vom Himalaja herunter, absolut chinesisch, wunderbar, mythologisch; es fehlen mir gänzlich die Organe, die Saug-
näpfe, dieses Phänomen auch nur in mich aufzunehmen, geschweige
denn richtig darzustellen«[77]. Die Beschäftigung mit Calvin und
seiner Theologie nahm Barth derart in Anspruch, daß er eine
daneben angekündigte Vorlesung über den Hebräerbrief, obwohl
darauf nicht unvorbereitet, fallen lassen mußte. Er war froh, daß er
sich nach all der Arbeit im August in der Schweiz ausgiebig erholen
konnte – vor allem in Klosters, von wo aus er dann auch einmal in
Davos den »Weisen von Jena«, den philosophischen Gogarten-
Freund Grisebach aufsuchte; obwohl er sich im Augenblick mit ihm
»viel besser« verstand als mit Gogarten selbst[78], kam er mit ihm
doch nie auf einen grünen Zweig. Während dieser Ferien machte er
ein andermal den Besuch bei dem alten, von ihm sehr verehrten (Nobelpreisträger-)Dichter Carl Spitteler.
Zurückgekehrt nach Deutschland, hatte er gleich wieder alle
Hände voll zu tun. Es war eine »saure« Zeit, »da ich fortwährend
nicht nur gleichzeitig lernen und lehren, sondern mich auch noch als
Vertreter einer neuen theologischen Richtung in Form von Vorträgen und öffentlichen Diskussionen nach allen möglichen Richtungen legitimieren bzw. meiner Haut wehren mußte«[79]. Diese Vorträge führten Barth im Lauf der Zeit in verschiedenste deutsche

Landschaften und machten ihn mit einer Menge Gelehrter, Pfarrer und »Laien« persönlich bekannt, aber auch mit der in den damaligen Kirchen herrschenden Gesinnung und Stimmung. »Wie ist doch Deutschland so groß und verschiedenartig! Und ich immer als Reise-Onkel mit meinem Mäppchen . . . hin und her vom ›Eilzug‹ zum D-Zug, in Wartesälen und auf ›Bahnsteigen‹, mit selten erlösender Pfeife.«[80]

In der Semesterpause des Sommers 1922 bekam Barth Gelegenheit, seine Theologie in drei großen Vorträgen zu artikulieren und über den Hörsaal hinaus in die Pfarrer- und Theologenkreise hineinzutragen. (Ein geplanter vierter Vortrag über »Offenbarung und Glaube« kam hingegen nicht zustande.) Für ihn selbst waren diese Vorträge »mehr eine Fixierung der mich bewegenden Fragen als selber schon Antworten«[81]. Der erste, am 25. Juli an einem sächsischen Pfarrertag in Schulpforta gehalten, trug das Thema »Not und Verheißung der christlichen Verkündigung«. Die »Einladung, die Herr Generalsuperintendent D. Jacobi . . . an mich hatte ergehen lassen, enthielt die Aufforderung, . . . eine ›Einführung in das Verständnis meiner Theologie‹ zu bieten.«

Barth löste die gestellte Aufgabe, indem er zunächst von seinem eigenen Weg erzählte, auf dem ihm die kritische Situation der Verkündigung »zur Erläuterung des Wesens aller Theologie« geworden sei. Theologie konnte für ihn danach nur noch theologia crucis sein, die dem fragenden Menschen nicht nur Antwort gebe, sondern zugleich auch eine Frage stelle – »und das in einer Weise, die doch wohl auch den Erschrockensten . . . noch einmal an den Rand eines Abgrunds führt, von dem er nichts ahnte«. Und so schloß Barth: »Seufzen: Veni creator spiritus! ist nun einmal . . . hoffnungsvoller als triumphieren, wie wenn man ihn schon hätte. Sie sind in ›meine Theologie‹ eingeführt, wenn Sie diesen Seufzer gehört haben.«[82]

Der andere Vortrag, über »das Problem der Ethik in der Gegenwart«, wurde im September auf Pfarrerkonferenzen in Wiesbaden und Lüneburg gehalten.

Darin ging Barth davon aus, »daß das Problem der Ethik in der Gegenwart Beunruhigung, Bedrängnis, Angriff ist, das unheimliche, störende Eintreten eines fremden steinernen Gastes in die heitern Zirkel unsres Lebens«. Auch hier stand alles unter dem dialektischen Leitgedanken: »Weil *Gott* Ja zu uns sagt, darum müssen wir so radikal . . . im *Nein* stehen.« Hier fiel aber auch der gegen den lutherischen Quietismus gerichtete Satz: »Ohne Chiliasmus, und wenn es nur ein Quentchen wäre, keine Ethik.«[83]

Das Publikum war verschiedenartig: dort »eine Versammlung wohl hautpsächlich von bedrückten modernen Stadtpfarrern«, hier »altmodische« Leute, »versteinerte zahnlose Ritschlianer« usf. In Wiesbaden begegnete Barth den Neutestamentlern Martin Dibelius und Karl Ludwig Schmidt, die »sich offen auf unsere Seite« stellten[84].

Den Höhepunkt dieser Serie von Vorträgen bildete zweifellos der dritte: über »Das Wort Gottes als Aufgabe der Theologie«, vorgetragen am 3. Oktober auf der Elgersburg. Er fand statt vor den »ahnungslos selbstsicheren ›Freunden der Christlichen Welt‹, denen ich mich nicht anders verständlich machen zu können glaubte, als indem ich sie etwas lebhaft mit der ›Furcht des Herrn‹ bekannt zu machen versuchte«[85]. »Ein Meer von herbstlich träumenden Thüringer Wäldern, grün, rot, gelb, mitten drin eines von vielen Bauernnestern mit weißen Giebeln und Fachwerk, wieder mitten drin ein altes Schloß ... und nun, unbeschreiblich, der Aufmarsch der Liberalen, ... nein, ich kann es nicht beschreiben, nur daß kindisch gewordene Greise in Schillerkragen und kurzen Hosen nicht fehlten, sei erwähnt.«[86]

Barths hier gehaltener Vortrag brachte wohl am prägnantesten zum Ausdruck, was dann »Dialektische Theologie« genannt wurde, indem er darin die These entfaltete: »Wir sollen als Theologen von Gott reden. Wir sind aber Menschen und können als solche nicht von Gott reden. Wir sollen Beides, unser Sollen und unser Nicht-Können, wissen und eben damit Gott die Ehre geben.« Barth schloß mit der eigentümlichen Frage: »Ob die Theologie über die Prolegomena zur Christologie je hinauskommen kann und soll? Es könnte ja auch sein, daß mit den Prolegomena *Alles* gesagt ist.« Denn alles – auch das »dialektische« Reden von Gott – kann nicht »das Wort Gottes« sagen, kann nur ein Hinweisen darauf sein. Gewiß, »wer ›Jesus Christus‹ sagt, der darf nicht sagen: ›es könnte sein‹, sondern: es *ist*. Aber wer von *uns* ist in der Lage, ›Jesus Christus‹ zu sagen?« Das ist nämlich »ein *neues* Geschehen, zu dem *kein* Weg führt, für das der Mensch *kein* Organ hat. Denn der Weg und das Organ sind selber das Neue«.[87]

Er hatte bei diesem Vortrag auf der Elgersburger Kanzel links und rechts neben sich je »einen Gipsengel, von denen jedenfalls einer einen Schild trug mit der Aufschrift: Tut Buße! wobei er auf mich zeigte«. Barths Ausführungen wirkten wiederum umstürzend und wurden als Aufstand einer neuen gegen die alte, liberale Generation empfunden, wie sehr sich auch Martin Rade als Diskussionsleiter bemühte, die Wogen zu glätten. Barth fand in der Diskussion Bundesgenossen in Bultmann und Gogarten. »Natürlich redete auch Gogarten schwere, dunkle, gute Worte und ließ alle seine magischen Künste los, so daß sogar [der Gießener Kirchengeschichtler] Krüger, der nach ihm sprach, erklärte, er sei noch ganz ›benommen‹ von dem, was ›der junge Mann‹ soeben vorgebracht.«[88] Auf der Heimreise ließ sich Barth die Besichtigung des Lutherstübchens in Eisenach nicht entgehen.

Die zwei letzteren dieser drei großen Vorträge, die zusammen eine lapidare Standortbestimmung darstellten, wiederholte Barth an einigen weiteren Orten. Denkwürdig wurde ihm Mitte Oktober seine erste Reise zu den nordwestdeutschen Reformierten. Denn er fand in ihnen unerwartet verständige Freunde, »ausgezeichnete Leute, mit denen ich mich sehr wohl vertragen konnte«. Zunächst hatte er in Emden bei einer solennen »›Coetus‹-Versammlung . . . in einer dunkelgetäferten ›Konsistorialstube‹« aufzutreten, wohin die reformierten Prediger »von allen Seiten . . . schwarz gezogen« kamen »durch die unendlichen Baumalleen, an Windmühlen und Deichen vorbei« – dann im Bentheimischen Nordhorn: »Dort ist die Welt vollends stillgestanden, von Liberalen *keine Spur!* . . . Dafür entschlossene alte Herren, die das Dogma wirklich *intus* haben«[89]. Knapp zwei Wochen später, auch noch im Oktober, kam Barth nach Bochum, wo er vor einem wieder ganz anderen Hintergrund zu reden hatte: »Unzählige Fabrikkamine und phantastische Maschinen, die Luft voll Kohlenstaub, das Reich der Stinnes und Thyssen. Naumann hätte hier einige ›Andachten‹ komponiert: ›Jesus am Hochofen‹ und dergl. Damit ists jetzt doch wohl endgültig vorbei.«[90] Und schließlich fuhr Barth Anfang Dezember zu einer theologischen »Quartalskonferenz« der kirchlich Positiven mit einigen ausgearbeiteten Diskussionsthesen nach Bremen, wo ihn die wieder so andere, hansestädtische Kulisse beeindruckte. Hier fand er in dem Bremer Arzt Dr. Karl Stoevesandt auf Anhieb einen Freund, in dem »ich . . . einen fest auf dem Boden seiner Wissenschaft . . . stehenden Medizinmann vor mir hatte, der nun doch mit ebensolcher Entschiedenheit im christlichen Glauben stand«[91].

Kurz nach seiner Rückkehr von dort suchte ihn in Göttingen Johannes Müller auf, der auf Schloß Elmau (einem »Gemisch von Erbauungsanstalt und Tanzanlaß«) Entkirchlichte sammelte, die man – nach der Absicht des Hauses – ironisch »persönliche Lebemänner« nannte. Seine Anwesenheit brachte für Barth aber nur eine »Verschärfung meiner Abneigung vor diesem Geist und himmlischen Propheten«[92]. Barth entfernte sich in dieser Zeit auch von dem durch die Vettern Ehrenberg, durch Eugen Rosenstock, Franz Rosenzweig u. a. geprägten »Patmos-Kreis«, der ihm einst in Tambach nahegekommen war und »der mich um 1919/20 mit seiner Gnosis überschwemmen und ersticken wollte«[93]. Mit Rosenstock traf Barth im Sommer 1924 noch einmal zufällig im schweizerischen Beatenberg zusammen, wo sie gemeinsam einen Berg bestiegen.

Dagegen fand Barth schon im Lauf des Jahres 1922 Zugang zu zwei anderen, merkwürdigen Kreisen: zum einen zu der im Widerstand gegen die preußische Union entstandenen kleinen, lutherischen Renitenzkirche in Hessen, in der die eigentümliche Art der

»Berserkergestalt« Vilmars »in sehr charaktervoller und bemerkenswerter Weise« weiterlebte[94]. Vermittelt wurde Barth die Kenntnis dieses Luthertums durch seinen Freund Rudolf Schlunck in Melsungen (gest. 1927), der ihm schon von Tambach her bekannt war und »der in der seltsamen Enge und auch wieder Offenheit seines Renitenz-Apostolates« seinen Weg ging, »immer mit einem Stich ins Inspiriertentum in Verbindung mit einem *Kirchen*begriff, auf den ich immer mehr die Ohren spitze«[95]. – Noch näher trat Barth in der gleichen Zeit der Kreis der Kohlbrüggianer, die ihre Basis in der niederländisch-reformierten Gemeinde in Elberfeld hatten, einer ebenfalls im Protest gegen die preußische Union geborenen Sonderkirche. Theologisch geformt war sie durch den »reformierten Hyperlutheraner«[96] Hermann Kohlbrügge, dessen seltsam reformatorisch strukturierte Theologie nun für Barth eine erfreuliche Entdeckung wurde. Besonders imponierend begegnete ihm diese Gruppe in der bärtigen, »mächtigen Gestalt« des Duisburger Pfarrers Fritz Horn, eines typischen »Outsiders«, dessen »absichtlich zur Schau« getragene Weltlichkeit Barth zwar weniger zusagte, an dessen »aufrechtem Israelitentum« er aber seine helle Freude hatte[97].

Im Wintersemester 1922/23 behandelte Barth in seiner Vorlesung Zwingli und den Jakobusbrief. »Jakobus habe ich vorgeführt als zähen und guten Flankenangriff auf den Paulinismus . . . Ich hatte erwünschte Gelegenheit, einigemal auch eine religiös-soziale · Breitseite abzufeuern.«[98] Mit Zwingli erlebte Barth hingegen eine Enttäuschung, obwohl er an ihn herantrat »voll Willigkeit und Vertrauen« und mit der Absicht, ihn ernstzunehmen in seiner »Ankündigung, daß der Humanismus am lieben Gott der Reformation durchaus *auch* Anteil zu haben gedenke«[99]. Es sollte anders kommen. Während er emsig »immer wieder diese Bände wälzte, damals noch in der Schuler-Schultheß-Ausgabe«, hat er auf einmal »eine negative subita conversio* durchgemacht«, speziell Anfang Januar in einer »Nacht mit Zwingli«. Denn was er nunmehr bei diesem Zürcher wahrnahm, war »einfach, mit ein paar altkirchlichen Eierschalen, die bekannte modern-protestantische Theologie, wie sie leibt und lebt«. Mißmutig schloß er die Vorlesung ab mit einer Beschreibung der Schlacht von Kappel, in der Zwingli sein Leben verlor.

Unter der eingehenden Beschäftigung mit Zwingli stieß Barth im Januar 1923 auch auf das alte, dornige konfessionelle Kontroversproblem des Abendmahls. »Daß Luthers Abendmahlslehre selbst

---

* plötzliche Bekehrung

unvergleichlich viel besser war als die Zwinglis, das ist mir gerade am Studium der *früheren* Schriften L[uther]s, wo man sie *werden* sieht, leider . . . klar geworden. Der Fehler war nur, daß er dabei *beharrte* . . . Ein wahres Glück, daß dann nachher Calvin kam und den beiderseits in der Un-Dialektik festgefahrenen Karren wieder in Bewegung setzte, nur daß es leider für das Ganze schon zu spät war.«[100] In diesem Sinn hat Barth im Juli 1923 eine ausgedehnte Abhandlung über »Ansatz und Absicht in Luthers Abendmahlslehre« ausgearbeitet, in welcher er ein gutes Stück weit Luther zu folgen vermochte, um dann aber zuletzt ihm gegenüber doch den calvinischen Vorbehalt (»Ja-aber«) zur Geltung zu bringen.

Schon die Calvin-Vorlesung und spätestens jene Zwingli-Vorlesung offenbarte, daß sich ihm mit der Zuwendung zum reformierten Erbe sofort auch das *reformatorische* Erbe als ganzes zu öffnen begonnen hatte. In Safenwil hatte er zu den Reformatoren noch nicht recht Zugang gefunden. »Natürlich hatte ich in einer gewissen Ausbreitung auch Luther und Calvin studiert. Indem ich das aber durch die Gläser der mir von meinen Lehrjahren her eigentümlichen Brille getan hatte, waren es fürs erste nicht sie . . ., bei denen ich« damals und dort »Anleitung suchte und . . . fand.«[101] In Göttingen änderte sich das fast schlagartig. Er empfand nun seine bisherige theologische Sicht als eine eigentlich vorreformatorische Position – »irgendwie in der Ecke zwischen Nominalismus, Augustinismus, Mystik, Wiclef etc., die nicht selber die Reformation war, aus der sie aber immerhin nachher hervorging«[102]. »Jetzt erst bekam ich die Reformatoren und ihre Botschaft von der Rechtfertigung und Heiligung des Sünders, vom Glauben, von der Buße und von den Werken, vom Wesen und von der Grenze der Kirche usw. richtig in Sicht. Ich hatte von ihnen Vieles ganz neu zu lernen.« Nicht unkritisch, aber doch mit besonderer Aufmerksamkeit schwenkte »ich auf die ›reformatorische Linie‹, wie man damals sagte, ein«[103].

Kurz: die damalige theologische Arbeit »führte uns, wie es nicht anders sein konnte, zum Bibel- und Gottesverständnis der Reformatoren«. Aber »was wir auf dem Umweg über Kutter von Blumhardt gelernt hatten, blieb darum nicht zurück«[104] – wie die literarische Auseinandersetzung Ende 1922 mit dem damaligen Rostocker Systematiker Paul Althaus über die »Grundlagen der christlichen Sozialethik« auswies. Barth zeigte darin, daß er das religiös-soziale Anliegen inzwischen nicht vergessen hatte, daß er es nun freilich nur noch auf dem Grunde der »Rechtfertigung des Sünders« anzuerkennen vermochte. Was Barth in Safenwil gefunden hatte und was er jetzt bei den Reformatoren entdeckte, verband sich bei ihm in dieser Zeit zu einer eigentümlichen Theologie, in der die frühere

Erkenntnis durch eine neue Fundierung ein anderes Gewicht, aber
auch die reformatorische Theologie eine besondere Interpretation
erhielt. Man hat diese Theologie – wegen der für sie charakteristischen Konzentration auf das »Wort Gottes« – zutreffend eine
»Theologie des Wortes« genannt, in Bezeichnung ihrer eigentümlichen Denkform auch, wenngleich weniger zutreffend, »Dialektische
Theologie«. »Der Name ›dialektische Theologie‹ ist uns« schon im
Jahre 1922 »von irgendeinem Zuschauer angehängt worden«[105].
»Im Gegensatz zu der noch am Anfang des Jahrhunderts herrschen-
den historisch-psychologischen Selbstauslegung des ›religiösen‹
Menschen« war für diese Theologie bezeichnend »das Fragen nach
dem jedes menschliche Selbstverständnis begrenzenden und bestim-
menden Überlegenen und Neuen, das in der Bibel Gott, Gottes
Wort, Gottes Offenbarung, Gottes Reich und Tat genannt wird. Die
Kennzeichnung ›dialektisch‹ meinte ein Denken im Gespräch des
Menschen mit dem ihm souverän begegnenden Gott«[106]. Diese
Theologie hatte eine gewisse »Affinität zu dem mir damals noch
unbekannten Existentialismus« und gleichfalls zur »Phänomenolo-
gie«[107]. Sie trat zugleich aber auch in bewußter Opposition gegen die
damals sonst allgemein herrschende Theologie auf. »Hatten wir
recht oder unrecht? Wir hatten schon recht: Man lese die ›Glaubenslehren‹ von Troeltsch und Stephan! Man lese auch eine in ihrer
Art so gediegene Dogmatik wie die von Lüdemann oder auch die
von Seeberg! Wenn das keine Sackgassen waren! Nicht irgendeine
Verschiebung innerhalb der überkommenen Fragestellung, wie sie
zuletzt etwa von Wobbermin, von Schaeder, von Otto versucht
wurde, sondern genau diese radikale Wendung war damals zweifellos fällig. Das Schiff drohte auf Sand zu fahren; der Moment war da,
das Steuer eben in diesem Winkel von 180 Graden herumzu-
werfen.«[108]

Diese »Theologie des Wortes« wurde gleich als eine neue theologische Richtung und Schule empfunden. Sie zog als solche mancherlei bewegte Geister der damals überhaupt so bewegten Zeit an – bis
hin etwa zu dem von 1923 an in Frankfurt lehrenden Martin Buber,
der nicht mit Barth, aber mit Thurneysen in einem gewissen Kontakt stand: »Er versteht . . . unser Anliegen, sieht uns voll Sympathie zu.«[109] Umgekehrt rief diese Theologie den Widerspruch fast
der gesamten bisherigen Theologie auf den Plan. Bei ihrer Formulierung stand Barth eine ganze Reihe Gleichgesinnter zur Seite. Und
im Januar 1923 bekam diese »Theologie« sogar ihr eigenes Sprachrohr: in Gestalt einer (erst vierteljährlich, später zweimonatlich
erscheinenden) neuen Zeitschrift. Im September 1921 wäre übrigens beinahe die »Christliche Welt« das Organ dieser Theologie

geworden, indem Rade die Schriftleitung erst Barth, dann Merz
hatte übertragen wollen. Der Plan hatte sich aber zerschlagen und
der Philosoph Knittermeyer hatte die Redaktion übernommen. Im
August 1922 hatte Barth mit Thurneysen und Gogarten in der
Schweiz dann den Entschluß zur Herausgabe einer neuen Zeitschrift
gefaßt. »Es gibt ein Bild, auf dem Thurneysen, Gogarten und ich an
jenem Tag, als wir . . . diese Zeitschrift . . . gegründet haben, uns
gegenüber sitzen. Ich trug damals noch einen größeren Schnurrbart,
der mir sehr wohl anstand. Neben mir Gogarten, der auch so ein
Schnäuzchen hatte – das trug man eben noch vom 19. Jahrhundert
her. Und ich schaue ihn merkwürdig mißtrauisch und scharf an,
während Thurneysen friedlich und klar in der Mitte zwischen uns
beiden sitzt. Er war sehr dafür gewesen, daß man Gogarten in den
Kreis dieser Zeitschrift aufnehme . . . Ich wollte dazu nicht Nein
sagen. Aber ich habe auch nicht so recht von Herzen Ja gesagt.
Denn ich habe immer so etwas bei Gogarten gerochen, was mir
nicht so recht einleuchtete.«[110]

Die Gründung dieser Zeitschrift spielte sich übrigens an einem
denkwürdigen Ort ab: im »Bergli«. Es handelte sich um ein schlich-
tes, kleines Sommerhaus, schön oberhalb von Oberrieden (damals
noch ganz einsam) über dem linken Seeufer des Zürichsees gelegen,
mit freiem Ausblick auf den Glärnisch. Barths Freunde Pestalozzi
hatten es dort erbauen lassen. Und seit es im Sommer 1920 zum
ersten Mal seine Tore geöffnet hatte, wurde es für Barth (wie für
Thurneysen) ein geliebter Aufenthaltsort, den mindestens einmal
im Jahr für eine gewisse längere Zeit aufzusuchen er bis in die
fünfziger Jahre hinein nie versäumte. Es zog ihn immer wieder in die
dort waltende »Atmosphäre angenehmster Stille, wie R. Rothe sie
liebte«, und er empfand diese Stätte in zunehmendem Maße als
»eine zweite Heimat«[111]. Hier pflegte er sich zu erholen. Hier pflegte
er aber auch streng zu arbeiten und einen Teil seiner Vorlesungen,
Vorträge und Aufsätze vorzubereiten und auszuschreiben. Und wer
ihn während der Sommerferien treffen wollte, mußte sich schon
dorthin bequemen, wo er aber auch in schier unerschöpflicher
Gastfreundschaft von den Pestalozzis willkommen geheißen wurde.
Und hier wurde nun also auch über die Herausgabe jener Zeitschrift
Beschluß gefaßt.

Gogartens Vorschlag, die Zeitschrift »Das Wort« zu betiteln,
fand Barth »unerträglich anmaßend. Lieber noch ›Das Narrenschiff‹
als dieser sakrale Klotz«[112]. Sie wurde dann, nach einem Aufsatztitel
Gogartens, »Zwischen den Zeiten« getauft. Ihre erste Nummer
enthielt Beiträge ihrer drei Herausgeber. »Als wir . . . ›Zwischen
den Zeiten‹ begründeten, . . . da waren wir uns, wie wir meinten,

leidlich einig in dem, was wir wollten: im Gegensatz zu der positiv-
liberalen oder liberal-positiven Theologie des Neuprotestantismus
des Jahrhundertanfangs mit dem Menschgott, den wir als deren
Heiligtum erkannt zu haben meinten, eine Theologie des Wortes
Gottes, wie sie sich uns als jungen Pfarrern von der Bibel her
allmählich als geboten aufgedrängt hatte und wie wir sie bei den
Reformatoren vorbildlich gepflegt fanden.«[113]

Der größte Teil der Vorträge und Aufsätze Barths aus den
zwanziger Jahren erschien fortan in den Heften von »Zwischen den
Zeiten«. Diese Hefte demonstrierten aber auch, daß es jetzt bereits
einen größeren Kreis von meist jüngeren Theologen gab, die in
ähnlicher Weise wie Barth irgendwie an einem Wandel im theologischen Denken arbeiteten. Und ein gut Teil derer, die sich hier
äußerten, stand Barth selbst theologisch nahe. In den ersten Jahr-
gängen findet man unter den Schreibern neben den Herausgebern
die Namen von Bultmann und seinem Schüler Heinrich Schlier, von
Erik Peterson und Günther Dehn, von Fritz Horn, von dem Rem-
scheider Pfarrer Wilhelm Loew und dem Göttinger Stiftsinspektor
Joachim Beckmann und von dem Schriftsteller Otto Bruder, dem
Schwiegersohn Blumhardts, der im Chr. Kaiser Verlag mitarbeitete.
Groß war auch die Zahl der Schweizer Freunde, die die Zeitschrift
mit Beiträgen belieferten: Albert Schädelin und Gottfried Ludwig,
Fritz Lieb, Alfred de Quervain, Emil Brunner, Heinrich Barth und
Lukas Christ, der sich schon beim zweiten »Römerbrief« »um die
sehr nötige Glättung meines Stils an zahlreichen Stellen verdient
gemacht hat«[114].

Die Schriftleitung von »Zwischen den Zeiten« lag in den Händen
von Georg Merz. Dieser Mann, »durch Natur und Gnade in gleicher
Weise gerade zu solchem Amt ausgerüstet, hat in oft mühsamer und
immer entsagungsvoller Arbeit ermunternd und ausgleichend, wo es
Not tat, und auch aus seinem Eigenen aufs glücklichste ergänzend,
die entstandene Gruppe in immer neuen Formationen aufgestellt
und vorgeführt«[115]. Indem Merz dieses Redaktionsamt innehatte,
bekam Barth natürlich nun häufiger Gelegenheit, mit ihm zusam-
menzukommen – z. B. gerade am Jahresanfang 1923, an dem er sich
in Göttingen von Merz durch seine schnurrigen Mitteilungen aus
seiner immer vollen »Pandorabüchse von Nachrichten aus nahen
und fernen Weltgegenden« ergötzen ließ. Er liebte überaus sein
eigenartiges Luthertum, das »so wunderbar gemildert« war durch
sein »mich immer wieder bezauberndes anekdotisches Weltbild«[116].
»Merz war ein durchaus ›mündlicher Mensch‹, ein Virtuos des
Gespräches, ein Romantiker des Briefeschreibens, ein Genie der
Vermittlung. Er belebte und verband die differenten Geister, . . . er

salzte und belehrte, wo er ging und stand. Sein Auftauchen war auch für Karl Barth ein Fest, zu dem er vor Ferienbeginn die bayrischen Studenten noch eigens zurückbehielt und zu sich einlud. Dann saß Barth rauchend, lachend und nur zuhörend im Sessel, während Merz in der Mitte des Zimmers stand und dozierte.«[117]

Der Verlag, in dem »Zwischen den Zeiten« erschien, war der gleiche, der 1920 Barths »Römerbrief« übernommen hatte, nämlich der von Merz betreute Chr. Kaiser Verlag in München. Sein Inhaber, Albert Lempp (1884–1943), wagte die zunächst gewiß nicht risikolose Entscheidung – unter bewußtem Verzicht auf die Förderung anderer, wohl auch lukrativer Veröffentlichungen –, den Verlag fortan überhaupt wesentlich in den Dienst der Verbreitung der »Dialektischen Theologie« zu stellen. Und es entsprach der inneren Linie dieser Theologie, daß zum Editionsprogramm des Verlages bald auch die Publikation von Schriften aus der Reformationszeit und über sie gehörte. Hier erschienen in den nächsten Jahren die von Georg Merz und Hans Heinrich Borcherdt edierte »Münchener« Lutherausgabe und die von Karl Barths Bruder Peter und Wilhelm Niesel bearbeiteten »Opera selecta« von Calvin. Der Verlag »wurde so bis in die ersten Jahre des Dritten Reiches der Verlag Karl Barths und darüber hinaus bis zu der erzwungenen Schließung des Verlages . . . 1943 der Verlag der sog. dialektischen Theologie. Karl Barth hat seine ersten Veröffentlichungen fast durchweg bei Christian Kaiser herausgebracht«[118]. Es hat sich dabei für den Verlag gelohnt, gerade auf diese eine Karte zu setzen; »auch unser Herr Verleger konnte von seinem besondern Ort aus mit dem Gang der Ereignisse gewiß nur zufrieden sein«[119].

Im gleichen Monat, in dem »Zwischen den Zeiten« zu erscheinen und in dem die »Dialektische Theologie« sich damit nach außen als eine bestimmte theologische Richtung zu formieren begann, fühlte Barth sich gedrängt, sich in der »Christlichen Welt« auf eine Debatte mit Adolf von Harnack und so implizit auf eine Auseinandersetzung mit der immer noch tonangebenden liberalen Theologie einzulassen.

In je zwei Briefen verhandelten die beiden über das Problem der Wissenschaftlichkeit der Theologie. Auf den Vorwurf Harnacks an seinen früheren Schüler, ein »Verächter der wissenschaftlichen Theologie« zu sein, antwortete dieser, er wende sich mitnichten gegen die wissenschaftliche Theologie, aber dagegen, daß sie sich in ihrer modernen Gestalt »von ihrem (zuletzt durch die Reformation deutlich gestellten) Thema entfernt« habe. Der Lehre des Berliner Lehrers von einer möglichen »Erziehung zu Gott hin« durch Kultur, geschichtliches Wissen, Moral usf. stellte der junge Göttinger Kollege lapidar das Jesuswort entgegen: »Niemand kann zu mir kommen, es ziehe ihn denn der Vater, der mich gesandt hat . . .« Und auf Barths

These: »Die Aufgabe der Theologie ist eins mit der Aufgabe der Predigt« reagierte
das Haupt der Liberalen mit dem Einwand, man dürfe nicht den »Lehrstuhl in einen
Predigtstuhl« verwandeln. Obwohl Harnack meinte, daß Barths »Antworten auf
meine Fragen nur die Größe der Kluft zeigen, die uns trennt«, brach er die Debatte
mit einem versöhnlichen Schlußwort ab[120], wofür Barth ihm ein Jahr später in einem
privaten Brief mit »aufrichtigem Respekt« dankte[121].

Gerade in den Tagen, in denen Barth durch jene neue Zeitschrift
und durch dieses »Gefecht« in Atem gehalten war, herrschte in
Deutschland eine gespannte politische Lage. Umso auffallender war
es, daß die unmittelbar politische Aktivität, die in Safenwil so stark
im Vordergrund gestanden hatte, bei Barth jetzt merklich in den
Hintergrund trat. Wohl hatte man bei seiner Wahl nach Göttingen
von ihm gewünscht, keine neuen politischen Bindungen einzugehen,
aber er verspürte im Augenblick auch gar keine Lust dazu. Das hing
vor allem damit zusammen, daß er nun durch die Theologie ungemein in Anspruch genommen war. »Ich [hatte] zunächst so viel zu
tun zur Begründung meiner akademischen Tätigkeit, daß ich mich
zuerst . . . ein wenig zurückgehalten habe in diesem fremden
Land.«[122] »Doch konnte es nicht ausbleiben, daß ich von meinen
Büchern und Heften auch immer wieder aufzublicken und aufzu-
horchen hatte. Ich sah ein Deutschland, das im Begriff war, sich von
dem verlorenen Ersten Weltkrieg und seinen Folgen – das Wort
›Versailles‹, norddeutsch ausgesprochen, tönte oft wie ein Peit-
schenhieb in meinen Ohren – erholen zu wollen, sich aber offenbar
nicht erholen konnte.«[123] »Die politische Unfähigkeit der Deutschen« erschien ihm »grenzenlos«[124]. »Und daß der Fremdling aus
Neutralien das Deutschland der Nachkriegszeit nun von allen Seiten
kennenlernte, dafür sorgte die Inflationszeit«, in der im Winter
1922/23 die deutsche Währung immer galoppierender verfiel. Und
dafür sorgten zudem »die in Göttingen besonders lebhaften Erregungen des Ruhrkampfes« Anfang 1923: der Einmarsch der Franzosen,
der doch auch Barth »in heftige Wallung und Entrüstung« versetzte[125]. Natürlich konnte Barth den jetzt aufflammenden Natio-
nalismus in Deutschland nur ablehnen, und er war vor allem empört
über die chauvinistischen Reaktionen seiner Kollegen: »Die deutschen Professoren sind wirklich wahre Meister darin, Brutalitäten
geistreich, sittlich und christlich zu begründen«[126]. Und natürlich war
Barth auch sonst gar nicht einverstanden mit dem politischen Kon-
servatismus, den er vorfand bei »diesen geheimrätlichen Professoren der dortigen Universität, die noch alle auf Schwarz-Weiß-Rot
schworen und auf den Kaiser und auf Bismarck usf. – Ja, da blieb
mir nichts übrig, als mich jetzt eben auch wieder links zu stellen«.
Barth hatte also durchaus seine festen politischen Ansichten. Aber

eben, er war vorerst politisch »nicht sehr tätig. Ich hatte in meinem Studierzimmer zu arbeiten. Ich hatte besseres zu tun, als deutsche Politik zu treiben«[127]. Und so »hatte ich einfach keine Zeit, mich jetzt auch noch politisch zu betätigen«[128].

Barths politische Zurückhaltung hing aber gewiß auch damit zusammen, daß er Ausländer war und sich in Deutschland zunächst wirklich als Ausländer fühlte. Er fuhr deswegen während der Ferien jedesmal gern in die Schweiz. »Die Schweiz war mir . . . durch all die deutschen Jahre hindurch durch die Ferien, die ich da . . . zubrachte, durchaus gegenwärtig geblieben«[129]. »Aber es war doch auch so, daß ich aus den Ferien in der Schweiz . . . immer gern wieder nach Deutschland und zu den deutschen Menschen zurückkehrte«[130]. Und es war so, daß er in diesem Land nach und nach doch wirklich Fuß faßte – so daß er im Januar 1923 (eben während jenes Ruhrkampfes) sagen konnte: »ich fange wohl langsam an, als Deutscher zu empfinden«[131]. Gerade bei seiner intensiven Einarbeitung in die ihm zugefallene theologische Aufgabe im konkreten Gegenüber zu den deutschen Studenten und Menschen konnte das ja auch gar nicht ausbleiben. Und so suchte er, selbst wenn er sich mit öffentlichen politischen Stellungnahmen zurückhielt, jedenfalls nach Möglichkeit den durch die politische Lage in Schwierigkeiten Geratenen beizustehen. Ende September rief er – mit Erfolg – im »Appenzeller Sonntagsblatt« im Blick auf die durch die Geldentwertung entstandene »bittere Not Unzähliger« seine Schweizer Landsleute dazu auf: »Helft mir, den vielen Bedrohten und Bedrängten wenigstens etwas Erleichterung zu verschaffen!«

Nachdem er im April kurz wieder in der Schweiz gewesen war, las er im Sommer 1923 über die reformierten Bekenntnisschriften, deren mannigfaltige Texte er freudig studierte, und dazu bot er eine Auslegung des 1. Korintherbriefes, aus welcher »1924 das Buch über 1. Korinther 15 hervorgegangen« ist[132].

Eben das 15. Kapitel sah Barth darin als das Zentrum dieses Briefes an (was Bultmann in einer Rezension bestritt), und so entfaltete er hier in nuce seine Sicht der biblischen Eschatologie: er wollte die »letzten Dinge« als eine – jederzeit nahe bevorstehende – »Endgeschichte«, aber nicht als eine irdische »Schlußgeschichte« verstanden wissen. »Letzte *Dinge* sind als solche nicht *letzte* Dinge, wie groß und bedeutsam sie immer sein mögen. Von *letzten* Dingen würde nur reden, wer vom *Ende* aller Dinge reden würde, . . . von einer Wirklichkeit so radikal überlegen allen Dingen, daß die Existenz aller Dinge ganz und gar in ihr, in ihr allein *begründet* wäre, also von ihrem Ende würde er reden, das in Wahrheit nichts anderes wäre, als ihr Anfang.«[133]

Im Juni verfaßte Barth nebenher auch eine kleine, kritische »Gegenrede zu einem Aufsatz von F. W. Foerster«. In ihr sagte er diesem bekannten (pazifistischen) Ethiker und Pädagogen: christliche Ethik dürfe nicht darin bestehen, daß man ein vorgefaßtes ethisches Programm nachträglich christlich etikettiere, sondern sie müsse von allem Anfang an aus einem christlichen Grunde kommen, nämlich aus dem der Sündenvergebung.

Nach Ferien in der Schweiz (auf dem Bergli und in Grandvillard) befand sich Barth Mitte September – ein Jahr nach seinem ersten dortigen Auftritt – wieder in Emden: mit einem Vortrag über »Reformierte Lehre, ihr Wesen und ihre Aufgabe«, offensichtlich eine Frucht seiner Sommervorlesung. Er hielt ihn vor der »Generalversammlung der damals noch sehr traditionalistischen deutschen Reformierten . . ., denen ich ihren geliebten Calvin zunächst einmal ein bißchen fremd und erschreckend machen wollte«[134]. Es hieß darin: »Die Frage nach der rechten Lehre führt uns vor das Vakuum in der *Mitte* unsres [modernen] Kirchen- und Christentums.« Und ferner: »Eine Kirche lebt nicht von Wahrheiten und wenn es noch . . . so tiefe und lebendige Wahrheiten wären, sondern von *der* Wahrheit, die man nicht wie diese oder jene Lehre, Theorie und Überzeugung ergreifen *kann,* sondern ergreifen *muß,* weil sie *selber zuerst* nach den Menschen gegriffen« hat. »Nicht sowohl darauf legt das reformierte Bekenntnis den Nachdruck, daß der Mensch statt durch *Werke* durch den *Glauben* gerechtfertigt werde, als darauf, daß es *Gott* sei und nicht der *Mensch,* der diese Rechtfertigung vollziehe«. Aber darum die Frage: »Ist der moderne Protestantismus zur Linken *und* zur Rechten . . . mit seiner großen grundlegenden Konzession an das Recht und die Würde des Menschen etwas anderes als ein durch verschiedene, nicht allzu tragisch zu nehmende Häresien entstellter Katholizismus?«[135] Von dieser Reise her datiert Barths Bekanntschaft mit führenden Reformierten wie Wilhelm Goeters, Wilhelm Kolfhaus, Hermann Albert und Hermann Klugkist Hesse und mit dem Moderator August Lang. Auf der Rückfahrt besuchte er auch seinen Schüler Paul Leo auf der Insel Norderney.

Hatte der Emdener Vortrag Barths neue Zuwendung zum Problem der »Lehre« gezeigt, so manifestierte der Vortrag über »Kirche und Offenbarung«, den er am 30. November in Lübeck zu halten hatte, seine neue Beschäftigung mit dem Problem der »Kirche«. Die entscheidende These lautete hier: »Die wahre christliche Kirche ist die Gemeinschaft der im *Gericht Begnadigten.* Ihr immer aufs Neue zu erkennender Grund ist nicht das religiöse Erleben der Menschen, sondern das *an* die Menschen gerichtete göttliche Offenbarungswort. Dieser Grund der wahren christlichen Kirche ist grundsätzlich das *Ende* des christlichen Subjektivismus und die *Voraussetzung* einer wirklichen christlichen Prophetie.« Im übrigen

gefiel Barth dort die »Hansapracht« der Stadt ebenso, wie ihm die
»Verbindung des alten Bürgertums mit der Kirche« mißfiel: »die
Pfarrer jedenfalls sind noch ganz dieselben, wie Thomas Mann sie
geschildert«[136]. Im Dezember wiederholte er den Vortrag vor den
Göttinger Pfarrern. Und Ende Februar 1924 (kurz nachdem der
Altreichskanzler Michaelis bei einem Besuch in Göttingen Barth
»den Eindruck eines absolut anständigen, vom Christentum zweifellos schiefgelegten und klugen, wenn auch nicht eigentlich bedeuten-
den Mannes« gemacht hatte[137]) brach Barth zu einer zweiten Wiederholung des Lübecker Vortrags auf »nach der ›großen Seestadt
Leipzig‹«. Dort erwarteten ihn »»hunderte um nicht mehr zu sagen‹,
wie es in einem Brief hieß, . . . neugierig«: Studenten und Pfarrer,
unter ihnen »erhobenen Hauptes vom Lande herbeigeeilt an der
Spitze einer kleinen Hundertschaft entschlossener Anhänger Karl
Fischer, der durchaus wackere Aé« und andere. »Die Pfarrer wollten hauptsächlich von mir wissen, was sie denn nun angesichts der
offenkundigen calvinistischen Anders-Lehre mit ihrem Luthertum
anfangen sollten, worauf ich . . . ihnen empfahl, Alles zu prüfen und
das Beste zu behalten.« Bei diesem Anlaß »imponierte mir in seiner
Weise« der Landesbischof Ludwig Ihmels, der Barth zu einem besonderen Gespräch empfing[138].

Während des Winters 1923/24 beschäftigte Barth – neben einer
Auslegung des 1. Johannesbriefes – in seiner Göttinger Vorlesung
ein alter Bekannter, den er freilich jetzt in einer neuen, kritischen
Beleuchtung sah: Friedrich Schleiermacher, der ja doch auch ein
Reformierter war.

»Es hat m. W. vor und nach mir niemand den Versuch gemacht, Schleiermacher
von seinen Predigten her zu interpretieren. Eben das war es, was ich in jener
Vorlesung zunächst unternahm, um von da aus zu seinen ›Reden‹, zu den ›Monolo-
gen‹, zur ›Weihnachtsfeier‹, zu seiner ›Hermeneutik‹ und schließlich, soweit die Zeit
noch reichte, zum ›Christlichen Glauben‹ vorzustoßen.«[139] Barths Gesamteindruck:
Schleiermacher »macht intelligent, lehrreich und großzügig, was das unnütze Volk
der Neuern dumm, ungeschickt, inkonsequent und furchtsam macht«. Freilich, seine
Theologie ist »ein einziger Riesenschwindel, möchte man oft zornig schreien. Aber
eben, die Einsicht, daß es so . . . *nicht* geht, macht die Lage zwar klar, aber die Frage:
Wie dann? nur um so bänger«. Ja, Barth stellte sich die radikale Frage, »ob der Fall
Schleiermacher nicht eine Ohrfeige ist, die teilweise bis ins 16. Jahrhundert zurück-
schallt?«[140] Den Abschnitt über die »Weihnachtsfeier« ließ Barth Anfang 1925
separat drucken.

Als ein anderer Ertrag dieser Vorlesung entstand 1924 Barths
Rezension eines Buches von Emil Brunner. Dieser Schweizer
(1889–1966), der Friedrich Zündel zum Taufpaten hatte und bei

Kutter Vikar gewesen war, war in seinem Denken auf eine sehr ähnliche Linie wie Barth gelenkt worden, die aber aufgrund seiner Erfahrungen während eines längeren Englandaufenthaltes von vornherein eine durchaus eigene Note besaß. 1921 hatte er sich als Pfarrer von Obstalden in seiner Schrift »Erlebnis, Erkenntnis und Glaube«, durch die er 1924 auf den Zürcher Lehrstuhl für systematische und praktische Theologie kam, zur »Dialektischen Theologie« bekannt. »Dann geschah es, daß mein Freund Emil Brunner im Zug unserer auch von ihm mit vollzogenen Wendung die in ihrem Zusammenhang nicht aufzuhaltende Abwendung von Schleiermacher in seinem Buch ›Die Mystik und das Wort‹ (1924) sehr drastisch zur Sprache brachte. Ich hatte das Buch in ›Zwischen den Zeiten‹ zu besprechen und fand mich dabei sofort in eine gewisse Verlegenheit versetzt. Obwohl es vieles enthielt, was auch ich jetzt gegen Schleiermacher auf dem Herzen hatte, war es mir doch nicht so recht wohl bei der Art, in der Brunner seine Sache vorbrachte. Einmal: weil ich den Begriff ›Mystik‹ zur Bezeichnung dessen, worauf Schleiermacher hinaus wollte, nicht für zureichend halten konnte. Sodann (und darin zeichnete sich bereits etwas von meinem späteren Konflikt mit Brunner selbst ab): weil ich ihn mindestens ebenso kräftig . . . von F. Ebners anti-idealistischer Logologie . . . her wie in Geltendmachung des ›Wortes‹ (Gottes) gegen Schleiermacher kämpfen und siegen sah. Endlich und vor allem: weil ich für meine Person mit Schleiermacher, obwohl und indem ich in meiner Weise offenkundig auch ›gegen‹ ihn war, lange nicht so sicher und gänzlich fertig war, wie Brunner es . . . zweifellos war.«[141]

Schon vorher, im November 1923, hatte sich Karl Barth bereits auf eine regelrechte Auseinandersetzung mit Paul Tillich eingelassen – wenn es ihm auch nicht leicht fiel, »meine Differenzen mit einem mir über allerlei nicht kleine Gräben hinweg immerhin so nahestehenden Mann wie Tillich auszubreiten vor den Augen gewisser an unsern gemeinsamen Sorgen unbeteiligter sicherer Leute«. Die Diskussion zwischen beiden war am formalen Problem des Begriffs »Paradox« aufgehängt. Aber im Grunde ging es in ihr um den Stellenwert der Person Jesu Christi in der Theologie. »Für ›uns‹ ist Christus *die* Heilsgeschichte«, während für Tillich Christus nur Symbol einer immer und überall vorhandenen und zu erkennenden Offenbarung sei – und so einer Offenbarung, die eine »Gegebenheit« sei und nicht, wie Barth es sehen wollte, »ein speziellstes, nur von Gott aus eröffnetes und nur, indem wir von ihm erkannt werden, zu erkennendes *Geschehen*«[142].

Die Abgrenzung gegenüber Brunner wie gegenüber Tillich demonstrierte, wie sehr Barth in seinem Denken eigene Wege geführt wurde und wie wenig ihm daran lag, unter dem Titel »Dialektische Theologie« einfach eine neue Schule und nach außen eine geschlossene Front zu bilden. Und so fing er doch schon in dieser Zeit an, seinen theologischen Standort gegenüber dem der anderen Dialektischen Theologen zu differenzieren. Um sein besonderes, eigenes Anliegen kenntlich zu machen, gab er im Februar 1924 einen (seiner Mutter gewidmeten) ersten Vortragsband in den Druck – unter dem wohlüberlegten Titel »Das Wort Gottes und die Theologie«. Nur mit Thurneysen fühlte er sich in dem, was er wollte, weiterhin ganz einig – so einig, daß er im gleichen Jahr zusammen mit ihm einen zweiten Predigtband herausbringen konnte (»Komm Schöpfer Geist«), in welchem wie schon in dem ersten nicht bezeichnet war, wer von beiden welche Predigt gehalten hatte. Gegenüber den anderen Theologen dieser Gruppe wuchsen die Fragen. Allerdings verstärkte Anfang Februar 1924 eine Reise mit zwölf Studenten nach Marburg zunächst noch einmal den Eindruck einer wesentlichen Gemeinsamkeit mit Bultmann. Unmittelbarer Zweck der Reise war die Anhörung eines Vortrags von Bultmann, »in dem die *bisherige* Marburger Theologie . . . wirklich schlecht und die gute Sache wirklich gut wegkam«. Anderntags erteilte Barth »mit Bultmann zusammen im theologischen Seminar (wobei wir als die zwei Rabbis in einsamer Würde pfeiferauchend ›obenan‹ saßen) weitere Auskünfte . . . Marburg ist nun wirklich wieder zu einem der Punkte auf der mitteleuropäischen Karte geworden, auf denen das Auge befriedigt ruhen kann«[143]. Dagegen gestaltete sich das Verhältnis zu Gogarten schon jetzt derart, daß bei einer Begegnung mit ihm im Juli 1924 in Göttingen ein offener Bruch drohte.

Die erste eigene Dogmatik

Daß Barth in der Tat nun innerhalb des Kreises der Dialektischen Theologen einen sehr eigenen Kurs einschlug, offenbarte sich deutlich in der Art und Weise, in der er sich seit dem Frühjahr 1924 an die Ausarbeitung einer Dogmatikvorlesung machte. »Die Ferien des Frühjahrs 1924 sind mir unvergeßlich. Ich saß in meiner Studierstube in Göttingen, vor mir die Aufgabe, zum erstenmal Vorlesungen über Dogmatik zu halten. So sehr mag die Frage: ob man das könne? und: wie man das mache? lange keinen mehr geplagt haben, wie damals mich. Durch die biblischen und geschichtlichen Studien, die ich bis dahin getrieben hatte, aus der guten Gesellschaft der zeitgenössischen und, wie ich immer deutlicher sah, fast der ganzen neueren Theologie immer mehr vertrieben, sah ich mich sozusagen

ohne Lehrmeister, allein auf weiter Flur. Daß die Heilige Schrift
Meister sein müsse in der evangelischen Dogmatik, das wußte ich
auch. Und daß es gelte, im besonderen wieder bei den Reformatoren anzuknüpfen, wie es sich damals mehr als einer zum Programm
machte, war auch mir klar. Aber: ›Wie kann ich, so mich nicht
jemand anleitet?‹ . . . Damals war es, als mir zusammen mit dem
lutherischen Parallelwerk von H. Schmid der . . . Heppe* in die
Hände fiel: verschollen, verstaubt, unansehnlich, fast wie eine Loga-
rithmentafel, unlustig zu lesen, starr und wunderlich fast auf allen
Seiten, die ich aufschlug: nach Form und Inhalt ziemlich genau dem
entsprechend, was ich mir wie so viele andere über ›die alte Orthodoxie‹ seit Jahrzehnten hatte vorreden lassen. Nun, ich hatte die
Gnade, nicht gleich locker zu lassen. Ich las, ich studierte, ich
überdachte und fand mich belohnt durch die Entdeckung, daß ich
mich hier jedenfalls in einer Luft befand, in der der Weg über die
Reformatoren zur Heiligen Schrift sinnvoller und natürlicher zu
gehen war als in der Luft, die mir aus der durch Schleiermacher und
Ritschl bestimmten theologischen Literatur nur zu vertraut war. Ich
fand eine Dogmatik, die zugleich Gestalt und Substanz hatte, die
orientiert war an den zentralen Hinweisen der biblischen Offenba-
rungszeugnisse, denen sie aber auch im einzelnen in erstaunlichem
Reichtum nachzugehen wußte . . . Ich befand mich sichtlich im
Raume der *Kirche* und nun doch auch . . . im Raume einer in ihrer
Art respektablen kirchlichen *Wissenschaft* . . . Bei dem allem nahm
ich wohl auch wahr, daß ein Zurückgehen auf diese Orthodoxie (um
bei ihr stehen zu bleiben und es ihr gleich zu tun!) darum nicht in
Frage kommen könne, weil der Schaden Israels, den ich bis dahin
nur in seiner neuprotestantischen Gestalt näher gekannt hatte,
schon in jener frühen Zeit sich vorbereitete und anbahnte.«[144] Eben
diese gewiß nicht unkritische, aber lernwillige Öffnung für die
altprotestantische Orthodoxie machten die übrigen Köpfe der »Dialektischen Theologie« freilich nicht mit, und sie konnten diese
eigentümliche Wendung bei Barth nur mit Kopfschütteln verfolgen.
Mit seinem Ernstnehmen auch dieses besonderen Erbes war ein
Punkt erreicht, von dem an ihre Wege immer manifester auseinan-
dergehen sollten.

Übrigens begann Barth im Zuge seiner Vorbereitung auf seine
erste eigene Dogmatik nicht nur auf die »Orthodoxie« zu hören. Er
fand außerdem eine positive Aufmerksamkeit für die altkirchlichen
Väter und sogar auch ein wenig für die katholische Scholastik. Ja, er
witterte im Bereich überhaupt des katholischen Denkens noch

* Heinrich Heppe, Die Dogmatik der evangelisch-reformierten Kirche, 1861 (Sammlung von
Texten aus der altreformierten Orthodoxie).

unbekannte theologische Möglichkeiten – so sehr, daß er sich vornahm: »nur sich nicht allzu fest auf den ›Boden‹ des ›Protestantismus‹ stellen!«[145] Freilich erwies sich dann die von ihm entworfene Dogmatik keineswegs einfach als »orthodox« noch als scholastisch. Das eigentümlich Neue an ihr bestand in der »zähen Beharrlichkeit«, in der er »immer wieder und von allen Seiten auf die Situation des Pfarrers auf der Kanzel« zurückkam.

Mit dem ersten Paragraphen waren die Weichen für das Ganze gestellt. Sein Leitsatz lautete: »Das Problem der Dogmatik ist die wissenschaftliche Besinnung auf das Wort Gottes, das, in der Offenbarung von Gott gesprochen, in der hl. Schrift von Propheten und Aposteln wiedergegeben, in der christlichen Predigt heute zur Aussprache und zu Gehör gebracht wird und werden soll. Prolegomena der Dogmatik nennen wir den Versuch einer grundsätzlichen Verständigung über den Gegenstand, die Notwendigkeit und den Weg dieser Besinnung.« Und an die Spitze seiner Erläuterungen setzte Barth das Gebet des Thomas von Aquin: »Barmherziger Gott, ich bitte dich, du wollest mir verleihen, was dir wohlgefällig ist, heiß zu begehren, umsichtig zu erforschen, wahrhaft zu erkennen und vollkommen darzustellen zum Lobe deines Namens. Amen.«

Er trat mithin gleich zu Anfang an seine Aufgabe heran unter dem Gesichtspunkt: «Dogmatik ist Besinnung auf das Wort Gottes als Offenbarung, hl. Schrift *und christliche Predigt.* Nächster Gegenstand also (nicht biblische Theologie, nicht Kirchenlehre, nicht Glaube, nicht religiöses Bewußtsein, sondern) die tatsächlich gepredigte christliche Predigt, die durch Rückbeziehung auf Schrift und Offenbarung einerseits *als* ›Wort Gottes‹ zu erkennen, andrerseits (dies der Zweck der Übung) kritisch *durch* das ›Wort Gottes‹ zu bestimmen ist. Also Begriff der Dogmatik: Herausstellung der in Offenbarung und Schrift begründeten *Grundsätze* der christlichen Predigt (= Dogmen)«[146]. Nur eben von hier aus und in diesem Sinn fand Barth dann die Freiheit zu jenem neuen Überdenken der alten »orthodoxen« Lehren: der Trinitätslehre (verstanden »als das Problem der unaufhebbaren Subjektivität Gottes in seiner Offenbarung«[147]), der Lehre von den (gegenüber der Mystik zu behauptenden) Eigenschaften Gottes, von der (der Schöpfung vorgeordneten) Prädestination, von der Schöpfung (als creatio ex nihilo*), von dem (dem Sündenfall vorangehenden) Bund, von der Person und dem Werk Christi usw. »Meint nur ja nicht, das sei altes Gerümpel.«[148] »Es geht . . . so, daß ich unter viel Kopfzerbrechens und Staunens schließlich der Orthodoxie doch fast in allen Punkten recht geben muß und mich selbst Dinge vortragen höre, von denen ich mir weder als Student noch als Safenwiler Pfarrer je hätte träumen lassen, daß sie sich wirklich so verhalten könnten.«[149] Etwas unsicher war Barth hinsichtlich einer Aufnahme der »natürlichen Theologie«, mit der er die Orthodoxen doch rechnen sah. Dagegen erschien ihm nun – über den »Römerbrief« hinausgehend – »die Immanenz *Gottes* in der Welt« als »eine große Wahrheit, wenn man nur an der creatio *ex nihilo** durch alle Böden hindurch festhält«[150].

Eine Kuriosität dieser ersten Dogmatikvorlesung Karl Barths bestand darin, daß er sie – »so lutherisch gebärdete sich damals die

---

* Schöpfung aus dem Nichts

Göttinger theologische Fakultät – nur im Anschluß an einen ganz Anderen* als ›Unterricht in der Christlichen Religion‹ anzeigen und, auf den Stockzähnen lachend, drei Semester lang vorführen durfte«[151]. Auf Betreiben Stanges hatte »die theologische Fakultät einen Beschluß wider mich gefaßt, ich müsse meine Dogmatik . . . als *reformierte* Dogmatik anzeigen«[152], worauf Barth aber nicht eingehen konnte, wollte er nicht »den ökumenischen Charakter« seiner Lehre preisgeben[153]. Unter jenem Kompromißtitel konnte er sie dann schließlich vor 60 Hörern – »unter beträchtlicher Schädigung der Stange'schen Parallelvorlesung« – beginnen[154]. Im Sommer 1924 las er Prolegomena (dazu über den Philipperbrief), im Winter 1924/25 Dogmatik I, im Sommer 1925 Dogmatik II, also Versöhnungslehre (daneben über die Bergpredigt) und im Winter 1925/26 Dogmatik III (Eschatologie). Diesen letzten Teil las er aber schon nicht mehr in Göttingen. Barth war sich der Fremdheit und Einsamkeit seines dogmatischen Versuches in der damaligen Zeit sehr wohl bewußt. Er verstand ihn als ein »Experiment« und seufzte dabei: »O dieser vielhundertjährige Sumpf, in dem wir stecken! Es ist so gräßlich schwer, immer wieder das Gegenteil auch nur zu *denken,* geschweige denn zu *sagen,* geschweige denn *formuliert* und im *Zusammenhang* zu sagen.«[155] Er war darum froh, sich in den Sommerferien 1924 in Pany (Graubünden) mit Thurneysen ausführlich über den eingeschlagenen Weg besprechen zu können.

In der Folgezeit suchte er wiederum durch einige Vorträge seine theologische Sicht auch einem breiteren Publikum zur Diskussion zu stellen. So trug er Ende Oktober an einer Pfarrerkonferenz in Tennstedt (Thüringen) aus seiner Sommervorlesung über den Philipperbrief die Auslegung des 3. Kapitels vor. So unternahm er Ende November eine Vortragsreise nach Königsberg. (Einen Tag vor der Abreise dorthin hatte ihm bei einer Denkmaleinweihung in Göttingen die Gestalt Hindenburgs nicht wenig »Eindruck gemacht«[156]!) Bei einem Zwischenhalt in Berlin hörte er ein Kolleg Seebergs und begrüßte Lietzmann. In Königsberg selbst war er so beschäftigt, »daß ich an Kant zu denken fast keine Zeit hatte«[157]. Sein Vortrag über »Menschenwort und Gotteswort in der christlichen Predigt« knüpfte an ein Kapitel in den »Prolegomena« seiner Dogmatik vom Sommer 1924 an. Er führte darin aus, daß die Aufgabe der Predigt nur in dem Dienst bestehen könne, »Gottes eigenem Wort Aufmerksamkeit, Respekt und sachliches Verständnis zu verschaffen«[158]. Das Echo auf seine Darlegungen war »auf das mir nun allmählich bekannte Ja (Überwindung des Subjektivismus,

---

* Calvin

Immanentismus, Anthropozentrismus – hurra, hurra! das haben wir auch immer gesagt) – Aber! (Und doch . . . irgendwie muß doch . . . das hat unser Luther uns gelehrt . . . köstliches Eigentum . . .)« gestimmt[159]. Bei jener Gelegenheit lernte Barth auch den jungen Lizenziaten Hans Joachim Iwand (1899–1960) kennen – »ich . . . liebte ihn, seit ich ihn . . . in Königsberg zum ersten Mal sah . . . Das Feuer, das in ihm brannte, hatte nicht seinesgleichen«[160]. Anderntags ging der gleiche Vortrag in Danzig »nochmals in Szene, in der Sakristei einer alten Kirche«, wobei Generalsuperintendent Kalweit (bei dem Barth wohnte) »vorbehaltlos zustimmend auf seine Pfarrer einredete«. Die Stadt als solche kam ihm vor wie »ein ganzes Märchen« und das »Jüngste Gericht« von Hans Memling fand seine tiefe Bewunderung[161].

Bevor Barth 1925 weitere Vorträge ausarbeitete, hörte er in Göttingen einen Vortrag von Hermann Graf Keyserling, der ihn – vergeblich – für seine »Schule der Weisheit« zu gewinnen suchte. Ein andermal begegnete er – erstaunt – dem »phänomenologischen« Philosophen Moritz Geiger. Und Anfang Februar hörte er einen Vortrag Bultmanns, der zu diesem Zweck mit »30 bis 40 seiner Schüler« anreiste. Diesmal erwachten in Barth aufs neue Bedenken gegen die Theologie seines Marburger Freundes. Wohl bei diesem Anlaß spielte sich auch folgende Szene ab: »Es gehört zu den unvergeßlichsten Einzelerinnerungen meines Lebens: wie Bultmann . . . mich einmal in Göttingen aufsuchte.« »Außerhalb Göttingens auf einem Dorf setzten wir uns nieder und haben dort an einem Samstag – wie man es damals liebte – Kaffee und Streuselkuchen genossen.« Und dabei begann nun Bultmann »stundenlang aus den von ihm in Marburg gehörten und mitgeschriebenen Vorlesungen – Martin Heideggers vorzulesen. Zweck der Übung: in dieser (eben ›existentialen‹) Richtung hätten wir uns um das Verständnis wie aller geistigen Größen so auch des im Neuen Testament dokumentierten Evangeliums zu bemühen«[162]. Jedenfalls verlief dieser Besuch im ganzen so: »Vor dem Volk hielten wir tunlichst zusammen«, aber in einigen Privatgesprächen wurden »auch die Differenzen erörtert . . . Er wirft mir vor, ich habe keine ›sauberen‹ Begriffe, . . . und ich ihm, er denke mir zu anthropologisch-kierkegaardisch-lutherisch (+›gogartenisch‹) . . . Aber das sind alles Gegensätze, über die sich mit Nutzen weiterreden läßt.«[163]

Ende April tauchte Barth kurz wieder in der Schweiz auf – um in Basel, Zürich und Bern einen Vortrag zu halten im Anschluß an ein Stück aus seiner Dogmatik-Vorlesung im Sommer 1923, nämlich über »Das Schriftprinzip der reformierten Kirche«. Barth bekannte sich darin zu dem Satz, daß das irdisch-menschliche Buch der Bibel

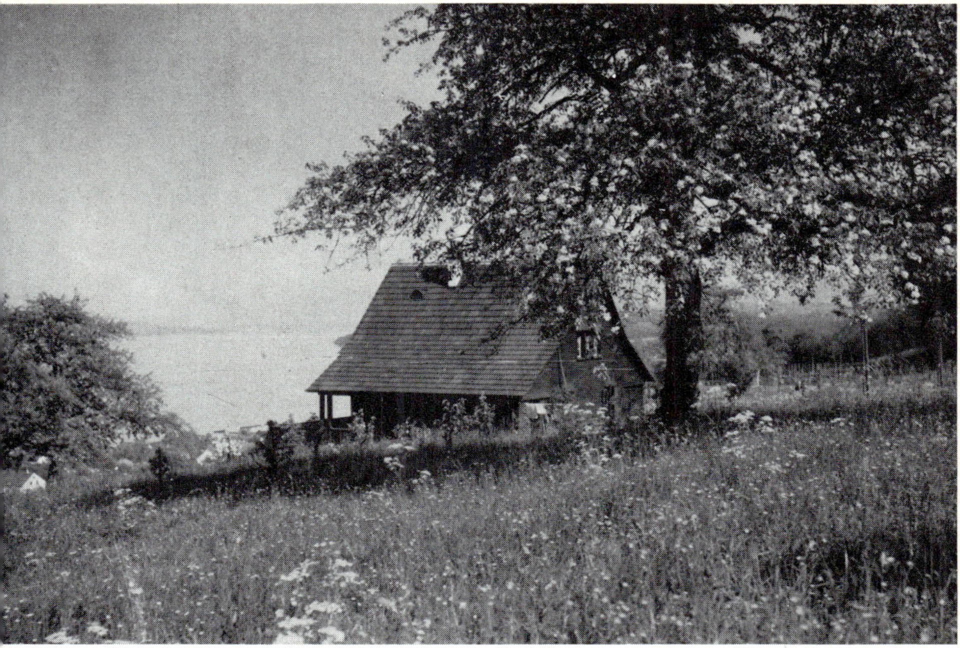

ie Zwanziger Jahre

0 Das Landhaus »Bergli« der Freunde Pestalozzi oberhalb des Zürichsees wurde für Jahrzehnte Barths eimat während der Semesterferien: Ort der Arbeit und der Erholung, der Begegnung und des Gesprächs.

1 Die Universität in Göttingen. Hier suchte er sich in den Jahren 1921–1925 in harter Arbeit mit den rfordernissen theologischer Wissenschaft vertraut zu machen.

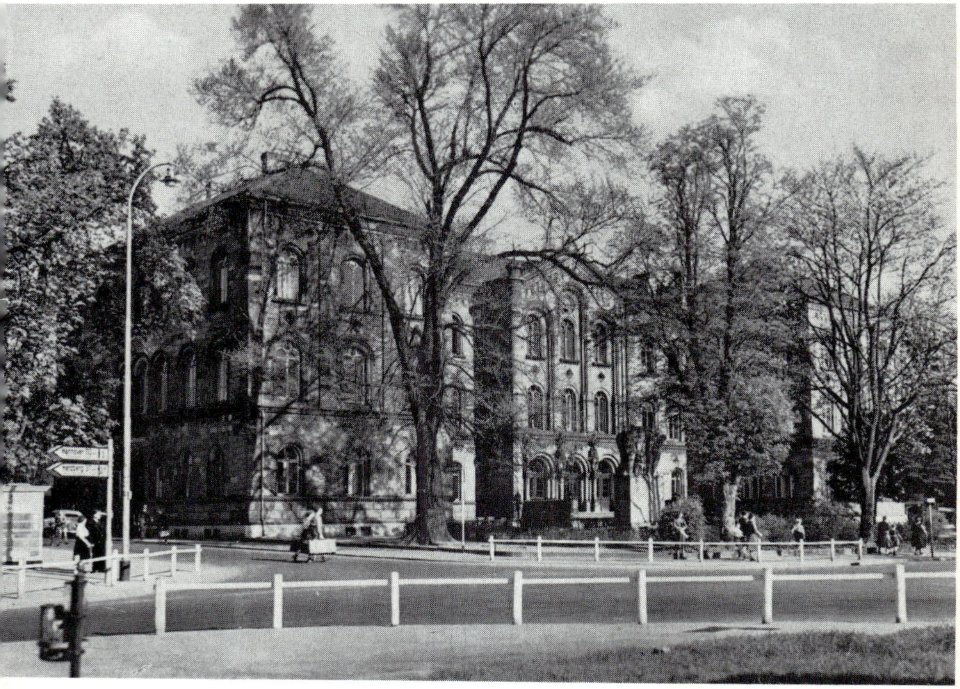

32 Auf dem »Bergli« im Sommer 1922, als dort die Zei[t]
schrift »Zwischen den Zeiten« gegründet wurde: Margueri[te]
Thurneysen, Gogarten, Lukas Christ, Thurneysen, Pet[er]
und Karl Barth, Richard Siebeck, Gerty Pestalozzi.

33 Durch Georg Merz lernte er 1924 Charlotte von Kirsch[en]
baum kennen, die ihm bald zu einer treuen Mitarbeiteri[n]
wurde. 1929 zog sie in sein Haus.

34 Die Freunde Gottlob Wieser mit Frau, Lukas Christ m[it]
Frau, Walter Steiger, Marie Straub, Friedrich Gogarten 192[.]
in Weggis. Im Unterschied zu jenen Schweizer Freunden fi[el]
Barth die Verständigung mit Gogarten immer schwerer.

35 Im Sommer 1929 verbrachte er ein Freisemester auf dem
»Bergli«, wo er, unterstützt von Charlotte von Kirschbaum,
ausgiebig Augustin und Luther studierte.

36 Mit seiner 65jährigen Mutter, Anna Barth, die ihm im
Sommer 1928 den Haushalt in Münster führte.

37 Die Münchener Freunde: Albert Lempp, Inhaber des
Chr. Kaiser Verlags, in dem für Jahre Barths Werke erschienen, und Pfarrer Georg Merz.

38 Während seiner ersten Hollandreise (Mai/Juni 1926)
begegnete er einem ihm eindrücklichen Calvinismus. Einer
der ersten, der dort auf Barths Theologie aufmerksam
machte, war Th. L. Haitjema.

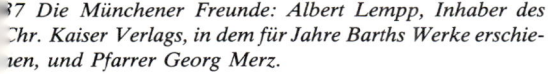

39 In den Jahren 1926–1930, in denen er in Münster lehrte, hielt er auch eine Reihe grundlegende Vorträge. Am 9./10. Juni 1927 redete er auf einer Tagung der CSV auf Rügen über »Rechtfertigung und Heiligung«.

40 Die evangelisch-theologische Fakultät Münster im Jahr 1926: (sitzend) Otto Schmitz, Johannes Herrmann, Georg Grützmacher, Georg Wehrung; (stehend) Wilhelm Stählin, Karl Barth, Johannes Hänel.

Zeugnis der Offenbarung und so selber Wort Gottes und so nicht bloß Quelle christlicher Erkenntnis, sondern deren kritische Norm sei. Mitte Mai folgte eine respektvoll-kritische Auseinandersetzung mit seinem einstigen (1922 verstorbenen) Lehrer (»Die dogmatische Prinzipienlehre bei Wilhelm Herrmann«) – erst in Hannover vorgetragen, wo ihm besonders Bernhard Dörries (der 1927 ein ganzes Buch gegen ihn schrieb) »im Namen des Luthertums« widersprach, dann »bei den waschechten Liberalen in Halberstadt«, wohin ihn eine große Schar seiner Schüler begleitete. »Ich habe noch nie so bestimmt gerochen . . ., daß *diese* Geschichte *aus,* der theologische Liberalismus *moribund* ist.«[164]

Wie weit sich Barth von den Liberalen, aber auch von Herrmann und so von seinen eigenen Anfängen entfernt hatte, spürte man, wenn er jetzt etwa sagen konnte: »Dem Menschen soll die Kirche die Offenbarung vorhalten durchaus als ›Lehre‹ (als was denn sonst, doch nicht in lyrischen Gedichten . . ., doch nicht als unmaßgeblichen Herzenserguß?) und durchaus mit dem Anspruch, daß diese Lehre ›für wahr zu halten‹ sei (für was denn sonst, doch nicht für ein Märchen?). Wollte Gott, unsre Lehre wäre so glaubwürdig, daß sie für wahr gehalten werden muß.«[165]

Rund vierzehn Tage später, am 6. Juni, ergriff er in Duisburg-Meiderich an der Generalversammlung des deutschen reformierten Bundes mit einem neuen Vortrag – über »Möglichkeit und Wünschbarkeit eines allgemeinen reformierten Glaubensbekenntnisses« – das Wort. Er lernte dort »das Reformiertentum am Niederrhein« als eine »sehenswerte Erscheinung« aus der Nähe kennen, erregte aber unter ihnen gleich Unruhe durch seine Zusammenstellung von Pietismus und Rationalismus. Als Bedingung für ein christliches Bekenntnis nannte Barth in dem Vortrag: »Gott muß es wollen, und das muß daran erkennbar sein, daß man etwas *Bestimmtes,* und zwar dogmatisch *und* ethisch zu sagen habe . . . Hat die Kirche der Welt etwas zu sagen, z. B. in Bezug auf den Faschismus usf.?«[166]

In eben diesen Tagen war Barth nebenher auch von der Frage seiner äußeren Zukunft bewegt. Längst hatte er wieder von Göttingen fortkommen wollen. Die Honorarprofessur war schlecht bezahlt. Und der Streit mit der dortigen Fakultät wegen der Anzeige seiner Dogmatikvorlesung hatte die Rechtlosigkeit seiner Stellung offenbart. Seitdem war nun überhaupt »mein Verhältnis zur Fakultät trüber denn je«. So fand er es jetzt am besten, »wenn ich aus dieser Mausefalle einmal weg käme«[167]. Berufungsmöglichkeiten nach Bonn oder Gießen (im Dezember 1923), auf die Barth eingegangen wäre, zerschlugen sich. Eine Berufungsmöglichkeit nach Bern (im Juli 1924) lockte ihn hingegen nicht. Im Juni 1925 überraschte Thurneysen seinen Freund mit der Einladung, im Frühjahr 1926 die Nachfolge Kutters als Pfarrer an der Zürcher Neumünstergemeinde anzutreten. Aber Barth konnte dieses Angebot um so weniger anziehend finden, als Kutter Ende Februar einen Brief (an Thurneysen) verfaßt hatte, den Barth nur als eine »General-Absage« an seine Theologie aufzufassen vermochte[168]. »So konnte es [Thurneysen] ebenso wenig gelingen, mich aus Göttingen und aus der mich dort so aufregenden ersten Beschäftigung mit der Dogmatik wieder heraus und in die Schweiz, nämlich auf die Kanzel (›die eigentliche Arena des Reiches Gottes‹[169]) zurückzurufen – wie mir, ihn für meine Nachfolge in Göttingen zu gewinnen. Beides hat wohl so sein sollen«[170]. Noch mitten im Erwägen der Zürcher Anfrage tat sich für Barth plötzlich eine andere Türe auf. »Ende des Sommersemesters 1925, als ich eben meinen ersten dreisemestrigen Kurs über Dogmatik hinter mir hatte, erhielt ich die Nachricht, daß . . . die evang. theol. Fakultät Münster mich zum Professor für Dogmatik und neutestamentliche Exegese mit Erfolg vorgeschlagen habe. Wiederum hatte ich, nachdem mich eine gewisse Beengung meiner äußeren Stellung in Göttingen gelegentlich . . . gestört hat, keinen Grund, dem Ruf des Vertrauens nicht vertrauensvoll zu folgen.« Es handelte sich, genauer gesagt, um eine Berufung zum »persönlichen Ordinarius auf eine ›planmäßige außerordentliche Professur‹«[171].

Im August verbrachte Barth zunächst mit seiner Familie Ferien auf der Nordseeinsel Baltrum. Mit von der Partie war auch der alte Freund Wilhelm Loew mit seiner Frau und seinen Kindern, von denen eines Barths Patensohn war, und mit dabei ferner die Familie des neuen Freundes Karl Stoevesandt. Der Plan, die Ferien auch zusammen mit Rudolf Bultmann zu verbringen, wurde durch den Ratschlag von dessen Frau, »uns durch einen Kilometer Wasser zu trennen«, vereitelt[172]. Barths Familie hatte sich vor kurzem noch einmal vergrößert: durch einen weiteren Sohn, Hans Jakob, der am 6. April 1925 geboren wurde; der Göttinger Superintendent Carl Mirow, Albert Lempp und die Frau des früheren Safenwiler Nachbarkollegen Schild waren zu seinen Paten bestimmt worden. Jetzt in den Ferien hatte der Vater einmal richtig Zeit für seine Familie, die er sonst wegen seiner starken beruflichen Inanspruchnahme »nur wie durch eine Glasscheibe wimmeln und leben« sah[173].

Immerhin, es fehlte doch auch in der übrigen Zeit nie an Teilnahme an ihrem Ergehen und Treiben. Gelegentlich unternahm er mit seiner Frau Nelly Fahrradtouren in die Göttinger Umgebung oder ging mit ihr – so im Sommer 1923 – zu den Orchesterproben für die Händel-Festspiele, bei denen sie mitwirkte. Gelegentlich ging er auch mit seinen Kindern – er nannte sie einmal »K. B's sämtliche Werke« – ins Kino oder (noch lieber) in den Zirkus, wo »equilibristische Künste erstaunlichster Art . . . den Vater mehr als die Kinder interessierten«; ein andermal ging der Vater mit den Kindern in den Zoo, »wo uns der Anblick der ruhelosen Hyänen zu Lande, der ebenso rastlos beweglichen Seelöwen zu Wasser und zweier sich in Gegenwart eines Tapirs stoßenden Steinböcklein viel zu denken gab. Wahrscheinlich befinden wir uns (einschließlich des Wildgeruchs, der diese Geschöpflein umgibt) irgendwie in der Nähe dieser ganzen Welt, und wer weiß, ob wir nicht eines Tages seelenwandernd in einem solchen Käfig für allerlei Buße tun müssen, bevor wir zu Besserem zu gebrauchen sind« . . . [174] Den Vater ergötzte die »kühne Wendung« in einem »Brief von unserem Ältesten«, worin dieser seine Eltern höflich grüßte als »euer treu ist und bleibender Sohn Markus«[175]. Und richtig verblüfft war der Vater, als sein Sohn »Stöffeli . . . von sich aus einmal die Prädestinationslehre in ungemilderter calvinischer Fassung entdeckt und mir als seine Mutmaßung vorgetragen« hat[176]. Derselbe Sohn hat den Vater auch damit überrascht, daß er als »kleines Büblein . . . mich einmal frug: ›Weißt du, wer der Herr Hauptsache ist?‹ ›Nein, wer ist das?‹ ›Der liebe Gott‹«[177]. »So gewaltig«, wie in seiner eigenen Kindheit »die Älteren regierten«, meinte Barth jedenfalls seine Kinder nicht mehr erziehen zu können[178]. »Ich habe sie an sehr langer Leine erzogen – oder vielmehr kaum erzogen, sondern . . . werden und machen lassen. . . . Sie . . . haben mir immer ein großes Vertrauen entgegengebracht . . ., wie ich sie, als sie größer wurden, in ihren besonderen Wegen auch verstanden und, so gut ich konnte, begleitet habe. Es hat zwischen uns nie Spannungen und Szenen gegeben, wohl aber viel gemütlichen und auch für mich immer lehrreichen Austausch. Dabei sind sie jeder in seiner Art ein Eigengewächs. Und wenn eine Kritik meinerseits fällig war, so habe ich sie gewiß nie unterdrückt. Es ereignete sich aber Alles immer mehr auf dem Boden einer freien, männlichen Freundschaft.«[179]

Im September 1925 hielt Barth sich wieder auf dem »Bergli« auf, wo er diesmal mit Charlotte (»Lollo«) von Kirschbaum näher bekannt wurde, einer theologisch lebhaft interessierten Münchener Rotkreuzschwester, die zu den Kreisen um Georg Merz gehörte und von diesem in die Schweiz mitgebracht worden war. Die dortigen Tage schlossen mit Barths erstem Flug – von Zürich nach München – ab, bei dem er es genoß, »die Erde einmal mit so viel Abstand von oben sehen zu können«. Im Oktober hielt er bei der »Göttinger Herbstkonferenz« und noch einmal während einer »Theologischen Woche« in Elberfeld einen Vortrag über das gegenseitige Verhältnis von »Kirche und Theologie«. Darin reflektierte er vor allem das Problem der von der Theologie anzuerkennenden Autorität. Und darin sah er sich genötigt, ein »laufendes Feuergefecht« zu führen mit dem bislang so erwartungsvoll begleiteten Erik Peterson[180].

Münster i. W.

Und dann fand er sich, am 25. Oktober, in dem »Pfaffen- und Wiedertäufernest Münster« wieder – und zwar »als Junggeselle«, der bei einer Frau von Flottwell in der Warendorferstraße 23 zur Miete wohnte und der dort – unter dem »Riesenölgemälde« des »Kaisers mit dem Backenbart«, Wilhelms I. – alsbald mit seiner Arbeit begann[181]. Weil sich nämlich der Verkauf des Göttinger Hauses und der Kauf eines neuen Hauses in Münster in die Länge zogen, mußte er fürs erste allein in Münster hausen. So konnte er zunächst nur allein die neue Landschaft zur Kenntnis nehmen, in die er sich jetzt mit einemmal versetzt fand: »Die herrschende Bodenform dieses Landes ist die Fläche, außerhalb der Stadt von ›Chausseen‹ durchzogen, die jeweilen vom Standpunkt des Betrachters bis zum Horizont *eine* gerade Linie bilden ... Baumaterial ist (in Milliarden von Exemplaren in Erscheinung tretend) der rote Backstein ..., die dominierende Art der Gottesverehrung der Katholizismus, sichtbar in zahllosen Mönchen, Nonnen und Pfäfflein von allen Sorten.«[182]

In den nächsten Monaten sah Barth seine Familie nur besuchsweise: am ausführlichsten um den Jahreswechsel, an dem ihm vor allem ein gemeinsames Mozart-Musizieren mit seiner Frau und einer Urenkelin Hegels in der Silvesternacht gefiel. Anfang Januar 1926 fuhr er von dort – ab Berlin zusammen mit Bultmann – nach Danzig zu einem theologischen Fortbildungskurs für Pfarrer und Religionslehrer. Er legte vor diesem Kreis (im Anschluß an seine entsprechende Göttinger Vorlesung) Philipper 3 aus, während Bultmann »in feurigen Zungen über die paulinische und johanneische Eschatologie« redete[183]. Beide besahen sich in diesen Tagen auch miteinander »in Marienburg ... das gespenstische Schloß der alten Ordensritter«[184]. Barth wurde wieder freundlich vom Generalsuperintendenten Kalweit aufgenommen, »einem klugen, weitblickenden Mann, philosophisch und theologisch *sehr* auf der Höhe«[185]. Als er nach Münster zurückkehrte, mußte er dort weiterhin allein wohnen. Und er war immer noch allein, als im Februar bei ihm Thurneysen – wenig später auch Charlotte von Kirschbaum – zu einem ersten Besuch einkehrte. Erst am 4. März konnte er seine Familie nach

Münster holen, wo sie dann für die nächsten vier Jahre in der Himmelreichallee 43 lebte – in einem »eine wahre Backstein-Orgie« darstellenden Haus[186]. Barth betrachtete den Namen jener Straße als ebenso symbolisch wie dies, »daß mein ebenfalls (nach Erlangen) übergesiedelter Spezialfreund Althaus dort an der Hindenburgstraße zu wohnen« kam[187]. In anderer Weise zeichenhaft faßte er es auf, daß sich sein neues Domizil just zwischen einem Zoo und einem Friedhof befand.

Inzwischen hatte er bereits sein erstes Semester in Münster überstanden. Ein Höhepunkt in diesem Winter war seine letzte längere Begegnung mit dem bald 75jährigen Adolf von Harnack, der sich für einen Vortrag über »Die religionsgeschichtliche Bedeutung der Reformation« in Münster aufhielt. Als der greise Lehrer bei Barth eintrat, interessierte sich zu seiner Verwunderung sein früherer Schüler gerade für einen Johannes-Kommentar von Coccejus. Beide führten dann ein ausführliches Gespräch – über die Aufgabe einer evangelischen Dogmatik. »Und es ist mir sehr eindrücklich geblieben, daß er mir sagte: wenn er eine Dogmatik zu schreiben hätte, so würde sie den Titel: ›*Das Leben der Kinder Gottes*‹ tragen müssen (ich halte das für einen sehr bezeichnenden Ausdruck seines besondern christlichen Standpunktes!).« Harnack erkundigte sich – »jetzt ohne alle Polemik« – auch nach Barths eigenen Arbeiten. »Wenn ich alles zusammenfassen wollte, was er mir positiv gewesen ist, so müßte ich sagen: er hat mir eine lebendige Anschauung der Goethe-Zeit vermittelt. Er hat mir unverlöschlich eingeprägt, daß man die Humanität nicht vergessen darf – gerade wenn man (hier gingen seine und meine Wege auseinander) die Wurzel und das Wesen des Christentums und der Theologie nicht in der Humanität suchen möchte.«[188] »Harnack sprach offenbar für den Neuprotestantismus, dessen eigentlicher Glaubensgegenstand nicht Gott in seiner Offenbarung, sondern der an ein Göttliches glaubende Mensch selber gewesen ist. Unter der heiligen Schrift und in der Kirche denkend und redend, wird die Theologie diesem Menschen solche Würde und Bedeutung nicht zuerkennen können. Es braucht aber das Anliegen, das den Neuprotestantismus auf seinen sonderbaren Weg geführt hat, darum nicht unter den Tisch zu fallen. Im Rahmen der Lehre vom Heiligen Geist hat es seinen legitimen Ort«[189] – dort hat Barth denn auch später in seiner Dogmatik den von Harnack vorgeschlagenen Titel als Überschrift eines Paragraphen verwendet.

Barth trug in diesem ersten Münsteraner Semester – einstündig – den letzten Teil seiner (»Göttinger«) Dogmatik vor: die Eschatologie.

In ihr stellte er gleich zu Anfang fest: »Christliche Eschatologie ist sich, indem sie von der Grenze, vom Ende redet, grundsätzlich bewußt, Dinge zu sagen, die direkt, so wie sie sind, nur Gott sagen kann« – und also: »Nicht *das* Künftige, sondern *der* Künftige . . . ist ihr Gegenstand«. Ferner: »Die christliche Eschatologie interessiert sich für die letzten Dinge nicht um ihrer selbst willen . . . Umgekehrt: hier ist der Mensch *um der Offenbarung* willen vor das Geheimnis der Zukunft gestellt« – »weil die das Wort Gottes konstituierende Offenbarung an sich eschatologisch ist«! Nicht der Neugierde, sondern dem Wort Gottes dient sie. Und schließlich: »Christliche Eschatologie ist kein müßiges . . . Wissen«, sondern hat »den Charakter eines konkret an den Menschen sich richtenden Anspruchs auf Glauben und Gehorsam.«

Barths (vierstündige!) Hauptvorlesung war diesmal freilich eine exegetische. In ihr legte er das Johannesevangelium aus – nicht ohne dazu von Bultmann Beistand anzufordern[190]. Für die Methode, mit der er hier exegesierte, war es bezeichnend, daß er dabei seine »Weisheit hauptsächlich aus der – griechischen Konkordanz schöpfte«[191].

Bereits in der Einleitung erklärte er: »Nur dann hören wir (und erst recht: nur dann verstehen wir) das Evangelium, wenn wir . . . von der Wirklichkeit, in der es uns nicht sowohl gegenübersteht als gegenüber*tritt*, von vornherein *nicht* absehen . . . Kanonische Schrift heißt: . . . ein Wort, das sich von vornherein im Namen Gottes und also mit dem Anspruch, uns etwas grundsätzlich Neues zu sagen, an uns selbst richtet, ein Wort, das, noch ehe wir hören konnten, das Gespräch mit uns eröffnet hat.« Das schließe allerdings weder die Aufmerksamkeit auf die historische Problematik aus, in die jede biblische Schrift als *Menschen*wort unaufhebbar verwickelt ist, noch die Bemühung des Lesers um seine Bereitschaft, als noch nicht wissender Schüler zu hören.

Neu war, daß Barth in diesem Semester zum ersten Mal auch ein regelrechtes Seminar – über Calvins »Institutio« – durchführte. Dabei bestand »das Schönste wohl auch darin, daß ich mir selbst und den Studenten mit viel Stammeln und Händefuchteln« klar machte, »was Calvin zu verstehen eventuell heißen *würde*«[192]. Anhand des dort Erarbeiteten (und anhand seiner Vorlesung von 1922) verfaßte Barth dann einen Vortrag über Calvin, den er im Januar 1926 in Münster hielt. Ebenfalls auf Früheres griff er möglicherweise zurück, als er im Frühjahr westfälischen Pfarrern seine Sakramentslehre vortrug.

Er hatte also auch in Münster wieder viel zu tun. Und er trug doch immer noch nicht leicht an der Last, die ihm damit auferlegt war. »Daß die Leute so fleißig mittun und daß ich neuerdings sogar in das Gerücht von ›Gelehrsamkeit‹ gekommen sein soll, das ist rührend und ermunternd, ändert aber nichts daran, daß ich mich oft viele Wochen hintereinander mit Depressionen übelster Art, Fluchtplänen in ein schweizerisches Landpfarramt und dgl. herumschlagen muß. Es ist schrecklich, *wie* sehr wir uns überall in den Anfängen befinden.«[193] Und so verspürte Barth zuweilen »Lust, nicht nur ›abzureisen, abzureisen‹, sondern auch jenseits von Papst und Calvin und Schleiermacher einfach ›schweigen und schweigen‹ zu dürfen«[194]. Aber eben, das ging auch nicht. Und so mußte er denn unter der Last der Aufgaben seinen Weg weiter und weiter gehen. Zum Predigen kam er in der Zeit nur selten – und wenn, dann öfters auf der Kanzel des Diakonissenhauses in Münster. In der Hauptsache hatte er sich jetzt aber auf dem akademischen Feld zu betätigen und zu äußern.

Die an seinem neuen Ort vorgefundenen westfälischen Studenten empfand er im ganzen eher als »eine zähe Gesellschaft«. Um so mehr dominierte unter seinen Hörern die lebhaft sich zu Wort meldende »aus Göttingen mitgebrachte Stamm-Kohorte«[195]. Aber es haben sich dann auch hier von Semester zu Semester »immer aufs Neue so schöne und sogar herzliche Gemeinschaften gebildet«. Barth liebte den deutschen Studenten: »seine Offenheit, seine Lust am Fabulieren, seine Fähigkeit mitzugehen und, selber angeregt, auch den Professor aufs Höchste anzuregen«[196]. Die Kollegen an der relativ jungen (erst seit 1914 bestehenden) evangelisch-theologischen Fakultät, an deren Seite er jetzt wirkte, zeigten sich ihm »alle freundlicher als die Göttinger Beiß-Zangen« und »Giftspritzer«[197]. Und er fand es angenehm, daß sich weithin »das Leben in der Fakultät in der, wie es scheint, traditionellen Freundlichkeit und Friedlichkeit« vollzog[198]. Neben ihm lehrten damals hier die Alttestamentler Johannes Herrmann und Johannes Hänel und der Neutestamentler Otto Schmitz, der von der Basler Predigerschule her 1916 nach Münster gekommen war – gerade der letztere eine Persönlichkeit, »auf deren Wohlwollen man sich immer verlassen konnte«[199]. Senior im Kreis der Dozenten war der Kirchengeschichtler Georg Grützmacher, »der die Pfeife noch ununterbrochener im Munde« hielt als Barth[200]; – im selben Fach wirkte auch der reformierte Karl Bauer. Das Ordinariat für systematische Theologie hatte Georg Wehrung inne, der, bedrängt durch die Nähe Barths, aber bald von hier wegstrebte. Nach seinem Weggang von Münster rückte Barth an seine Stelle, während Barths Platz mit dem aus Bern gebürtigen, getreuen Wilhelm Herrmann-Schüler Friedrich Wilhelm Schmidt besetzt wurde (nachdem Barth dafür vergeblich Wilhelm Loew vorgeschlagen und nachdem Werner Elert den Ruf abgeschlagen hatte). Auf das Sommersemester 1926 kam der Pfarrer von St. Lorenz in Nürnberg (der spätere Bischof von Oldenburg) Wilhelm Stählin, ein Führer der liturgischen Bewegung von Berneuchen, auf den Lehrstuhl für Praktische Theologie.

So sehr Barth mit diesen Professoren in einem gut kollegialen Verkehr stand, theologisch wirklich anregend wirkten hier in Münster jedoch weniger sie auf ihn als vielmehr Kollegen von der älteren und größeren katholisch-theologischen Fakultät. Denn hier »kam ich natürlich auch in Umgang mit den römisch-katholischen Theologieprofessoren. Ich besuchte gelegentlich den römisch-katholischen Gottesdienst und lernte dort den sehr soliden westfälischen Katholizismus kennen«[201]. Und eben »meine Begegnung und Bekanntschaft« mit dieser Form von Katholizismus »ist mir dort besonders wichtig geworden«[202]. An der katholischen Fakultät lehrten damals z. B. Franz Diekamp, ein »moderner Thomist«[203], mit dessen »Katholischer Dogmatik« sich Barth später öfters in seiner »Kirchlichen Dogmatik« auseinandersetzte, dann der Moraltheologe Joseph Mausbach, der Neutestamentler Max Meinertz, sowie der Missionswissenschaftler Joseph Schmidlin. Zu einer besonders verständnisvollen Beziehung kam es speziell zwischen Barth und dem etwa gleichaltrigen Privatdozenten Bernhard Rosenmöller, später in Breslau im philosophischen Fach tätig. In so manchen Gesprächen gerade mit diesem Mann gewann Barth die Überzeugung, daß in der römischen Kirche, »bei fundamentalen Irrtümern, die Substanz irgendwie besser erhalten ist als bei uns und darum die Gespräche irgendwie ganz anders klassisch werden, als es unter uns möglich und üblich ist«[204].

Als Barth für sein zweites Semester in Münster im Sommer 1926 eine Vorlesung über die »Geschichte der protestantischen Theologie seit Schleiermacher« ankündigte, hatte er das Gefühl, jetzt »wirklich etwas ganz Anderes gegenüber allen früheren Pensen« in Angriff zu nehmen[205]. Die Vorlesung bewies, daß Barth jedenfalls doch nicht so »geschichts«-feindlich dachte, wie es ihm Kritiker seines »Römerbriefes« vorgehalten hatten – im Gegenteil, er erwog gelegentlich, »ob ich mich nicht in einem zweiten Leben ebenso gänzlich der von mir heimlich sehr geliebten Historie zuwenden würde«[206]. Die Wahl gerade dieses Themas bewies aber auch, daß es Barth offensichtlich daran lag, sich gegenüber der Epoche, von der er sich in seiner Theologie kritisch abzuwenden suchte, explizit Rechenschaft zu geben. Und nun war es freilich verblüffend, mit welcher sorgfältigen Aufmerksamkeit er sich diesem Gegenüber zuwandte – nämlich mit der erklärten Absicht, »von allen in möglichster Sanftmut und Mitbetrübnis zu reden; wenn die Vorlesung gelingt, so muß sie die Form einer ›Visite‹ des Chefarztes in einem Spital haben, ... aber auch dieses Gleichnis ist wohl noch zu übermütig«[207]. Jedenfalls bemühte er sich darum, »daß neben der Bedenklichkeit des Ganzen bei jedem auch ein gutes Haar bzw. die dem Ganzen verheißene Sündenvergebung irgendwie sichtbar« wurde[208].

Barth stellte die »Geschichte« des 19. Jahrhunderts dar, indem er eine Reihe typischer Theologen dieser Zeit vorführte. Die zwei vielleicht entscheidenden Teilstücke dieser Vorlesung, das über Schleiermacher und das über Ludwig Feuerbach, ließ Barth dann 1927 in »Zwischen den Zeiten« separat drucken. Die Theologie des einen sah er dort als den Versuch an, »Religion, Offenbarung, Gottesverhältnis als ein Prädikat des *Menschen* verständlich« zu machen. Und die Anti-Theologie des anderen verstand er dort als das Unternehmen eines »helläugigen Spions«, »das esoterische Geheimnis« der damaligen Theologie auszuplaudern: »›Die Theologie ist längst zur Anthropologie geworden.‹«[209]. Gerade den Feuerbach-Artikel faßte er auch als eine indirekte, kritische Anfrage an Gogarten auf – nämlich an sein (nach Barths Dafürhalten) allzu volles, »lutherisches« Reden von der *Mensch*werdung und vom Glauben (des *Menschen*!).

Im Sommer 1926 veranstaltete Barth auch wieder ein Seminar: nun über die Schrift »Cur deus homo?«* des Anselm von Canterbury, der ihm gleich bei dieser ersten intensiven Begegnung gründlich zu denken gab – »›irgendwie‹ hat er sicher recht«[210]. Im Mai legte Barth zudem in zwei Bibelstunden in der DCSV-Gruppe – unter dem Titel »Christliches Leben« – Röm. 12,1 f. aus.

Mitten in diesem Semester unternahm er mit seiner Frau und 16 Studenten (vom 28. Mai bis 3. Juni) eine ungemein denkwürdige Reise nach Holland. Er erlebte in diesem jetzt erstmals betretenen Land »sieben äußerst gute und bewegte Tage«. Er entdeckte hier eine ganz eigenständige Form von Reformiertentum und überhaupt einen sehr eigenen Menschenschlag: »irgendetwas von jener Seeluft, die mir in Bremen und Danzig so wohl gefällt und die im deutschen Binnenland (um von Basel nicht zu reden!) so heilsam wirken könnte«. Die Menschen eine »sehr glückliche Mischung deutscher und westlicher Art, in der man sich sofort zu Hause fand« – ausgestattet mit einer »köstlichen Sprache, wo man statt ›Prinzip‹ so viel gemütlicher ›beginsel‹ sagt«! Und unter den Christen herrscht »gottlob Calvinismus, natürlich mit allerhand Ramponierung, aber doch unverkennbar Calvinismus mit dem Problem der Ethik statt dem der ›Heilsgewißheit‹. Keine Kniehosen, keine geistlichen Spiele, keine liturgischen Velleitäten, alles ein bißchen trocken und gravitätisch, auch bei den Jungen, aber durchaus in Bewegung, genau so wie die Staalmeesters und die Nachtwache von Rembrandt, vor denen wir . . . lange, lange gesessen und gestaunt haben«.

Insbesondere fand Barth hier nun auch eine erstaunliche Aufmerksamkeit für sein theologisches Anliegen und »einen fast gefrä-

* Warum Gott Mensch wurde?

ßigen Drang weiterzukommen«. Begrüßt und begleitet von Theodorus Lambertus Haitjema, dem »wichtigsten Vertreter unserer ›Belange‹ in Nordholland«, der eben ein Buch über Barths »Kritische Theologie« veröffentlicht hatte, hielt er sich zunächst in Groningen auf. Hier wiederholte er seine Danziger Vorlesungen über Phil. 3, hier predigte er auch und bestand eine öffentliche Disputation. Den »gegnerischen« Religionsgeschichtler van der Leeuw bekam er leider nur kurz zu Gesicht. Dann reiste er weiter in die »wirklich strahlende Stadt« Amsterdam, die ihm »ganz den wäßrigen Aspekt von Venedig« bot. In einem kleinen Kreis lernte er hier führende Gestalten der holländischen Reformierten kennen und schätzen – wie Johan Eijkman, Nico Stufkens, Jan Pieter van Bruggen, Dirk Tromp und (als gewichtigen Opponenten) den angesehenen Prediger und Gelehrten Arnoldus Hendrik de Hartog, »in Lehre und Person an Kutter erinnernd«, »eine respektable dynamische Person: Mystiker . . ., der keinen Augenblick zuhört, wenn ein Anderer redet, aber gewaltig zeugen kann« – und schließlich Oepke Noordmans, der »die andern an Selbständigkeit und Kaliber überragte«. Am Schluß dieser Reise hielt Barth vor großem Publikum – an dem von Reinhold Seeberg präsidierten »Kontinentalen Kongreß für Innere Mission« – einen Vortrag über das Verhältnis von »Kirche und Kultur«[211]. Wie er selbst kenntlich machte, wollte er darin das der Sache nach ja schon in Tambach verhandelte Thema »heute nach 7 Jahren . . . etwas anders anfassen«. Eigentümlich war, wie Barth hier diese beiden Größen und wie er ihr Verhältnis zueinander begründet sehen wollte »nur in dem entscheidenden Geschehen des Gesprochen- und Vernommenwerdens des göttlichen Wortes«. Von da aus konnte er einerseits sagen: »Kulturarbeit . . . *kann* gleichnisfähig . . ., kann Widerschein sein vom Licht des ewigen Logos, der Fleisch wurde.« Und andererseits: die Kirche »hofft auf Gott *für* den Menschen, aber nicht *auf* den Menschen, auch nicht auf den frommen Menschen, auch nicht etwa darauf, daß der Mensch mit *Hilfe Gottes* jenen Turm [zu Babel] schließlich doch noch bauen und vollenden werde«[212].

Beim Antritt zum folgenden Wintersemester war Barth immer noch gezeichnet und behindert durch einen schweren Reitunfall, den er sich Ende August auf dem Bergli zugezogen hatte. Befund: »Prellung der rechten Schulter durch Absturz und Quetschung des linken Oberschenkels durch Hufschlag . . . Als ich fallend, purzelnd, vollends endlich im Grase zur Ruhe kam und kein Glied mehr rühren konnte, sah ich auf einige Schritte Entfernung einen Leitungsmasten, an dem die Sache ein anderes Ende hätte nehmen können«[213]. Im Herbst 1926 machte sich Barth nun ein zweites Mal an die Aufgabe, einen geschlossenen Kursus über Dogmatik zu lesen. Nachdem er seinen ersten (Göttinger) Kurs noch nicht für publikationsreif gehalten hatte, beabsichtigte er diesmal, das Vorgetragene anschließend drucken zu lassen; und so zeigte er 'in den nächsten drei Semestern hintereinander an: Prolegomena, Dogmatik I und II. Als er diesen neuen Kurs fast fertig hatte, erlitt er übrigens noch einmal einen Unfall: indem er »in der Dunkelheit das Kunststück fertig brachte, von einer der wenigen Erderhebungen in Münster, die von weitem an die Möglichkeit von Bergen erinnern«, derart »abzustürzen«, daß sein Bein eingegipst werden und die Vorlesung eine Zeitlang ausfallen mußte[214].

Parallel zu den dogmatischen Vorlesungen liefen wenigstens im Winter 1926/27 und im Sommer 1927 auch wieder solche über exegetische Themen: zunächst (in letzter Gestalt) eine über den »Philipperbrief«, die dann noch im gleichen Jahr in den Druck ging.

Hinsichtlich der Art seiner Auslegung machte Barth dabei darauf aufmerksam, »daß ich selber – bei gleich gebliebener Absicht – mich auf das seinerzeit beim Römerbrief durchgeführte Verfahren nicht festlege, sondern am Suchen bin«. Im sachlichen war es erneut ein starker »reformatorischer« Klang, der hier laut wurde – etwa so: »Vom Menschen aus gesehen, ist der Glaube in seinem entscheidenden Akt das Scheitern und die Einsicht in die schlechthinige Notwendigkeit des Scheiterns jedes Versuches des eigenen Könnens und Wollens . . . Sieht der Mensch jenes Andere: daß er als Verlorener gerecht ist, . . . dann sieht er sich selbst . . . von Gott aus.« Aber diese »Gerechtigkeit . . . wird nicht pychologischer Inhalt, sie bleibt in Gottes Hand«[215].

Im Sommer 1927 folgte eine Auslegung des Kolosserbriefes, bei deren Vorbereitung Barth u. a. auch einen katholischen Kommentar, nämlich von Robert Grosche, mit Gewinn benutzen konnte[216]. In den Seminaren saß er in dieser Zeit zuerst »über Schleiermachers Glaubenslehre gebeugt, um das Geheimnis der Bosheit in diesen wirklich denk-würdigen Runen zu ermitteln«[217] – danach (zwei Semester lang) über der »Erklärung des Galaterbriefs an Hand der Kommentare Luthers und Calvins«. Merkwürdigerweise hatte gleichzeitig auch Bultmann in Marburg, unabhängig von Barth, seinem Seminar dasselbe Thema gestellt. Barth verwandte – wie später – schon damals viel Zeit auf die Präparation seiner Seminarsitzungen: »um jeden Augenblick gerade noch ein wenig mehr zu wissen als die Klügsten« unter den Studenten[218].

»Lehre vom Wort Gottes«

In der Hauptsache aber galt seine Kraft und sein Einsatz in dieser Zeit seinem zweiten Gang durch die Dogmatik. »So windelweich geschlagen und erledigt hat wohl noch selten einer Dogmatik zu lesen begonnen«[219]. »Tag und Nacht« saß er daran, »der Dogmatik ihre neue Gestalt zu geben« – und das in einer Intensität, »daß ich des Nachts träume ... von diesen rätselhaften drei Personen mit ihren ›hypostatischen Charakteren‹ ad intra et ad extra*, und was da alles genau zu erwägen und auseinanderzusetzen ist zwischen Monarchianismus und Subordinatianismus in der sichern nicänischen Linie mitten hindurch. Ich habe bei Gogarten bis jetzt vergeblich geblättert, ob er davon auch etwas weiß. Wahrscheinlich bin ich ja auch sonst der einzige Theologieprofessor (mit Ausnahme der Katholiken natürlich), der sich gerade *darüber* den Kopf zerbricht. Aber das muß nun so sein. Irgendwie bin ich nun eben auf *diese* Fährte gesetzt«[220]. Es handelte sich jetzt tatsächlich nicht um eine bloße Wiederholung jenes ersten Kurses, sondern – unter Beibehaltung der alten Disposition – um eine gänzliche Neufassung. Wie damals bei der zweiten Fassung des Römerbriefs, so blieb »auch hier fast kein Stein auf dem andern«[221]. Barth wunderte sich selber über die Nötigung, in der »mich ich weiß nicht welcher Dämon veranlaßt, jetzt alles immer zweimal durchzuschreiben«. Aber er meinte, es komme so doch »alles noch gestochener heraus«[222].

Gemeinsam mit dem »Römerbrief« hatte diese Dogmatik den »Protest gegen den (leider mit etlichen Ausnahmen gegen den ganzen!) modernen Protestantismus«[223]. Dieser »Protest« kam äußerlich auch durch die häufige Zitierung gerade solcher Theologen zum Ausdruck, die »nicht auf dem Heerweg der neuern Theologie gewandelt« waren: »Blumhardt d. Ä. und d. J., Is. Aug. Dorner, Sören Kierkegaard, Hermann Friedrich Kohlbrügge, Hermann Kutter, Julius Müller, Franz Overbeck, Aug. F. C. Vilmar«[224]. Anders als im »Römerbrief« und nur noch mehr als in der »Göttinger« Dogmatik mußte hier aber »nun vieles in Sicht kommen, was ich zuvor kühn übersehen hatte als der kleine Selfmade-man, der ich gewesen war«[225]: Probleme und Dimensionen des Denkens, die der älteren und alten Dogmatik noch gegenwärtig waren. Vor allem aber »hatte ich meinerseits insofern ein zweites Mal umzulernen, als ich bei der theoretisch-praktischen Diastase zwischen Gott und Mensch, bei der ich in der Zeit des ›Römerbriefs‹ eingesetzt hatte, ohne sie preiszugeben, doch nicht einfach stehen bleiben konnte ...

---

* Die Eigentümlichkeiten von Gott Vater, Sohn, Geist im Verhältnis zueinander und in deren Wirken nach außen.

Ich hatte Jesus Christus zu begreifen und vom Rand in die Mitte meines Denkens zu rücken. Indem ich die Subjektivität nicht für die Wahrheit halten kann, habe ich mich von Kierkegaard nach kurzer Berührung wieder entfernen müssen«[226].

Barth war in dieser Dogmatik indes erst auf dem Wege, über Kierkegaard hinaus zu kommen und Jesus Christus »in die Mitte« des Denkens zu rücken. Der entscheidende Begriff, an dem er sich orientierte, war hier – an der Stelle, an der er später »Jesus Christus« sagen würde – der des »Wortes Gottes«. Und so konnte er etwa sagen: »Die Beziehung von Gott und Mensch, von der die christliche Rede in ihrer reinen Form als kirchliche Verkündigung redet, sie ist *selbst* Wort. Sie wird es nicht erst dadurch, daß von Menschen von ihr geredet wird, sondern sie ist es ursprünglich.« Obwohl und indem Barth wie in Göttingen die »Dogmatik« weiterhin auf die Predigt bezog, wollte er sie jetzt grundsätzlicher verstehen als Besinnung eben »auf das in ihr [in der Predigt] verkündigte Wort Gottes«. Speziell die »Prolegomena« zur Dogmatik gestalteten sich dabei zu einem kritischen Gegenstück zur neuprotestantischen Dogmatik. Während diese in den Prolegomena allgemeine (religionsphilosophische, psychologische usw.) »Voraussetzungen« und Bedingungen des christlichen Glaubens zu behandeln pflegte, faßte er nun die Prolegomena strikt auf als »ein das Ganze illustrierender Ausschnitt aus den Legomena der Dogmatik selbst«, als Einleitung »in Form eines vorläufigen Sprungs in die Sache selbst hinein«[227] und damit als Demonstration, daß der christliche Glaube solche allgemeinen Voraussetzungen weder habe noch brauche. Und so verfaßte er die Prolegomena geradewegs als eine ausgeführte »Lehre vom Wort Gottes«.

In den Sommerferien 1927, die Barth (im August) mit seiner Familie in Nöschenrode im Harz verbrachte, machte er eben diese »Prolegomena« druckfertig: sein erstes direkt dogmatisches Buch! Charlotte von Kirschbaum, die diese Ferien miterlebte, half ihm dabei. Das Buch sollte nach seiner Absicht der erste Band einer ursprünglich auf mehrere Bände geplanten »Christlichen Dogmatik« sein. In dem dort im Harz verfaßten Vorwort setzte Barth sich (in stillem Gespräch besonders mit Georg Merz) mit dem Bedenken seiner eigenen »Anhänger« auseinander, daß bei ihm »dem Frühling der ›reformatorischen Botschaft‹, den sie vor sechs Jahren ein wenig laut feiern zu dürfen meinten, ein bedenklicher scholastischer Herbst allzu schnell gefolgt« sei. Er hielt dem entgegen: »Ich war und ich bin ein gewöhnlicher Theologe, dem nicht das Wort Gottes, sondern bestenfalls eine ›Lehre vom Wort Gottes‹ zur Verfügung steht, ... und mußte und muß daher den bösen Schein auf mich nehmen wie unvermeidlich jeder Theologe, als ob ich aus dem Worte Gottes ... ›eine Theologie mache‹. Wo ich mir doch überhaupt nicht bewußt bin, jemals etwas anderes als eben ... Theologie getrieben zu haben, während das Wort Gottes für sich selber redete, oder auch nicht redete«[228]. Jedenfalls hielt Barth die Zeit für reif, eine umfassende dogmatische Gesamtdarstellung vorzulegen –

und immerhin, »allerlei nicht unbrauchbare Vorarbeit lag ja vor«[229]. Er wußte jedoch auch um die Neuartigkeit seiner »Lehre«. Er vermutete daher, »daß diese Dogmatik wohl in ähnlicher Weise als Alleingänger ihren Weg wird antreten müssen wie vor acht Jahren meine Römerbrieferklärung auf dem Feld der modernen Bibelexegese«[230]. Mehr noch: er war sich auch über den Versuchscharakter seiner Dogmatik sehr im Klaren – darüber, »daß sie nicht der reife Ertrag einer Lebensarbeit, sondern der Versuch eines Anfängers auf diesem Gebiet ist«; ja, er war sogar der Meinung, »daß es wirkliche Dogmatik zurzeit überhaupt unter uns nicht gibt«[231]. Er nannte sein Werk darum betont »Dogmatik im Entwurf«. Und indem sich dieser Eindruck in der Zukunft noch erheblich verstärkte, kam es, daß er dem ersten Band seiner »Christlichen Dogmatik« keinen weiteren mehr folgen und also seine weitere Münsteraner Dogmatik-Vorlesung ungedruckt ließ.

Eben in Nöschenrode, wo Barth wieder einmal Thurneysen zu ausgiebigen Unterhaltungen sah und auch mit dem Prediger Walter Kröker in ein gedeihliches Gespräch kam, stellte sich ihm die Frage, die ihm für einige Monate schwer zu schaffen machen sollte. Er erhielt, nachdem aus einem Ruf nach Berlin nichts wurde, einen Ruf an die Universität Bern. Dieser Ruf versetzte ihn in ein seltsames, langes Zaudern, ob es tunlich sei, die »Rückfahrt vom hohen Meer in den engen Kanal« anzutreten oder »fernerhin in Westfalen meinen Kohl zu bauen«[232]. Eine Entscheidung begann sich erst abzuzeichnen, als auf einmal Berner Zeitungen heftig gegen ihn, gegen seinen angeblichen Pazifismus und überhaupt gegen seine mangelnde Staatstreue schrieben und als Ende Oktober die Berner Regierung sich mit der Berufung Barths zugleich das Recht ausbedingen wollte, nunmehr die nächsten in Bern frei werdenden Lehrstühle mit Liberalen zu besetzen. Als Barth daraufhin die Annahme des Rufs ultimativ von der Preisgabe jenes »Rechts« abhängig machte, zerschlug sich diese Berufung. Er begrüßte den Ausgang der Sache umso mehr, als er ja schon in seiner Jugendzeit die bernische Art nicht recht mochte. »Die Türe dort hätte schon erheblich weiter aufgehen müssen, wenn der Ruf für mich schließlich einen kategorischen Ruf hätte bedeuten sollen. Das war es, was ich mit dem so viel beanstandeten Ultimatum an die Berner Regierung provozieren wollte, was dann nicht geschehen ist und was mir schließlich die relative Freiheit gegeben hat, mich für den ferneren Aufenthalt in fremden Diensten zu entscheiden, in welchen sich ja schon verschiedene Schweizer älterer Zeiten besser an ihrem Ort gefühlt haben, als in der Heimat selbst.«[233] Anstelle Barths wurde dann der liberale Martin Werner gewählt: derselbe, der sich für diesen Posten mit einem groben Pamphlet gegen Barth empfohlen hatte; Barth hatte ihm dazu zu Weihnachten 1925 in scharfen Worten mitgeteilt, daß er ihn, solange er »sich in keiner Weise mehr fragend *neben* mich, sondern nur noch belehrend, bestrafend, bekämpfend *gegen* mich zu stellen weiß«, nicht als Gesprächspartner anerkennen könne: »sunt certi denique fines*«.

So blieb Barth an seinem deutschen »Ort«. Und er wurde hier von so vielen Seiten in Anspruch genommen, daß er es nur schon darum als das Richtigere ansehen mußte, in der Arbeit gerade an diesem Ort geblieben zu sein. Eben in dem Zeitraum, in dem er sich in seinem Kolleg mit seiner Dogmatik beschäftigte, entfaltete er aufs neue eine sehr rege Vortragstätigkeit. Im Frühjahr 1927 legte sich ihm zunächst eine neue Besinnung auf das alte, reformatorische Problem von »Glauben und Werken« nahe – bzw. auf das Problem der Beleuchtung und Erschließung der ethischen Frage von der Erkenntnis des Wortes Gottes her. Die Besinnung darauf schlug sich in zwei Vorträgen nieder, von denen der eine im ganzen mehr lutherisch, der andere mehr calvinisch wirkt: »Rechtfertigung und Heiligung« und »Das Halten der Gebote«.

Im ersten ging Barth davon aus, daß die christliche Predigt Verkündigung »der großen Taten Gottes« sei und »nicht Verkündigung der Taten und Werke« des Menschen. Demgemäß seien »Rechtfertigung und Heiligung« miteinander »die Vollstreckung der Gnade« am Menschen, es sei also nicht das eine ein Handeln Gottes, das andere ein Handeln des Menschen, sondern *beides* »ein Handeln Gottes am Menschen«. Und »also: *Gott* rechtfertigt und heiligt«. Wobei, gut lutherisch, die Rechtfertigung als die *Versöhnung* des Sünders, die Heiligung als die Versöhnung des *Sünders* erklärt wurde![234] In dem anderen Vortrag betonte Barth – entgegen dem Idealismus –, daß das christliche Ethos nicht in einem Wissen um eine allgemeine Wahrheit bestehe, sondern darin, »daß ich einem wirklich erhobenen und wirklich mich treffenden Anspruch gegenüber in der Entscheidung stehe« und zwar einem grundsätzlich konkreten Anspruch, »über dessen Inhalt wir keine Verfügung haben«[235]. Wozu Barth hinzufügte – einmal, daß man nur mit Gottes Verheißung zusammen sein Gebot hören könne, und sodann, daß wir, die wir Übertreter der Gebote sind, diese nur als gerechtfertigte Sünder, d. h. nur im Glauben halten könnten!

Vermutlich war es der erstere Vortrag, den Barth Anfang Januar 1927 an einem Ferienkurs – und vermutlich war es wieder derselbe, den er Ende Januar im Kreis seiner Bremer Freunde vortrug. Den zweiten hielt er am 9. März an der Aarauer Studentenkonferenz, die er damit wieder einmal besuchte. Wie gewöhnlich bei jedem Besuch in der Schweiz, versäumte er auch diesmal nicht, seine Mutter in Basel zu sehen, wo er zudem mit seinen Brüdern, seinen anderen

---

* Es gibt schließlich bestimmte Grenzen

Verwandten und den dortigen Freunden zusammenkam. Ein neuer, geschätzter Weggenosse wurde ihm seit diesem Basler Aufenthalt für einige Jahre der dortige Missionsdirektor Karl Hartenstein. Auch in Bruggen, bei Thurneysen, kehrte er ein – das letzte Mal, da der Freund eben im Begriff war, seine Pfarrstelle dem gleichnamigen Sohn Hermann Kutters zu überlassen und selber in das Pfarrhaus am Basler Münsterplatz umzusiedeln: »eine zum Zubringen des Lebensmittags und -abends vielleicht nicht immer erfreuliche, aber auf alle Fälle würdige und bedeutsame Stätte«[236]. Genau zwei Jahre später bekam Thurneysen zum Münster-Pfarramt hinzu auch einen Lehrauftrag für Praktische Theologie an der Basler Universität.

In der Zeit vom 29. März bis 2. April unternahm Barth seine zweite Holland-Reise. Dabei wiederholte er jene beiden Vorträge erst in Utrecht und dann in Leiden. Am letzteren Ort logierte er bei dem Kirchengeschichtler Albert Eekhof, »dessen Frau ich dadurch völlig überzeugte, daß ich ihr dreijähriges Kind die Stimme des Huhnes etc. hören ließ«. Er war in Leiden, wie er merkte, in die Hochburg des holländischen Liberalismus geraten, fand aber doch im »Calvinismus« eine »Verständigungsbasis« für das Gespräch mit den dortigen Theologen[237]. Ein weiteres Mal wurde der Vortrag »Rechtfertigung und Heiligung« zu Gehör gebracht, als Barth am 20.–21. April anläßlich einer Pfarrer-Konferenz in Rudolstadt »mit den dortigen Gnesiolutheranern« zusammentraf, mit denen er sich in ein für ihn überraschend gutes Einvernehmen zu setzen vermochte. Anschließend verbrachte er zwei Tage in Dorndorf an der Saale, der neuen Pfarrstelle Gogartens, von wo aus dieser sich als Privatdozent in Jena direkt am akademischen Betrieb beteiligen konnte. Die Beiden saßen sich in langen Diskussionen »freundlich«, aber in gegenseitigem »Kopfschütteln« gegenüber, und Barth fand: »Es bleibt nichts übrig, als daß wir uns machen lassen und die Mitwelt nicht merken lassen, wie fragwürdig das Bindestrichlein Barth-Gogarten in Wahrheit ist. Magdalene von Tiling«, eine geistige Freundin Gogartens, wurde bei dieser Gelegenheit »auch mir als *die* Frau und als *die* Lutheranerin bekannt gemacht«[238]. Noch einmal den gleichen Vortrag hielt Barth dann am 9./10. Juni während einer Ostseetagung der CSV in Putbus auf Rügen. Hier an der Ostsee kam es zu einer weniger erquicklichen Begegnung und Diskussion, ja zu einem ungeahnt heftigen »Zusammenprall mit den Furchepietisten . . ., unter denen ich zwei Tage gehaust habe wie ein Wilder«[239].

Im Gegenüber zum Katholizismus

Einen Monat später, am 11. Juli, hielt Barth vor der Hochschulgruppe der Zentrumspartei in Münster einen neuen Vortrag: über den »Begriff der Kirche«. Das Thema »Kirche« lag damals überhaupt in der Luft. 1926 war das vielgelesene Buch »Das Jahrhundert der Kirche« von Otto Dibelius erschienen, das nach Barth freilich »ohne Übertreibung ein nichtswürdiges Buch« zu nennen war[240]. Sein eigenes Interesse an diesem Thema war speziell durch das katholische Gegenüber in Münster hervorgerufen worden. Darum fand er es naheliegend, einmal gerade hier gerade dieses Thema explizit zu erörtern. Und er tat es kühn und munter in klarer, fast schroffer Konfrontation mit der katholischen Lehre. »Sich ernstnehmen, kann gerade zwischen solchen, die im Letzten, die in Christus nicht einig sind . . ., nicht etwa bedeuten: sich menschlich freundlich begegnen . . . – so gewiß wir das alles auch tun wollen – sondern: die ganze Last des Gegensatzes . . . beiderseits wieder einmal auf sich nehmen« und den Anderen sehen »in seiner unheimlichen Abgewendetheit von dem, was uns selbst zentralste und unerschütterlichste christliche Wahrheit ist, und uns dabei klar machen, daß er seinerseits genau in derselben Weise über uns erschrocken ist –. . . dieses Rätsel wieder einmal zu sich reden lassen, um dann als besserer . . ., nachdenklicherer Katholik oder Protestant, sehnsüchtiger nach dem Frieden in Christus, den wir jetzt nicht kennen, ausschauend, vom Platze zu gehen«[241]. Den Trennungspunkt sah Barth hier vor allem in dem katholischen Versuch, Gottes Gnade – statt sie über einen selbst verfügen zu lassen – seinerseits in Verfügung zu nehmen. Diesen Versuch, auf den die Nachbarkirche sich in der Ablehnung der reformatorischen Erkenntnis festgelegt habe, verstand er als den einen, freilich fundamentalen Irrtum des Katholizismus.

Anfang Oktober – nach jenen Ferien im Harz – unternahm Barth dann einen »Besuch in der Welt der deutschen Burschenschaften auf der von einem unverwüstlichen Idealisten in aller Pracht des echtesten Mittelalters hergerichteten Burg Lauenstein in Thüringen«. Dort hatte er (am 8. Oktober) »in einem richtigen Rittersaal« über »Die Theologie und der moderne Mensch« zu reden. Dabei führte er aus, die gefährlichen Möglichkeiten des »modernen Menschen« gegenüber der in der »Theologie« bedachten schlechterdings überlegenen, konkret-verbindlichen und kritischen Wahrheit lägen darin, diese entweder direkt abzulehnen (so der Atheismus) oder (schlimmer) zu »verharmlosen« (so der Liberalismus) oder (noch schlimmer) sich ihrer zu »bemächtigen« (so der Katholizismus). Im Anschluß an den Vortrag wanderte er mit Charlotte von Kirschbaum, mit der er schon im Frühjahr Bamberg besucht und bewundert hatte, durch den oberfränkischen »Gottesgarten«. – Noch vorher, am 2. Oktober, hatte er in Duisburg-Meiderich an einem »Jünglingsvereinsfest« gleich zweimal gepredigt – »in einer von jenen unerhörten Gemeinden, wo die ganze Gemeinde aus verkappten Theologen besteht« und alle scharf darüber wachen, »ob auch ja dem Menschen nichts zugesprochen und die Gnade allein gerühmt werde«; gerade darum betonte Barth aber hier die Notwendigkeit auch der Heiligung. Am 19. Oktober befand er sich wieder in dieser Gegend: für einen Vortrag während der zweiten Theologischen Woche des Reformierten Bundes in Elberfeld – in einem »jener bekannten christlichen Konferenzräume mit Harmonium und allem Zubehör, bis zum Sinken überladen mit Pfarrern, aber auch mit scharf geladenen Laien«. Man hatte ihm das Thema gestellt »Das Wort in der Theologie von Schleiermacher bis Ritschl« – »natürlich mit der Aufgabe, den bösen Schl[eiermacher] totzumachen«. »Ich beschäftigte mich aber nur kurz [mit ihm], um so mehr und liebevoller aber mit dem Nachweis, daß die Erweckungstheologen und die Biblizisten . . . mit eben jenem Schl[eiermacher] . . . unter einer Decke gesteckt hätten . . . und daß die erfreulichsten Ereignisse jener Periode seien: Feuerbach, Strauß und – Kohlbrügge . . . Nachher gabs natürlich ein großes Wehgeschrei aller Geschädigten, das aber von Anfang an machtlos war, weil der gute Goeters, als Fachmann angerufen, nicht anders konnte als gestehen, daß sich jedenfalls historisch alles so verhielte wie ›mein Herr Kollege gesagt hat‹«[242].

Im folgenden November und Dezember hielt Barth in Düsseldorf geradezu eine Serie von fünf Vorträgen über »Gottes Offenbarung nach der Lehre der christlichen Kirche« – eine geraffte, vereinfachte Wiedergabe seiner wesentlichen Erkenntnisse in der Münsteraner Dogmatik.

Natürlich schied für ihn hier die neuprotestantische Interpretation der Offenbarung Gottes als »Selbstoffenbarung des Menschen« aus. Aber interessant war, wie er sich dann ausgiebig mit der These (und d. h.: implizit mit seiner eigenen früheren Position) auseinandersetzte, wonach Gott in der Offenbarung derart nur von sich rede, daß der Mensch nicht von ihm reden könne. Barths neuer Ansatz: »*Gott* ist zu mir gekommen. Damit ist der Wahn vorbei . . ., als habe ich davon zu reden, wie ich zu mir selbst gekommen bin. Gott ist zu mir *gekommen*. Und damit ist auch der Wahn vorbei und nur noch ein Wahn, als ob von Gottes Offenbarung nur Gott selbst reden wolle. Indem *Gott* zu *mir gekommen* ist . . ., kann und darf ich von seiner Offenbarung darum reden, weil ich es *muß*.«

Im Frühjahr 1928 verfaßte er einen weiteren Vortrag, der dem kontroverstheologischen Vortrag vom Vorjahr über den »Begriff der Kirche« eigentümlich dialektisch-kritisch korrespondierte: »Der römische Katholizismus als Frage an die protestantische Kirche«.

Der »Katholizismus« wurde hier zwar auch durchaus kritisch gesehen – aber zugleich in einer solchen imposanten Geschlossenheit und Konsequenz, daß Barth daraus folgerte, ihm vermöchte nur ein strengstens auf seine eigene evangelische Sache konzentrierter »Protestantismus« standzuhalten – und so ein Protestantismus, der gereinigt ist von dem, was gerade an Fragwürdigem aus dem »Katholizismus« in ihm eingedrungen ist. Die von dort her »an die protestantische Kirche« gestellte Frage bestand für ihn darum eben darin, »ob und inwiefern sie *Kirche* – und zwar »*protestantische* Kirche ist«[243]. Am Exempel eines »unserer maßgeblichsten Theologen«, Karl Heim, wies er nach, »wie dünn und gefährdet unsere Linie doch nachgerade geworden sei, wie selbstverständlich das typisch neuprotestantische Argumentieren, von dem ich überzeugt bin, daß es den katholischen Positionen gegenüber unmöglich ist, weil dabei teils zuviel Notwendiges preisgegeben wird, was wir mit den Römischen gemeinsam behaupten müssen, teils zuviel Römisches stillschweigend übernommen wird, wodurch dann der Gegensatz zu einem zufälligen wird«[244].

Barth hielt den Vortrag Mitte März in Bremen, wo er in dem Philosophen Hinrich Knittermeyer und in dem alttestamentlich interessierten Pfarrer Karl Refer verheißungsvolle Gesprächspartner fand – dann in Osnabrück, am Ort des seit 1922 mit ihm befreundeten Pfarrers Richard Karwehl, eines Schwagers von Merz. Und schließlich wiederholte er den Vortrag Mitte April an der Niederrheinischen Predigerkonferenz in Düsseldorf. Dort hat insbesondere eine kurze polemische Bemerkung über Bismarck »einen kleinen Sturm der Entrüstung hervorgerufen, als ob ich hier, hier (›Das sind deine Götter Israel!‹) *das* Heiligtum angegriffen hätte«[245].

Die Auseinandersetzung mit Heim sollte freilich keine Absage an diesen ehemaligen Münsteraner und jetzigen Tübinger Theologen bedeuten, wie Barth ihm im Juni 1928 in einem Offenen Brief ausdrücklich versicherte. Und ihre Differenz hat sie ja auch nicht verhindert, von 1927 an gemeinsam im Chr. Kaiser Verlag eine Reihe theologischer Studien herauszugeben: »Forschungen zur Geschichte und Lehre des Protestantismus«. Der dritte Mitherausgeber war der Erlanger Dogmatiker Paul Althaus, von dem Barth bei einem Besuch in Münster im September 1927 nun doch einen etwas anderen Eindruck bekommen hatte als bei dem literarischen Disput im Jahr 1922: ein »offener und ehrlicher Mann, mit dem ich mich gerne und gut unterhielt, ein Gegner, der zum Vermittler geworden ist, wie es solche wohl auch geben muß!«[246] Auch späterhin gab es – bei allem wieder schärfer werdenden Gegensatz – zwischen ihnen »mehr unterirdische, auf der Ebene von ›Forschung und Lehre‹

nicht so leicht zu kennzeichnende Querverbindungen und Sympathien hin und her«[247]. Unter den Verfassern der ersten Bände jener neuen Buchreihe fanden sich eine stattliche Zahl von jüngeren Theologen, die Barth sachlich nahe standen: etwa »mein sehr tüchtiger Schüler Otto Fricke«, nachmals Pfarrer in Frankfurt[248], oder die Schwaben Hermann Diem und Paul Schempp oder auch seine Doktoranden Wilhelm Niesel und Eduard Ellwein. Von 1939 an wurde jene Reihe nur noch von dem einen Ernst Wolf herausgegeben.

Vom Mai bis zum September 1928 weilte Barths Frau mit den drei Jüngsten der Familie in der Schweiz. Während ihrer Abwesenheit führte seine Mutter den Haushalt in Münster. Anna Barth hatte bisher zehn Jahre lang dem Haushalt ihres Jüngsten, Heinrich, vorgestanden, war aber nun aufgrund von dessen Verbindung mit der Basler Verleger-Tochter Gertrud Helbing von dieser Aufgabe frei geworden. Sie zog dann im August für die restlichen zehn Jahre ihres Lebens wieder zurück nach Bern.

Im Semester dieses Sommers setzte sich Karl Barth in seinem Seminar mit Albrecht Ritschl auseinander, dessen Theologie ihm bei näherer Betrachtung als ein »lederner Geheimratspositivismus« erschien. Es laufe bei ihm alles darauf hinaus, »daß er in seinem ›Selbstgefühl‹ . . . sich nicht stören lassen« wolle – darauf, daß er »schließlich doch nur mit Aufwand von viel wirklichem Scharfsinn und Wissen eine Apologie seiner selbst« und seiner »Bürgerlichkeit« liefere[249]. Das Seminar zählte diesmal 63 Mitglieder – »unter denen ich offenbar hause wie ein Türke«[250]. Barth war jetzt überhaupt in den Ruf eines strengen Professors gekommen. Er verlangte eine sorgfältige Vorbereitung für die Seminare. Und er war insbesondere in Prüfungen gefürchtet, da er in der »Dogmatik« genaue Kenntnisse – z. B. über die Reformation und sogar über die altprotestantische Orthodoxie – erwartete. Umgekehrt meinte aber auch er selbst von seinen Studenten ständig »sehr außer Atem« gehalten zu sein. Vor allem bedrängten ihn die aus Marburg hergezogenen Bultmann-Schüler, »unter denen der Urenkel des alten Hase und die muntere Gretel Herrmann mit dem Bubikopf« hervortraten[251]. Unter den übrigen Studenten schätzte er etwa die angehenden Studienrätinnen Elisabeth Schulz und Anna Maria Rohwedder, bei denen er später bei Besuchen in Hamburg zu logieren pflegte – oder Wilhelm Wedekind, »der Inbegriff eines verhaltenen, bis zur Feierlichkeit respektvollen Hannoveraners«[252] – oder, unter der wachsenden Zahl von Ausländern, den Zürcher Erwin Sutz. Weiter traten unter seinen Hörern jetzt u. a. besonders Edmund Schlink, Christine Bourbeck und Heinz Kloppenburg hervor. Nach der Erinnerung des letzteren war »das Entscheidende jener Studentenjahre . . ., daß Karl Barth in seinen Schülern eine Art theologischen Instinktes erweckte, von dem es Abirrungen gab, der aber, ganz abgesehen von allem Einzelwissen, den Pfarrer und Theologen immer wieder auf die Fährte brachte«[253].

Ein exegetisches Kolleg hatte Barth im Sommer 1928 nicht angesetzt, dafür im nächsten Winter – nämlich eine »Neuauflage« seiner Göttinger Jakobus-Vorlesung: die erste, die zu seinem Vergnügen sein dreizehnjähriger Sohn Markus »weit hinter den Studenten auf einer leeren Bank« mitanhörte[254]. Im übrigen widmete er sich in diesem Sommer und Winter in seiner akademischen Tätigkeit dem näheren Überdenken zunächst des einen Themenkreises, den er in den Vorträgen des Jahres 1927 angefaßt hatte: dem des ethischen Problems. Er las nun – »eine Fahrt durch lauter Klippen«[255] – zwei Semester lang »Ethik«. Und diese »Fahrt« war um so spannender, als einerseits bisher von verschiedenen Seiten das Fehlen »einer« Ethik bei Barth bemängelt worden war (so zuletzt im April 1928 auch von seinen eigenen Brüdern in einem vehementen Gespräch in Basel) – während andererseits Barth zu der Zeit bei seinen Gefährten Bultmann und Gogarten (angesichts ihres zentralen Redens von der »Entscheidung«) eine Auflösung der Dogmatik »gänzlich in die Ethik« zu befürchten begann[256]. So war Beides bedeutsam: *daß* er überhaupt, aber auch *wie* im einzelnen er die »Ethik« anfaßte.

Barth setzte in seiner Ethik mit einer ausführlichen Abgrenzung gegen die breite Tradition ein, laut der sich die Dogmatik mit Gottes Tun, die Ethik hingegen mit dem Menschen und seinem Tun befasse. Die Theologie ist nach ihm demgegenüber vielmehr in *jeder* ihrer Disziplinen »Darstellung der Wirklichkeit des sich an den Menschen richtenden Wortes Gottes«. Und also: »Es geht auch in der Ethik um die Besinnung auf das Wort Gottes« – gewiß »speziell um die Besinnung darauf, daß dieses Wort Gottes . . . den Menschen . . . in Anspruch nimmt«. Aber ihr Gegenstand ist »nicht das vom Menschen in Anspruch genommene, sondern das den Menschen in Anspruch nehmende Wort Gottes«. Von da aus war für Barth aber bereits auch die Antwort auf die ethische Frage: Was ist gut? entschieden: »Der Mensch handelt gut, sofern er als *Hörer* des Wortes Gottes handelt, und der Gehorsam ist das Gute. Also kommt das Gute aus dem Hören und also aus dem göttlichen Sprechen.« Demgemäß forderte Barth dann auch im Blick auf den Gang und die Gliederung einer christlichen Ethik eine spezifische Angemessenheit »an das *christliche* Verständnis der Güte menschlichen Handelns«. Und demgemäß gliederte er selber seine »Ethik« trinitarisch – dergestalt, daß nacheinander vom Gebot des Schöpfers (als dem Gebot des Lebens), vom Gebot des Versöhners (als dem des Gesetzes) und vom Gebot des Erlösers (als dem der Verheißung) gehandelt wurde. Als Merkwürdigkeit stach vor allem der mittlere Teil heraus, in dem Gottes Gebot seine besondere Gestalt durch die Blickrichtung auf den im »Widerspruch zu Gott«

lebenden, sündigen Menschen bekam und daher näherbestimmt wurde als das Gebot »des göttlichen Widerspruchs, das doch nur denen widerfährt, die Gott liebhat«. Bei der weiteren Darstellung der drei Formen des göttlichen Gebotes fragte Barth jeweils 1. nach der *Erkenntnis* des Gebotes (im Beruf, in der Autorität, im Gewissen), 2. nach dem *Inhalt* des Gebotes (entsprechend der alten Lehre vom dreifachen »Gebrauch des Gesetzes«: Ordnung, Demut, Dankbarkeit) und 3. nach der *Erfüllung* des Gebotes (im Glauben, in der Liebe, in der Hoffnung)[257].

Das andere große Thema, das Barth seit den Vorträgen von 1927 wichtig war: das des »Katholizismus«, verfolgte er gespannt weiter »bei Anlaß der Thomaslektüre« (Summa theologica, Buch I) in seinem Seminar während des Winters 1928/29. Sie war ihm »nach allen Seiten unheimlich belehrend, aber eben unheimlich, weil der Mann mit einer Akribie zu Werke gegangen ist«, die für Barth alle Einwände aufs höchste erschwerte. »Er hat alles, alles auch gewußt, wenn man das Eine abzieht, daß er nicht gewußt hat, daß der Mensch ein Schächer ist.«[258] Das durch Thomas von Aquin nur weiter erhöhte Interesse am Problem des Katholizismus bewegte Barth dazu, den in München lebenden Jesuiten Erich Przywara (1889–1972), der sich soeben durch eine »Religionsphilosophie« einen Namen gemacht hatte, zu einer Debatte in sein Seminar einzuladen. – Bevor er in Münster eintraf, konnte Barth noch allerlei andere dort als Gastredner auftauchende Zeitgenossen auch persönlich bei sich begrüßen. So Richard Siebeck, so Paul Tillich und Hermann Kutter. So – im November – auch Albert Schweitzer. »Ich teilte ihm freundlich mit, [was er wolle] das sei ›saftige Werkgerechtigkeit‹, und er sei ein Mensch des 18. Jahrhunderts, und im übrigen unterhielten und verständigten wir uns dann sehr gut. Es hat keinen Sinn, mit ihm zanken zu wollen. Er sieht auch sich selber relativ, wie alles und alle, und daß man mitleidig sein soll, ist ja sicher wahr und auch für uns immer wieder zu bedenken.«[259]

Der unbestreitbare Höhepunkt in dieser Kette von Besuchen war für Barth aber Anfang Februar eben der von Przywara. Nach einem Vortrag über die Kirche hat er »in meinem Seminar nochmals zwei Stunden brilliert . . ., hat mich endlich noch zwei Abende lang hier ›überströmt‹, wie nach seiner Lehre der liebe Gott, wenigstens innerhalb der katholischen Kirche, die Menschen nur so überströmt mit Gnade, so daß die Formel ›Gott in-über Mensch von Gott her‹ das Stenogramm seiner Existenz und zugleich die Auflösung aller protestantischen und modernistischen . . . Dummheiten und Verkrampfungen im Frieden der analogia entis* bedeutet«[260]. Barth gestaltete jene Seminarsitzung »zu einer Art Symbol«: für die

---

* Die Lehre von einer seinsmäßig gegebenen Ähnlichkeit zwischen Gott und Mensch

Aussprache hatte er »zwei Sessel hinter das Katheder gestellt« und wies eingangs darauf hin, »daß seit Jahrhunderten wieder der evangelische und katholische Theologe ›an einem Tisch‹ säßen zu streng sachlich dynamischem ›Gespräch‹, bei dem es nicht um billige Kompromisse ginge, sondern um letzte Klarheit über die entgegenstehenden Standpunkte«[261]. Barth hatte in seinem Partner »ein kleines Männlein mit großem Kopf« neben sich, »das auf alles, aber auch alles, was man ihm sagt, alsbald eine immer irgendwie gescheite und die Sache in irgendeiner Weise treffende Antwort wohldisponiert vorzutragen weiß, dem man zusieht wie einem Eichhorn, das sich von Wipfel zu Wipfel schwingt, immer das Tridentinum, das Vatikanum hinter sich, Augustin auswendig und inwendig . . ., immer die Kirche, die Kirche, die Kirche, aber eben wirklich die um den festen Pol des immer manifester werdenden Dogmas herum höchst lebendig und mannigfaltig sich bewegende Kirche, deren sichtbare Einheit er selber zu bilden scheint . . ., aber auch in der Bibel notorisch zu Hause, ausgerechnet Paulus sein bevorzugter Apostel, endlich aber seiner eigenen Fragwürdigkeit wohl bewußt . . ., sein letztes Diskussionsvotum im Seminar schließend mit dem schönen Credo: Wir Menschen sind alle Schlingel«[262]. In vieler Hinsicht gab dieser Mann Barth zu denken und zu fragen.

Merklich unter dem Eindruck der Thomas-Lektüre und dieser Begegnung standen eine Reihe von Gast-Vorträgen, die er unter dem Titel »Schicksal und Idee in der Theologie« im Februar und März im Hochschulinstitut zu Dortmund hielt. Es ging hier im Grunde um das Verhältnis von Theologie und Philosophie, und zwar so, daß dargestellt wurde: wie die christliche Theologie die zwei Grundformen menschlichen Denkens, »Realismus« und »Idealismus«, wohl auch gebrauchen müsse, ohne daß es ihr jedoch erlaubt sei, in jenem »Doppelaspekt der Wirklichkeit stecken zu bleiben, konkret gesagt: Gott im Schicksal oder Gott in der Idee zu suchen und zu finden«; denn die Theologie wisse um die Aufhebung dieses Doppelaspektes – »nicht in einer letzten von uns zu vollziehenden Synthese, wohl aber in der sich uns offenbarenden Wirklichkeit Gottes selber«[263]. Gerade in dieser Zeit wandte sich eine – ihn aus seinen Schriften kennende – ledige Mutter mit der Bitte um Rat an Barth, für deren dann im Herbst in Dortmund geborenen Sohn er gern die Patenschaft übernahm; es handelte sich bei dem Sohn um den später bekannt gewordenen Schriftsteller Peter Rühmkorf.

Nach Beendigung des Wintersemesters und dieser Vorträge ließ Barth für einige Monate Münster hinter sich. Als Anerkennung für die Ablehnung des Berner Rufes hatte er nämlich ein Freisemester zugebilligt bekommen. Er verbrachte es in der Schweiz, wo er von

Mitte April bis Ende September sein Standquartier wieder auf dem »Bergli« hatte. Als er dort eintraf, war er aufs neue entzückt von diesem Ort: »Schon brechen auf dem ganzen Bergli die Knospen auf, schon stehen Blümlein auf allen Tischen, schon springen die Zwillinge gänzlich unbekleidet im Sonnenschein durch die Matten, schon findet das Mittagessen in jener erinnerungsschweren und aussichtsreichen Ecke hinter dem Häuslein statt, und alle Anzeichen weisen darauf hin, daß es besser und immer besser wird, besser beinahe, als es nach unserer Lehre in diesem Erdental grundsätzlich vorgesehen ist.«[264] Barth füllte seine Zeit jetzt vorwiegend mit theologischen Studien: vor allem mit der intensiven Lektüre von Augustin, aber auch von Luther. Daneben gab er – einmal nicht unter Zeitdruck – einem (wenig vorher schon in Emden gehaltenen) Vortrag über die »Lehre von den Sakramenten« eine neue, solidere Fassung. Er erklärte darin, daß der Predigt als »dem Zeugnis der christlichen *Rede*« vom Wort Gottes im Sakrament »das Zeugnis des *Ereignisses*« desselben Wortes zur Seite trete und treten müsse. Das Besondere des letzteren Zeugnisses bestehe darin, daß es »sich nicht wie das, was uns gesagt ist, umkehren läßt in etwas, was wir uns selbst gesagt haben«[265]. Die Neufassung trug Barth Anfang Juni im Chor der französischen Kirche in Bern und Anfang Juli in Pratteln vor. Am 8. Juli stellte er sich in Zürich einer Diskussion mit den Liberalen, an der auch Emil Brunner und Oskar Pfister teilnahmen. Tags darauf debattierte er auf dem Bergli mit den Zürcher Theologiestudenten über den Begriff der »Offenbarung«.

Bei seinem Forschen und Arbeiten ging ihm in diesem Sommer Charlotte von Kirschbaum zur Hand. Die am 25. Juni 1899 geborene Tochter eines – im Ersten Weltkrieg gefallenen – bayrischen Generals war ihm ja nun schon einige Jahre bekannt. Sie war ausgebildete Rotkreuzschwester. Durch Pestalozzis Unterstützung hatte sie dann eine Soziale Frauenschule in München besuchen können, in der sie für Sekretärinnenarbeit aufs beste geschult wurde. Sie hatte auch eine sogen. Begabtenprüfung bestanden, für die sie eine Arbeit zu liefern hatte, die freilich heimlich Karl Barth als ihr »ghostwriter« verfaßt hatte. Jetzt in diesem Sommer half sie ihm, durch fleißiges Exzerpieren seinen »Zeddelkasten« zu ergänzen. Und im Oktober zog sie dann mit ihm nach Münster, um ihm nunmehr für Jahrzehnte als seine ihm »in jedem Sinn unentbehrlich zur Seite stehende getreue Mitarbeiterin« behilflich zu sein[266]. Sie hat sich sehr bald »in die theoretischen und praktischen Probleme der Theologie und der Kirche in täglicher Berührung eingelebt, hat dabei nicht nur die lebendigste Teilnahme an diesem Gebiet, sondern auch eine bemerkenswerte Auffassungsgabe und Intelligenz und eine unermüdliche Arbeitskraft an den Tag gelegt, ohne deren Mitwirkung (die sich besonders auch auf die Ordnung und zum Teil auch auf die Führung meiner Korrespondenz erstreckte) ich nur einen Bruchteil der . . . Arbeit hätte leisten können«[267]. Es herrschte bei dem allem zwischen Barth und ihr ein tiefes gegenseitiges Vertrauen und Verstehen. Ja, er hatte an ihr eine Gehilfin gefunden, die den langen Atem hatte, ihm auf seinem eigentümlichen, weiten Weg zu folgen, die ihn dabei nicht nur begleitete, sondern auch in ihrer Weise bestimmte – eine Frau, die ihm in seinem Suchen und Vorwärtsschreiten, in seinen Begegnungen und Auseinandersetzungen, aber auch in seinen Ruhepausen, in seiner Erholung von der Arbeit zur hilfreichen Partnerin und Vertrauten wurde.

Ihre Bereitschaft, dergestalt ihren Weg gemeinsam mit Karl Barth zu gehen, war für sie selbst freilich ein Wagnis: sie begab sich in eine äußerst ungeschützte Stellung. An der Tatsache der Anwesenheit »Lollos« in Barths Leben und dann eben auch in Barths Hause nahmen in der Tat viele Anstoß, selbst gute Freunde, nicht zuletzt seine Mutter. Keine Frage, die innere Nähe, in die sie zu ihm kam, bedeutete besonders für Barths Ehefrau Nelly ein hartes Verzichtenmüssen! Sie mußte jetzt zurücktreten. Sie ließ ihren Mann darum aber nicht los. Auch sie versuchte, auf ihre Weise ihm auf seinem weiteren Weg zu folgen. Und jedenfalls wäre sein Leben, sein strenges Schaffen im Studierzimmer und der Empfang so vieler Gäste in seinem Haus nicht denkbar gewesen, wenn sie nicht weiterhin im Hintergrund ihre Aufgaben als Frau und Mutter wahrgenommen hätte. Dessen waren sich Barth und »Lollo« wohl bewußt. Das Zusammenleben der drei gestaltete sich indes reichlich schwierig. Barth selber zögerte nicht, die Verantwortung und Schuld für die eingetretene Situation auf sich zu nehmen. Aber es gab an ihr, wie er meinte, nichts zu ändern. Sie mußte von allen dreien akzeptiert und ertragen werden. Ihnen war damit eine Last auferlegt, an der sie unsäglich schwer gelitten haben. Es kam dadurch zwischen ihnen auch direkt zu Spannungen, die ihnen bis ins Innerste zu schaffen machten. Die Absicht, diesen etwas aus dem Wege zu gehen, war einer der Gründe, weshalb Barth und Charlotte von Kirschbaum künftig während der Semesterferien regelmäßig ins »Bergli« umsiedelten. Man muß sich also vor Augen halten, daß in den so ereignisreichen folgenden Jahrzehnten die drei fortwährend *auch* um ein würdiges Aushalten und Ertragen dieser Last und dieser Spannungen zu ringen hatten. Wobei man nicht vergessen darf, daß auch die Kinder Barths, jedes in seiner Weise, unter der Bürde jener Schwierigkeit im elterlichen Haus standen und litten. Immerhin hatte Barth in all den Jahren nahe Freunde, die ihm gerade im Blick auf diese wunde und verwundbare Stelle seines Lebens die Treue hielten.

Zusammen mit »Lollo« und den Pestalozzis unternahm er in jenem Sommer (vom 8. bis 26. Juni) auch eine touristische Exkursion nach Italien – »eine reine Lustreise, eine Reise um des Reisens willen, eine grundsätzliche und gründliche Unterbrechung der teleologischen Bestimmtheit unserer sonstigen Lebenstage . . . In Macerata (unfern von Loreto) gesellte sich übrigens plötzlich ein fünfter Passagier zu uns: kein Geringerer als der hl. Ambrosius in 5 Foliobänden, dessen ich auf dem dortigen Straßenmarkt ansichtig geworden war und den Ruedis überlegene Geschäftsgewandtheit mir mit 25 % Rabatt zu erhandeln wußte. Er nahm fortan im hinteren Teil des Wagens seinen festen und öfters etwas störenden Ort ein, so daß man von Lollo sagen kann, daß sie inmitten von mindestens zwei Kirchenvätern in Rom eingezogen ist«. Eben Rom und dort vor allem der Vatikan interessierte Barth am meisten. »Wir haben St. Peter als Erstes in Rom aufgesucht und nachher im Bewußtsein, es gerade hier mit dem Lebendigsten in dieser merkwürdigen Stadt zu tun zu haben, immer wieder aufgesucht . . . Wir haben die berühmte Kuppel erklommen und den ganzen Aufwand von Geist und Materie sehr genau betrachtet und bedacht, der von da aus zu sehen ist. Wir haben im Dom . . . den Einzug und Auszug Pius XI. anläßlich [einer] . . . Seligsprechung inmitten seiner Kardinäle, Monsignoren, Kammerherren und Garden und umgeben von dem Klatschen, Tücherwinken und Evvivarufen des römischen und fremden Volkes aus nächster Nähe miterlebt. Es war uns doch zuviel Absicht und menschlich imponierendes Gelingen in jenem steinernen Wunderwerk und zu viel feierliche Komik in jenem spanisch altertümlichen Aufmarsch, als daß wir uns irgendwie an Christus, seine Propheten und Apostel, irgendwie an letzte Dinge hätten gemahnt fühlen können.« Angesichts des auf der Reise immer wieder auftauchenden tief blauen Meeres fand sich Barth gänzlich darin bestätigt, »daß Blau *die* eigentliche Farbe und zwar speziell die eigentlich theologische Farbe ist, der gegenüber das protestantische Schwarz sowohl wie das päpstliche Violett irgendwie Verirrungen oder doch Vorläufigkeiten sind«[268].

Eigentlich erst seit dieser Reise begann er »in etwas größerem Maßstab etwas von der Welt oder doch von Europa« in Augenschein zu nehmen. »Bis 1928 war meine persönliche Bekanntschaft auf die Schweiz, auf größere Teile von Deutschland und auf Holland beschränkt. Erst 1929 sah ich Italien« – und von da an bald auch eine Reihe anderer Länder. »Ich weiß heute nicht mehr, wie es kam, daß ich vorher meinte, in meinem Studierzimmer und in dessen nächster Umgebung so viel zu lernen und zu tun zu haben, um nach der Ferne keinen Drang zu empfinden. Es mußte wohl so sein. Jedenfalls weiß ich heute auch das nicht mehr: wie ich sein könnte, ohne daß alle jene fernen Orte, ihre Geschichte und ihre Gegenwart und ihre Menschen mehr oder weniger deutlich zu mir gesprochen haben.«[269] Es war wiederum auch das zu einem gewissen Teil »Ruedi« Pestalozzi – und seinem »treuen Chrysler« – zu verdanken[270], daß Barth in diesen Jahren räumlich beweglicher wurde.

Wie in den früheren und in den folgenden Jahren zog während dieses Sommers seine Anwesenheit auf dem Bergli alsbald den Besuch von allerlei schweizerischen und deutschen Freunden nach sich. Besonders denkwürdig gestaltete sich Ende Mai an dieser Stätte eine Begegnung mit dem alten Kutter, zwei Jahre vor dessen Tod. Sie offenbarte zu beiderseitigem schmerzlichen Bedauern, wie weit sie sich inzwischen doch voneinander entfernt hatten. Barth scheute sich nicht, Kutter »in aller Offenheit zu sagen, was ich von seiner alles und nichts sagenden Gottesrede nachgerade halte. Aber o, aber o, was war die Antwort? Mindestens im Umfang von drei Kinderlehren, die immer erneute Versicherung, daß Jesus, Jeremia und Paulus eben dasselbe und nur das getan hätten, was er, Kutter, daß alle meine Bemühungen um Dogmatik und Ethik etc. zwar als Spiel erlaubt, aber doch eigentlich unwichtig und unerwünscht seien, weil es ›heute‹ . . . in Übereinstimmung mit der Apostelzeit darauf ankomme, ›einfach von *Gott* zu reden . . . Da half weder Festigkeit noch Freundlichkeit – seine Fluten gingen einfach über uns, wie in seinen besten Tagen, nicht ohne allerhand Geistvolles und Gutes . . ., aber im Ganzen und nach außen doch einfach die bekannte Anwendung von Kol. 2,14 f. auf sich selber, ein einziger Triumph«[271].

Und dann ging »dieser schöne Sommer« zu Ende[272] und Barth kehrte nach Münster zurück. Bald nach seiner Rückkehr fuhr er nach Berlin, um wegen einer eingetroffenen Berufung an die Universität Bonn zu verhandeln, die anzunehmen er durchaus gewillt war. Er besprach sich dort mit den künftigen Kollegen Karl Ludwig Schmidt und Gustav Hölscher, traf sich aber auch »in einem urchigen Berliner Weinkeller« mit dem Freund Dehn und mit der Sozialfürsorgerin Gertrud Staewen – einer in der Folgezeit auch Barth sehr nahestehenden Mitstreiterin (deren Schwester mit dem Juristen Gustav Heinemann verheiratet war)[273]. Eine Frucht jenes »schönen Sommers«, Ausdruck der da getriebenen Studien und zugleich Dokument der Auseinandersetzung mit Przywara auf der einen, mit den übrigen »Dialektischen Theologen« auf der anderen Seite, war ein umfangreicher Vortrag, den Barth am 9. Oktober einer weiteren Theologischen Woche in Elberfeld zu Gehör brachte: »Der heilige Geist und das christliche Leben«.

Ausgehend von der These: »Der heilige Geist ist Gott der Herr in der ganzen Offenbarung«, stellte er diesen Geist dar in seiner Beteiligung an allen Werken der »Trinität«, ja selbst »als Schöpfer«, »Versöhner« und »Erlöser«. Indem er die gänzliche Unterschiedenheit von Gottes Geist und Menschengeist betonte, lehnte er – damals besonders auffallend – die Ineinssetzung der sogen. »Schöpfungsordnungen« mit dem Wort Gottes des Schöpfers ab. Und indem er die subjektive Verwirklichung der Offenbarung – nicht als ein Menschenwerk, sondern als die Tat eben des Geistes Gottes begriff, verstand er ihn als »die alleinige Wirklichkeit« der Gottebenbildlichkeit, als den Streiter »gegen die Gnadenfeindschaft« des Menschen und als den Schöpfer der Gotteskindschaft jenseits der Existenz. Der Vortrag war – unter laufender Berufung auf Luther – als eine Auseinandersetzung mit Augustin gestaltet: »dem klassischen Repräsentanten der katholischen, aber auch im Protestantismus heimlich oder offen das Feld beherrschenden Anschauung von einer vom Menschen aus als bestehend vorauszusetzenden Kontinuität zwischen Gott und Mensch, die den Menschen immer zu seinem eigenen Schöpfer und Versöhner zu machen droht«. Weil die auch vom Menschen her bestehende Verbindung zwischen Gott und Mensch im Heiligen Geist und nur in ihm, also nur als Geschenk Gottes, »Ereignis« ist, darum »gibt es« diese nicht – abgesehen von jenem Ereignis: weder vorher als Veranlagung dafür noch nachher als Produkt einer »Eingießung«[274].

Neben Karl Barth redete dort in Elberfeld auch sein Bruder Heinrich – über den »Geistgedanken im deutschen Idealismus«. Karl begleitete den Bruder, der nun in Basel eine außerordentliche Professur für Philosophie innehatte, gerade in dieser Zeit »mit großem Respekt vor der eigentümlichen Höhe und Weite des Blickfeldes, . . . mit besonderer Freude über die unverkennbare Nähe seiner und unserer Problematik, freilich nicht ohne Sorge angesichts der gewissen Isolierung, in der man ihn seinen steilen Weg gehen sieht«[275]. Er meinte sogar, an Heinrich sei »doch einfach ein Pfarrer . . . verloren gegangen«[276]. Und doch begann von jetzt an das Verhältnis zu Heinrich – in anderer Weise auch das zu Peter und seinem theologischen »Biedermeiertum« – gespannt zu werden. Und Karl seufzte fortan gelegentlich darüber, bei seinen Brüdern in »Abgründe von Brüderkomplexen« zu schauen[277].

Die Situation am Ende der Zwanziger Jahre

Ende Oktober nahm er sein letztes Semester in Münster in Angriff. Er war jetzt doch sehr viel mehr als in Göttingen in der deutschen Situation verwurzelt und beheimatet, zumal er als preußischer Beamter neben der schweizerischen – Anfang 1926 – auch die deutsche Staatsbürgerschaft bekommen hatte. »Ich war . . . Doppel-

bürger geworden, so daß ich . . . gelegentlich mitsingen konnte:
›Deutschland, Deutschland über alles . . .‹«[278]. Darum fehlte es ihm
gerade jetzt gewiß nicht an aufmerksamer Wahrnehmung der Vorgänge in der wieder aufs neue bewegten politischen Szenerie. »Ich
begleitete die Bemühungen der wenigen besonnenen Männer, der
kleinen gutwilligen Kreise, die die ›Weimarer Republik‹ und ihre
Verfassung ernst nahmen, eine deutsche soziale Demokratie aufbauen und dem Lande einen angemessenen Raum inmitten der ihm
zunächst noch mißtrauisch genug gegenüberstehenden Umwelt in
loyaler Weise sichern wollten. Ich sah und hörte aber auch die
damaligen sogenannten ›Deutsch-Nationalen‹ – in meinem Erinne-
rungsbild die unerfreulichsten aller Kreaturen Gottes, die mir je
begegnet sind –, die nichts gelernt und nichts vergessen hatten, die
jeden, aber auch jeden Versuch, auf jener Basis das Bestmögliche
zu erreichen, torpedierten und damit und mit ihren Hetzreden zur
Füllung der Schalen des Zornes, die sich dann in den zwei folgenden
Jahrzehnten über die deutsche Nation ergossen, wohl den wichtigsten Beitrag geliefert haben.«[279] »[Insbesondere] fand ich die Profes-
sorenschaft, wie ich sie gesellschaftlich, in Sprechzimmern, Senats-
sitzungen und anderswo kennen lernte, mit wenigen Ausnahmen
durchaus . . . gegenüber der armen Weimarer Republik – weit entfernt davon, daß man ihr auch nur eine faire Chance gegeben hätte –
in der Haltung, die ich . . . nur mit dem Wort Sabotage bezeichnen
kann . . . Sie hat die Vorstellung, daß das Jahr 1919 eine Befreiung
Deutschlands bedeutet haben könnte, mit . . . Hohn behandelt . . .
Sie hat mit ihrer . . . mit der größten Selbstverständlichkeit vertretenen Geschichtsphilosophie die Hitlerei so kräftig vorbereitet, als es
in ihrem Bereich nur geschehen konnte. Soll ich . . . Szenen beschreiben, die ich damals staunend miterlebt habe? Etwa . . . von
dem Konflikt zwischen dem Münsterer Senat und der Berliner
Regierung wegen drei unförmlichen Kaiserbildern, von denen die
Universität nicht lassen wollte? Oder davon, wie dort [im Herbst
1929] der Fliegerhauptmann Hermann Göring in den heiligen Hal-
len der Universität empfangen wurde und uns eine zweistündige
Brandrede zur Langemarck-Feier halten durfte?«[280] »Gründlich ge-
irrt habe ich mich damals, in dem bereits aufsteigenden Nationalsozialismus, der mir in seinen Ideen und Methoden, in seinen führenden Gestalten von Anfang an nur eben absurd vorkam, keine
Gefahr zu erkennen.«[281]

Und so dachte Barth später »oft, daß ich die Deutschen . . . ganz
anders hätte warnen sollen vor den unheilvollen Wegen, auf die sie
sich ja gerade in den Jahren 1920–1930 unaufhaltsam begeben
haben«[282].

Aufgeschlossen beachtete Barth in diesem Zeitraum aber auch, was sich auf dem Feld des Kulturellen gerade in Deutschland abspielte. Speziell »von der schönen Literatur jener Jahrzehnte – sie zeichnete sich aber weithin dadurch aus, daß sie gerade nicht mehr ›schön‹, sondern nur noch ein ehrlicher Spiegel der aufgerissenen Situation sein wollte – nahm ich mit, was mir in Mußestunden und Ferienzeiten über den Weg kam. Es waren die Bücher, die nachher von den Barbaren als ›zersetzend‹, als ›Asphaltliteratur‹ verfemt und zum Teil verbrannt wurden«[283].

Aus viel größerer Nähe und viel beteiligter sah Barth natürlich die Haltung, in der sich damals – gegen Ende des Jahrzehnts immer unübersehbarer – die deutsche evangelische Kirche, der er ja als Theologe besonders verbunden war, gab und darstellte. In ihr »konnte mir nie so richtig wohl werden. Aus zwei Gründen nicht: sie hatte, jedenfalls in ihren führenden Organen und Kreisen, eine unverkennbare Schlagseite nach der schwarzweißroten Reaktion hin. Und sie entwickelte, dem Staat gegenüber zum erstenmal auf eigene Füße gestellt, ein merkwürdig pompöses Selbstbewußtsein, dem der Gehalt und Tiefgang ihrer Verkündigung nun doch nicht zu entsprechen schien. Schon gab es da und dort ›Bischöfe‹, solche, die Bischöfe liebhatten, und solche, die selbst gern Bischöfe werden wollten. Und schon sahen etliche an einem, der Arglist der Zeit spottend, violett gewordenen Himmel den Stern eines ganzen ›Jahrhunderts der Kirche‹ am Horizont emporsteigen. Beide Tendenzen konnte ich nicht als der Sache der Kirche dienlich ansehen und habe mich dagegen gestemmt, so gut ich konnte«[284]. Am spektakulärsten geschah das in einem um die Jahreswende 1929/30 hingeworfenen Aufsätzlein »Quousque tandem . . .?«*, in dem Barth – »in den Stil und Geist unserer schönen aargauischen Jugendtage« zurückfallend – eben jenes »pompöse Selbstbewußtsein« mit »letztem Ingrimm« als catilinarische »Verschwörung gegen die Substanz der evangelischen Kirche« angriff: die satte Kirche rede »mit allem ihrem ›Jesus Christus‹ in den Wind, an der wirklichen Not der wirklichen Menschen vorbei . . ., wie sie am Worte Gottes vorbeigehört« habe[285].

In seltsamem Gegenüber zu jenem satten »Selbstbewußtsein« machte gegen Ende des Jahrzehnts freilich auch eine nun geradezu methodisch gegen Sicherheiten zu Felde ziehende »kritische« Schule wenigstens in Theologenkreisen von sich reden. »Es waren besonders die Jahre 1928–29, [in denen] der Name Grisebach . . . in der Mitte der theologischen Diskussion stand. Wer jedenfalls als . . . systematisch interessierter Theologe mitreden wollte, hatte sich wohl oder übel mit der unter jenem Namen mit Vehemenz in den

* »Wie lange noch . . .?«

theologischen Bereich hineingetragenen ›kritischen Philosophie‹ auseinanderzusetzen, durch deren Thesen er sich als solcher in globo ›in Frage gestellt‹ finden sollte. Spitzengespräche gingen hin und her und fanden . . . literarische Gestalt. Alle geweckteren Studenten horchten auf. Der Kern einer neuen theologischen Schule schien sich zu bilden . . . Denkt man an jene Jahre zurück, so möchte man Alles, was gleichzeitig und seither – etwa unter der Fahne ›konsequente Eschatologie‹ oder ›Entmythologisierung des Neuen Testamentes‹ – über uns gekommen ist, als (durch die Radikalität jener ›Kritik‹ weit übertroffen) wahres Kinderspiel empfinden. Damals konnte man das große Gruseln lernen und dann wohl auch verlernen. Nach jenen Jahren ist es um diese ›kritische Philosophie‹ in der Theologie . . . merkwürdig rasch still geworden.«[286]

1929 setzte sich Barth auch mit dieser Richtung auseinander – in einer Rezension zu dem Lutherbuch von Hans-Michael Müller (dem Sohn von Johannes Müller), einem der Schule Gogartens entlaufenen Theologen. Er bemerkte ihm gegenüber: »Ich würde deutlicher zu machen suchen, als es bei Müller geschieht, daß ich nicht etwa dasselbe meine, wenn ich ›Anfechtung‹ und wenn ich ›Jesus Christus‹ sage.«[287] Könne zwar der Mensch nicht über Gott »verfügen«, so könne doch Gott über sich verfügen – und also Fleisch werden und so ein Faktum schaffen, das der Theologe mit seinem Prinzip des In-Frage-Stellens nicht weiter in Frage stellen dürfe, weil seine Theologie sonst gegenstandslos würde.

Es zeigte sich schon in diesem ersten Jahrzehnt seiner amtlichen theologischen Wirksamkeit, daß Barth in einer in dem Sinn fruchtbaren Weise Theologie trieb, daß er in vielfältiger Weise die theologische Diskussion anregte und mannigfache Stellungnahmen und Widersprüche provozierte. Ja, es hatte sich nun längst um sein Schrifttum so etwas wie eine kleine und dann mehr und mehr an Umfang anschwellende Bibliothek von Schriften »über Karl Barth« zu bilden begonnen: von Rezensionen und Gegenartikeln, von kommentierenden, gutheißenden und auch ablehnenden, von wissenschaftlichen und populären Aufsätzen, Broschüren und ganzen Büchern, deren Verfasser den verschiedensten Richtungen und Schulen, Altersgruppen und auch Konfessionen angehörten. Längst konnte Barth den Widerhall aus dem ferneren Ausland vernehmen, kamen Reaktionen »aus dem fernen Iowa in Nordamerika« und zeigte es sich, daß »auch die Chinesen schon nicht mehr ganz ahnungslos von uns« waren[288]. Und bereits erschienen die ersten – englische und dänische – Übersetzungen seiner Schriften. Anfang der zwanziger Jahre hatte einmal »mein Lehrer Harnack . . . (für mich niederschmetternd genug) von mir gesagt: der Kollege Barth dürfte wohl mehr als ein Objekt denn als ein Subjekt wissenschaftlicher Theologie zu würdigen sein«. Jedenfalls wurde er jetzt *auch* solch ein »Objekt«, und also wahrhaftig schon in den zwanziger Jahren konnte »ich mich nicht beklagen, als ein im Verborgenen blühendes Veilchen existieren zu müssen, sondern es scheint tatsächlich etwas zu sein an dem einst von mir gebrauchten Bild von dem Mann, dem es im dunkeln Turm ohne sein Zutun widerfahren ist, das Seil der großen Glocke in die Hand zu bekommen, die entsprechende Wirkung hervorzurufen und die entsprechende Aufmerksamkeit auf sich zu ziehen«[289].

Sofern Barth allerdings auch *»Subjekt«* theologischer Wissenschaft war und blieb, verstand er sein theologisches Arbeiten in dieser Zeit allererst als ein Suchen und Unterwegssein nach einer tragfähigen »Position«. Und dabei sah er sich nun mehr und mehr außerstande, sich den herrschenden theologischen Richtungen in den zwanziger Jahren anzuschließen. »In der Theologie . . . sah ich die Lage durch drei wichtige Faktoren bestimmt: einmal dadurch, daß die Vorherrschaft der am Anfang des Jahrhunderts modern gewesenen ›liberalen‹... Richtung zwar schon ziemlich problematisiert, aber noch keineswegs gebrochen war. Sodann durch eine in verschiedenen Varianten versuchte Rückkehr zu Luther, speziell zum sogenannten ›Jungen Luther‹, die später freilich mühelos in einen neuen lutherischen Konfessionalismus übergehen konnte. Endlich durch die Anfänge einer Neubegründung der Theologie auf einer an Kierkegaard anknüpfenden ›Existenzphilosophie‹. Wer sich für keinen dieser drei Wege entscheiden konnte, war damals darauf angewiesen, wie die Eidgenossen nach getanem Rütlischwur ›sein Vieh zu wintern‹, sich also auf seinen eigenen, erst nachher kundzugebenden Vorschlag angemessen vorzubereiten. Das war mein Fall. Noch war ich in allem, was ich in den zwanziger Jahren produziert habe, erst im Anlauf, in der Richtung auf das, worauf ich eigentlich hinaus wollte. Sie waren nicht mehr meine Lehrlings-, aber immerhin erst meine Gesellenjahre.«[290] Barth befand sich jetzt also, indem er in diesem Sinn seinen eigenen Weg suchte und ging, in einer gewissen Einsamkeit. Und sie wurde noch größer, als es sich ihm gegen Ende seiner Zeit in Münster bereits unübersehbar zeigte, daß die verschiedenen Häupter der »Dialektischen Theologie« zunehmend auseinanderstrebten. Die sogenannte Theologie der Krise war merklich selbst in eine Krise geraten, und »es fing an zu knistern im Gebälk von ›Zwischen den Zeiten‹«[291]. Die ja gewiß schon am Anfang des Jahrzehnts gegebenen und gesehenen Differenzen hatten im Lauf der Jahre allmählich grundsätzlichen Charakter angenommen. Teils lag es daran, daß jene Theologen seit 1922 in verschiedenen Richtungen weitergegangen waren, teils daran, daß man sich untereinander über das Ausmaß der schon anfänglich bestehenden Differenzen nicht genug im klaren gewesen war. Aber dann traten diese Unterschiede immer deutlicher zutage, so daß Barth im April 1927 ahnend voraussagte, sie würden »vielleicht noch einmal in einer großen Explosion innerhalb von Zwischen den Zeiten zum Ausbruch kommen«[292]. Vorläufig wurden die vorhandenen Spannungen zwar noch ertragen. Und die 1928 gefallene »Behauptung eines jüngeren Frechlings: daß die Führer der dialektischen Theologie unter sich so uneins seien wie die chinesischen Revolutionsgenerale, konnte als nicht übler Witz belacht und beiseite gelegt werden«[293]. Die Behauptung stammte von Hans-Michael Müller.

Wurden jene Spannungen zunächst noch *ertragen,* so hat Barth sie jetzt doch wenigstens in scharfen Konturen *gesehen.* Während etwa bei den Schweizer Freunden Christ und Wieser Gogarten weiter freundliches Verständnis fand, richteten sich Barths Fragen vor allem gerade an ihn. »Es konnte . . . schon nach der Vollendung weniger Jahrgänge unserer Zeitschrift keinem Kundigen verborgen bleiben, daß das Verständnis [des] stillschweigend vorausgesetzten Programms bei Gogarten und mir ein nicht unerheblich verschiedenes war.« Es mußte schon damals zu denken geben, »wenn man den einen fast dauernd mit den philosophischen bzw. ethischen Grenzfragen der angeblich gemeinsamen Aufgabe, den andern fast ebenso dauernd mit Theologiegeschichte und Dogmatik beschäftigt sah. Schwebte nicht schon in der allerersten Zeit die Frage in der Luft: Warum versäumst du die notwendige Bereinigung der Voraussetzungen? Und die Gegenfrage: Wann wirst du endlich, endlich zur Sache kommen?«[294] – wann von der »Methode des Kässtechens auf breiter Front endlich zum Käsen selber?«[295]. »Ich hatte immer den Eindruck, daß den Gogarten die Säkularität quasi als Hintergrund des Evangeliums fast mehr interessiert als das Evangelium selbst. Ich habe bei ihm immer – und in wachsendem Maße vermißt . . ., daß er sich einfach einmal hinsetzt und uns den christlichen Glauben als solchen . . . erklärt, *ohne* diese ewigen Seitenblicke auf die ›Welt‹: ob es jetzt die Ordnungswelt ist, wie er früher sagte, oder später: die säkularisierte Welt.«[296]

Barths Bedenken in dieser Hinsicht wurden nur bestätigt, als er am 2. Februar 1930 bei einem Auftritt der mit Gogarten eng verbundenen baltischen Baronin Magdalene von Tiling in Münster erschrocken »die in Dorndorf vertretene Lehre« in »anschaulicher Gestalt« erlebte[297]. Sie kam auch zu einer Diskussion in Barths

Seminar, »bei der diese Frau von Tiling – aber das war ganz gogartensch geredet – zu mir sagte: ›Herr Professor, wer sind Sie denn überhaupt? Sie sind Ehemann, Sie sind Sohn, Vater, Professor‹ und noch so einige Relationen, in denen ich stehe. Darauf habe ich ganz naiv geantwortet: ›Ja also, ich bin ich! Das ist doch auch etwas.‹ Aber das wollte sie und auch Gogarten damals nicht haben. Sondern es war für sie alles bestimmt durch eine ›Schöpfungsordnung‹, nach der man Vater, Mutter, Ehemann, Beamter, Schweizer ist und noch einige Ämter hat, und das konstituiere den Menschen. Dagegen habe ich mich aufgelehnt und habe gesagt: Ich lasse mich nicht so in Beziehungen auflösen«[298].

Bedenken waren Barth aber nun auch immer mehr gegenüber Bultmann gekommen. Der hatte »offenbar aus meinem ›Römerbrief‹ damals gerade das gelernt, was dort mindestens an schweren Zweideutigkeiten hinsichtlich des Verhältnisses von Philosophie und Theologie in der Tat zu finden ist, was ich selbst dann aber ziemlich bald, so ernstlich es mir gegeben war, *ver*lernen wollte«[299]. »Ich vermißte dann bei ihm ganz ähnlich wie bei Gogarten: Wann kommt eigentlich die Sache selber einmal zur Sprache und zum Tragen? Wann wird endlich einmal weniger darüber geredet: was sind, historisch und systematisch, die Voraussetzungen der biblischen Botschaft? was ist da der Rahmen usf.?«[300] Während all der Jahre in Münster ist Barth einem direkten Gespräch mit Bultmann, obwohl dieser dringend danach verlangte, auffällig aus dem Weg gegangen. Er tat es in dem Wunsch, jetzt erst einmal für sich »möglichst thetisch weiterzuarbeiten« und damit zugleich Bultmann und Gogarten »Zeit zu lassen«, *ihren* Ansatz »deutlicher zu entfalten«[301]. Erst Ende Januar 1930 kam Barth wieder kurz nach Marburg – mit einem Vortrag über »Theologische und philosophische Ethik« (den er auch vor der Dozenten-Vereinigung in Münster hielt). Es handelte sich um einen stark überarbeiteten Auszug aus einem Kapitel seiner Ethik-Vorlesung, in dem er die These ausgeführt hatte: »Die Philosophie ist *nicht* ancilla theologiae*. Theologie kann nur mit der Philosophie zusammen ancilla ecclesiae, ancilla Christi** sein wollen.«[302] Barth traf in Marburg auch Bultmann. Aber »was ich nachher in der Diskussion und noch mehr vorher und nachher in Privatgesprächen mit Bultmann zu hören bekam, gefiel mir gar nicht«[303]. Nach Hause zurückgekehrt, schrieb Barth einen Brief an den Marburger, in dem er seine Befürchtung aussprach, daß dessen existential-ontologische Begründung der *Möglichkeit* von Glaube und Offenbarung ein Versuch sei, »die Theologie aufs

* Magd der Theologie
** Magd der Kirche, Magd Jesu Christi

neue der Philosophie in die Hände zu liefern«[304]. Und das nicht bloß wegen der Bindung gerade an die existentialistische Philosophie, sondern überhaupt wegen der Behauptung einer solchen allgemeinen »Möglichkeit«!

»Es kam dazu, daß ich in und außerhalb unserer Zeitschrift den ebenfalls zu unserer Gruppe gerechneten Emil Brunner eine Theologie treiben sah, die ich immer mehr nur noch als eine unter neuen Fahnen vollzogene Rückkehr zu den – so wie *ich* unseren gemeinsamen Ausgang verstanden hatte – mit Ernst verlassenen Fleischtöpfen des Landes Ägypten ... beurteilen konnte.«[305] Barth lehnte speziell seine (im Interesse an einer »Eristik«) erhobene Forderung nach einem neuen Inerwägungziehen der »natürlichen Theologie« ab. »Meine Ansicht von der Aufgabe unserer theologischen Generation ist, seit ich mich etwa um 1916 herum merkbar von den Folgen meines akademischen Studiums ... zu erholen begann, immer die gewesen: wir müssen es wieder lernen, die Offenbarung als Gnade und die Gnade als Offenbarung zu verstehen und uns damit von aller ›rechten‹ oder ›unrechten‹ theologia naturalis* in immer neuer Entscheidung und Bekehrung entschlossen abzuwenden. Wie sollte es da ein bloßes nächtliches Versehen von mir gewesen sein, wenn ich, als Brunner plötzlich (etwa seit 1929) ›die andere Aufgabe der Theologie‹, den ›Anknüpfungspunkt‹ usw. offen zu propagieren begann, meinerseits bekundete, daß dieser Weg der meinige auf keinen Fall sein könne noch werde?«[306]

Eine gewisse Entfremdung hatte sich in der gleichen Zeit zudem zwischen Barth und Georg Merz eingestellt – er kam 1930 als Dozent an die Kirchliche Hochschule Bethel (an der sich seit 1928 auch schon, zu Barths heller Freude, der alte Schweizer Freund Wilhelm Vischer befand). »Ich sah ... auch mit Befremden, daß die Schar unseres engeren und weiteren Leserkreises [von ›Zwischen den Zeiten‹] und nicht zuletzt unser Schriftleiter sich durch den immer offenkundiger werdenden Zwiespalt [zwischen den Herausgebern] durchaus nicht zu einer Entscheidung aufgerufen zu fühlen, ja, daß sie den Zwiespalt überhaupt nicht so sehr zu empfinden schienen, sondern daß sie sich immer wieder ebenso gern gefallen ließen, durch meine Manifeste – so faßte man sie wohl auf – im Sinn des zweiten und dritten Artikels** aufgerufen zu werden, wie durch die von Gogarten im Sinn des ersten Artikels*** eine Art Rückversicherung zu erhalten.«[307]

Barth war selbstkritisch genug zu sehen, daß Elemente der Denk-

---

* natürliche Theologie
** Glaube an Christus und den Heiligen Geist
*** Glaube an den Schöpfer

weise, die er jetzt bei seinen Freunden beanstandete, doch auch in seinen eigenen früheren Werken zu finden waren. Zum Beispiel Elemente der »Existenzphilosophie« – »ich bin für ihre Einführung in die Theologie mit meiner Erklärung des Römerbriefs von 1921, ohne daß ich es damals ahnte, selbst ein Stück weit verantwortlich geworden und habe ihr noch in dem bekannten Fehlstart der ›Christlichen Dogmatik im Entwurf‹ von 1927 meinen Tribut gezahlt«[308]. Auch an die »natürliche Theologie« glaubte Barth Tribut gezahlt zu haben: »Wie könnte ich leugnen, daß auch ich . . . tatsächlich oft . . . ›rechte theologia naturalis‹ getrieben habe, zuletzt noch sehr handgreiflich in dem Aufsatz ›Kirche und Kultur‹, 1927, und an manchen Stellen meiner im selben Jahr erschienenen ›Prolegomena‹.« Aber Barth betrachtete nun gegen Ende des Jahrzehnts Elemente dieser Art als »Eierschalen, Atavismen und Rückfälle«, die er als solche ernstlich zu überwinden und auszumerzen suchte[309], während er bei jenen Freunden eben diese Elemente jetzt nachgerade als eigentliche Bestandteile ihrer theologischen Konzeption sanktioniert fand.

So kündigten sich denn schon im Übergang zu den dreißiger Jahren im Kreis der Vertreter der »Dialektischen Theologie« tiefgreifende Auseinandersetzungen und Scheidungen an. Es war allerdings so, daß Barth gleichzeitig auch wieder neue Freunde fand. Und es blieben ihm gute alte Freundschaften erhalten – vor allem weiter die mit Thurneysen, der mit seinem Freund gerade auch hinsichtlich jener Fragen und Bedenken sachlich einig ging. »Es war mir ein Trost zugleich und eine Beunruhigung, von dem einen Eduard Thurneysen immer wieder bestätigt zu hören, daß er meine Sorgen teile und daß jedenfalls wir zwei es ursprünglich anders gemeint hatten« – anders als so, wie es nun Gogarten, Bultmann und Brunner meinten[310]. Und in Deutschland stimmte Barth in seiner Beurteilung der Lage wenigstens Wilhelm Loew zu, von dem er den Eindruck bekam, »daß dieser unser ältester deutscher Freund auch der beste gewesen ist«[311].

Unter den neu gefundenen Gefährten stach ein »sehr merkwürdiger Freund« hervor, der 1928 in Münster einen Lehrstuhl bekommen hatte, aber mit Barth erst im Winter 1929/30 näher bekannt wurde: »der Philosoph Heinrich Scholz, ehemaliger Mitgenosse in Harnacks Seminar, nachher Systematiker in Breslau, sicher nicht guter Observanz . . ., nachher Philosoph in Kiel, ganz oder fast ganz mit mathematischen Voraussetzungen arbeitend, ein erstaunlicher Kenner und Liebhaber der Griechen, eines augustinisch gefärbten, im Begriff der Caritas gipfelnden Christentums und endlich der Welt Goethes mit allem, was drum und dran hängt. Darüber hinaus ein exquisiter Musiker . . . Das Beachtliche und Erfreuliche bei ihm ist freilich so stark persönlich bedingt, daß es sich schwer schildern und auf Begriffe bringen läßt«[312]. »Daß wir . . . Freunde wurden, war . . . ein kleines Wunder, wenn man bedenkt, was für verschiedene Geschöpfe Gottes wir beide waren, wie weit er sich von der Theologie hinwegentwickelt hatte in Gebiete, wohin ich ihm nicht einmal einen Schritt weit folgen konnte, und wie ich meinerseits mich in eine Art Theologie hineingearbeitet hatte, die ihn, so mochte man meinen, gerade nur zum Kopfschütteln veranlassen konnte. Ja, und dann ist doch alles so schön geworden: eine Beziehung – er würde sagen: ›von einer nur mit sich selbst zu vergleichenden Größenordnung‹.«[313]

Tief bewegt durch die Konstellation der Dinge in Deutschland auf dem politischen und auf dem kirchlich-theologischen Feld führte Barth sein letztes Semester in Münster zu Ende. Sein Seminar hatte die »Reformatorische Rechtfertigungslehre« zum Thema. Und in der Vorlesung befaßte er sich – ein zweites Mal – mit der »Protestantischen Theologie im 19. Jahrhundert«: insofern freilich in veränderter Gestalt, als er nicht mehr mit Schleiermacher einsetzte, sondern seiner Behandlung die von Lessing, Kant, Herder, Novalis und Hegel voranschickte. Barths Darstellung dieser »Theologie« bekam diesmal dadurch einen neuen Akzent, daß ihn dabei ständig heimlich die Frage begleitete: ob nicht »die dialektische Theologie als Ganzes im Begriff« stehe, »zu einer großen Wieder-Bringung aller jener Dinge zu werden«, die »da vor 100 Jahren in allen Lagern der Theologie . . . unternommen und vollbracht« worden sind[314]. Vermehrte Arbeit brachte ihm das Amt des Dekans ein, in das er in diesem Winter 1929/30 gestellt war. Zu seinen Amtspflichten gehörte nicht zuletzt auch die Klärung der Frage seiner eigenen Nachfolge. Er selbst verwendete sich dabei, etwas lustlos und schließlich erfolglos, für Gogarten, während die übrige Fakultät für Emil Brunner plädierte, der aber absagte. Tatsächlich kam dann Otto Piper auf den vakanten Lehrstuhl.

Als Barth sich am 19. März 1930 in Bonn niederließ, hatte er das Gefühl, daß mit dem nunmehr hinter ihm liegenden Jahrzehnt eine in sich geschlossene Epoche zu Ende gegangen war. »Als eine Zeit ›zwischen den Zeiten‹ habe ich die zwanziger Jahre gesehen und erlebt. Etwa im Zeichen des dunklen Wortes Jes. 21,12: ›Wächter, wie weit ist's in der Nacht? Der Wächter spricht: Gekommen ist der Morgen und auch die Nacht. Wollt ihr fragen, so kommt wieder und fragt!‹«[315]

41 Von 1930–1934 wirkte Karl Barth an der Universität in Bonn. Hier begann er mit der Arbeit an seine
theologischen Hauptwerk, seiner »Kirchlichen Dogmatik«. Hier wurde er in den deutschen Kirchenkam
verwickelt.

V. Theologische Existenz heute

Die Bonner Jahre 1930–1935

Auf dem Bonner Lehrstuhl

Im Frühjahr 1930 wurde in Bonn Otto Ritschl, der Sohn von Albrecht Ritschl (der von 1846–1864 auch selber dort gewirkt hatte), emeritiert. Auf den damit frei gewordenen Lehrstuhl für systematische Theologie wurde Karl Barth berufen. Und so übersiedelte er nun nach Bonn, wo er im Süden der Stadt, in der Siebengebirgsstraße 18, mit seiner Familie Unterkunft fand – im Parterre und im ersten Stock eines stattlichen Hauses. Die darüber liegende Etage bewohnte der liberale Pfarrer Landgrewe. Mit Barths Tätigkeit an diesem neuen Ort brach an der Bonner evangelisch-theologischen Fakultät eine unvergeßliche Blütezeit an. Wohl währte »diese eindrucksvollste Zeit in fast 150 Jahren der Fakultätsgeschichte . . . nur drei bis vier kurze Jahre«. Aber in dieser kurzen Periode wurde Bonn Hochburg evangelisch-theologischer Wissenschaft, von der insbesondere die Neubesinnung, zu der Barth den Protestantismus aufgerufen und zu der er selbst mit Grund gelegt hatte, nach vielen Seiten wirksam ausstrahlte. Mit einem Schlag wies die evangelische Fakultät »für Bonn ungeahnte Hörerzahlen« auf, und sie fand nun auch »zum ersten Mal ein lebendiges Echo im rheinischen Volk bis weit in die katholischen Volksteile hinein«[1].

Die evangelischen Theologen in Bonn waren Kollegen, mit denen Barth sich im ganzen erheblich besser verständigen konnte als mit den Kollegen in Göttingen und Münster. Eine Ausnahme bildeten nur der praktische Theologe Emil Pfennigsdorf und der Systematiker Johann Wilhelm Schmidt-Japing, den Barth bereits 1922 in Bochum als einen gescheiten »Gegner« kennengelernt hatte, »der allerdings dadurch zum vornherein im Hintertreffen ist, daß er schon in erschreckender Weise fertig ist«[2]; er war »geradezu der Typus des allzu wendigen deutschen Intellektuellen der damaligen Übergangszeit«[3]. In besserem Einvernehmen stand Barth hingegen mit den anderen: mit dem wegen seiner hohen Gelehrsamkeit bewunderten Kirchengeschichtler Wilhelm Goeters und mit dem Ordinarius für Neues Testament und Systematik Hans Emil Weber, der freilich »alters- und lebensmäßig zwischen den Generationen und dem von ihnen Vertretenen in der Mitte stand und sich von da wie von dort her betroffen, beunruhigt und nicht befriedigt fühlte, ohne mit seinem Eigenen je ganz zum Durchstoß zu kommen«[4]. Da war weiter der Neutestamentler und rüstige Herausgeber der »Theologischen Blätter« Karl Ludwig Schmidt – »ein Ausbund von Geschichten, Schwänken und Ränken aller Art, aber fraglos gescheit«[5]; »es hat an Wechsel der Sonnennähe und Sonnenferne nicht gefehlt in der Geschichte unsrer Beziehung«, aber es war doch auch so, »daß wir uns an irgendeiner Wegecke aufs Neue begegneten und beieinander waren«[6]. Auch an Schmidts originellem Assistenten Ernst Fuchs (ab 1932 Privatdozent) hatte Barth nicht wenig Freude. In besonderer Weise respektierte er Gustav Hölscher: »ein Alttestamentler extrem kritischen Kalibers, im Gegensatz zu Schmidt äußerst fein organisiert, mit einem sympathisch scharf geschnittenen Gesicht und einer . . . spät, aber endlich doch erwachten Liebe zu theologischen Fragen wenigstens, aber auch entschlossen, auf seinem Gebiet keinen vorschnellen Unfug zu dulden«[7]. Im gleichen Fach wirkte der Stiftsinspektor Friedrich Horst. Dort in Bonn traf Barth auch den einstigen Göttinger Kollegen Peterson wieder an, der aber eben im Jahr 1930 zum Katholizismus konvertierte. Und unter den Kollegen anderer Fakultäten begegnete er hier aufs neue dem Mediziner Richard Siebeck.

In der Folgezeit traten in der evangelisch-theologischen Fakultät Barth zwei neue Kollegen zur Seite, die ihm noch ganz anders als die genannten durch persönliche Freundschaft aufs engste verbunden waren und verbunden blieben: der eine war der Basler Fritz Lieb, der hier im Herbst 1930 Privatdozent und im folgenden Jahr a. o. Professor wurde. Er gab, in seinem immer noch brennenden Interesse an »Rußland«, seit 1929 mit Paul Schütz und später mit Berdjajew die Zeitschrift »Orient und Okzident« heraus. Der andere war Ernst Wolf (1902–1971), der als erst 29jähriger mit auf Betreiben Barths 1931 Bonner Ordinarius für Kirchengeschichte wurde: »die Verkörperung dessen, was ich schrecklich gern wäre, . . . ein richtiger Gelehrter, der . . . a) die richtige Übersicht über die Schöpfung im Zusammenhang, b) eine jederzeit funktionierende Kenntnis aller und jeder Literatur über jeden zwischen Himmel und Erde beträchtlichen Gegenstand, c) eine für mich schlechthin erstaunliche Fähigkeit, die Dinge literarisch zusammenzufassen und auszubreiten und zugespitzt (dazu erst noch termingerecht) ans Licht zu bringen«, besaß[8]. Die Freundschaft begann »von dem unvergeßlichen Morgen in Bonn ab, an dem ich mich so mißtrauisch erkundigte, ob [er] nicht etwa ein Hollianer sein« möchte, und sie hielt – »obwohl wir doch gar nicht aus demselben Holz geschnitzt zu sein scheinen« – bis zu Barths Ende in gegenseitiger Treue durch[9]. »Was für ein zuverlässig rechter Mann!«[10] Als Zeichen der Verbundenheit trug Wolf dem älteren Freund dann auch die Patenschaft für seinen Sohn Uvo an.

Es war damals vor allem Karl Barth, der in Bonn die Theologiestudenten anzog und anregte. Und er hatte hier eine so zahlreiche Hörerschaft wie noch nie zuvor. »Aus dem freundlichen kleinen Laden von Göttingen« war mit einem Male »eine kaum mehr übersichtliche Seehandlung geworden, so etwas wie die Firma Pestalozzi & Co.«[11]. Er begann seine erste Bonner Vorlesung bereits mit 160 Hörern[12]. Und seine Offenen Abende wurden bald »zu einem fast unheimlichen Massenbetrieb«[13]. Dieser Andrang stellte ihn besonders in seinen Seminaren vor Schwierigkeiten, da er sie doch nur bei einer relativ übersichtlichen Teilnehmerschar für durchführbar hielt. Er behalf sich zunächst damit, daß er sein Seminar doppelt durchführte und zu den jeweils 30 ordentlichen noch fünfzehn außerordentliche Mitglieder aufnahm. Dann führte er zusätzlich zum Seminar noch eine Sozietät ein. Dazu machte er eine Aufnahmeprüfung für die Teilnahme an seinen Seminaren zur Bedingung, wobei er so streng siebte, daß er z. B. im Herbst 1931 zwei Drittel der Bewerber durchfallen ließ. Übrigens auch in den theologischen Abschlußprüfungen, zu denen er jetzt jeweils nach Koblenz reisen mußte, blieb er ein gestrenger Prüfer, dem es nicht unlieb war, »die Pforte zum Pfarramt mit ein bißchen Furcht und Schrecken zu umgeben«[14].

Unter seinen Studenten befanden sich nun hie und da auch Katholiken und dazu eine wachsende Zahl von Ausländern. Bei einem Afrikaner mutmaßte er, der sei »vielleicht ein Vorbote des erwachenden Afrika, das uns einmal mit Sack und Pack in die Taschen stecken wird«[15]. Und noch mehr beeindruckte ihn der Japaner »Kazumi Takizawa, der da in Bonn eines Tages mitten in einer christologischen Vorlesung . . . auftauchte, die richtige Philosophie suchte, eine Theologie fand, mit überschlagenen Beinen auf seinem Bett saß und im griechischen Neuen Testament las, nach vier Wochen fähig war, sachverständig in die Diskussion einzugreifen, bald auch eine Bibelstunde zu halten und am Ende des Semesters einen scharfsinnigen Aufsatz gegen Bultmann zu schreiben – bei dem Allem aber durchaus, durchaus nicht getauft sein wollte!!«[16] Takizawa selber schrieb: »Seit meiner glücklichen Begegnung mit Karl Barth zu Bonn . . . ist mir der Name ›Jesus Christus‹ auf eine wunderliche Weise etwas geworden, von dem ich mich nicht mehr . . . losreißen kann.«[17] Und der unter dem Eindruck Barths protestantisch gewordene Bayer Martin Eras erinnert sich: »Rechte Prediger zu werden, dazu wollte er uns helfen.«[18] Die aus Deutsch-

land herbeigeströmten Theologiestudenten fielen Barth durch ihre
enorme Debattierlust auf, die ihn äußerst anregte, in der er freilich
auch mitunter die »deutsch-jugendliche Unart« sich regen sah, »aus
jedem kaum selbst erkannten Prinzip eine Guillotine zu machen und
damit wahllos Köpfe abzuschlagen«[19]. Zum Teil kamen sie von
Bultmann oder von Gogarten her, um nun Barth zu hören, und sie
waren darum speziell auf eine Klärung der schon in der Luft
hängenden, aber öffentlich noch nicht ausgesprochenen Differenzen
zwischen diesen Dreien erpicht. Aus den damaligen Studenten ragte
ein Kreis von Schülern hervor, der sich besonders eng um Barth
scharte. Zu ihm gehörten etwa Georg Eichholz, Walther Fürst,
Helmut Gollwitzer, Heinz Kloppenburg, Walter Kreck, Erica Küppers, Georg Lanzenstiel, Lili Simon, Karl Gerhard Steck und Hellmut Traub. Es herrschte gerade in dieser Zeit unter Barths Studenten eine ungemein bewegte Atmosphäre fleißigen Studierens und
Diskutierens, stürmischen Aneignens und »Anfragens«, in der
selbst ihr Lehrer mit ihrem Widerspruch bedrängt wurde, in der
wohl auch die Gestalt des etwas allzu eifrigen »Barthianers« auftauchte. (1931 stellte Dietrich Bonhoeffer ein bißchen spöttisch
fest: »Man hat hier eine scharfe Witterung für Vollblütler. Da geht
kein Neger durch ›for white‹!«)

Barth war 44jährig, als er seine akademische Tätigkeit in Bonn
aufnahm. Und er war sich im klaren über die Situation eines
Mannes dieses Alters. »Man war . . . hinsichtlich der Hauptlinien
seines Denkens und Handelns im großen und ganzen mit sich selbst
ins Reine gekommen. Man hatte sich den Zeitgenossen, soweit sie
sich dafür interessierten, bekannt und, soweit es möglich war,
verständlich gemacht. Man war in ihren Augen im guten oder bösen
eine bestimmte Figur geworden. War man nun ›ein gemachter
Mann‹? Nein, nun fing das Leben merkwürdigerweise eigentlich erst
an. Denn nun kam ja erst die innere und äußere Prüfung und
Bewährung der bezogenen Stellung: in der nun erst möglichen
Begründung ihrer Voraussetzungen, in der nun erst möglichen
Entfaltung ihrer Konsequenzen, in der nun erst scharf und grundsätzlich werdenden Auseinandersetzung mit anderen Möglichkeiten
und Figuren, in der nun erst drückend werdenden Übernahme von
allerlei praktischen Verantwortlichkeiten.«[20] Die Aufgaben, die sich
Barth damit stellten, bereiteten ihm derart Mühe, daß er oft darüber
seufzte: »Ich bin einfach noch immer und immer wieder ganz
unfähig, die Sachen zu schmeißen.«[21] Oder: »Ich habe sehr oft ganze
Reihen von unfruchtbaren Stunden . . . Ob denn gar nie eine Zeit
anbricht, wo man auch wirkliche Weisheit mit einer Flüssigkeit und
Eleganz aus sich heraus holen und aufs Papier bringen kann?«[22]

Im Sommer und Winter 1930/31 trug Barth zunächst noch einmal
– vor bald 250 Hörern – seine Münsteraner Ethik-Vorlesung vor
und dazu erst seine Auslegung des Jakobusbriefes, dann die des
Philipperbriefes. Einen stark überarbeiteten Abschnitt aus dieser
Ethik, den über die »Arbeit«, brachte er auch einmal in einem
öffentlichen Vortrag zu Gehör. Das Sommersemester wurde unterbrochen durch eine Reise, die ihn Mitte Juni zum ersten Mal nach
England führte. Er hatte sich darauf vorbereitet, indem er eine Zeit
lang täglich bei dem Theologen John A. Mackay Englischstunden
genommen hatte. Zwei Tage hielt er sich in London auf, wo J. H.
Oldham, der Generalsekretär des Internationalen Missionsrates,
allerlei Zusammenkünfte mit Theologen und Kirchenmännern für
ihn arrangiert hatte. »Die britischen Freunde schienen . . . von der
etwas strengen Weise, in der ich die Autorität der Bibel, die
Majestät Gottes, den Vorrang des Glaubens vor der Moral nach
dem damaligen Stand meiner Erkenntnis geltend machte, mehr
befremdet als erbaut zu sein. Es ist mir aber auch erinnerlich, daß
ich damals – meinerseits erstaunt über das, was ich von ihnen zu
hören bekam – eine eher unartige Bemerkung über das Pelagiani-
sche der mir auf dieser Insel begegnenden Denkweise leider nicht
unterdrücken konnte« – in seinem radebrechenden Englisch rief er
aus: »You are all pelagians.«[23]

Darauf verbrachte Barth einige Tage in Glasgow, St. Andrews
und Edinburgh. In St. Andrews – »eine putzige herrlich gelegene
Miniaturuniversität« – begegneten ihm »der sehr nette Kollege
Duncan« und der Alttestamentler Porteous, »ein ehemaliger Schüler von mir«[24]. Und in Glasgow wurde ihm – als dem »most
discussed theologian of Germany«[25] – am 18. Juni sein zweiter
theologischer Ehrendoktor verliehen. »Der Doktorierungsakt [war]
überaus feierlich: ich mußte knien, wie s. Z. bei der Konfirmation
und dazu wurde etwas in unverständlichem Latein über mich ge-
murmelt.« Und die Studenten durften »nach alter Übung Krakehl
dazu machen«. Bei der Gelegenheit wurde Barth auch ein »hood«
zum Kauf angeboten: »eine Art Kapuze in leuchtenden Farben, das
eigentliche Ehrenzeichen . . . Ich . . . bin nachher bei allen Universi-
tätsanlässen [in Bonn] darin herumgelaufen. Wenn schon, denn
schon, dachte ich und erklärte hier den staunenden Medizinern etc.:
ich sei nämlich der päpstliche Legat«[26]. Erst »auf dem Bahnhof von
Edinburgh, wo ich auf meinen Zug nach London wartete«, lernte er
den Theologen H. R. Mackintosh kennen, der ihn »mit sehr ernstem
Gesicht nach meiner Auffassung des Versöhnungstodes Christi«
fragte. »Meine Antwort dürfte damals eine sehr kümmerliche gewesen sein. Seine Persönlichkeit hat mir einen unvergeßlichen Ein-

druck gemacht«: seine »bohrende Gründlichkeit, . . . in der er von
der in ihm nach wie vor lebendigen calvinistischen Tradition Schott-
lands her über [die] Positionen [des 19. Jahrhunderts] hinaus-
strebte«[27].

Schüler des Anselm von Canterbury

Im Juli wiederholte Barth in Frankfurt und Heidelberg seinen
Vortrag von 1927 über »die Theologie und der heutige Mensch« –
wobei er am letzteren Ort die bekannte Frauenführerin Marianne
Weber »schwer und mit Recht« verärgerte, »indem ich zu meiner
Erleichterung entschlossen meinen Kittel auszog, die damals noch
üblichen ›Röllchen‹ vor mich hinstellte und so weiterredete«[28]. In
diesem Sommersemester hatte Barth ursprünglich nebenbei auch
den ersten Band seiner »Christlichen Dogmatik« von 1927 für eine
zweite Auflage durchsehen wollen. *Daß* er weiter an der Veröffentlichung einer Dogmatik schaffen müsse, war ihm klar. Auf den Satz
von Karl Heim »Wir haben genug Lehrbücher« konnte er, wie er im
April 1931 in einem Offenen Brief an Heim schrieb, »ehrlicher
Weise nur mit einem grimmigen Gelächter antworten«[29]. Aber jetzt
spürte er mit einemmal auch stark das Ungenügen seines eigenen
ersten dogmatischen Lehrbuches – und das so sehr, daß sich die
Revision jenes Buches zu verzögern begann. »Schuld« daran war –
Anselm, über den er im ersten Bonner Semester ein Seminar hielt.
Er war ja schon in Münster auf diesen Scholastiker gestoßen. Und
»ich habe in meinen ›Prolegomena‹ zur Dogmatik nachdrücklich auf
ihn hingewiesen und bin deshalb des Katholizismus und Schleierma-
cherianismus in einem Nu bezichtigt worden«. Nun geschah es, »daß
ich im Sommer 1930 in Bonn ein Seminar über Anselms Cur Deus
homo hielt, in dessen Verlauf zuerst die Fragen und Einwürfe der
beteiligten Kommilitonen, dann und vor allem [am 11. Juli] ein
Festvortrag meines philosophischen Freundes Heinrich Scholz aus
Münster über den Gottesbeweis des anselmischen Proslogion das
dringende Bedürfnis in mir regten, mich noch ganz anders als bisher
mit Anselm . . . zu beschäftigen«[30].
  Im ganzen folgenden Jahr bemühte Barth sich in großer Sorgfalt
um einen Nachvollzug der Denkmethode des Anselm, um dann im
Sommer 1931 auf dem Bergli dem daraus entstandenen Buch den
letzten Schliff zu geben. Und eben unter dieser Beschäftigung regte
sich in ihm die Erkenntnis, daß er mit seiner Dogmatik noch einmal
von vorne beginnen müsse, daß er sich nämlich in seinem Denken
noch ganz anders »von den letzten Resten einer philosophischen

bzw. anthropologischen . . . Begründung und Erklärung der christlichen Lehre zu lösen« hatte. »Das eigentliche Dokument dieses Abschieds ist nicht etwa die vielgelesene kleine Schrift ›Nein!‹ gegen Brunner von 1934, sondern das 1931 erschienene Buch über den Gottesbeweis des Anselm von Canterbury, das ich von allen meinen Büchern mit der größten Liebe geschrieben zu haben meine und das . . . von allen meinen Büchern am wenigsten gelesen worden ist.«[31]

Es handelt sich in diesem Buch um eine ausführliche Erklärung der anselmischen Formel »fides quaerens intellectum«, die nun für Barth selber zum Grundmodell seiner theologischen Erkenntnismethode wurde. Der Glaube (fides) wird hier definiert als die »Kenntnis und Bejahung des Wortes Christi« bzw. des kirchlichen »Credo« (des Glaubensbekenntnisses). Und die der Theologie gestellte Aufgabe des Verstehens (intellectus) besteht nach Barths Anselm praktisch im »*Nach*denken des vorgesagten und vorbejahten Credo«. Dieses Verstehen vollzieht sich aber in der Gestalt des *Fragens* nach dem Verstehen (quaerens intellectum) – und zwar nun dergestalt, daß »unter der Voraussetzung, daß es wahr ist: Gott existiert, . . . ist ein Wesen in drei Personen, ist Mensch geworden usw.«, nur eben gefragt wird, »inwiefern das wahr ist«. Nur eben das, aber das mit allem menschlichen Verstand! Und das im Wissen, daß jeder theologische Satz eine inadäquate, perfektible »Interimsaussage« ist, angewiesen auf die Begleitung durch das Gebet und unterwegs in Richtung auf das eschatologische »Schauen«![32] Einen Abschnitt des Buches ließ Barth als Vorabdruck in der Festschrift für Ferdinand Kattenbusch erscheinen.

Die Verbindung, in die Barth in Münster mit Scholz gekommen war, blieb also auch trotz der entstandenen räumlichen Distanz aufrecht erhalten. Barth mußte selber staunen über »das nicht nur Andern, sondern auch uns selbst bei aller Gewißheit rätselhafte Faktum unserer Freundschaft«[33]. Ja, nach Scholz wurde sie jetzt erst recht zu einer solchen: »Im Anfang, in den Jahren unserer Koexistenz in Münster . . . habe ich selbst zwar nach mancher gemütsbewegten Begegnung geglaubt, daß man, um sich zu ihm [zu Barth] zu bekennen, bereit sein müsse, sich von ihm verwalten zu lassen. Aber dies ist ein Irrtum gewesen . . . Auf ganz anderen Wegen hat er sich meiner bemächtigt. Entscheidend durch die Art von Substanz, mit der er mir nach den Jahren in Münster immer wieder begegnet ist . . . Als wir uns kennenlernten, galt ich noch als Philosoph. Und ich war es auch noch in dem Sinne, daß ich immer wieder einmal wenigstens auf dem Wege gewesen bin, in seine Theologie hineinzureden. Es hat weder ihn gefördert noch mich. Erst der Abstand hat das erwirkt, was die Nähe nicht leisten konnte.«[34] In der selben Art, wie er mit Scholz umging, pflegte Barth auch sonst, wenn er dazu Gelegenheit bekam, mit Philosophen zu verkehren. »Meine persönliche Erfahrung mit den Philosophen ist die, daß sie mich in dem Maß beachtet und, ein wenig unwillig, respektiert haben, als ich ihnen praktisch vorführte, daß ich mich als Theologe an keinen von ihnen zu binden gedenke!«[35]

Im Lauf des Winters, Anfang Dezember 1930, kam Scholz wieder in das Seminar seines Bonner Freundes, »um seine vorläufig sehr problematischen Ansichten über die Möglichkeiten der evangelischen Theologie als Wissenschaft vorzutragen«[36] – an sich war zwar dem Seminar die »reformatorische Lehre von der Heiligung« als Thema gesetzt. Bei jenem Vortrag wehrte sich Barth sofort »gegen die Zumutung, mit der er uns damals gekommen war: er wollte uns doch so eine Kappe von Wissenschaftlichkeit über den Kopf ziehen – mit ganz bestimmten Postulaten: so und so sieht wahre Wissenschaft aus. Dort hieß es nun wirklich: ›Vogel friß oder stirb!‹ Da mußte ich ihm ebenso freundlich wie offen sagen: wir können keines von diesen Postulaten schlucken, so gehts nicht! Aber es war ein interessantes Gespräch zwischen ihm und mir«[37]. Bei einem anderen, um das gleiche Problem kreisenden Gespräch hat Barth ihm erklärt, daß die Wissenschaft der Theologie auf die – Auferstehung Jesu Christi von den Toten begründet sei. »Da hat er mich ernst angeblickt und gesagt: Das geht gegen alle Gesetze der Physik, der Mathematik und der Chemie, aber jetzt verstehe ich, was du meinst.«[38]

Weiterhin getrübt blieben dagegen die Beziehungen zu den anderen Repräsentanten der »Dialektischen Theologie«. Bezeichnend für den Stand der Beziehungen war, daß eine Ende Oktober 1930 in Marburg ins Auge gefaßte Aussprache zwischen diesen »Repräsentanten« über ihre Differenzen nicht zustande kam. Gogarten und Brunner sagten ab. Und Barth bedauerte das nicht einmal, da das geplante Treffen seines Erachtens »nur das Schmerzliche« hätte an den Tag bringen können, »wie sehr man sich auseinandergeredet hat und wie wenig man wohl im Grunde immer beieinander war. Wie denn vielleicht auch zwischen Gogarten und mir seit seiner Entdeckung der Ständelehre und zwischen Brunner und mir seit seiner Entdeckung der Eristik etwas Entscheidendes kaputt gegangen ist, über das sich schwer diskutieren läßt«[39]. Damit verlor Barth nun aber auch die Lust zu dem Vortrag, den er gleichzeitig vor den »alten Marburger« Schülern Bultmanns über das damals so besonders brennende Thema der »natürlichen Theologie« zu halten versprochen hatte. Zum großen Ärger und Verdruß des Marburger Freundes sagte er den Vortrag kurzfristig ab[40]. Für ihn war die Absage insofern doch kein Ausweichen vor der Auseinandersetzung, als er *seine* Stellung sowohl zu diesem sachlichen Thema wie zu den methodischen Ansätzen jener drei Theologen eben in seinem Anselm-Buch kenntlich machte. Die These, die Theologie könne nur ein Nachdenken unter Voraussetzung des Glaubens in der Kirche sein, entfaltete er ja auch in stillschweigender Auseinandersetzung mit der Auffassung, in der er das Anliegen der »natürlichen Theologie« wie jener drei Theologen zu sehen meinte – nämlich mit der Auffassung, die Theologie habe umgekehrt die Voraussetzungen des Glaubens durch den Nachweis seiner »Möglichkeit« zu ergründen. Dagegen hielt er am 31. Januar 1931 einen anderen Vortrag – über »Die Not der evangelischen Kirche«.

> Er unterschied darin zwischen der der Kirche wesentlichen, notwendigen und heilsamen Not, die damit gegeben ist, daß die evangelische Kirche »Kirche unter dem Kreuz« ist, – und der unguten, nicht notwendigen und nicht heilvollen Not, die da eintritt, wenn die Kirche »sich faktisch des Evangeliums schämt« und »die in ihrem Wesen begründete Not nicht anerkennt und auf sich nimmt«. Die eine Not müsse bejaht, gegen die andere müsse protestiert werden. Eine »Not« der Kirche in dieser zweiten Form sah Barth z. B. in der Anpassung der Kirche an das gegenwärtig moderne Reden von Schicksal, Autorität, Ordnung usf. und in dem »Bindestrich zwischen Christentum und Volkstum«. »Was das deutsche Volk heute nötig hat«, sei »die Existenz einer *evangelischen* und gerade nicht einer *deutsch*-evangelischen Kirche«[41].

Barth trug das in der neuen Aula der Universität Berlin vor. »1400 Menschen waren ... in der Aula zusammengeströmt unter lebensgefährlichem Gedränge ... Es ging oft fast volksversammlungsmäßig zu, mit Unterbrechungen durch Beifall und Widerspruch ... Der Generalsuperintendent Dibelius, der auch in meinem Vortrag war, hat acht Tage später an derselben Stelle mit einem Gegenvortrag geantwortet.«[42] In seiner Replik versicherte ihn Barth seines »*ganzen* Protests gegen das *ganze*, die Sprache von D. Dibelius redende Kirchentum« – d. h. gegen das satte und sichere »Laodizenertum« der Kirche[43]. Barth fand fortan »öfters« in dem Namen Otto Dibelius »Einiges von dem zusammengefaßt ..., dem ich mich nach der mir gegebenen Einsicht mehr oder minder lebhaft entgegensetzen zu müssen meinte«[44]. Bei jenem Winterbesuch in Berlin nahm er zudem an einer Diskussion im Neuwerk-Kreis Günther Dehns teil. Auch versäumte er nicht, die Antiken-Museen zu besichtigen, in denen ihm besonders »das Tor des babylonischen Astarte-Tempels« gefiel[45]. Zwei Wochen später wiederholte er den Berliner Vortrag in Bremen und Hamburg, nicht ohne bei dieser Gelegenheit auch seine dortigen Freunde und Schüler aufzusuchen. In Hamburg wurde er diesmal mit dem Altonaer Pfarrer Hans Asmussen bekannt.

Schon während des dortigen Vortrags war Barth von einer Krankheit gezeichnet, einer Ohrendiphterie, die ihn für einige Wo-

chen »kampfunfähig« machen sollte[46]. Fritz Lieb übernahm es, die
Ethik-Vorlesung zu Ende zu lesen. Die gerade in diesem Semester
besonderes Aufsehen erregenden Offenen Abende, an denen die
politischen Programme und Ideologien der deutschen Parteien analysiert wurden, mußten abgebrochen werden. Barth vertrieb sich das
Warten auf die Genesung mit einer umfassenden Lektüre der
Bücher Balzacs – bewegt durch das, »was sich einem da entrollt an
stupendem Wissen um Welt und Mensch«[47]. Im April erholte er sich
dann bei seiner Mutter in Bern. Die lange Unterbrechung seiner
Arbeit verhinderte schließlich die Realisierung des kühnen Planes,
im kommenden Semester neben der ins Auge gefaßten Dogmatik-
vorlesung auch über theologische »Enzyklopädie« zu lesen.

»Kirchliche Dogmatik«

In eben jener Dogmatikvorlesung hatte Barth ursprünglich nur
einfach die – mit gewissen Korrekturen versehene – Münsteraner
Vorlesung wiederholen wollen, um dann den 1927 erschienenen
Band »Prolegomena« in einer etwas revidierten Fassung in einer
zweiten Auflage herausgeben zu können. »Es kam anders. Der
gedruckt vor mir liegende erste Band zeigte mir zu deutlich (wie es
wohl auch anderen geht: deutlicher als ein im Schrank liegendes
Manuskript mir das zu zeigen vermocht hätte!), wie viel ich selbst
geschichtlich und sachlich noch zu lernen hatte; der Widerspruch,
auf den das Buch wenigstens im Kreise der Kollegen gestoßen ist,
war zu allgemein und heftig und die inzwischen eingetretenen
Verschiebungen in der theologischen, kirchlichen und allgemeinen
Lage gaben mir zu viel zu denken . . ., als daß ich den allmählich
häufiger werdenden freundlichen oder auch ironischen Nachfragen:
wo denn mein ›zweiter Band‹ bleibe? hätte Gehör schenken und auf
der Ebene und in dem Tenor des Anfangs von 1927 einfach hätte
weiterschreiben dürfen. Das wurde mir erst klar, als die 4000
Exemplare des als ›erster Band‹ gedruckten Buches der Neige
entgegen gingen und ich vor der Aufgabe stand, mich zunächst um
eine Neuauflage jenes ersten Teils zu bekümmern. Was ich . . . vor
Jahren bei der Neubearbeitung des Römerbriefes erlebt hatte,
wiederholte sich: ich konnte und wollte dasselbe sagen wie einst;
aber so wie ich es einst gesagt, konnte ich es jetzt nicht mehr sagen.
Was blieb mir übrig, als von vorne anzufangen und zwar noch
einmal dasselbe, aber dasselbe noch einmal ganz anders zu sagen?«[48]
    Es war, wie schon gesagt, vorwiegend eine Frucht der Arbeit am
Anselm-Buch, die unterdes ja noch weiter fortschritt, daß Barth nun

erkannte, daß und wie er in der Dogmatik noch einmal von neuem ansetzen müsse. Freilich, »verhältnismäßig Wenige, zu denen z. B. Hans Urs von Balthasar gehört, haben bemerkt, daß jene Beschäftigung mit Anselm für mich alles Andere als ein Parergon* war, wieviel ich mir dabei vielmehr – ob ich nun den Heiligen historisch mehr oder weniger richtig verstand! – angeeignet oder, meinem eigenen Stern folgend, zum Bewußtsein gebracht habe. Den Meisten ist wohl entgangen, daß man es in diesem Anselmbuch wenn nicht mit *dem,* so doch mit *einem* sehr wichtigen Schlüssel zum Verständnis der Denkbewegung zu tun hat, die sich mir dann eben in der ›Kirchlichen Dogmatik‹ mehr und mehr als die der Theologie allein angemessene nahegelegt hat«[49].

Barth glaubte jetzt sehr viel deutlicher als noch vor fünf Jahren zu wissen, was er in der Dogmatik wollte und was in ihr die sachliche Mitte sein müsse. »Das positiv Neue war dieses: ich hatte in diesen Jahren zu lernen, daß die christliche Lehre ausschließlich und folgerichtig und in allen ihren Aussagen direkt oder indirekt Lehre von Jesus Christus als von dem uns gesagten lebendigen Wort Gottes sein muß, um ihren Namen zu verdienen und um die christliche Kirche in der Welt zu erbauen, wie sie als christliche Kirche erbaut sein will. Blicke ich von da aus zurück auf meine früheren Stadien, so kann ich mich jetzt wohl fragen, wie es möglich war, daß ich das nicht schon viel früher gelernt und entsprechend gesagt habe. Wie ist doch der Mensch so langsam, gerade wenn es um die wichtigsten Dinge geht! ... Meine neue Aufgabe war, alles vorher Gesagte noch einmal ganz anders, nämlich jetzt als eine Theologie der Gnade Gottes in Jesus Christus durchzudenken und auszusprechen ... Und ich habe die Erfahrung gemacht, daß ich in dieser Konzentration alles viel klarer, unzweideutiger, einfacher und bekenntnismäßiger und zugleich doch auch viel freier, aufgeschlossener und umfassender sagen konnte als vorher, wo ich – weniger durch die kirchliche Tradition als durch die Eierschalen einer philosophischen Systematik – mindestens teilweise gehemmt war.«[50]

Diese Konzentration hatte ihre Konsequenzen. »Ich kann nicht verschweigen, daß ich in der Bearbeitung dieser Aufgabe – ich möchte sie als christologische Konzentration bezeichnen – zu einer in erhöhtem Sinn kritischen Auseinandersetzung mit der kirchlichen Tradition, auch mit den Reformatoren, auch mit Calvin geführt worden bin.«[51] Nachdem es in den zwanziger Jahren zu einem deutlichen Einschwenken auf die »reformatorische Linie« gekommen war, »sah ich mich doch bald genötigt, sie auch fortzusetzen,

* Beiwerk

das Verhältnis von Gesetz und Evangelium, von Natur und Gnade, von Erwählung und Christologie und so auch von Philosophie und Theologie genauer und insofern anders zu ordnen, als ich sie im 16. Jahrhundert geordnet fand. Indem ich also kein orthodoxer ›Calvinist‹ werden konnte, vermochte ich einem lutherischen Konfessionalismus erst recht keine Sympathie entgegenzubringen«[52].

Barth wollte also wohl keine konfessionalistische Dogmatik – aber er wollte jetzt immerhin betont und bewußt eine »*Kirchliche Dogmatik*« schreiben. Und er sah gerade in dieser Näherbestimmung seiner Dogmatik einen Fortschritt gegenüber seinem Versuch von 1927. »Wenn im Titel des Buches an die Stelle des Wortes ›christlich‹ das Wort ›kirchlich‹ getreten ist, so bedeutet das . . . das Sachliche: daß ich zum vornherein darauf hinweisen möchte: Dogmatik ist keine ›freie‹, sondern eine an den Raum der Kirche gebundene, da und nur da mögliche und sinnvolle Wissenschaft . . . Das bedeutet vor allem, daß ich einiges (worunter doch auch meine eigenen Absichten) jetzt besser verstanden zu haben meine, indem ich in dieser zweiten Fassung des Buches tunlichst Alles, was in der ersten nach existentialphilosophischer Begründung, Stützung oder auch nur Rechtfertigung der Theologie allenfalls aussehen möchte, ausgeschieden habe.«[53] Das letztere manifestierte sich z. B. darin, daß Barth in seiner Neubearbeitung der Dogmatik zum erstenmal auch kritische Bemerkungen zu Bultmanns Ansatz einflocht und dann sogar zu einer expliziten Auseinandersetzung mit Gogarten ausholte. Er tat es, indem er ihm die Frage stellte: »Inwiefern sich seine anthropologische Unterbauung der Theologie nun eigentlich von der natürlichen Theologie des Katholizismus und des Neuprotestantismus noch unterscheiden möchte?« »Der Text S. 128 f. stammt schon aus dem Sommer 1931 und ist Gogarten damals sofort mitgeteilt worden . . . Eine Antwort darauf habe ich nie erhalten.«[54]

Kirchliche Dogmatik – und so nun eben, und auch das noch viel entschiedener als 1927, »*Dogmatik*« war es, die Barth jetzt jedenfalls lesen und schreiben wollte. Nicht etwa »systematische« Theologie! »Die Zusammenstellung dieses Substantivs und dieses Adjektivs beruht . . . auf einer . . . reichlich problematischen Überlieferung . . . Ein ›System‹ ist ein unter Voraussetzung gewisser, nach Maßgabe einer bestimmten Philosophie ausgewählter Grundbegriffe und nach der diesen entsprechenden Methode konstruiertes Gedankengebäude. Theologie kann nicht im Gefängnis und unter dem Zwang einer solchen Konstruktion getrieben werden. Der Gegenstand der Theologie ist die Geschichte des Verkehrs Gottes mit dem Menschen und des Menschen mit Gott, die . . . im Zeugnis des Alten und des Neuen Testamentes zur Sprache kommt und in der die Botschaft der christlichen Kirche ihren Ursprung und Inhalt hat. Der Gegenstand der Theologie ist, in diesem Sinn verstanden: das ›Wort Gottes‹. Theologie ist Forschung und Lehre, die sich in der Wahl ihrer Wege, ihrer Fragen und Antworten, ihrer Begriffe und ihrer Sprache, ihrer Zielsetzungen und Abgrenzungen dem lebendigen Gebot dieses besonderen Gegenstandes – und sonst keiner Instanz im Himmel und auf Erden verantwortlich weiß. Theologie ist [insofern nun doch] freie – weil in der königlichen Freiheit des Wortes Gottes begründete und durch sie bestimmte Wissenschaft: darum gerade nicht ›systematische Theologie‹.«

Aber allerdings Dogmatik! »Als ›Dogmatik‹ bemüht sich die Theologie, orientiert am Zeugnis des Neuen und des Alten Testamentes, um den Ausweis der Wahrheit der von der christlichen Kirche von jeher verkündigten und heute neu zu verkündigenden Botschaft. Sie prüft, was laut öffentlicher und individueller Dokumente in Vergangenheit und Gegenwart als diese Wahrheit bekannt worden ist: *die* ›Dogmen‹. Und sie fragt heute wie zu jeder Zeit neu nach der Wahrheit, von der die Verkündigung der christlichen Kirche herkommt, die ihr dabei voranleuchtet und an der sie gemessen ist: sie fragt nach *dem* ›Dogma‹.«[55] Und eben so ist sie »eine lebensnotwendige Funktion der Kirche«: nämlich Dienst zur Kontrolle und Kritik ihrer Praxis durch die Wahrheit des Wortes Gottes. Auch sie kann diese Wahrheit allerdings nur bezeugen. Ja, »sie kann die Wahrheit des Wortes Gottes weder direkt noch indirekt beweisen wollen . . . Sie hat nur eben auf deren Selbstbeweis zu vertrauen. Dieses Vertrauen ist ihre (›apologetische‹) Kraft im Verhältnis zu den sämtlichen christlichen und nichtchristlichen Denkformen, Ideologien, Mythen, Weltanschauungen und Religionen. In diesem Vertrauen kann und darf sie allen, ihrer eigenen Sache gewiß und gerade darum offen, verständnisvoll und geduldig in großer Hoffnung im Blick auf die noch in ihnen befangenen Menschen begegnen. In diesem Vertrauen bemüht sie sich, inmitten der übrigen Wissenschaften ihrem eigenen Gesetz getreu, womöglich gleich gründliche und saubere intellektuelle Arbeit zu tun«[56].

Als dann Ende 1932 der erste (Rudolf Pestalozzi gewidmete) Teilband der »Kirchlichen Dogmatik« gedruckt erschien, sah man, daß auch in der äußerlichen Aufmachung gegenüber dem Buch von 1927 manches anders geworden war. Zum Beispiel dies, »daß ich der Andeutung der biblisch-theologischen Voraussetzungen, der theologiegeschichtlichen Zusammenhänge und der polemischen Beziehungen meiner Sätze mehr Raum geben wollte. Ich habe alle diese Dinge in die kleingedruckten Zwischensätze zusammengedrängt und die eigentliche dogmatische Darstellung so eingerichtet, daß sie, besonders von Nichttheologen, allenfalls auch unter Überspringung dieser Exkurse im Zusammenhang gelesen werden kann«[57]. Wiederum waren Barth diese »Zwischensätze« (zumindest die exegetischen) doch so wichtig, daß er gelegentlich erwog, ob nicht umgekehrt diese groß und seine eigenen Erklärungen klein zu drucken seien. Ein anderer Unterschied zu dem fünf Jahre älteren Buch bestand »in der sehr viel größeren Ausführlichkeit, die ich der Darstellung meinte geben zu sollen ... Alle Probleme haben sich mir eben in den 5 Jahren noch sehr viel reicher, bewegter und schwieriger dargestellt. Ich mußte weiter ausholen und breiter begründen«[58]. Hatte Barth in der »Christlichen Dogmatik« auf 463 Seiten die gesamten »Prolegomena« abhandeln können, so konnte er im ersten Teilband der »Kirchlichen Dogmatik« auf 514 Seiten nur die Hälfte (umfangmäßig sogar nur das erste Drittel) seiner »Prolegomena« vorlegen. In der breit angelegten Darbietung schon des ersten Teilbandes deutete sich bereits an, daß die Ausarbeitung dieser Dogmatik Barth nicht nur einige Jahre, sondern sein weiteres Leben lang beschäftigen würde. Formal ähnlich wie in seiner Unterweisung in Safenwil, gliederte er in seiner Dogmatik den Stoff in einzelne Paragraphen auf, an deren Anfang er einen Leitsatz stellte, welchen er den Studenten jeweils wörtlich zu Diktat gab.

Die »Prolegomena« bildeten also den Inhalt des ersten – und dann auch des zweiten Teilbandes der »Kirchlichen Dogmatik«. Auf die innere Zusammengehörigkeit der beiden Bände wies ihre Bezifferung als I/1 und I/2 hin. Nach Barths Plan sollte dann in einem weiteren Band II von Gott und darauf in drei weiteren Bänden von der Schöpfung, von der Versöhnung und von der Erlösung geredet werden.

Die Disposition der Prolegomena war im wesentlichen der seiner Münsteraner und sogar seiner Göttinger Dogmatik angelehnt. Und der Sinn der Prolegomena wurde hier wie dort darin gesehen – nicht etwa (wie traditionell üblich) allgemeine (»vorbereitende«, »heranführende«) Voraussetzungen des Glaubens und der Theologie zu behandeln und zu behaupten. Barth bestritt vielmehr die Bindung an solche »Voraussetzungen«. Und darum lag der Sinn der Prolegomena für ihn vielmehr darin, einen ersten Sprung in die Sache selbst zu tun und eine erste Klärung zu vollziehen hinsichtlich dessen, was Offenbarung sei und wie von ihr zu reden sei. In den Prolegomena geht es also »nicht um die vorher, sondern um die zuerst zu sagenden Dinge«. Oder mit anderen Worten: »Wir fragen also in den Prolegomena zur Dogmatik nach dem Worte Gottes als dem Kriterium der Dogmatik.« So gerieten die Prolegomena praktisch zu einer Dogmatik in nuce. Und so setzte Barth hier dann gleich (wie schon in Göttingen und Münster) mit der ausführlichen Antwort auf die zentrale Frage: »Wer ist Gott in seiner Offenbarung?« ein. Er fand die Antwort darauf in der altkirchlichen Trinitätslehre. »Die Trinitätslehre ist es, die die christ-

liche Gotteslehre als christliche . . . auszeichnet.« Nur entschlossener und klarer als
die Alte Kirche bezog er diese Lehre nun auf die Offenbarung. Er verstand diese
Lehre nämlich als die Auslegung des Satzes: »Gott offenbart sich als der Herr«, und
so als Erklärung der Wahrheit, daß der Gott, der sich offenbart, sich offenbaren *kann*
und daß wir es darum in der Offenbarung mit dem freien Gott, aber wirklich mit Gott
selbst und *ganz* zu tun haben. Und darum war es Barth auch wichtig, hervorzuheben,
daß Gott in seiner Offenbarung *»Vater«, »Sohn«* und *»Geist«* ist – nicht darum, weil
der Mensch das aufgrund seines Eindrucks oder Urteils so meint, sondern darum,
weil Gott Vater, Sohn und Geist wesentlich (»von Haus aus«, »zuvor in sich selber«)
ist. In diesem Sinn lehrte Barth nicht nur die »ökonomische«, sondern auch die
»immanente« Trinität Gottes[59].

Der Inhalt des ersten Dogmatikbandes war der Stoff, den Barth
in seinem Kolleg im Sommer 1931 und im Winter 1931/32 im
Auditorium Maximum an der Konviktstraße seinen Studenten vortrug – im Sommer morgens um sieben Uhr, im Winter um acht Uhr.
Neuartig war bei dieser Vorlesung, daß Barth sie jeweils mit einer
kurzen Andacht eröffnete, in der er die »Losungen« der Brüdergemeine vorlas und mit den Studenten einen Choral anstimmte. Auf
diese Übung brachte ihn nicht zuletzt die ernste Befürchtung, seine
Schülerschar möchte eine allzu munter Bescheid wissende, »undia-
lektische Nachkommenschaft« werden[60]. Er teilte ihr denn auch
einmal in der Dogmatikvorlesung offen diese seine Sorge mit: sie
könne in der Begeisterung über die Wiederentdeckung der »großen
Begriffe Gott, Wort, Geist, Offenbarung, Glaube, Kirche, Sakrament usw.« auf einmal »viel zu positiv« werden und meinen, »als
redeten wir darum *von* ihnen, weil wir relativ so hemmungslos *über*
sie zu reden wissen«[61].

Im Sommer 1931 behandelte Barth daneben wieder einmal »den
schon so oft gelesenen und beleuchteten Schleiermacher«[62] – im
Seminar die »Glaubenslehre«, in der Sozietät die »Kurze Darstellung«. Freilich, das Interesse der Studenten hatte sich inzwischen so
gewandelt, daß Barth bei ihnen mit diesem Thema – zu seinem
großen Erstaunen – anfangs gar nicht ankam. Sie »wollten zunächst
einfach nichts wissen von dieser Speise, so daß ich große Reden über
die geschichtliche Bedeutung des Mannes halten mußte, um sie nur
erst heranzukriegen zu bedächtigem Lesen und Nachdenken über
die Sache«[63]. Nur einer genoß es allerdings, daß Barth sie zwang,
»Polemik durch immer neue Interpretationsversuche zu ersetzen:
Georg Eichholz erwies sich als Interpretationskünstler von hohen
Graden«[64]. Im Juli nahm an einigen Seminarsitzungen der erst
25jährige, aber schon habilitierte Dietrich Bonhoeffer teil, der
durch die Vermittlung seines Freundes Erwin Sutz auch persönlich
mit Barth bekannt wurde. Beeindruckt berichtete Bonhoeffer, daß
»Barth noch jenseits seiner Bücher steht«. »Es ist da eine Offenheit,

Bereitschaft für den Einwand, der auch auf die Sache zielen soll, und dabei eine derartige Konzentration und ein ungestümes Drängen auf die Sache, der zuliebe man stolz oder bescheiden, rechthaberisch oder völlig unsicher reden kann, wie es sicher nicht der eigenen Theologie in erster Linie zu dienen bestimmt ist.«[65]

In seinem Seminar pflegte Barth weiterhin den Brauch, hie und da namhafte Referenten einzuladen. Ende Juni führte er so etwa eine Sitzung mit dem »von Fritz Lieb herbeigebrachten Orthodoxen Florovski aus Paris« durch. Aber »ich hatte nicht eben überwältigende Eindrücke von der Wesentlichkeit dieser orientalischen Theologie« und von der »alles ineinander verschwimmen lassenden russischen Gedankenmasse«[66]. Später besuchten das Seminar auch Benediktiner aus Maria Laach. Gerade mit den dortigen Mönchen entstand überhaupt in Barths Bonner Jahren ein freundlicher Verkehr. Mehrfach hat er (z. T. unter Begleitung seiner Studenten) sie auch an ihrem Ort aufgesucht. »Ich habe dort einmal eine Lektion über die so wohl gelungene Gegenreformation in Bayern anhören müssen, ohne mit der Wimper zucken zu dürfen.«[67] In näheren Kontakt kam er dort mit Damasus Winzen. Ein anderer Katholik, mit dem er damals in anregendem Verkehr stand, war der Kölner Robert Grosche. Barth konnte sich mit ihm gut verständigen – aber auf der Linie des gemeinsam bejahten Grundsatzes: »Wo man sich in echter dogmatischer Intoleranz gegenübersteht, gerade da und nur da wird man immer miteinander reden können, wird man auch fruchtbar miteinander reden.«[68] Im Winter, in dem er sein Seminar über die derzeit insbesondere zwischen den Vertretern der »Dialektischen Theologie« strittigen »Probleme der natürlichen Theologie« diskutieren ließ, tauchte in einer Sitzung wieder Erich Przywara auf. Dieser war eben im Begriff, sein Buch über die »analogia entis« zu veröffentlichen. Dieser Titel gab Barth nun das Stichwort zur Formulierung seines Dissensus gegenüber dem Katholizismus: »Ich halte die analogia entis* für *die* Erfindung des Antichrist und denke, daß man ihretwegen nicht katholisch werden kann. Wobei ich mir zugleich erlaube, alle anderen Gründe, die man haben kann, nicht katholisch zu werden, für kurzsichtig und unernsthaft zu halten.«[69] Wohlverstanden, Barth wollte »der katholischen Lehre von der analogia entis nicht eine Leugnung des Analogiebegriffs« entgegenstellen. Der Begriff als solcher erschien ihm seit der Beschäftigung mit Anselm nicht mehr als unbrauchbar; ja er wurde dann geradezu bezeichnend für seinen eigenen Erkenntnisweg. Es gebe also wohl, meinte er, eine Analogie, eine Entsprechung zwischen Gott und Mensch, kraft der der Mensch »fähig« ist, Gott zu erkennen. Aber –

* Vgl. S. 196.

und hier setzte sein leidenschaftlicher Widerspruch ein – diese »Entsprechung« sei dem Menschen nicht natürlich, zuständlich, »seinsmäßig« gegeben, sondern sie *werde* ihm gegeben: im »Glauben« (analogia *fidei!*), indem die Möglichkeit zum Erkennen Gottes und seines Wortes allein in diesem Wort selbst gegeben ist[70].

Als 1932 Georg Wobbermin mit kritischen Worten die Konversion von Erik Peterson und Oskar Bauhofer auf eine Schlagseite der Theologie Barths nach dieser Richtung zurückführte, antwortete Barth ihm am 18. Juni: im Gegenteil! Er halte den Katholizismus »für einen unheimlich starken und tiefen, letztlich für den einzigen wirklich ernst zu nehmenden Gesprächsgegner der evangelischen Theologie«, gemessen an dem der Idealismus, die Anthroposophie, die völkische Religion und die Gottlosenbewegung »Kindereien« seien. Er halte freilich die evangelische Theologie in ihrem derzeitigen Zustand für allzu schwach, um diesem Gegner standzuhalten. »Daß unsere Armee vorderhand . . . eine gründlich geschlagene Armee ist, darin bin ich allerdings mit diesen Deserteuren einig.« Drei Tage später schrieb Barth in einem anderen Offenen Brief an einen Herrn Hoffmann: »Die ›Interesselosigkeit der Allgemeinheit gegen die protestantische Kirche‹ erklärt sich daraus, daß die protestantische Kirche seit ca. 200 Jahren tatsächlich weithin aufgehört hat, interessant zu sein«, indem sie sowohl ihre Substanz als Kirche wie ihre Gestalt als protestantische Kirche weithin verloren hat. »Die katholische Kirche ist der Allgemeinheit darum ›interessanter‹, weil sie sowohl ihre Substanz als Kirche, wie auch ihre (antichristliche!) Gestalt als katholische Kirche im ganzen zu wahren gewußt hat.« Dort hieß es übrigens auch: »Die Verkündigung der Kirche ist per se politisch, sofern sie die in Unordnung befindliche heidnische Polis zur Verwirklichung von Recht aufzurufen hat. Gut ist sie dann, wenn es das konkrete Gebot Gottes, ungut ist sie dann, wenn es die abstrakte Wahrheit einer politischen Ideologie ist, was sie vertritt.«

Vor dem Sturm

In diesen Monaten beunruhigten Barth in zunehmendem Maße eben auch die politischen Vorgänge. Es war die Zeit, in der sich die Nationalsozialisten immer lauter bemerkbar machten. Barth kam sich in der deutschen politischen Lage vor, »wie wenn man in einem Auto säße, das von einem unfähigen oder betrunkenen Mann gesteuert wird«[71]. Ja, er glaubte nun auch öffentlich und konkret Stellung nehmen zu müssen. Und er tat es, indem er sich zum

Zeichen seines Protestes gegen den heraufdämmernden Ungeist und gegen die Bedrohung der »Demokratie« erneut mit der Sozialdemokratie solidarisierte: am 1. Mai 1931 trat er der SPD als Mitglied bei. Er verstand diesen Schritt nicht als »Bekenntnis zur Idee und Weltanschauung des Sozialismus«, aber als »eine praktische politische Entscheidung«, mit der er sich zu derjenigen Partei bekannte, bei der er jetzt die »Erfordernisse einer gesunden Politik« am besten wahrgenommen fand[72]. Denn das war sein Wunsch für die deutschen Politiker: »in der ganz an das Allernächstliegendste und Erreichbarste sich haltenden Art der schweizerischen Gemeinderäte und Bundesräte ihre Politik zu machen«[73].

Schon jetzt wurde Barth freilich hie und da vorgehalten, was er in den kommenden Jahren dann immer mehr hören mußte: »daß ich eben ein Schweizer und nicht, wie Hirsch so schön schrieb, ›von der Wurzel bis zum Wipfel‹ ein Deutscher sei«[74] und darum auch nicht wie ein Deutscher fühlen könne. Immerhin meinte Barth, dazu nicht ohne Stolz, von sich sagen zu können: »daß ich mich, indem ich meine Stellungen bezog und verfocht, mit der deutschen und mit der . . . preußischen Geschichte – von Bismarcks Reden und Leben bis hin zu den militärischen Taten Friedrichs des Großen und Moltkes und den Feldzügen unseres Jahrhunderts – [eingehend] beschäftigt hatte, . . . und sogar über Einzelheiten aus diesem Bereich mindestens ebenso gut Auskunft zu geben in der Lage war, wie Manche von den Deutsch-Nationalen, denen ich trotz eingezogener Information über ihre Hintergründe nun eben in der Beurteilung der gegenwärtigen Situation nicht zu folgen vermochte«[75]. Andererseits hat Barth allerdings damals doch »keinen Moment vergessen, daß ich Schweizer sei. Ich war eben ein richtiger Doppelbürger«[76]. Und so sagte er einmal nicht minder stolz: »Ich weiß wohl, in welchem Stück ich ein Schweizer bin und mitten in der deutschen Theologie und Kirche auch total und unentwegt bleiben will – in dem nämlich, was bei dem sehr profanen Gottfried Keller zu lesen steht:

Heil uns, noch ist bei Freien üblich
Ein leidenschaftlich freies Wort!

Und ich meine allerdings, daß ich – wenn denn von meinem Heimatschein durchaus die Rede sein soll – meine Liebe zu Deutschland, meine Zugehörigkeit zu ihm nicht wohl besser beweisen kann, als indem ich in diesem Sinn mitten in Deutschland, aber im Unterschied zu vielen Deutschen ein – Schweizer bin. Man zeige mir, mit welchem Recht man mich deshalb erledigen will!!«[77]

Im Oktober 1931 – im gleichen Monat, in dem ihn die Refor-

mierte Hochschule Sarospatak in Ungarn zu ihrem »Honorarprofessor« ernannte – kam es zu einem Zwischenfall, der die kommende
politische Entwicklung mit einem Schlage vorausahnen ließ.
Deutschnationale Studenten inszenierten in Halle einen wüsten
Protest gegen die Lehrbeauftragung von Barths Freund Günther
Dehn – wegen einer (relativ) kritischen Bemerkung, die er 1928
über den Krieg hatte fallen lassen. Als »die sogen. Deutsche Studentenschaft in Halle die Berufung Dehns auf den Lehrstuhl für
praktische Theologie mit einem Exodus nach Jena oder Leipzig zu
beantworten drohte, habe ich in den ›Theol. Blättern‹ . . . zusammen mit dem Herausgeber K. L. Schmidt und einigen andern
Kollegen die Erklärung abgegeben, daß ich ›mit Dehn persönlich
und sachlich solidarisch‹ sei«. Bultmann wollte freilich nicht mitun-
terschreiben. Und als dann in den folgenden Monaten der »Fall
Dehn« noch immer nicht zur Ruhe kommen« wollte und sich auch
die Theologen Hirsch und Dörries hinter die Studenten stellten,
nahm Barth noch einmal dazu Stellung mit der Frage: »Warum
führt man den Kampf nicht auf der ganzen Linie?« – »sei es denn
leidenschaftlich, aber wissenschaftlich« und zwar dann gegen die
ganze hinter Dehn stehende »dialektische Theologie!«[78] Wie klar
und wie ernst Barth zu der Zeit die ganze Lage sah, zeigte auch ein
Artikel im Dezember 1931 im »Zofinger Zentralblatt«, in dem er
den Faschismus – »in seinem dogmatisch fixierten Wissen um diese
eine, die nationale Wirklichkeit, in seinem Appell an Gründe, die
gar keine Gründe sind, in seinem Auftreten als unqualifizierte
Macht« – als eine »Religion« charakterisierte: und zwar als eine
Religion, von der das Christentum »nur Gegnerschaft« zu erwarten
habe und der gegenüber das Christentum doch zugleich in größter
Versuchung stehe, sich ihr anzupassen[79].

In den Frühlingsferien 1932 fuhr Barth vom Bergli aus mit Ruedi
Pestalozzi nach Berlin, wo er (vor seiner Stimmabgabe für die
Wiederwahl Hindenburgs) am 11. April an der Brandenburgischen
Missionskonferenz über »Die Theologie und die Mission in der
Gegenwart« zu reden hatte.

Das missionarische Handeln verstand er hier folgendermaßen: »Indem die Kirche
[die] Solidarität der Heiden drinnen mit den Heiden draußen, . . . der Welt . . . *in* der
Kirche mit *aller* Welt betätigt, möchte sie ernst machen mit ihrem Bekenntnis zu dem
Herrn, der der Herr ist.« Und die Aufgabe der Theologie für die missionarische
Tätigkeit sah er nicht darin, sie mit »Waffen« zu versorgen, sondern darin, ihr
»Fragen« zu stellen nach ihrem Verhältnis »zu ihrem Grund und Gegenstand«. Man
merkte auch hier auf Schritt und Tritt Barths zähe Auseinandersetzungen mit dem
Problem der »natürlichen Theologie«, der »analogia entis« und des »Anknüpfungs-
punktes«. Er meinte, die Missionsbotschaft könne »nur an solche Punkte anknüpfen,

die sie selber zuvor setzen muß, nicht an solche, die schon vorher und an sich da wären«[80].

Barth kam bei diesem Berlinaufenthalt wieder mit dem General-superintendenten Dibelius zusammen, aber auch mit dem Missions-direktor Siegfried Knak, der die Diskussion im Anschluß an den Vortrag mit der Frage eröffnete, worin Barth den Unterschied zwischen preußischem und schweizerischem Nationalgefühl sehe. Auch Bonhoeffer traf er dort, der ihn im Spätsommer (auf dem Bergli) erneut zu einem Gespräch aufsuchte. Nach seiner Rückkehr nach Bonn hatte Barth dort eine Begegnung mit dem russischen Philosophen Berdjajew.

Im Sommer 1932 las Barth weiter an der Fortsetzung seiner »Prolegomena« und in seinem Seminar besprach er Ritschls »Un-terricht in der christlichen Religion«. In der folgenden Sommerpau-se konnte er – auf dem Bergli – das Vorwort zum ersten Band der »Kirchlichen Dogmatik« schreiben und auch das Vorwort zur engli-schen Übersetzung des zweiten »Römerbriefes«; der englische Neu-testamentler Edwyn Hoskyns hatte »sich der mühevollen und selbstlosen Arbeit unterzogen, dieses Buch ins Englische zu übertra-gen«. Damit wurde erst recht die Tür zur Einwirkung der Theologie Barths auf den englischen Sprachraum geöffnet, freilich so, daß die Leser zunächst »an den Anfang einer Entwicklung geführt« wurden, die inzwischen unaufhaltsam weitergegangen war[81]. Etwa zur glei-chen Zeit erschienen in einem Andachtsbuch des Furche-Verlages 21 »Andachten« Barths zur Passions- und Osterzeit. Es ist bemer-kenswert, daß er gerade während seiner Zuwendung zur »Kirchli-chen Dogmatik« die Freiheit gefunden hatte, sich doch auch einmal auf dem »erbaulichen Sektor« zu äußern. Übrigens verfaßte er – schon in Münster und jetzt wieder in Bonn – öfters auch Betrach-tungen zu den zentralen christlichen Festen für größere Tageszei-tungen.

Im Winter 1932/33 lag dem Seminar als Text Calvins Institutio Buch III zugrunde – »für solche Übungen mit Epheben ein gera-dezu erstklassiger Stoff«, so lehrreich, daß Barth beschloß, im nächsten Sommer mit der Besprechung desselben Textes fortzufah-ren. In seiner Sozietät behandelte er Luthers Großen Katechismus, am Offenen Abend die »so überaus gesprächige« Ethik Emil Brun-ners. Dazu veranstaltete er in diesem Winter (und dann noch einmal im folgenden Sommer) mit 110 Interessenten »homiletische Übungen«.

Die Besonderheit der hier entfalteten Predigtlehre bestand darin, daß »ich die Themapredigt, die in den hiesigen Predigerseminaren und Examensbehörden als die allein mögliche gilt, als völlig unmöglich ablehne und die Notwendigkeit der Homilie geradezu als Glaubensartikel behandle«[82]. Barth war in der Tat der Überzeugung, »das ganze Elend des modernen Protestantismus« lasse sich auch dahin zusammenfassen: »seine Verkündigung ist Themapredigt geworden . . . Die Themapredigt (die große Anmaßung, als ob der Prediger der Gemeinde neben oder mit der Schrifterklärung – analogia entis! – auch noch etwas Selbständiges zu sagen habe) war und ist nichts anderes als die praktische Anwendung der neuprotestantischen Verbindung von biblischer und natürlicher Theologie . . . Wenn die Predigt bei und neben dem Dienst am göttlichen Wort noch etwas Zweites beabsichtigte und wollte, dann hat noch immer dieses Zweite den Sieg davongetragen und der Dienst fiel aus«[83].

Über jene »homiletischen Übungen« und die anderen Kurse hinaus hatte Barth in diesem Winter obendrein noch seine dogmatische Hauptvorlesung zu halten. Er hatte also jetzt mehr denn je zu tun – und das Gedränge sollte bald noch größer werden.

Gleichwohl fand er neben dem allem immer noch die Muße, zuweilen in einem Streichquartett – »in der diskreten Funktion eines Bratschisten«[84] – Mozart zu spielen, aber auch die Muße, »ein neues Verhältnis z. B. zu Goethe zu gewinnen, zahlreiche Romane – darunter viele von den ausgezeichneten Hervorbringungen der neueren englischen Kriminal-Romanliteratur – zu lesen, ein schlechter, aber passionierter Reiter zu werden usw.«. »Ich kann mich denn auch nicht erinnern, in den früheren Jahrzehnten meines Lebens so bewußt und doch auch – obwohl es sehr schwere Jahre waren – so gerne gelebt zu haben.« Ja, er glaubte, »daß ich in diesen . . . Jahren *zugleich* sehr viel kirchlicher *und* sehr viel weltlicher geworden bin«[85]. Und trotz all der Arbeit blieb ihm immer noch wenngleich beschränkte Zeit, am weiteren Heranwachsen seiner Kinder Anteil zu nehmen. Für deren eigentliche Erziehung hatte freilich seine Frau ihre »ein Leben lang treu und eifrig verwendeten Kräfte« einzusetzen[86]. Seine Älteste schritt nun bereits dem Abitur entgegen. Und bei Markus konnte er erstaunt ein Interesse am Verkehr mit kommunistischen Zirkeln feststellen[87], nachdem dieser schon 1930 mit der Verweigerung seiner Konfirmation Selbständigkeit demonstriert hatte. Christoph sah er mehr als einen ruhigen, gemütlichen und Matthis als einen phantastischen, »in irgendwelchen Märchenregionen« lebenden Typ an[88], Hans Jakob war leidenschaftlich mit seinen naturwissenschaftlichen Sammlungen beschäftigt, während der Vater vermutete, er möchte vielleicht auch ein kommender großer »Rennfahrer« oder »Geschäftsmann« sein[89]. Matthis machte dem Vater dadurch besonders Eindruck, daß er damals – »geheimnisvoll-wunderlich freilich – von Bäumen und andern Erhöhungen aus zu predigen liebte. Der Trieb dazu scheint in der Familie Barth ziemlich tief zu sitzen«[90].

In jener erwähnten Hauptvorlesung im Winter 1932/33 kam

Barth zum dritten Male auf die Theologie des 19. Jahrhunderts
zurück, über die er ja schon in Münster zweimal Vorlesungen
gehalten hatte.

»Ihre letzte Gestalt war ein im WS 1932–33 und im SS 1933 in Bonn durchge-
führter Kurs, in welchem ich zuerst über die ›Vorgeschichte‹, dann über die ›Geschichte‹ der protestantischen Theologie seit Schleiermacher vorgetragen habe. (Als
das Hitlerreich anbrach, war ich gerade mit J. J. Rousseau beschäftigt!) Beide Teile
blieben ein Torso. Die ›Vorgeschichte‹ sollte in einer Darstellung Goethes, auf die ich
damals nicht ganz unvorbereitet war und auf die ich mich besonders gefreut hatte,
ihren Abschluß finden. Die ›Geschichte‹ hatte ich bis zu der Ära Troeltsch zu
verfolgen gedacht. Der Raum eines akademischen Semesters ließ die Sache hier wie
dort nicht zu der vorgesehenen Vollendung kommen.«[91] Neu zu dem älteren Vorle-
sungsmanuskript hinzu kam jetzt vor allem die Darstellung jener »Vorgeschichte«, in
der Barth die These entfaltete, »daß die berühmte Dogmenkritik des 18. Jahrhunderts nachweislich nicht, wie man uns s. Z. belehrt hat, auf einen Durchbruch der
Wahrhaftigkeit angesichts des veränderten Weltbildes etc., sondern sehr schlicht auf
das sentimentale Selbstbewußtsein, auf eine bestimmte moralische, nicht auf eine
besondere intellektuelle Einstellung der Zeit zurückzuführen ist«[92]. Eigentümlich war
ferner, daß Barth hier Pietismus und Aufklärung als »doch mehr äußerlich als
innerlich verschiedene Gestalten des *einen* Wesens« darstellte: beide einig in dem
Versuch einer »Einbeziehung Gottes in den Umkreis des souveränen menschlichen
Selbstbewußtseins«.

Wie in der ersten Fassung der Vorlesung wurde auch in dieser dritten die
protestantische Theologie im 19. Jhdt. anhand von typischen Theologen dargestellt,
in deren Mitte – als »Vollendung und Überwindung des 18. Jahrhunderts« und als
»Kirchenvater des 19.« – der Mann Schleiermacher stand: Repräsentant einer
Theologie, in der »der Mensch insofern allein auf dem Platz geblieben ist, als er allein
[ihr] Subjekt, Christus aber sein Prädikat geworden ist«. Barth fügte hinzu: »Daß es
in der christlichen Theologie so nicht gemeint sein kann und darum auch bei
Schleiermacher so nicht gemeint sein konnte, ist das Einzige, was uns über diesen
Befund trösten kann. Es ist aber wirklich ein Glaubenssatz.«[93] Unter jenen Theologen
tauchen hier neben den bekannten Koryphäen auch solche Außenseiter wie Blumhardt und Kohlbrügge auf, denen gegenüber – und das war neu – Barth jetzt doch
auch einige Fragen zu stellen hatte.

Der besondere Zweck, den Barth mit der Behandlung gerade
dieses Themas gerade jetzt verfolgte, bestand im ganzen darin,
seinen Schülern »eine etwas andere Einstellung und Verhaltungs-
weise zu der uns unmittelbar vorangehenden Zeit der Kirche zu
wünschen und nahezulegen als die, die sie nun doch im Mißver-
ständnis der von mir empfangenen Anleitung oft und hitzig genug
für normal zu halten scheinen. Ich sähe es gerne, wenn sie denen,
die vor uns waren, bei aller Grundsätzlichkeit der Abgrenzung
ihnen gegenüber – einfach gesagt: nun doch mehr Liebe zuwenden
würden ... Gerade eine bessere Exegese und Dogmatik ... muß
sich darin erweisen und bewähren, daß ihr Vertreter für die ge-

schichtliche Wirklichkeit seiner theologischen Mitmenschen von gestern und ehegestern ein schärferes nicht nur, sondern vor allem ein offeneres Auge bekommt: Aufgeschlossenheit und Interesse für seine konkrete Gestalt mit ihren besonderen Konturen, Verständnis für die ihm vorgegebenen Zusammenhänge, viel Geduld und auch viel Humor angesichts seiner offenkundigen Schranken und Schwächen, ein wenig Grazie im Sichtbarmachen auch der tiefgehendsten Kritik, . . . im letzten Grund sogar (und das auch im schlimmsten Fall) eine gewisse ruhige Freude an seinem Sosein«[94]. Die bei aller Kritik große Milde, in der Barth hier über das 19. Jahrhundert redete, ließ manchen fragen, ob er damit nicht seine frühere Kritik an dieser Epoche zurückgezogen habe. »›Ein neuer Ton‹? Certainly not!* Aber vielleicht auf derselben Harfe gespielt, der Ton einer Saite, die eben auch zu diesem Instrument gehört, aber leicht überhört werden konnte. Die Aufgabe ist nun einmal nicht die gleiche, wenn man im Zusammenhang einer Berichterstattung über längst abgeschlossene Aktionen *über* gewisse längst begrabene, weiterer Zurede nicht mehr zugängliche und bedürftige Personen – oder wenn man mitten in der gegenwärtigen kirchlich-theologischen Aktion *zu* gewissen lebenden Personen zu reden hat: konfrontiert mit Figuren, an denen man allenfalls noch rütteln, von denen man noch Entwicklungen erwarten, vor deren Thesen und Antithesen man aber auch die andern auf die Hut setzen muß. Da wird dann wohl der Ton ein anderer sein müssen.«[95] Einen Abschnitt der Vorlesung (den über Gottfried Menken) ließ Barth 1933 in der Festschrift für den 70jährigen Ernst Friedrich Karl Müller abdrukken; die ganze Vorlesung wurde erst 1947 publiziert.

»*Als wäre nichts geschehen*«

Mitten in dem Winter, während diese Vorlesung lief, kam es nun bei Barth »zu einer erheblichen Veränderung meiner Haltung und Betätigung: nicht hinsichtlich des Sinnes und der Richtung meiner Erkenntnisse, wohl aber hinsichtlich ihrer Anwendung. Und diese Veränderung verdanke ich dem ›Führer‹!«[96] Schon als erst Papen, dann Schleicher Kanzler wurden, »hab' ich getobt in meinem Studierzimmer; da sah ich das Ende aller Dinge voraus und habe düstere Weissagungen von mir gegeben: das kommt nicht gut!«[97] Am 30. Januar 1933 drängte sich dann »der Führer« Adolf Hitler mit seinen Nationalsozialisten in Berlin an die Macht. Fritz Lieb machte »Miene . . ., den die Machtergreifung Hitlers verkündigen-

---

* Sicher nicht!

den Radioapparat unseres Freundes K. L. Schmidt zum Fenster hinauszuwerfen«[98]. Und auch Barth, der an diesem Tag mit Grippe im Bett lag, wußte jedenfalls sofort, »wo ich . . . zu stehen und nicht zu stehen hatte. Letztlich einfach darum, weil ich sah, daß das liebe deutsche Volk da anfing, einen falschen Gott anzubeten! . . . Ich handelte hier instinktiv. Ich brauchte mich gar nicht zu besinnen, daß ich es abzulehnen hatte«[99]. »Rauschning hat richtig gesehen, wenn er den eigentlich esoterischen Gehalt des Nationalsozialismus als reinen, konsequenten, d. h. letztlich völlig geistfeindlichen und destruktiven Nihilismus definiert hat.« Und so war es Barth klar, »daß seine Religions- und Kirchenpolitik von Anfang an nur auf die Ausrottung des christlichen Glaubens und Bekenntnisses gerichtet sein konnte. Wiederum konnte aber dieses Ziel . . . nur schrittweise, indirekt und unter allerlei Tarnung angestrebt werden«[100]. Barth las erst jetzt Hitlers »Mein Kampf«; die Lektüre konnte ihn in seiner Ablehnung des neuen Regimes nur bestätigen.

Aber nun zeigte sich, daß die Kirche auf die Auseinandersetzung mit diesem »Widerpart von bisher ungewohntem Format«[101] nicht gerüstet war, ja daß sie den NS-Staat nicht einmal auch nur als solchen »Widerpart« zu erkennen vermochte. Es zeigte sich, »daß sich die protestantische Kirche tatsächlich schon seit Jahrhunderten allerhand andern weniger ostentativen und aggressiven Fremdmächten allzu sehr ›gleichgeschaltet‹ hatte, als daß sie jetzt in der Lage sein konnte, die ihr gemachte plumpe Zumutung . . . prompt und sicher abzulehnen« – die Zumutung, sich selbst, ihre Botschaft und kirchliche Gestalt dem NS-Staat »gleichzuschalten«[102]. Zu seinem Kummer und Entsetzen sah Barth nun sogar einen Teil seiner Freunde, mit denen er 1919 in Tambach und dann in »Zwischen den Zeiten« einen neuen Aufbruch gewagt hatte, und auch einen Teil seiner Schüler und Hörer sich an jener Gleichschaltung beteiligen oder sie doch wenigstens ruhig hinnehmen. Eben darum glaubte er jetzt, »daß ich, da so viele zustimmten und niemand ernsthaft protestierte, selber nicht gut schweigen konnte, sondern es unternehmen mußte, der gefährdeten Kirche das Nötige zuzurufen«[103].

Am Tag nach Hitlers Machtergreifung verhandelte Barth mit Albert Lempp darüber, ob es jetzt nicht an der Zeit sei, »Zwischen den Zeiten« abzubrechen. Denn es stand so, »daß ich Gogarten wegen seiner in den zwanziger Jahren geführten Rede über die ›Autorität‹ und dgl. schon damals für einen der intellektuellen Urheber des Nationalsozialismus gehalten habe, ihn dann 1933 unter den sog. Jung-Reformatorischen und eine Weile sogar unter den ›Deutschen Christen‹ in Erscheinung treten sah«[104]. Darum meinte Barth nun öffentlich-demonstrativ von ihm abrücken zu sollen, um dadurch wenigstens ein Stück weit Klarheit zu schaffen. Die Auflösung der Zeitschrift wurde zwar noch einmal aufgeschoben, dafür aber die Nennung der drei »Herausgeber« gestrichen. Damit übernahm Barth künftig nur noch die Verantwortung für seine eigenen Artikel und nicht mehr für die innere Linie der Zeitschrift im ganzen.

Im übrigen sah »ich meine nächste Pflicht« in der Zeit nach dem politischen Umschwung darin, »die mir anvertrauten Studenten inmitten der allgemeinen Aufregung zur Fortsetzung möglichst ordentlicher Arbeit anzuhalten, meine weitere Pflicht aber darin, mitzuhelfen, die evangelische Kirche für ihren Dienst in der veränderten äußeren Lage, d. h. der herrschend gewordenen weltanschaulichen Lage und Ideologie gegenüber beim biblischen Evangelium zu erhalten«[105]. In diesem Sinn hielt Barth gleich in der ersten Zeit des »Dritten Reiches« einen Vortrag, dessen Thema – »Das erste Gebot als theologisches Axiom« – unverkennbar die Grundlage definierte, auf der nach seiner Erkenntnis gerade jetzt Kirche und Theologie zu stehen hatten. Er witterte hier in allen theologischen Versuchen, »den Begriff der Offenbarung mittels des auf alle Fälle folgenschweren Wörtleins ›und‹ zu einer andern aus irgendeinem Grund für wichtig gehaltenen Instanz in Beziehung zu setzen« (wie menschliche »Existenz«, »Ordnung«, »Staat«, »Volk« usf.), die Gefahr, neben Gott »andere Götter« zu setzen. Und er rief die Christenheit dazu auf, daß sie endlich »aller und jeder natürlichen Theologie den Abschied geben und es wagen sollte, . . . allein an dem Gott zu hängen, der sich in Jesus Christus offenbart hat«[106]. Barth führte das – während seiner ersten Dänemark-Reise – am 10. März in Kopenhagen und am 12. März 1933 in Aarhus aus (also wenige Tage nach dem – nach seiner Meinung – »von den Nationalsozialisten selber veranstalteten Reichstagsbrand, auf Grund dessen die Presse und politische Arbeit der Opposition unterdrückt . . . wurde«[107]).

Als ein wirksames Mittel zur Unterdrückung von Opposition erwies sich damals in den Händen der neuen Machthaber das »Gesetz zur Wiederherstellung des Berufsbeamtentums«, mit dem in der Folge so mancher Professor abgesetzt oder versetzt wurde. Im März 1933 ließ die SPD diejenigen ihrer Mitglieder, die durch eben jenes Gesetz unter den Druck des neuen Staates gekommen waren, wissen, sie sollten nicht »ihre Beamtenqualität der Zugehörigkeit der SPD« opfern – gemeint war: sie sollten sich von der organisierten Mitgliedschaft auf einen »inneren Überzeugungssozialismus« zurückziehen. Barth korrespondierte in dieser Sache mit Paul Tillich, der jene Empfehlung persönlich guthieß, während Barth sie entschieden ablehnte und gerade jetzt gerade auf seine *äußere* Parteimitgliedschaft insistierte. »Wer mich nicht so haben will, der kann mich überhaupt nicht haben.«[108] Ähnliches teilte er dem preußischen Kultusminister Rust mit, verbunden mit der Frage, ob er unter diesen Umständen im Sommer wohl seine Lehrtätigkeit fortsetzen könne. Rust, der einst Barths »Römerbrief« gelesen hatte, ließ ihn – nur unter der Bedingung, keine »Zellenbildung« zu unternehmen – gewähren. Im Juni wurde die SPD vollends verboten und aufgelöst. Als Barth damals »direkt vom Rektor« gefragt wurde, »wie es jetzt mit meinem Verhältnis zur SPD stehe, habe ich gesagt: ich hätte die Sache mit dem Herrn Minister in Ordnung gebracht. Und so bin ich vielleicht faktisch der letzte SPD-Mann im Dritten Reich gewesen«[109].

Jedenfalls konnte Barth nun ungehindert im Sommersemester 1933 an seine Arbeit gehen. Gestärkt durch einen Bergli-Aufenthalt im April, nahm er ein Pensum in Angriff, das so groß war wie noch nie: 14 Wochenstunden! Zu den im Winter begonnenen Kursen hinzu, die er jetzt fortsetzte, trug er auch noch einmal (gewissermaßen als Vertreter des gerade abgesetzten Karl Ludwig Schmidt) seine ältere Vorlesung über das Johannes-Evangelium vor. Die Studenten waren »in großen Scharen und sehr ernsthaft dabei« – sogar »Stahlhelmler und Nazis« kamen »in ihren Uniformen«[110]. Barth schärfte ihnen als die Pflicht eines Theologiestudenten im Sommer 1933 ein, »daß gerade jetzt nur ganz ernsthafte theologische Arbeit ein sinnvolles Tun sein könne«[111]. Im Juni richtete er für seine Studenten obendrein noch eine Arbeitsgemeinschaft über die »14 Düsseldorfer Thesen« ein. Diese entscheidend mit von Barth verfaßten »Thesen« (vom 4. Juni) waren als »eine theologische Erklärung zur Gestalt der Kirche« eines der ersten (reformierten!) Mahnworte an die Kirche im Dritten Reich. Ihre erste (mit der ersten These der Berner Disputation von 1528 identische!) These lautete: »Die heilige christliche Kirche, deren einiges Haupt Christus ist, ist aus dem Wort Gottes geboren, in demselben bleibt sie und hört nicht die Stimme eines Fremden.«

Als die erste öffentliche Stellungnahme Barths zu der neu entstandenen Lage ist seine Schrift »Theologische Existenz heute« anzusehen, die er vom 24. auf den 25. Juni 1933 in einem Wurf niederschrieb. Vorausgegangen war – abgesehen von der ersten Machtentfaltung der »Nazis« – ein starkes Anschwellen und Agitieren der sogen. »Glaubensbewegung Deutscher Christen« (DC), die am 3.–5. April die Gleichschaltung der Kirche mit dem NS-Staat gefordert und den »im übrigen unbekannten und unbedeutenden Marinepfarrer Ludwig Müller«[112] zu ihrem »Schirmherrn« erkoren hatte, welcher wiederum am 25. April von Hitler zum Bevollmächtigten in Kirchenfragen berufen wurde. Vorausgegangen war ferner ein für Barth höchst verdächtig eifriges Bemühen der kirchlichen Spitzen um eine neue Kirchenordnung, die – ausgearbeitet vom »Dreimännerkollegium« Kapler, Marahrens und Hesse – ihre Notwendigkeit aus der geschichtlichen Wende »unseres heißgeliebten deutschen Vaterlandes« herleitete und in der Forderung eines zentralen »Reichsbischofs« gipfelte. Nach Barth hat es »sich im Bischofsgedanken von 1933 eindeutig um die Nachahmung einer bestimmten ›staatlichen Form‹ gehandelt« – nämlich des »Führerprinzips«[113]. Vorausgegangen war dann auch dies, daß Friedrich von Bodelschwingh sich (am 29. Mai) in das Amt dieses »Reichsbischofs« rufen ließ. Am 24. Juni selbst war dann plötzlich der Landgerichtsrat August Jäger als staatlicher Kommissar für die preußische Landeskirche eingesetzt worden, woraufhin Bodelschwingh – am gleichen Tag – von seinem Amt zurücktrat.

In diesem Moment schrieb Barth nun jene Kampfschrift. Eine schärfere und politischer formulierte Urfassung kassierte er wieder, um sie durch eine mildere Fassung zu ersetzen, von der er meinte, »daß ich noch sehr viel mehr hätte sagen können, aber teilweise ›ufs Mul hocke‹ mußte, um nur wenigstens das sagen zu können«[114]. Immerhin war die mildere Fassung noch stark genug, um gleichwohl als »der erste Trompetenstoß der ›Bekennenden Kirche‹« zu wirken[115].

Barth begann hier mit der Erklärung, daß es gerade jetzt darauf ankomme, »Theologie und nur Theologie« zu treiben – »als wäre nichts geschehen . . . Ich halte dafür, das sei auch eine Stellungnahme, . . . indirekt sogar eine politische Stellungnahme!« Die Lehre der DC bezeichnete er unumwunden als »Irrlehre«: denn die Kirche habe »nicht den Menschen und also auch nicht dem deutschen Volk zu dienen«; sie verkündige das Evangelium »auch *im* Dritten Reich, aber nicht *unter* ihm und nicht in *seinem* Geiste«, und so werde die Zugehörigkeit zur Kirche »nicht durch das Blut und also auch nicht durch die Rasse« bestimmt. Besonders anstößig war es, daß Barth sich hier aber auch »nicht minder scharf« gegen die von Heim, Künneth, Lilje u. a. getragene, vermittelnde »Jung-Reformatorische Bewegung«, die einerseits für die Wahrung der kirchlichen Selbständigkeit, andererseits für ein »freudiges Ja zum neuen deutschen Staat« eintrat, abgrenzte: weil sie »nicht in einem klaren und radikalen« Gegensatz zu den Deutschen Christen stehe[116].

»Ich hatte . . . in jenem ersten Heft ›Theologische Existenz heute‹ . . . nichts Neues zu sagen, sondern eben das, was zu sagen ich mich immer bemüht hatte: daß wir neben Gott keine anderen Götter haben können, daß der Heilige Geist der Schrift genügt, um die Kirche in alle Wahrheit zu leiten, daß die Gnade Jesu Christi genügt zur Vergebung unserer Sünde und zur Ordnung unseres Lebens. Nur, daß ich eben dies nun auf einmal in einer Situation zu sagen hatte, in der eben dies nicht mehr den Charakter einer akademischen Theorie haben konnte, sondern, ohne daß ich es wollte und dazu machte, den Charakter eines Aufrufs, einer Herausforderung, einer Kampfparole, eines Bekenntnisses bekommen mußte. Nicht ich habe mich verändert: es veränderte sich aber gewaltig der Raum und die Resonanz des Raumes, in dem ich zu reden hatte. Die konsequente Wiederholung jener Lehre wurde gerade in ihrer gleichzeitig vollzogenen Vertiefung in diesem neuen Raum von selbst zur Praxis, zur Entscheidung, zur Handlung.«[117]

Am 1. Juli übersandte Barth ein Exemplar der Schrift auch an Adolf Hitler mit der Erklärung:»Es handelt sich um ein Wort an die deutschen evangelischen Pfarrer, denen ich im Blick auf die kirchenpolitischen Ereignisse der letzten Zeit nahelegen möchte, sich auf ihren besonderen Ort und auf ihre eigentümliche Arbeit zu besinnen.«[118] – Die Wirkung der Schrift war ungeheuer. Der Kaiser Verlag setzte sich rührig für ihre Verbreitung ein. Schon am 8. Juli mußte eine zweite Auflage erscheinen. Bis zu ihrer Beschlagnahme am 28. Juli 1934 waren von ihr nicht weniger als 37 000 Exemplare gedruckt worden.

»Für die Freiheit des Evangeliums«

Barths Stimme gewann jetzt zweifellos auch dadurch vermehrt Einfluß, daß er auf das reformierte Glied jenes unglücklichen »Drei-Männer-Kollegiums«, auf Pfarrer Hermann Albert Hesse, zunehmend Einfluß bekam. Hesse (1877–1957), der damals das reformierte Predigerseminar in Elberfeld leitete, trat schon seit den ersten Tagen der Hitlerzeit als der führende Sprecher und Repräsentant der deutschen Reformierten hervor. Und eben als solcher hörte er nun mehr und mehr auf Barth, er konsultierte ihn und benutzte ihn »sozus. als theologisches Korsett«[119], um so schließlich einer der entschlossensten Kämpfer der »Bekennenden Kirche« zu werden. Wiederholt rief er Barth, manchmal überraschend kurzfristig, zu eingehenden Beratungen nach Wuppertal. So zum Beispiel einen Tag nach der Niederschrift von »Theologische Existenz heute«. Dort traf er auch mit einem Kreis von Pfarrern zusammen. »Ich habe geredet, zugeredet, gesprochen und geschrien, was das Zeug hielt, einen Deutschen Christen (den völlig haltlosen Otto Weber, der aber eine wichtige Position hat) förmlich angefleht, er möchte von dieser Ketzerei lassen und zur Gemeinde zurückkehren.«[120] Am 2. Juli rief Hesse ihn wieder – diesmal nach Berlin, wo über die Endgestalt der neuen Verfassung der »Deutschen Evangelischen Kirche« verhandelt wurde. Barth reiste jedoch enttäuscht vorzeitig wieder ab, nachdem er Hesses Haltung als zu nachgiebig empfunden hatte.

Am 11. Juli nahmen die Vertreter der Kirchen diese Verfassung an, die drei Tage darauf Reichsgesetz wurde. Am 20. Juli schloß Hitler sein Konkordat mit der katholischen Kirche. Und am 23. Juli folgten in der evangelischen Kirche allgemeine Wahlen, für die die (von Hitler massiv unterstützten) Deutschen Christen und eine von der Jungreformatorischen Bewegung getragene Gruppe »Evangelium und Kirche« nebeneinander Listen aufgestellt hatten. Barth führte am Vorabend der Wahl auf einer Bonner Kundgebung in einer frei gesprochenen Rede aus: »Um der Freiheit des Evangeliums willen kann man diesen beiden Listen seine Stimme nicht geben.« Denn »die Evangelisch-Kirchlichen sagen heimlich, gedämpft und zurückhaltend, was die Deutschen Christen offen, laut und ungebrochen sagen«. Beide verträten eine Botschaft, in der die Freiheit des Evangeliums und damit das Evangelium selbst aufgehoben werde[121]. Nach der Rede umarmte ihn Hölscher unter Tränen; und das war ein Zeichen, wie in der damaligen Kampfsituation liberale und dialektische Theologen zu Brüdern werden konnten.

Barth selbst trat bei der Kundgebung – zusammen mit Karl Ludwig Schmidt, Ernst Wolf, Hans Emil Weber, Gustav Hölscher und dem Juristen Otto Bleibtreu – für eine kurzfristig aufgestellte dritte Liste ein: »Für die Freiheit des Evangeliums«. Diese Liste konnte in Bonn immerhin 10 % der Stimmen auf sich vereinigen, und Barth wurde dadurch in das dortige Presbyterium gewählt. Im gesamten Deutschland aber endete die Wahl mit einem großen Sieg der DC, die drei Viertel der Stimmen gewannen.

Und so kam es nun, »daß die deutsche Kirche . . . im Sommer des Jahres 1933 angesichts der Erfolge des Nationalsozialismus und unter der suggestiven Macht seiner Ideen hinsichtlich ihrer Lehre und Ordnung in die größte Gefahr geriet, der Herrschaft der sogen. ›Deutschen Christen‹ zu verfallen«[122]. Tatsächlich waren die folgenden Monate bestimmt durch diesen Sieg der DC. »Es geriet die oberbehördliche Macht in der Kirche der meisten Landeskirchen nicht ohne Tumult in die Hände dieser Partei. Es herrschten ihr Geist, ihre Parolen und Schlagworte . . . eine Weile so ziemlich landauf, landab.«[123] Am 6. September beschloß die preußische Synode das »Kirchengesetz betr. die Rechtsverhältnisse der Geistlichen und Kirchenbeamten«, zu dem der »unselige Arierparagraph« gehörte[124], nach dem nicht-arische oder mit Nicht-Ariern verheiratete Personen nicht mehr im Kirchendienst beschäftigt werden sollten. Am 27. September »setzte sich [Ludwig Müller] als ›Reichsbischof‹ an die Spitze der evangelischen Kirche«[125] – nach den damals so beliebten Abkürzungen »Reibi« genannt. Barth, der sich in diesen Wochen wieder auf dem Bergli aufhielt, empfand diesen

Zustand »als einen offenen Notstand« und die »Mitwirkung an dieser Kirchenregierung« als »grundsätzliche Anerkennung der eingebrochenen Häresie«. Darum »habe ich einen mir angebotenen Sitz in der neu errichteten theologischen Kammer bei der Reichskirchenregierung abgelehnt und meine bisherige Mitgliedschaft im theologischen Prüfungsamt beim Rheinischen Konsistorium niedergelegt«[126]. Barth war in dieser Zeit tief bekümmert über das Versagen der Kirche. »Die Christenheit und Theologenschaft hat sich auf der ganzen Linie als eine noch viel weichere, klebrigere und zweideutiger riechende Masse erwiesen, als wir es auch in den Tagen des größten aargauischen Zornes uns träumen ließen.«[127] Auch bislang nahestehende Freunde sah er schlafen, schweigen oder gar auf der falschen Seite stehen. Und so seufzte er: »Warum muß ich so isoliert sein auch und gerade unter den Gerechten, mit denen ich doch wahrhaftig lieber einig als so jämmerlich uneinig sein möchte?«[128]

Aber dieser Seufzer hinderte Barth nicht, jetzt seinen Bruch »auch und gerade« mit solchen »Gerechten« demonstrativ sichtbar zu machen. Am 30. September erklärte er Merz in einer Redaktionssitzung in München, daß er nicht mehr in der Lage sei, bei »Zwischen den Zeiten« mitzuarbeiten. Und am 18. Oktober verfaßte er mit scharfen Worten seinen »Abschied« von dieser Zeitschrift – u. a. mit folgender Begründung: »Irgendwann im Laufe dieses Sommers las man . . . im ›Deutschen Volkstum‹ das Bekenntnis Gogartens zu dem Stapelschen Theologumenon*, daß das Gesetz Gottes für uns identisch sei mit dem Nomos** des deutschen Volkes. Daß Gogarten sich wenig später mitsamt seiner Umgebung auch kirchenpolitisch an die Seite von Ludwig Müller und Joachim Hossenfelder stellte, war . . . mir verhältnismäßig nebensächlich neben der Tatsache jenes . . . Bekenntnisses. Gogarten hat sich mit diesem Satz die entscheidende These der Deutschen Christen zu eigen gemacht . . . Ebenso folgerichtig ist aber auch von meiner Seite die glatte, zornige Ablehnung jener These. Ich habe bei dem, was wir damals am Anfang der zwanziger Jahre gemeinsam zu bekämpfen schienen, immer gerade auf das gezielt, was jetzt in der Lehre, in der Mentalität und Haltung der Deutschen Christen in geballter Form auf dem Plan steht. Ich kann in den Deutschen Christen nichts, aber auch gar nichts anderes sehen als die letzte, vollendetste und schlimmste Ausgeburt des neu-protestantischen Wesens . . . Ich halte den Stapelschen Satz über das Gesetz Gottes für den vollzogenen Verrat am Evangelium.«[129] Damit kam es zum Abbruch von »Zwischen den Zeiten« – und zum offenen Bruch mit

* theologischer Begriff
** Gesetz, Ordnung

Gogarten, aber auch mit vielen anderen. Thurneysen vollzog diesen Schritt Barths mit, während Georg Merz ihn gar nicht verstehen konnte.

In die durch den Ausfall von »Zwischen den Zeiten« entstandene Lücke trat sofort eine »zwanglos erscheinende Schriftenreihe«, die Barth zusammen mit Thurneysen vom Oktober an im Chr. Kaiser Verlag herauszugeben begann[130]. Das große Echo auf Barths Kampfschrift vom Juni regte ihn an, die Reihe »Theologische Existenz heute« zu betiteln. Ihre ersten vierzehn Nummern, die im Laufe eines Jahres erschienen, stammten mit drei Ausnahmen von Barth selbst. Die von ihm verfaßten Hefte enthielten Materialien (Vorträge, Aufsätze, Predigten, Thesen usf.), die seine Gesinnung und Haltung, in der er den Gang der Ereignisse in Deutschland begleitete, dokumentierten. Speziell in ihren Vorworten nahm er jeweils explizit »zur Lage« Stellung. Im Spätsommer 1934 wurden seine bis dahin erschienenen Hefte konfisziert, woraufhin er bei den folgenden Heften auf seine zeitkritischen Vorworte, die offenbar in besonderer Weise die behördliche Mißbilligung erregt hatten, verzichtete. Er bat aber seine Leser, seine Beiträge in dieser Reihe fortan so zu lesen, als trügen sie den Untertitel »Zwischen den Zeilen«! Am 10. Oktober 1936 wurde ihm dann überhaupt seine Herausgebertätigkeit bei dieser Schriftenreihe untersagt.

In anderer Weise verstand sich eine seit April 1934 bei Kaiser erscheinende Zeitschrift unter dem Titel »Evangelische Theologie« als Ersatz für »Zwischen den Zeiten« und als deren Nachfolgerin und Erbin. Sie trug darum auch zunächst den Untertitel »Monatsschrift in Fortsetzung . . . von ›Zwischen den Zeiten‹«. Als Herausgeber zeichnete Ernst Wolf – unter Mitarbeit von Wilhelm Niesel, Paul Schempp und Wolfgang Trillhaas. Und als Autoren kamen hier vor allem jüngere Schüler und Freunde Barths, kam gelegentlich aber auch er selber zu Wort.

Kaum zwei Wochen nach dem »Abschied« von »Zwischen den Zeiten« war Barth in Berlin für einen Vortrag – »Reformation als Entscheidung« – »den ich am 30. Oktober 1933 in der Sing-Akademie . . . gehalten habe«[131]. Nach einer Versammlung des Pfarrernotbundes fuhr Barth mit Heinrich Vogel in der S-Bahn dorthin, in ein Gespräch über – Mozart vertieft. Obwohl keine Zeitung von seinem Vortrag Notiz genommen hatte, war der Saal überfüllt.

Er sollte etwas zum Reformationsfest sagen. Und er tat das auch, aber in der Überzeugung: »Wer Luther heute . . . feiern will, der muß das Schwert zur Hand haben.«[132] So sah er jetzt das eigentlich Reformatorische in der Existenz in einer »Entscheidung«, die zwischen einem klar erkannten Entweder-Oder gefällt ist und in der die

Kirche sich unwiderruflich binden läßt – in einer Entscheidung, in
der sie sich »auf den einen Grund Jesus Christus« statt auf den z. B.
von »Evangelium *und* Volkstum« stellt. Erneut beurteilte Barth die
»heute in der Kirche herrschende Bewegung« als «die letzte, vital-
ste, vollendetste Gestalt der großen neuprotestantischen Untreue
gegen die Reformation«. Und er rief dazu auf, dagegen »rückhaltlos
und fröhlich« Widerstand zu leisten: »Schlagt auf ihre Speere, denn
sie sind hohl!«[133] »Dieses einzige Wort Widerstand!« fand damals
»ein ganz ungeheures Echo, so daß ich einige Minuten meine Rede
unterbrechen mußte«[134].

Anderntags sagte Barth in einem Gespräch mit dem amerikanischen Kirchenmann und Ökumeniker Charles Macfarland, der unmittelbar darauf eine Audienz beim »Führer« hatte, vor allem: die
angelsächsischen Kirchen sollten jetzt die Bekennende Kirche damit
und nur damit unterstützen, daß sie sich *theologisch* mit ihrem
Kampf gegen die natürliche Theologie solidarisierten, u. a. aber
auch: daß Hitler die Kirche in die Hand von Ludwig dem Kind
gelegt habe, »das sei etwa das gleiche, wie wenn er die Reichswehr
dem Hauptmann von Köpenick anvertraut hätte«[135]. Dieser Satz
und weitere freimütige Äußerungen, die Barth anschließend im
Hause von Pfarrer Gerhard Jacobi von sich gab und die offenbar
bespitzelt wurden, spielten später bei seiner Absetzung eine Rolle.
Eben im Hause Jacobis diskutierte er mit einem kleinen Kreis (in
dem er mit Walter Künneth in schroffen Gegensatz geriet) über die
Frage, ob man in der von den DC beherrschten Kirche noch bleiben
könne. Barth plädierte – solange man nicht einfach ausgeschlossen
werde – für ein Verbleiben, aber auf der Linie: »Mitarbeiten heißt
jetzt: Protestieren.« Er warnte vor allem bloß kirchenpolitischen
Taktieren: »Wir müssen Menschen sein, die glauben, 1., 2. und 3.
glauben und nichts anderes!« Noch während dieser Diskussion
meldete dann Macfarland, Hitler wolle Jacobi empfangen, worauf
dieser spontan sagte: »Ich will Barth mitnehmen.«[136] Es kam nicht
dazu.

Zurück in Bonn, erläuterte Barth am 6. November auf einer
Pfarrerkonferenz sieben »Gegenthesen« (mit jeweils entsprechenden Verwerfungen) zu den deutsch-christlichen »Rengsdorfer Thesen« und damit »gegen die Theologie des neugegründeten evangelischen Bistums Köln-Aachen« – und also gegen die Bindung des
Wortes Gottes »an eine eigenmächtig gebildete Weltanschauung«[137]. Am 11./12. November fuhr er dann zu einer gründlichen
Erörterung der kirchlich-theologischen Lage mit Lieb, Hölscher
und Ernst Wolf nach Marburg zu Bultmann, der seinerseits von
Heinrich Schlier und Hans von Soden begleitet war. Anfang Mai

1934 fand ein ähnlich verlaufender Gegenbesuch in Bonn statt. Es kam nun überhaupt für eine kurze Zeitspanne noch einmal zu einem neuen, intensiveren freundlichen Verkehr zwischen Bultmann und Barth, wobei dieser sich nur aufrichtig wunderte, den Marburger Freund jetzt nicht »bei den D.C. auftauchen zu sehen«[138]. Auch von dem liberalen Hans von Soden war Barth »in einer mich selber überraschenden Weise angetan«[139]. Bei jener November-Zusammenkunft kam sogar eine gemeinsame Erklärung (gegen »Reibi« Müller) zustande, die freilich durch die sich überstürzenden Ereignisse überholt wurde.

Denn am folgenden Tag (13. November) hielt der DC-Gauobmann Studienrat Dr. Reinhold Krause vor 20 000 Zuhörern im Berliner Sportpalast einen maßlosen Vortrag über die »Völkische Sendung Luthers«, in dem er den »heldischen Jesus« gegen das Alte Testament und gegen das »Jüdische« im Neuen Testament ausspielte, in dem er aber auch die »dialektische Theologie von Paulus bis Karl Barth« verhöhnte[140]. Dieses Ereignis führte unmittelbar zu einem vielfältigen Auseinanderbrechen und Zersplittern der Deutschen Christen. Barth meinte freilich, daß jetzt »wir Alle . . . Anlaß haben, uns vor Gott und den Engeln zu schämen . . . So wenig Erkenntnis war unter uns, daß es des groben Heidentums des Herrn Krause bedurfte, um den Sturm einer Entrüstung zu entfesseln, die, wenn sie echt gewesen wäre, spätestens im vergangenen Juni hätte losbrechen müssen«[141]. Kaum aus Marburg zurück nach Bonn gekommen, wurde Barth von Jacobi »Hals über Kopf [nach Berlin] zur Beratung über die durch den bekannten Sportpalastskandal geschaffene neue Lage« gerufen[142]. »Ich fand den Kreis um Jacobi aufgewühlt wie einen Ameisenhaufen . . . Mitten unter ihnen Bodelschwingh und Dibelius – leider gar nicht gut.[143]« Und »ich fand jenes Gremium durch die Möglichkeit einer kirchenpolitischen Ausnützung der durch den Sportpalastskandal und durch einige eben ausgesprochene Suspensionen geschaffenen Lage leidenschaftlicher und durch die gerade an diesem Tag gebotene grundsätzliche Besinnung weniger leidenschaftlich bewegt und in Anspruch genommen, als es einer guten Führung der kirchlichen Opposition heute zukommen müßte«[144]. Barth sah in dieser Haltung die »heillose Gefahr, daß der in der kirchlichen Bewegung dieses Jahres sichtbar gewordene Konflikt zwischen dem Neuprotestantismus und seinem reformatorischen Ursprung wieder einmal nicht ausgetragen, sondern kläglich neutralisiert« wird[145] – die Gefahr, daß nun an die Stelle der abgewirtschafteten DC »die Kirche der braven Leute« trete, »die über Hossenfelder pfui! rufen, um puncto analogia entis doch und erst recht im alten Schlamm weiter zu waten«[146]. In diesem Sinne legte er in Berlin der »versammelten Führung des Pfarrernotbundes« ein »in fliegender Eile entstandenes Memorandum« vor[147]. Freilich, »ich kam einfach nirgends recht zum Schuß und es bestand sogar eine eigentliche Opposition gegen mich«, die dann auch die geplante Begegnung Barths mit Hitler (und mit Hindenburg) hintertrieb[148]. Zu seinem Bedauern vermißte er diesmal in Berlin den um seiner klaren Sicht willen so geschätzten Dietrich Bonhoeffer, der sich eben für anderthalb Jahre in ein Londoner Pfarramt zurückgezogen hatte. Am 20. November schrieb Barth ihm, er solle jetzt »weder Elia unter dem Wacholder noch Jona unter dem Kürbis spielen«, sondern »mit dem nächsten Schiff« zurückkommen. Es plagte ihn später der Gedanke, mit seinem Rat, dem Bonhoeffer – zwar nicht gleich »mit dem nächsten Schiff« – folgte, ihn faktisch in den Tod geschickt zu haben.

Hingegen traf er bei eben diesem Anlaß den Dahlemer Pfarrer Martin Niemöller (*1892). Er war ihm schon einmal Ende 1925 in Münster im Hause Wehrungs begegnet – mit dem unguten Eindruck: »Wie preußisch!«[149] Und auch jetzt in Berlin konnte er zu ihm nur »sehr wenig Vertrauen gewinnen«[150]. Erst im Verlauf des weiteren Kirchenkampfes kam es zwischen beiden zu einer dann allerdings sehr nahen, sachlichen und auch menschlichen Verbundenheit. »Niemöller war . . . immer ›in Fahrt‹ . . . Es gab auf dieser Fahrt mehr als einen seltsamen Durchgang. Er ist ungefähr an allem vorbeigekommen, was einem deutschen Menschen in den letzten . . . Jahren mit Recht oder Unrecht (leider öfters mit Unrecht!) wichtig und dringlich werden konnte. . . . Er kann sehr streng, diszipliniert und bestimmt auftreten und dann wieder – etwa wenn er, was öfters vorkommt, im Angriff oder in der Abwehr ist – Dinge von sich geben wie die, die ihm einmal die Rüge eines Vorsitzenden [es war Präses Koch] eintrugen: ›Bruder Niemöller, mußte das notwendig so gesagt werden?‹ Wobei er sich unter Umständen willig zurücknehmen, wobei es aber auch vorkommen kann, daß ›Bruder Niemöller‹ durchaus der Meinung ist, daß eben das notwendig so und nicht anders gesagt werden mußte. Langweilig ist es nie um ihn herum, aber oft etwas gefährlich. Und daß es ihm nicht um sich selbst, sondern um die Sache geht, das kann wohl auch dem nicht ganz entgehen, der nur oberflächlich mit ihm in Berührung kommt. Doch ist es nicht immer leicht, die heftig zugreifende, nervöse, gelegentlich herrische Person als Träger dieser Sache gelten zu lassen.« Eben dieser Mann sollte in der nächsten Zeit »für die evangelische Kirche Deutschlands« stehen, »sofern diese in ihrer Weise und in ihren Grenzen ein Element des Widerstandes gegen den Nationalsozialismus war . . . Es gibt andere, weniger bekannte und genannte Namen in Fülle, von deren Trägern dasselbe zu sagen ist. Aber die am schärfsten geprägte, gewissermaßen symbolische Figur unter ihnen allen war . . . nun einmal Niemöller«[151]. Er war und blieb für Barth »eine in aller Beweglichkeit immer wieder unfehlbar nach oben und nach vorwärts zeigende Magnetnadel«[152]. Unterdes hatte in Bonn längst wieder ein arbeitsreiches Semester begonnen. In ihm trug Barth in den Vorlesungen den Anfang des zweiten Teils seiner »Prolegomena« vor.

In der Tat, »als ob nichts geschehen wäre«, setzte er hier mit einer gedrängten, die subtilen Probleme der altkirchlichen Christologie aufgreifenden Entfaltung der Lehre von der »Fleischwerdung des Wortes« und dabei zunächst mit einem Abschnitt über »Gottes Freiheit für den Menschen« ein. Indirekt hatte das alles freilich unverkennbar Aktualität: wenn er die (von den Lutheranern so überaus stark betonte) Fleischwerdung als einen Akt von Gottes »Freiheit«, wenn er umgekehrt Gottes Freiheit als eine ganz und gar nicht willkürliche Freiheit »*für* uns« bestimmte, wenn er zuerst von der Wirklichkeit und erst daraufhin von der (mithin nicht schon natürlich gegebenen) »Möglichkeit« der Offenbarung redete, wenn er dann in einem weiteren Paragraphen erklärte: »Offenbarung ist nicht ein Prädikat der Geschichte, sondern Geschichte ist ein Prädikat der Offenbarung«[153], und wenn er dann weiter die untrennbare Zusammengehörigkeit des Alten und Neuen Testaments (weil bezogen auf die eine Offenbarung) hervorhob.

Zusätzlich zu seiner Dogmatik-Vorlesung las er in diesem Winter (ein zweites Mal) über die »Bergpredigt«. In seinem Seminar behandelte er die »Lehre von der Rechtfertigung« und in der Sozietät Bonaventura und Thomas.

Am 10. Dezember hatte er auch wieder einmal zu predigen. Und gerade diese Predigt erregte besonderes Aufsehen durch ihr deutliches Bekenntnis: »Jesus Christus war ein Jude.« Sie berührte »die Judenfrage – nicht weil ich sie berühren wollte, sondern weil ich sie in Auslegung des Textes (den ich mir auch diesmal von der Perikopenordnung vorschreiben ließ) berühren mußte«[154]. Während der Predigt verließen einige Hörer aus Protest die Kirche. Einer Hörerin bestätigte Barth anschließend in einem Brief, »daß man im Glauben an Christus, der selbst ein Jude war und der für Heiden und Juden gestorben ist, die Mißachtung und Mißhandlung der Juden, die heute an der Tagesordnung ist, einfach *nicht mitmachen darf*«[154a]. Barth predigte auch sonst gelegentlich in seinen Bonner Jahren – vorwiegend in den Universitätsgottesdiensten in der Bonner Schloßkirche. Nur in einer Beziehung tat er es ungern: »Ich hatte . . . schon in meiner Jugend eine Abneigung gegen alle kultische Feierlichkeit . . . Vor den ›Altären‹ der deutschen Kirchen wußte ich mich denn in der Tat, wenn ich dort zu predigen hatte, immer nur ungeschickt zu bewegen. In alten Bonner Tagen habe ich mich einmal in entschlossener Eigenmächtigkeit hinter, statt vor den

›Altar‹ gestellt, durfte es aber kein zweites Mal tun . . . Aus anderen Gründen hat mich mein Freund Günther Dehn noch nach dem Krieg unter der Tür der dortigen Poppelsdorfer Kirche mit der strengen Zensur: ›Predigt Note 1, Liturgie Note 5‹ entlassen müssen.«[155]

Bekennende Kirche

Erst gegen Ende des Jahres 1933 begann sich allmählich ein nicht nur vereinzelter, sondern gemeinschaftlich getragener, organisierter kirchlicher Widerstand gegen die »deutschchristliche« Überfremdung der Kirche bemerkbar zu machen. »Im Streit gegen das Christentum à la mode von 1933 entstand unter Leitung Martin Niemöllers zuerst der sogenannte ›Pfarrernotbund‹ und dann auf breiterer Basis die ›Bekennende Kirche‹.« Allerdings, »der Kampf der Bekennenden Kirche in Deutschland galt nicht dem Nationalsozialismus als solchem . . . Ihr Kampf spielte in dem bestimmten schmalen Sektor der Frage, ob die Kirche als solche auch in Zukunft Kirche bleiben« werde. Barth hielt bald diesen Sektor für zu schmal. Aber auch »ich selbst meinte, in Deutschland noch bis ins Jahr 1934 hinein unter Zurückstellung meiner politischen Gegnerschaft auf dieser und nur auf dieser Linie arbeiten zu sollen«[156]. Immerhin war für Barth der Kampf gerade auf dieser Linie auch zunächst vorrangig. Und immerhin handelte es sich dabei, trotz dieser Beschränkung, um ein Stück echten Widerstandes, der durch die »Bekennende Kirche« (BK) geleistet wurde. »Wie es dazu kam, ist letztlich kaum zu erklären. Der unvernünftige äußere Druck, mit dem . . . die Deutschen Christen sich überall durchzusetzen suchten, die geistige und geistliche Unzulänglichkeit sozusagen aller führenden Personen auf dieser Seite, das Befremden über die heidnischen Hintergründe dieser Sache und vielleicht doch auch eine beginnende politische Ernüchterung, ja Enttäuschung haben menschlich geredet sicher das Ihre dazu beigetragen. Es muß doch noch etwas anderes wirksam gewesen sein, als fast plötzlich zu Anfang des Jahres 1934 [sich zeigte], daß der evangelischen Kirche etwas innewohnt, an dessen Dasein man in Deutschland und anderswo nicht erst in den letzten Jahren wohl mit Fug hätte zweifeln können: nämlich eine selbständige, den Weltmächten nicht verpflichtete, sondern im Notfall trotzende Erkenntnis, Kraft und Lebendigkeit.«[157]

Eines der wichtigen Daten für die Bildung und Konsolidierung der »Bekennenden Kirche« war eine Reformierte Synode zu Beginn

2 Die Familie im Frühjahr 1930: Grete Karwehl, Peter Barth, Markus, Lollo v. Kirschbaum, Hans Jakob, Karl Barth, Franziska, Christoph, Matthis, Nelly Barth. Die Familie mußte den Vater wegen seiner vielen Arbeit oft entbehren.

3 Mit englischen Studenten (1931/32). Dazu zwei seiner ihm besonders nahestehenden Schüler: Helmut Gollwitzer (oben zweiter von rechts) und Karl Gerhard Steck (zweiter von links).

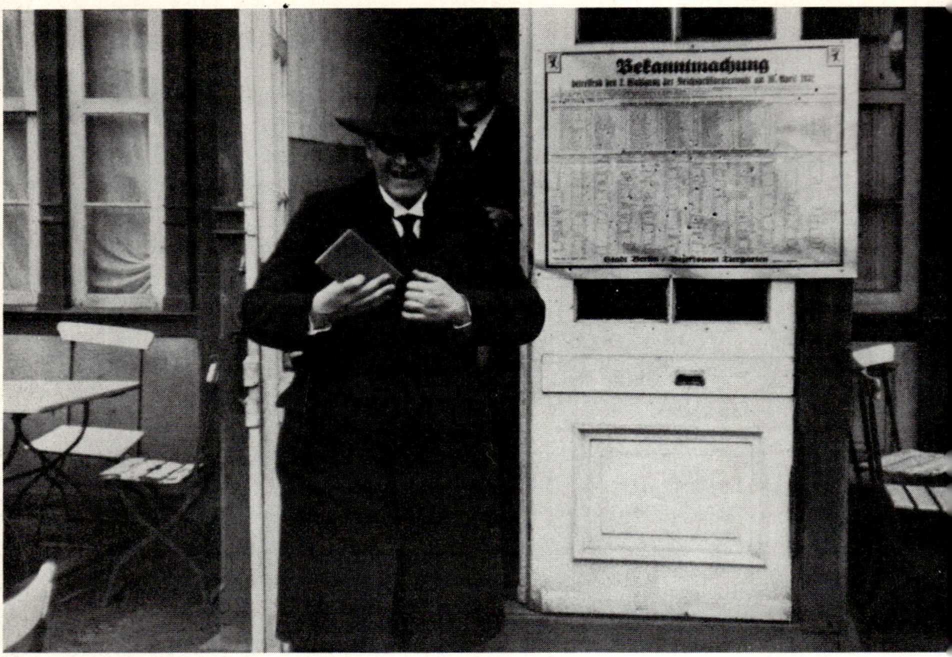

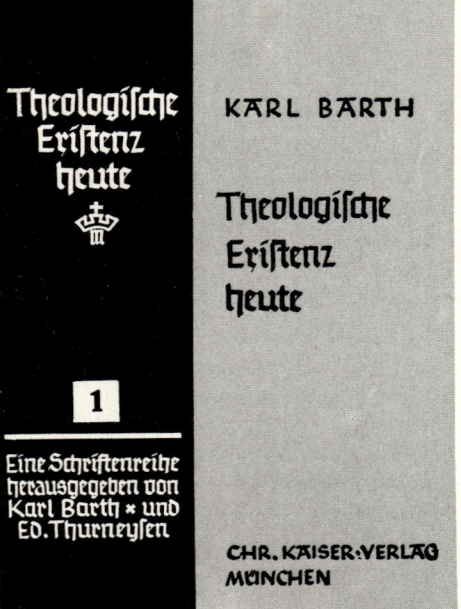

44 Am 11. April 1932 hielt Barth in Berlin seinen Vortrag »Die Theologie und die Mission…«. Bei de[m] Anlaß gab er mit Günther Dehn seine Stimme für die Wiederwahl Hindenburgs ab. Barth war ein Ja[hr] zuvor der SPD beigetreten. Dehn war in dieser Zeit in Halle Zielscheibe nationalistischer Agitationen d[er] Studenten.

45 In der Schrift »Theologische Existenz heute« (Juni 1933) warnte Barth die Kirche vor aller Anpassung an den NS-Staat.

46 Am Vorabend der Kirchenwahlen, am 22. J[uli] 1933, redete er auf einer Bonner Kundgebu[ng] »Für die Freiheit des Evangeliums«.

47 Der von Hitler protegierte, von den »Deutschen Christen« unterstützte Reichsbischof Müller bei einer Fahnenweihe in der Gustav-Adolf-Kirche in Berlin-Charlottenburg.

48 Urfassung der »Barmer Erklärung«, von Barth am 16. Mai 1934 in Frankfurt entworfen. Sie wurde am 31. Mai in Barmen von den Vertretern der Deutschen Evangelischen Kirche angenommen. Die Erklärung, die jede Autorität außerhalb von Jesus Christus verwirft, war das entscheidende Bekenntnis der Bekennenden Kirche.

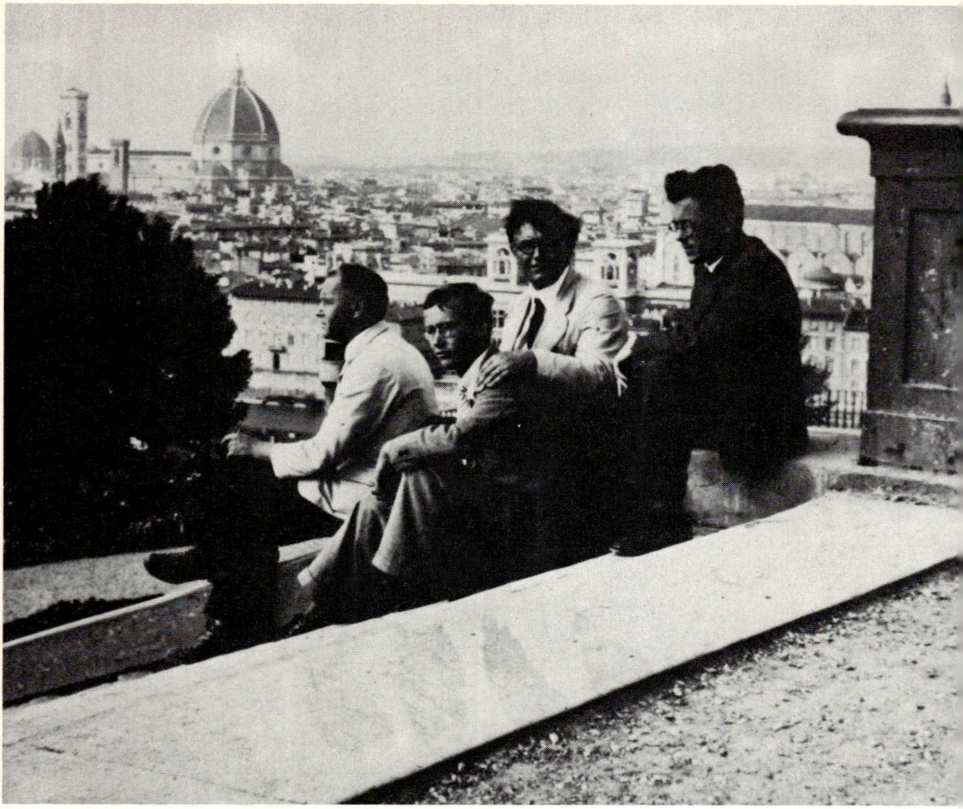

49 Im September 1934 während einer heiteren Italienreise in Florenz mit seinem Bruder Peter, seinem Sohn Markus und mit Ernst Wolf. In Rom schrieb Barth an seiner Schrift gegen Emil Brunner »Nein!«, in der er Front machte gegen alle »natürliche Theologie« als das Hauptübel der gegenwärtigen Verwirrung der Kirche.

50 Mit Pierre Maury und Willem A. Visser't Hooft im August 1934 in La Châtaignerie.

51 Das Ende in Bonn: in einem Studienbuch vom WS 1934/35 sind Barths Vorlesungen gestrichen

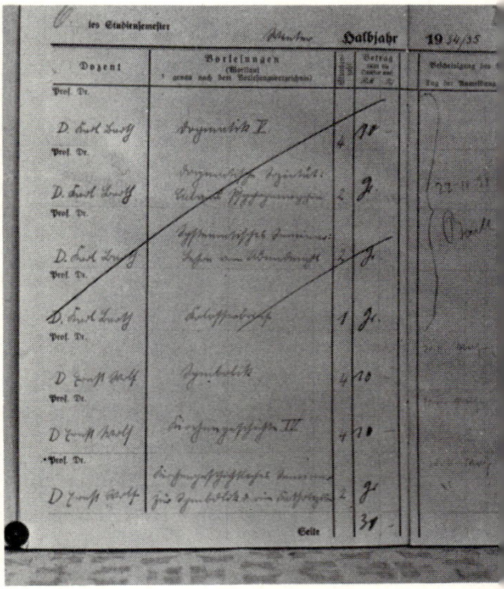

des Jahres 1934. Die Reformierten waren überhaupt eine eigentümlich starke Gruppe innerhalb der Bekennenden Kirche. Ihre hervortretenden Sprecher wohnten, abgesehen von dem Brandenburger Martin Albertz, merkwürdigerweise alle im Wuppertal: in Elberfeld Hermann Hesse, Wilhelm Niesel und Alfred de Quervain, in Barmen Paul Humburg, Karl Immer und Harmannus Obendiek – die drei ersteren als Lehrer an der dortigen Theologischen Schule, die drei letzteren als Pfarrer an der für den Kirchenkampf so außerordentlich bedeutsamen Gemarker Kirche. Insbesondere Obendiek »hat für mich ›Wuppertal‹ in dessen mir einleuchtendster Gestalt vertreten«[158]. In der Mitte jener Synode nun stand die Verhandlung über eine von Barth verfaßte »Erklärung über das rechte Verständnis der reformatorischen Bekenntnisse in der Deutschen Evangelischen Kirche der Gegenwart«. »Die ›Erklärung‹ . . . habe ich auftragsgemäß einer am 4. Januar 1934 in Barmen versammelten ›Freien Synode‹ von 167 evangelisch-reformierten Gemeinden aus ganz Deutschland, vertreten durch je einen Pfarrer und einen anderen Ältesten, vorlegen und erläutern dürfen. Die Synode hat sich diese Erklärung ohne Abänderung zu eigen gemacht, und ihr hat sich auch die am 5. Januar am selben Ort tagende Hauptversammlung des Reformierten Bundes für Deutschland angeschlossen. Auf derselben Hauptversammlung ist beschlossen worden, daß die Zugehörigkeit zum Reformierten Bund mit der Zugehörigkeit zu den ›Deutschen Christen‹ unvereinbar sei«. Eine Hauptthese in jener »Erklärung« besagte: daß »das eigentliche Problem« der Gegenwart noch nicht in der Frage bestünde, »wie man den Unfug der Deutschen Christen, so Gott will, wieder los werden könne«, sondern in der Aufgabe, Front zu machen gegen den »die evangelische Kirche seit Jahrhunderten verwüstenden Irrtum« – gegen den Irrtum, der derselbe ist »wie der Irrtum der Papstkirche und der Schwärmerei« in der Reformationszeit, gegen den Irrtum nämlich, »daß neben Gottes Offenbarung . . . auch eine berechtigte Eigenmächtigkeit des Menschen über die Botschaft und die Gestalt der Kirche . . . zu bestimmen habe«[159]. Das hatte Barth schon seit Monaten in immer neuen Worten gesagt. Neu war, daß diese seine Sicht nun »durch den Beschluß der Barmer Synode eine gewisse kirchliche Geltung erlangt hat«. Und so war es ihm wichtig, daß er dort bei den Reformierten die Zustimmung fand, schon »gleich in der Überschrift von der ›Deutschen Evangelischen Kirche der Gegenwart‹ zu reden«. Und er meinte in seiner »Erklärung« ja auch tatsächlich »alles so gesagt zu haben, daß es ernsthafte Lutheraner, ohne sich ihrerseits etwas zu vergeben, mit uns sagen könnten«. Daran lag Barth in der Tat viel: daß sich die reformierte und die lutherische Kirche, ungeachtet alles Trennenden, gerade jetzt ganz neu fänden – um »im Einverständnis des Glaubens« miteinander zu bekennen. Denn »nicht in Sachen des Abendmahls, sondern in Sachen des ersten Gebots ist heute Streit in der Kirche und haben wir heute zu ›bekennen‹. Dieser unserer Not und Aufgabe gegenüber muß die der Väter zurücktreten, d. h. sie muß zu einem – immer noch ernsten, aber nicht mehr scheidenden, nicht mehr kirchenspaltenden Gegensatz der theologischen Schule werden«[160].

Am Abend jener Synode »hatte ich dann in der Kirche von Barmen-Gemarke vor Tausenden (mit Radio-Übertragung in einen Saal, wo nochmals 1200 zuhörten) den Vortrag über ›Gottes Willen und unsere Wünsche‹ zu halten und die Psalmen, die man dortzulande singt, klangen gut und gewaltig. Es geht schon so etwas wie ein allgemeiner Aufstand durch die deutsche Christenheit. Das war auch am folgenden Abend in Bochum so und am nächsten in Lübeck: an beiden Orten mußte schließlich die Polizei die Türe sperren«[161]. Barth sagte in diesem Vortrag aufs neue ein schroffes Nein auf die Frage, »die uns heute in einer Schärfe gestellt ist, wie sie Luther und Calvin in dieser Schärfe noch nicht gestellt war und auf die wir deshalb bei ihnen auch keine eindeutige Antwort finden« – auf die Frage: »gibt es eine . . . ›natürliche Offenbarung‹, in welcher Gottes Wille und unsere Wünsche eins wären?«[162] An dem klaren Nein auf diese eine Frage hing für Barth im Kirchenkampf alle Möglichkeit kirchlichen Widerstandes. Auf der Rückfahrt von Lübeck hörte er in Altona eine Predigt von Hans Asmussen, die ihn tief beeindruckte: »Jedes Wort in strengster Haltung und Ausrichtung«[163]. Der Lutheraner Asmussen (1898–1968) war in den Reihen der Bekennenden Kirche »wohl einer der markantesten kirchlichen Lehrer« und »ein origineller, geistvoller . . . theologischer Schriftsteller«[164]. Eine Zeitlang wurden Barth und er eng zusammenstehende Kampfgefährten – aber »leider nur damals waren wir ein Herz und eine Seele«[165].

Die Tage nach Neujahr 1934 waren noch aus einem anderen Grund »nervenanstrengende Tage«: weil sich in ihnen hartnäckig das Gerücht hielt und auch öffentlich von »Reibi« Müller genährt wurde, Barth sei als theologischer Lehrer abgesetzt worden. Offenbar wurde das tatsächlich von der vorgesetzten Behörde in Erwägung gezogen, da er sich strikt weigerte, »als man den Universitätsprofessoren und so auch mir befehlen wollte, jede Vorlesung mit dem sog. Hitlergruß zu eröffnen«[166]. Schon zu Anfang des Wintersemesters hatte Barth dem Rektor gesagt, daß er seine Vorlesung jeweils mit einer Andacht beginne und im ganzen als eine Art Gottesdienst verstehe; darum habe der »Deutsche Gruß« dort keinen Platz, der im übrigen ja auch nur empfohlen und nicht befohlen worden sei. In einer schriftlichen Erklärung hatte er dem Rektor und dem Kultusminister darüberhinaus versichert, daß er aber auch einem Befehl in dieser Sache nicht Folge leisten werde. So war jenes Gerücht wohl nicht aus der Luft gegriffen. Obwohl es sich dann als falscher Alarm herausstellte, begriff Barth, daß jetzt seine Tage in Deutschland gezählt seien. In Bonn waren inzwischen bereits Karl Ludwig Schmidt, Fritz Lieb und Ernst Fuchs entlassen worden.

Am Abend des 22. Januar wurde Barth unversehens wieder nach Berlin gerufen, um dort am nächsten Tag – freilich als höchst unerwünschter Gast – an einer Versammlung von Kirchenführern und Theologen teilzunehmen, an der ein Empfang von je sieben Vertretern der beiden kirchlichen Lager am 25. Januar bei Hitler vorbereitet werden sollte. Als Barth zu der Versammlung im Hospiz St. Michael stieß, wollte sie sich gerade auf ein von dem Tübinger Theologen Karl Fezer eingebrachtes Memorandum einigen, das er nur entsetzt als häretisch ansehen konnte. »Ich habe am 23. Januar [darum] zu K. Fezer gesagt: ›Wir haben einen anderen Glauben, wir haben einen anderen Geist, wir haben einen anderen Gott‹.«[167] »Das schlug ein wie eine Bombe. Wilder Tumult entstand. Fezer erbleichte und war der Ohnmacht nahe, wieder andere schrieen: ob das Ernst sei (darunter Gogarten), wieder andere wollten das Lokal verlassen (so Rückert), wieder andere wollten Karl [Barth] rausschmeißen, wieder andere ihn zur Zurücknahme dieses Wortes veranlassen unter Beschwörungen der christlichen Liebe. Als wieder etwas Ruhe herrschte, ergriff [er] . . . neuerdings das Wort und sagte: Natürlich sei ihm das Ernst. Das sei die Situation zwischen ihm und den D.C. Das sage er seit dreiviertel Jahren in seinen Schriften. Bischof Meiser stöhnte, das sei das Ende der evangelischen Kirche . . .«[168].

Barth meinte trotzdem auf jenen Satz insistieren zu müssen. »Das wird so lange in aller Bestimmtheit und in aller Öffentlichkeit gesagt werden müssen, als die Deutschen Christen auch in ihren besten Vertretern fortfahren, das Wort Gottes durch die Stimme eines Fremden zu übertäuben. Es geht nicht um Personen: es geht um die Sache. Die deutsch-christliche Sache ist falsch und faul bis auf den Grund. Es gibt ihr gegenüber nur ein Entweder-Oder. Gerade um der Personen willen: um sie aufzurufen, sich von dieser falschen und faulen Sache zu trennen, müssen wir dieser Sache gegenüber ganz hart und ganz kalt sein. Alles Andere wäre nicht Liebe.«[169] Ein neues Memorandum für jenen Empfang, das Barth schließlich selber in 57 Minuten entwarf, wurde verwässert und durch eine

Loyalitätserklärung gegenüber Hitler verfälscht. Und der Empfang (an dem Barth nicht teilnahm) verlief dann so, daß »die sogenannten Kirchenführer in einer Situation, in der sie nur schlicht an die Kirche statt an Allotria hätten denken müssen – die klassische Illustration dafür, daß es mit dem ganzen Bischofswesen nun einmal nichts ist! – wieder einmal umfielen und daß in ihrem Gefolge dann auch manche kleineren Leute, die eben ein bißchen Mut gefaßt hatten, wieder schüchtern und korrekt wurden«[170]. Einer der ganz Wenigen, mit denen sich Barth diesmal in Berlin verstand, war der Königsberger Privatdozent Hans Joachim Iwand. In diesen Tagen führte er auch mit dem vermittelnden Tübinger Theologen Gerhard Kittel ein längeres kritisches Gespräch, aus dem sich im Juni und Juli ein »Briefwechsel« ergab über das Verständnis der Offenbarung und deren deutschchristliche Ergänzung durch eine zweite Offenbarungsquelle und über die Verwechslung des göttlichen Geheimnisses der »Schöpfung« mit einer menschlichen »Theorie über Rasse, Blut, Boden, Volk, Staat etc.«.

Die Semesterferien im Frühling verbrachte Barth bei der Mutter in Bern und auf dem Bergli. Eine Woche nach Ostern brach er mit Pestalozzis zu seiner ersten längeren Reise durch Frankreich auf, während der er nicht nur die französische Küche von ganzem Herzen genoß, sondern auch einigemal zu reden hatte. In Paris traf er den aus Bonn vertriebenen Fritz Lieb wieder, der dort »unter den Emigranten aller Länder im Café de la Paix« eine »bewegte Zeit« erlebte[171]. In einem dortigen Dominikanerkloster begegnete er den bekannten »Wortführern der wissenschaftlichen Erneuerungsbewegung im französischen Katholizismus«, Etienne Gilson, Gabriel Marcel und Jacques Maritain, und in einem botanischen Garten in Boulogne sur Seine diskutierte er mit den gelehrten Größen der Sorbonne Levy Bruhl und Léon Brunschvic. Einen Abend verbrachte er beim Christlichen Studentenbund, einen anderen auf einem ökumenischen Kongreß, in den er unversehens geriet. Es interessierten ihn aber auch die Bouquinisten an der Seine und die Denkmäler Napoleons – und doch auch eine Strauß-Operette und das Casino de Paris, in dem er eine größere »Anzahl von den offenbar unendlichen Möglichkeiten« bewunderte, »die der Frau geschenkt sind, ihre Arme und besonders auch Beine gegebenenfalls nach allen Seiten zappelnd, lockend, winkend, spielend in Bewegung zu setzen«. Und »ich gedachte wieder einmal der alten Frage: Warum die Kirche ihre Sache nicht mindestens ebenso gut zu machen mindestens *willens* ist wie solche singenden, mimenden und tanzenden Weltkinder?«[172] Als »Fremdenführer« geleiteten ihn die Pfarrer Pierre Maury und Willem A. Visser't Hooft durch die

Seinestadt – der letztere hatte ihn 1928 wohl als erster in Frankreich
bekannt gemacht.

Eben in Paris hielt Barth vom 10. bis 12. April auf Einladung der
protestantisch-theologischen Fakultät drei Seminarstunden über
Calvin sowie drei Vorlesungen über die Begriffe »Offenbarung –
Kirche – Theologie« in einem Französisch, über das Gerty Pestalozzi urteilte: »Usgezaichnet! Niemeds redt so französisch.«[173] Im Wissen, »daß Vieles oder das Meiste von dem Gesagten in jenem Raum
zum ersten Male zu sagen war«, gab Barth hier einen summarischen
Überblick über seine damaligen dogmatischen Leitgedanken. In der
dritten Vorlesung findet sich seine berühmte Charakterisierung der
Theologie: »Unter allen Wissenschaften ist die Theologie die schönste, die den Kopf und das Herz am reichsten bewegende, am
nächsten kommend der menschlichen Wirklichkeit und den klarsten
Ausblick gebend auf die Wahrheit, nach der alle Wissenschaft
fragt . . ., eine Landschaft mit fernsten und doch immer noch hellen
Perspektiven wie die von Umbrien oder Toskana und ein Kunst-
werk, so wohl überlegt und so bizarr wie der Dom von Köln oder
Mailand . . . Aber unter allen Wissenschaften ist die Theologie auch
die schwierigste und gefährlichste, diejenige, bei der man am ehesten in der Verzweiflung oder, was fast noch schlimmer ist: im
Übermut endigen, diejenige, die, zerflatternd oder verkalkend, am
schlimmsten von allen zu ihrer eigenen Karikatur werden kann.«[174]
Am 15. April predigte Barth in der lutherischen Christuskirche an
der Rue Blanche über den »Guten Hirten«. Und gleichsam der
zweite Teil der Predigt über Joh. 10 folgte drei Tage später als
Eröffnungsansprache zum Reformierten Kirchenkonvent am
Abend des 18. April in der Bergkirche zu Osnabrück. Diese Aufteilung des Predigttextes sollte ein kleiner Hinweis sein, daß sich das
Wort des guten Hirten gerade jetzt »ohne Unterschied an Deutsche
und Franzosen, an Lutheraner und Reformierte richtet«. In der
zweiten Rede warnte Barth die Versammlung vor allem Taktieren
und Politisieren, in dem Schrift und Bekenntnis »doch nur Orna-
ment und nicht Fundament« ist. »Als ob es neben der Wahrheit des
dreieinigen Gottes noch andere nötige und dringlich zu beachtende
Wahrheiten gebe!«[175]

Barmen

Das Sommersemester, in dem Barth im Kolleg mit seiner Dogmatik
weiter fortfuhr und im Seminar die »Theologie der Konkordienformel« und in der Sozietät Augustins »Enchiridion« besprach, begann

wieder mit neuen Aufregungen: er wurde am 30. April zu einem
stundenlangen Verhör zitiert (u. a. wegen seiner Äußerungen zu
Macfarland im letzten Oktober, die auf einigen Umwegen dem
Kultusministerium bekannt geworden waren). Er bekam dabei vorübergehend »Stadtarrest«. Am 26. Mai mußte sein Sohn Christoph
(wegen einer Bemerkung, die die heimliche Postzensur erschnüffelt
hatte) Hals über Kopf aus Deutschland fliehen: er ging nach Bern,
wo sein Bruder Markus eben sein erstes theologisches Semester in
Angriff genommen hatte – während ihre Schwester gleichzeitig in
Basel Musik und neue Sprachen studierte. Barth ließ sich aber
dadurch nicht einschüchtern und von seiner Art Widerstand gegen
die staatlichen Übergriffe abbringen.

Inzwischen hatte nun auch der zunächst weithin ja etwas kümmerliche kirchliche Widerstand im ganzen – unter der Flagge »Bekennende Kirche« – eine breitere Basis und bestimmtere Konturen
bekommen. Und es war beschlossen worden, zur Festigung dieser
»Bekennenden Kirche« Ende Mai eine gesamtdeutsche Synode
einzuberufen. Zur Vorbereitung von theologischen Thesen für diese
Synode trafen sich die Lutheraner Thomas Breit und Hans Asmussen und als reformierter Vertreter Karl Barth am 16. Mai im Hotel
»Basler Hof« in Frankfurt. Jene Thesen entstanden dann auf eine
merkwürdige Weise, die Barth auf die Formel brachte: »Die lutherische Kirche hat geschlafen und die reformierte Kirche hat ge-
wacht.«[176] Während sich die beiden Lutheraner einem realen »drei-
stündigen Mittagsschlaf« hingaben, habe »ich, mit einem starken
Kaffee und 1–2 Brasil-Cigarren versehen, den Text der 6 Sätze
redigiert.«[177] »Das Resultat war, daß am Abend jenes Tages ein
Text vorlag – ich will mich nicht rühmen, aber es war wirklich mein
Text«[178]. Der Text wurde schlicht eine »Theologische Erklärung«
genannt – nicht ein Bekenntnis: »das wollten die lieben Lutheraner
nicht haben«, aber »faktisch war es das, was man in alten Zeiten ein
›Bekenntnis‹ genannt hat, mit allen Schikanen von Bejahung und
Verwerfung; es sind regelmäßig auch Anathemata in die 6 Artikel
eingearbeitet«[179].

Und dann fand vom 29. bis 31. Mai 1934 in der reformierten
Kirche Barmen-Gemarke die Erste Bekenntnis-Synode der deutschen evangelischen Kirche statt. Sie wurde von dem westfälischen
Präses Karl Koch geleitet, und an ihr nahmen 138 Delegierte aus
ganz Deutschland teil. Aus dem Rheinland waren u. a. aus Barmen
die Pfarrer Immer, Humburg, Schulz und Viering, aus Essen die
Pfarrer Graeber und Held sowie der Jurist Gustav Heinemann
abgeordnet. Barth »war an der Synode selbst, in der ich bloß
zugehört habe, so sehr Randfigur, daß man . . . beinahe vergessen

hätte, mich dazu einzuladen«[180]. Die Synode bestellte zur Leitung der Kirchen den zwölfköpfigen »Reichsbruderrat« und verabschiedete eine Erklärung zur Rechtslage und eine andere zur praktischen Arbeit der Synode. Ihr unbestrittener Höhepunkt aber war die Annahme jener »Theologischen Erklärung«. Sie wurde am 30. Mai zunächst noch einmal bis tief in die Nacht in einer langen Kommissionsberatung durchgesprochen. Dabei »hat der erste Satz von These 3 die jetzige komplizierte Form bekommen, indem Sasse und Althaus durchaus das ›Sakrament‹ erwähnt haben wollten, worauf ich nicht umhin konnte, auch auf der Erwähnung des Heiligen Geistes zu bestehen«[181]. So daß der Satz lautete: Christus handle in Wort und Sakrament durch den Heiligen Geist! »Ich saß damals . . . neben Wilhelm Niesel . . . Wie das heraus war, gab er mir einen Schupf und sagte: Calvin im Himmel freut sich! Denn so, wie es jetzt dastand – und . . . dastand infolge des Eingreifens der Lutheraner, ist es in der Tat ein ganz typisch calvinischer Text geworden . . .Nun habe ich ja Calvin immer eigentlich als den idealen Unionstheologen aufgefaßt . . . So daß ich mir das wohl gefallen lassen konnte, was Niesel sagte.«[182] Am 31. Mai wurde jene Erklärung, nachdem Asmussen sie erläutert hatte, um 11.30 Uhr einmütig von der Synode angenommen. Die Delegierten erhoben sich spontan und stimmten den Vers »Lob, Ehr und Preis sei Gott . . .« an. Gleich anderntags brachte Barth diese »Barmer Erklärung« in seinem Kolleg feierlich zur Verlesung. Und am 9. Juni erläuterte er in einem Vortrag in Bonn den Sinn dieser Erklärung. Die dort in Barmen zum Ausdruck gekommene Einmütigkeit erwies sich freilich rasch als eine doch nur momentan und nur teilweise gegebene. Im »Ansbacher Ratschlag« (11. Juni 1934) formierte sich, angeführt von Werner Elert und Paul Althaus, ein betont lutherisch-konfessionalistisch auftretender Widerstand gegen »Barmen«, der sich im folgenden immer ausdrücklicher gegen das »Übergewicht des Einflusses der Theologie Karl Barths« in der Bekennenden Kirche (Künneth) wandte.

Gleichwohl blieb die Annahme der »Barmer Erklärung« ein hochbedeutsames Ereignis. Wie verstand Barth dieses Ereignis?

»Um die Fixierung bestimmter christlicher Wahrheiten ging es uns damals im Blick auf ein bestimmtes notwendiges *Tun,* nämlich auf den Widerstand und den Angriff, der damals in allen evangelischen Kirchen und Gemeinden Deutschlands gegenüber der von den ›Deutschen Christen‹ her drohenden Gleichschaltung und Überfremdung geboten war. Die Kirche war durch neue Besinnung auf ihre Voraussetzungen . . . zu befestigen, . . . zum mutigen und zuversichtlichen Streit aufzurufen. Sie hatte, an die Wand gedrängt, so daß sie nicht mehr umfallen *konnte,* mit einem bestimmten Ja und Nein zu ›bekennen‹. Dieses Bekennen als solches war der Sinn der

Barmer Aktion.« »Was wir in Barmen wollten, war *Sammlung* der zerstreuten (lutherischen, reformierten, unierten, positiven, liberalen, pietistischen) christlichen Geister. Nicht Unifizierung, nicht Uniformierung, aber Sammlung: zu vereintem Schlagen, darum auch zu vereintem Marschieren. Keine Unterschiedenheit der Geschichte und Überlieferung sollte ausgelöscht werden, aber ›uns fügt zusammen das Bekenntnis zu dem einen Herrn der einen, heiligen, allgemeinen und apostolischen Kirche‹, wie es in der Einleitung der Erklärung heißt«. Und weiter: »es war *das* eine, um das wir uns damals sammelten, wie die Sätze der Barmer Erklärung zeigen, nun allerdings *der* Eine – eben der eine *Herr* der Kirche, *Jesus Christus*. Es war dies der Punkt, in welchem wir, unterrichtet durch die Bekenntnisse des Reformationsjahrhunderts, ausdrücklicher und präziser als diese reden mußten und wollten. Zu ausdrücklich und präzis waren wir eben damals gefragt – nicht nur, *was,* sondern *wer* nun eigentlich in der Welt und in der Kirche regiert, *wen* wir also zu hören, *wem* wir zu vertrauen und zu gehorchen haben. Es ist eine merkwürdige, aber als solche nicht zu bestreitende Tatsache, daß die Barmer Synode sich gerade an diesem, in der Erklärung wahrhaftig in die Augen springenden Punkt einig und entschlossen zeigte«[183].

Und so war der Text der »Barmer Erklärung« für Barth darum überaus wichtig, »weil er das erste Dokument einer bekenntnismäßigen Auseinandersetzung der evangelischen Kirche mit dem Problem der natürlichen Theologie darstellt . . . Denn wenn in Barmen Jesus Christus, wie er uns in der Heiligen Schrift bezeugt ist, als das eine Wort Gottes bezeichnet wurde, dem wir im Leben und im Sterben zu vertrauen und zu gehorchen haben, wenn hier die Lehre von einer von diesem einen Worte Gottes verschiedenen Quelle der kirchlichen Verkündigung als falsche Lehre verworfen wurde und wenn (im Schlußsatz der ganzen Erklärung) die Anerkennung jener Wahrheit und die Verwerfung dieses Irrtums als ›die unumgängliche theologische Grundlage der Deutschen Evangelischen Kirche‹ erklärt wurde – dann hatte man damit – weit über die Köpfe der armen ›Deutschen Christen‹ und weit über die ganze augenblickliche Lage der Kirche in Deutschland hinweg, eine Feststellung gemacht, die, wenn mit ihr Ernst gemacht wurde, eine Reinigung der Kirche nicht nur von der konkret zur Diskussion stehenden *neuen,* sondern von *aller* natürlichen Theologie in sich schloß . . . Man protestierte – das ist in Barmen von Hans Asmussen, der die Vorlage zu erläutern hatte, mit dürren Worten ausgesprochen worden – ›gegen dieselbe Erscheinung, die seit mehr als 200 Jahren die Verwüstung der Kirche schon langsam vorbereitet hat‹«[184]. Nur Eines empfand Barth später »als eine Schuld«: daß er in seinem Textentwurf nicht auch die Judenfrage »als entscheidend geltend gemacht« hatte. »Ein Text, in dem ich das getan hätte, wäre freilich 1934 bei der damaligen Geistesverfassung auch der ›Bekenner‹ [nicht] . . . akzeptabel geworden. Aber das entschuldigt nicht, daß

ich damals . . . in dieser Sache nicht wenigstens in aller Form
gekämpft habe.«[185]

»*Nein!*«

Aus der mit der Annahme der »Barmer Erklärung« praktisch
gefallenen Entscheidung zog Barth in den Sommerferien eine radikale Konsequenz: er verfaßte (im September/Oktober) »eine ausgesprochene Streitschrift«[186] unter dem knappen, klaren Titel
»Nein!« – und das ausgerechnet gegen seinen ehemaligen Freund
Emil Brunner.

Dieser hatte eben in der Schrift »Natur und Gnade« die These vertreten, es sei
»die Aufgabe unserer theologischen Generation, sich zur rechten theologia naturalis
zurückzufinden«. Barth reagierte darauf mit seinem »zornigen« Nein! – in der
Meinung, daß Brunner mit dieser These »die falsche Denkbewegung, von der die
Kirche heute bedroht ist, an der entscheidenden Stelle mitmacht«. Und er glaubte, er
müsse jetzt »gegen Brunner darum schärfer als gegen Hirsch« reden, »weil er mir
näher steht, weil ich ihn . . . für bibelnäher halte . . ., weil er mir eben darum gerade
im jetzigen Augenblick viel gefährlicher scheint als etwa Hirsch«. Berühmt-berüch-
tigt wurde Barths gänzliche Ablehnung von Brunners Lehre, daß die Verkündigung
bei den Menschen einen »Anknüpfungspunkt« suchen müsse *und* voraussetzen
könne. Schon damit werde, so Barth, der natürlichen Theologie Tür und Tor
geöffnet. Nein! – denn »der Heilige Geist, der vom Vater und vom Sohn ausgeht und
also als Gott geoffenbart und geglaubt ist, bedarf keines Anknüpfungspunktes als
dessen, den er selber setzt«[187].

Einen Teil der Schrift schrieb Barth, jeweils »im Morgenglanz
zwischen 5 und 6 Uhr«, an einem bemerkenswerten Ort nieder –
»an einem offenen Fenster auf dem Monte Pincio zu Rom«, durch
das von ferne »unverkennbar St. Peter« winkte: ein Ausblick, der
ihm den kritischen Einfall eingab, daß bei Brunner die »römische«
Gefahr der »analogia entis« drohe.[188] Er hatte sich in diesen sonst
mit Arbeit gefüllten Sommer-»Ferien« und in dem ganzen Gedränge der Zeit die Muße genommen, zusammen mit seinem Bruder
Peter, mit seinem Sohn Markus und mit Ernst Wolf eine Italienreise
zu unternehmen. Auch auf ihr hatte er wohl nebenher etwas zu
arbeiten, eben an jener Schrift. Im übrigen aber genoß er in einer
unbeschwerten Heiterkeit, wie sie einem auch jetzt noch geschenkt
werden konnte, das Leben: er trank angesichts der Fontana di Trevi
»herrlichen Wein«[189] und ließ »das klassische Altertum zu mir
reden . . ., wie es das vorher nie getan hatte«[190].

Der Bruch mit Emil Brunner demonstrierte, wie Barth in dieser
entscheidungsheischenden Zeit selbst nahestehende Freunde verlieren konnte. Es waren nicht wenige. Ja, er seufzte einmal, »daß
meiner Lebensarbeit eine gewisse sammelnde Kraft zu fehlen, ja

daß ihr geradezu eine gewissermaßen explosive oder jedenfalls
zentrifugale Wirkung eigen zu sein scheint«. Allerdings war es so,
daß er doch »auch neue, z. T. sehr gute Freunde in derselben Zeit
finden durfte«[191]. Er fand sie – nicht unter den deutschen Kirchenführern, denen er im ganzen distanziert gegenüber stand: insbesondere den Bischöfen Wurm und Meiser, die er als »retardierende
Elemente in dem ganzen Kirchenkampf« empfand – »nicht zu reden
von Bischof Marahrens in Hannover!«[192] Auf der menschlichen
Ebene war immerhin Präses Koch einer, »mit dem ich es seltsamer
Weise gut konnte« – mit ihm pflegte »ich jeweils ... in einem
italienischen Restaurant unfern des [Berliner Hospizes] Michael
weißen Wein oder auch einmal einen Steinhäger zu trinken«[193]. Es
waren im übrigen aber vor allem »Pastoren«, die Barth durch den
Kirchenkampf zu guten, weil in der Sache verbundenen Gefährten
wurden – an erster Stelle diejenigen, denen er 1935 »im Gedenken
an Alle, die standen, stehen und stehen werden«, sein Buch
»Credo« widmete: Hans Asmussen, Hermann Hesse, Karl Immer
(den Barth seinen Seelsorger nannte), Martin Niemöller und Heinrich Vogel. Den Letzteren, »den Sonderfall Lutheraner ›Vögel-
chen‹« – er war damals Pfarrer in Dobbrikow in der Mark – mochte
Barth besonders gern: »nicht zuletzt auch darum, weil ich mich mit
ihm necken darf«[194], aber natürlich vor allem darum, weil er ein so
klarsichtiger Kämpfer war, »der, verhutzelt und aufgeregt wie er ist,
einfach immer wieder da ist, seine Arme kreisen läßt wie eine
Windmühle und ›Bekenntnis, Bekenntnis!‹ schreit und in seiner
Weise tatsächlich ablegt«[195]. Vogel gab seinem in dieser Zeit geborenen Sohn stolz den Namen »Karl Martin Heinrich« und ernannte
die so assoziierten Namensvettern »Karl« und »Martin« zu dessen
Paten.

In der selben Zeit fand Barth auch in zwei nichtdeutschen »Pastoren« zwei sehr geschätzte, treue Weggenossen: der eine der Franzose Pierre Maury (1890–1956), Pfarrer im französischen Ferney-
Voltaire nahe Genf, der andere Willem Adolf Visser't Hooft
(*1900), damals Generalsekretär des Weltbundes christlicher Studenten. Barth hatte das Freundespaar schon im April 1932 »in der
Wohnung meiner Mutter, bei der ich die Ferien zubrachte« kennengelernt[196]. Und er hatte schon da beide entdeckt als »erfreuliche
Gestalten, mit denen sich deutsch und französisch gut reden ließ«[197].
Besonders zog ihn Maury an. Sein »großes Charisma« sah Barth
darin, »daß er einen sehr tiefen und objektiven theologischen
Wissensdurst mit einem unleugbaren Sinn für das Menschliche und
das ›Persönliche‹ zu verbinden wußte und daß er unaufhörlich damit
beschäftigt war, diese doppelte Begabung in den Dienst der Predigt

des Evangeliums in der Gemeinde im engen und weiten Sinn dieses Wortes zu stellen. An alle Unterhaltungen, die ich mit ihm führte . . ., bewahre ich eine ganz klare Erinnerung, weil er niemals den Unterschied zwischen dem, was er wußte, und zwischen dem, was er nicht wußte, zu verschleiern versucht hat – oder auch zwischen dem, auf dessen Erkenntnis er unbedingt bestand, und zwischen dem, was er aus verschiedenen Gründen nicht wissen wollte! Und auch darum denke ich gern an ihn, weil dieser Mann, sooft ich ihn in der Folgezeit ermüdet, überlastet von der Arbeit und sorgenvoll wiedersah, mir niemals gleichgültig noch resigniert erschien; immer habe ich in ihm dieses leidenschaftliche (zugleich positive und kritische!) Interesse für die Fragen wiedergefunden, die uns gegenseitig beschäftigten. Wie verstand er zu erzählen! Und wie wußte er zuzuhören und zu widersprechen! Und wie verstand er es (im rechten Augenblick!), auch zu schweigen und sich für befriedigt zu erklären (bis zum nächsten Mal!)«[198].

Eben Maury und Visser't Hooft besuchten Barth in diesem Sommer 1934 zu langen Gesprächen auf dem Bergli. Und gerade Maury kehrte fortan häufiger an dieser Stätte ein. Das Bergli war überhaupt in diesen Jahren nicht nur weiterhin der bevorzugte Ferienort Barths, sondern auch der Treffpunkt für viele seiner Freunde: eine Oase inmitten der anschwellenden Stürme und zugleich eine heimliche Waffenschmiede für die nötigen Kämpfe. Zu den Stammgästen gehörten dort Ernst Wolf, der getreue Osnabrükker Richard Karwehl, die ehemalige Osnabrücker Studienrätin Erica Küppers (»die bekennende Erika auf dem Wege«, wie ich sie heiße«[199]), die mit einigen ihrer Schülerinnen das Theologiestudium bei Barth aufgenommen hatte, ferner die mit Herz und Verstand interessierte Gertrud Staewen und Günther Dehn, dessen »weises und doch hoffnungsvolles und in dieser Verbindung für mich unwiderstehlich überzeugendes Lächeln« Barth so besonders gefiel[200], aber auch Herta List, eine Münchener Freundin der »Lollo«, die »mit der merkwürdigen Wehmut, die ihr eigen war«[201], immer wieder mit dabei war, und natürlich Georg Merz, der freilich nun »wie so mancher Andere so sehr zu seinen (in diesem Fall bayrisch-fränkisch-lutherischen) Ursprüngen zurückgekehrt [war], daß ich ihn wohl noch in menschlicher, aber kaum mehr in sachlicher Verbundenheit zu begleiten vermochte«[202]; seinen farbigen Erzählungen pflegte Barth jedenfalls immer noch – am liebsten auf einem Kinderstühlchen – gern zuzuhören. Es herrschte in dieser Zeit auf dem Bergli in eigentümlicher Mischung ein besorgtes und ein fröhliches Zusammensein.

Unvergeßlich »die lange Tafel in dem engen Zimmer, an der alle gespiesen« wurden, »die Betten im Freien und in dem bis oben gefüllten Häuslein selber, die Menschen alle, die sich lesend, am Grammophon die schönsten Konzerte hörend, spazierend, intensive Gespräche führend« unterhielten[203]! Zu den Stammgästen hinzu kamen ja laufend noch allerlei weitere Gäste, alte und neue Bekannte, Freunde, Schüler und sonstige Interessenten zu Besuch. Tagsüber war Barth gewöhnlich die meiste Zeit mit seiner Arbeit beschäftigt – und was frisch aus seiner Feder geflossen war an Aufsätzen, Vorträgen und dergleichen, wurde alsbald auch den jeweils Anwesenden mitgeteilt. Abends aber »vereinte man sich oft zu kindlichen Spielen. Je zwei verabredeten sich etwa, zwei historische oder literarische Personen darzustellen, suchten sich zusammen, womit sie sich kostümieren konnten und unterhielten sich entsprechend. Und die übrigen mußten erraten, mit wem sie es da zu tun hatten«. So spielte Barth einmal »Novalis«, ein andermal »Bodelschwingh«. »Oder es wurde ›gedichtet‹, d. h. es wurden beliebige Reimpaare genannt und jeder mußte diese Reime zu einem poème zusammenfassen.«[204]

Eines der dabei entstandenen Gedichte Barths, bei dem das jeweils letzte Wort der Zeile »vorgeschrieben« war, lautete so:

> Ich leugn' es nicht, ich leb dies Leben gern,
> Doch weiß ich auch, es ist nicht Frucht, es ist nur Keim,
> Erfüllung und Bestand, sie sind ihm ewigkeitenfern,
> Es bleibt ein einsam Wort, zu dem ich finde keinen Reim.
> Doch würde der sich irren sehr,
> Der nicht das nahe Echo hörte von dem fernen Ton,
> Der reich zu sein nicht wüßte jetzt und hier, wo alles leer,
> Nicht gern dies Leben lebte ohne Frucht und ohne Lohn.

Ja, hier *wurde* »gern« gelebt! »Auf dem beglückenden Hintergrund einer tiefen Frieden ausstrahlenden Natur diese Gemeinschaft sehr verschiedenartiger Menschen, die sich aber eins fühlten in dem Suchen nach Wahrheit und . . . noch wußten, wie wichtig das Gespräch, der Gedankenaustausch zur Erkenntnisbildung ist.«[204a]

Im Sommer 1934 traf Barth mit den Freunden Maury und Visser't Hooft auch noch an einem anderen Ort zusammen: anläßlich einer Internationalen Studentenkonferenz in La Châtaigneraie. Barth redete hier (am 7. August) über »Der Christ als Zeuge« – ergötzt durch »den Genfer See, den Jura, die Savoyerberge und die über Guten und Bösen scheinende Sonne . . . als Hintergrund« seines Vortrags und bemüht durch einen Sturm von Fragen, die ihm die Teilnehmer stellten; er kam sich dabei vor »wie ein Mensch, der in einem reißenden Fluß vergeblich versucht, gegen den Strom zu schwimmen«.

Er sagte hier zu dem für ihn so wichtigen Begriff des »Zeugen«: ein Mensch werde Gottes Zeuge einerseits »in der Dankbarkeit dafür, daß Gott uns sein eigenes Zeugnis schon gegeben hat«, andererseits »in der Hoffnung, daß Gott uns sein eigenes Zeugnis wieder geben will«. Was er meinte, illustrierte er auch an einem zuvor gefallenen Wort eines Japaners, der »für das innere Leben Karl Barth und für das äußere Leben Karl Marx« verehre. Er bemerkte dazu: »Alles würde darauf ankommen, daß er diese *beiden* ›Karls‹ dahinten ließe« und von aller menschlichen zu der göttlichen Weisheit strebte[205].

In einer Variation des dort verhandelten Themas erläuterte Barth am 11. und 12. September erst in Vaumarcus auf französisch, dann in Pratteln (im Kreis seines Freundes Lukas Christ) auf deutsch sein Verständnis des Pfarramtes als »Dienst am Wort Gottes« (der daraufhin geschehe, daß Gott zuvor den entscheidenden Dienst an uns tut!).

Und dann, unmittelbar nach Vollendung der Schrift »Nein!«, reiste er zurück nach Deutschland. Am 14. Oktober nahm er an jenem Düsseldorfer Gemeindetag teil, der, als bereits 30 000 Menschen eingetroffen waren, polizeilich verboten wurde. Nach einem gemeinsamen Unservater gingen die Leute diszipliniert in die verschiedenen Kirchen auseinander. »Ich mußte . . . an jenem Abend von einem Augenblick auf den andern auf eine Kanzel steigen! Es war mir nachher noch die ganze Nacht schlecht beim Gedanken an diese unvorbereitete Produktion.« In eben dieser Nacht fuhr Barth weiter nach Oeynhausen, wo er zwei Tage lang eine zweite Bekenntnissynode vorzubereiten half. Hier schlug er die Aufnahme eines Vertreters der theologischen Fakultäten in den Reichsbruderrat vor und beriet mit über eine dort anzunehmende »Botschaft«, deren Schlußabsatz speziell von ihm beigesteuert wurde. Es waren anstrengende Verhandlungen. »Immer wieder galt es, hier gegen Ängstlichkeit, hier gegen Übermut, hier gegen pastorale Fülle, dort gegen sonstige Geschwätzigkeit, hier gegen politische, hier gegen klerikale Überbetonungen auf der Hut zu sein und Unglück zu verhindern und darüber zu wachen, daß nun wirklich etwas gesagt werde, mit dem auch etwas getan sei.« In Präses Koch fand er dabei einen »Mann, mit dem sich, nachdem er in diesen Zeiten unverkennbar einiges hinzugelernt hat, wohl arbeiten läßt«[206].

An der zweiten Bekenntnis-Synode selbst, die am 19./20. Oktober in Niemöllers Gemeinde, in Berlin-Dahlem, stattfand, hielt Barth sich zurück. Als die Vertreter Bayerns und Württembergs seines Erachtens eine Verwässerung der Bekenntnisaussagen anstrebten, hat er sich wohl einmal in einem bestimmten Votum gegen jede »Abschwächung der Front« gewandt. Für ihn überraschend nahm die Synode schließlich einen guten Verlauf und Ausgang.

»Die Beschlüsse der Synode von Dahlem« haben die Stellung der Bekennenden Kirche »nach der kirchenrechtlichen Seite geklärt. Aber diese Klärung war abhängig von der dogmatischen Klärung von Barmen und konnte sich nur zugleich mit dieser oder gar nicht durchsetzen«[207]. Der Reichsbruderrat wurde dort auf 22 Mitglieder erweitert, aus welchem als geschäftsführendes Organ der »Rat der Deutschen Evangelischen Kirche« bestimmt wurde. Ihm gehörte neben Präses Koch, Oberkirchenrat Breit, neben den Pfarrern Asmussen und Niemöller, neben dem Juristen Fiedler auch als Theologieprofessor Karl Barth an.

Ende der Bekennenden Kirche?

Über Marburg kehrte er nach Bonn zurück. Ende Oktober hielt er sich schon wieder in Berlin auf, um im Reichsbruderrat »die für die Ausführung der Dahlemer Beschlüsse notwendigen Richtlinien zu erstellen«. Am 1. November redete er dann vor der Kreissynode in Köln und am 3. trat er mit Reichsgerichtsrat Flor bei einer Bekenntnisversammlung in der Bonner Beethovenhalle auf (mit einer Rede über »Kirche gestern, heute, morgen«). Kaum hatte er mit seinen Bonner Vorlesungen und Übungen begonnen, entstand aber nun in der Bekennenden Kirche eine Verwirrung, die es nötig machte, daß er am 8. und am 20. November weitere Male nach Berlin reisen mußte. Was war geschehen? »Statt ruhig weiterzuarbeiten, ließ sich nun der Rat und der Bruderrat auf endlose Beratungen ein über die vage Möglichkeit (unterstützt durch allerhand Gerüchte, die über die Hintertreppe dieses und jenes Ministeriums zu uns gelangt waren): wir könnten nun unter Anerkennung durch den Staat den ›Reibi‹ von seinem Thron stoßen und unsere illegale in eine legale ›Rechtmäßigkeit‹ verwandeln. Großes Problem: Sind wir in unserer jetzigen Gestalt für den Staat ›tragbar‹? Eine Gruppe von ungemein zähen Leuten«, besonders um die Bischöfe Meiser, Wurm und Marahrens, »verneinte diese Frage«. Sie erhoffte von einer angepaßteren Einstellung zum Staat einen näheren Zugang zum »Volk« in seiner ganzen Breite und also eine Rettung der »Volkskirche«. Diese Gruppe wollte eben darum die Männer um Barth – wegen ihrer theologischen, konfessionellen und politischen Ansichten – nicht mehr dabei haben »oder nur noch in einer unschädlichen Ecke dulden«. Marahrens sagte geradezu: »Sie werden doch auch der Meinung sein, daß die größte Gefahr für die D.E.K. augenblicklich Karl Barth ist.«[208] Als auch von Soden, der Vertreter Hessens, auf den neuen Kurs umschwenkte, sagte Barth ihm: »Lieber Kollege, was denken Sie sich dabei, Preußen gegen Hannover, Hessen, Württemberg, Bayern? Woran erinnert Sie das? War das nicht 1866 so? Und nicht wahr, der Kurfürst von Hessen war damals blind?« Aber dann fielen auch die Preußen um: selbst so »treffliche Männer« wie Präses Koch, Karl Lücking und Joachim Beckmann – und stimmten einer Linie zu, die für Barth faktisch darin bestand, daß man, statt schlicht zu glauben, dem Staat gefallen wollte[209].

In der Nacht vom 20./21. November fand jene Sitzung statt, die man als das Ende *der* »Bekennenden Kirche« bezeichnet hat. »Auf Drängen der . . . süddeutschen Bischöfe und des unseligen Bodelschwingh« wurde jetzt der Reichsbruderrat »dem Beschluß der Synode zum Trotz desavouiert und durch die . . . VKL [Vorläufige Kirchenleitung] ersetzt . . ., deren Verhältnis zu den Dahlemer Beschlüssen eindeutig das einer Abbruchfirma gewesen ist«[210]. Was »ohne weitere Synode, sondern in jenen nächtlichen Tumulten im St. Michaelshospiz . . . entschieden wurde, war dies, daß Dahlem *invalidiert,* Barmen aber zu den ›intakten‹, ›unantastbaren‹ *Papieren* rutschte«[211]. Damals, so meinte Barth, hat sich die Bekennende Kirche »das Rückgrat verrenkt«, und sie konnte seither »niemehr fröhlich gradaus laufen, wie sie es zwischen Barmen und Dahlem getan hatte«[212]. Seither hatte sie »darin ihre Grenze . . ., daß sie zwar zu den richtigen Einsichten (Barmen) und Beschlüssen (Dahlem) vorgestoßen ist, an den entsprechenden Aktionen aber sich immer mehr und schließlich definitiv verhindern ließ«[213]. Die Schuld für den Umschwung sah Barth vor allem bei den Führern der sogen. intakten Kirchen. »Und es waren gleichzeitig die autoritär-legitimistischen Instinkte und Tendenzen einer bischöflich-konsistorialen Kirchlichkeit und politisch nun eben doch die Gesinnung der Deutsch-Nationalen . . ., die man hier zu einem . . . Bremsklotz zusammenwachsen sah, der bestimmt das schwerste Hindernis gewesen ist, das die protestantische Widerstandsbewegung . . . nicht zu voller Entfaltung kommen ließ.« Ja, die Vertreter dieser Kirchen und dieser Haltung waren es, die damals geradezu »die ernstlich und entschieden Kämpfenden dauernd im Stich gelassen haben, ihnen dauernd in den Rücken gefallen sind«[214].

Als dann am 22. November an die Spitze der VKL gar noch Bischof Marahrens gesetzt wurde – ein Mann, »der . . . in der NS-Zeit öffentlich erklärt hat, daß die NS-Weltanschauung für jeden evangelischen Christen verbindlich sei«[215] – trat Barth sofort aus dem Reichsbruderrat aus. Und er blieb bei seinem Entschluß, auch als ihn viele (z. B. 200 Brandenburger BK-Pfarrer) um die Revision seines Schrittes baten. Seinem Austritt schlossen sich doch auch Hesse, Immer und Niemöller an. Um die Sache der Bekennenden Kirche sah es nun dunkel aus. Aber Barth schrieb am selben 22. November an Niemöller: »Wir haben unsere Sache auf Gott und nicht auf den Erfolg gestellt.« Zwei Tage darauf sagte er in einer Predigt in Bremen: »Jünger Jesu sind Menschen, die Jesus verantwortlich sind und eben darum niemandem sonst verantwortlich, ganz gebundene und eben darum und in dieser Bindung freie Menschen.«[216] Eine weitere Predigt (über das Jeremia-Wort: »Verflucht ist der Mann, der sich auf Menschen verläßt. Gesegnet aber ist der Mann, der sich auf den Herrn verläßt«) folgte am 28. November, am Vorabend jener Hauptversammlung des Reformierten Bundes, an der dieser sich definitiv und einstimmig auf die Linie der Bekennenden Kirche festlegte.

Das Ende der Bonner Lehrtätigkeit

In diesen Tagen hatte Barth eine weitere, gewichtige Entscheidung gefällt: nämlich die, den am 7. November von ihm verlangten Treueid auf den »Führer« in der vorgeschriebenen Form zu verweigern. Dieser Eid war von allen Beamten gefordert worden, als nach dem Tod Hindenburgs (am 2. August) Hitler (am 19. August) die Ämter des Kanzlers und Präsidenten vereinigt und selbst übernommen hatte. Barth hatte schon auf dem Bergli davon gehört. »Mir war allerdings vom ersten Augenblick an, da ich in der Schweiz von der Forderung dieses Eides erfuhr, ganz deutlich, daß ich, sowie mich diese Forderung erreichen werde, so konkret und aktuell wie nur möglich in den status confessionis versetzt sein werde.« Wohlverstanden: »Ich habe mich nicht geweigert, den Beamteneid zu leisten, sondern ich habe den Vorschlag eines Zusatzes gemacht, der es mir möglich machen würde, ihn zu leisten. Dieser von mir vorgeschlagene Zusatz« lautete: dem Führer Treue leisten zu können nur, »soweit ich es als evangelischer Christ verantworten kann«. »Nachdem ich die Ladung zur Eidesleistung durch den Rektor der Universität Professor Dr. Naumann erhalten hatte, bin ich sofort ... bei ihm vorstellig geworden und habe ihm den ... Vorschlag zur Weiterleitung an den Herrn Minister übergeben.«[217]

Damit »war meine Stunde gekommen. Ich wurde plötzlich suspendiert« (am 26. November) – mit der Begründung, »sich durch sein Verhalten im Amt der Achtung, des Ansehens und des Vertrauens, die sein Beruf erfordert, unwürdig gezeigt zu haben«[218]. Es blieb Barth unvergeßlich, »wie wir am Tage vor meiner Suspension im Hörsaal der Konviktstraße miteinander gesungen haben:

Der ewig reiche Gott
Woll' uns in unserm Leben
Ein immer fröhlich Herz
Und edlen Frieden geben
Und uns in seiner Gnad'
Erhalten fort und fort
Und uns aus aller Not
Erlösen hier und dort«[219].

Als die Studenten am anderen Tag den Hörsaal Barths verschlossen fanden, brachte ihnen Charlotte von Kirschbaum die Nachricht von der erzwungenen Einstellung der Vorlesungen. Als darauf am 7. Dezember der Rektor ihnen den DC-Mann Schmidt-Japing als Nachfolger Barths präsentierte, verlas einer von ihnen eine Erklärung, die von den Theologiestudenten Martin Eras, Siegfried Hajek und Heinrich Quistorp mutig verfaßt war und dann von 200 Kommilitonen unterschrieben wurde: »Wir müssen die Weiterführung der Vorlesungen und Übungen von Prof. Karl Barth durch einen Vertreter . . . ablehnen.«[220] Der Protest nützte so wenig wie der Einspruch Barths gegen die Suspendierung am 27. November beim Bonner Landgericht. Am 20. Dezember verfügte die Dienststrafkammer bei der Regierung in Köln seine Dienstentlassung.

Barth mußte dabei vor Gericht erscheinen – mit dem ihm am Morgen jenes Tages zugeflogenen Reim im Kopf: »Karl ist kein Bösewicht / und doch muß er vor Gericht.« »Angeklagt war ich und vorgehalten wurde mir da von einem . . . Staatsanwalt: daß ich getan habe, was man im damaligen Deutschland nicht tun durfte, und nicht getan habe, was man im damaligen Deutschland tun sollte. Drei Richter saßen mir gegenüber und schauten mich mit ernsten, mißtrauischen Gesichtern an. Und ein tüchtiger junger Anwalt saß neben mir und gab sich große Mühe, zu beweisen, daß Alles nicht so schlimm sei. Es kam aber doch Alles, wie es kommen mußte. Ich wurde für schuldig befunden und verurteilt«[221]. Barths Anwalt war ein Vetter von Günther Dehn: der wegen Zugehörigkeit zur SPD aus dem Justizdienst entlassene Rechtsanwalt und Rechtsberater der rheinischen BK Otto Bleibtreu (1904–1959). Der die Anklage vertretende Staatsanwalt machte Barth das »Vergnügen«, ungewollt die Absicht des Nationalsozialismus bloßzulegen: der Eid habe »in der Tat einen unbegrenzten Inhalt« und erlaube es keinem, selber zu prüfen, was vor Gott recht ist. »Eine solche Prüfung bedeute vielmehr schon eine schwerwiegende Verfehlung. Der Führer verlange eo ipso* nichts, was gegen das Gebot Gottes sei.« Barth verteidigte sich auch selber. »[Dabei] zückte ich eine . . . Platonaus-

* selbstverständlich

gabe und las den Leuten aus der Apologie des Sokrates folgende
Stellen vor: ›Ich bin euch, ihr Athener, zwar zugetan und Freund,
gehorchen aber werde ich dem Gotte mehr als euch . . . Ich meines-
teils glaube, daß noch nie größeres Gut dem Staate widerfahren ist
als dieser Dienst, den ich dem Staate leiste . . . Daher auch jetzt, ihr
Athener, ich weit entfernt bin, um meiner selbst willen mich zu
verteidigen, wie einer wohl denken könnte, sondern um euretwillen,
damit ihr euch nicht gegen des Gottes Gabe an euch versündigt
durch meine Verurteilung.‹ Indem der Staat die Kirche anerkennt,
bejahe er um seiner selbst willen die ihm als Staat gesetzte Grenze,
und der staatliche Theologieprofessor sei der vom Staat selbst
eingesetzte Wächter dieser Grenze, auch und gerade gegenüber
dem Einbruch von solchen Staatstheorien wie der gegenwärtig
umlaufenden und vom Staatsanwalt verkündigten. In der Eidessa-
che wie in der Frage des Hitlergrußes in der Vorlesung hätte ich nur
getan, was ich im Auftrag des Staates selbst tun mußte. Sie, die
Richter, sollten nun im Interesse des Staates erklären, daß es mit
jener Totalität nichts sei . . . Wenn sie das nicht tun, . . . so müßten
sie sich klar darüber sein, daß sie damit Hitler zu einem inkarnierten
Gott machten [und] gegen das erste Gebot aufs Schwerste ver-
stießen«[222].

Bei der Kölner Verhandlung stand indes die Eidesfrage nur mehr
am Rande, da sich in dieser Sache inzwischen einiges verändert
hatte. Zwar war Barths Verhalten selbst bei manchen Freunden
zunächst auf Kritik gestoßen – auch bei Bultmann, der ihn geradezu
bat, seine Bedingung für eine Eidesleistung zu »redressieren«[223].
Aber dann hatte, auf Initiative von Friedrich Horst und Hans Emil
Weber (am 7. Dezember) die »VKL« und (am 14. Dezember) in
ähnlichem Sinn auch der Reformierte Bund verlautbart, daß ein Eid
für jeden Christen »durch die Berufung auf Gott ein Tun« ausschließe, »das wider das in der Heiligen Schrift bezeugte Gebot
Gottes wäre«[224]. Daraufhin konnte Barth (am 18. Dezember) dem
Bonner Rektor und dem Kultusminister mitteilen, daß damit »der
von mir als Bedingung meiner Eidesleistung angegebene Zusatz . . .
überflüssig geworden« sei[225]. Und darum erkannte auch das Gericht
in Köln, daß Barths Haltung in der Eidesfrage »für sich allein zu
einer Dienstentlassung . . . in keiner Weise mehr ausreichend«
war[226]. Es argumentierte dann aber: »Schon daß mir der Gedanke an
jenen Vorbehalt . . . gekommen sei, beweise, daß es mit meinem
Verhältnis zum nationalsozialistischen Staat nicht richtig stehe, so
daß ich als Lehrer deutscher Jugend nicht fernerhin in Betracht
kommen könne.«[227] Und aus diesem Grund wurde Barth nun dennoch mit Dienstentlassung bestraft. Am Abend dieses Tages über-

raschten ihn in Bonn 25 seiner Studenten mit dem Gesang des Liedes: »Nun lob mein Seel den Herren . . .«

Durch diesen Entscheid wurde seiner akademischen Tätigkeit in Deutschland ein Ende gesetzt. Aber er blieb bis auf weiteres noch in Bonn wohnhaft. Am 4. Februar 1935 bat er die Kirchenleitung in Berlin um Unterstützung eines Revisionsantrags zu jenem Kölner Urteil. Er machte seine weitere Mitwirkung bei der Leitung der BK von der Bedingung abhängig, daß diese explizit »meine Sache . . . zu der ihrigen macht«. Er mußte es jedoch erleben, daß »ich . . ., als ich . . . die damalige V[K]L und den damaligen BR [Bruderrat], die mich zu diesem Prozeß veranlaßt hatten, um ihren formalen Beistand anging, von diesen beiden Gremien im Stich gelassen wurde und Alles persönlich ausfechten mußte«[228]. Als der Reichsbruderrat nicht auf Barths Bitte einging, blieb er der Ratssitzung am 12. Februar in Oeynhausen fern und erklärte am 24. Februar Präses Koch, daß er auch nur als Gast im Bruderrat definitiv nicht mehr mitzumachen gedenke. Am 14. März beantragte er dann auf eigene Faust – mit einer von Bleibtreu ausgearbeiteten Antragsbegründung – beim Preußischen Oberverwaltungsgericht Berlin ein Berufungsverfahren.

Während es mithin vorläufig noch offen blieb, ob er seine Vorlesungen vielleicht doch wieder aufnehmen könne, betätigte er sich unterdes um so reger auf anderen Feldern. Er predigte einigemal. Er referierte am 1. Dezember vor seinen bisherigen Schülern über die Problematik der »VKL« und legte ihnen in diesem Monat in vier Bibelstunden Lukas 1 aus. Am 16. Dezember nahm er an einer Tagung der rheinischen Jung-Reformierten teil, am 17. hielt er in Barmen-Gemarke vor einer großen Hörerschar eine Predigt, und am 21. suchte er in Uelsen in stundenlangen Verhandlungen Frieden zwischen dem ostfriesischen Kirchenregiment und der dortigen Bekenntnis-Kirche zu stiften. Anfang Januar 1935 führte er mit »seinen« Studenten eine praktisch-theologische Freizeit in Kaiserswerth durch, auf der er über die »Gemeindemäßigkeit der Predigt« sprach. Dann hielt er sich einige Wochen in der Schweiz auf: in Grindelwald bei seinem alten Kameraden Martin Nil, in Bern bei der Mutter, in Basel bei Thurneysens und in Zürich bei Pestalozzis. Am 3. Februar predigte er am Rheinisch-westfälischen Gemeindetag »Unter dem Wort« in Barmen-Gemarke (über Jesu Stillung des Seesturmes!). Am 11. Februar redete er in Mönchen-Gladbach über die durch den Kirchenkampf neu aktuell gewordene, aber nun durch eine zunehmende Konfessionalisierung der Bekennenden Kirche immer mehr bestrittene »Möglichkeit einer Bekenntnisunion«. Schon am Vortag hatte er sich auf einer Bibelfreizeit für Studenten der Bekennenden Kirche in Godesberg von seinen Bonner Schülern förmlich verabschiedet – mit einer Auslegung zu Psalm 119,67 und Jak. 4,6 und mit den Worten: »Es war ein munterer und es war ein ernster Studienbetrieb. Meinetwegen hätte es noch lange so weitergehen können und ich hatte mich schon darauf gefaßt gemacht, mein Grab hier am Rhein zu finden!! Mit anderen Kollegen, die jetzt auch nicht mehr oder nicht mehr lange da sind, hatte ich Zukunftspläne – aber siehe da: Es fiel ein Reif in der Frühlingsnacht! Und nun ist das Ende gekommen . . . Nehmen Sie jetzt . . . meinen letzten Rat: Exegese, Exegese und noch einmal Exegese! . . . Halten Sie sich an das Wort, an die Schrift, die uns gegeben ist.«[229]

Barths Wirkungsmöglichkeiten wurden noch engere Grenzen gesetzt, als ihm am 1. März – auf dem Bahnhof in Bonn! – ein gänzliches Redeverbot eröffnet wurde. Das hinderte ihn zwar nicht, am 26. März zu Beginn der Zweiten Freien Reformierten Synode in der Nikolaikirche zu Siegen eine Predigt (über das angesichts der neuen Ideologie besonders sprechend gewordene Bilderverbot) zu halten. Aber das war doch seine letzte öffentliche mündliche Äußerung in Deutschland. Seine Tätigkeit beschränkte sich fortan weitgehend auf private Gespräche und Besprechungen – vor allem mit den verschiedenen Köpfen der Bekennenden Kirche, aber auch mit anderen Zeitgenossen: etwa mit Josef Hromádka. Zudem entstand ein Artikel, in dem Barth sich (in einer »Antwort an Erwin Reisner«) erneut mit Problemen der natürlichen Theologie auseinandersetzte und in dem er auch einen negativen »Anknüpfungspunkt« (an die menschliche Verzweiflung etc.) ablehnte.

In derselben Zeit, in der Barths Redefreiheit derart beschnitten wurde, bot sich ihm aber nun die Gelegenheit, an einem anderen Ort – und das in einer viel beachteten Weise – das Wort zu ergreifen: in Holland, wo er vom 8. Februar ab an der Universität Utrecht 16 Vorlesungen über die »Hauptprobleme der Dogmatik, dargestellt im Anschluß an das Apostolische Glaubensbekenntnis« halten konnte. Er fuhr Woche um Woche freitags dorthin zum Vortrag von je zwei Abschnitten, um gleich anschließend wieder zurückzufahren. Er hatte bei den Vorlesungen stark den Eindruck, aus der »Situation einer ecclesia militans*« heraus zu reden – hinein in eine Situation, in der man noch die Muße hatte, »in Gemächlichkeit Theologie zu treiben«. Wobei er jedoch fand, »daß die Situation einer ecclesia militans eine nähere Verwandtschaft aufzuweisen hat zu den großen Zeiten, in denen das kirchliche Dogma entstanden ist«.

---

* kämpfende Kirche

Das Buch, das aus diesen Vorlesungen entstand, betitelte Barth »Credo*«.
Glaube ist darin verstanden als »Akt der Anerkennung der den Menschen angehenden Wirklichkeit Gottes«, insofern als »Entscheidung«, d. h. als »Überwindung des Widerspruchs gegen diese Wirklichkeit«, insofern aber auch als »Bekenntnis« und zwar als kirchliches Bekenntnis. Mehrfach hieß es: »Der christliche Glaube steht und fällt . . . damit, daß Gott und nur Gott sein Gegenstand ist.« Gott aber ist »schlechterdings und ausschließlich Gott in seiner Offenbarung«. Barth meinte geradezu, »die große theologisch-kirchliche Katastrophe« der Gegenwart beruhe auf dem Unverständnis der »drei Worte Filium ejus unicum**«. Würde man sie verstehen, dann würde man den »Schöpfer« nicht an und für sich erkennen wollen, dann wäre vielmehr »die Erkenntnis Jesu Christi« auch die »Quelle des Schöpfungsglaubens« – dann hätte man es aber auch bei der Erkenntnis des Menschen »nicht mit einem ›Sehartikel‹, sondern mit einem ›Glaubensartikel‹ zu tun«[230].

Am 5./6. April schloß Barth seine Vorlesungen mit einer »Fragebeantwortung« ab. Er fand bei diesen Vorlesungen in dem Haarlemer Pfarrer Kornelis Heiko Miskotte, den er schon seit 1928 kannte, einen tiefsinnigen Kommentator.

Im ungewissen über seinen weiteren Weg fuhr er Ende Mai in die Schweiz. Die Frage nach einer neuen Betätigungsmöglichkeit stellte sich ihm immer dringlicher. Schon am 7. März hatte er sich kurz in der Schweiz aufgehalten – aus Anlaß der Verheiratung seiner Tochter Franziska mit dem Basler Kaufmann Max Zellweger, Sohn einer dem Seidenhandel zugewendeten Familie, der dann selber zum Vizedirektor in der Basler chemischen Industrie aufsteigen sollte. Bei dieser Gelegenheit hatte Barth sich bereits provisorisch danach erkundigt, ob er eventuell zu einem Basler Lehrstuhl kommen könne. Visser't Hooft wiederum setzte sich nachdrücklich für seine Berufung auf einen Genfer Lehrstuhl ein. Trotz aller Behinderung wäre er freilich lieber weiter in Deutschland geblieben – und zwar durchaus auch in einem Lehramt außerhalb der Universität. Immerhin beschloß Ende April die Vierte Rheinische Bekenntnissynode feierlich, »beschleunigt dafür Sorge zu tragen, daß Professor D. D. Karl Barth seine Arbeit . . . fortsetzen kann«[231]. Aber wie er zu seinem Bedauern feststellen mußte, erhielt er dann doch keine Berufung »in Form eines endgültigen und verbindlichen Rufes«[232]. Ja, er bekam nun sogar aus den Reihen der BK selbst einen Widerwillen und Widerstand zu spüren, der sich teils auf seine Theologie, teils auf seine politische Haltung, teils auf seine Person bezog. Für die Durchführung der Anfang Juni stattfindenden Dritten Bekenntnissynode in Augsburg machte Bischof Meiser die Nicht-Teilnahme und Ausladung Barths geradezu zur Bedingung. Er nahm dann auch nicht an ihr teil. Und die Synode verlief so, daß er sich seinerseits

---

* Glaubensbekenntnis; wörtlich: »ich glaube«

** (ich glaube an Jesus Christus:) »seinen eingeborenen Sohn«

des dort angebrochenen neuen »Augsburger Religionsfriedens unmöglich freuen« konnte[233]. Mit kritischen Worten griff er die Bekennende Kirche, wie sie sich dort dargestellt hatte, an: »Sie hat für Millionen von Unrechtleidenden noch kein Herz. Sie hat zu den einfachsten Fragen der öffentlichen Redlichkeit noch kein Wort gefunden. Sie redet – wenn sie redet – noch immer nur in ihrer eigenen Sache.«[234] Und für sich selbst zog Barth den Schluß: Führte der Weg der Bekennenden Kirche »von Barmen über Dahlem wirklich nach Augsburg, . . . dann darf, nein dann muß ich meine wirklich nicht angenehme Funktion in diesem kirchlichen Raum . . . als beendigt ansehen«[235].

Vom 21. Mai an wartete Barth die Klärung seiner unsicheren Situation auf dem Bergli ab. Er füllte die Zeit mit der Herstellung eines Vortrags aus (»Das Evangelium in der Gegenwart«), den er gerade in den Tagen jener Augsburger Synode erst in Bern, dann in Basel zu Gehör brachte. Darin zog er eine radikale Konsequenz aus dem Kirchenkampf. »Das Christentum in seiner bisher bekannten Gestalt ist zu Ende« – nämlich das Christentum, das von der Welt wünscht, sie möchte ihm »Daseinsberechtigung, ja Hausrecht . . . gewähren«. Das bedeute für die Kirche wohl nun, »daß sie arm werden müßte«, aber auch, daß sie »zu einer ganz neuen Freiheit ihres Bekenntnisses und ihrer Erkenntnis aufgerufen« sei[236].

Am 14. Juni wurde endlich das noch anhängige Berufungsverfahren in Berlin entschieden – mit dem völlig unerwarteten Resultat, daß das Kölner Urteil aufgehoben und Barth lediglich – wegen der Verweigerung des »Deutschen Grußes« und wegen seiner Äußerungen im Oktober 1933 im Hause Jacobis – mit einer Geldstrafe (in Höhe eines Fünftels seines Jahresgehaltes) bedacht wurde. Die Genugtuung über den Erfolg währte nur kurz. Am 22. Juni versetzte Minister Rust Barth aufgrund des berüchtigten § 6 des Gesetzes zur Wiederherstellung des Berufsbeamtentums in den Ruhestand. Unmittelbar darauf erhielt Barth einen Ruf an die Universität Basel. »Es war . . . so, daß ich an einem Samstag in Deutschland abgesetzt wurde, und schon am Montag hat mich der Regierungsrat von Basel zum ordentlichen Professor ernannt, so daß ich also nur über den Sonntag arbeitslos war. Ich möchte ausdrücklich hervorheben, . . . daß die zwei Männer, die hier in Basel für meine Berufung eingetreten sind, beide erklärte Atheisten waren. Es waren Regierungsrat Hauser und Ständerat Thalmann . . . ›Dei providentia et hominum confusione Helvetia regitur‹*, so ist das damals gewesen.«[237] Barths Berufung war an die Bedingung geknüpft, daß er sich zur schweizerischen Landesverteidigung bekenne – eine Bedingung,

---

* »Durch Gottes Vorsehung und durch der Menschen Verlegenheit wird die Schweiz regiert«

die er unter den gegenwärtigen Umständen gern erfüllte. Sein bisheriger Bonner Lehrstuhl wurde in der Folgezeit überhaupt beseitigt – bzw. in einen Lehrstuhl an der Technischen Hochschule Berlin-Charlottenburg umgewandelt[238].

So gingen die deutschen Jahre für ihn endgültig zu Ende. Die Bonner evangelisch-theologische Fakultät, die binnen kurzem einen so außergewöhnlichen Aufschwung erlebt und die sich im Kirchenkampf als ein Hort des Widerstandes hervorgetan hatte, war nun gründlich zerstört. Mit Barth mußte auch sein Assistent Helmut Gollwitzer gehen, der Prediger in der Bekennenden Kirche und dann Nachfolger Niemöllers in Dahlem wurde. Um die gleiche Zeit wurde Ernst Wolf nach Halle strafversetzt und ebenso Friedrich Horst entlassen. Barths Weggang war in gleicher Weise für die Bekennende Kirche ein Verlust – in dem doppelten Sinn, daß sie an ihm einen entschlossenen Mitkämpfer, andererseits ihren kritischen Warner vor der ihr gerade jetzt drohenden Bekenntnismüdigkeit verlor. Er blieb ihr natürlich auch aus der Ferne weiterhin eng verbunden, aber er war nun nicht mehr unmittelbar dabei. Der Bruderrat der Altpreußischen Union schrieb Anfang Juli an die Gemeinden: »Wir danken Herrn Professor D. Karl Barth für den entscheidenden Dienst, den er der Evangelischen Kirche dadurch erwiesen hat, daß er durch seine theologische Arbeit das Wort Gottes als alleinige Richtschnur für Lehre und Ordnung der Kirche unter uns wieder zur Geltung gebracht hat . . . Die von ihm vertretene Sache . . . darf von uns in der Deutschen Evangelischen Kirche nicht wieder preisgegeben werden.«[239] Und auch Barth nahm nur ungern Abschied von Bonn. »Hier habe ich die bisher lebendigsten und reichsten Jahre meines Lehramts zugebracht.«[240] Hier »war es mir so richtig wohl – so daß ich zuerst fast ein bißchen bedrängt war, als ich wieder in die Basler Heimat zurückkehrte, wo mich etwas schmalere Dinge umgaben als dort«[241]. Mit Barth und seiner Familie zog Charlotte von Kirschbaum nach Basel, die, um ihn weiterhin unterstützen zu können, damit immerhin »aus ihrem Vaterland und aus ihrer Freundschaft gezogen« ist[242].

VI. Eine Schweizer Stimme

Die Jahre von 1935 bis 1946 in Basel am St. Albanring

Rückkehr in die Schweiz

»Drei Tage nach der Bekanntmachung meiner Absetzung als Bonner Professor hat mich der Regierungsrat von Basel . . . auf einen außerplanmäßigen Lehrstuhl der Universität dieser meiner Heimatstadt berufen.«[1] Barth nahm den Ruf sofort an – nicht nur, weil ein weiteres Wirken in Deutschland für ihn im Moment so gut wie ausgeschlossen war, sondern auch deshalb, weil er meinte: eine Bekennende Kirche, die zu dem faulen Frieden der Augsburger Synode bereit sei, könne »nicht gleichzeitig meine weiteren Dienste haben wollen«[2]. Am 8. Juli 1935 bezog er mit seiner Familie am Basler St. Albanring 186 Wohnung – unweit seines Geburtshauses (und unweit des heutigen Karl-Barth-Platzes) »und immerhin genau 400 Jahre seit der Ankunft von Calvin in der St. Albanvorstadt«[3]. Zuvor hatte das Haus »der berühmte Felix Weingartner« bewohnt, »der mir zum Einzug in jenes Haus sein dickleibiges Lebenswerk, ein – Christusdrama (!) überreicht hat«[4]. Eine Erinnerung an Deutschland bedeutete der Umstand, daß man aus einem Fenster seiner Räume »sehr nahe den letzten Ausläufer des deutschen Schwarzwaldes« sehen konnte[5]. Infolge dieses Umzugs lebte Barth also nun wieder »in der besonderen Luft von Basel, die ich seit 1889 nur besuchsweise geatmet hatte«[6]. Und seine weitere Arbeit vollzog sich von jetzt an ausgerechnet an jener theologischen Fakultät, »deren Wirken wir einst vom Aargau aus nur noch mit so viel Verwunderung hatten verfolgen können«[7].

Bevor Barth dort seine Vorlesungstätigkeit aufnahm, hatte er ein nicht geringes Vortragspensum zu absolvieren. Die Einladung zu Gastvorlesungen an acht japanischen Universitäten sagte er allerdings ab. Dafür hielt er zunächst Ende Juli auf Einladung von Adolf Keller in einem »Ökumenischen Seminar« in Genf vier Vorlesungen über »die Kirche und die Kirchen«, die jeweils fortlaufend ins Englische und Französische übersetzt wurden, dazu sechs Seminarstunden über den Anfang von Calvins Katechismus. »Es war eine ungemein erschöpfende Angelegenheit, weil ich eigentlich von früh bis spät allen möglichen Zeitgenossen Rede und Antwort stehen mußte.« Barth bekundete mit seinen Vorträgen ein kritisch-erwartungsvolles Interesse an der sich eben langsam formierenden ökumenischen Bewegung – wenn auch »Alles in allem . . . mir diese ökumenische Sache vorläufig doch einen ziemlich zerblasenen Eindruck gemacht« hat[8]. Er benutzte die Gelegenheit zur Formulierung seiner Sicht des ökumenischen Problems – in Entfaltung der These: »Die Frage nach der Einheit der Kirche muß identisch sein mit der Frage nach Jesus Christus als dem konkreten Haupt und Herrn der Kirche . . . Jesus Christus als der eine Mittler zwischen Gott und Menschen *ist* geradezu die kirchliche Einheit, jene Einheit, in der es wohl eine Vielheit der Gemeinden, der Gaben, der Personen in der Kirche gibt, durch die aber eine Vielheit von Kirchen ausgeschlossen ist.« Die Vielheit der Kirchen sei also nicht Reichtum, sondern Not und Sünde. Und deren Überwindung könne nicht durch gegenseitige Toleranz erreicht, könne überhaupt »nicht gemacht werden, sondern nur im Gehorsam gegen die in Jesus Christus schon vollzogene Einheit der Kirche *gefunden* und *anerkannt* werden«[9].

Ende August reiste Barth dann mit Pestalozzis und Lollo von Kirschbaum auf Einladung seines Prager Kollegen Josef Hromádka nach Mysliborice in Mähren – nicht ohne bei dieser Gelegenheit Prag (und dort, besonders bewegt, den Judenfriedhof) und auf der Heimreise auch Budapest und Venedig zu besichtigen. Der Mann, der ihm auf dieser Reise eindrücklich wurde und den er seit damals immer mit Respekt begleitete, war eben Hromádka: durch und durch ein »Pionier«, gekennzeichnet durch eine eigentümliche »Beweglichkeit und innere Konsistenz, die in allen seinen Stadien zu beweisen [ihm] . . . inmitten von so viel ernstlicher und weniger ernst zu nehmender Anfechtung geschenkt war«[10]. Dieser Tscheche (1889–1969) war auf sehr eigenen Wegen und in bewußter Anknüpfung an die alte hussitische Tradition zu einer originellen Vertretung »dialektischer Theologie« gekommen. Dort in Mähren redete Barth auf einer Pfarrerkonferenz über »Die theologischen Voraussetzungen kirchlicher Gestaltung«.

Dabei führte er aus, »daß die Gestalt der Kirche nicht mehr unbekümmert in ihrem bisherigen Bestand hingenommen« werden könne, daß ihre Gestaltung aber jedenfalls immer bestimmte – geschichtliche, psychologische und vor allem theologische Voraussetzungen habe; das Nachdenken über sie müßte jedoch »begründet und getragen« sein durch das »Bedenken des Geheimnisses der Gnade und des rechten Gehorsams« gegen Gott[11]. Barth war hier offensichtlich darum bemüht, seine Erkenntnisse aus dem deutschen Kirchenkampf auf ihre Konsequenzen hin zu durchdenken und daran ebenso die nichtdeutschen Christen teilnehmen zu lassen.

Eben darum ging es ihm praktisch auch, als er am 24. September in St. Gallen zum ersten Mal seit seiner Rückkehr in die Schweiz mit

der Pfarrerschaft des Landes zusammenstieß. Es kam buchstäblich
zu einem Zusammenstoß. Er erklärte dort (in einem Vortrag über
»Das Bekenntnis der Reformation und unser Bekennen«) das
christliche Bekennen als dasjenige gehorsame »Handeln der Kirche«, in dem es anerkennt, »daß Jesus Christus ... wirklich der
Herr ist«[12]. Und er charakterisierte die Schweizer Kirchen, gemessen an diesem Maßstab, als »bekenntnisschwach«. Er kam mit dem
Vortrag aber nicht gut an; denn »unsere unseligen Liberalen ...
hatten erwartet, ich würde irgend ein hochorthodoxes Glaubensbekenntnis in Vorschlag bringen, hatten sich entsprechend gepanzert
und konnten es nun nicht lassen, ihre durch meinen Vortrag gegenstandslos gewordenen Tiraden für Gewissensfreiheit, Bibelkritik,
Toleranz etc. etc. doch an den Mann zu bringen und die Anerkennung der Kirchlichkeit des ›Neuprotestantismus‹ (in globo!) von mir
zu verlangen«. Als Barth darauf mit einem »kleinen Anathema
gegen alle die Anthropologismen« antwortete, gab es »auf Straßen
und Plätzen und an Café-Tischen einen großen Jammer über mein
Pfaffentum, meine Päpstelei usw.«[13]. Ja, als er in der seinem Vortrag
folgenden Diskussion die Liberalen »beiläufig und arglos wohl als
›Freunde‹, aber nicht geradezu als ›Brüder‹ anreden wollte*, da
waren die anwesenden ›Positiven‹ durchaus nicht die Letzten, die
auf solche Lieblosigkeit mit lauter Wehklage und mit dem Gesang
des Liedes ›Herz und Herz vereint zusammen‹ antworteten«[14]. In
ihrer Weise stimmte dann auch die Goebbels-Presse in diese Wehklage ein, indem sie Barth wegen jener Äußerungen bei seinen
Landsleuten als notorischen Störenfried anschwärzte. Er selbst war
von dieser Begegnung mit dem Schweizer Protestantismus maßlos
enttäuscht. »Ich bin ... in frischem Anlauf aus den Kämpfen und
Erfahrungen der deutschen Kirchen in die kirchliche Schweiz gekommen und meinte damals, offenbar allzu naiv, wenigstens etwas
von den veränderten Fragestellungen auch hier lebendig zu machen
helfen zu können. Das hat sich als untunlich erwiesen ... Es hat sich
mir eingeprägt, daß ich« offenbar auch »hier nur, von großer –
gewiß auch von viel freundlicher – Zurückhaltung umgeben, gegen
den Strom schwimmen« konnte[15]. Zwar predigte Barth am 29.
September im Basler Münster »vor einer in die tausende gehenden
Hörerschar« (über Matth. 6,24 ff.: Ihr *könnt nicht* zwei Herren
dienen!) – wie er denn auch sonst zunächst in der Schweiz ein viel
»bestaunter ... Fremdling« war[16]. Aber »nachdem eine kurze Zeit
eines gewissen Aufmerkens vorbei war«, hatte er seinen weiteren
Weg in nicht geringer Einsamkeit zu gehen[17].

---

* Dabei ist »Freunde« die übliche Anrede der Schweizer Liberalen!

Wieder einige Tage später, am 7. Oktober, wagte er es, auf Drängen von Karl Immer hin, nochmals nach Deutschland zurückzukehren, um in Barmen einen Vortrag über das Thema »Evangelium und Gesetz« zu halten. Dieser Vortrag wurde nachher als sein »Abschiedswort« an die Christen in Deutschland empfunden, und er beschäftigte dann auf Jahrzehnte hinaus die theologische Diskussion.

Er stellte nämlich eine radikale, die Differenzen an der Wurzel anpackende Auseinandersetzung mit den Deutschen Christen und ihrer Lehre vom »Volksnomos« dar, in anderer Weise sogar eine gewichtige Korrektur gegenüber Luther und jedenfalls gegenüber dem Luthertum, aber auch eine bestimmte Anfrage an Freunde wie Asmussen und Iwand. Barths These bestand in der Umkehrung der »traditionellen Reihenfolge ›Gesetz und Evangelium‹«. Er glaubte nämlich, »daß, wer wirklich und ernstlich zuerst Gesetz und dann erst und unter Voraussetzung dieses zuerst Gesagten Evangelium sagen würde, beim besten Willen nicht vom Gesetz *Gottes* und darum sicher auch nicht von *seinem* Evangelium reden würde«. Mithin sei es »nicht nur unsicher und gefährlich, sondern verkehrt, das Gesetz Gottes . . . aus irgend einem Geschehen ablesen zu wollen, das verschieden ist von dem Geschehen, in welchem uns der Wille Gottes . . . formal und inhaltlich als Gnade sichtbar wird«. Wiederum kreise Gottes Gnadenhandeln nicht in sich selbst, sondern »es zielt auf *unser* Handeln, auf eine Konformität unseres Handelns mit dem seinigen«[18]. Insofern *folge* das Gesetz dem Evangelium.

Barth durfte den Vortrag »nicht selbst halten, sondern mußte ihn in der überfüllten Barmer Kirche von Pastor Immer verlesen lassen unter Beiwohnung der Staatspolizei, die es dann am Abend des gleichen Tages, wohl erschreckt über den Massenzudrang und die stürmische Begrüßung« seitens ehemaliger »Schüler und Anhänger, für nötig befand, uns unter Begleitung im Nacht-D-Zug an die Grenze bringen zu lassen«[19]. Zehn Jahre lang sollte er nun nicht mehr deutschen Boden betreten – was für zehn Jahre!

Erst Ende Oktober nahm er seine akademische Lehrtätigkeit in Basel auf – »›als wäre nichts geschehen‹ – wo doch wahrhaftig Einiges geschehen ist!« Und der Rhein zog »schwermütig oder auch humorvoll an allem vorbei, hinunter nach Bonn, wo sich nun Schmidt-Japing und Stauffer auf unsern verlassenen Stühlen räkeln« mochten[20]. Er wanderte nun »täglich durch das St. Albantor und St. Albanvorstadt am Münster vorbei nach dem Stapfelberg, wo ich in dem rührend bescheidenen Auditorium ›maximum‹ dieser Universitätsstadt vor allerlei Volk meine Dogmatik« in weiterer Fortsetzung (zunächst fünf-, dann vierstündig) vortrug[21] – die Beschäftigung mit dieser Aufgabe sollte den größten Teil seiner übrigen, fortan in Basel verbrachten Lebenszeit ausfüllen. Dazu hielt er in diesem ersten Semester ein Seminar über die Rechtfertigungslehre, dazu (in seiner Wohnung) einen offenen Abend und eine Sozietät – in der ihn das Thema »Ritschl« so langweilte, daß er auf »Luther« umstellte.

Barth suchte mit dieser seiner Arbeit, »die in Bonn so traurig zerstörte Schule hier wieder aufzurichten, d. h. den hier aus allerhand Ländern und Sprachen versammelten Studenten eine möglichst intensive Bekanntschaft mit ›kirchlicher Dogmatik‹ zu vermitteln, den Schweizern insbesondere ein ganz klein bißchen preußisches Tempo beizubringen«[22]. Zu eben diesen Studenten gehörte jetzt auch sein Sohn Markus und ab 1936 sein Sohn Christoph, ferner z. B. auch der spätere Schweizer Kirchenbundespräsident Walter Sigrist und der kommende Neutestamentler Eduard Schweizer, der Schotte Thomas F. Torrance und der Franzose Georges Casalis. Zu seinen Hörern zählten in Basel auch immer allerlei interessierte »Laien«, vornehmlich einige Damen der Gesellschaft – etwa eine Frau Dr. Burckhardt-Lüscher, die 20 Jahre lang »alle, aber auch alle meine Vorlesungen besucht und currente calamo* nachgeschrieben hat«[23]. Barth litt ein wenig darunter, daß gerade »meine Landsleute, die Schweizer Studenten, . . . kraft ihrer ihnen eigenen Zurückhaltung ein etwas härterer Ackerboden« waren[24] und daß unter ihnen im ganzen eine »etwas engere und kühlere Luft« wehte, als er es in Bonn gewohnt war[25]. Ja, er klagte einmal, sie seien »mit einigen wenigen Ausnahmen ein schwer in Bewegung zu bringendes, mit etwas primitiven Problemen beschäftigtes Volk«[26]. Kurz, »meine Lehrtätigkeit in Basel« verhielt sich, »was die äußere Pracht betrifft, zu der von Bonn wie der herodianische Tempel zum salomonischen«[27]. Das Bild der Studentenschaft änderte sich einigermaßen, als zu ihr bald einige recht bemerkenswerte (aus politischen oder rassischen Gründen) Verfolgte stießen, die es, »aus ihrer bisherigen Bahn herausgedrängt, . . . aus merklicher Liebe zur Sache unternommen haben, Theologie zu studieren: 1 Ministerialdirektor a. D. (mein ehemaliger höchster Vorgesetzter, Prof. Dr. Richter!), 1 Amtsgerichtsrat, 2 Rechtsanwälte« und der Juraprofessor Arnold Ehrhardt[28].

Noch war ja die Grenze offen, so daß Barth weiterhin auch einige deutsche Hörer und u. a. in Walter Kreck, Helmut Gollwitzer und Hans Heinrich Wolf deutsche Doktoranden haben konnte. »Die kleine Schar der deutschen Studenten, die durch große Schwierigkeiten hindurch den Weg nach Basel« fand, stellte nach seiner Erfahrung nachher »draußen zum größten Teil eine zuverlässige und brauchbare kleine Truppe« dar[29]. Erst ein amtlicher Beschluß

---

* mit eilender Feder

Anfang 1939, laut dessen die bei Karl Barth studierten Semester nicht angerechnet würden, stoppte den Zustrom deutscher Studenten nach Basel.

Der Basler theologischen Fakultät drohte kurz nach Barths Lehrantritt nachgerade ihre Aufhebung. Ein entsprechender Antrag wurde aber im Lauf des Jahres 1936 im Großen Rat (im Stimmenverhältnis 70 : 44) abgelehnt. Barth selber hatte während der drei ersten Basler Jahre nur eine außerordentliche Professur. Als Kollegen hatte er an der Fakultät zunächst zwei Senioren: den Schleiermacherianer Johannes Wendland, dessen Nachfolger Barth wurde, und den Harnackfreund Eberhard Vischer, »eine gediegene Verkörperung des besonderen wissenschaftlichen Geistes des ausgehenden 19. Jahrhunderts«; »ich werde nie vergessen, wie unbefangen und ritterlich er gerade mich . . . in Basel willkommen hieß, obwohl ich ihm zuvor Anlaß zu ernstlicher Klage gegeben hatte«[30]. 1938 wurde der Straßburger Oscar Cullmann sein Nachfolger. Sodann wirkten an der Fakultät die Alttestamentler Walther Eichrodt und Walter Baumgartner, den Barth trotz anderer Auffassungen und als »den trockenbrötlerischen Zeitgenossen«, als den er ihn empfand[31], wegen seines historisch-kritischen Eros schätzte, ferner (bis 1939) der Systematiker Adolf Köberle, der Kirchengeschichtler Ernst Staehelin und der Neutestamentler Karl Ludwig Schmidt, »mein mir an Gelehrsamkeit wie an Streitbarkeit weit überlegener, aber immer anregender . . . Kollege«, der hier »aufs Neue mein Nächster« wurde[32]. »In ganz naher Beziehung« stand Barth unter seinen Kollegen freilich zunächst »nur zu Eduard Thurneysen«, dem »die Vertretung des Fachs der Praktischen Theologie und insbesondere des Unterrichts in der schweren Kunst des Predigens . . . an unserer Universität übertragen« war[33]. Neben ihm las und lehrte Julius Schweizer Katechetik. 1936 trat zum Lehrkörper als Extraordinarius für Systematische Theologie auch Fritz Lieb hinzu. »Es ist nicht zuviel gesagt, wenn man ihn als eine der originellsten Figuren des Lehrkörpers unserer Universität bezeichnet . . . Seine Größe besteht in der Einseitigkeit, in der er so vielseitig, in der Geprägtheit, in der er so unabgeschlossen ist – in der Meisterschaft, die sich, dem Dichterwort zuwider, in seinem Fall nun gerade *nicht* in der Beschränkung zeigt.« Er wußte über das Altorientalische wie über die russische Geistesgeschichte wie über die Kirchen- und speziell Ketzergeschichte kompetent Auskunft zu geben, pflegte aber auch (mit Barths Jüngstem) »jeweils am Samstag in die Landschaft zu ziehen und Versteinerungen zu sammeln«, um »als reife Frucht dieser Forschungen den zünftigen Geologen eine ganz neue Hypothese zur Entstehung des Jura auf den Tisch zu legen«[34].

Ebenfalls 1936 wurde der Kreis der Basler theologischen Lehrer erweitert durch zwei Privatdozenten: Alfred de Quervain, dessen ethische Einsichten und Thesen für Barth immer sehr »eigenes Gewicht und originelle Gestalt und Farbe« hatten[35] – und Wilhelm Vischer, den er hier »als einen freien, kindlichen Troubadour des lieben Gottes, aber doch auch als authentischen Erben und Pfleger altbürgerlich baslerischer Stadt- und Familientradition« aufs neue lieben lernte. Vischer hatte, so empfand es Barth, »in seinem Verhältnis zum Alten Testament eine ganz außerordentliche Gnade, die durch die ihm gemachten Einwändlein wirklich nicht wegzudisputieren ist«[36]. Um dem »Freisinn« ein Gegengewicht gegen Barth zu verschaffen, wurde diesem auf Drängen jener »Richtung« 1938 der Berner Fritz Buri zur Seite gesetzt. Als einen Kollegen in der philosophischen Disziplin traf er in Basel übrigens auch seinen Bruder Heinrich wieder, mit dem er sich aber immer weniger verstehen konnte. Zwischen beiden herrschte in all den Basler Jahren ein ausgesprochen kühles, manchmal fast »unfriedliches Verhältnis«. Karl meinte, das Denken des Bruders kreise nunmehr um einen Punkt, der dem seinigen »so ziemlich diametral gegenüberliegt«. Wiederum hielt dieser Karl für einen Menschen, »der keinen Widerspruch ertrage . . ., dem man nun aber endlich einmal zeigen müsse, daß er auch seine Grenzen habe«[37].

Wilhelm Vischer, der nun auch aus Deutschland verdrängt war, amtierte (seit dem Frühjahr 1936) zugleich als Pfarrer von Barths Gemeindebezirk. Er wohnte nur »einige Häuser entfernt von uns«, und er trat jetzt mit dem ja schon einst in Safenwil aufgesuchten Freund in einen regen Austausch. Ausgesprochen gern hörte dieser Vischers Predigten in der alten St. Jakobskirche. Während Thurneysen in großer Grundsätzlichkeit »bei jedem Text Alles . . . zu sagen« suchte, wollte Vischer – »in einem engeren Sinn als Thurneysen – in seinen Predigten die Schrift auslegen, also je das ganz Besondere sagen, was er nun eben aus diesem und diesem Text gehört und in sich aufgenommen hat«. Er war »der geborene Nach-Dichter . . . mit einer erstaunlichen Fähigkeit, sich einen solchen Text sozusagen zu assimilieren, sich bis in die Stimmung und Tongebung hinein zu seinem Diener zu machen und also den biblischen Autor in seiner zufälligen Kontur, wie sie nun einmal ist, auf seiner Kanzel zu Wort kommen zu lassen«[38]. Natürlich hörte Barth auch gelegentlich im Münster Thurneysen – und obendrein den Anderen im Dreigestirn der damals hervorragenden Basler Prediger, Walter Lüthi, in dessen Predigten er eine »exemplarische Gestalt guter schweizerisch-reformierter Theologie« sah[39]. Für dessen »Stärke« hielt er speziell »das Anwenden«, weshalb er sich »schon oft gewünscht, man könnte

Helmi Vischer und [Lüthi] in Personalunion haben«[40]. Die Beziehungen zu Thurneysen wurden indes in der nächsten Zeit ein wenig lockerer. Abgesehen davon, daß jener Hang zum Allgemeinen bei seinem Predigen Barth nicht recht zusagte, fand er, daß der ihm zweifellos weiterhin liebe Freund seinem seit 1921 zurückgelegten Weg, der Zuwendung zum Problem einer kirchlichen Dogmatik und den Erkenntnissen im deutschen Kirchenkampf etwas zu fremd gegenüberstand.

Barth predigte – seit seiner Niederlassung in der Schweiz – hie und da auch selber: meist im Münster und in der St. Jakobskirche in Vertretung von Thurneysen oder Vischer – und für einige Zeit wenigstens einmal im Jahr aufs neue in Safenwil. Im Jahr 1935 erschien auch ein weiterer, wieder mit Thurneysen herausgegebener Predigtband »Die große Barmherzigkeit«. Die darin gesammelten Predigten waren ein Beispiel und Beleg für die Überzeugung, daß christliche Predigt wesentlich Textpredigt, »Schriftauslegung« sein müsse, in der »Tagesfragen« wohl »berührt«, aber nicht thematisch werden dürften[41]. Barth glaubte, daß die Predigt gerade so durchaus auch dem Hörer, zumal dem modernen, gerecht werde. »Mit ›Nichtgläubigen‹, ›Intellektuellen‹ und moderner Jugend kann man nach meinen Erfahrungen relativ am besten dann reden, wenn man, statt ihre ›Offenbarungsmächtigkeit‹ aus ihnen herauszukatechisieren, in aller Stille und Schlichtheit (in Erinnerung daran, daß Christus auch für sie gestorben und auferstanden ist) so mit ihnen umgeht, als ob ihrem Widerspruch gegen das ›Christentum‹ keinerlei ernste Bedeutung zukomme. Dann kann man ihnen verständlich werden, weil man ihnen dann faktisch dort sichtbar wird, wo man als evangelischer Theologie zu stehen behauptet, auf dem Boden der Lehre von der Rechtfertigung allein durch den Glauben. In der Predigt habe ich dann am meisten den Eindruck, meine Hörer zu erreichen und zu ›interessieren‹, wenn ich am wenigsten damit rechne, daß es ›Entsprechungen‹ für Gottes Wort schon ›gibt‹, wenn ich mich am wenigsten darauf verlasse, daß man dieses Wort verkündigen ›kann‹, wenn ich meiner Kunst, die Leute mit den Mitteln meiner Sprache zu ›erreichen‹ am wenigsten zutraue, wenn ich meine Sprache vielmehr so viel als möglich formen und prägen und geeignet *machen* lasse durch das, was mir der Text sagen zu wollen scheint.«[42] Nach reformierter Tradition war für Barth die Predigt jedenfalls das Hauptelement des Gottesdienstes. »Für mich würde eine anständige Predigt mit einem herzlichen Gebet samt energischem Gemeindegesang vorher und nachher völlig genügen, solange das allsonntägliche Abendmahl, das freilich dazu gehörte, nicht praktikabel erscheint.«[43] Mühe bereitete Barth jeweils das Gebet: »Ich suchte

mir . . . eine Weile dadurch zu helfen, daß ich die Darbietungen der
Agende – nicht etwa (das habe ich nie riskiert!) durch extemporierte
Gebete, sondern durch freie Zusammenstellungen von biblischen
Psalmworten ersetzte. Erst in vorgerückteren Jahren begann ich
solche Texte zuerst für den Schluß, dann auch für den Anfang der
Hauptaktion des Gottesdienstes im Zusammenhang mit der Vorbe-
reitung meiner Predigt selber wörtlich festzulegen.«[44]

Vor allem zusammen eben mit Wilhelm Vischer pflegte Barth in
dieser Zeit das ja schon in Bonn eifrig geübte Hobby des Reitens.
Unvergeßlich die vielen Male, »da wir auf dem Braunen und auf
dem Schimmel über die Flure von Muttenz und Pratteln oder in
unübertrefflichem Galopp durch die Waldungen der Hardt spreng-
ten, von den apokalyptischen Reitern so wenigstens die Hälfte
darstellend!«[45] Einmal kam es vor, daß Vischer ihn »am darauffol-
genden Sonntag von der Kanzel her begrüßt[e] . . .: ›Liebe Gemeinde! Wohlauf Kameraden, aufs Pferd, aufs Pferd . . .!‹«[46] Dafür hat
einmal Barth im kleingedruckten Zwischentext in seiner Dogmatik
den Satz gewagt, daß »ein wirklich guter Reiter gar kein wirklich
Gottloser sein« könne[47]. Ebenfalls gern ritt er mit dem Binninger
Pfarrer Walter Steiger und einmal sogar mit Emil Brunner aus.

Fortsetzung des Kirchenkampfes

Von Anfang seiner Basler Zeit an ließ Barth sich außerordentlich
stark davon in Anspruch nehmen, die Vorgänge in Deutschland
weiter zu begleiten. Er fühlte sich mit diesem Land sehr eng
verbunden. Doch weil er die dort jetzt herrschende »Lüge und
Brutalität, aber auch die Dummheit und Angst . . . über die Grenzen Deutschlands« hinaus sich ausdehnen sah, weil er mit Schrecken
die Blindheit der anderen Völker für den eigentlichen Schaden der
Nazis, ihre systematische Übertretung des ersten Gebotes, entdeckte, darum mußte er nun diesem Land, wie es sich jetzt darstellte,
widersprechen. Darum ging es nicht anders, als »daß ich auch in der
Schweiz um der Erhaltung der Kirche und des rechten Staates willen
in meinem Gegensatz zum Nationalsozialismus verharren mußte,
weshalb ich denn auch in Deutschland als eine Art ›Staatsfeind
Nr. 1‹ gelten« und etwa vom württembergischen Ministerpräsidenten
»mich sogar in öffentlicher Rede per ›dieser Bursche‹« besprechen
lassen mußte[48]. Barths Widerspruch schloß mancherlei Aktivitäten
in sich. Er leitete das Basler Komitee des Schweizer Hilfswerks für
(geflohene) deutsche Gelehrte. Er verwandte sich mehrfach für die
Verleihung des Friedensnobelpreises an Carl von Ossietzky. Er hielt

nach Stipendien für deutsche Studenten und nach neuen Arbeitsplätzen für Emigranten Ausschau, beherbergte bei sich Nichtarier und setzte sich in Gesuchen z. B. an Bischof Bell von Chichester, an Bischof Eidem in Uppsala oder Marc Boegner in Paris für die Aufnahme von Juden in anderen Ländern ein. Auch bekam er Kontakt mit anderen aus Deutschland Vertriebenen – z. B. Anfang 1936 mit Thomas Mann und dem Pianisten Rudolf Serkin, im November mit dem Schriftsteller Ernst Wiechert. Im September korrespondierte er mit Martin Buber über die Frage, in welchem Sinn die Auseinandersetzung mit Gogartens Verwechslung des Respekts vor Gott mit dem vor »irdischen Instanzen« anzugreifen sei[49]. Gogarten wiederum ließ Anfang 1937 sein Buch »Gericht oder Skepsis« erscheinen, in dem er zur Befreiung der »deutschen Theologie« aus »dem Bann« der Theologie Barths aufrief.

Vor allem aber nahm Barth von Basel aus leidenschaftlich und herzlich am weiteren Ergehen der Bekennenden Kirche Anteil – in der Meinung, nun »aus der Ferne . . . noch viel besser als aus der Nähe« zu sehen, »wie bedrohlich die BK im Sturm hin- und herschwankt«[50]. Er wandte sich mit einer Menge von tröstenden, mahnenden, ratgebenden Briefen – teils bereits über Mittelsmänner nach drüben geschmuggelt, teils auch in verschlüsselter Form verfaßt – an die Führer der Bekennenden Kirche, an seine Freunde und Schüler. Und er empfing in ununterbrochener Reihenfolge Vertreter dieser Kreise als Besucher bei sich in Basel oder auf dem Bergli: insbesondere Immer und Hesse, Niemöller, Asmussen und Ernst Wolf, wobei gerade der letztere »sich mir als Theologe wie als Freund immer mehr bewährt« hat[51], aber auch die standfesten Frauen Erica Küppers, Käthe Seifert und Gertrud Staewen. Robert Grosche versicherte er, daß er auch am katholischen Kirchenkampf mittrage, »als wärs ein Stück von uns«[52]. Für die Freilassung des inhaftierten Juristen Dr. Weißler setzte er sich vergeblich, für die seines Schülers Hellmut Traub – über Visser't Hooft – mit Erfolg ein. Im Dezember 1935 kritisierte er in den »Basler Nachrichten« das soeben vom Reichskirchenminister Kerrl eingerichtete »unkirchliche ›Kirchenregiment‹« derart scharf, daß der deutsche Botschafter in Bern deswegen eine Demarche unternahm. Mitte April 1936 traf er sich für drei Tage mit den Dozenten der Kirchlichen Hochschulen Wuppertal und Berlin im holländischen Driebergen – in der Hauptsache, um über die durch »Evangelium und Gesetz« aufgetauchten Probleme zu diskutieren; dabei fand er besonders in Hans Asmussen einen Opponenten. Kaum hatte er das Land wieder verlassen, ernannte ihn dort die Utrechter Universität zum theologischen Ehrendoktor.

Auffallend an Barths Äußerungen zum Kirchenkampf seit seiner Rückkehr in die Schweiz war ein gewisser und zwar zunehmend stärker werdender kritischer Ton auch und gerade gegenüber der Bekennenden Kirche – und das führte ihn in eine immer einsamere Stellung. Er meinte: »Man kann und muß wohl dieser Bekennenden Kirche vorhalten, daß sie den Feind von ferne nicht in seiner eigentlichen Gefährlichkeit erkannt und ihm das die menschliche Lüge und Ungerechtigkeit richtende Wort Gottes von ferne nicht in der Unzweideutigkeit und Kraft entgegengehalten hat, wie es ihr als der Kirche Jesu Christi zukam.«[53] Speziell hielt er ihr vor, nicht begriffen zu haben und z. T. auch gar nicht begreifen zu wollen, daß das Bekenntnis des ersten Gebots »im Raume des Nationalsozialismus nicht nur eine ›religiöse‹, nicht nur eine kirchenpolitische, sondern ipso facto* auch eine politische Entscheidung bedeutet: die Entscheidung gegen einen Staat, der als totalitärer Staat eine andere Aufgabe, Verkündigung und Ordnung als seine eigene, einen anderen Gott als sich selbst nicht anerkennen kann«[54]. Und so machte Barth es der Bekennenden Kirche zum Vorwurf: sie habe zwar für sich selber »um die Freiheit und Reinheit ihrer Verkündigung gekämpft, aber sie hat z. B. zu dem Vorgehen gegen die Juden, zu der erstaunlichen Behandlung der politischen Gegner, zu der Unterdrückung der Wahrheit in der Presse des neuen Deutschland und zu so vielem anderen, zu dem die alttestamentlichen Propheten sicher geredet hätten, geschwiegen«[55].

Barth verkannte nicht das immerhin Erfreuliche: »Als in Deutschland die Presse, das Theater, die Gewerkschaften, die Universitäten, die Armee usw. ›gleichgeschaltet‹ wurden, war und blieb die evangelische Kirche der Ort, an dem das System wenigstens in einem Sektor auf wenigstens relativ kräftigen Widerstand stieß . . . War die evangelische Kirche in der Judenfrage wie sonst gewiß nur ein kleines, ein bescheidenes, ein oft genug böse flackerndes Licht . . ., so ist sie doch bis hin zum bitteren Ende von der Finsternis nicht überwältigt worden.«[56] Freilich, er hielt dieses Licht in der zweiten Hälfte der dreißiger Jahre für besonders »böse flackernd« – weil er die Bekennende Kirche jetzt eine gewisse Fluchtbewegung vollziehen sah: Man begann dort nun »nach allen Seiten auszuweichen, nach allerhand – sagen wir es ruhig: bequemerem Ersatz für das nach Dahlem Preisgegebene zu suchen. Dann begann man ihn auch zu finden: die Intakten nun erst recht in ihren Landeskirchentümern, die Lutheraner aufs Neue und nun erst recht in ihrer Konfession, die Berneuchener nun erst recht in ihren Mysterien . . . Nun entdeckten Gefangene in ihren Zellen . . . allerhand Wunder

* tatsächlich

der einsamen Kontemplation . . . Nun führte die in den Gemeinden
gemachte Erfahrung von der Kraft des Abendmahls . . . ausgerechnet dazu, daß man den Abendmahlsstreit des 16. Jahrhunderts
wieder ausgrub und mit Grabesstimme . . . zu verkünden begann, es
hange der volle Trost des Evangeliums im Abendmahl davon ab,
daß man es beileibe nicht mit einem Reformierten zusammen
empfangen müsse . . . Nicht daß jene Dinge übel oder auch nur
unbeachtlich waren oder wären«. Aber es war verhängnisvoll, »daß
sie damals aus einem schlechten Gewissen heraus auf den Plan
kamen, daß sie in einem Moment, wo man im schlichten Gehorsam
in der Frage des Leibes Christi versagt hatte . . ., *vorgeschoben*
wurden und die Gemüter als richtiges Quidproquo* in Anspruch
nehmen durften«[57].

Eben in der Zeit, in der die Bekennende Kirche im ganzen in
solchem Rückzug begriffen war, stieß Barth nun gerade umgekehrt
zur Erkenntnis der Notwendigkeit eines auch direkten, politischen
Widerstandes der Christen gegen den Nazi-Staat vor. Diese Erkenntnis hatte für ihn weiterhin strikt theologische Gründe, aber die
theologischen Gründe wiesen ihn immer deutlicher in diese Richtung. Daß der christliche Widerstand gegen den Nationalsozialismus
auch eine politische Dimension habe, hob Barth allerdings erst von
der Schweiz aus in stärkerem Maße hervor. Einerseits sah er in
seiner bisherigen weitgehenden Abstinenz von politischen Stellungnahmen einen Mangel: »Wenn ich mir selbst im Blick auf meine in
Deutschland verbrachten Jahre etwas vorwerfe, so ist es dies, daß
ich es damals aus lauter Konzentration auf meine theologisch-kirchliche Aufgabe und auch in einer gewissen Scheu vor der Einmischung des Schweizers in deutsche Angelegenheiten unterlassen
habe, vor den Tendenzen, die mir . . . in der mich umgebenden
Kirche und Welt sichtbar und unheimlich genug waren, zu warnen,
nicht nur implizit, sondern explizit, nicht nur privatim, sondern auch
öffentlich zu warnen.«[58] Andererseits glaubte Barth aber auch, es sei
1933 für die Christen zunächst wichtig und schwer genug gewesen,
»in dem bestimmten schmalen Sektor der Frage« zu kämpfen, »ob
die Kirche als solche auch in Zukunft Kirche bleiben« werde; »will
man ihnen einen Vorwurf machen, so kann es nicht der sein, daß sie
dort angefangen haben, sondern nur der, daß sie von dort aus nicht
weitergegangen sind«[59]. Jedenfalls ist Barth selber in der Folge von
dort aus weitergegangen: in Richtung auf einen auch politischen
Widerstand gegen den NS-Staat. Man kann sagen: Barths Auseinandersetzung mit diesem Staat vollzog sich in zwei Phasen, indem es

---

* Ersatz

ihm dabei zunächst darum ging, den Kampf *radikal* zu führen, und dann darum, ihn *konsequent* zu führen.

In seiner Teilnahme am deutschen Kirchenkampf sah Barth eine seiner Aufgaben darin, das schweizerische Kirchenvolk für diesen Kampf zu interessieren. Dem diente die Veröffentlichung von allerlei Artikeln, namentlich seiner Situationsberichte, die er von 1935–1939 alljährlich im »Zwingli-Kalender« über die deutsche Kirche schrieb. Und dem diente eine Fülle von Vorträgen, in denen er seine kirchlichen Landsleute über das Anliegen und die jeweilige Lage der Bekennenden Kirche informierte: im März 1936 in Schaffhausen (als Gast der Schweizer Völkerbunds-Vereinigung) und in Basel, im September in Rifferswil und Chur, im November in Aarau, Zürich und Brugg, im Dezember und im folgenden März wieder in Basel, dazwischen in Neuenburg und Lausanne usf. Darüberhinaus wurde er zeitweilig vom Direktor der »Basler Nachrichten«, seinem Vetter Karl Sartorius, dem Sohn seines Paten, und von deren Korrespondenten Böschenstein bei der Presseberichterstattung über den Kirchenkampf zu Rate gezogen. Noch mehr Einfluß gewährte ihm »die gute Verbindung ... mit dem Evangelischen Pressedienst (Dr. Arthur Frey) in Zürich«, durch die er »alles Wichtige ... auf dem eiligsten Weg an die Öffentlichkeit bringen« konnte[60]. Bei all den genannten Äußerungen ging Barth von der These aus: »Die Versuchung und das Leiden der Kirche in Deutschland geht jeden bewußt in seiner evangelisch-reformierten Kirche lebenden Schweizer genau so an, wie wenn er selbst ein Deutscher wäre.«[61] Und so verstand er den deutschen Kirchenkampf durchaus auch »als Frage an den schweizerischen Protestantismus« – nämlich ob er »aus dem Schlaf, aus dem aufzuwachen die deutsche Bekenntniskirche sich anschickt, auch schon erwacht ist oder ob er ihn – denn zweifellos war auch er seit Jahrhunderten in einen Schlaf versunken – etwa weiter zu schlafen gedenkt?«[62]

Zu dieser These fand Barth in der Schweiz freilich wenig Zustimmung, zum Teil vielmehr sogar direkten Widerspruch – und das nicht nur von »den paar kaum sehr gewichtigen schweizerischen Nazis«[63]. »Die kirchliche Schweiz ist nach wie vor jedenfalls in der Sichtbarkeit ein merkwürdig sorgloses und bedürfnisloses Revier, in welchem ... Alle, von den Reformern über die Oxforder und Religiös-Sozialen bis zu unsern braven ›Positiven‹ (die gar nicht wissen, wie liberal sie sind) mir gegenüber vorläufig das einzige Interesse zu haben scheinen: sich von mir ja nicht imponieren, oder sachlich: den deutschen Kirchenstreit doch nur ja nicht auf unsere gottlob so friedlichen Landeskirchen übergreifen zu lassen.«[64] »Die kirchliche Schweiz ist eine erstaunlich solide Sache. Von meinem

Ort her gesagt: es wäre eine bessere Sache wert, so solid zu sein.«[65] Barths Kritik an dieser ganzen Haltung führte ihn sehr bald zu allerhand Spezialauseinandersetzungen – wie im Herbst 1937 mit dem Zürcher Pfarrer Rudolf Grob und im März 1938 mit dem Basler Münsterpfarrer Wolfer. Insbesondere empfand er das Verhältnis der Basler Fakultät zur Kirchenkampf-Sache im ganzen als ein »nur mit Erröten zu erwähnendes Kapitel«[66]. Es war ihm bezeichnend, daß es in der kirchlichen Schweiz – anstelle einer Teilnahme an der in der deutschen Kirche hart umkämpften Problematik – dagegen gerade jetzt zu einer ungemeinen »Hochschätzung der Oxforder ›Gruppenbewegung‹« kam[67]. Emil Brunner gehörte mit zu den davon Ergriffenen. Eine Aussprache mit ihm, mit Gottlob Spörri u. a. über diese Materie im Januar 1936 auf Schloß Auenstein endete mit einem »kummervollen« Abschiednehmen[68]. Sein Bedenken gegenüber der »Oxfordbewegung« fixierte Barth damals gleich in einem Aufsatz (»Kirche oder Gruppe«): »Es spricht . . . entscheidend gegen sie, daß sie eine Erneuerung des Christentums sein will, die nun doch darin besteht, daß dessen Geheimnis: die Freiheit der Gnade und die Heiligkeit des Namens Gottes nicht respektiert, sondern unter allen möglichen Vorwänden und Titeln auf der ganzen Linie in Humanität und Moral umgedeutet wird.« Darum werde diese Bewegung die Kirche, wenn sie »ihr nicht widerstehen sollte, in der Wurzel ruinieren«.

Der Gang der theologischen Arbeit 1936–1938

Das Sommersemester 1936 begann damit, daß Barth seine fällige Antrittsvorlesung nachholte: über Samuel Werenfels, den er »als ausgezeichneten Vertreter dessen, was man in Basel als Theologe von Natur ist«[69], verstand und so mit liebevoller Kritik darstellte. Im Seminar wurde in diesem Sommer die Lehre von der Kirche besprochen. Zu einem festlichen Höhepunkt kam es dadurch, daß Barth am 10. Mai seinen 50. Geburtstag feiern konnte. Ruedi Pestalozzi schenkte ihm ein Abonnement für sechs Mozartkonzerte, die er alle in einer Woche anhörte. Ernst Wolf, Hermann Diem, Karl Steinbauer und Albert Lempp überreichten ihm eine Festschrift des Chr. Kaiser Verlages, »eine Sammlung von theologischen Arbeiten, an der wieder meine reichsdeutschen Freunde . . . mitten in all den zeit- und kraftraubenden Nöten ihrer Gegenwart in nun erst recht bestätigtem Ernst des Denkens und der Nachforschung, wie er immer ein deutscher Ruhm gewesen ist, den hervorragendsten Anteil genommen haben«[70]. Auch Bultmann fand sich unter diesen

»Freunden«, während Dietrich Bonhoeffer infolge eines Versehens
fehlte. Immerhin dokumentierte das Buch eindrucksvoll, daß Barth
jetzt über den deutschsprachigen Raum hinaus etwa in Holland,
England, Dänemark, Frankreich und Japan Einfluß gewonnen hatte
– und »daß es im Zusammenhang mit meinem Namen auch jenseits
der Meere zu mehr oder weniger lebhaften Auseinandersetzungen
gekommen ist«[71]. Die Sammlung begann mit einem Aufsatz von
Georg Eichholz über »Das Problem des theologischen Schülers«,
der mit dem Satz anfing: »Vor dem theologischen Schüler liegt die
Schrift aufgeschlagen, die Schrift, die aufgeschlagen bleibt und nicht
zugeschlagen wird.« Der Band, der – natürlich mit besonderem
Blick auf die Lage der deutschen Kirche – den Titel »Freiheit der
Gebundenen« tragen sollte, konnte dann freilich nach Eingriff der
Zensur nur »unter Abzug des Beitrags von Asmussen und unter
Beseitigung jenes verdächtigen Titels« erscheinen[72]. Ferner enthielt
jenes Werk eine Bibliographie Barths, die 202 Nummern umfaßte
und zeigte, daß jetzt »manche meiner Bücher und sonstigen Schriften . . . in allerlei fremde Sprachen übersetzt worden« waren. Barth
empfing in dieser Zeit auch sonst allerlei Ehrungen – bis hin zu dem
Kuriosum: »Begeisterte Freunde haben es fertig gebracht, daß ein
Schneeberg in Neuseeland nach meinem Namen benannt wurde!
Mehr kann man nicht verlangen. Daß nach dem Evangelium niemand seiner Länge auch nur eine Elle hinzusetzen kann, ist mir bei
dem allem doch gegenwärtig geblieben.«[73]

Jenes Jubiläum erinnerte Barth zugleich unübersehbar daran, daß
er allmählich ein älterer Mensch zu werden begann: Längst »sah
man die Reihen der älteren Zeitgenossen . . . sich lichten . . . und
schon hörte man hinter sich die Schritte und Schrittlein von Jüngeren . . . Man weiß, daß es jetzt ums Ganze geht. Daß das Alter
nähergerückt ist und damit doch auch das, was nach dem Alter –
und vielleicht doch plötzlich schon vorher – da sein wird, kann,
solange man seine Zeit und Aufgabe noch hat, doch nur dies
bedeuten, daß man alle Konturen der Dinge und Menschen viel
schärfer sieht, die Probleme und Nöte der eigenen Haltung und
Leistung wie die der Umwelt viel lebhafter empfindet, daß man zu
besonnener Eile, zu einer gewissen milden, aber zähen Nachdrück-
lichkeit der Arbeit und der Rede aufgerufen ist. Es wird und ist jetzt
alles sehr ernst. Es muß sich jetzt entscheiden, ob man, indem man
dieses kurze Leben geschenkt bekam, einen Auftrag hatte, ob man
ihn in und trotz seiner eigenen großen Dummheit und Verkehrtheit
verstanden und ob man ihn in und trotz seiner eigenen Untreue als
Beweis der freien Gnade Gottes dankbar entgegengenommen
hat«[74].

Barth hatte kurz zuvor sein erstes Enkelkind bekommen, Sonja
Zellweger, »das von seinem Großvater dann und wann ganz vor-
sichtig durch die Stadt gefahren« wurde – »zum Erstaunen der
Umwelt. Und die Basler Umwelt erstaunt leicht!«[75]
Mitte Juni fuhr er (mit Hermann Hesse) zur Jubiläumsfeier der
Genfer Reformation. Im Vorblick auf diesen Gedenktag hatte er
schon Anfang des Jahres in Zürich, Winterthur und Biel einen
Calvin-Vortrag gehalten, der darum einige »Mißbilligung« hervor-
rief, weil »ich den Hörern zumutete, sie seien doch gewiß wegen
Calvin und nicht wegen mir hergekommen«: der Vortrag bestand
nahezu ganz aus reinen Calvin-Zitaten[76]. Jetzt an der Genfer Feier
beteiligte sich Barth nur mit einer Predigt – und im übrigen als
Zuhörer eines »ausschließlich mit dem Prädestinationsproblem beschäftigten Kongresses«. Von den dortigen, von den alten »Aporien
fast hoffnungslos bedrückten Verhandlungen« hob sich ein Vortrag
von Pierre Maury ab, der »auf den christologischen Sinn und Grund
der Lehre von der Gnadenwahl in unserer Zeit neu aufmerksam
gemacht« hat[77]. »Die Mehrzahl der Teilnehmer an diesem ›Calvinistischen Kongreß‹ waren kaum in der Lage noch fähig, das, was
ihnen damals Pierre Maury sagte, in ihrem Herzen aufzunehmen . . .
Jedoch erinnere ich mich an jemand, der damals den Text dieses
Vortrags mit äußerster Aufmerksamkeit las – das war ich selbst.«[78]
Barth las ihn umso interessierter, als er »um die Wende vom
September zum Oktober des Jahres . . . eine Reise in das reformierte Ungarn und Siebenbürgen machen, die theologischen Hochschu-
len in Debrecen, Sarospatak, Klausenburg, Budapest und Papa
besuchen und in Großwardein predigen« sollte. Dabei hatte er (in
Debrecen und Klausenburg) selber über eben diesen Gegenstand
Vorlesungen – jeweils mit anschließender Diskussion – zu halten.

Darin entfaltete er, in Kritik an den klassischen Prädestinationslehren, die These:
»Das Wort von Gottes Wahl hat zu dem Wort von Gottes Gnade nichts hinzuzufü-
gen. Es unterstreicht es aber in einer sehr merkwürdigen und offenbar unentbehrlichen Weise« – nämlich in der Weise, daß es erklärt: »es bedeutet Gnade, Gnade zu
empfangen«. Und also: »Gnadenwahl, Prädestination bedeutet: die Gnade in der
Gnade. Die Gnade in der Gnade ist aber die Freiheit und Herrschaft Gottes in der
Gnade.« »Gottes Gnadenwahl ist Offenbarungswahrheit. Konkreter: sie ist Schrift-
wahrheit. Ganz konkret: sie ist Wahrheit in Jesus Christus« und ihre Erkenntnis
»eine bestimmte Form der Erkenntnis Jesu Christi«. Von da aus hielt Barth wohl an
einer »doppelten Prädestination« fest, aber so, daß er die *Verwerfung* als am Kreuz
vollzogen dachte – und darum so, daß er eine Aufteilung des Erwähltseins und
Verworfenseins auf bestimmte Menschengruppen ablehnte[79].

Daneben hielt Barth (in Sarospatak, Budapest und Papa) damals
einen kürzeren Vortrag über das gerade besonders aktuell geworde-

ne »Verhältnis von Kirche und Staat« (»Volkskirche, Freikirche, Bekenntniskirche«). Darin fiel seine Ableitung der staatlichen Autorität »gerade von der in Jesus Christus geschehenen Versöhnung« auf, von der her sie eine sinnvolle Funktion habe – und zwar gleich, ob sie sie »willig, gleichgültig oder unwillig« ausübe. Entsprechend diesen drei Verhaltensweisen des Staates könne die Kirche jene drei Gestalten haben, von denen eine jede ihre Vorzüge und ihre Gefahren habe.

Auf der Reise nahm er die Schönheiten der weiten ungarischen Ebenen, die Städte – und mit besonderer Faszination die Zigeunerkapellen wahr. Aber gerade diesmal wurde er von einer Fülle von Dozenten, Studenten und Pfarrern und auch von den dortigen reformierten Bischöfen in einer Weise angesprochen, begrüßt und befragt, daß er einmal »Lollo« zuraunte: »Die Zunge tut mir weh vor lauter Reden.«[80] Professor Béla Vasady aus Debrecen begleitete ihn in diesen drei Wochen überall als Übersetzer. »Es war alles sehr merkwürdig, sehr fremd und doch auch sehr anstrengend, nicht zuletzt die vielen für einen westlichen Magen unheimlich üppigen Festessen. Aber alles in allem war es doch wichtig, die besondere Eigenart dieses Landes und seiner Kirche kennen zu lernen.«[81] Auf der Rückreise ließ Barth es sich nicht entgehen, im Salzburg Mozarts einzukehren. Hingegen konnte er seine Zusage, auf der Rückreise auch im jugoslawischen Fecetic mit seinem Vortrag über »Volkskirche etc.« aufzutreten, nicht einhalten; denn sein »Chauffeur« Pestalozzi mußte wegen einer Währungskrise überstürzt nach Zürich zurückfahren. Am 30. Januar 1937 wurde Barth dann von Klausenburg zum theologischen »Ehren-Professor« ernannt.

Zu Anfang des Wintersemesters 1936/37, am 3. November, hatte er in der Aula der Basler Universität einen akademischen Vortrag zu halten über »Die Grundformen des theologischen Denkens«. Diese bestehen nach ihm darin, daß das theologische Denken ein biblisches, ein kritisches und ein praktisches sein muß, und sie ergeben sich von daher, »daß das theologische Denken ebenso wie das ärztliche oder das militärische oder künstlerische seine ihm auferlegte Sachlichkeit« hat – die Bindung an seinen Gegenstand: »Jesus Christus als Wort Gottes in seiner biblischen Bezeugung«[82]. In denselben Tagen wiederholte er auch seinen Vortrag über »Volkskirche etc.« in Zürich und Neuenburg. Im Seminar dieses Winters, das er diesmal zusammen mit Adolf Köberle durchführte, wurde das »Apostolikum« in reformierter und lutherischer Deutung besprochen. Einmal gab er auf einer Konferenz der Basler »Predigerschule«, an der einst sein Vater gewirkt hatte, Auskunft über die Gründe seiner kritischen Haltung gegenüber dem Pietismus. Und

Anfang Januar veranstaltete er in Lausanne ein Seminar über Calvins Katechismus.

Anfang März 1937 brach er zu einer neuen Reise auf: nach Schottland, wo er an der Universität Aberdeen die »Gifford-Lectures« zu halten hatte. Sie wurden durch G. D. Henderson »laufend ins Englische übersetzt«. Da die Lectures nach dem Willen ihres Stifters die Erkenntnis und Verbreitung der »natürlichen Theologie« fördern sollten, habe »ich im Sommer 1935, nachdem mir die ehrenvolle Einladung zu diesen Vorlesungen zugegangen war, den hohen Senat dieser Universität ausdrücklich an die Tatsache erinnert . . ., ›daß ich ein ausgesprochener Gegner aller natürlichen Theologie bin‹«. Indem die Einladung trotzdem aufrecht erhalten blieb, faßte Barth die Aufgabe in der Überzeugung an: daß es der »natürlichen Theologie« nur gut tun könne, »sich . . . wieder einmal an dem messen zu können, was, von ihr aus gesehen, der größte Irrtum ist«.

Zur Grundlage seiner Ausführungen nahm Barth den Text der Schottischen Konfession von 1560, die »bis 1937 in Schottland selbst, wie ich bei meiner Ankunft dort teils betrübt, teils belustigt feststellte, ungefähr ebenso unbekannt und unzugänglich« war, »wie bis vor kurzem die Helvetische Konfession in der Schweiz!« Die Vorlesungen boten aber keine »historische Analyse« des Textes, sondern – »was habe ich getan? Ich habe mich Punkt für Punkt über den einstigen Sinn des Bekenntnisses unterrichtet, um dann . . . wieder Punkt für Punkt zu sagen, in welcher Weise ich die Aussagen des Bekenntnisses als heute Lebender und selbst Denkender mit verantworten muß und kann. Wer sich dafür interessiert, der mag sich hier veranschaulichen, was ich unter Treue gegenüber dem kirchlichen Bekenntnis – im Unterschied zu einer Orthodoxie . . ., die mir immer fremd (um nicht zu sagen widerwärtig) gewesen ist – verstehe und nicht verstehe«[83].

Was Barth dann anhand jener – von ihm wegen ihrer frischen Christozentrik sehr geliebten – »Confessio« im einzelnen ausführte, war in der Tat alles andere als »natürliche Theologie«. Wiederum war es erstaunlich, wie offen er von der Christus-Offenbarung her reden konnte von einer Zusammengehörigkeit »der Ehre Gottes *und* der Ehre des Menschen«. »Gott allein ist Gott. Aber Gott ist nicht allein.« Indem sich in Christus ein »reales Zusammensein von Gott und Mensch« ereignet, werde damit der Mensch »in seiner Existenz bejaht und ernst genommen, angesprochen als Gegenüber, als Partner Gottes und damit geehrt in seiner Selbständigkeit . . . Das ist Gottes Liebe, daß er, der dessen nicht bedarf, . . . nicht ohne den Menschen sein will«.

Den zehn »Lectures«, die unter dem Obertitel »Gotteserkenntnis« standen, folgten genau ein Jahr später am gleichen Ort zehn weitere Vorlesungen, die sich nahtlos an die ersten zehn anschlossen und nun unter dem Titel »Gottesdienst« standen. Dabei redete Barth nicht nur von dem »kirchlichen Gottesdienst«, sondern – weil Jesus Christus der Herr auch der Welt ist – sogar von einem »politischen Gottesdienst« der Christen[83a].

Barth besuchte in jenem März 1937 auch Edinburgh, St. Andrews und London. In London traf er »etwa 30 Spitzen des kirchlichen Lebens« und redete in einem Kreis deutscher Pfarrer und Vikare (über Röm. 1,19 f.), besuchte aber auch das Theater (»einen dramatisierten Wallace mit zahlreichen Schreckenstaten!«) und einige Museen, unter denen ihm vor allem die historische Gemäldegalerie zusagte. Im ganzen fand er sich auf dieser Reise überall erfreut durch den englischen Menschen und seine ganz besondere Art: »eine durchaus zu billigende gesunde Sicht der nahen und fernen Weltverhältnisse, eine aller Hysterie entrückte Sicherheit im Finden je des mittleren Weges . . ., eine durchaus bekömmliche Lebensweise, wohlunterhaltene Kaminfeuer, um die sichs trefflich rauchen und reden läßt, Porridge (prr!) zum Beginn und Whisky zum Schluß des Tages . . . Und . . . das Ganze so, daß du niemandem böse werden kannst, wie du auch, wenn du nicht geradezu atrocities* begehst, niemanden ernstlich böse machen kannst«. Und das, obwohl Barth hier doch in »herrlicher Unbefangenheit . . . von den nettesten Leuten: Natürliche Theologie, Pietismus, ›historische Kritik‹ im Styl der 90er Jahre, comprehensive Church** (dies der Ruhmestitel insbesondere der Anglikaner!), moralischer Optimismus und Aktivismus usw.« vorgetragen hörte[84]! Eben darum antwortete er dort jeweils auf die Frage, »was man für die bekennende Kirche in Deutschland tun könne«, mit dem Satz: »weder Sympathie- noch Protestkundgebungen, sondern: solenne Zustimmung zu Barmen I!«[85] Auf der Rückreise traf er in Paris Maury, mit dem er die französische Küche als eine »in sich vernichtende Widerlegung des Materialismus« feierte: »weil da Kalb, Krebse, Pilze usw. in einer geistigen Durchdringung auf den Plan treten, von der man in allen anderen Ländern keine Ahnung hat«[86]. Auf einem Parkweg zwischen Versailles und Trianon erwogen beide sehr ernsthaft und ausgiebig den Plan einer neuen, internationalen theologischen Zeitschrift »Doctrina«: einen Plan, den Barth dann aber aus Angst vor der Gefahr eines neuen Kompromißlertums fallen ließ.

Im September, nachdem er zuvor in Davos Schweizer Pfarrern den Heidelberger Katechismus ausgelegt hatte, erklärte er in der Ardèche französischen Pfarrern die Confessio Gallicana. Gut zwei Wochen später befand er sich schon wieder in Schottland, um in St. Andrews einen Ehrendoktor der Jurisprudenz entgegenzunehmen. »Die Feier in St. Andrews war mir als neues Zeugnis für den in [jenem] . . . glücklichen Land noch ungeschwächten Fortbestand des corpus Christianum*** sehr interessant . . . Am Abend durfte ich auch dem Duke of Kent die Hand schütteln. Er schien freilich

---

* Greuel   ** Umfassende Kirche   *** Christliche Welt

über die Bedeutung der dialektischen Theologie noch nicht im Klaren zu sein, denn er fragte mich nur, ob ich zum ersten Mal in St. Andrews sei, worauf ich antwortete: no, for the *third* time*.«[87] Hingegen nahm Barth (im Unterschied zu Thurneysen und Maury) bewußt nicht an den Ökumenischen Konferenzen dieses Jahres in Oxford und Edinburgh teil – obwohl er sich an deren Vorbereitung mit einem Beitrag über die »Offenbarung« beteiligt hatte (den er im April 1936 auch in Genf zum Vortrag gebracht hatte). Während er auf den Reisen dieser Jahre »gewissermaßen auf eigene Faust meine ›ökumenische Bewegung‹« zu vollziehen glaubte[88], stand er der offiziellen ökumenischen Bewegung skeptisch gegenüber. »Ist es nicht so, daß neben allerlei freundlichem und wohl auch förderlichem Kontakt, den man da gewinnen kann, Kompromisse und immer wieder Kompromisse das Optimum sind, das auf diesem internationalen Parkett . . . herauszuholen ist?« Er fand diesen seinen Eindruck durch das Resultat jener Konferenzen bestätigt und meinte, »daß ich der eigentümlichen Logik und Ethik und Ästhetik dieser Sache offenbar nicht gewachsen bin und am Liebsten auf lange Zeit nichts mehr davon hören möchte«[89].

Auch in dieser Zeit war Barth inmitten all der vielen, verschiedenen Aufgaben und Arbeiten in der Hauptsache mit der weiteren Ausarbeitung seiner »Kirchlichen Dogmatik« beschäftigt. Im Sommer 1937 wurde ein neuer Teilband der Dogmatik, die zweite Hälfte der Prolegomena (I/2), abgeschlossen. Der Band geriet »schrecklich dick« (1011 Seiten) – »ein wahrer Hohn auf die Benennung ›Halbband‹«[90]. Er war »inhaltlich ›nur‹ ein indirektes Wort zur Lage«[91], aber er war auch das – wie schon das dem Ganzen »statt eines Vorwortes« vorangesetzte Lutherzitat andeutete: »Christus . . . erhalte seine kleine Herde bey seinem heiligen Wort, . . . das sie fest und bestendig bleibe, wider alle list und anfechtungen, beide des Satans und der argen Welt, und erhöre doch schier jr hertzlich seufftzen und engstlich harren . . . Das des mörderlichen stechens und beissens in die Versen, der grimmigen gifftigen Schlangen, doch ein mal ein ende werde.«

Im Anschluß an die Trinitätslehre des ersten Bandes, die im Grunde vom »Subjekt« der Offenbarung, von dem *sich* offenbarenden »*Herrn*« handelte, fuhr Barth in seinem neuen Band nun fort, zunächst vom *Vollzug* der Offenbarung – und zwar zuerst von ihrem objektiven, dann von ihrem subjektiven Vollzug zu reden. »Die objektive Wirklichkeit der Offenbarung« ist *Jesus Christus,* das »fleischgewordene Wort«, in dessen Wirklichkeit sich »Gottes Freiheit für den Menschen« ereignet. Die Wirklichkeit eben dieser Freiheit (und also nicht eine Eignung des Menschen, Träger der Offenbarung zu werden!) begründet auch die *Möglichkeit,* daß

---

* Nein, zum *dritten* Mal!

Gott Mensch werden **kann.** Barth verstand darum im Unterschied zur katholischen Mariologie (*und* zur natürlichen Theologie!) gerade Maria als das Beispiel dafür, daß der Mensch wohl zur Offenbarung dazugehört, aber ganz und gar nicht »mitwirkend«, sondern rein empfangend. Allein in diesem Sinn bejahte er auch – anders als einst sein Vater – die Jungfrauengeburt: nicht als Erklärung, aber als Bezeichnung des Geheimnisses der Offenbarung. Auf die knappe, geraffte Christologie folgte dann eine Pneumatologie in nuce. Denn »die subjektive Wirklichkeit der Offenbarung« ist der *Heilige Geist,* in dessen Wirklichkeit sich »die Freiheit des Menschen für Gott« ereignet. Wiederum wurde die Möglichkeit solcher Freiheit einzig daraus abgeleitet, daß es sie – im Heiligen Geist im Raum der Kirche – wirklich gibt. Oder ist doch die »Religion« ein Beweis für eine anderweitig, »natürlich« gegebene Möglichkeit solcher Freiheit? Barth antwortete darauf in einem Abschnitt: »Gottes Offenbarung als Aufhebung der Religion«: »Religion« als das (auch und gerade im »Christentum« versuchte) Unternehmen, nach Gott zu greifen, statt sich von ihm beschenken zu lassen, zu reden, statt zu hören, sei »*die* Angelegenheit des gottlosen Menschen«[92]. Sie werde nicht durch die immer wieder auftretende immanente Kritik der Religion (durch Mystik oder Atheismus), sondern nur durch »die wahre Religion« aufgehoben: durch Jesus Christus, der den Sünder rechtfertigt. In einem weiteren Abschnitt (»Das Leben der Kinder Gottes«) folgte eine breite Auslegung des doppelten Liebesgebotes – unter den Titeln »Liebe Gottes« und »Lob Gottes«.

Zum Vollzug der Offenbarung gehört untrennbar auch ihre *Bezeugung.* Beidemal bestimmt je durch den christologischen und pneumatologischen Aspekt, behandelten darum die zwei folgenden Kapitel die Lehre von der Schrift und die von der kirchlichen Verkündigung. Im ersteren wurde die Problematik von »Autorität und Freiheit« diskutiert – und zwar in dem kritischen Bewußtsein, daß »Autorität« gerade in der Gegenwart »auf einmal ein weltliches Lieblingswort und ›Liberalismus‹ . . . auf einmal ein weltliches Schimpfwort geworden« ist. Barth argumentierte auf folgender Linie: Absolute Autorität nehme die Kirche nicht für *sich* – und absolute Freiheit nehme der einzelne Christ nicht für *sich* in Anspruch, sondern allein für die Heilige Schrift (hier die Auseinandersetzung mit dem katholischen Traditionsbegriff und mit dem modernistischen, tyrannischen »Gott in unserer eigenen Brust«). Aber »unter dem Wort« gebe es allerdings in der Kirche Autorität (siehe: Bekenntnisse, »Kirchenväter«, Konfession!), gebe es aber zugleich auch Freiheit (siehe: Auslegung und Anwendung der Schrift!). Im letzten Kapitel, dem über die Verkündigung, kam dann auch Grundlegendes zum Problem der »Dogmatik« zur Sprache: Sie ist zugleich kritisch *und* dienend auf die Verkündigung der Kirche bezogen. Sie ist es, indem sie, selber hörend, die »lehrende Kirche« zu neuem Hören des Wortes Gottes – und indem sie, selber lehrend, die »hörende Kirche« zu neuem Lehren des Wortes Gottes aufruft. Dogmatik schließt nach Barth immer auch eine Ethik in sich; ja es verhält sich sogar so, »daß die Dogmatik selbst Ethik sein muß und die Ethik nur Dogmatik sein kann.« Sie darf schließlich kein geschlossenes System sein, da *das* »Dogma«, auf das sie sich richtet, ein »eschatologischer Begriff« ist[93].

Aber wurde die »Kirchliche Dogmatik« jetzt nicht doch zu einem geschlossenen, »orthodoxen« System? Tatsächlich ist dieser Vorwurf »alsbald fast auf der ganzen Linie – in allen Tönen, die vom freundlichen Bedauern bis zum hellausbrechenden Zorn möglich sind – erhoben worden . . .: Ich befinde mich geschichtlich, formal und sachlich auf den Wegen der Scholastik . . . Was soll ich dazu sagen? Soll ich entschuldigend darauf hinweisen, daß der Zusammenhang zwischen der Reformation und der alten Kirche, das trinitarische und das christologische Dogma, der Begriff des Dogmas überhaupt und der Begriff des biblischen Kanons doch schließlich nicht *meine* böswilligen Erfindungen sind? . . . Oder soll ich mich nur wundern über das Banausentum, das überall, wo es seinen Ethizismus nicht wiedererkennt, über ›Spekulation‹ meint jammern zu dürfen, das nicht merkt, daß nicht nur die wichtigsten, sondern auch die interessantesten und schönsten Probleme der Dogmatik dort anfangen, wo man auf Grund des Märchens von der ›unfruchtbaren Scholastik‹ und auf Grund des Schlagwortes vom ›griechischen Denken der Kirchenväter‹ zu denken aufhören müßte? . . . Oder soll ich vielmehr weinen über die immer noch zunehmende Verwilderung, Langweiligkeit und Bedeutungslosigkeit des modernen Protestantismus, dem – wahrscheinlich doch gerade mit Trinität und Jungfrauengeburt – eine ganze dritte Dimension (sagen wir einmal: die Dimension des . . . Geheimnisses) abhanden gekommen ist: damit er mit allem möglichen nichtsnutzigen Ersatz gestraft werden . . . möchte? Was da auch das Richtige sei, ich kann an diesem Einwand . . . nur vorbeigehen . . . Ich bin gerade nach dieser besonders angefochtenen Seite besonders guten Mutes und meiner Sache besonders sicher«[94].

Bereits in jenem Sommersemester 1937 trat Barth (neben einem Seminar über das Abendmahl, neben einer Sozietät über Wollebs »Compendium theologiae christianae« und einem Kolleg für Nicht-Theologen über den Heidelberger Katechismus) an die Ausarbeitung des nächsten Dogmatik-Bandes heran. Damals »habe ich in der Arbeit an der Kirchlichen Dogmatik . . . aufgeatmet . . . Bis dahin hatte ich gekämpft. Ich mußte mich soz. freikämpfen gegenüber allen möglichen Anschauungen und Ideen, Theologien und Irrlehren. Jetzt durfte ich – die Polemik hinter mir – einfach zur Gotteslehre übergehen und positiv darstellen, was und wer Gott ist«[95]. »Das Jasagen wurde mir überhaupt wichtiger als das freilich auch wichtige Neinsagen und in der Theologie die Botschaft von Gottes Gnade dringlicher als die freilich auch nicht zu unterdrückende Botschaft von Gottes Gesetz, Zorn, Anklage und Gericht.«[96] Der neue Band sollte zusammen mit dem darauf folgenden »die Lehre von Gott« entfalten (KD II/1 und 2). In ihr war »zu lernen, was wir damit sagen, daß wir ›Gott‹ sagen«.

Barth faßte hier zunächst das Problem der Erkenntnis Gottes an. Sein Hauptsatz lautete dabei: »Gott wird nur durch Gott erkannt.«[97] Daraus folgerte er, daß es keine

Möglichkeit gebe, Gott zu erkennen, es sei denn unter der Voraussetzung, daß er schon (in der Kirche!) *wirklich* erkannt wird – und ferner: daß es immer reine *Gnade* ist, Gott zu erkennen – und ferner: daß dieser Gnade nur eine bestimmte Form der Gotteserkenntnis entspricht, nämlich die *analoge*. Es blieb wohl bei der Ablehnung der katholischen »analogia entis«, nach der »es ein Gott und Kreatur übergeordnetes Sein gäbe, woraufhin dann zwischen Schöpfer und Geschöpf ein Vergleich möglich wäre. Demgegenüber wollte ich sagen: das kommt so nicht in Frage . . ., weil es sich zwischen Schöpfer und Geschöpf um eine Geschichte handelt und nicht um eine Relation zweier statischer Substanzen . . . Darum habe ich dann von der ›analogia fidei‹ geredet«[98]. Barth legte Wert darauf, daß in solcher Erkenntnis aus Gnade und im Glauben dann aber auch tatsächlich Gott *erkannt* werde. Er setzte dem Argument Feuerbachs entgegen, daß Gott wirklicher »*Gegenstand*« der Gotteserkenntnis sei – und der natürlichen Theologie den Satz, daß dieser »Gegenstand« allein in der *Offenbarung* erkannt werde. Des näheren redete er von einer (trinitarischen) »primären Gegenständlichkeit Gottes«, der zufolge Gott, anders als alle anderen »Gegenstände«, ein solcher Gegenstand ist, dessen wir im Erkennen nie habhaft werden, der vielmehr selbst und gerade in seiner Offenbarung immer auch verborgen bleibt. Davon unterschied er eine »sekundäre Gegenständlichkeit Gottes«, offenbar in seinen Werken und Zeichen im Raum der Schöpfung, kraft der der Mensch, aber nur indirekt, Gott erkennen kann. Die »natürliche Theologie«, die im Widerspruch zur Offenbarung eine »Offenheit des Menschen für die Gnade« lehre, erklärte er als das Resultat »der Verbürgerlichung des Evangeliums«. Die Eigenmächtigkeit gegenüber der Offenbarung habe im übrigen nicht nur die Gestalt des Hochmuts, sondern auch der Demut und der Resignation, die da nicht dankbar erkennen will, wo Gott sich in seiner Gnade offenbart hat[99].

Stoff für die hier erneut vollzogene Abgrenzung gegenüber der »natürlichen Theologie« bezog Barth auch aus seinem im Wintersemester 1937/38 durchgeführten Seminar über eben diese Thematik (dazu trat in diesem Semester eine Wiederholung seiner älteren Kolosser-Vorlesung und in der Sozietät eine Fortsetzung der Besprechung Wollebs).

Als Anfang 1938 jener Dogmatikband I/2 gedruckt erschien, zeichnete als Verlag schon nicht mehr der Chr. Kaiser Verlag. Barths Zusammenarbeit mit diesem Verlag war 1937 verboten worden. An die Stelle des »stattlichen München« trat nunmehr »das ungleich bescheidenere Zollikon am Zürichsee«[100], nämlich die dortige »Evangelische Buchhandlung«, nachmals »Evangelischer Verlag« genannt. Dieser Verlag wurde nun für das weitere Leben Barths zum Editor seiner Werke – und der Verlagsleiter, Dr. Arthur Frey (1897–1955), zu seinem engen Freund. Der Verlag war »wesentlich sein Werk. Er hat es mit einem erstaunlichen Verständnis für die Notwendigkeit theologischer Arbeit unter schwierigsten äußeren Umständen mit Einsatz seiner ganzen Person in Angriff genommen, in Form und auf die Höhe gebracht«[101]. »Wagemut« brauchte es speziell zur Herausgabe von Barths Dogmatik, zumal in

Zeiten, in denen der deutschsprachige Absatzmarkt erheblich kleiner wurde. »Ich denke nicht, daß es viele Verleger gibt, die das Verständnis und die Liebe zur Sache, aber dann auch den Weitblick und das Geschick aufgebracht hätten, die zu dem, was hier mehr als einmal wie ein Sprung ins Dunkle aussehen konnte, nötig waren.«[102] »Wer ihn als Mensch gekannt hat, wer einer seiner Freunde gewesen ist, dem ist er unvergeßlich wegen der Selbständigkeit seines Urteils und seiner Entscheidungen, die er niemandem gegenüber preisgegeben hat, und zugleich wegen der Beständigkeit der Treue, die er denen, denen er vertraute, in guten und bösen Tagen durch alle übereinstimmenden und widersprechenden Meinungen hindurch zugewendet hat.«[103]

In jenem Jahr 1938 amtierte Barth in Basel als theologischer Dekan. Im Sommersemester las er außer der Fortsetzung der Dogmatik über den 1. Petrusbrief, in der Sozietät fuhr er mit Wolleb fort – und in einem Seminar über die Taufe kam er zum ersten Mal »jedenfalls hinsichtlich der calvinischen Begründung der Kindertaufe zu völlig negativen Ergebnissen«[104]. Dazu wurden an einem Offenen Abend politische Fragen diskutiert. Im Winter behandelte er in der Sozietät »The Doctrine in the Church of England« und im Seminar die Exerzitien des Ignatius. Dazwischen in der Sommerpause hielt er im September in Muri bei Bern anläßlich der Hauptversammlung des Evangelischen Schulvereins der Schweiz einen Vortrag über »Evangelium und Bildung«. Darin erklärte er das Evangelium als die Botschaft von Jesus Christus, »dem einen und einzigen ›gebildeten‹ Menschen«, und so als Kritik, Dienst und Hoffnung für die menschlichen Bildungsversuche.

Unmittelbar im Anschluß an den Vortrag fuhr er wieder (zuletzt auch noch im Auto eines Metzgers transportiert – »in Gemeinschaft mit dessen Schwein«) in die Ardèche, um dort einen neuen Pfarrerkurs (über das Problem der Predigt) durchzuführen. Er stieß jetzt unter den Pfarrern auf einen »erschreckenden Individualismus«, den er als ein ernstliches Hindernis gerade in der gegenwärtigen Situation ansah. »Ich sagte ihnen zum Schluß, daß ich eigentlich am Liebsten dort bleiben, Pfarrer in Vernoux oder einem andern Knotenpunkt werden und sie dann mit bischöflicher Autorität vor Allem zur Ordnung anhalten würde.«[105] Barth fand unter jenen Pfarrern gleichwohl eine Offenheit für sein Anliegen, die einen gleich auch dazu beflügelte, ihn flugs zum Paten seines Sohnes zu machen. Anfang Oktober leitete Barth im Baselbiet einen Religionslehrerkurs über den Heidelberger Katechismus. Im November folgte ein Reformationsvortrag in Oberwil und Uster und im Dezember einer über den »Sinn des Kirchlichen Fortschritts« in Basel.

»Politischer Gottesdienst«

In den gleichen Monaten, in denen er es mit all diesen verschiedenen theologischen Arbeiten und Aufgaben zu tun hatte, war er aber nun auch fortlaufend weiter und weiter aufs lebhafteste mit der ihm möglich und angemessen erscheinenden Begleitung der Vorgänge im deutschen Nachbarland beschäftigt. Einen tieferen und genaueren Einblick hinter die Kulissen der Hitler-Regierung konnte er im Juli 1937 in einem langen Gespräch mit dem ehemaligen Danziger Oberbürgermeister Rauschning, einem einstigen führenden NS-Mann, nehmen. Am 8. Oktober verfaßte er ein Aide-mémoire z. Hd. der Bekennenden Kirche im Blick auf Himmlers »Erlaß betr. Ersatzhochschulen«: er riet zur strikten Nichtbeachtung von deren Verbot, da dieses unmittelbar das Leben der Bekennenden Kirche selbst bedrohe. Ende 1937 redete er in Luzern und Olten, im folgenden Januar in Bern und Basel und dann wieder im Herbst in Arlesheim über die Bekennende Kirche. Als sich im März 1938 das »Reich« Österreich einverleibte, befand er sich gerade erneut in England: um in Oxford einen weiteren theologischen Ehrendoktor entgegenzunehmen und um in Aberdeen den zweiten Teil seiner Gifford-Lectures vorzutragen. Eine der dortigen Vorlesungen handelte direkt vom »Politischen Gottesdienst«, der auch die »aktive Resistenz gegen gewisse politische Machthaber« in sich schließen könne[106]. In Oxford und Birmingham hielt er darüberhinaus Vorträge über den deutschen Kirchenkampf. In London hatte er »eine sehr gute Unterhaltung mit dem Bischof von Chichester«, Bell, und dort besuchte er auch das Unterhaus, das gerade über die Auslandspolitik diskutierte – »Eindruck: hier (in diesem sacred play* zwischen englischer Regierung und englischer Opposition!) wird – soweit es Menschen angeht – über die politische Zukunft der Welt entschieden – und zwar: man kann der hier fallenden Entscheidung . . . mit einem gewissen Vertrauen entgegensehen«[107]. Eben in dieser Zeit faßte Barth zum englischen Volk eine Liebe, in der er gestehen konnte: »Wenn ich kein Schweizer wäre, so möchte ich am Liebsten ein Brite sein.«[108]

Anfang Juli traf er sich (unter Begleitung von Arthur Frey) in Utrecht wieder mit führenden Köpfen der Bekennenden Kirche, um sie mit einem gemeinsamen Nachdenken über die Fragen von »Evangelium und Gesetz« und »Kirche und Staat« für ihre schwere Aufgabe zu stärken. Wenig vorher, am 20. und 27. Juni, hatte er in Brugg bzw. in Liestal einen Vortrag gehalten, der eine grundlegende Besinnung gerade zu dem letzteren Problem bot. Er erschien dann –

---

* ehrwürdigen Spiel

unter dem Titel »Rechtfertigung und Recht« – als Heft 1 einer neu von Barth herausgegebenen Schriftenreihe »Theologische Studien«: sein Ersatz für die Reihe »Theologische Existenz heute«, in der er ja nicht mehr schreiben durfte.

Nächster Anlaß für den Vortrag war die Absicht, dem Schweizer Volk »klaren Bescheid« zu geben, damit es nach der Annexion Österreichs nur ja nicht vor Deutschland weich werde[109]. Er gab diesen Bescheid aber, indem er zu grundsätzlichen Überlegungen ausholte.

Er fragte in dem Vortrag nämlich thematisch nach der – von den Reformatoren seines Erachtens noch nicht klar gesehenen – Beziehung, »durch die mit der göttlichen Rechtfertigung auch das menschliche Recht . . . zum Gegenstand des christlichen Glaubens und der christlichen Verantwortung und damit auch des christlichen Bekenntnisses wird«[110]. Und zwar suchte er insbesondere »auf exegetischem Weg zu einer besseren Sicht des Problems ›Kirche und Staat‹« vorzustoßen. Er kam dabei zu einer sachlich anderen Lösung dieses Problems als der der lutherischen »Zwei-Reiche-Lehre«; er hat diese seitdem als »Irrtum« und als Wurzel einer verhängnisvollen politischen Passivität der Kirche bekämpft. Gegenüber dieser Lehre vertrat er nun vielmehr die Ansicht: »Wir befinden uns, wenn das Neue Testament vom Staat redet, . . . grundsätzlich im christologischen Bereich: auf einer anderen Ebene, als wenn es von der Kirche redet, aber in eigentümlicher Parallele . . . zu den Aussagen über die Kirche in einem und demselben, dem christologischen Bereich.« Barth fand von da aus den Zugang zu einer positiven Würdigung des Staates. Er behauptete von da aus, daß die Demokratie (d. h. das sich »auf der verantwortlichen Betätigung aller Bürger« aufbauende Gemeinwesen!) die dem Evangelium entsprechendste Staatsform sei. Er behauptete von da aus darum sogar die Legitimität der »schweizerischen Landesverteidigung«. Ohne einer Verwechslung von Staat und Kirche das Wort reden zu wollen, leitete er von dort aber auch die politische Aufgabe der Kirche ab: nicht im Sinn eines passiven Untertanengehorsams, sondern einer aktiven, verantwortlichen Teilnahme am Staat. Freilich, der entscheidende Dienst der Kirche für den Staat sei ihre Verkündigung: »Indem sie die göttliche Rechtfertigung verkündigt, wird aufs Beste auch der Aufrichtung und Erhaltung des menschlichen Rechts gedient.«[111]

Dieser Vortrag formulierte »die theologische Voraussetzung«, unter der jedenfalls Barth selbst sich gleich in den nächsten Wochen und dann überhaupt während der folgenden Jahre politisch zu äußern und zu verhalten suchte[112].

In der Bekennenden Kirche, für die das »Jahr 1938/39 . . . in besonderer Weise Sichtungszeit« war[113], wurde diese Integration des politischen in den kirchlichen Widerstand weitgehend nicht verstanden und dann sogar abgelehnt. Niemöller konnte dafür nicht mehr einstehen, da er jetzt im KZ war, und Asmussen erlebte »eine Art Bekehrung« – in dem Sinn: »daß man gegenüber dem eingreifenden Staat noch passiver werde, als man es in der Bekennenden Kirche leider immer schon gewesen war«[114]. Barth entfremdete sich von den meisten Führern der BK noch mehr, als er in den folgenden Wochen zwei konkrete Anwendungen seiner in »Rechtfertigung und Recht« dargelegten Sicht machte. Den Anlaß zu der einen gab die im Sommer an die deutschen Pfarrer gerichtete Forderung, einen Eid auf Hitler zu leisten. In einem »Consilium« hatte Barth schon im Mai strikt von dieser Eidesleistung abgeraten. Als aber auf einer »fatalen ›Bekenntnis‹-Synode« dennoch die Erfüllung dieser Forderung bejaht wurde, schrieb Barth den scharfen Satz nach Deutschland: »daß das gute Bekenntnis, in welchem die Bekennende Kirche in Deutschland ihre menschliche Substanz hat, heute nur im Streit gegen die von der Bekenntnissynode selbst ausgehende Irreführung und Versuchung . . . aufrecht erhalten werden kann«[115]. Seine Stellung zu dieser Eidesfrage faßte Barth auch am 5. September in einem Vortrag in Zürich zusammen.

Es war derselbe Tag, an dem seine Mutter nach längerer Krankheit in Bern starb. Kurz zuvor hatte er sie noch besucht und sie in einer »besonders wachen, ja heiteren Verfassung« angetroffen, in der »sie wie von einem vorläufigen Jenseits her über alle möglichen alte und neue Dinge sehr milde, anschaulich und öfters sehr scherzhaft mit uns redete . . . So hatte ich einen Abschied von ihr, an den ich immer gerne zurück denken werde«[116]. Der Freund Albert Schädelin hielt die Trauerrede.

In der Antwort auf einen Beileidsbrief Josef Hromádkas machte Barth am 19. September eine andere Anwendung von »Rechtfertigung und Recht«, indem er der vom Zugriff Hitlers bedrohten Tschechoslowakei zurief, »daß jetzt jeder tschechische Soldat nicht nur für die Freiheit Europas, sondern auch für die christliche Kirche stehen und fallen wird«[117]. »Im Hromádka-Brief . . . habe ich – und das um des Glaubens willen – zum bewaffneten Widerstand gegen die eben stattfindende bewaffnete Drohung und Aggression aufgerufen« – »nicht zum Weltkrieg, . . . wohl aber zum Widerstand«[118]. Ein lauter Chor von Protesten setzte ein: abgesehen von »der ganzen deutschen Presse, die auf Kommando einen gleichlautenden Artikel unter verschiedenen Überschriften (›Theologieprofessor als Kriegshetzer‹, ›Juden – Tschechen – Karl Barth‹, ›Karl Barths wahres Gesicht‹ usw.) brachte«, regneten »die besorgten, betrübten und vor allem entrüsteten Äußerungen auch von sachlich und persönlich befreundeter Seite . . . nur so auf mich ein«. Die Leitung der BK distanzierte sich in einem »förmlichen Verweisbrief«[119]. Am 30. September sanktionierten England und Frankreich im Münchener Vertrag Hitlers Griff zunächst nach der halben Tschechoslowakei. »Nach der Entscheidung von München habe ich eine Nacht kaum schlafen können« und »schrieb ich in meinen Kalender: ›Katastrophe der europäischen Freiheit in München‹. Ich sah mich – namenlos allein mit dieser Auffassung. Unter ›Realismus‹ verstand damals ungefähr jedermann: Anerkennung der von Hitler geschaffenen Tatsachen. In allen Kirchen – auch hier in der Schweiz – wurden Dankgottesdienste für die Erhaltung des Friedens gehalten. Ein halbes Jahr später hatte Hitler freilich auch jenen schmählichen Vertrag gebrochen.«[120] Im Oktober wurde der Verkauf sämtlicher Schriften Barths in Deutschland verboten. Ende dieses Monats erläuterte er speziell in Antwort auf seine schweizerischen Kritiker seine kühne These: »Ist die politische Ordnung und Freiheit bedroht, dann betrifft diese Bedrohung indirekt auch die Kirche. Und schreitet ein rechter Staat zu deren Verteidigung, dann ist an dieser Verteidigung indirekt auch die Kirche beteiligt.« Gewiß, »sie kann als Kirche nur geistlich streiten und leiden«, aber »sie würde ihre eigene Verkündigung nicht ernst nehmen, wenn sie hier gleichgültig bleiben könnte«. Und er fügte hinzu: »Wir werden alle dafür bezahlen müssen . . ., daß die Regierungen, die Völker und die Kirchen sich in der Weise haben bluffen lassen, wie es vor und nach dem 30. September geschehen ist.«[121]

Die Betonung der politischen Aufgabe der Christen änderte nichts daran, »daß die Majestät Gottes, der eschatologische Charakter der ganzen christlichen Botschaft, die Predigt des reinen Evangeliums als die alleinige Aufgabe der christlichen Kirche die Gedanken« waren, die auch jetzt »den Mittelpunkt meiner theologischen Lehre« bildeten. »Es existierte aber der abstrakte transzendente Gott, der sich des wirklichen Menschen nicht annimmt (›Gott ist alles, der Mensch ist nichts!‹), es existierte eine abstrakt eschatologische Erwartung ohne Gegenwartsbedeutung und es existierte die ebenso abstrakt nur mit diesem transzendenten Gott beschäftigte, von Staat und Gesellschaft durch einen Abgrund getrennte Kirche nicht in *meinem* Kopf, sondern nur in den Köpfen meiner Leser, und besonders solcher, die Rezensionen und ganze Bücher über mich geschrieben haben.«[122] Das konnte Barths jetzige Haltung nur bestätigen. Und dementsprechend wehrte er sich gegen den Versuch mancher Gefolgsleute, »die mich in einen Theologen und in einen Politiker aufteilen wollen, um sich dann nur am Theologen – es gibt eine Anzahl Leute, für die hieße es umgekehrt: nur am Politiker – interessieren und erbauen zu wollen, den Rest aber als eine Art pudendum*, von dem man nur wünschte, daß es nicht da wäre, bei Seite schieben möchten«[123].

---

* etwas, dessen man sich schämen muß

Am 5. Dezember faßte Barth in einem Vortrag in Wipkingen (Zürich) seine 1938 näher geklärten Gedanken über das Verhältnis von »Kirche und Staat« in der konkreten Situation der Gegenwart zusammen (»Die Kirche und die politische Frage von heute«). Darin bemerkte er (gut drei Wochen nach der Kristallnacht!): »Wer ein prinzipieller Judenfeind ist, der gibt sich . . . als prinzipieller Feind Jesu Christi zu erkennen. Antisemitismus ist Sünde gegen den Heiligen Geist.«[124] Der Vortrag endete damit, »daß ich . . . zum Gebet wider den Türken aufgerufen und dieses Gebet als die entscheidende Tat der Kirche in der politischen Frage von damals bezeichnet habe«[125]. Barth sagte das an der Ersten Wipkinger Tagung, einer Veranstaltung, die sich bis 1945 noch fünfmal wiederholte. Organisiert war sie vom »Schweizerischen Evangelischen Hilfswerk für die bekennende Kirche«, das sich am 5. Januar 1938 vor allem auf Initiative »des rührigen Pfarrers Paul Vogt« und unter Mitarbeit Barths in Zürich konstituiert hatte[126].

»Die Aufgabe des ›Hilfswerks‹ war ursprünglich eine mehr caritative: Unterbringung von ermüdeten Kollegen oder auch Pfarrfrauen . . . an schweizerischen Ferienplätzen« – u. a. in Walzenhausen, wo Barth im August 1938 und im August 1939 mit Gliedern der Bekennenden Kirche einen Ferienkurs durchführte. Dazu kamen ferner »literarische Aufgaben«: die Verbreitung von Flugblättern und Schriften, u. a. auch von Barth[127]. Dann wurde das Hilfswerk ein »Unternehmen, in welchem die Fürsorge für die aus Deutschland vertriebenen oder geflüchteten Juden und Judenchristen mit der Zeit immer mehr Raum einnahm«[128]. »Unter der Handvoll an dieser Sache beteiligter schweizerischer Menschen, die aber in ihrer Weise mit einigem Ernst Christen sein wollten«, schätzte Barth vor allem »die fast legendär gewordene« Frau Dr. Gertrud Kurz, »die mit ihrer unermüdlichen Fürsorge und Fürsprache den deutschen Juden, Kommunisten, den Sozialisten, den Internierten . . . in seltener Weise eine Mutter gewesen ist« – und eben jenen Paul Vogt, »der sich . . . in all den Jahren in Hingabe fast verzehrt hat«[129]: eine Gestalt, die ihn »in mehr als einer Hinsicht an . . . Johann Kaspar Lavater« erinnerte[130]. Es waren in vorderster Front gerade diese Beiden, die, weithin gegen den Strom schwimmend, »die aktive Beteiligung der schweizerischen Christenheit an dem deutschen und an dem durch die Deutschen verursachten jüdischen Leid« verkörperten[130a]. In der Wahrnehmung dieser Aufgabe wurde besonders Vogt für Barth – obwohl beide »doch vom Schöpfer gewiß etwas verschieden gedachte und veranlagte Geschöpfe« waren – ein eng verbundener Gefährte[131]. Unvergeßlich eindrücklich wurde Barth »das Lied von Zwingli: ›Herr, nun selbst

den Wagen halt!‹, mit dem ich ihn [Vogt] . . . oft und oft die
Versammlungen des ›Hilfswerks für die bekennende Kirche‹ in
Zürich eröffnen hörte«[132].

Eine vereinfachte Version seines Wipkinger Vortrags (»Kirche
und Politik«) bot Barth in den ersten Wochen des neuen Jahres
(1939) in verschiedenen Baselbieter Orten dar (Oltingen, Gelterkinden, Kilchberg und Pratteln, im Mai auch auf französisch in
Môtier): »weil die Nordseite des Jura besonders gut geistig landes-
verteidigt werden muß«[133]. In schärfster Antithese hieß es hier: »Wir
können nicht Christen *und* Nationalsozialisten sein.« Zu Anfang
dieses Jahres konnte er aber auch noch einmal »einige letzte Fahrten nach Frankreich, Holland und Dänemark« unternehmen[134]. In
den ersten Tagen des Januar legte er in Bièvres Pfarrern Teile des
1. Petrusbriefes und die Confessio Gallicana aus. Im März redete er
in einer Reihe holländischer Städte (Utrecht, Leiden, Kampen,
Groningen, Amsterdam) über »Die Souveränität des Wortes Gottes
und die Entscheidung des Glaubens«. Dabei war etwa zu hören: daß
die Souveränität jenes Wortes die Entscheidung des Glaubens nicht
ausschließe, sondern begründe und fordere, daß aber diese Entscheidung nur »in der Verantwortung vor dem Worte Gottes . . .
und in der Unterwerfung unter seine Souveränität« recht geschehe.
Und weiter: »Die Entscheidung des Glaubens ist . . . als Verkündigung der Souveränität des Wortes Gottes zugleich die Verkündigung der wahren Menschlichkeit.«[135] Noch vor seinem dortigen
Auftritt hatte man ihm eine Vorzensur für den Vortrag und einen
Verzicht auf politische Äußerungen vorschreiben wollen. Er lehnte
ersteres ab mit der Begründung: »Wenn die jetzt noch freien
Länder zu solchen Methoden greifen aus lauter Angst vor Deutschland, dann haben wir bald ein hitlerisches Europa, und dazu möchte
ich auch nicht den kleinsten Beitrag liefern.«[136] Und die zweite
Forderung lehnte er mit der Überlegung ab: »Wo theologisch
geredet wird, da wird implizit oder explizit immer auch politisch
geredet.«[137] In eigenartiger Weise interessierte sich für ihn, als er in
Holland weilte, »der christliche Ministerpräsident Colijn, der mich
durch seine Polizei durch das ganze Land hin beobachten ließ,
schließlich in Amsterdam zum Stehen brachte und dann ganz behag-
lich mit mir Kaffee trinken wollte, wonach nun wieder ich kein
Begehren hatte!«[138] Von Amsterdam aus flog Barth weiter nach
Dänemark, wo er in Nyborg-Strand an einer Pfarrerkonferenz seine
Exegese zum 1. Petrusbrief wiederholte und (wie schon in Holland)
die Gemüter mit seiner kritisch gewordenen Stellung zur Kindertaufe erschreckte.

Im Sommersemester 1939 kam er zum Abschluß eines weiteren

Dogmatik-Bandes (II/1). Er widmete ihn den Universitäten Aberdeen und Oxford. Die zweite Hälfte dieses Buches bestand aus einem Kapitel über »die Wirklichkeit Gottes«.

Er fragte hier, in Ablehnung eines bloßen Aktualismus, nach dem »Sein« Gottes, das er aber sofort, in Ablehnung einer metaphysischen Seinsspekulation, als ein »Sein in der Tat« – nämlich »in der Tat seiner Offenbarung«[139] bestimmte. Sachlich näher bestimmt hieß das: daß Gottes Sein darin bestehe, »der in Freiheit Liebende« zu sein. Diese dialektischen Aussagen hatten unmittelbar Folgen für die Lehre von Gottes »Eigenschaften« oder, wie Barth lieber sagte: von Gottes »Vollkommenheiten«. Er suchte sie strikt aus der Offenbarung in Jesus Christus zu verstehen und meinte zugleich, daß ihre Fülle »identisch« sei mit Gottes »Wesen«[140]. Er begriff sie als solche des »göttlichen Liebens« und als solche der »göttlichen Freiheit«. Um aber die Zusammengehörigkeit dieser beiden Formen der göttlichen Vollkommenheiten deutlich zu machen, ging er so vor, daß er als »eine« göttliche Vollkommenheit jeweils ein Paar komplementärer Begriffe erläuterte – also etwa so: Gottes Gnade *und* Heiligkeit, Barmherzigkeit *und* Gerechtigkeit, Einheit *und* Allgegenwart usf. Das, was in jenem Buch gegen Schluß etwa von Gottes Geduld ausgeführt wird, die Raum hat für ein Anderes und es nicht zerstören muß, von seiner Einzigkeit, die die radikale Entgötterung der Welt bedeutet, oder von seiner Allmacht, in der er doch nicht »Alles« kann, in der ihn sogar etwas reuen und in der er Gebete erhören »kann«, oder von seiner Ewigkeit, die keine Zeitlosigkeit ist, in der er vielmehr gerade Zeit hat für seine Geschöpfe, oder vom unauflöslichen Zusammenhang seiner Barmherzigkeit und seiner Gerechtigkeit – das alles war nun gerade in diesen politisch so hektischen und trüben Wochen und Monaten gesagt und leuchtete auf diesem Hintergrund tröstlich hell.

In direkterer Weise nahm Barth im Sommer 1939 zur äußeren Lage Stellung, indem er in seinem Seminar das theologische Problem des Staates und in seiner Sozietät Texte zum deutschen Kirchenkampf besprach. Sein akademisches Wirken vollzog sich übrigens seit Juni an einer neuen Stätte: die Universität übersiedelte damals in das neue Kollegiengebäude am Petersgraben und das theologische Seminar in die alte Universität am Rheinsprung. Barth hielt zur Einweihung der neuen Universität die Festpredigt über 1. Kor. 3,11 (»Einen anderen Grund kann niemand legen außer dem, der gelegt ist, welcher ist Jesus Christus«). Zwischenhinein brachte er in Zürich und Basel auch eine (seiner älteren Vorlesung über das 19. Jhdt. entnommene) Rede über D. F. Strauß aus Anlaß der 100. Wiederkehr des Zürcher »Straußenhandels« zum Vortrag und machte er sich an die Übersetzung einer theologischen Schrift von Dorothy Sayers, deren Kriminalromane »ich . . . mit ganz besonderer Anteilnahme und Bewunderung gelesen habe«, in deren Theologie freilich noch etwas von dem »in England, wie es scheint, fast naturnotwendigen Pelagianismus« steckte[141]. Die Übersetzung konnte erst 1959 erscheinen.

rofessor in Basel

*2 Als Dekan (in der Mitte) mit seinen Basler Kollegen. Rechts
ɔn ihm W. Baumgartner, W. Eichrodt; links E. Staehelin,
. L. Schmidt.*

*3 In dieser Zeit liebte er die Ausritte hoch zu Roß – hier
ɩsammen mit Emil Brunner, ein Jahr nach dem zornigen
Nein!« zu ihm (1935).*

*4 In der Diskussion mit seinen Studenten während einer Semi-
ɩrsitzung im Basler Theologischen Seminar (1939).*

Teilnahme am Kirchenkampf von der Schweiz aus

55 Im April 1936 traf er sich in Driebergen (Holland
zu Gesprächen mit K. Immer, M. Albertz, H. Asmusse
H. Obendiek, W. Niesel.

56 Gespräch mit Bonhoeffers Freund Franz Hild
brandt aus Dahlem (und Lollo v. Kirschbaum) auf de
Bergli (September 1937).

57 Bewegte Aussprache kurz vor Kriegsausbruch 19.
mit den Freunden: Ch. v. Kirschbaum, Barth, G. Sta
wen, E. und Asta Wolf, Ruth Pestalozzi, H. Gollwitze
links vorn P. Maury.

ortragsreisen

8 Die erste Reise in den Osten: nach Mysliboriᵉ in Mähren (August 1935) mit Pestalozzis, ollo v. Kirschbaum, Gertrud Staewen.

9 Auf der ersten Reise nach Ungarn im Herbst ʾ936. Dritter von links Barths Schüler Dr. Töᵔk, zweiter von rechts der Übersetzer Vasady.

) Im siebenbürgischen Klausenburg (Herbst ʾ36) bei der Pflanzung eines Gedenkbaumes. echts von Barth Bischof Vasahely und Prof. waszy.

61 Zahllose Flüchtlinge suchte
während des Krieges Schutz
der Schweiz, viele vergeblich.

62 Beim Vortrag »Im Name
Gottes des Allmächtigen« am
Juli 1941 in Gwatt.

63 Im April 1940 meldete er sic
freiwillig zum Militär. Er wurc
Soldat im bewaffneten Hilf
dienst.

64 Im Sommer 1941 mit de
Söhnen Christoph und Marku
bei der Besteigung des Schi
horns. Einen Monat vorher w
der Sohn Matthis tödlich verur
glückt.

Gespannt verfolgte Barth die weitere Entwicklung in Deutschland. Sie stand im Mittelpunkt, als er im November 1938 mit Jochen Klepper, als er im Februar 1939 erneut mit Hermann Rauschning und im April mit Heinrich Grüber, im Mai mit dem Kölner Robert Grosche und mit Hromádka und im September zweimal mit dem Altreichskanzler Wirth zu ausgiebigen Gesprächen zusammentraf. Schon im April hatte er Visser't Hooft bedrängt, sich als Generalsekretär der sich konsolidierenden ökumenischen Bewegung im Blick auf die drohende Kriegsgefahr durch das Radio an die christlichen Deutschen zu wenden – mit der Botschaft, »daß der Krieg im Sinn der Christen aller Länder nicht gegen das deutsche Volk, sondern gegen dessen gemeingefährlich gewordene Usurpatoren sich richte und daß wir die Frage an das Gewissen aller Christen in Deutschland zu stellen hätten, ob es nicht ihre Sache sei, zur Verhinderung dieses Krieges bzw. eines Sieges der Usurpatoren ihrerseits alles in ihren Kräften Stehende zu tun«: also z. B. Wehrdienstverweigerung, Sabotage usf.[142]. Visser't Hooft glaubte keine Kompetenz zu einer solchen Botschaft zu haben. Aber Barths Vorschlag bewegte weiter die Gemüter, als er sich mit ihm und mit anderen Freunden: mit Ernst Wolf, Helmut Gollwitzer, Günther Dehn, Gertrud Staewen, mit Pierre Maury und Arthur Frey Ende Juli/Anfang August auf dem Bergli traf. Barth blieb »mit seiner Forderung . . . allein«; die Freunde lehnten sie ab, »vielleicht . . . einfach deswegen, weil . . . ein solcher Schritt zu ungewohnt, zu neuartig, zu kühn war«[143]. Die besorgten Gespräche, die von der kursorischen Lektüre der Apokalypse begleitet waren, »haben in diesen Tagen fast nicht aufgehört«[144]. Einige der Freunde führte Barth in die Zürcher »Landesausstellung«, die er (im Unterschied zu der von 1914) für »eine gute Sache« hielt, »weil sie uns unmittelbar vor Beginn des großen Sturmes« die Eigenart der Schweiz ergötzlich »noch einmal vor Augen geführt und ins Herz geschrieben hat«[145]. Es war dort übrigens auch – unter der Rubrik »Berühmte Auslandschweizer« (!) – ein Bildnis Barths zu sehen.

Im Schatten des Zweiten Weltkriegs

Als am 1. September der Zweite Weltkrieg ausbrach, befand sich Barth »an einem Kurs für deutsche Theologen in Walzenhausen, wo wir den 1. Thessalonicherbrief lasen und doch auch sehr bewegt waren von der praktischen Frage, wie sich die Christen in Deutschland in den offenbar drohenden Ereignissen verhalten sollten. Diesseits der Grenze bleiben? Kriegsdienst verweigern? In die Luft schießen? . . . Am Freitag in der Morgenfrühe kam dann die Nachricht doch sehr plötzlich über uns und dann sind wir nach einem schönen Abschied auseinandergegangen«. Barth dachte »mit Kummer« an all das Leid, das mit diesem Krieg über »die vielen lieben Menschen in Deutschland« und über »Unzählige in allen Ländern« hereinbrechen würde[146]. Aber er glaubte auch, daß jetzt jedenfalls »der Anfang vom Ende der Hitlerei . . . sicher angebrochen ist. Insofern besteht Anlaß zum Aufatmen. Auch darüber, daß der Zusammenhang zwischen Nationalsozialismus und Bolschewismus – an den so Viele vorher nicht glauben wollten – nun so offen am Tage ist. Es ist grundsätzlich Alles viel klarer geworden. Man kann heute wissen, um was Krieg geführt werden muß. Das ist auch der große Unterschied gegenüber 1914«[147]. »Es hat wohl schon lange keinen Krieg mehr gegeben, in dem man jedenfalls auf der einen Seite wußte, daß man Alles um einer guten Sache willen auf sich nahm und daß sich jedes Opfer lohnen werde. Aber eben: da ist die andere Seite, die das nicht wissen kann und . . . nun doch Alles an Opfer und Leiden auch auf sich nehmen muß: für eine in jeder Hinsicht verlorene Sache. So muß man mit den armen Deutschen bestimmt am Meisten Erbarmen haben.«[148]

Die folgenden Jahre waren nun »dadurch charakterisiert, daß ich sie . . . ganz und gar nur in meinem schweizerischen Vaterland zugebracht habe. Ich habe meine Heimat in dieser Zeit mit Vorträgen und auf Konferenzen aller Art und auch sonst fleißig durchzogen und besser kennengelernt als je zuvor. Aber seine Grenzen waren auch die meinigen«. »Für meine nächstliegende und wichtigste Pflicht hielt ich die: an meinem Teil dafür sorgen, daß wenigstens an einer Stelle inmitten des irrsinnig gewordenen Europas, nämlich auf unserer schweizerischen Insel und speziell in unserer Grenzstadt Basel – von der aus man zugleich in das triumphierende und später so schwer leidende Deutschland und in das unterdrückte und später sich erhebende Frankreich hinübersah – ordentlich und ›als wäre nichts geschehen‹ Theologie getrieben werde. Und ich war wie nie zuvor froh, gerade durch diese auf alle Fälle haltbare, dauernde und verheißungsvolle Sache in Anspruch genommen zu sein.«[149] Zuweilen bedauerte Barth zwar, daß er in seiner so bewegten, »mit Weltgeschichte bis zum Rande« gefüllten Zeit »nicht irgendwo dabei sein und mittun kann, wo die Dinge zum Klappen kommen. Aber daran ist nichts zu ändern, daß ich in der Hauptsache auf einer innern Linie mich beschäftigen soll«[150].

Barths Hörerschaft in Basel hatte sich inzwischen beträchtlich verringert, teils weil die Ausländer fehlten, teils weil eine Anzahl Schweizer Studenten im Militärdienst abwesend war. Von den deutschen Hörern war ihm nur einer, Kurt Müller, eine allerdings »massive Säule«, übriggeblieben[151]. Aber mit der verbliebenen »kleinen Herde« war er unentwegt weiter an der Arbeit. Er trug ihnen seine Dogmatik vor und studierte mit ihnen klassische Texte. Und zwar behandelte er während der Kriegsjahre mit ihnen im Seminar die Confessio Helvetica posterior (3 Semester), die Sakramentslehre des Tridentinum, Calvins Institutio III, Anselms »Cur Deus Homo«, Luthers Sermon von den guten Werken, Zwinglis »De vera et falsa religione«, die Sicht des Katholizismus im Heidelberger Katechismus und Calvins Institutio I, 1–9 (2 Semester) – und daneben in den Sozietätssitzungen: Kirchenordnungen, die Konkordienformel (2 Semester), Schriften Schleiermachers (4 Semester), das Problem des Bekenntnisses, Kants Religionsphilosophie, Lavaters »Aussichten in die Ewigkeit« und Luthers Verständnis der »Obrigkeit«.

Zu Barths theologischer Arbeit gehörten auch jetzt gelegentlich Vorträge. So legte er im Oktober 1939 auf einer Pfarrerkonferenz im Baselbieter Schauenburg Markus 13 aus, und im November redete er in Bern über »Das christliche Geheimnis und das menschliche Leben«. Das »Christliche«, hieß es dort, sei ein, ja sei *das* Geheimnis: »Es kann . . . von uns nicht erreicht werden; es kann nur uns erreichen. Wir können nichts damit anfangen; es will aber Alles mit uns anfangen . . . Es kann nicht bewiesen werden; es beweist sich selbst und wird erkannt im Akte dieses seines Selbstbeweises.«[152] Der Vortrag war zuvor auch schon in St. Gallen zu Gehör gebracht worden: aber nicht durch Barth selbst, den eine plötzlich auftretende Gallenkolik behinderte, sondern durch Hermann Kutter jr., der für ihn in letzter Minute einsprang. Im März 1940 gab er im Rundfunk über die »Neuorientierung der Theologie in den letzten 30 Jahren«, speziell über die Dialektische Theologie Auskunft. Und im Oktober 1940 begann er im neuenburgischen Travers mit einer (französischen) »Erklärung des Symbolum Apostolicum nach dem Katechismus Calvins«, die an sechs, über mehrere Jahre verteilten Tagungen dargeboten wurde. Bezeichnend, daß er sein theologisches Denken wieder und wieder an solche Texte anschloß! Gerade so ließ er sich aber dann zur Formulierung sehr eigener Gedanken anregen. Und das in diesem Fall erst recht vor einer munter mitgehenden französischsprachigen Zuhörerschaft!

Eben diese »Erklärung« war voller feiner Pointen. Etwa: »Des Menschen Glück besteht darin, im menschlichen Leben die göttliche Seligkeit sichtbar werden zu lassen, und die göttliche Seligkeit besteht darin, sich dem Menschen unter der Gestalt menschlichen Glückes zu schenken.« Oder: »Um wirklich Mensch zu sein, . . . muß man . . . an Jesus Christus glauben.« Oder: »Es gibt eine feine Ironie Gottes, der zu uns sagt: da ihr ja doch nun einmal in euch selbst eine Philosophie habt, nun schön, möget ihr sie haben, tut euer Bestes! . . . Unter der Bedingung, daß eure Philosophie euch nicht hindere ›nachzufolgen‹!« Oder: »Gott [ist] der Großzügige, Freigebige, der große Liberale.« Oder: »Vielleicht ist es Zeit für die Christen, die Französische Revolution zu verteidigen.« Oder: »Wir müssen uns hüten vor jenem idealistischen Spiritualismus, der uns sagen läßt: Gott ist zu sehr Geist, um Hände zu haben. Nein, er *hat* Hände und zwar die wahren Hände (und keine Klauen, wie die unsrigen . . .).«[153]

Sein Schüler Jean-Louis Leuba gab später diese frei gesprochene »Erklärung« nach einer Mitschrift als Buch heraus. Gerade zu den Theologen des Welschlandes fand Barth in den Kriegsjahren ein nahes Verhältnis: namentlich zu den Genfern, unter denen er etwa in Jacques Courvoisier und Jacques de Senarclens Freunde hatte, und eben zur neuenburgischen Pfarrerschaft, unter der Jean Jacques von Allmen sein Kontaktmann war, aber auch zu der des Berner Jura.

Seine Hauptarbeit galt unter all dem anderen der Fortsetzung seiner Dogmatik. Und er war dankbar, »daß ich die ganze Zeit so ruhig diese großen Dinge studieren und vortragen durfte«[154]. »Der Hintergrund von dem Allem«, was er da nun im Basler Hörsaal vortrug, »war ja die Kriegszeit, an deren Anfang und Ende man es von hier aus im Badischen und im Elsaß fortwährend bedenklich rumpeln hörte und in deren Mitte die Engländer und Amerikaner ungeniert über unsre neutralen Köpfe dahinbrausten und ab und zu etwas Unangenehmes fallen ließen – abgesehen von allem Anderen. Es ist eigentlich schön, daß die Eigenschaften Gottes und die Prädestination und alles Übrige mitten durch das Alles hindurch aufs Papier und in Druck kommen konnten.«[155] Im Herbst 1939, als eben der Krieg zu wüten begonnen hatte, kam er im Rahmen seiner Gotteslehre zur Prädestinationslehre. Wieder wurde er recht ausführlich – »es ist Alles so erläuterungsbedürftig, wenn man es recht verstehen . . . will!« Es erwies sich als »nötig, daß ich den exegetischen Hintergrund der vorgetragenen dogmatischen Darlegungen noch sichtbarer machen mußte, als dies in den früheren Teilen geschehen ist«. Und es erwies sich ferner als nötig, daß »ich das Geländer der theologischen Tradition hier noch viel mehr loslassen mußte als in dem ersten Teil dieser Gotteslehre. Ich wäre in der Prädestinationslehre an sich viel lieber bei Calvin geblieben, statt mich nun so weit von ihm zu entfernen . . . Aber es ging . . . nicht. Die Neuerung setzte sich bei mir, je länger ich die Bibel über diese Dinge zu mir reden ließ und, was ich zu hören meine, bedachte, umso unwiderstehlicher durch«[156].

Die »Neuerung« bestand darin, daß Barth – nur noch radikaler als 1936 in Ungarn – damit ernst machte: »daß die Lehre von der Gnadenwahl bestimmt und eindeutig als *Evangelium* zu verstehen ist, daß sie nicht neutral jenseits von Ja und Nein steht, daß sie nicht Nein, sondern Ja und auch nicht Ja und Nein, sondern in ihrer Substanz, im Ursprung und im Skopus ihrer Aussage Ja sagt. Die Gnadenwahl ist die *Summe* des Evangeliums«. Sie ist nach Barth weder ein »absolutes Dekret« Gottes (Calvin) noch ein unaussprechliches Geheimnis hinter der Offenbarung, sondern sie ist, wie er formulierte, ein »decretum *concretum*«, das sich in der Offenbarung erschließt und vollzieht. »Es gibt keinen vom Willen Jesu Christi verschiedenen Willen Gottes.« Demzufolge haben wir es in Jesus Christus »unmittelbar mit dem erwählenden Gott selbst zu tun«. Aber Jesus ist nicht nur der »erwählende Gott«, sondern – wirklich er und nicht irgendeine Einzelperson oder Gruppe – auch »der erwählte Mensch«. Er ist jedoch dazu erwählt, die Verwerfung der Menschen »zu seiner eigenen Sache« zu machen. »In der Erwählung Jesu Christi . . . hat Gott dem Menschen . . . die Erwählung, die Seligkeit und das Leben, sich selber aber . . . die Verwerfung, die Verdammnis und den Tod zugedacht.« So ist der Glaube des Menschen an Gottes Prädestination gerade der »Nicht-Glaube an seine Verwerfung«. »In ihm«, Jesus Christus, ist allerdings zunächst nicht ein »Einzelner« erwählt, sondern »die Gemeinde«. Und diese Gemeinde hat nach Barth – das war damals besonders aktuell – die untrennbar zusammengehörige Doppelgestalt von Israel und der Kirche: Israel erwählt zur Darstellung des sich seiner Erwählung widersetzenden Menschen, die Kirche zur Darstellung dessen, »was in Gottes Händen aus dem von ihm auf- und angenommenen Menschen werden soll und darf«. Barth wollte mit dem allem nicht die »Allversöhnung« lehren. Er wehrte sich allerdings dagegen, »aus der *offenen* Vielzahl der in Jesus Christus Erwählten . . . eine *geschlossene* zu machen« – sei es so, daß einfach nur ein bestimmter Teil der Menschheit, sei es so, daß automatisch die Gesamtheit der Menschheit als erwählt gilt. Gerade angesichts der »offenen Vielzahl« habe »die erwählte Gemeinde« keinen dringenderen Auftrag als den, das Evangelium der Gnade Gottes zu verkündigen[157].

Der Prädestinationslehre ließ Barth direkt – »sehr passend unmittelbar nach jenem Thema« –als »Grundlegung der Ethik« die Lehre von *Gottes Gebot* folgen: in einem »radikalen Neuguß« seiner Ethikvorlesung von 1928[158].

Darum »sehr passend«, weil nach ihm das Gesetz dem Evangelium folgt und weil darum die Ethik die Aufgabe hat, »das Gesetz als die Gestalt des Evangeliums« zu erklären! Sie, die Ethik, »ist darum in der Erkenntnis Jesu Christi begründet, weil dieser der heiligende Gott und der geheiligte Mensch in einem ist«. Und »sie gehört darum zur Lehre von Gott, weil der den Menschen für sich in Anspruch nehmende Gott eben damit . . . sich selbst für diesen verantwortlich macht«. Barth legte mithin in seiner Ethik auf ein Doppeltes Wert: einerseits darauf, daß der Mensch das Evangelium von Gottes Gnadenwahl nicht hören könne, ohne damit auch von Gott in Anspruch genommen zu werden – und andererseits darauf, daß das den Menschen in Anspruch nehmende Gebot kein abstraktes Gesetz, sondern das Gebot eben des gnädigen Gottes ist, mithin auch kein »Ideal«, sondern ein schon erfülltes Gebot! Ethik ist »Ethik der Gnade oder sie ist nicht theologische Ethik«. Und also ist auf die alte Frage »Was sollen wir tun?« zu antworten: »Wir sollen tun, was dieser Gnade entspricht.«[159]

Einen neuen, außergewöhnlich anregenden Gesprächspartner fand Barth bei dieser seiner fortschreitenden theologischen Arbeit in Hans Urs von Balthasar – einem Jesuiten und Przywara-Schüler, der 1940 als katholischer Studentenseelsorger nach Basel gekommen war. Er konnte ihn bald auch als Teilnehmer seines Seminars über das Tridentinum (im Sommer 1941) »willkommen heißen – mit den Worten: ›Der Feind hört mit!‹ natürlich«. Er erfuhr von ihm mancherlei Kritik, aber doch keine »eigentlich eindrucksvolle Gegenwehr . . . Vielleicht hat er dazu etwas zuviel in meiner Dogmatik gelesen (er schleppt insbesondere II/1 in seiner Mappe herum wie eine Katze ihr Junges)«. Und wenigstens waren sich beide »sehr einig in Bezug auf W. A. Mozart und in Bezug auf die Notwendigkeit des Nationalen Widerstandes«[160].

Widerstand!

Eben dieser Widerstand hielt Barth seit Kriegsbeginn dauernd in Atem. Er beteiligte sich entschlossen daran – »gerade von meinen Bemühungen um eine ordentliche Theologie her« dazu gedrängt, aber auch durch sie bestimmt[161]. »Es hängt nämlich Alles zusammen«, sagte er damals im Blick auf seine verschiedenen dogmatischen und politischen Thesen[162]. »Die Verantwortlichkeit, in der ich auch in diesen Jahren und zu dieser Sache geredet habe, war die christliche, über der es keine höhere . . . gibt.« Barth trat nicht mehr wie einst einer Partei bei, obwohl er weithin die gleiche Linie vertrat wie die damalige Sozialdemokratie in der Schweiz, die in Sachen Widerstand ungemein wach war. Aber nicht als Parteimitglied, sondern einfach als – Schweizer wollte er Widerstand leisten. Wiederum, »ich konnte auch als Schweizer nur so reden, wie ich es als Christ . . . tun durfte«[163]. Ja, Barth war sogar der Überzeugung, wie er einmal dem SP-Mann Oprecht sagte, »daß der enormen Dynamik des nationalsozialistischen Irrglaubens weder ein Unglaube noch ein Halbglaube irgend einer Couleur, sondern nur ein besserer, ein überlegenerer und das heißt dann bestimmt: der christliche Glaube im Grunde und auf die Länge gewachsen sein dürfte«[164]. Aber eben als Christ glaubte er nun durchaus auch politisch aktiv sein zu müssen.

Ein doppelter Gedanke bewegte ihn dabei: einmal der, daß einem Hitler *unbedingt* widerstanden werden müsse – und zwar geistig *und* militärisch. Es ging nach ihm dabei um nicht weniger als »um den Versuch, die ›Revolution des Nihilismus‹ aufzuhalten, die unserem Leben alles nehmen würde, was es lebenswürdig macht«[165]. Darum hielt er es für falsch, »wenn die christlichen Kirchen, nachdem sie in früheren Kriegen so oft gedankenlos nationalistisch und militaristisch geredet haben, gerade in diesem Krieg gedankenlos neutral und pazifistisch schweigen wollten ... Sie sollen den Völkern der demokratischen Staaten wahrhaftig nicht einreden, daß sie so etwas wie Gottesstreiter seien; sie sollen ihnen aber sagen, daß wir um Gottes willen menschlich sein dürfen und gegen den Einbruch der offenen Unmenschlichkeit mit der Kraft der Verzweiflung uns wehren müssen«[166]. »Und wenn es niemand sonst sagte, dann müßte es gerade die Kirche sagen – das was unsere helvetischen Heimatschützler niemals sagen können: daß es *grundsätzlich* nötig ist, daß diese Verteidigung stattfinde.«[167] Barth, dem man bislang oft »Pazifismus« vorgeworfen hatte, mußte sich jetzt, z. T. sogar von Freunden, als »Militaristen« anklagen lassen.

Ein anderer Gedanke trat für ihn dazu: nämlich daß *gerade die Schweiz* verteidigungswürdig sei. Die »Sache der freien Eidgenossenschaft« habe »ich in diesen Jahren mehr als je zu lieben und zu loben gelernt«[168]. »Was uns mit der Schweiz anvertraut ist, das ist eine bestimmte Ordnung unseres Lebens ... Sie ist weit davon entfernt, vollkommen zu sein. Aber man kann, darf und soll verantwortlich leben unter dieser Ordnung. Denn sie erstrebt jedenfalls eine solche Gemeinschaft, in der es Freiheit gibt, und eine solche Freiheit, die der Gemeinschaft dient ... Ein solches Staatswesen ist ein Licht, das, mag es noch so klein und – offen gestanden – oft noch so trübe sein, nicht nur um seiner selbst, sondern um der Zukunft aller Völker willen brennen muß.«[169] »Wir hatten« also »nicht nur für uns selbst zuviel zu verlieren – wir hatten auch für ein künftiges Europa zu viel zu hüten ..., als daß man auch nur einen Augenblick hätte zweifeln dürfen: dieser Widerstand mußte geleistet werden«. So bin »ich ... in diesen Jahren schweizerischer geworden, als ich es je gewesen war und von mir selbst erwartet hätte«[170].

Bei seinem auf diesen Linien unternommenen Widerstand trat Barth aber nun in Widerspruch zur damaligen offiziellen Politik seines Landes. Sie war für ihn kurz ein »Gemisch von schlauer Kurzsichtigkeit und kurzsichtiger Schlauheit«[171]. Die spezifisch schweizerische »Neutralität«, zu der auch er sich bekannte, bedeutete für ihn »nicht, daß wir an dem Geschehen unsrer Zeit unbeteiligt, sondern daß wir in unsrer besonderen Weise daran beteiligt sind«[172]. »Zu der von der höchsten eidgenössischen Stelle aus vorgetragenen, als orthodox und zwangsverbindlich erklärten Interpretation der schweizerischen Neutralität aber habe ich von Anfang an nur Nein sagen können. Ich meine damit die 1939 willkürlich erfundene und oktroyierte Umdeutung unserer militärischen in eine

›integrale‹ Neutralität, auf Grund derer unser Bundesrat es nicht nur
für sich unterließ, sondern es auch uns anderen Schweizern untersa-
gen zu sollen glaubte, das schweizerische Interesse an dem europäischen Konflikt dieser Jahre öffentlich sichtbar zu machen.« Man
wollte »uns vorschreiben, während die Anderen um das ›Licht der
Freiheit‹ kämpften und bluteten – wo wären wir nun, wenn sie es
nicht getan hätten? – nach außen ein blödes Gesicht zu machen und
so zu tun, als ob uns Hans wie Heiri, Hitler wie Churchill wäre«.
Man hat »zwar dem Einströmen der Goebbelspropaganda jede Tür
und jedes Tor offen gehalten, uns aber verbieten wollen, die eigentlichen Argumente, die gegen diese geltend zu machen waren, laut
werden zu lassen . . . Und eben dieser Standpunkt wurde damals . . .
nach Bundespräsident Wetters ausdrücklichem Wort als ›die einzig
mögliche schweizerische Einstellung‹ geltend gemacht und dementsprechend gegen jede Diskussion polizeilich in Schutz genommen.
Ich halte diesen . . . Standpunkt . . . – zusammen mit gewissen em-
pörenden Ungerechtigkeiten in der Behandlung der ausländischen
Flüchtlinge und Internierten – für *die* Unehre, die dem schweizerischen Namen in dieser Zeit angetan worden ist.«[173]

Ein Teil des Widerstandes von Karl Barth bestand darin, in
»Sendschreiben« andere Kirchen und ihre Führer zu größter Festigkeit aufzufordern. So verfaßte er im Dezember 1939 (z. Hd. von
Pfarrer Charles Westphal) einen »Brief nach Frankreich«, der »sogar Herrn Daladier beschäftigt« hat und »außer der französischen . . . auch die schweizerische Zensur«, und der ihm von Emanuel Hirsch die Beschimpfung als »Todfeind des deutschen Volkes«
und »von einem Sowjet-Volkskommissar« die »als Feind der
deutsch-russischen Einigung . . . und des Atheismus« eintrug[174].
Heftigen Anstoß erregte seine Bemerkung, daß im »Hitlerismus«
der »Irrtum Martin Luthers hinsichtlich des Verhältnisses von Gesetz und Evangelium, von weltlicher und geistlicher Ordnung und
Macht« offenbar werde, durch den einst das natürliche Heidentum
der Deutschen »ideologisch verklärt . . . und bestärkt worden«
sei[175]. Ähnliche, zu klarem und entschlossenem Widerstand aufrufen-
de Briefe gingen Ende 1939, Anfang 1940 an den Bischof von
Chichester und an die holländischen Christen. In der selben Zeit
hielt Barth (in Tavannes, Bern, Herzogenbuchsee, Saanen und
Delsberg) einen nun auch die Schweiz zur Standfestigkeit rufenden
Vortrag (»Des Christen Wehr und Waffen«). Darin sagte er, der
Christ gehe einem »Endkampf« entgegen, der »viel schwerer und
folgenreicher« sei als die irdischen Kriege, der aber dazu ansporne,
die »vorläufigen«, menschlichen Kriege mit menschlichen Mitteln
tapfer und gerecht auszukämpfen. Es gebe Schlimmeres als den

Krieg: z. B. den »Ungeist«, der gegenwärtig von Deutschland ausgehe. Zu seiner Beseitigung sei der Krieg notwendig. Der Vortrag
konnte wegen Beanstandung durch die Zensurbehörde nur verspätet und unter Unkenntlichmachung eines Satzes erscheinen. Während die deutsche Gesandtschaft in Bern das Pamphlet von Hirsch
mit jener Beschimpfung gratis an Schweizer Pfarrer verschickte,
suchte sie den Vertrieb von Barths neuem Vortrag zu unterbinden.
Eine Verstimmung ergab sich beim Druck des Vortrags mit dem
Geschäftsführer des Zollikoner Verlags, Hans Herren, der ohne das
Wissen Barths und Arthur Freys die Schrift der Vorzensur vorgelegt
hatte. Seine nächsten Schriften brachte Barth darum in der Evangelischen Buchhandlung St. Gallen heraus.

Im April 1940 ist dann »›Rechtfertigung und Recht‹ samt Eph. 6
für mich . . . auch in der Weise aktuell geworden, daß ich mich zum
bewaffneten Hilfsdienst gemeldet habe – in meinem 19. Lebensjahr
untauglich, in meinem 54. aber (es gibt doch einen Fortschritt!)
tauglich erklärt wurde – und nun in meinem Schlafzimmer einen
Helm, eine komplette Uniform, ein Gewehr samt Bajonett etc.«
parat hatte, »um zu jeder Tag- oder Nachtstunde zur konkreten
Entscheidung aufbrechen zu können«[176]. Das hatte zur Folge, daß
Barth von jetzt an bis zum Kriegsende »je und je schlecht und recht
ein paar Wochen« Soldat sein mußte – »kein allzu tüchtiger und
gefährlicher Kämpfer wahrscheinlich, aber immerhin bewaffneter
und exerzierter Soldat«[177] und jedenfalls auf seinen dringenden
Wunsch hin kein bloß mit Büroarbeit beschäftigter (zu der ihn sein
Vorgesetzter gutmeinend abkommandieren wollte!). Im ganzen
diente er 104 Tage. Schon den Mai hindurch »habe ich mich im
Feuergewehr geübt und in vielen andern militärischen Künsten,
habe in finsterer Mitternacht Schildwache gestanden am Rhein und
zur Beschützung von Basels Wasserreservoir und wenn überhaupt,
dann auf Stroh geschlafen. Es kam einmal vor, daß ich von einem
unbekannten Mitstreiter, der nur meinen Namen hörte, gutmütig
gefragt wurde, wie ich es wohl mache, um nicht mit ›dem Professor
Barth‹ verwechselt zu werden, und einmal wäre ich beinahe ins Loch
gekommen, weil ich als Wache vor dem Zeughaus ausgerechnet
einen Oberstkorpskommandanten nicht erkannt und gebührend
salutiert hatte. Es hat mir aber unter meinen Kameraden aus dem
weniger vornehmen und besonders auch weniger frommen Basel
ausnehmend gut gefallen«[178]. »Ich [kam] mit den Männern meines
Volkes, mit denen ich da Tag und Nacht zusammenlebte, in eine
schlichte Nähe . . ., wie ich sie so noch nie gefunden hatte. Und
gerne, sehr gerne habe ich diesen meinen Kameraden, von denen 95
Prozent keine Kirchgänger waren, gelegentlich auch gepredigt und

dabei noch einmal ganz neu gelernt, wie eine wirklich auf den Mann
gezielte Predigt eigentlich beschaffen sein müßte.«[179] »Schwierigkeiten machte bei den Soldaten übrigens schon das Wort ›Jerusalem‹.«[180] »›Bewachungskompanie V‹! Es gibt wenig Erinnerungen in
meinem Leben, die ich so ungern missen möchte wie diese.«[181]

»Mitten in der Unruhe jener Tage«, in denen Barth in seinem
ersten Militärdienst stand, verheiratete sich sein Sohn Markus mit
Rose Marie Oswald, einer Theologie studierenden Bankierstochter;
er hatte soeben seine Vikarzeit bei Paul Vogt in Zürich hinter sich
gebracht und war im Begriff, in Bubendorf Pfarrer zu werden, »wo
vor rund 100 Jahren schon sein Urgroßvater Barth seine erste
Pfarrstelle gehabt hat«[182]. Am Abend des 20. Juni, kurz vor dem
Waffenstillstand zwischen Deutschland und Frankreich, starb überraschend schnell Karl Barths Bruder Peter – »vielleicht wirklich
aufgezehrt durch die allzugroßen Spannungen und Ereignisse der
Zeit, . . . denen er gewissermaßen wehrlos ausgeliefert war«[183]. »Ich
hatte ihn noch vier Tage vorher besucht, ohne daß wir beide eine
Ahnung von dem so unmittelbar Bevorstehenden hatten . . . Die
Ereignisse in Frankreich beschäftigten ihn bis in das Fieber der
letzten Stunden: ›Über die Loire gehen wir nicht zurück!‹ Leider
haben ›wir‹ es dann doch getan.«[184] Am folgenden Sonntag predigte
Karl Barth auf der verwaisten Madiswiler Kanzel über Ps. 46, »das
letzte Schriftwort, das ihn . . . getröstet hat«[185]. Er, der sich mit
seinem Bruder »durch allerhand wirkliche und auch künstliche
Nebel hindurch immer wieder gesehen und gefunden« zu haben
glaubte, spürte »stark die Lücke, die er hinterläßt«. Er respektierte
den Bruder als einen originellen Calvin-Forscher, der »zuverlässig
und gründlich«, aber auch mit einem gewissen scharfen »Angriffs-
geist« seinen Weg ging: durch und durch ein Einzelgänger, »weil
das, was ihm als Einheit vom Glauben und Denken, von Glaube und
Tat vorschwebte . . ., tatsächlich immer wieder als etwas ihm Eigenes sichtbar wurde«. »Es ist für ihn so Vieles unentfaltet geblieben.«[186]

»Als das scheinbar feste Haus unseres Nachbars zusammenbrach
wie ein Kartenhaus«, durchfuhr die Schweiz ein Schreck. Statt der
früher vier Grenzen hatte das Land »nur noch eine einzige«[187]. Man
lebte »in einer Stube, deren Fenster nicht mehr geöffnet werden«
durften, in einem »zur Mausefalle gewordenen Lande«[188]. Es kam
infolgedessen bei der Grenzbevölkerung »zu einer großen Auswan-
derung in die innere Schweiz«[189] – in deren Zug Frau Barth ihren
Jüngsten nach Beatenberg begleitete, wo dieser sich im Landdienst
betätigte. Und es kam »in manchen Zeitungsredaktionen, aber auch
im übrigen Schweizerhaus« zu einem »bedenklichen Wackeln«[190].

»Es gab ›weise‹ Leute, die . . . meinten: wir wollen gescheit sein, wollen uns in das neue Europa einfügen.«[191] Und die Spitzen der Regierung, »die uns . . . in dunklen Worten meinten predigen zu sollen, daß auch wir nun ›den alten Menschen auszuziehen‹ hätten, haben . . . uns damit verwirrt, statt regiert«[192]. Noch bevor General Guisan am 25. Juli in seinem berühmten Rütli-Rapport gegen den Defaitismus Front machte, redete Barth am 30. Juni (fünf Tage nach dem Zusammenbruch Frankreichs) auf dem kirchlichen Bezirksfest in Signau (Bern) über den »Dienst der Kirche an der Heimat«, der heute »auch im Militärdienst« bestehe, welcher entgegen aller Anpassungsbereitschaft tapfer anzugreifen sei. Barth schickte seinen Vortrag auch dem General; und er meinte, in dieser wie in seinen folgenden politischen Verlautbarungen »keine andere Linie zu halten als die, auf die er [der General] uns . . . in seiner Rede auf dem Rütli . . . hingewiesen hat«[193]. Über die Verhältnisse in Frankreich war er durch Maury, den er im September in Genf traf, und durch den Schwiegersohn Thurneysens, Georges Casalis, informiert. Im Oktober schrieb er an das geschlagene Land: gegenüber Hitler dürfe es keinen Rückzug »auf die innere Linie einer Religiosität« und »unter keinem Titel Frieden oder auch nur Waffenstillstand« geben[194].

Barth wurde in dieser Zeit »Mitglied einer Art Geheimorganisation für die innere Abwehr im Fall einer Invasion« und zur Bekämpfung des Defaitismus in der Schweiz[195]. Er half sogar diese sogen. »Aktion nationaler Widerstand« zusammen mit Hauptmann Hausamann, A. R. Lindt, Hans Oprecht, Ernst von Schenck u. a. am 7. September im Bahnhofbuffet Olten gründen. Man konnte ihr nur beitreten, wenn man, dazu aufgefordert, ein Gelübde unterschrieb. In Basel beteiligten sich daran u. a. Wilhelm Vischer und Fritz Lieb. Das Haus, in dem »die geheimen Sitzungen der Basler Abteilung der Bewegung ›Nationaler Widerstand‹« stattfanden, war übrigens das Wohnhaus von Barths Urgroßvater Lotz[196]. Er trat in dieser Bewegung in eine positive Zusammenarbeit auch mit allerlei liberalen und konservativen Gestalten. Immerhin wurde ihm »das (außerhalb der Theologie) so schöne Wort ›liberal‹«, gerade während es »in Deutschland zu einem Neck- und Schimpfwort für alle und jede Willkür« wurde, zu einem gar teuren Begriff[197]. Freilich verstand er sich am besten in jenem Kreis mit dem Präsidenten der Schweizer Sozialdemokraten Dr. Hans Oprecht. Mit ihm war er sich darin einig, daß diese »Aktion« im ganzen noch »viel zu wohlanständig, bürgerlich, gouvernemental« sei: »gerade gegen die einschneidendsten Dinge, die seit 1940 geschehen sind (z. B. deutscher Handelsvertrag, Verschärfung der Pressezensur), konnte oder wollte . . .

dieser ›Widerstand‹ nicht den geringsten Widerstand leisten«[198]. Es sei darum kaum zu erwarten, »daß dieser Klub der Harmlosen einer deutschen Besatzungsbehörde sehr beschwerlich fallen würde«[199]. Auf Anregung Barths richteten »Politiker« aus dem Kreis jener Aktion im November einen (kurioserweise von Barth verfaßten!) Aufruf an die »Kirche«, »zu der inneren Vorbereitung unseres Volkes auf die drohende Krisis« ihren eigenen »Beitrag zu leisten«[200]. Die reformierte Kirche war indes in dieser Sache schon derart engagiert, daß sie im Oktober von der Presseprüfungsstelle des Armeestabes (in einem Brief an Arthur Frey) mit dem Satz gewarnt wurde: ihre Aufgabe sei »wohl zu kleinstem Teil auf dem Gebiet der Politik zu suchen«[201].

Es war schon so, daß »ich nun so beständig wenigstens ein Bein im politischen Gebiet« hatte: »bald den Christen zurufend, sie müßten Schweizer, bald den Schweizern, sie müßten Christen sein«[202]. Das letztere »rief« er den Schweizern zu, indem er sich vom November an mit einer Auslegung des Römerbriefes an eine breitere Öffentlichkeit wandte.

»Sie ist entstanden als Manuskript zu einer im Winter 1940/41 in Basel gehaltenen Volkshochschul-Vorlesung. Man wird ihr die eigentümliche Spannung, in der . . . wir . . . in jenen Jahren gelebt haben, kaum anmerken. Das in seiner Art Einmalige mag erwähnt sein, daß ich einige dieser Vorlesungen (ich meine, es waren die über Röm. 8) in der etwas verwitterten Uniform eines Mannes vom ›Bewaffneten Hilfsdienst‹ gehalten habe.« »Diese ›Kurze Erklärung des Römerbriefs‹ ist ein kleinerer und jüngerer . . . Bruder des ›Römerbriefs‹ von 1918 und 1921 . . . Am Römerbrief lernt man eben nicht aus. In diesem Sinn ›wartet‹ er noch immer (wie ich es in der Vorrede von 1918 etwas hochgemut ausgedrückt hatte) – bestimmt auch auf mich! . . . Daß es sich hier nicht etwa um einen Auszug aus der Darstellung von damals handelt, sieht man auf den ersten Blick . . . Meine Absicht war beide Male . . .: den Paulus selbst zur Sprache zu bringen. Um den vorbehaltenden Zusatz: ›So wie ich ihn verstehe‹, kommt kein Ausleger hinweg und so auch ich nicht. Meine Hoffnung war . . .: daß Paulus stark genug ist, sich auch durch das Medium immer noch und immer wieder unzureichender Auslegungen hindurch Gehör zu verschaffen.« In dieser neuen Auslegung verstand Barth den Römerbrief kurz als die Darlegung des »Evangeliums« – ein Wort, das in allen Untertiteln auftauchte. Gleich zu Anfang hieß es über »das Evangelium«: es sei Macht, Allmacht, »die Macht, die über allen anderen Mächten ist, die ihrer aller Grenze ist, von der sie alle regiert werden« – jedoch die Macht eines »allmächtigen Rettungswerks«, vollbracht von dem, der als der Richter »der Retter« ist[203].

Aber auch den Christen war zuzurufen, sie »müßten Schweizer sein«. Barth nahm sein in jener Widerstands-Aktion abgelegtes Gelübde damit ernst, daß er im selben November einen Vortrag verfaßte (»Unsere Kirche und die Schweiz in der heutigen Zeit«), in dem er eindringlich dazu aufforderte, »für die Erhaltung der

Schweiz . . . alles zu tun, was in unseren Kräften liegt«. Wobei er hinzufügte, daß die Zukunft der Schweiz daran hänge, »ob wir . . . christlich glauben werden«[204]. Er trug das in den Wintermonaten in Pratteln, Liestal, Basel, Wattwil, St. Gallen, Neuchâtel und – unter erheblichem Aufsehen – Ende April in Lausanne und Genf vor. An diesen beiden letzteren Orten machte er die Erfahrung, daß es mit der Erkenntnis der Notwendigkeit des Widerstandes gerade in der romanischen Schweiz damals besonders schwach bestellt war. Durch die Unruhe, die sein Vortrag in der Westschweiz erregte, wurde dieser auch in Berlin bekannt. »Es gab dann sogar eine diplomatische Note« von deutscher Seite, »die ziemlich scharf gewesen sein soll, und infolgedessen erhebliche Ängstlichkeit im Bundeshaus« in Bern[205]. Diese Ängstlichkeit wurde noch größer, als im Mai Oberst Däniker aus Berlin die Meldung mitbrachte, man sei dort über Barths »hemmungslose Angriffe gegen Deutschland« sehr verärgert. Bevor die Zensur die Verbreitung seines Vortrags verbot, hatte freilich die wendige Evangelische Buchhandlung St. Gallen einige tausend Exemplare abgesetzt. Als ihn im Juni Bundesrat Eduard von Steiger, sein ehemaliger Mitschüler, wegen seiner Einmischung in die Politik zurechtwies, konnte er nur antworten: »daß ich auch fernerhin nicht gut etwas Anderes tun kann als das, was ich im Interesse der Stärkung der schweizerischen Widerstandsbereitschaft im Rahmen meiner besonderen Stellung und Aufgabe für geboten halte«[206]. Von Steiger war der Meinung: so wenig sich die Behörden in theologische Dinge einmischten, so wenig sei der Theologe Barth befugt, wenn auch »in kirchliches Gewand gehüllt«, die Politik der Behörden zu verfechten. Barth protestierte sowohl gegen die Zumutung, politische Entscheidungen aus der Theologie auszuklammern, wie gegen die Verdächtigung, als sei seine Theologie nur Bemäntelung eigentlich politischer Thesen.

Schon kurz darauf machte Barth mit jener Ankündigung ernst, indem er (aus Anlaß der 650-Jahr-Feier der Schweiz) am 6. Juli 1941 vor über 2000 Mitgliedern der »Jungen Kirche« in Gwatt (Thunersee) und am 13. Juli vor einer größeren Menge welscher Hörer in Vaumarcus seinen Vortrag »Im Namen Gottes des Allmächtigen« hielt.

Er begriff hier die Schweiz – zwar nicht als ein christliches Land (sie sei vielmehr eine »unheilige Schweiz«), aber doch als eine Gemeinschaft auf christlicher Grundlage. Als eine »durch das Recht verbundene Gemeinschaft freier Völker von freien Menschen« sei die Eidgenossenschaft nämlich faktisch und unverdient, »vergleichbar dem Alpenglühen, ein Widerschein von dem uns und dem ganzen Abendland verkündigten Evangelium von Jesus Christus«. Um der Erhaltung eben *dieser* Schweiz willen stellte er seine Landsleute so schroff wie nur möglich vor die

Alternative: »entweder nachgeben oder widerstehen«. Seine Wahl angesichts dieser Alternative war klar. Damit aber der Widerstand widerstandsfähig sei, übte er mutig scharfe Kritik 1. an der Benachteiligung wirtschaftlich Schwacher, 2. an der Nichtvertretung der Sozialisten in der Regierung, 3. an der Einschränkung der Presse- und Redefreiheit, 4. an der Beschneidung des Asylrechts und 5. an dem schwunghaften Handel der Schweiz mit den Achsenmächten[207].

Der letzte Teil seines Vortrags erregte ungemein Aufsehen und Anstoß. Er schickte ihn auch dem General und dem Bundespräsidenten zu. Der Druck war so heimlich eingerichtet worden, daß bereits 16 000 Exemplare des Vortrags verbreitet waren, als er am 18. Juli verboten wurde.

Fast gleichzeitig verbot die Zensur auch einen langen Offenen »Brief aus der Schweiz nach Großbritannien«, den Barth um Ostern auf Einladung von Rev. Vidler und Dr. Oldham mit ähnlichen, auf England angewandten Gedanken geschrieben hatte. Die Begründung für das Verbot jenes Vortrags, gegen das Barth sogleich ein Rekursbegehren anstrengte, lautete: »Gleich wie in seinen früheren Schriften benützt Professor Barth die theologische Umrahmung, um anhand des Spiegels, den er den Eidgenossen vor Augen hält, gegen einen fremden Staat in einer Weise Stellung zu nehmen, die geeignet ist, die korrekten Beziehungen der Schweiz mit diesem Staat zu stören . . .«[208]. Schon Mitte Mai hatte er erfahren, »daß an einer neulich abgehaltenen Konferenz der kantonalen Polizeidirektoren von einem über mich zu verhängenden Redeverbot die Rede gewesen ist«[209]. Tatsächlich hinderte ihn die Zensurbehörde, im September geplante Vorträge im Lehrerseminar Muristalden (Bern) und im Interniertenlager Vouvry (Wallis) zu halten. Die ihm gemachte Vorschrift, »zwar theologisch, aber beileibe nicht politisch« reden zu dürfen, nannte er »einen Angriff auf das reformierte Bekenntnis«, sachlich identisch mit dem »verhängnisvollen Irrtum des deutschen Luthertums«[210]. Im gleichen Sinn stellten sich immerhin die Theologische Arbeitsgemeinschaft des Kantons Bern und die Teilnehmer der Vierten Wipkinger Tagung hinter Barth. Der Mann, »der damals Alles getan hat, mein Votum polizeilich zu unterdrükken und in öffentlichen Reden, auf die man ihm nicht antworten konnte, schlecht zu machen (wobei er mir sogar eine persönliche Aussprache verweigert hat!)«, war wieder Eduard von Steiger[211]. Neben ihm setzte sich der Vorsteher des politischen Departements, Pilet-Golaz, persönlich gegen die Verbreitung von Barths politischen Ansichten ein. Aber auch im Nationalrat wurden Stimmen gegen seine Redefreiheit laut. Ein Oberst Schumacher verdächtigte ihn als »agent provocateur«. Böse Gerüchte über seinen angeblichen Mangel an Staatstreue wurden in Umlauf gesetzt. Wiederum fanden sich sogar in der Zensurbehörde und im Armeestab Persönlichkeiten, die seine Meinung und Haltung begrüßten und unterstützten und die heimlich und z. T. nicht ohne Erfolg die gegen ihn verhängten Publikationsverbote zu umgehen verstanden.

Seit Anfang Juli 1941 wohnte Barth übrigens in Basel an einem neuen Ort, nur ein paar Häuser von seiner bisherigen Wohnung entfernt und nun im direkten Nachbarhaus neben dem der Familie seiner Tochter: St. Albanring 178. Als die Barths ihr neues Haus bezogen, war gerade ein großer Schmerz über die Familie hereingebrochen. Der Sohn Matthias, der eben das erste Semester seines Theologiestudiums begonnen hatte, war am 22. Juni, »in der Morgenfrühe des gleichen Tages, an dem die Deutschen in Rußland einmarschierten«, am Fründenhorn abgestürzt und am nächsten Tag an den Folgen des Bergunfalls in Frutigen gestorben[212]. Dieser Tod ist »mir näher gegangen als bisher jeder Todesfall« – zumal da der Sohn »trotz seiner 20 Jahre noch so gar nicht flügge war, sondern erst in einem sehr träumerischen Anmarsch dem wirklichen Leben entgegen«. »Aber wir standen Alle unter dem Eindruck, daß sein Leben, in welchem er immer sehr eigene Wege gegangen war, so abgeschlossen war, daß man eigentlich nicht zu klagen wagte.«[213] Er wurde in Bubendorf begraben, und »ich habe ihm dann selber die Leichenrede gehalten, über die erste Hälfte von 1. Korinther 13,12«[214].

Umso dankbarer erlebte Barth Ende Juli einige Ferientage mit seinen Söhnen Markus und Christoph in Mürren. Wie das »Verhältnis der theologischen Generationen« gestaltet sein müsse, nämlich von den Älteren her nicht patriarchalisch und von den Jüngeren her nicht unbelehrbar, hatte er kürzlich in einem Aufsatz beschrieben. In seinem eigenen Haus jedenfalls spielte »das leidige Generationsproblem«, wie er meinte, »keine oder nur eine heitere Rolle«, und er glaubte sagen zu dürfen, »daß ich in meinen erwachsenen Söhnen – was auch nicht jedem Vater geschenkt ist – meine besten Kameraden habe«[215]. Insbesondere fand er in jenen beiden der Theologie zugewendeten Söhnen »nützliche und anregende Gefährten«[216]. Christoph rüstete sich eben darauf, Vikar bei Lukas Christ in Pratteln und Doktorand bei Walter Baumgartner zu werden. Auch Markus war neben seinem Dorfpfarramt mit allerlei theologischen Forschungen beschäftigt – in einer Weise, »daß die Theologie für ihn von ferne nicht nur Sache seiner Pflicht, sondern so etwas wie eine Passion ist«[217]. Der jüngste Sohn, Hans Jakob, begann hingegen nun einen ganz eigenen Weg einzuschlagen: er »war zuerst (immer unter ästhetischen Gesichtspunkten) der Osteologie, dann den Schmetterlingen« und dann »mit größter Hingabe und Anstrengung der Malerei zugewendet«[218]. Er verließ 1942 vorzeitig die Schule, »ist Gärtner geworden und hat daneben als Kunstmaler« schon bald »ein gewisses Können erworben«[219]. Später wurde er selbständiger Gartengestalter.

In jenen Ferien bestieg Barth auch einmal das Schilthorn. Wie er überhaupt gerade in diesen Jahren es nicht versäumte, das Schöne an seinem Wegrand wahrzunehmen! Ja, er meinte, im Alter »viel aufnahmefähiger« zu werden: »für die Natur sowohl wie für allerlei menschlich Erfreuliches und Anerkennenswertes, an dem man (jedenfalls ich) früher in jähem Eifer vorbeieilte«[220]. Seitdem (aus Gründen des Krieges) die geliebten Ausritte hoch zu Roß nicht mehr möglich waren, unternahm er gern Bergwanderungen. Er besuchte ziemlich oft das Kino, vor allem die Filme der »unsterblichen Marlene Dietrich . . . (man weiß noch nicht, in welchem Band der Dogmatik sie Erwähnung finden wird: vielleicht . . . in der Eschatologie, weil sie so einen Grenzfall darstellt?)«[221]. Er schätzte überaus die Sitte, nach den Kinobesuchen jeweils in der »Basler Kanne« eine Käseschnitte zu verzehren. Hie und da ging er auch ins Theater oder Konzert oder – in das (wegen seiner politischen Haltung) »nicht genug zu rühmende Cabaret Cornichon«[222]. Die schöne Literatur kam gewöhnlich erst »des Nachts im Bett« zum Zuge, »der ich mich da ausgiebig hinzugeben pflege«. Er las auf diese Weise tatsächlich viel alte und neue Literatur. Was er von einem modernen Romanschreiber erwartete, war, wie er einmal formulierte, dies: »Daß er mir im Menschen von heute, meinem Zeitgenossen, den Menschen wie er immer ist – und umgekehrt: im Menschen wie er immer ist, meinen Zeitgenossen vor Augen hält. Daß er von Seite zu Seite den Beweis dafür liefert, daß sein Verfasser diesen Menschen nicht nur nüchtern kennt und gründlich durchschaut von den Abgründen des Herzens bis zu seinen Manieren und Redensarten, sondern auch aufrichtig, d. h. ohne Gram und Hohn in seinem Wesen und Unwesen lieb hat. Weiter: daß er mir ganz und gar nur erzähle, was sein Verfasser an diesem Menschen gesehen hat, daß er also mir gegenüber auf alle schulmeisterlichen Pläne verzichte, sondern es freundlichst mir überlasse, was ich angesichts des mir vorgehaltenen Bildes zu denken oder auch nicht zu denken habe. Endlich: daß er eine dem vorgehaltenen Bild des Menschen entsprechende und insofern innerlich notwendige, strenge und also einprägsame Form habe, damit ich den mir gezeigten Menschen in seiner zeitlichen und zeitlosen Gestalt nicht gleich wieder vergessen könne, sondern mit ihm leben, vielleicht je und je aufs Neue mit ihm leben müsse.«[223] Und bei allem, womit Barth sich in seiner Freizeit wie in seiner Arbeitszeit beschäftigte, ob Spiel

oder Ernst, rauchte er durch alles hindurch beharrlich seine Pfeife –
gestopft mit dem Tabak der »Marke Maryland, die mich [schon]
einst bei der doppelten Wanderung durch den Römerbrief begleitet
hat«[224]. Im Scherz sagte er einmal sogar – an die Adresse der allzu
ernsten Kämpfer wider den Darwinismus: »O daß keiner dieser
Apologeten es für der Erwähnung würdig hielt, daß unter allen
Wesen scheinbar nur der Mensch zu lachen und zu rauchen
pflegt!«[225]

In jenem Sommer 1941 hatte er auf dem Bergli eine ihm sehr
eindrückliche Begegnung mit dem Migros-Gründer Gottlieb Dutt-
weiler: »Eine Art Genie und Künstler des Wirtschaftswesens. Immer abseits von allen bloßen Gewohnheiten und Selbstverständlich-
keiten. Ständig von neuen Einfällen heimgesucht . . . Ständig im
Entsetzen über die Dummheit nicht der Menge, aber der scheinba-
ren und angeblichen Führer und Sachverständigen. Aber irgendwo
auch gutmütig lachend über das Ganze und Einzelne.«[226]

Im November, auf der Vierten Wipkinger Tagung, ließ Barth
es fast zum Bruch mit dem »Hilfswerk« kommen, nachdem
dort Emil Brunner und mit ihm die Majorität der Versammlung das
präsentische Verständnis des Satzes »Das Heil *kommt* von den
Juden« bestritten hatte. Er blieb – auf inständiges Bitten von Paul
Vogt – bei dem Werk, aber nur unter der Bedingung, daß es künftig
auf die theologische Arbeit verzichte und sich auf die karitative
Tätigkeit beschränke. Eine Woche darauf sprach er beim mächtigen
Chef der Fremdenpolizei, Dr. Rothmund, in Bern vor, um für einige
Emigranten Fürsprache einzulegen. Unmittelbar anschließend an
den Besuch formulierte er auch schriftlich in einem Brief an Roth-
mund sein grundsätzliches Bedenken gegenüber dieser Behörde:
»Die Kirche, verehrter Herr Dr.! – ich wollte wohl, daß ich das über
Ihren Kopf hinweg zugleich Ihrem Chef [von Steiger] zurufen
könnte!! – ist nun einmal nicht ein eidgenössisches Departement,
das sich als solches den Intentionen und Weisungen des Bundesrates
unter- und einordnen dürfte und müßte.«[227] Als Barth Anfang
Januar in der englischen Gesandtschaft in Bern für den verehrten
christkatholischen Gelehrten Ernst Gaugler ein Medikament besorgte, benutzte er die Gelegenheit zu einer ausgiebigen Erkundung
der Haltung Englands, von deren Festigkeit er so viel erhoffte.

Zweimal konnte er in dieser Zeit sogar im Londoner Rundfunk
zu Wort kommen: im Dezember »in der Kürze von 500 Worten und
durch das Mittel einer fremden Stimme« mit einer (in der Schweiz
sofort verbotenen) Botschaft »an die Christen in Deutschland«: ein
Wort des brüderlichen Gedenkens in all dem Leid, das die Deutschen und das »unsere Brüder und Schwestern aus Israel in

Deutschland durchzumachen haben« – im Aufblick zu dem Gott, der »unser Bruder wurde und ist, um alle unsere Sünde und Schande und den Tod selber von uns hinwegzunehmen und als unser Heiland der rechte Herr und Sieger über alle Reiche, Mächte und Gewalten dieser dunklen Erde zu sein«[228]. Über den gleichen Sender gelangte Barth darauf im April 1942 mit einer Botschaft »an die Christen in Norwegen«: »Wir denken mit Sorge an die, die euch verfolgen: sie sind zu beklagen; ihr seid es nicht!« Denn »was ihr leiden müßt«, das werde Frucht tragen »für das Reich und für die Kirche Jesu Christi, für euer Vaterland und für unser aller Zukunft«[229]. »Wegen dieser und der vorangehenden Botschaft erhielt ich am 18. August 1942 eine Zurechtweisung durch die Kuratel der Universität Basel.«[230] Nähere Vorstellungen über die deutsche Situation waren Barth am 6. März 1941 durch Dr. Hans Bernd Gisevius und vor allem durch Dietrich Bonhoeffer vermittelt worden, der ihn am 4. März, am 31. August und 19. September besucht hatte, als er in geheimer Mission des Abwehrdienstes die Schweiz bereiste. Bonhoeffer »hat mir damals . . . von [der Absicht der Bildung] einer Generalsregierung gesprochen, die die deutschen Truppen . . . an den damaligen Fronten und in den besetzten Gebieten zunächst stehen lassen und auf dieser Basis mit den Alliierten verhandeln wollte. Und ich erinnere mich deutlich an Bonhoeffers große Verblüffung, als ich ihm sagte, ich halte es für unmöglich, daß die Alliierten sich darauf einlassen würden . . . Der Hauptpunkt meiner damaligen Unterhaltung mit Bonhoeffer war übrigens die . . . Frage: konservativ-autoritäre oder demokratische Form der geplanten neuen deutschen Regierung?«[231] Neues aus Deutschland konnte Barth wiederum direkt erfahren, als er im Sommer 1942 in Basel die Schriftstellerin Ricarda Huch traf, die sich auf der Heimreise von der Feier ihres goldenen Doktorjubiläums in Zürich befand.

Im März 1942, nach vollbrachtem Wintersemester, und während der Druck des (eben in diesem Winter fertig geschriebenen) Bandes II/2 der Dogmatik der Vollendung entgegenging, war erneut ein Militärdienst-Kurs fällig. »Einige von den Druckfahnen« jenes (898seitigen) Buches wurden damals in Brunnen am Vierwaldstättersee, wo ein Mehllager (!) zu bewachen war, »zu nächtlicher Stunde in einer eidgenössischen Wachstube korrigiert . . ., und es darf wohl erzählt werden, daß ich von einem Kameraden in freundlichster Absicht gefragt wurde: ob es sich da um ›Fastnachtszettel‹ handle? Man erkundige sich in Basel, was darunter zu verstehen ist!«[232] Barth dedizierte den Band der »Britischen und Ausländischen Bibelgesellschaft« in London, die ihn im März 1940 zu ihrem »Honorary Foreign Member« ernannt hatte. Es sind damals dann auch eine Reihe Bände der Erwählungslehre – ohne Einband und unter dem Titel »Calvinstudien« – nach Deutschland geschmuggelt worden.

Gottes gute Schöpfung

Im folgenden Sommersemester trat Barth in seiner Dogmatik nach der Gotteslehre an eine neue Thematik heran: an die »Lehre von der Schöpfung« (Bände III). Bei ihr »habe ich ein Gebiet betreten, auf dem ich mich entschieden weniger vertraut und sicher fühle. Wäre ich nicht im Zug der Gesamtdarstellung der Kirchlichen Dogmatik dazu verpflichtet, so würde ich mich vermutlich nicht so bald im besonderen gerade dieser Materie zugewendet haben. Ich wüßte Andere, denen ich – hätte ich nur etwas mehr Vertrauen zu ihren Voraussetzungen – im Blick auf ihre größere Begabung, Neigung und Schulung die Aufgabe der Abfassung gerade dieses Teiles von Herzen gern abgetreten hätte«. *Barths* »Voraussetzung« war hier: daß sich die Erkenntnis der Schöpfung Gottes und der Geschöpflichkeit des Menschen »allein im Empfang und in der Beantwortung des göttlichen Selbstzeugnisses, d. h. allein im Glauben an Jesus Christus« vollziehe, »in der Erkenntnis der in ihm verwirklichten Einheit von Schöpfer und Geschöpf«[233].

»Der theologische Ansatz, neben dem es für mich keinen anderen gibt, machte es fast zwangsläufig notwendig, daß ich zunächst die Lehre vom Werk des Schöpfers als solchem in der längst aus der Mode gekommenen Form einer prinzipiellen Entfaltung des Inhalts der beiden ersten Kapitel der Bibel wiederzugeben hatte.« Sie bildete »den Mittelpunkt« dieser Schöpfungslehre. Dabei fiel auf, daß »ich mich mit den in diesem Zusammenhang naheliegenden Fragen der Naturwissenschaft nicht auseinandergesetzt habe. Ich meinte es ursprünglich tun zu müssen, bis mir klar wurde, daß es hinsichtlich dessen, was die heilige Schrift und die christliche Kirche unter Gottes Schöpfungswerk versteht, schlechterdings keine naturwissenschaftlichen Fragen, Einwände oder auch Hilfsstellungen geben kann. So wird man in diesem Mittelpunkt [der Schöpfungslehre] von ›naiver‹ hebräischer ›Sage‹ sehr viel, von der hier vielleicht erwarteten Apologetik und Polemik aber gar nichts finden. Ich sah die für die Dogmatik sachgemäße Aufgabe hier in der Tat ausschließlich darin, jene ›Sage‹ nachzusagen, und ich fand diese Aufgabe dann doch auch schöner und lohnender als die dilettantischen Quälereien, denen ich mich im anderen Falle hätte hingeben müssen. Die Naturwissenschaft hat freien Raum jenseits dessen, was die

Theologie als das Werk des Schöpfers zu beschreiben hat. Und die Theologie darf und muß sich da frei bewegen, wo eine Naturwissenschaft, die nur das und nicht heimlich eine heidnische Gnosis und Religionslehre ist, ihre gegebene Grenze hat«[234].

Gemäß jener theologischen »Voraussetzung«, unter der Barth das Schöpfungswerk darstellen wollte, legte er von allem Anfang an Wert darauf: »Die Lehre von der Schöpfung ist nicht weniger als der ganze übrige Inhalt des christlichen Bekenntnisses *Glaubens*artikel«, hat es also so wenig wie die übrigen Aspekte der christlichen Lehre mit einem ohne Weiteres, »natürlich« erkennbaren »Gegenstand« zu tun. Das bedeutete aber nach Barth sachlich: die Schöpfung ist zwar nicht der »Inbegriff des ganzen Werkes Gottes«, aber auch nicht ein isoliert vollzogenes oder zu verstehendes Gotteswerk, sondern sie gehört in das große Ganze des einen Werkes Gottes. Sie ist »die Erstellung des Raumes für die Geschichte des Gnadenbundes«. Sie ist die »Ermöglichung der Geschichte des Bundes Gottes mit den Menschen, die in Jesus Christus ihren Anfang, ihre Mitte und ihr Ende hat: Die Geschichte dieses Bundes ist ebenso das Ziel der Schöpfung wie die Schöpfung selbst der Anfang dieser Geschichte ist«. Oder noch einmal anders gesagt: Die Schöpfung ist der »äußere Grund des Bundes« und der Bund der »innere Grund der Schöpfung«. Überraschend war dann insbesondere die Erklärung der »Gottesebenbildlichkeit« des Menschen: sie bestehe – und zwar unverlierbar! – darin, daß das trinitarische »Sichbegegnen« von Gott Vater und Sohn »in Gottes Beziehung zum Menschen abgebildet« ist und diese wiederum im menschlichen »Gegenüber von Ich und Du«, von Mann und Frau. Dieses eigentümlich differenzierte Entsprechungsverhältnis nannte Barth – wieder im Gegensatz zur »analogia entis« und in Präzisierung seines Begriffs »analogia fidei« – »analogia relationis«*. Durch das Verständnis der Schöpfung vom Gnadenbund her und auf ihn hin war Barth in der Lage – und man denke: immerhin zur Zeit des Höhepunktes des Krieges – die Schöpfung als »Wohltat« Gottes zu begreifen. Er erklärte sie (unter Bezugnahme auf das alte Theodizeeproblem) als die doppelte Wohltat: daß die Schöpfung in ihren Grenzen wirklich *sein* und »als von ihm gerechtfertigt *gut sein*« dürfe[235].

»Was ich im letzten Teil des Schöpfungs-Bandes getan habe, das war eine Art Ehrenrettung für Leibniz, . . . was man von mir wohl nicht erwartet hätte . . . Ich habe . . ., bevor ich das Kapitel schrieb, Mozart in den Ohren gehabt, und das gab mir Schwung, z. B. Flötenkonzert, Zauberflöte oder das Konzert für Horn und Fagott.«[236]

Während diese Schöpfungslehre zu entstehen begann, verfaßte Barth weiter wie im vorherigen Winter einige »Botschaften« an andere Länder. Ein solches »Schriftstück ging im Juli 1942 ›unterirdisch‹ nach Holland«, durch Hebelotte Kohlbrügge in einem im Mund transportierten Mikrofilm über die Grenze geschmuggelt: ein Wort »größter innerer Teilnahme« am gegenwärtigen Los der Menschen und Christen in diesem Land. Darin ermahnte er die dortige Kirche, dem NS-Staat unter allen Umständen das »Gebet für die

---

* eine (nicht seinsmäßig, sondern nur) in der Begegnung gegebene Ähnlichkeit

Königin der Niederlande« und gerade so »das Bekenntnis zum
rechten Staat und eben damit das ganze christliche Bekenntnis
entgegenzusetzen«[237]. Im September und Oktober wandte er sich
gleich zweimal an die inzwischen auch in den Krieg verwickelten
USA: einmal in einem Bericht an die politische Zeitschrift »Foreign
Affairs«, in dem er über die verschiedenen Situationen in Deutschland, Holland, Norwegen, Dänemark, Frankreich und in der
Schweiz zu informieren suchte – verbunden mit dem Satz, daß
Europa nun »vor einem Ende und vor einem Neuanfang sondergleichen« stehe[238]. Sodann beantwortete er äußerst ausführlich sieben
Fragen, die ihm in Basel und Genf von dem »amerikanischen
Kirchenmann« Samuel Cavert persönlich vorgelegt worden waren.
Er warnte hier vor aller Kreuzzugsideologie: davor, »zu den
schrecklichen Geräuschen« des Krieges als Kirche »die nötige religiöse Begleitmusik zu machen«, und davor, den Krieg als »Instrument der göttlichen Rache« zu begreifen, statt als das »freilich
furchtbare letzte Instrument zur Wiederherstellung der durch gemeinsame Schuld verletzten und zerstörten öffentlichen Ordnung«.
Nur wenn der Krieg gegen die Deutschen »in Wahrheit auch für sie
geführt« werde, könne man dabei »ein gutes Gewissen« haben[239].
Im November sandte Barth nochmals einen mahnend-tröstenden
Brief an die »Brüder und Schwestern« in Holland. Er empfand es
als sehr mißlich, daß er immer wieder »als Privatmann solche Briefe
hinausschreiben« mußte, »der als solcher doch nur sein Wort zu
bieten hat, zum vornherein behindert dadurch, daß man es doch nur
als *sein* Wort aufnehmen und behandeln wird«. Barth erwartete
gerade vom Genfer Büro der Ökumene solche Botschaften. Aber
er hatte damals »mehrfach Anlaß, es zu beklagen, daß in Genf wohl
allerlei nützliche Beobachtungen gesammelt und Berichte herausgegeben, allerlei vorbereitende Studien getrieben, allerlei Verkehr
und Korrespondenz gefördert, allerlei technische Hilfe geleistet . . .
wurden, daß aber ›Genf‹ und also die ökumenische Bewegung auch
in den entscheidendsten Augenblicken der Geschichte dieser Jahre
nie zu *hören* war«[240].
Barth wandte sich in diesen Monaten aber auch weiterhin an das
Schweizer Volk – so Ende Juli mit einem Vortrag in Basel über
»Die christliche Gemeinde in der Anfechtung«, so im September
mit einem Flugblatt zum »Bettag 1942«, so im Oktober mit einem
Vortrag vor Schülerinnen der sozialen Frauenschule über »Der
Christ im Staate«. Natürlich war auch er tief bewegt von dem im
Sommer 1942 neu anschwellenden Strom jüdischer Flüchtlinge. Er
glaubte, »daß die Judenfrage heute sozus. *die* christliche Bekennt-
nisfrage ist«. Umso mehr erschütterte es ihn, daß die Regierung in

Bern, um den Strom von der Schweiz fern zu halten, »ein neues, der verfolgten Freiheit nur noch wenig tröstliches und hilfreiches Asylrecht erfunden und als gültig erklärt« hatte. »Der Rhein wird es nicht abwaschen, daß wir an die 10 000 Flüchtlinge zurückgewiesen [haben und], daß die Behandlung der angenommenen unwürdig war.«[241] Drei Gründe sprachen nach ihm *für* »die uns Schweizern heute nahegelegte Flüchtlingshilfe. Der christliche Grund . . . Die Flüchtlinge gehen uns an: . . . nicht obwohl sie Juden sind, sondern gerade weil sie Juden und als solche des Heilands leibliche Brüder sind . . . Der schweizerische Grund: Die Flüchtlinge tun uns . . . die Ehre an, in unserm Land einen letzten Hort des Rechts und des Erbarmens zu sehen . . . Der menschliche Grund: Wir sehen an den Flüchtlingen, was uns bis jetzt wie durch ein Wunder erspart geblieben ist«[242].

In diesem Sommer 1942 erschloß sich ihm ungesucht eine merkwürdige Freundschaft, die durch Jahre hindurch lebendig bleiben sollte: die mit dem Arzt und Sanitätsobersten Albert von Erlach, der in Sachen Gefangenen-Austausch noch jetzt öfters nach Deutschland kam. Barth lernte ihn als »einen unparteilichen Ehrenmann und hingebenden Menschenfreund« kennen[243]. Im Juli weilte er zum ersten Mal »einige Tage lang in der aristokratischen Umgebung« dieses Mannes, »auf dessen Gut Rosengarten bei Gerzensee, einem Ort, wo sonst Bundesräte, fremde Gesandte, Militärattachés, aber auch unser General in Person aus- und eingehen, wo aber ein sehr kritisches Urteil über diese ganze Welt und über die schweizerische Situation seinen Gang hat«[244]. »Wenn für mich irgendwo Menschen, Haus und Umgebung ein untrennbares Ganzes bildeten, so war es der Komplex Erlach-Rosengarten-Gerzensee.«[245] »Quer durch Alles hindurch wimmeln und bellen . . . 14 Pekinesenhündchen . . ., eine herrliche Terrasse mit alten Bäumen bildet den Vorder- und die ganze Alpenkette bildet den Hintergrund und im Hause selbst sieht man lauter schöne Dinge aus dem 18. Jahrhundert.« Hier traf Barth gleich im August persönlich mit General Guisan zusammen, so »daß die höchste Spitze und die tiefste HD-Tiefe unsrer Armee . . . über Gegenwart und Zukunft die nötigen Beratungen pflegen« konnten[246].

Er blieb freilich weiter, »sobald es die Politik angeht, ein verbotener Schriftsteller und Redner«[247]. Im Herbst erfuhr er, daß schon länger »mein Telephon unter polizeilicher Überwachung« stand[248]. Aber wegen der inzwischen erheblich veränderten politischen Landschaft glaubte er sich im Moment ruhig mit politischen Äußerungen zurückhalten zu dürfen. Die schweizerische Haltung festigte sich merklich. Und »am 22. Januar 1943 fiel Tripolis, am 31. Stalingrad

– am 6. Juni 1944 begann die Invasion von Frankreich. Es war die Zeit der Wende dieses Zweiten Weltkrieges, zu der ich, bis neue Fragestellungen sich aufdrängten, gerne geschwiegen habe«[249].

So konnte Barth sich umso mehr wieder auf seine theologische Arbeit konzentrieren. Neu in seinem regelmäßigen Programm war, daß er neben dem Pensum »Kolleg, Seminar, Sozietät« jetzt auch ein »Colloque« für die Französisch-Sprachigen eingerichtet hatte. Es lag ihm in diesem seinem Unterricht im ganzen daran, seinen Studenten immer wieder bewußt zu machen, »daß die rechte Erkenntnis, um die rechte zu bleiben, nicht nur neue Blätter und Blüten, sondern auch neue Wurzeln treiben muß«[250]. Und so wickelte sich denn der akademische Betrieb auch in dieser Zeit weiter und weiter ab: »Alles mit seinen Ansprüchen und seinem Versagen, seinen Höhepunkten und seinen ebeneren Strecken, wie sichs gehört, wenn man ohne weitere Ereignisse an seinem Karren ist.«[251].

Die theologischen Vorträge begannen sich nun wieder zu häufen. Im Oktober 1942 redete Barth in Genf über Römer 1 und 2, und am Anfang des nächsten Jahres redete er in St. Gallen, Basel und La Sagne über das Problem der »Gemeinschaft in der Kirche«: ein Problem, das er durch die Existenz verschiedener Gruppen innerhalb der Kirche und durch die jeweils in ihnen drohende Gefahr der Verabsolutierung ihrer Sonderanliegen gestellt sah; die Lösung lag für ihn im »apostolischen Amt«, das jenen Gruppen kritisch gegenüberstehe. Am 7. Mai 1943 trat er in Gwatt (Thun) vor den Studenten der theologischen Fakultäten mit einem Vortrag von sehr kritischer Tragweite hervor. Dieser war hinsichtlich seiner Sprengwirkung dem zwei Jahre älteren von Bultmann über die »Entmythologisierung« vergleichbar, den Barth freilich nur mit sehr gemischten Gefühlen zur Kenntnis genommen hatte.

In jenem Vortrag in Gwatt (»Die kirchliche Lehre von der Taufe«) erklärte er das Sakrament der Taufe so: daß es nicht (»kausativ«) das Heil des Menschen *versursache,* sondern daß es ihm durch die zeichenhafte Abbildung seiner Erneuerung in Christus das Heil (»kognitiv«) *bezeuge.* Daraus folgerte er die Ablehnung der Kindertaufe und die Forderung, der Täufling müsse »aus einem passiven Objekt der Taufe wieder der freie, d. h. frei sich entscheidende und frei bekennende . . . Partner Jesu Christi werden«. Wobei er sich darüber klar war, daß der Preis für diese Änderung der Taufsitte im Verzicht »auf die Existenz der evangelischen Kirche im konstantinischen corpus christianum«* bzw. »auf die heutige Gestalt der Volkskirche« bestehe. »Volkskirche als Staatskirche und Massenkirche könnte die Kirche, wenn sie mit der Kindertaufe brechen würde, allerdings nicht mehr gut sein.«[252]

Barth bedauerte, daß die Aussprache in Gwatt mit einem »episkopalen Votum von Koechlin« abschloß. »Unsere Studenten konn-

* Christliche Welt

ten nun wirklich sehr beruhigt nach Hause gehen. Der arbiter elegantiae ecclesiasticae* hat ihnen ja gesagt, daß er vorläufig nicht ganz überzeugt sei, und da ja von dorther ohnehin das letzte Wort gesprochen wird, ist der Fall bis auf Weiteres erledigt.«[253]

Im September kam es zu einer Reise »nach Leysin (gegenüber den Dents du Midi), wo ich den lungenkranken Studenten im Universitätssanatorium 5 Tage lang allerlei zu bieten hatte«: die Vorträge »Der Christ und der Staat« (kurz darauf in Safenwil wiederholt) und »La connaissance chrétienne« sowie ein Seminar über Lukas 10. »An den Nachmittagen habe ich Zimmerbesuche gemacht.«[254] Im Oktober begann Barth in Neuchâtel mit 50 bis 60 Pfarrern ein neues, wiederum in gewissen Abständen fortgesetztes Seminar über den Kolosserbrief und führte in Genf das über den Römerbrief fort, das er aber dann wegen mangelnder Beteiligung abbrach. Das Neuchâteler Seminar führte er im Januar 1944 neu in Lausanne durch »vor 200 ältern und jüngern Schriftgelehrten jenes Landes«, unter denen ihm vor allem der Neutestamentler Menoud gefiel[255]. Im Februar redete er an zwei Berner Orten, in Biel und Kirchberg, über »Jesus und das Volk«. Er stellte dort »Jesus« dar als den, der es mit den – von falschen »Hirten« betrogenen – »Leuten« hält. Der Vortrag fand später in geraffter Form Aufnahme in KD IV/2. Etwa gleichzeitig beantwortete Barth für ein Studentenblatt die Frage: ob der Intellektualismus eine Gefahr bedeute? – mit der Antwort: es sei eine Gefahr, wenn er aus Denkfaulheit verpönt – und eine Gefahr, wenn er als Ausflucht vor der Praxis kultiviert werde. Besonders interessant verlief in diesem Winter sein Basler Seminar, in dem es um Zwingli ging. Er suchte »ihn den so sicher und rauh zugreifenden Händen der jungen Leute, die in Sachen Natürliche Theologie noch sehr viel weniger Spaß verstehen als ich selber, zu entreißen und ihnen klar zu machen, daß der Mann es noch ein bißchen anders gemeint haben könnte, als es bei seiner so unbesorgten Ausdrucksweise unserm so mißtrauisch gewordenen Urteilsvermögen erscheinen möchte«[256].

Barths Arbeit erfuhr eine Unterbrechung, indem »sich am 15. März das Ungeheuerliche« ereignete, »daß der Rektor der Universität Basel dem Dekan der theologischen Fakultät daselbst den Bauch aufschneiden« mußte – um nämlich in seiner Eigenschaft als Chirurg den letzteren, Karl Barth, von einer »Hernia Spigelii« zu befreien. Der Patient freute sich, nachher durch einige Dias, »die man während des Verlaufs jener Aktion (nicht wegen meiner Bedeutung, aber wegen der jener Hernia . . .) aufgenommen hatte, . . . wenigstens ein Stück meines innern Menschen zu Gesicht zu be-

* Schiedsrichter kirchlichen Anstands

kommen«[257]. Barth spürte die Folgen der Operation noch stark, als er zum Sommersemester 1944 antrat, in dem er die Ausführung des schon im Dezember begonnenen großen zehnten Kapitels seiner Dogmatik, »Das Geschöpf« (Anthropologie), fortsetzte. Er empfand diese Arbeit gelegentlich auch aus anderen Gründen als eine schwere Last: »Warum habe ich mir diese Dogmatik aufgeladen und damit von mir verlangt, über so Vieles genauen Bescheid zu geben, was man ja vielleicht auch unerforscht oder doch weniger ausführlich erforscht stehen lassen könnte? Aber das ist nun so und so kann ich mich wenigstens darüber nicht beklagen, daß ich nicht jeden Tag und jede Woche so viel zu tun *hätte,* daß das, was ich dann faktisch tue, immer gerade nur ein Minimum ist von dem, was eigentlich zu tun wäre.«[258] Und dazu kam doch noch eine andere »Last«: »Daß ich nun seit so vielen Jahren gewisse Bewegungen gerade im theologischen Denken jedenfalls zunächst immer allein und auf eigene Verantwortung machen muß, bis dann zunächst einige andere nach- und mitkommen und endlich und zuletzt – wenn ich schon wieder an etwas ganz anderem bin – auch . . . Franzosen, Engländer und Japaner sich entschließen, die Sache einigermaßen gut zu finden, das hat etwas Aufregendes, was nun eben doch meine eigentliche Plage ist.«[259] In der Zeit der Genesung von jener Operation kam es übrigens – als eine Auswirkung des zuletzt erschienenen Dogmatik-Bandes – noch einmal zu einem neuen, freundlichen Aufleben des über 25 Jahre ruhenden Verkehrs zwischen Barth und Leonhard Ragaz. Barth war dankbar überrascht, diesen in einer Rezension »mit mir in . . . weitem Umfang in Übereinstimmung zu finden«. Ragaz wiederum empfand Barths Dank als »eine Jüngertat, die einen versöhnenden Schimmer auf den Rest meiner irdischen Tage« werfe[260]. Ein Jahr später starb er.

Seinen wichtigsten Beitrag zu dem, was in der Zeit des Kriegsendes nach seiner Meinung zu tun war, sah Barth in der beharrlichen Fortführung der Dogmatik – »das ist nun eben *mein* ›Hilfswerk‹«[261]. Aber natürlich hat er den durch den Krieg Bedrängten auch anderweitig geholfen wissen wollen. Und er selber setzte sich ja weiterhin für Aufenthaltsbewilligungen ein, verschaffte einem Medizin, einem anderen Schuhe usw. Im Juni 1944 richtete er ein (auf Informationen des Zürcher Rabbiners Dr. Taubes gestütztes) Gesuch an den frisch gewählten (ersten!) sozialdemokratischen Bundesrat, Ernst Nobs, die Regierung möge sofort und entschieden etwas für die Rettung der ungarischen Juden tun. Noch vorher hatte er seine Zusage zu einer (von der Columbia University organisierten) Vortragsreise in die USA wieder zurückgezogen: u. a. deshalb, weil er jetzt und bei Kriegsschluß seine Aufgabe in Europa habe. Indem er diese Aufgabe ernstnahm, wurde er Mitglied einer schweizerisch-norwegischen Gesellschaft und einer »Schweizer Gesellschaft der Freunde freier deutscher Kultur«, und so machte er in einer »Gesellschaft Schweiz-Sowjetunion« und im Hilfswerk für russische Internierte mit. Er engagierte sich gerade nach der letzteren Seite, weil »ich ein alter Gegner des nun seit . . . Jahren in der Schweiz grassierenden Bolschewisten- und Kommunistenschrecks und ein ebenso alter Befürworter einer freien Offenheit auch nach dieser Seite« war[262]. Diese Offenheit war seines Erachtens umso mehr am Platz, als ja auch die Schweiz vom russischen Widerstand gegen Hitler profitiert habe.

»Ich bin euer Freund«

»Als die deutsche Niederlage in sichere Aussicht zu kommen begann«, schien es ihm notwendig, nach der scharfen Warnung vor dem aggressiven NS-Deutschland sich nunmehr »umgekehrt mit der überhand nehmenden allgemeinen Erbitterung gegen Deutschland auseinanderzusetzen«. Darum »habe ich . . . die Losung auszugeben versucht, daß man sich den Deutschen nun erst recht in einer zugleich fürsorglichen und kritischen Weise zuwenden müsse«[263]. Zum ersten Mal tat Barth das bereits (anderthalb Monate nach der Invasion in der Normandie, drei Tage nach dem berühmten »20. Juli«) am 23. Juli 1944 in einem Vortrag in Dürrenroth (»Verheißung und Verantwortung der christlichen Gemeinde im heutigen Zeitgeschehen«).

Er hat »dort in einem Atemzug *für* die Juden und *für* die Deutschen ein gutes Wort« eingelegt[264]: »Wenn irgendein Volk heute . . . unzweideutig vor Jesus Christus steht als vor dem, der gekommen ist, die Sünder zu retten und nicht die Gerechten, dann ist es neben dem *jüdischen* Volk – und in merkwürdiger Ähnlichkeit gerade mit ihm – das *deutsche* Volk.« Und also: »Wenn der deutsche Kriegerstaat unschädlich gemacht am Boden liegen wird, dann wird es unsere Sache nicht sein können, wo Gott gerichtet hat, nochmals zu richten.«[265].

Das ziemlich triumphal begangene Fest zur 500-Jahr-Feier der Schlacht bei St. Jakob an der Birs am 26. August, an dem Barth als theologischer Dekan, der er in diesem Jahr war, »im Talar im Festzug mitlaufend«, teilnehmen mußte, empfand er als deplaziert. »Denn gerade den Unbesonnenen von St. Jakob haben wir Schweizer in den letzten . . . Jahren am Allerwenigsten geglichen.«[266] Er war froh, dem Fest gleich anderntags nach St. Moritz und Davos entfliehen zu können, wo er über das »Wesen der katholischen Theologie« und über Galater 4 zu reden hatte. Daß

genau in dieser Zeit die Erhebung des Nikolaus von der Flüe zum
Schweizer »Nationalheiligen« in Rom forciert wurde, in der Schweiz
ausgerechnet von solchen Politikern unterstützt, die in den letzten
Jahren eine wenig feste Haltung gezeigt hatten, fand er – abgesehen
von allem Grundsätzlichen – ebenfalls mißlich, wie er im November
in einem Artikel schrieb. Seine Gedanken im Blick speziell auf das
Verhältnis der Schweiz zu dem bereits jetzt unübersehbar geschla-
genen Deutschland brachte er Anfang 1945 in einem Vortrag »Die
Deutschen und wir« an zahlreichen Orten zu Gehör (in Couvet,
Neuchâtel, Schönenwerd, Rohrbach, Olten, Arlesheim, Aarau,
Genf, Le Locle, La Chaux-de-Fonds, Bern, Glarus und St. Gallen).

Er führte darin aus: die Deutschen brauchten nunmehr Freunde, »Freunde trotz
allem«. Und dann redete er in Umschreibung von Matth. 11,28 von *dem* Freund, der
jetzt zu ihnen sage: »Her zu mir, ihr Unsympathischen, ihr bösen Hitlerbuben und
-mädchen, ihr brutalen SS-Soldaten, ihr üblen Gestaposchurken, ihr traurigen Kom-
promißler und Kollaborationisten, ihr Herdenmenschen alle, die ihr nun so lange
geduldig und dumm hinter eurem sogenannten Führer hergelaufen seid! Her zu mir,
ihr Schuldigen und Mitschuldigen, denen nun widerfährt und widerfahren muß, was
eure Taten wert sind! Her zu mir, ich kenne euch wohl, ich frage aber nicht, wer ihr
seid und was ihr getan habt, ich sehe nur, daß ihr am Ende seid und wohl oder übel
von vorne anfangen müßt, ich will euch erquicken, gerade mit euch will ich jetzt vom
Nullpunkt her neu anfangen! Wenn diese, die Schweizer, geschwollen von ihren
demokratischen, sozialen und christlichen Ideen, die sie immer hochgehalten haben,
an euch nicht interessiert sind, ich bin es . . . Ich bin für euch! Ich *bin* euer Freund.«[267]
Barth meinte, es stehe allerdings den Schweizern, »den von dem deutschen Unheil
kaum direkt Betroffenen«, ja, den gegenüber Hitler oft allzu Weichen, wohl an,
»unter den Ersten zu sein, uns das klar zu machen«[268]. Er sagte das in der ernstlichen
Befürchtung, es könne nach der Schwäche gegenüber dem starken Deutschland
heute in Gestalt der Härte gegenüber dem geschlagenen Nachbarn »eine zweite
Schande für unser Vaterland« anbrechen[269].

Daß tatsächlich »nur von einer ›Freundschaft trotz‹« zu reden sei,
ferner die Forderung, daß nun wirklich jeder Deutsche »für das seit
1933 Geschehene die Verantwortung übernehmen« müsse[270], ferner
der Gedanke, »die innere Remedur des deutschen Wesens dürfe
sich nicht nur auf die krasse Verderbnis der Hitler-Zeit erstrecken,
sondern müsse bis auf deren Wurzeln in der Zeit Bismarcks, ja
Friedrichs des Großen zurückgehen«[271] – das waren Sätze, die Barth
in Zukunft häufig wiederholte. Er sagte das in der Überzeugung,
daß *diesem* Ende nur ein *ganzer* Neuanfang folgen könne. Es habe
ja das Kapitel nicht nur einer fünfzehnjährigen, sondern einer sehr
viel älteren Geschichte ein Ende gefunden. Und der Neuanfang
könne darum nicht darin bestehen, daß man dieses lange Kapitel
noch einmal irgendwo weiter vorne aufschlage. »Für mich beginnt
die neue deutsche Geschichte, an der ich von Herzen Anteil nehmen

möchte, mit dem Aufschlagen eines andern Kapitels.«[272] Diese Gedanken provozierten freilich schon gleich Anfang 1945 einigen Widerspruch: bei den Schweizern, die Barths Haltung als zu freundlich, und bei deutschen Emigranten, die sie als zu radikal empfanden. In Auseinandersetzung mit dem Widerspruch aus den Reihen dieser Emigranten verfaßte er im März und April zwei Offene Briefe, einen an Ernst Friedländer, einen anderen an Dr. Hermann Heisler.

Gut verstand er sich hingegen in all diesen Punkten mit den Leuten vom Komitee »Freies Deutschland«, mit dem er seit Dezember 1944 in engen Kontakt gekommen war. Ja, »St. Albanring 178« wurde »so etwas wie ein Nebenzentrum« dieser Bewegung, in der »Lollo von Kirschbaum mit Langhoff (dem Verfasser der ›Moorsoldaten‹) und dem ehemaligen preußischen Staatssekretär Abegg zusammen im Präsidium dieser Sache« tätig wurde. Sie suchte dort die Bekennende Kirche zu vertreten und wußte die in diesem Kreis agierenden »roten und rötlichen Männer außerordentlich gut zu nehmen«[273]. Barth arbeitete mehr im Hintergrund bei dieser Bewegung mit, »in der ich . . . zum ersten Male bemerkenswerte kommunistische Menschen und – in etwas weniger erfreulicher Weise – kommunistische Methoden aus der Nähe kennenlernte«[274]. Auf die Bitte hin, das »FD« mit Vertretern protestantischer Emigranten bekannt zu machen«, lud Barth u. a. Karl Würzburger und Otto Salomon auf den 10. Februar 1945 ein »zu einer Sitzung hier in meinem Hause, . . . die ich als eine Art Treuhänder zu leiten hatte«[275]. Dabei »haben die christlichen Emigranten leider nicht gerade gut abgeschnitten neben der viel größeren Einfalt des guten Willens der Andern, die sich als Atheisten gaben, aber faktisch viel christlicher reagierten«[276]. »Was mir bei den Leuten entgegentrat, war ein vorbehaltloser Einsatz für die zurzeit verlorene Sache des deutschen Volkes« – und das auf dem Boden »der rückhaltlosen Anerkennung der Verantwortlichkeit aller Deutschen« und im Sinn einer konkreten »Beschäftigung mit den praktischen Einigungs-, Aufbau- und Wiedergutmachungsaufgaben« unter »Zusammenarbeit aller deutschen Richtungen«. So ist Barth »gerne mit dem FD in Gesprächsfühlung geblieben« bis zu dessen Auflösung im Dezember 1945[277].

In einer Auslegung von Matth. 28,16 ff. Anfang April »im Kreis der Mitarbeiter der Basler Mission« wurde deutlich, von wo Barth in all seinen Gedanken und Aktionen dieser Zeit herkommen wollte: »Es gibt objektiv keine andere Gewalt neben der, über die Jesus verfügt.«[278] Einige Tage später beantwortete er der »Manchester Evening News« die Frage: »Wie können die Deutschen gesund werden?« In nuce waren hier seine Wünsche für die alliierte Behandlung der Deutschen zusammengefaßt: »Zeigt ihnen, wie gentlemen sich verhalten, wenn sie an der Macht sind!« Gebt ihnen »einen praktischen Anschauungsunterricht . . . hinsichtlich dessen, was man . . . unter Demokratie, Freiheit, Loyalität, Menschlichkeit, Weisheit . . . versteht!«[279] Es traf sich, daß Barth gerade »am Abend des Victory Day«*, am 8. Mai in Spiez einen (dann in Basel, Bern, Zürich und in einem Internierungslager wiederholten) Vortrag hielt, in welchem er über die »geistigen Voraussetzungen für den Neuaufbau in der Nachkriegszeit« reflektierte. Er sagte darin: es brauche dafür einen neuen, nämlich einen verantwortlichen, menschlichen, solidarischen, konstruktiven und nüchternen Geist – und darum den *Heiligen* Geist. Zum Kriegsende selbst verfaßte er (ohne daß seine Autorschaft bekannt wurde) ein vom Basler Kirchenrat herausgegebenes Wort des Dankes, der Buße und der Verpflichtung, das am folgenden Sonntag auf den Basler Kanzeln verlesen wurde.

Und dann ist – zunächst freilich nur zögernd – »die Türe zur übrigen Welt wieder aufgegangen. Sie bedeutet für mich vor allem die Türe nach Deutschland, wo ich ja früher so lange, so gerne und so beteiligt gelebt, wo ich so viele liebe Freunde und auch so viel zähe Gegner zurückgelassen hatte«[280]. Es griff »mir ans Herz«, als »ich nun zum ersten Mal seit so vielen Jahre wieder eine deutsche Adresse über einen Brief setzen« konnte[281]: der treue Schwabe Gotthilf Weber war der Adressat. Mit Alphons Koechlin, Paul Vogt, Mutter Kurz und Jacques Courvoisier wirkte er im Ausschuß einer kirchlichen – und mit dem Kollegen Ernst Staehelin in einer »weltlichen« Deutschlandhilfe.

Er machte sich jetzt gleich an die Realisierung eines längst gefaßten Planes, »meine sämtlichen wichtigeren Äußerungen über die Probleme Staat, Krieg, Nationalsozialismus, Schweizerischer Widerstand usw. von 1938 an . . . gesammelt erscheinen« zu lassen – »weil mir besonders . . . im Blick auf das zukünftige Verhältnis zu Deutschland viel daran« lag, sichtbar zu machen, »was ich . . . gesagt und nicht gesagt habe«[282]. Der Titel der Sammlung lautete: »Eine Schweizer Stimme«. Die Türen gingen freilich auch in der Weise auf, daß es zu einem Auftritt von Dr. Eugen Gerstenmaier in der Schweiz kam, den Barth mit einem grimmigen Artikel kommentierte: es könne die Stunde angebrochen sein, »wo der alte theologisch-kirchlich-politische Essig . . . eilig, geschickt und fromm, statt weggeschüttet, aus der dritten in die vierte Flasche umgegossen werden soll«[283]. Im Juli schrieb er in einem Sendschreiben »an die deutschen Theologen in der Kriegsgefangenschaft«, daß Deutsch-

* Siegestag

land jetzt – »arm wie Hiob, arm wie Lazarus, arm wie der Zöllner im Tempel« – einen Vorzug habe vor allen Völkern: »ihm bleibt nichts übrig, als mit dem Anfang anzufangen«[284]. Gleichzeitig versicherte er den befreiten Martin Niemöller seiner herzlichen Zuneigung – trotz des berüchtigten Interviews von Neapel, das Barth doch nur bewies, »daß er die Fahrt ›vom U-Boot auf die Kanzel‹ noch immer nicht ganz vollendet hat«[285]. Im gleichen Monat verhandelte er in Bern mit Vogt, Frau Kurz, mit Visser't Hooft, Adolf Freudenberg und Hans Bernd Gisevius über die zu unternehmenden »ökumenischen Schritte«. Und ebenfalls im Juli gelang es ihm, zweimal bis Freiburg i. B. vorzustoßen, wo er einerseits mit dem obersten Feldprediger der Franzosen, Marcel Sturm, andererseits mit dem Juristen Erik Wolf einen erfreulichen Kontakt bekam. Er brachte es sogar dazu, Deutsche und Franzosen zu einem Gespräch an einen Tisch zu bringen. Von damals datiert seine von gegenseitigem Respekt getragene Freundschaft mit Erik Wolf, den er für einen »der interessantesten Zeitgenossen« hielt: »gescheit und gelehrt nach allen Kanten und voll wehmütigen Humors, übrigens ein guter Freund von Martin Heidegger«[286].

Barth hielt im Sommer 1945 nur seine Seminare ab, während er von seiner Dogmatikvorlesung auf seinen Wunsch hin dispensiert worden war. Er wollte die so gewonnene freie Zeit dazu benützen, endlich seinen Band über die »Schöpfung« druckfertig zu machen. Die Beschäftigung mit den deutschen Dingen ließ ihn nicht dazu kommen. Offensichtlich verzögerte sich die Herausgabe des Buches aber auch, weil er einige Mühe hatte, die Fülle des immer weiter anschwellenden Stoffes in die Form seiner ursprünglichen Disposition einzuordnen.

Nach dieser Disposition sollte die Schöpfungslehre – wie die Gotteslehre – in zwei Bänden vorgelegt werden: im ersten die Lehre vom Schöpfer und die vom Geschöpf (Anthropologie), im zweiten – in Entsprechung zu II/2 – die Lehre von der Vorsehung und die Schöpfungs-Ethik. Im Herbst gab Barth dann kurzerhand in einem (»nur«) 488 Seiten starken Band bloß die Lehre vom Schöpfer (also ohne die ihn in ihrer jetzigen Fassung noch nicht befriedigende Anthropologie) heraus – und diese überdies auch unter Kassierung eines ganzen Paragraphen »Der Schöpfer und seine Offenbarung« (mit den Unterabschnitten: 1. Gott und die Götter, 2. Der Glaube und die Weltanschauungen). In diesem Paragraphen hätte Barth sagen wollen, daß »die Offenbarung Gottes ... die Kritik aller Götter« ist: »die Götterdämmerung, in der sie ihre göttliche Autorität verlieren ..., in der ihr ursprünglich nicht-göttliches, sondern kreatürliches Wesen wieder sichtbar wird«. Und er hätte weiter sagen wollen, daß »dementsprechend« zum »Wesen des Glaubens an den Schöpfer« auch »der Widerspruch gegen jedes abgeschlossene und in seiner Abgeschlossenheit Respekt und Autorität fordernde Weltbild« gehöre.

Im August gab es ein freudiges Wiedersehen mit Maury auf dem Bergli – und Ende August/Anfang September ein ebenso freudiges Begrüßen zahlreicher deutscher Freunde in ihrem darnieder liegenden Land. Denn in einem Militär-Jeep »konnte ich unter der geschickten Betreuung einer amerikanischen Spezialorganisation eine ausgiebige erste Reise durch Deutschland unternehmen, auf der ich in Frankfurt a. Main an der Rekonstituierung des ›Bruderrates der Bekennenden Kirche‹ und nachher in Treysa an derjenigen der offiziellen ›Evangelischen Kirche in Deutschland‹ teilgenommen habe«[287]. »Es war nicht nur eine mühsame, sondern fast eine abenteuerliche Reise.« Gleich nach der Ankunft in Frankfurt saß Barth »noch bis in die Nacht hinein mit meinem Freunde Niemöller zusammen«. Auf der dortigen Bruderratssitzung wurde er »als Mitglied der 12köpfigen Vertretung der Bekenntniskirche« nach Treysa delegiert[288]. Er besuchte in Frankfurt auch die alte Frau Rade und Erich Foerster, lernte den zuvor so unsanft angefaßten Gerstenmaier kennen – und: »Ich habe vor den Trümmern des Goethehauses . . . gestanden.«[289] In Treysa machte ihm Bischof Wurm, der die Zusammenkunft leitete, einen tieferen Eindruck als in der Zeit des Kirchenkampfes. »Ich sah ihn ebendort auf dem Höhepunkt der fatalen Verhandlungen über die zukünftige Zusammensetzung der Vorläufigen Kirchenleitung in ehrlichem Konflikt mit seinen eigenen Leuten von der landeskirchlich-bischöflich-lutherisch-deutsch-nationalen Richtung« – alles in allem in einer Weise, die Barth Respekt abnötigte[290]. Auf der Rückreise suchte er in Marburg Bultmann auf und in Bonn die Trümmer seiner einstigen Wirkungsstätten. »Es ist bezeichnend, daß an den von mir besuchten Tagungen von den Theologen viel von Dämonen gesprochen wurde. ›Wir haben dem Satan in die Augen geblickt‹. Solche Sätze wurden fast mit Enthusiasmus ausgesprochen . . . Ich hörte mir das eine Zeit lang an. Schließlich konnte ich nicht mehr schweigen. ›Seid ihr damit nicht im Begriff, in ein magisches Weltbild hineinzurutschen?‹ fragte ich meine Freunde. ›Warum redet ihr immer nur von Dämonen? Warum sagt ihr nicht konkret: wir sind politisch Narren gewesen? Erlaubt bitte eurem schweizerischen Kollegen, euch zu einem *rationaleren* Denken zu ermahnen‹.«[291]. Als Helmut Thielicke einmal Barth jenen gleichen Satz von den Dämonen sagte, in deren Augen er geschaut habe, antwortete dieser: es sehe nicht so aus, als habe das den »Dämonen« viel Eindruck gemacht![292]

So sehr sich Barth über das Wiedersehen mit allen Überlebenden freute, so sehr erschütterte ihn das große Ausmaß der Zerstörungen und der Verlust der nicht davon gekommenen Freunde. Vor allem aber machte ihm das Gesicht der Kirche, mit dem sie sich ihm in

Treysa präsentierte, Sorgen. »Ich fand diese Kirche – abgesehen davon, daß die ›Deutschen Christen‹ von 1933 nun natürlich verschwunden oder untergetaucht oder (einige wenige) auch ehrlich bekehrt waren – zu meinem Erstaunen ungefähr in derselben Struktur, Gruppierung und herrschenden Tendenz wieder, in der ich sie 1933 in ihr Verderben hatte eilen sehen. Noch waren die nach vorwärts Drängenden, die zwischen 1933 und 1945 wirklich widerstanden hatten, die die Lehren dieser Zeit nun aber auch verwirklichen wollten (Niemöller einer der Besten unter ihnen!), vorhanden und am Werk, aber auch noch in derselben Minderheit abseits von den eigentlich herrschenden Kreisen und Instanzen. Noch stieß ich auf das alte Interesse an dem formalen, ordnungsmäßigen Bestand der ›Landeskirchen‹: nicht eben verbessert durch das Interesse an allerlei neuen Wunderlichkeiten, an einem verstärkten Konfessionalismus und Klerikalismus vor allem, und daneben an einem in allen Spielarten florierenden Liturgismus. Noch fand ich das alles viel stärker als etwa die Frage nach der Erneuerung der christlichen Botschaft aus ihren Quellen und ihrer Anwendung auf die nun entstandene neue Lage. Noch schien die Sache der Kirche immer wieder die Sache irgendwelcher führender Personen und Personenkreise und durchaus nicht die der Gemeinden zu sein. Von der einfachen Sorge um den besten Weg, dem schwer heimgesuchten deutschen Volk das Evangelium zu verkünden, habe ich gerade damals . . . nur wenig bemerkt.«[293] Barth konnte also wenigstens im Augenblick wenig, nur zu wenig von der Bereitschaft zu jenem »Neuanfang« sehen, den er sich am Kriegsende sehnlich erhofft hatte. Umso mehr suchte er dieser so gesehenen Entwicklung nach Kräften zu widerstehen. Warum? Darum, »weil ich die deutschen Theologen aus dem ganzen Tiefsinn hinsichtlich Sakrament, Liturgie, Konfession, Amt, Bischofsamt usw. – . . . in den sie sich . . . verwickelt haben, herausrufen möchte zu der realen Tatsache der innern und äußern deutschen Not und zum realen Evangelium, das sie den deutschen Menschen nicht sowohl vorgeheimnissen als in schlichten Worten *sagen* sollten«[294].

Wieder zurück in der Schweiz, gab Barth in der »Weltwoche« in einem ersten Interview (»Und vergib uns unsre Schuld«) einen Bericht über seine Reise, in einem zweiten einen kritischen Rückblick auf die Schweizer Haltung im Kriege (»Unser Malaise muß fruchtbar werden«). Am 1. Oktober redete er in Neuchâtel und am 14. Oktober auf der Sechsten Wipkinger Tagung über »die evangelische Kirche nach dem Zusammenbruch des Dritten Reiches«. Gegen den »ziemlich illoyalen Versuch« Emil Brunners, »das Hilfswerk zu sprengen«, wurde damals in Wipkingen beschlossen, dieses

gerade in seiner Ausrichtung auf die »Bekennende Kirche« auf-
rechtzuerhalten[295]. In jenem Vortrag sprach Barth auch seinen (am
28. September schon Niemöller mitgeteilten) Wunsch aus, die
deutsche Kirche möchte vor einem ökumenischen Gremium bekennen, daß das deutsche Volk sich mit seiner Hitlergefolgschaft »auf
dem Irrweg« befand, daß die heutige Not »eine Folge dieses Irrtums« ist und daß sich die Kirche »an diesem Irrtum mitverantwort-
lich gemacht« hat[296]. Vier Tage später folgte tatsächlich die sogen.
Stuttgarter Schulderklärung, die nun freilich Barth allzu unkonkret
klang: »man war schon in Stuttgart viel mehr mit dem beschäftigt,
was man gegen die Anderen auf dem Herzen hatte«[297], wie er an
Asmussen schrieb, mit dem er jetzt für immer auseinandergeriet.
Eben nicht Andere anklagen, aber auch keiner Restauration verfallen und vor allem anderen: aus dem Untertanendenken heraustre-
ten – das waren die Gedanken eines »Worts an die Deutschen«, das
er dann auf einer neuen Deutschlandreise »auf Einladung des
württembergischen Ministers des Innern im Württembergischen
Staatstheater zu Stuttgart am 2. November 1945« sagen durfte.
»Die Stuttgarter Rede (die ich übrigens an der Universität Tübingen
noch einmal gehalten habe: dort vor 2000, hier vor 1500 Personen)
dürfte immerhin als Dokument insofern . . . interessant sein, als dies
m. W. die ersten Anlässe seit der Niederlage Deutschlands waren,
an denen ein [ziviler] Ausländer . . . dort öffentlich und vor einem
größeren Publikum gesprochen hat.«[298] »Gern denke ich an die
Gastfreundschaft, die ich« damals im Hause von Carlo Schmid »in
Tübingen genießen durfte«[299].

Es folgte das Wintersemester mit dem Vortrag der neu in Angriff
genommenen Anthropologie, einem Seminar über Calvin (Inst. I)
und einer Sozietät über Harnacks »Wesen des Christentums«.
Während des Semesters starb einer »der letzten Harnackiden«, der
Basler Eberhard Vischer. »Ich hatte ihm im Namen der Universität
und Fakultät die Rede zu halten, was vor . . . Jahren, als ich den
Römerbrief noch einmal zu schreiben mir herausnahm, sicher weder
Vischer noch ich uns hätten träumen lassen.«[300] In diesem Winter
hatte Barth im Dezember ferner die Aufgabe, an einer Matinee des
Cabaret Cornichon zugunsten der Deutschlandhilfe in einem Zür-
cher Kino die Eröffnungsrede zu halten, und ferner die, an Silvester
im Radio einen »Rückblick« auf 1945 zu geben. Im Gedanken an
den Abwurf der Atombomben über Japan zu Ende des Zweiten
Weltkriegs sprach er hier mit großer Sorge im Blick auf die Zukunft.
Denn, so meinte er, »es verband sich [dadurch] das Ende der
scheinbar schon aufs höchste gesteigerten Entsetzlichkeiten dieses
Krieges mit der Aussicht auf die völlig unabsehbaren Folgen eines

nächsten. So stellte sich die Frage nach der Verhinderung jedes künftigen Krieges und also die Frage nach einem soliden und definitiven Frieden diesmal mit fast unüberhörbarer Dringlichkeit«[301]. Im Januar führte er wieder in Neuchâtel ein Seminar (über die Taufe) durch. Neben dem allem gab ihm doch auch die mit einemmal anschwellende Korrespondenz viel zu tun. Und es mehrte sich merklich die Zahl der Besucher, die bei ihm einkehrten. Im Januar kam der Ungar Pap und der Amerikaner Dr. Cavert. Im Februar kam Bischof Bell von Chichester, dem »ich . . . auf offener Straße sagte: You are the nicest man I ever met, but a little too nice! – und noch vor seiner Abfahrt im 2. Klaßcoupé ins Ohr geflüstert: Not too much love for the pope!«[302]* Und im Februar und März kam Martin Niemöller, an dem »wir . . . uns . . . über alles Erwarten hinaus erfreuen und erbauen« konnten[303]. Barth hatte seinen Besuch in der Schweiz durch einen Artikel über seine Person vorbereitet.

Barth durchlebte diese ganze erste Zeit unmittelbar nach dem »Zusammenbruch des Dritten Reiches« in der Überzeugung, daß das, was die nun abgetretenen falschen »Propheten eines neuen Europa, einer neuen Welt« wollten, »wirklich nichts Neues« war, »sondern die nur allzu passende Vollendung einer alten Zeit, die keine gute gewesen ist«. Und damit verband sich für ihn die Überzeugung, »daß Europa und sogar die Welt jetzt *nach* ihnen, an einem Wendepunkt stehen, von dem aus neue Wege in neuer Richtung gesucht und gefunden werden müssen«. Und so hegte er – trotz aller schon eingetretenen Enttäuschungen und Befürchtungen – die Hoffnung, daß es künftig »zu Lebensversuchen auf etwas *anderen* Linien kommen« möge: »etwas anders nicht nur gegenüber denen, auf denen wir die Attentäter von gestern dahinstürmen sahen, sondern etwas anders auch gegenüber den Linien, auf denen wir Übrigen dem Punkt entgegenschlenderten, wo wir dann eines Tages diesen Attentätern in die Hände geraten mußten«[304].

---

* Sie sind der netteste Mensch, den ich je traf, nur ein bißchen zu nett! – Nicht zuviel Liebe zum Papst!

VII. Zwischen Ost und West

Die Zeit von 1946 bis 1955 in Basel, Pilgerstraße 25

Die zwei Bonner Gastsemester

Die Aufgabe, die der »Welt« nach dem Welt-Krieg gestellt war, bestand auch nach Barth in der eines – umfassend anzugreifenden – Neuaufbaus. Er wollte seinen Beitrag zu dieser großen Aufgabe liefern. Ja, er meinte, in seinen schon geschriebenen Dogmatik-Bänden bereits »Einiges zu leisten versucht« zu haben, »was zum vornherein auch auf einen künftigen deutschen Aufbau geistiger und geistlicher Art gezielt war«[1]. Im Frühjahr 1946 stellte sich ihm aber die Frage, ob er sich nicht noch in anderer, direkterer Weise an dieser Aufgabe beteiligen sollte. »Mir persönlich hat sich das Problem des deutschen Neuaufbaus als so groß und als von der Umwelt wie von den Deutschen selbst her so kompliziert dargestellt, daß ich mich vor die Alternative gestellt sah: entweder endgültig nach Deutschland zurückzukehren und die mir verbleibende Zeit *und* Kraft ganz und ausschließlich den deutschen Fragen und Aufgaben zuzuwenden *oder* nun doch wieder an meine eigentliche Arbeit, die Fortsetzung und vielleicht Vollendung der ›Kirchlichen Dogmatik‹ zu gehen und meine direkte Mitwirkung an den Dingen in Deutschland, wie die allfällig auch in anderen Ländern geforderte, auf einzelne Gelegenheiten zu beschränken. Ich meinte mich für das zweite entscheiden zu sollen.«[2]

Immerhin entschloß sich Barth, doch wenigstens einen kurz befristeten Auftrag zu direkterer Teilnahme am deutschen Aufbau anzunehmen – wohingegen er die Übernahme des Rektorats der Basler Universität für das Jahr 1946 ausschlug. Schon während der Deutschlandreise im August 1945 »bin . . . ich – und zwar von gewissen Seiten sehr dringlich – aufgefordert worden, die jetzt in Deutschland nötige Neuaufbauarbeit dadurch zu fördern, daß ich nach Bonn zurückkehre«. Daraufhin »habe ich mich bereit erklärt, für ein, vielleicht auch für zwei, Sommersemester zur Unterstützung der dort zu leistenden Arbeit gastweise nach Bonn zu kommen«[3]. Das Basler Erziehungsdepartement gab Barth dafür bezahlten Urlaub und bestellte für den Sommer 1946 – Emil Brunner zu seinem Vertreter in Basel. Mitte April mußte er in Basel noch einen

Wohnungswechsel vollziehen. Er fand sein neues Domizil an einem Ort »mit dem schönen Namen Pilgerstraße 25, unweit dem Missionshaus«[4]. Einige Tage nach dem Umzug brach er mit Charlotte von Kirschbaum nach Bonn auf – leider ohne die sechs Schweizer Studenten, die er gern mitgenommen hätte. »Ich bin in den ersten Tagen« des Mai »auf einem Rheinschlepper, unter dem Zeichen des Schweizer Kreuzes«, von Basel nach Bonn gefahren. »Wir sahen die wechselnde Landschaft an den Ufern des Stroms in ihrer alten Schönheit und Bewegtheit im vollen Glanze des Frühlings. Wir sahen aber auch hunderte von zerstörten Bunkern. Wir sahen die versenkten Schiffe, die gesprengten Brücken, die bombardierten Städte, eine nach der anderen. Wir sahen die symbolische Gestalt des älteren Deutschland am Deutschen Eck schmählich gestürzt und verkehrt.«[5]

»Als wir neben unserem Handkarren mit den Koffern und Kisten vom Rhein in die Stadt [Bonn] zogen, da kam uns lächelnd und selbstverständlich Günther Dehn entgegen.« Unterkunft fand Barth in zwei Stüblein im ersten Stock der Schloßstraße 14 – »mein Studierzimmer« mußte »zugleich Eßzimmer und Empfangszimmer und überdies . . . mein Schlafzimmer« sein[6]. So befand er sich nun wieder »mitten in dem von uns aus der Ferne so oft umsorgten und bekopfschüttelten Deutschland und unter diesem so rätselhaften und aufregenden und anspruchsvollen Volk, ein merkwürdiger Emissär der befremdeten Außenwelt und nun doch, weil an Allem sofort von innen beteiligt, auch gänzlich einer der ihrigen«. »Ich habe mich zunächst ganz aufs Sehen und Hören, aufs Beobachten und Sammeln von Eindrücken eingestellt. Es sind da so viele sich überkreuzende und potenzierende Miseren, daß man zunächst lieber immer noch einmal schweigt und nachdenkt, statt zu den sich nahelegenden Konklusionen überzugehen.«[7] Einer der ersten, dem er jetzt gleich zweimal (beim Schweizer Generalkonsul Weiß) länger »zuhörte«, war – Konrad Adenauer, allerdings ohne gute Eindrücke. Bei dem einen Mal hat ihm dann auch noch »Lollo . . . beinahe ein Glas Rotwein über die Hosen gegossen«[8]. Barth warnte ihn – wie schon im Februar Gustav Heinemann (in einem Brief) – dringend vor der Gründung einer »christlich demokratischen Partei«. Denn er meinte, daß die gewiß unerläßliche Beziehung zwischen der Kirche und der politischen Aufgabe gerade nicht auf dem Weg einer christlichen Parteibildung zu realisieren sei. Ja, er fürchtete, daß die deutschen Parteien sich wie vor dem Krieg »als eine Art metaphysischer Sekten« gebärden; darum dürften jetzt keinesfalls Parteien *vor* der demokratischen Praxis auf den untersten Ebenen gegründet werden[8a].

Nach Kriegsende

65 *Abreise zu einem Gastseme-*
ster in Bonn auf einem Rhein-
frachter (Mai 1946).

66 *Die Sommervorlesung 1946*
fand in der zerstörten Bonner
Universität statt.

67 *Schweizer Soldaten brachten*
Hilfsgüter nach Bonn (1946).

68 *Mit seinem aus dem KZ be-*
freiten Freund Martin Niemöller
(1946). Sie sollten auch in den
kommenden Kämpfen eng ver-
bunden bleiben.

Deutschlandreisen

69 Treffen mit seinen Freunden in Herborn (März 1951): (stehend) W. Niesel, W. Kreck, E. Wolf, H. Gollwitzer, O. Weber, H. E. Heß; (sitzend) G. Heinemann, K. Barth.

70 Tagung der Gesellschaft für evangelische Theologie (März 1956) in Wuppertal: mit J. Beckmann, H. J. Iwand, W. Schneemelcher.

71 Vortrag vor der Goethegesellschaft in Hannover (Januar 1957): hinter Barth Bischof Lilje und Ernst Wolf. Ganz links K. H. Miskotte.

In einem ausnehmend freundschaftlichen Verkehr stand er in Bonn mit dem »seinem Namen alle Ehre machenden Landgerichtsrat Dr. Bleibtreu«[9], der ihn 1934 in Köln verteidigt hatte – und nun aufs Neue mit dessen Vetter Günther Dehn, außerdem mit Käthe Seifert, »die Alles, was vorfällt, sieht und gleich an den richtigen Ort zu stellen weiß«[10]. Eigentlich erst jetzt fand er auch einen herzlichen Zugang zu Wilhelm Goeters: »Er hat eine ganze Welt in sich dargestellt: das Rheinland, die alte reformierte Kirche, ein ganzes Heer von regulären und irregulären Geistern vergangener Zeiten mit allen ihren deutlichen und verworrenen Beziehungen untereinander, mit ihrer Weisheit und Wunderlichkeit . . . Wie gern habe ich ihm immer zugehört, wenn er, was da Alles in ihm lebte, wie wenn es heute wäre, auszubreiten begann.«[11] Mit entschiedener Ausnahme des Dekans Ethelbert Stauffer unterhielt Barth aber auch mit den übrigen Kollegen aus der evangelisch-theologischen Fakultät gute Beziehungen: mit Martin Noth und Hans Emil Weber, mit Heinrich Schlier und Hermann Schlingensiepen. In großer Schlichtheit feierte er mit einigen von ihnen und mit dem aus Göttingen herbeigereisten Ernst Wolf bei Bleibtreus am 10. Mai seinen 60. Geburtstag – unter festlichem Verzehr einer Platte von Kartoffeln und Salat – »und es war das mindestens ebenso sinnvoll und erfreulich, als es die schönste, mir nun eben entgangene Torte an der Pilgerstraße hätte sein können«[12]. Zu diesem Tag erfreuten ihn die Engländer mit einem Brief, der von führenden Kirchenmännern und Theologen aller Kirchen unterschrieben war, und mit einer etwas verspätet erschienenen Festschrift, »Reformation old and new«, die sein theologischer Freund Camfield herausgab. Ferner erhielt er eine von Franzosen und Westschweizern zusammengestellte Festschrift »Hommage et Reconaissance«, aber auch Grüße der SPD, der Gewerkschaften, der Rheinischen Kirche usf.

Das Sommersemester begann erst am 17. Mai. In der Vorlesung wollte Barth im Anschluß an das Apostolikum eine »Dogmatik im Grundriß« darbieten. »Eine etwas vorsichtige, aber freundliche Begrüßung, worauf ich wie einst die Losung verlas . . ., um alsbald und ohne besondere Eröffnungsrede auf das Wesen und den Zweck der Dogmatik zu reden zu kommen«[12]. Die »Vorlesungen wurden in den Halbruinen des einst so stattlichen Kurfürstenschlosses in Bonn, in dem sich später die Universität niedergelassen hatte, gehalten: morgens um sieben Uhr, nachdem wir jeweils zu unserer Ermunterung einen Psalm oder ein Kirchenlied gesungen. Um acht Uhr begann sich im Hof der Wiederaufbau durch das Rasseln einer Maschine bemerkbar zu machen, mit der man Trümmer zerkleinerte. (Ich darf berichten, daß ich auf meinen neugierigen Wegen durch

den Schutt auf eine unversehrte Schleiermacher-Büste stieß, die
dann sichergestellt und irgendwo wieder zu Ehren gebracht wurde.)
Die Zuhörerschaft bestand zur Hälfte aus Theologen, zur stärkeren
andern Hälfte aus Studenten der übrigen Fakultäten. Die meisten
Menschen im heutigen Deutschland haben je in ihrer Weise und an
ihrem Ort fast über die Maßen viel mitgemacht und durchgemacht.
Das war auch meinen Bonner Studenten anzumerken. So waren sie
mir mit ihren ernsten Gesichtern, die das Lächeln erst wieder lernen
mußten, nicht minder eindrucksvoll, als ich ihnen als (von allerhand
Gerüchten aus älterer Zeit umgebener) Fremder merkwürdig sein
mußte. Die Situation wird mir unvergeßlich bleiben. Es war zufällig
mein fünfzigstes Dozentensemester. Und als es vorbei war, stand ich
unter dem Eindruck, es sei für mich das schönste gewesen.«[13]
Kenner der Dogmatik Barths konnten in dieser Vorlesung »kaum
viel materiell Neues finden«. Und doch hatte sie eine ganz eigene,
neue Tonart, weil »ich bei diesem Anlaß zum ersten Mal in meinem
Leben ohne wortwörtlich festgelegte schriftliche Unterlagen vorgetragen, mich vielmehr über die . . . Leitsätze in ziemlicher Freiheit
ergangen habe. Die Rückkehr in die Urzustände, in denen ich
Deutschland traf, machte es mir unwiderstehlich nötig, zu ›reden‹
statt zu ›lesen‹«[14]. Man konnte hier, so fand er, »unmöglich geradli-
nig nur akademischer Lehrer sein wollen (ich war das freilich wohl
überhaupt nie und [paßte] darum nicht übel in diese Position)«,
sondern mußte »zu beträchtlichen anderen Teilen eine Art Missionar, Sonntagsschullehrer, Volksredner, Menschenfreund sein«[15].
Barth meinte aber, daß die Vorlesung »gerade in dieser Form etwas
von einem Dokument unserer Zeit hat, die aufs neue eine Zeit
›zwischen den Zeiten‹ geworden ist – und das nicht nur in Deutschland«. Einer der Kernsätze seiner Ausführungen lautete: »daß es
nur *einen* Herrn gibt, und dieser Herr ist der Herr der *Welt,* Jesus
Christus« – wobei füglich unterstrichen wurde: der *Jude* Jesus!
»Hier stehen wir im Zentrum. Und so hoch und geheimnisvoll und
schwer das, was wir nun zu erkennen versuchen wollen, uns erscheinen möchte, so werden wir doch auch sagen dürfen: es wird gerade
hier Alles ganz einfach . . . Gerade hier in dieser Mitte, in der ich
Ihnen als Professor der systematischen Theologie zurufen muß:
Aufgepaßt! Jetzt gilt es! Entweder Wissenschaft oder große Un-
weisheit! gerade hier sitze ich vor Ihnen wie ein Lehrer in der
Sonntagsschule vor seinen kleinen Kindern, der etwas zu sagen hat,
was wirklich das vierjährige Kind schon verstehen kann: ›Welt ging
verloren, Christ ward geboren, freue dich, o Christenheit!‹« Es ist
»mir ein paar Mal in diesen Wochen« die Frage gestellt worden:
»›Wissen Sie nicht, daß Viele in dieser Vorlesung sitzen, die keine

Christen sind?‹ Ich habe dann immer gelacht und gesagt: ›das ist mir gleichgültig‹. Es wäre ja furchtbar, wenn der Christenglaube den Menschen trennen und absondern wollte von den Anderen. Er ist ja doch das stärkste Motiv, das Menschen zusammenführen und verbinden kann«[16].

Speziell im Seminar (Übungen zur Vorlesung) traf Barth auf eine große »intellektuelle Verwilderung einer zweifellos begabten, empfänglichen und rüstigen Jugend«[17]. Er teilte darum sein Seminar in kleine Arbeitsgemeinschaften auf, die vor einer Gesamtsitzung den Vorlesungsstoff jeweils erst unter sich zu diskutieren hatten. In einer Sozietät wurde die Barmer Erklärung und an einem auf Wunsch der Studenten eingerichteten Abend eine Reihe politischer Fragen besprochen. Der Bonner Student von 1946 war »allerdings ein recht anderes Wesen als der von 1932 . . . Aber ich kann im ganzen nicht finden, daß er sich zu seinen Ungunsten verändert hat«. Wohl zeigte er »viele Merkmale einer etwas merkwürdig verbrachten Jugend«. Aber die Frage, »ob der deutsche Student von heute wohl heimlich noch immer ein ›Nazi‹ sei?, habe ich . . . grundsätzlich niemandem gestellt . . . Ich habe mir nämlich gedacht, das alles werde sich finden, wenn er sich erst wieder einmal auf ganz sachlichem Boden unvoreingenommen angeredet, ernst genommen und zugleich ein wenig erheitert finden sollte. Darum habe ich mich . . . bemüht und habe gefunden, daß ich dabei ebenso schnell (oder fast noch schneller) mit ihm aufs rechte Geleise kam wie einst mit seinen Vorgängern. Ich entdeckte eine überraschend große Offenheit, Willigkeit und Bereitschaft, ein rasch wachsendes Verständnis für Gegenstand und Methode und zuletzt eine mich tief bewegende Dankbarkeit«. Auch materiell suchte Barth den Studenten wie den anderen Freunden zu helfen. Er rief den Schweizern zu, »ein tüchtiges Schiff voll Eß- und Rauchwaren« zu schicken[18]. »Aus der Heimat – Bern – bekamen wir einen Verweis wegen ungestümen Drängens um Nahrungszufuhr.«[19] Und wie froh war er, als tatsächlich eine Wagenkolonne voll Hilfsgütern und mit ihnen »– wie schön und friedlich an diesem Ort – eine zahlreiche Gruppe von Offizieren, Unteroffizieren und Soldaten in der vertrauten Schweizeruniform« in Bonn eintraf, »die dann samthaft mit ins Kolleg kamen und dort natürlich nicht wenig Aufsehen erregten«[20]!

Neben seiner Lehrtätigkeit empfing Barth in seiner Bonner Wohnung eine Fülle von Besuchern und erledigte eine umfangreiche Korrespondenz. Mit Geschick knüpfte und pflegte er mancherlei Verbindungen auch zu alliierten Stellen und Persönlichkeiten, vorab zu dem Bonner Universitätsoffizier, Ronald Gregory Smith, einem zum Dichter gewordenen schottischen Pfarrer, »eine Seele wie

Espenlaub, voll guten Willens, aber viel zu fein für diese Welt«[21]. Dazu »habe ich auswärts, in der Regel vor sehr großen Auditorien, rund 20 Vorträge gehalten . . ., 5 mal gepredigt, mehrfach für den Rundfunk gesprochen, eine Reihe von Interviews gegeben«[22]. Bei jenen Vorträgen, die ebenfalls frei, nur nach Stichworten oder Leitsätzen dargeboten wurden, handelte es sich (abgesehen von dem für den plötzlich verhinderten Niemöller gänzlich improvisierten über »Reformation oder Restauration« in Siegburg) eigentlich nur um vier Vorträge, die aber an vielen Orten vorgetragen wurden: »Römer 13«, »Christliche Ethik«, »Die christliche Verkündigung im heutigen Europa« und »Christengemeinde und Bürgergemeinde«. Der zweitgenannte Vortrag deutete den Entwurf einer Ethik an, die aus einem vom vorangehenden Evangelium her verstandenen Gesetz erhoben ist. Der dritte beschrieb klar- und weitsichtig die Situation Europas als eine solche, die nunmehr »zwischen zwei Mühlsteine geraten«, nämlich »vom Westen wie vom Osten her ernstlich bedroht« und bestimmt sei; diese Situation sei aber für die Kirche eine Chance, gerade jetzt »ein freies, ein unabhängiges Wort« zu verkündigen[23]. Angeregte Beachtung fand der Vortrag über »Christengemeinde und Bürgergemeinde«, in welchem Barth das Thema jedoch durchaus im Sinn der 5. Barmer These »und also im Sinn der Bekennenden Kirche in Deutschland behandelt zu haben« meinte.

Er führte darin aus, daß Kirche und Staat nicht als zwei Bereiche nebeneinander aufzufassen seien, sondern sich zueinander verhielten wie der engere und der weitere Umkreis um ein und denselben Mittelpunkt. Der Staat ist »außerhalb der Kirche, aber nicht außerhalb des Herrschaftskreises Jesu Christi«. Weil Christus der Herr über beide ist, haben sie »sowohl den Ursprung als das Zentrum gemeinsam«. Damit schloß Barth eine naturrechtliche Begründung des Staates und die Lehre von der »Eigengesetzlichkeit« der Welt aus. Damit widersprach er einer politischen Indifferenz der Kirche, aber auch einem politischen Handeln der Christen außer in der ehrlichen Solidarität mit der Welt, aber auch einer politischen Entscheidung der Christen vor einer anderen Instanz als der ihres Herrn. Und damit behauptete er die »Gleichnisfähigkeit und Gleichnisbedürftigkeit des politischen Wesens« in bezug auf das von der Kirche verkündigte Reich Gottes. Einer Vermengung beider Gebiete glaubte Barth so nicht das Wort geredet zu haben. Vielmehr meinte er, daß die Christen in der Politik »gerade mit ihrem Christentum nur anonym« und also nicht etwa als eine christliche Partei auftreten könnten[24].

Drei dieser Vorträge sowie die Vorlesung »Dogmatik im Grundriß« erschienen bald im Chr. Kaiser Verlag in München – vor allem das letzte Werk wurde dann viel gelesen und besonders auch von »Laien« gern benutzt. In diesem Verlag, der vor dem Krieg eine Zeit lang als *der* »Barth«-Verlag gegolten hatte, dem dann aber die

Verbreitung von Barths Schriften verboten worden war, konnte er auch in der weiteren Zukunft wieder eine Reihe von Schriften publizieren. Es waren im ganzen freilich nur einige wenige, da er nunmehr an den Evangelischen Verlag Zollikon gebunden war.

Jene Vorträge führten Barth weit durch Deutschland: nach Godesberg, Oberkassel, Frankfurt, Düsseldorf, Oberhausen, Köln, Moers, Seelscheid, Berlin, Göttingen, Papenburg (Tagung der Gesellschaft für evangelische Theologie!), Barmen, Stuttgart, München und Schwenningen. Überall gab es Viele zu grüßen und Vieles zu besprechen. Auf der Durchfahrt durch Münster traf er Heinrich Scholz und in Göttingen beim Vortrag über »Christengemeinde und Bürgergemeinde« (zum letzten Mal) Friedrich Gogarten – er saß »in der ersten Reihe und hat mir ein ganz mephistophelisches Gesicht gemacht. Er ist aber nicht gekommen, um mich zu begrüßen. Und ich habe dann auch gedacht, es sei vielleicht besser, wir redeten nicht miteinander, weil doch nichts mehr herauszubringen gewesen wäre«[25]. Ein Höhepunkt dieser Reisen war die – in einem englischen Militärzug – nach Berlin, wo Barth zunächst »unerwarteter Weise auf dem Charlottenburger Bahnhof« – Eduard Thurneysen begegnete, der dort seinen bei den französischen Truppen weilenden Schwiegersohn besuchen und auch Vorträge halten wollte. »Es waren drei fast unaussprechlich gefüllte und bewegte Tage, die ich dort unter Deutschen, Franzosen, Engländern, Amerikanern und Russen, unter Kirchenleuten, Christen und – Kommunisten zugebracht habe . . . Alles Alte, Historische liegt dort in einer nicht zu beschreibenden Weise am Boden, und nun wimmelt es wie in einem zerstörten Ameisenhaufen von all den Menschen, die teils sehr gut, teils nur vermeintlich, teils gar nicht wissen, was sie wollen.«[26] Dort »bin ich . . . von dem mit den kulturellen Aufgaben beschäftigten sowjetrussischen Offizier«, Oberst Tulpanow, »in sehr angenehmer Weise empfangen worden und eben dort hatte ich eine mehrstündige Unterhaltung mit der Spitze der sozialistischen Einheitspartei«[27]. »Ich wurde in einen Saal geführt und dort saßen an einem langen Tisch – und ich einsam ihnen gegenüber – Pieck, Grotewohl und bereits Ulbricht mit seinem Bärtchen, ein Herr Zimmermann und noch andere Größen. Denen hatte man irgendwie zugeflüstert, ich sei ein wichtiger Mann, und so sollte ich denn dort mit ihnen sprechen. Schon rein visuell war es eine merkwürdige Begegnung: dieser lange Tisch . . . – es hat mich so an das ›Abendmahl‹ von Leonardo da Vinci erinnert.« »Ich sehe noch jetzt die Grimasse, mit der Ulbricht . . . meinen wohl allzu schweizerischen Belehrungen zuhörte.« »Zwei Dinge sind mir unvergeßlich von dem, was der Pieck mir damals sagte: Einmal das: ›Herr Professor, was wir in

Deutschland nötig haben, das sind die 10 Gebote!‹ Da habe ich gesagt: ›Ja, Herr Präsident, insbesondere auch das erste!‹ – Das zweite Merkwürdige, das er mir damals sagte, war: ›. . . In zwei Jahren werden wir hier im Osten . . . solche Verhältnisse haben, daß das ganze Westdeutschland begierig uns zuströmen wird . . .‹ Darauf habe ich gesagt: ›Da wollen wir einmal sehen, ob sich das so erfüllt‹.«[28]

Von dort wieder zurück in Bonn, schrieb Barth »11 Punkte zur Kritik der alliierten Militärregierungen« nieder[29], die er in Berlin schon mündlich Colonel Creighton, dem Verantwortlichen der englischen Besatzer für Erziehungs- und Religionsfragen, vorgetragen hatte. Darin bemängelte er, daß durch die »in Deutschland zur Anwendung gebrachte 'Regierungs- und Verwaltungskunst« der Alliierten dem deutschen Volk noch immer kein »praktischer Anschauungsunterricht in all dem geboten werde, was es in seiner Geschichte noch nie gesehen und gekannt hat: in einer demokratischen (auf Humanität, Freiheit, Gerechtigkeit usf. begründeten) Denkart, Lebensweise und Politik«. Diese Kritik erschien in einer englischen Militärzeitung und wurde dort nicht wenig beachtet. Barth hütete sich aber wohlweislich, sie den Deutschen bekannt werden zu lassen. Denen hatte er anderes Kritisches zu sagen. Denn die waren ihm, statt die eigene Schuld zu erkennen, schon viel zu »eilig zu Beschwerden über die Andern übergegangen« – und das eben unter Führung oder doch Mitwirkung der Kirche, die ihm im ganzen als »eine am entscheidenden Punkt trotz Stuttgart [d. h. dem dort erfolgten ›Schuldbekenntnis‹] noch immer gründlich unbußfertige und verstockte Kirche« vorkam[30]. An den Deutschen bekümmerte ihn zugleich aber auch die mit dieser Unbußfertigkeit zusammenhängende Restauration, der er das Volk und seine Kirchen sich verschreiben sah. Er bedauerte, daß es politisch versäumt wurde, »die Demokratie zunächst von unten her, in der beschränkten Verantwortlichkeit kleinster Kreise zu *üben,* um dann von da aus in allmählichem Aufstieg zu höheren Einheiten den demokratischen Staat wirklich zu *bauen*«[31]. Er bedauerte, daß man die Frage der eigenen Erneuerung zurückstellte hinter den eifrigen Versuch, »sich jetzt erst recht auf den Bezug einer ›Ostfront‹ zu kaprizieren«[32]. Und er bedauerte, daß die Kirchen voreilig »in das Museum des 16. Jahrhunderts . . . oder in das des Mittelalters« zurückgriffen, statt »zu einem Neuaufbau der Kirche von Grund auf« Sorge zu tragen[33].

Mit etwas besorgten Gedanken kehrte Barth Ende August in die Schweiz zurück. Während seiner Erholungstage auf dem Bergli konnte er in Zürich den berühmten Europa-Vortrag Winston Churchills anhören, der ihm seinen allgemeinen Eindruck hinsichtlich der alliierten Politik bestätigte: daß die jetzt nötige »politische Weisheit ... vorläufig nicht gleich groß« war »wie die kriegerische Energie, die vorher am Werke gewesen ist«[34]. Im Oktober redete er in Pratteln über seinen Deutschlandbesuch und in Safenwil über »die Kirche«: hier vor 120 seiner ehemaligen Konfirmanden, die inzwischen »einen eigenen Verein mit Vorstand, Stempel usw.« gegründet hatten[35]. In diesen Tagen ging auch eine Sendung von BBC London, in der »ich gesagt habe, es wäre (nicht nur in Deutschland übrigens) an der Zeit, daß die übliche Frage der Kirche an die Welt einmal umgekehrt würde und die Welt sich zur Abwechslung erkundigte, was eigentlich in den Kirchen gespielt werde? woher es komme, daß sie ihrer hohen Stellung und den von ihnen erhobenen Ansprüchen nicht besser gerecht werden?«[36]. Und dann begann das Wintersemester, in dem in der Vorlesung die »Anthropologie« z. T. wiederholt und sonach weiter fortgesetzt, in dem im Seminar z. der Heidelberger Katechismus und in der Sozietät Luthers »De libertate«* erarbeitet wurde. Da endlich wieder ausländische Studenten nach Basel kommen konnten, wirkte die neue Universität auf einmal »nicht mehr wie ein zu großes Kleid für ein zu kleines Kind«[37]. Barth hatte auch die Einreiseerlaubnis für sechs deutsche Studenten erkämpft, die er in Bonn kennengelernt hatte (unter ihnen der Jurist Helmut Simon).

Infolge der wieder geöffneten Grenzen schwoll in diesen Wintermonaten der Strom von Besuchern bei Barth mächtig an. So konnte er nun mancherlei Gespräche führen, in denen die Stellung zur jüngsten Vergangenheit und zur nächsten Zukunft eine wichtige Rolle spielte – Gespräche z. B. mit Niemöller, Erik Wolf und Heinz Kloppenburg, mit den Dänen Sandbek und Regin Prenter, mit Visser't Hooft, mit dem polnischen Bischof Jan Szeruda, mit dem Tschechen Josef B. Souček und dem Ungarn Barnabas Nagy, mit dem Amerikaner Homrighausen, mit den Schweden Ragnar Bring und Anders Nygren. Namentlich mit Nygren kam es zu einem überraschend freundlichen Sichbegegnen. Durch ihn »wurde mir ein ganz anderer Luther vorgetragen« als der in Deutschland bekannte[38]. »Ich habe die munteren Skandinavier ermahnt, uns doch möglichst schnell und gründlich über den so ganz anderen Luther, den sie in der Weimarana gefunden ... zu haben behaupten, zu unterrichten.«[39] Einmal konnte Barth (der erst auf Anfang 1947 aus dem Militärdienst entlassen wurde) General Guisan, der wegen seines kritischen Berichts über die Kriegszeit gerade sehr umstritten war, »die Hand drücken und ihm sagen, wie sehr ich ihm als simpler

---

* von der Freiheit (eines Christenmenschen)

citoyen* für eben diesen Bericht dankbar sei«[40]. Ein anderes Mal meldete sich bei ihm Reinhold Niebuhr an, dem Barth mit Spannung entgegensah, nicht wissend, »ob wir uns bloß wie zwei Doggen vorsichtig beriechen oder sofort bellend aufeinander losgehen oder uns friedlich nebeneinander in die Sonne strecken werden«[41]; sie hatten dann aber doch »ein gutes Gespräch«[42].

Natürlich hatte Barth in diesen Wintermonaten auch öfters auswärts zu reden: In Neuenburg begann er ein (1948/49 fortgesetztes) Seminar über das Herrengebet nach den Katechismen der Reformation. In Tavannes, La Sagne und Morges wiederholte er den Vortrag über die »Verkündigung im heutigen Europa«. In einer Basler Kirche redete er über »Ist die Bibel Gottes Wort?«. Und in Zürich und Bern sprach er über das Thema »Der deutsche Student morgen und heute«. Der darin vertretene Satz, es sei der von der Mehrheit der deutschen Professoren noch immer repräsentierte »Typus des konservativ-nationalistischen Gelehrten der zwanziger Jahre ein Wegbereiter Hitlers gewesen und heute eine Gefahr«, weil unfähig, die Studenten zu »freien Männern« zu erziehen – dieser Satz führte dann zu manchem Einspruch und auch zu einem offenen Briefwechsel mit dem Heidelberger Zoologen Erich von Holst. Bedeutungsvoll war es, daß Barth Anfang 1947 gleich zweimal zur Mitarbeit in der Ökumene gerufen wurde. Zunächst hatte er in den ersten Januartagen »an einer internationalen Schriftgelehrten-Konferenz in Bossey«[43] über die »Autorität und Bedeutung der Bibel« einen Vortrag zu halten.

Darin hieß es: indem der »Gegenstand« des biblischen Zeugnisses »einzigartig ist«, sei auch dieses Zeugnis selbst »in dieser Zeit die einzige für die Gemeinde und für die Welt maßgebliche Gestalt des Wortes Gottes«; und also sei·»die ökumenische Einheit« der Kirche »in dem Maß Wahrheit oder Illusion, als die so bestimmte Autorität der Bibel für sie in Geltung oder nicht in Geltung ist«[44].

Während der Konferenz mußte Barth plötzlich abreisen, um die Gedenkrede auf den eben verstorbenen Vorgänger auf seinem Lehrstuhl, Johannes Wendland, zu halten. Sodann hatte er (neben dem Lutheraner Gustav Aulén und dem Orthodoxen Georges Florovsky) zur Vorbereitung auf die geplante Weltkirchenkonferenz in Amsterdam ein »paper« über »die Kirche« zu verfassen.

Unter dem Titel »Die Kirche – die lebendige Gemeinde des lebendigen Herrn Jesus Christus« schrieb er hier Gedanken nieder, die er seines Erachtens »zum erstenmal so genau und ausführlich« sagte – Gedanken, die sich »auf der sogenannten ›kongregationalistischen‹ Linie« bewegten. Vom Verständnis der Kirche strikt als »Ereignis ihrer Versammlung« her habe »ich den ganzen Begriff der kirchlichen

---

* einfacher Bürger

›Obrigkeit‹ – sowohl in der bischöflichen wie in der synodalen Form – abgebaut und Alles (ein wenig in der Art der ›Pilgerväter‹) auf die Gemeinde aufgebaut«[45].

Im Sommersemester 1947 ließ sich Barth in Basel von dem Schweden Gustaf Wingren vertreten, während er selber wieder nach Bonn fuhr – erneut auf einem Schiff, auf dem er »die meiste Zeit in der Kajüte gearbeitet« hat. Er wohnte in Bonn diesmal in der Nuß-Allee 2, »im Geologischen Institut, einem mächtigen Gebäude«, das »mitten im Grünen« lag, »so daß ich z. B. . . . an meinem Arbeitsplatz direkt auf eine gewaltige Ceder vom Libanon« blickte[46]. »Ich fand die Situation gegenüber dem letzten Jahr in verschiedener Hinsicht verändert. Noch hatten sich zwar die von den meisten Studenten mitgebrachten wissenschaftlichen Voraussetzungen nicht wesentlich gehoben« – eine Aufnahmeprüfung für das Seminar ergab ein derart schlechtes Resultat, daß »ich . . . dann alle miteinander begnadigt« und aufgenommen habe, »ungefähr so, wie man sich die Apokatastasis* vorstellt!« »Es hatte sich aber die Zahl meiner Zuhörer zum Teil infolge einer Sonderbewilligung der britischen Militärregierung . . . verdoppelt oder verdreifacht . . . Wiederum war in der geistigen Haltung der Studenten eine inzwischen eingetretene Verhärtung, ja eine gewisse Widerspenstigkeit bei aller Aufmerksamkeit, in der sie mir folgten, nicht zu verkennen. Sie zu überwinden, hat eine gewisse Mühe gekostet, ist dann aber gegen Ende des Semesters immerhin gelungen« – eine Mühe, die »ein witziger kleiner Württemberger die ›Eselsgeduld‹ nannte, die ich mit ihnen gehabt habe«. »Meine Aufgabe in Bonn bestand zunächst in der Abhaltung einer vierstündigen Privatvorlesung: ›Die christliche Lehre nach dem Heidelberger Katechismus‹, einer einstündigen öffentlichen Vorlesung: ›Der christliche Begriff der Offenbarung‹ und eines zweistündigen Seminars über Kirche und Staat.«[47] Die Vorlesung fand am »Morgen früh 7 Uhr (nach schweizerischer Zeitrechung in jenem Sommer früh 5 Uhr!)« statt und zwar »im Chemischen Institut an der Poppelsdorfer Allee, wo ich, umgeben von allerlei auffallend geformten Gläsern und Apparaten, wie eine kuriose Neuauflage des Dr. Faust, dieses mein Wesen trieb«. Die Benutzung dieses Lokals mußte »ich mir freilich erst durch eine der hier gangbaren Schiebungen (›Schweizerpakete‹ – ein Traumideal für jedermann! – an die Institutsverwalterin!!) sichern«[48].

Die Vorlesung über den »Heidelberger« wollte keine historische Exegese dieses Katechismus sein, sondern eine dogmatische »Darstellung des Evangeliums von Jesus Christus«. Nicht einer Idee oder Lebensregel, sondern des Evangeliums! Sie

---

* Die Allversöhnung

wollte darum allein dem Hinweis dienen, wie Barth zu Anfang sagte: »Weicht ihr Trauergeister, denn der Freudenmeister Christus tritt herein.« Dem Hinweis! Denn das Evangelium ist kein »totes Gut, das man ›hat‹. Man hüte sich vor dieser kapitalistischen Auffassung des Christentums . . .!« Es will vielmehr immer neu gesucht werden. »Alle Theologie darf nur dazu dienen, vom Menschen weg auf Ihn zu zeigen, und nur wo das geschieht, da lebt seine Gemeinde.« Wenn Barth seine »Darstellung« jenem Katechismus anschloß, so nicht, um einer »reformierten Orthodoxie« das Wort zu reden, sondern um deutlich zu machen, daß das christliche Denken wie an die Schrift, so auch – in freier Dankbarkeit – an die »Väter« gebunden ist. In diesem Fall sinnvollerweise an jene reformierten Väter, weil ihre gemeinevangelische Erkenntnis ein Mittel gegen den »Konfessionalismus« sei, »den ich . . . für etwas vom Bedenklichsten halte, was sich heute in der deutschen Theologie und Kirche ereignet«[48a].

In der Vorlesung über das Verständnis der Offenbarung sah Barth die Besonderheit der *christlichen* Offenbarung darin, daß sie ein lebensnotwendiges, ein bejahendes, ein absolutes und jeden Menschen angehendes Ereignis sei, in dem sich ein grundsätzlich verborgener, dem Menschen unzugänglicher und ihm gegenüber freibleibender Sachverhalt erschließt, ja schon definitiv erschlossen hat und zwar so, daß er, ganz »von außerhalb des Menschen« kommend, den Menschen ganz mit Beschlag belegt.

Wie im Vorjahr reiste Barth auch bei diesem viermonatigen Deutschlandaufenthalt mit Vorträgen durchs Land. »Immer wieder die weiten deutschen Landschaften, [bereist] in eiliger Auto- oder (weniger gern) Bahnfahrt, immer wieder Säle und Kirchen voll Menschen, Diskussionen, bei denen man angestrengt aufpassen muß, was sie vorbringen, um dann würdig replizieren und duplizieren zu können, aber auch einzeln oder gruppenweise auftretende Zeitgenossen, die irgendetwas zu sagen, zu fragen, zu klagen haben. Ja, immer wieder die Deutschen in ihrer . . . ganzen Art und Unart, die mich bei und trotz Allem immer wieder interessieren und meisterhaft an- und auszupumpen wissen.« »Ich habe in Bonn, Godesberg, Köln, Aachen, Velbert, Barmen, in Neustadt a. d. H., Dortmund, Münster i. W., Darmstadt, in Hamburg und Oldenburg, in Berlin und Dresden, schließlich in Frankfurt a. Main, München, Stuttgart und Göppingen vor sehr großen Auditorien Vorträge gehalten und im Ganzen viermal gepredigt« – in Hamburg sogar »mit einer . . . Halskrause« angetan«[49]. Ebendort war auch eine vielstündige, von Hellmut Traub geleitete Diskussion über den Konfessionalismus und das Verhältnis zur Politik zu bestreiten. In Oldenburg war es die Gesellschaft für evangelische Theologie, in Barmen der Coetus reformierter Prediger, in Darmstadt der Bruderrat der BK, in Frankfurt die reformierte Synode, vor denen zu reden war. Auf einer Fahrt verlor das Auto des befreundeten Juristen Paul Schulze zur Wiesche plötzlich ein ganzes Rad – »zum

Glück war der Chauffeur ein geübter Fahrer . . . und wußte den schlingernden Wagen zu bändigen«[50]. In Neustadt lernte Barth den pfälzischen Wein lieben und loben. In München machte er auch einen Besuch bei Bischof Meiser und auf dem Weg dorthin, in Nürnberg, einen bei Georg Merz, der »jedenfalls menschlich sehr gut, aufhellend und ausgleichend« ausfiel[51]. In Stuttgart kehrte er bei Minister Wilhelm Simpfendörfer ein, dessen Söhne bei ihm studierten. An Vorträgen standen Barth auf diesen Reisen zur Verfügung: einmal jenes für Amsterdam verfaßte »Papier« über die Kirche, ferner die Auslegung der 6. Barmer These (»Die Botschaft von der freien Gnade Gottes«) und schließlich ein Vortrag über »Christus und wir Christen«, der die nötige »Grundlage« für alle erforderlichen Bemühungen um den Neuaufbau aufzeigen wollte. Der zweitgenannte Vortrag betonte, daß Gott nicht nur »freie Gnade« *übt,* sondern seinem Wesen nach *ist* und daß darum die Kirche die Botschaft von ihr nicht nur *sagt,* sondern in deren Ausrichtung geradezu *lebt.*

Wiederum der Höhepunkt bei diesen Vortragsreisen war der Besuch Anfang August in Berlin. Barth sprach dort nicht nur vor und mit deutschen Pfarrern und anderen Christen (auch zweimal im Rundfunk), er sprach auch »mit den großen Leuten der französischen Besatzung«, mit dem »kommandierenden General der Engländer« und mit dem »klugen Asiaten Tulpanow und seinem Adlatus Jermolajew«, aber auch mit dem schweizerischen Gesandten, bei dem er die Berliner Bürgermeisterin Louise Schröder kennenlernte[52]. Abermals saß er »einen ganzen Nachmittag mit einer Gruppe von wirklichen, leibhaftigen deutschen Kommunisten zusammen . . . ›Erlauben Sie mir, Ihnen etwas aus der Bibel mitzuteilen!‹ habe ich ihnen schließlich gesagt und rezitierte ihnen dann aus dem Prediger Salomo das Wort: ›Sei nicht allzu gerecht und nicht allzu weise, daß du dich nicht verderbest‹ (mit der Bemerkung: das könnte wirklich auch der westlichen Kirche gesagt sein!) und dazu die Fortsetzung: ›sei nicht allzu gottlos und narre nicht, daß du nicht sterbest zur Unzeit!‹ (mit der Bemerkung: das könnte nun gegen oder vielmehr für euch Östler gesagt sein!)«[53]. Es folgte ein zweitägiger Besuch in Dresden, wo Barth sich von Bürgermeister Richter die »exceptionell schrecklich zerstörte Stadt« zeigen ließ, mit Laienvertretern der BK zusammentraf und im ganzen einem Luthertum begegnete, »das man sich nun wirklich gefallen lassen« konnte. Nach seinem Vortrag (über »Die Kirche . . .«) vor 3500 Zuhörern saß er bei einem Empfang »neben einem Sowjetoffizier, den ich in meiner abschließenden Tischrede bei der schönen Menschlichkeit von Dostojevski behaftete, die zu bewähren die rote Armee in diesem Lande nun so wichtige Gelegenheit habe«. »Noch bewahre ich von jenem Abend einen kleinen Gutschein, auf dessen einer Seite es heißt: ›Bekennende Kirche‹ – auf der andern aber schlicht und groß: ›1 Schnaps‹! Das gabs nur einmal.«[54]

Es war bereits die Frage der Stellung der Kirche in dem anhebenden Ost-West-Konflikt, auf die Barth bei seiner Reise in den deutschen Osten stieß; diese Frage sollte ihn für einige Jahre stark in Anspruch nehmen. Die andere Frage, die ihn ebenso in der folgenden Zeit in Atem halten sollte, die der Stellungnahme zu Bultmanns Programm der Entmythologisierung des Neuen Testaments, trat ihm ebenfalls schon in diesem Sommer entgegen. Er wurde von Bischof Wurm in seiner Eigenschaft als Ratsvorsitzendem der EKiD um ein Gutachten ersucht zu einer von Pfarrer Hans Bruns gestellten Frage: wie Bultmanns Bezeichnung der Geschichte vom »leeren Grab« als »Legende« zu beurteilen bzw. zu verurteilen und wie dieser Mann zu maßregeln und sein Einfluß einzudämmen sei? In seiner ausführlichen Antwort erklärte Barth: daß er den recht verstandenen Begriff »Legende« für unanstößig halte und daß sich seine Bedenken vielmehr gegen einen ganz anderen Punkt richteten – weniger gegen die Entmythologisierung als gegen das »›existentialistische‹ Schema«, das Bultmann als »Kanon zur Auslegung der neutestamentlichen Texte« benutze; und es sei noch sehr die Frage, ob jener Fragesteller nicht selber nach diesem Schema verfahre. Jedenfalls sei von kirchenpolitischen Maßnahmen gegen Bultmann abzuraten, ihm sei, wenn überhaupt, dann nur mit einer besseren Theologie zu begegnen[55].

Lehre und Forschung 1947/48

Als Barth nach einigen Ferientagen (mit Ernst Wolf) im Engadin und auf dem Bergli in der Basler Vorlesung seine »Anthropologie« weiter ausführte, kam er in einem Exkurs gleich wieder auf Bultmann zu sprechen. Er brachte dabei gegen Bultmanns Verständnis von Ostern (als dem Ereignis der Entstehung des Glaubens) das Argument vor: an Ostern sei Jesus seinen Jüngern *gegenüber* getreten, und erst *so* sei ihr Glaube ermöglicht worden. Bei dieser Gelegenheit stellte Barth einige allgemeine Fragen zum ganzen Entmythologisierungsprogramm: ob es nicht auch historisch nicht nachweisbare und doch wirkliche Geschehnisse gebe? ob uns das »moderne Weltbild« von vornherein im Blick auf den biblischen Inhalt binden und verpflichten könne? usf.

Dieser Exkurs stand in einem weiteren Zusammenhang, in dem gezeigt wurde, daß der Mensch Mensch ist nur »in der ihm gegebenen Frist seines vergangenen, gegenwärtigen und künftigen Lebens«. In entsprechender Weise war zuvor gezeigt worden, daß der Mensch Mensch ist in seinem Begriffensein in der Verantwortung vor Gott – daß er Mensch ist in seinem »Sein in der Begegnung . . .: zwischen Ich und Du, zwischen Mann und Frau« – und daß er Mensch ist in der Ganzheit, Differenziertheit und Einheit von Seele und Leib. »Einen in einer ersten Fassung vorhandenen Paragraphen ›Der Mensch und die Menschheit‹, der vom Einzelnen, von den Gemeinschaften und von der Gemeinschaft der Menschen handelte, habe ich fallen gelassen, weil ich des theologischen Zugangs zu dieser Frage und darum dann auch der richtigen Behandlung nicht sicher genug war.« (Einen exegetischen Exkurs über Römer 5 aus diesem Paragraphen gab Barth jedoch 1952 gesondert – unter dem Titel »Christus und Adam« heraus.) Jene anderen erwähnten anthropologischen Erkenntnisse waren jeweils eingeleitet und begründet durch christologische Besinnungen: »Jesus, der Mensch für Gott« – »Jesus, der Mensch für den anderen Menschen« – »Jesus der ganze Mensch« – »Jesus der Herr der Zeit«. Noch weiter vorher war nämlich die These aufgestellt worden, daß die Anthropologie zwar nicht Christologie sei, daß aber »der Mensch Jesus« als »das offenbarende Wort Gottes . . . die Quelle unserer Erkenntnis des von Gott geschaffenen menschlichen Wesens« sei. Barth meinte, die nicht-theologischen Wissenschaften könnten wohl einzelne »Phänomene des Menschlichen«, aber nicht den »wirklichen Menschen« selbst erkennen. Dieser sei eben erst in Jesus Christus erkennbar. Der »*wirkliche*« Mensch ist nicht der geschöpfliche Mensch an sich, aber auch nicht der gegen sein geschöpfliches Wesen sündigende Mensch, sondern »der wirkliche Mensch ist der Sünder, der Gottes *Gnade* teilhaftig ist«[56]. Manche Leser des Buches, z. B. Heinrich Vogel, stießen sich am letzten Abschnitt, in dem gesagt wurde: daß unser Tod zwar praktisch Gerichtscharakter habe, daß er aber an sich zur guten Natur des Menschen gehöre und daß das »ewige Leben« darum weder in einer Veränderung noch Fortsetzung unseres jetzigen Lebens, sondern in der Offenbarung unseres gewesenen Lebens bestehe.

Diese Anthropologie enthielt auch Auseinandersetzungen mit Fichte, Nietzsche und Jaspers. Hingegen war »die Bezugnahme« auf Werke älterer Theologen »diesmal etwas spärlich«. Das hing damit zusammen, »daß die Darstellung sich hier noch weiter von der dogmatischen Tradition entfernt« hat »als etwa in Band II/2 . . . Den Weg zur theologischen Erkenntnis des Menschen, den ich für den allein möglichen halte, hat von den älteren und neueren Kirchenvätern, bei denen ich mich umgesehen habe, nun keiner wählen wollen . . . Wogegen ich zum Nachweis meiner Grundlagen auch diesmal viel, sehr viel biblische Überlegungen sichtbar machen mußte«. Zu seinem Bedauern glaubte Barth dabei aber keine rechte Hilfe bei den zeitgenössischen Exegeten zu finden, eben auch bei seinem Freunde Bultmann nicht. Im ganzen schien ihm die Zeit »noch nicht da zu sein, wo der Dogmatiker sich darum mit gutem Gewissen und Vertrauen auf die Ergebnisse seiner alt- und neutestamentlichen Kollegen beziehen können wird, weil es dann vielleicht auf beiden Seiten wieder klar sein wird: der Dogmatiker hat auch exegetische, aber der Exeget hat auch dogmatische Verantwortung! Solange so viele Exegeten ihren Teil an dieser gemeinsamen Lektion noch nicht besser gelernt oder jedenfalls noch nicht besser in Übung gesetzt haben, . . . bleibt dem Dogmatiker nichts übrig, als sich seinen ›Schriftbeweis‹ – seinerseits in der ganzen Gefährdung des Nichtfachmanns – selber zu erarbeiten«[57].

Barth (der sich übrigens bei seinen Bibelzitaten in der Dogmatik mit einer »an Regelmäßigkeit grenzenden Häufigkeit« der Zürcher Übersetzung anschloß[58]) bestritt das Recht der historisch-kritischen Exegese nicht. Kennzeichnend für seine Exegese aber war vor allem – einmal seine Abneigung gegen eine Diskussion rein über die Methode der Auslegung abgesehen vom Vollzug der Auslegung konkreter Texte. Er meinte, »daß Hermeneutik kein selbständiger Gesprächsgegenstand sein, daß ihr Problem nur in unzähligen hermeneutischen Akten – alle sich gegenseitig korrigierend und ergänzend, aber vor Allem: alle auf den Inhalt der Texte bezogen – angegriffen und beantwortet werden kann«[59]. Und kennzeichnend für Barths Exegese war ferner seine Abneigung gegen den »Zwang einer Methode«, laut der der Sinn eines biblischen Textes erst von irgendeinem postulierten historischen Vorher oder Nachher zu erhellen ist. »Als wäre das die ›biblische‹ Anschauung, was sie mit irgendwelchen hypothetischen Vorstufen und dann wieder mit den Apokryphen und Pseudepigraphen gemeinsam hat . . .! Wogegen es mir ›sympathisch‹ ist, mich daran zu halten, daß die . . . Texte selbst, so wie sie vorliegen, sich jenem Vorher und Nachher gegenüber ja gerade *abgrenzen* und etwas *Eigenes* sagen . . . Eben dem, was die Texte selber sagen wollen, gilt meine ›Sympathie‹!«[60]

Im letzten Teil der »Anthropologie«, der im Winter 1947/48 entstand, konnte Barth zum ersten Mal auch auf Bücher seiner Söhne hinweisen: auf die bei Ernst Wolf eingereichte neutestamentliche Dissertation von Markus Barth »Der Augenzeuge. Eine Untersuchung über die Wahrnehmung des Menschensohnes durch die Apostel« – und auf die von Walter Baumgartner angenommene Doktorarbeit von Christoph Barth »Die Errettung vom Tode in den individuellen Klage- und Dankliedern des Alten Testaments«. Der letztere hatte 1947 auch noch die alte Bonner Vorlesung seines Vaters (von 1932/33) über die »Geschichte der Protestantischen Theologie im 19. Jahrhundert« druckfertig gemacht und war dann im Herbst im Auftrag der Basler Mission in die Missionsarbeit im nachmals so genannten Indonesien abgereist – seine »letzte Sentenz, als er im Oktober den Zug zu dem Schiff nach Borneo bestieg, lautete: ›Ein jeder tut, was er kann‹«[61]. Christoph wurde theologischer Lehrer für einheimische Pfarrer in Bandjermasin. Der Vater hatte gerade jetzt ein nahes Verhältnis zu seinen Söhnen, von denen er meinte, daß ein jeder in seiner besonderen Eigentümlichkeit »vermutlich einer Seite meiner eigenen Natur und Figur« entspreche[62]. Markus hörte der Vater nun öfters in Bubendorf predigen, und er glaubte, im Moment »in meinem ganzen Gehörkreis nur den Markus ganz gern predigen« zu hören[63]. Gern hörte er ebenfalls zu, wenn Markus seinen fünf Kindern »treulich und schön . . . die biblischen Geschichten erzählt hat« – in der großväterlichen Hoffnung, »daß irgendetwas von jener Saat in irgendeiner Form bei ihnen Allen aufgehen wird«[64]. Überhaupt begleitete er teilnahmsvoll das Heranwachsen und Anwachsen der Schar seiner Enkel – neugierig, wie sie ihre Gaben entfalten möchten. »Es geht Alles so rasch, und es kommt Alles in neuen Auflagen wieder.«[65] »Einer von ihnen hat neulich die Vermutung geäußert, die vielen Falten in meinem Gesicht kämen wohl davon her, daß ich in meinem Leben so viel gelacht habe.«[66]

Im Frühjahr 1948 schloß Barth seine Lehre vom »Geschöpf« ab. Und den mit ihr gefüllten, 800 Seiten starken Dogmatik-Band III/2, bei dessen letzter Durchsicht ihm sein studentischer Hausgenosse Friedrich Herzog half, widmete er dem Freund Thurneysen zu dessen 60. Geburtstag – mit dem Motto: »Dein Alter sei wie deine Jugend!« In seinem Seminar in dem zu Ende gegangenen Wintersemester hatte er kritisch über Calvins Kirchenbegriff nachgedacht und sich in der Sozietät »alle Mühe« gegeben, »die dem Idealismus so gänzlich entfremdete heutige theologische Jugend an Hand von Herrmann noch einmal darüber zu unterrichten, was wir vor 40 Jahren für den Felsengrund des Heils meinten halten zu sollen«[67]. Im Januar wurde er näher mit »einem hoffnungsvollen jungen Berner«, mit dem Schriftsteller Friedrich Dürrenmatt bekannt: »ein interessanter geistlich-weltlicher Naturbursche«, dessen Haltung ihm »wie etwa die des ›Römerbriefs‹ von 1921« vorkam. Ausgiebig diskutierte er mit ihm, mit dem Regisseur Kurt Horwitz und der Schauspielerin Maria Becker über die Möglichkeit eines christlichen Dramas, die er, wenigstens im Blick auf Dürrenmatts Stück »Der Blinde«, bejahte[68]. Obendrein war in diesen Wintermonaten an verschiedenen Orten (in Safenwil, Neuhausen a. Rh., Zürich, Grabs, Weinfelden, Lugano, Thun und Basel) ein Vortrag über die deutsche Kirche, so wie er sie 1947 angetroffen hatte, zu halten.

Eine neue Einladung für einen dritten Sommeraufenthalt in Deutschland nahm er nicht an – geschweige das Angebot, das Rektorat der Bonner Universität zu übernehmen. Er hatte seinen letzten Aufenthalt doch zu sehr »als einen Mißerfolg in Erinnerung.

Ich habe meine Sache wohl nicht gut gemacht, das rechte Wort nicht gefunden«[69]. Er war aber auch zu enttäuscht von der allgemeinen Entwicklung, in der er die deutsche Kirche begriffen sah. »Angesichts des unseligen VELKD-Luthertums . . ., angesichts des Liturgismus, angesichts der Bultmannschen ›Entmythologisierung‹ auf der einen und des Neo-Pietismus auf der andern Seite und schließlich angesichts des neuen evangelisch-nationalen Kurses, den Dibelius offenbar zu steuern in alter Kraft am Werke ist«, glaubte er, wie die deutsche Politik, so auch die dortigen Kirchen auf einem großen Marsch in die Restauration zu sehen[70]. Und so bekam er den »Eindruck, als ob die Türen dort für mich zugegangen seien, weil ich nun nur die Alternative sehe, mich entweder in die allgemeine, schließlich und faktisch doch auch von der Bekennenden Kirche akzeptierte Linie und Reihe zu stellen, in der mir aber die Worte im Halse stecken bleiben müßten – oder aber einen unartikulierten, infolge mangelnder Kenntnis der Personen und Verhältnisse wahrscheinlich unweisen und unverständlichen Schrei auszustoßen«[71]. Das alles bewog Barth, sogar für einige Jahre bewußt nicht mehr nach Deutschland zu gehen.

So blieb und lehrte er fortan in Basel. Im Lehrkörper der dortigen theologischen Fakultät kam es in dieser Zeit zu einigen Mutationen: Der von Köberle verlassene Lehrstuhl wurde neu mit dem holländischen Ethiker Hendrik van Oyen besetzt, indem die Mehrheit der Fakultät ein Gegengewicht gegen Barth wünschte. Er selbst setzte sich – vergeblich – dafür ein, den Platz mit seinem Schüler Georg Eichholz zu besetzen. Aus der gleichen Absicht, ein Gegengewicht gegenüber Barth zu schaffen, beförderte die Kuratel 1951 den liberalen Fritz Buri zum Extraordinarius. Wilhelm Vischer ging dagegen nach Montpellier fort und Alfred de Quervain nach Bern. Dafür las in Basel für kurze Zeit »als eine Art Ehrenmitglied der greise Bertholet«[72] – und als Privatdozent Werner Bieder.

Von 1948 an gehörte zu Barths Basler Kollegen der vielbeachtete Philosoph Karl Jaspers. Er empfand durchaus »Respekt« vor diesem Mann, »dem es . . . gegeben ist, die Aufmerksamkeit der so mannigfach zerstreuten Zeitgenossen immer wieder auf die ersten und letzten Fragen des menschlichen Daseins zu lenken und sie dabei festzuhalten . . . Der Hörsaal 2 – der größte, über den wir hier verfügen – ist die Stätte [seiner] . . . öffentlichen Wirksamkeit, während ich in dem bescheideneren Nr. 1 und also unmittelbar und buchstäblich zu [seinen] . . . Füßen die der meinigen habe. Und so fehlt es nicht an beflissenen Jünglingen, die wie die Engel auf Jakobs Leiter die beiden Räume verbindende Treppe hinauf und hernieder steigen. Mir ist nicht bekannt, ob vor 130 oder mehr Jahren die lokale Beziehung zwischen den Berliner Vorlesungen Hegels und Schleiermachers – mit denen uns ja die Basler nicht ohne Selbstbewußtsein schon verglichen haben – auch diese oder eine ähnliche oder vielleicht die umgekehrte war. Der ›Streit der Fakultäten‹ darüber, welche nun wohl die ›ancilla‹* sei, ist von jeher von den Einen so, von den Anderen so beurteilt worden. Aber da dies mehr ein Streit unter müßigen Zuschauern als unter beschäftigten Werkleuten ist, dürfen wir uns beide für an ihm unbeteiligt halten. Wir sind einig in der Bemühung um die Erkenntnis des Geheimnisses, das den Mikro- und den Makrokosmos wie begrenzt so auch bestimmt. Es zeigt sich [uns] . . . unter einem je ganz anderen Aspekt, und so kann [unsere] . . . Lehre schon vom ersten Wort an nicht eben dieselbe sein. Wir sind aber auch darin einig, daß dieses Geheimnis in sich eines und dasselbe ist – und einig auch darin, daß es sich lohnt, sich dem Dienst seiner Bezeugung mit ganzem Ernst hinzugeben«[73].

Seit die Grenzen wieder geöffnet waren und sich doch auch für die Deutschen langsam wieder öffneten, wuchs die Zahl der Basler Theologiestudenten beträchtlich. Schon im Winter 1947/48 waren »wir . . . sozusagen über Nacht zu einer wahrhaft ökumenischen Fakultät geworden, wo außer den in die Minderheit geratenen Schweizern über 20 Deutsche, dazu Franzosen, Holländer, Amerikaner, Engländer, Ungarn, Tschechen, Norweger, Dänen, 1 Isländer, 1 Finne ihr Wesen« trieben und »nun doch immerhin gerade auch von mir etwas zu lernen« wünschten[74]. Im Sommer 1948 wurde Barths Hörerschar so groß, daß er mit seiner Vorlesung aus dem bisher benutzten Hörsaal Nr. 17 in den größeren Saal Nr. 1 umziehen mußte. Das war die Stätte, an der er künftig seine Dogmatik vortrug: insofern ungern, als er die »Gesichter der Hörer, weil sie die Fenster alle hinter sich haben, kaum erkennen« konnte[75]. In diesem Sommersemester stand in der Vorlesung der Beginn mit der Vorsehungslehre, im Seminar die Besprechung der reformatorischen Auslegung des Galaterbriefes und in der Sozietät die von Luthers Großem Katechismus auf dem Programm. Einmal hielt Barth zudem in der Studentengemeinde einen Vortrag über das »Credo«.

Seine Vorlesungen bestanden also auch fernerhin darin, die weiter und weiter durchgeführte Niederschrift seiner Kirchlichen Dogmatik – Stunde um Stunde fortlaufend – zu ihrer ersten öffentlichen Verlesung zu bringen. Man kann es auch so sagen: diese Dogmatik hatte ihren »Sitz im Leben« im gesprochenen Wort von Vorlesun-

---

* Magd

gen vor werdenden Pfarrern. Mindestens so ernst und so wichtig wie seine Vorlesungen nahm Barth in seiner akademischen Tätigkeit in all den Jahren seine Seminare und entsprechenden Kolloquien. »Wenn ich von den 10 Wochenstunden, die ich in der Regel lese, sechs diesen Übungen zuwende, so geschieht das in der wachsenden Überzeugung, daß das, was dem Studenten in dieser Form mitgeteilt werden kann, wahrscheinlich doch den unmittelbar fruchtbarsten Bestandteil des akademischen Unterrichts bildet. Der Student soll es an Hand wichtiger Texte lernen, zu *lesen*: sich den Gehalt solcher Texte zunächst ruhig und vollständig zum Bewußtsein zu bringen, das Gelesene in seinem geschichtlichen Zusammenhang zu verstehen, endlich kritisch dazu Stellung zu nehmen. Es bedarf dazu der Anregung, der Anleitung und Korrektur, die ihm durch eine *Zusammenarbeit* geboten wird, in der er einerseits vom Dozenten als sein ständiger Mitforscher angesprochen und behandelt wird, andrerseits auch an den Versuchen seiner Kommilitonen aufgeschlossen und vorsichtig zugleich teilzunehmen hat . . . Es geht . . . um die Erschließung des Studenten für die *Lehre* durch seine aktive Teilnahme an der *Forschung*.«[76] Um diese aktive Teilnahme noch zu verstärken, führte Barth im Winter 1950/51 den Brauch ein, die Seminarsitzungen mit »kurzen Einführungsreferaten zu der gemeinsamen Durcharbeitung der jeweils vorliegenden Textstücke« zu eröffnen[77].

Ihm lag daran, auf diese Weise für soliden akademischen »Nachwuchs« direkt in der theologischen Forschung zu sorgen. So sammelte sich jetzt und in der nächsten Zeit um ihn wieder eine ansehnliche Schar von Doktoranden und Habilitanden: Felix Flükkiger, Eduard Bueß, James Leitch, J. A. van Wyk, Thompson, James M. Robinson, Friedrich Herzog, Eberhard Hübner, Guido Schmidt, Max Geiger und Heinrich Ott. Andererseits vergaß Barth nie – ja, sein Unterricht war sogar primär darauf ausgerichtet –, daß die Zukunft des Theologiestudenten in der Regel die Praxis des Pfarrdienstes ist. Mehr noch: er wünschte, daß diese Praxis die Voraussetzung der Arbeit doch auch jener sei, die theologische Forscher und Lehrer werden wollten. Er meinte, daß man das denen »auf Schritt und Tritt« anmerke, wenn sie »das vielberufene ›Kerygma‹ nie auf ihre eigene Verantwortung genommen, es nie mit Demut und Geduld, mit Lust und Liebe in Predigt, Unterricht und Seelsorge einer wirklichen Gemeinde dienend in seiner kanonischalt- und neutestamentlichen Urgestalt vertreten, sondern immer nur *darüber* nachgedacht und ›Gespräche‹ geführt haben . . . Das gibt dann jene manchmal interessante, aber im Grunde immer sterile Akademikertheologie, die, weil sie die Sache längst zerredet und also gar nicht mehr im Auge hat, gar nicht anders kann, als sich selbst für absolut zu halten und sich entsprechend anmaßend, hochmütig und eitel zu gebärden, immer das Wichtige für unwichtig und immer das Unwichtige für wichtig erklärt, immer nur im Vortrag und in der Verkündigung ihrer mehr oder weniger mutwilligen Behauptungen ernst wird – und ganz ernst eigentlich nur, wenn es wieder einmal um die Streitigkeiten der geliebten Fakultätspolitik geht«[78].

»Christliche Gemeinde im Wechsel der Staatsordnungen«

Ging es, wie schon gesagt, zum Sommersemester 1948 nicht noch einmal nach Deutschland, so unternahm Barth – noch vor Semesterbeginn – doch eine andere Reise: seine zweite Ungarnreise. Er bereitete sich auf dem Rigi auf diese Unternehmung vor, zu der er dann Ende März im Flugzeug aufbrach. »Die ungarische reformierte Kirche hatte mich und meine Mitarbeiterin Charlotte von Kirschbaum zu dieser Reise eingeladen. Meine Aufgabe bestand in Vorträgen, die ich vor Pfarrern, Professoren, Gemeindeältesten, Studenten und weiteren Gemeinde- und Publikumskreisen in sechs Städten zu halten hatte. In Debrecen habe ich am Karfreitag in der nach schwerem Bombenschaden eben wieder hergestellten ›Großen Kirche‹ gepredigt« – über die »Sanftmütigen«, die »das Land besitzen« werden! – »und in Budapest einen ganzen Vormittag lang öffentlich Fragen (zum Teil unheimlich konkrete Fragen!) zu beantworten versucht. Ich habe wohl die meisten führenden Personen der dortigen Kirche und Theologie wiedergesehen oder neu kennengelernt und mehr oder weniger eingehend sprechen dürfen. Aber auch der Staatspräsident Tildy hat mich freundlich und offen empfangen, und der schweizerische Gesandte Dr. Feißt hat mir das Vaterland in angenehmster Weise in Erinnerung gerufen. Ein ungarischer Pfarrer [namens Bodoky], dessen Mutter eine Baslerin war, ist mir als Übersetzer überall treu zur Seite gestanden.«[79]

»Die heutige Jugend, ihr Erbe und ihre Verantwortung« hieß der erste der dort (in Sarospatak und Budapest) gehaltenen Vorträge, in dem »ich mit einem Kantzitat (›Habe den Mut, dich deines eigenen Verstandes zu bedienen!‹) einen ganz unprogrammäßigen, aber sehr deutlichen Beifallssturm entfesselte«. Und weiter sagte Barth hierin: »Die übliche Klage der Alten über die Jungen könnte heute wohl umgekehrt werden, und ihr könntet uns fragen, was wir uns eigentlich dabei dächten, euch aus so viel Nichtswürdigkeit heraus auf die Wanderschaft in eure Zukunft zu schicken?« Der zweite (in

Miskolc, Debrecen, Budapest, Papa, Sopron – und später auch im schweizerischen Burgdorf und Vaumarcus gehaltene) Vortrag handelte von der »wirklichen Kirche«. Sie wurde darin mit dem »wahrhaft erbaulichen Schauspiel« verglichen, »das ich hier in Ungarn nicht genug bewundern kann – wie in der Zigeunerkapelle ein jeder Einzelne seine Augen und Ohren ganz und gar beim Prim-Geiger hat und mit seinem eigenen Spiel nur dessen Inventionen zu folgen bemüht ist und eben so notwendig, selbstverständlich und glücklich mit allen Anderen zusammen spielt!« Im dritten (in Sarospatak und Budapest dargebotenen) Vortrag (»Die christliche Gemeinde im Wechsel der Staatsordnungen«) reflektierte Barth die These von »Christengemeinde und Bürgergemeinde« speziell im Blick darauf, daß »die Staatsordnungen« in der »Bürgergemeinde« wechseln.

Er führte dabei aus, ein solcher Wechsel könne der »Christengemeinde« jedesmal zu einer gefährlichen Versuchung werden, sich *entweder* in Opposition gegen die neue prinzipiell auf die alte Ordnung festzulegen *oder* sich in ebenso prinzipieller Parteinahme mit der neuen gleichzuschalten *oder* sich in falscher Neutralität auf eine apolitische »innere« Linie zurückzuziehen. Dagegen tue »die christliche Gemeinde . . . ihren Dienst im Wechsel der Staatsordnungen dann recht, wenn sie ihm gegenüber so unabhängig und . . . so beteiligt ist, daß sie die Vertreter der alten und der neuen Ordnung . . . miteinander zur Demut, zum Lobe Gottes und zur Menschlichkeit aufzurufen, sie miteinander zum Vertrauen auf den großen Wechsel [in Christi Tod und Auferstehung!] und zur Hoffnung auf seine Offenbarung einzuladen fähig ist«[80].

Gerade an diesem Punkt meinte sich Barth mit seinen dortigen Gesprächspartnern, die ja nun unter einer kommunistischen Regierung standen, zu verstehen. Er fand dort – für ihn viel eindrücklicher als die entsprechende Christenheit in Westdeutschland – »eine Kirche, die sich bemüht, zwischen Opposition und Kollaboration dem neuen Staat gegenüber hindurch einen nüchternen Weg zu gehen – die sich die Schuldfrage gestellt und klar beantwortet hat – die sich im Übrigen mit Evangelisation und Gemeindeaufbau beschäftigt«[81]. Und »mein ›Rat‹ bestand, nachdem ich mir Alles angehört, darin, daß ich ihnen recht gegeben habe«[82]. »Ich darf . . . einschalten, daß ich bei einer Unterredung, die ich auf der Rückreise auf dem Flugplatz in Prag mit einigen tschechischen Freunden [Hromádka, Souček u. a.] haben durfte, bemerkt habe, daß die Fragen sich auch in diesem Land ganz ähnlich stellen.« Schon im Mai – nach einem Besuch von Pfarrer Janos Peter – mußte Barth seinen Freunden in Ungarn freilich in einem Offenen Brief schreiben, daß sie ihm »in der Richtung einer Verbeugung vor der neuen Ordnung« inzwischen etwas »zu weit zu gehen« schienen[83]. Ähnliche Warnungen wiederholte er in der nächsten Zeit mehrfach – in einem Gespräch mit Bischof Ravasz, in Briefen an Bischof Bereczky und Janos Peter – ohne sie jedoch im Westen bekannt zu geben. Denn ihn verlangte nicht danach, Wasser auf die ohnedies schon lebhaft genug klappernde Mühle des Antikommunismus zu leiten.

Eben deshalb wurde er jedoch alsbald von der Schweizer Presse mit einem wahren »Regen von faulen Eiern und toten Katzen« überschüttet[84]. Emil Brunner, der »in dieser Sache das schweizerische Gemüt zweifellos auf seiner Seite hatte«[85], richtete öffentlich die Frage an Barth, warum er jetzt »nicht in ähnlicher Weise in den Gegensatz und zum Bekenntnis gegen den Kommunismus aufrufe«, wie er es gegen den Nationalsozialismus getan hatte[86]. In seiner Antwort (unter dem Titel »Theologische Existenz ›heute‹«) nahm Barth bewußt bloß »die ungeistliche und billige Prinzipienreiterei als solche aufs Korn«[87]: die Kirche Christi urteile »nie ›prinzipiell‹«, sondern »von Fall zu Fall«, also so, daß sie jeweils »neue Erscheinungen auch neu« würdige[88]. Ein Unterschied zwischen damals und heute bestehe z. B. schon darin, daß der Bolschewismus im Westen kaum einem eine ernstliche Versuchung sei, ihn zu »vergöttern«, wie das seinerzeit bei der braunen Gefahr allerdings gar sehr der Fall war. Die Kirche könne aber doch nicht einfach nur »noch einmal sagen, was jeder Bürger ohnehin täglich auch in seiner Zeitung lesen kann«[89]. Grundsätzlich war Barth der Meinung: »Ich bin gegen alle Angst vor dem Kommunismus. Ein Volk, das ein gutes Gewissen hat, dessen demokratisches und soziales Leben in Ordnung ist, braucht keine Angst vor ihm zu haben. Und so erst recht nicht die Kirche, die des Evangeliums von Jesus Christus gewiß ist.«[90] Über diese Frage ging im Juli auch die Diskussion Barths mit Studenten in einem belgisch-deutschen Lager auf Schloß Rotberg.

In seiner Antwort an Brunner redete Barth betont zurückhaltend, um ihn nicht noch einmal – wie einst 1934 mit seinem schroffen »Nein!« – zu kränken. Und immerhin, als er ihn Anfang Oktober bei einer Zusammenkunft der deutsch-schweizerischen Fakultäten traf, war »ich mit Emil Brunner zur allgemeinen Bewunderung so nett . . ., daß man meinen konnte, das Millennium sei . . . schon ›round the corner‹*, doch sorgte die Anwesenheit von Martin Werner dafür, diese Illusion zu zerstreuen«[91]. Gleichwohl wollte in der Folgezeit die »populäre . . . Aufregung hier in der Schweiz« in Sachen Ost-West-Konflikt, die sich speziell auch nach Barths Stellungnahme zu »Ungarn« geäußert hatte, nicht zur Ruhe kommen. »Ihr mich einmal gründlich entgegenzustellen, habe ich mich

---

* hinter der nächsten Ecke

schließlich doch entschließen müssen und also den Auftrag des Berner Münstergemeinderats angenommen und am 6. [Februar 1949] zuerst in der Stadtkirche Thun und dann . . . im Berner Münster aus allen Geschützen Feuer gegeben« – nämlich anhand des ihm gestellten Themas »Die Kirche zwischen Ost und West«[92].

Dieser – im April auch in Genf wiederholte – Vortrag enthielt eine grundlegende Darstellung der Sicht Barths, wie sich die Kirche im gegenwärtigen Ost-West-Konflikt zu verhalten habe. Und – er verstärkte nun auf Monate hinaus die in der Debatte über »Ungarn« angelaufene Polemik eines Großteils der Schweizer Presse gegen Barth und überhaupt gegen »die« Barthianer, speziell gegen Albert Schaedelin, gegen den inzwischen nach Bern berufenen Walter Lüthi und den Seminardirektor Fankhauser. Der in jenem gleichen Februar stattfindende Hochverrats-Prozeß gegen den ungarischen Kardinal Mindszenty heizte die Polemik nur noch mehr an. Schon zu Anfang seines Vortrags hatte Barth freilich gewarnt, daß »solche, die zwar an der Frage Ost-West sehr leidenschaftlich, an der Kirche aber nur lau interessiert sind«, sich an seiner These gewiß ärgern würden.

Diese seine These bestand darin, daß die Blockbildung von Ost und West auf einem Macht- und Ideologiekonflikt beruhe und daß die Kirche keinen Anlaß habe, dabei Partei zu ergreifen: weder für den Osten mit »seinen totalitären Greueln« noch für den Westen, solange dieser dem Osten immerhin noch Grund zu berechtigter Kritik gebe. Sondern »der Weg der Gemeinde Jesu Christi in der Gegenwart« müsse heute in großer Freiheit »ein anderer, ein dritter, ihr eigener Weg sein«[93]. Es war wohl charakteristisch für die Hysterie dieser Zeit, daß die folgende Polemik gegen Barth gerade diese These übersah und sich vielmehr darauf beschränkte, aus der mehr in einer Nebenthese gemachten Differenzierung zwischen Nationalsozialismus und Kommunismus den Vorwurf seiner Rußland-Hörigkeit abzuleiten. Seine jetzt in der Ost-West-Frage wieder und wieder erteilte Parole »Fürchte dich nicht!« gab übrigens auch den Titel ab für die Sammlung seiner Predigten aus den Jahren 1934–1948, die Ernst Wolf 1949 herausgab.

Die Weltkirchenkonferenz in Amsterdam

In denselben Monaten, in denen Barth – in der Folge seiner Ungarnreise – derart mit der Ost-West-Frage zu tun hatte, gab ihm ein anderes Problem wesentlich mehr zu denken und zu schaffen: die Aufgabe, sich an der ökumenischen Begegnung der Kirchen zu beteiligen. Anlaß zur Beteiligung an dieser Aufgabe bot ihm die Einladung, bei der ersten Weltkirchenkonferenz in Amsterdam mitzuwirken und dabei speziell das einleitende Hauptreferat (verbunden mit einer Stellungnahme zu den vier Vorbereitungsbänden) zu halten. Als ihm im Januar 1948 dieser Auftrag übermittelt wurde, winkte er zunächst ab. Hromádka ermunterte ihn damals: »Es gibt Schultern, die große Lasten tragen können und müssen.«[94] »Ich habe mich früher nicht oder kaum an der ›Ökumenischen Bewegung‹ beteiligt, hatte sogar allerhand gegen sie einzuwenden, wie mir denn alle ›Bewegungen‹ als solche immer etwas suspekt waren . . . Aber in diesem Fall muß ich . . . bekennen: My mind has changed.«* Es zeigte sich , »daß ich diese Mitarbeit und Mitverantwortung bei näherem Zusehen nicht nur interessant, sondern auch wichtig finden mußte«[95]. Am Ende des Sommersemesters 1948 (in Tagen, in denen ihn auch das Hinscheiden seines Schwagers Karl Lindt bewegte) zog sich Barth ins Bubendorfer Pfarrhaus zurück, um sich auf seinen Vortrag vorzubereiten.

Nach einer viertägigen Vorkonferenz der vier Subkommissionen in Woudschoten, an der er bereits teilnahm, hielt er am 24. August in Amsterdam seinen Vortrag – über das gestellte Thema: »Die Unordnung der Welt und Gottes Heilsplan«.

»Mein Vortrag lief . . . auf der Linie, daß die Sache auf den Kopf gestellt werden sollte: man sollte zuerst von Gottes Heilsplan und dann erst von der Verwirrung der Welt reden.«[96] Sonst – so glaubte Barth – bestehe die ernste Gefahr, daß die Christenheit steckenbleibe nicht nur in ihren menschlichen Beschreibungen und Beurteilungen der irdischen Nöte, sondern schließlich genauso in ihren menschlichen Plänen und Maßnahmen zur Bekämpfung und Überwindung dieser Nöte. Es ging darum seiner Meinung nach »nicht anders, als daß gegenüber dieser world-wide christianity** . . . nun eben doch die lutherische Komponente des Evangeliums wieder einmal sehr bestimmt zur Sprache zu bringen« und »zu guter letzt doch Jes. 8,10 zu zitieren« war. Er kritisierte darum an den Vorbereitungsarbeiten vor allem die dort sich durchgehend meldende Auffassung, »als müßten wir Christenmenschen und Kirchenleute das ausrichten, was doch nur Gott selbst vollbringen kann und was er ganz allein vollbringen will . . . Wir werden es nicht sein, die diese böse Welt in eine gute verwandeln. Gott hat seine Herrschaft über sie nicht an uns abgetreten . . . Daß wir inmitten der politischen und sozialen Unordnung der Welt seine Zeugen . . . seien, ist Alles, was von uns verlangt ist. Wir werden eben damit, das zu sein, alle Hände voll zu tun haben«. An jenen Vorbereitungsarbeiten fand er im Einzelnen dann aber auch das zu bemängeln, »daß man über ›Die Unordnung der Welt und Gottes Heilsplan‹ . . . reden und dabei über die Wiederkunft Christi, über Gottes Vorsehung, über den Hl. Geist – und auf der andern Seite über Eigentum, Kapital, Zins usw. vier Bände lang einfach schweigen« konnte[97].

Im übrigen bestand Barths offizielle Tätigkeit in Amsterdam in einer Eröffnungsansprache bei einer Sonderveranstaltung der Re-

---

* Meine Meinung hat sich geändert
** weltweite Christenheit

formierten, ferner darin, »jeweils am Nachmittag auch in der Son-
derkommission for the women in the church*« zu präsidieren;
dabei vermochte er »die christlichen Frauen« allerdings nicht davon
zu überzeugen, »daß Paulus außer Gal. 3,28 (das, aber auch nur das
haben sie freudig bejaht!) auch noch andere wichtige und richtige
Dinge zu ihrer Frage gesagt habe«. Schließlich hatte er in der
Sektion I (Frage der Kirche und ihrer Einheit) mitzuarbeiten, die in
einer Turnhalle unter Leitung von Bischof Lilje tagte. »Die Entdek-
kung, die ich als lebhaft mitwirkendes Mitglied . . . der Sektion I
gemacht habe: daß es neben der ›Dogmatik‹ und ›Symbolik‹ in der
theologischen Wissenschaft auch noch so etwas wie eine ›Ökume-
nik‹ geben müßte: die Kunst, sich in Form der Aufzeigung der
disagreements within the agreement, aber auch der agreements
within the disagreement** zwischen den verständigen Theologen
verschiedener Kirchen zu begegnen und ein Stück weit, wenn nicht
zu vereinigen, so doch anzunähern . . . Dies war die Kunst, in der ich
mich dort insbesondere im Zusammenwirken mit Florovski, mit
dem Anglikaner Ramsey (über die Beziehung zwischen diesem
Mann und mir fiel von dritter Seite das Wort: wenn es so weit sei,
dann müsse das Millennium ›round the corner‹*** sein!) und dem
Lutheraner Nygren geübt habe.« »Ich habe übrigens über Stock
und Stein (in einer Pressekonferenz sogar in öffentlicher Ansprache
und in allen Sektionsdiskussionen ganz selbstverständlich) mein
Conference-English geredet.«

Am Rand der Konferenz gab es natürlich zahlreiche Begegnungen – etwa mit »dem schwedischen Erzbischof Erling Eidem,
der nicht nur Arm in Arm mit mir durch halb Amsterdam gezogen
ist, sondern mich am letzten Tag nun geradezu umarmt und geküßt
hat« – »neckischer Weise vor den Augen des so eifrigen deutschen
Lutheraners Schlink«, – oder mit »dem sehr farbig bekleideten
Bischof der Mar Thoma-Kirche in Indien, dessen Herz ich immerhin
mit der bekannten besseren Exegese von Joh. 20 (zugunsten des
Apostels Thomas!) erfreuen konnte«[98] – oder mit Georg Merz, der
Barth mit dem Wort erheiterte: »Ach, laß mir halt mei Konfession.«[99] Mit Miskotte und Bischof Lilje schaute er sich den Krö-
nungszug von Königin Juliana an, zu der er auch einmal mit 30
Prominenten eingeladen war. »Im Lichthof des königlichen Pala-
stes . . . – ich erinnere mich, daß Prinz Bernhard irgendwie in der
Nähe stand«, wurde er bei der Gelegenheit persönlich mit John

---

* für die Frauen in der Kirche
** Meinungsverschiedenheiten in der Übereinstimmung, Übereinstimmungen in der Meinungs-
verschiedenheit
*** das 1000jährige Reich »hinter der nächsten Ecke«

Foster Dulles bekannt; sein Blick war »dabei kalt und abweisend«
und er gefiel »mir auch sonst nicht«[100]. »Das Essen« am Hof war
»genau so, wie man es sich als Kind in den Märchen vorgestellt
hatte.« Als ein ebenfalls dorthin eingeladener Vertreter Indonesiens
(wegen des Kriegs mit Holland!) unsicher war, ob er der Einladung
folgen dürfe, wurde Barth als »Schiedsrichter« zur Delegation jenes
Landes gerufen. »Ich entschied, daß ein *ganz* guter Republika-
ner . . . und ein guter Christ . . . dies sehr wohl annehmen könne,
versprach aber, mit dem betr. kleinen Mann . . . zusammen bei den
königlichen Hoheiten einzutreten und wies ihn an, die Tiefe seiner
Verbeugung genau nach der meinigen zu richten.« – – »Kurz, es
passierte immer etwas vom Morgen bis zum Abend, den ich mit
Pierre Maury zusammen mit einem kleinen ›Bols‹ in der Hotelbar zu
beschließen pflegte.«[101]

Alles in Allem hielt Barth »Amsterdam« für eine »bedeutsame
und annehmbare Sache . . . Mir war eindrucksvoll und erfreulich:
1. Das Phänomen der ›Jungen‹ Kirchen. Mit einem Mann aus Indien
(Devadutt), einem andern aus Ceylon (Niles) . . . habe ich je einen
Abend zugebracht und mir klar gemacht, daß ein allfälliges Aufhören des ›fahrenden Platzregens‹ des Wortes Gottes hier in Europa
nur bedeuten würde, daß er sich inzwischen anderswohin begeben
hat . . . 2. Die Tatsache, daß die auch reichlich zerspaltene Christenheit es im Unterschied zur UNO . . . immerhin zu einer bemerkenswerten Einigung . . . gebracht hat. 3. Die relative Unabhängigkeit
der Verhandlungen und Beschlüsse gegenüber dem, was ›man‹ von
diesem Amsterdam ›erwarten‹ zu dürfen meinte . . . 4. Die bei
Vergleichung der vorbereitenden Arbeiten und der Amsterdamer
Verhandlungen . . . bemerkbare Verschiebung des theologischen
Schwergewichts zugunsten einer Betrachtung von ›oben‹ nach ›unten‹ . . . 5. Das Resultat, daß aus der Konstituierung des World
Council zu einem geistlichen Westblock nun doch entschieden
nichts geworden ist.«[102]

Amsterdam brachte einige Nacharbeit. Im Oktober berichtete
Barth in Basel neben Alphons Koechlin und Ernst Staehelin über
seine »Eindrücke von Amsterdam«. Es entstand ein Briefwechsel
mit dem Katholiken P. Jean Daniélou, der sich über Barths Auslassungen über die Nichtbeteiligung Roms an der Konferenz geärgert
hatte – und ein anderer Briefwechsel mit dem Amerikaner Reinhold
Niebuhr, der Barth des Quietismus zieh, aber in einer für diesen so
unzutreffenden Weise, daß Barth gerade deshalb meinte: »daß es
zwischen der amerikanischen und unserer kontinentalen Art christlichen Denkens und Redens noch einmal zu Auseinandersetzungen
kommen könnte, die wichtiger und vielleicht auch gefährlicher

werden könnten als die zwischen den Kirchen«[103]. Barth vermißte im
Denken der »Amerikaner« in den Gegensätzen von Gute und Böse
usw. »eine dritte Dimension«: das Wort Gottes, der Heilige Geist,
Gottes Gnade und Gericht usw. – »das Alles nicht als Prinzipien . . ., das Alles als Bezeichnung von Ereignissen«. Im folgenden
März suchte er in einem Vortrag in Zürich-Wipkingen (»Die ökumenische Aufgabe in den reformierten Kirchen der Schweiz«) die
Tragweite der Ökumene für die schweizerische Situation und speziell für ihr »Richtungswesen« aufzuzeigen. Bei dieser Gelegenheit
wurde eine (unter dem Vorsitz von Gottlob Wieser stehende, in der
Folge freilich nie recht florierende) »Kirchlich-theologische Arbeitsgemeinschaft« der Schweiz gegründet, in der die theologische
Arbeit des »Hilfswerks für die Bekennende Kirche« aufging, während dessen karitativer Zweig ganz von dem »Hilfswerk der evangelischen Kirchen der Schweiz« (HEKS) übernommen wurde. Im Juli
referierte Barth schließlich in Basel über die Arbeit jener Sektion I
(»Der Skandal der uneinigen Kirche«). Infolge seiner Mitwirkung in
»Amsterdam« wurden ihm nunmehr öfters »ökumenische« Besucher ins Haus geführt – wie in diesem Sommer der Inder Sundar
Rao und Bischof Kulandra und S. Selvaretnam aus Ceylon.

Auf der Amsterdamer Konferenz hatte er auch allerlei Einladungen zu Gastreisen erhalten. Aber eine Reise in die USA interessierte ihn immer noch nicht und eine nach Deutschland im Moment
nicht mehr. Eine ihn eher verlockende Fahrt nach Indien und
Ceylon blieb ebenso unausgeführt wie eine (für Februar/März
1949) schon fest geplante Vortragsreise nach Schweden, Finnland,
Norwegen und Dänemark, die aus Gesundheitsgründen abgesagt
werden mußte. Eine Auslandsreise, nämlich nach Frankreich,
wurde aber immerhin ausgeführt – und zwar schon im September
1948, unmittelbar nachdem Barth sich in Basel erfolglos mit Bultmann über jene kritische Passage in KD III/2 zu verständigen
gesucht hatte. In Bièvres bei Paris, in einem »Lustschlößchen der
Veterinäre (!) Ludwigs XIV.«[104], redete er »an einer Konferenz der
ehemaligen Mitglieder des christlichen Studentenbundes« (in direk-
tem Anschluß an KD III/2) in drei Vorträgen über »Die Wirklichkeit des neuen Menschen« – »im Fluß einer jener Diskussionen, die
man in so herrlicher Lebhaftigkeit nur in Frankreich erleben
kann«[105]. Bei diesem Anlaß »habe ich das Grab Napoleons, Notre
Dame, den Louvre wieder und die wehmütigen Ruinen von Port
Royal aux Champs zum erstenmal gesehen und schließlich sogar die
Höhe des Eiffelturms erreicht«[106]. Darüberhinaus habe »ich mich«
kindlich entzückt in den Hohlspiegeln »im Musée Grévin in Paris
erblickt«[107]. Und in Versailles »dachten [wir] an Marie Antoinette,

und fragten uns, wie doch alle die menschliche Größe und Schuld und Misere zusammenhängen und am Ende aller Tage einmal als in Ruhe bewegte Einheit offenbar werden möchten«[108].

Lehre und Forschung 1949–1951

Als nach diesen arbeitsreichen und ferienlosen Monaten des Jahres 1948 das Wintersemester begann, fühlte sich Barth begreiflicherweise müde. Und doch hatte er sich gleich wieder an neue Arbeit zu begeben. Zur Vorbereitung seiner Vorlesung (über Gottes Vorsehung!) besuchte er ausgiebig den – Basler Zoo, »um mir, bevor ich von Schöpfung und Vorsehung weiterrede, alle die Tiere wieder einmal genau anzusehen«[109]. Im Seminar und in der Sozietät behandelte er jetzt – »als Flügelungeheuer zur Linken und Rechten der ›Kirchlichen Dogmatik‹« – das Vaticanum und Schleiermacher[110]. Wobei er sich während seiner Besprechung jenes Konzils »immer wieder verwundern und ärgern« mußte, »daß die Leute im Vatikan mit der ihnen [damals] zugesprochenen geistlichen Machtfülle praktisch nicht mehr anzufangen wissen, sondern im Grunde ebenso unbegabt-weltlich regieren, wie es jeder kantonale Kirchenrat in der Schweiz auch tun kann«[111].

Hatte Barth in Amsterdam seiner Enttäuschung über die Nichtbeteiligung Roms an der Ökumene unverhohlen Ausdruck gegeben, so wurde er ausgerechnet in diesen Monaten überrascht durch eine neue, hoffnungsvolle Gesprächsmöglichkeit mit dem Katholizismus, die sich ihm sozusagen vor seiner Türe in Basel selbst eröffnete. Im Winter 1948/49 redete hier nämlich Hans Urs von Balthasar in zehn viel beachteten Vorträgen über »Karl Barth und der Katholizismus«, aus denen dann 1951 sein noch aufsehenerregenderes Buch »Karl Barth« hervorging. Nach Möglichkeit besuchte auch Barth die Vorträge – um »mich von ihm über mich selbst unterrichten« zu lassen. Anschließend gab es »jeweilen im kleinsten Kreis mit Balthasar zusammen eine Manöverkritik bei ›Charon‹«[112] – »Charon« war eine seinerzeit von ihm gern und häufig mit seinen Besuchern und Studenten aufgesuchte Weinschenke am Basler Spalentor. Eben dort hat sich einmal »folgender Wortwechsel abgespielt: Balthasar: ›Wenn ich in den Himmel komme, so werde ich auf Maria zutreten, ihr auf die Schultern klopfen und sagen: Schwester, das hast du gut gemacht!‹ Lollo: ›Und dann wird sie Ihnen antworten: Bruder, du hast mich mißverstanden!‹« Ein andermal, als der Besuch etwas nachgelassen hatte, »meinte Balthasar nachher ganz seelenruhig: ›Ganz gut so, zuletzt sind wir dann ganz allein, dann kann man endlich sagen, was man denkt!‹ Über die Hölle (natürlich auch erst im Charon): es sei zwar Dogma, daß es eine solche gebe, nicht aber, daß jemand darinnen sei!« Jedenfalls entdeckte Barth an diesen Abenden verblüfft einen katholischen Theologen, dem nachgerade »eine Art Reformation der katholischen Kirche und Theologie von innen her vorschwebt, zu deren Durchführung (gegen Thomas, weithin sogar gegen Augustin!) ich nun wie ein neues trojanisches Roß hereingezogen werde«[113].

In diesem Winter sind beide einmal – unter Mitnahme von Adrienne Kaegi-von Speyr, der geistigen Freundin von Balthasars – auch »nach Einsiedeln gefahren, wo wir . . . fast 24 Stunden lang Mozartplatten gehört, aber bei einer Messe in der Gnadenkapelle unsern seltsamen Freund auch in pontificalibus* zu bewundern die Gelegenheit« hatten[114]. Angefacht durch die neu belebte und vertiefte Beziehung zu von Balthasar, bekam überhaupt Barths Liebe zu Mozart neuen Schwung. Kurz nach jenem Ausflug »habe ich mich« – in dem Abschnitt in KD III/3 über das »Nichtige« – sogar »zu einem . . . Sonderexkurs über Mozart hinreißen lassen«[115]. Barth kaufte sich jetzt auch ein Grammophon, das »geradezu zu einem Centralmöbel« des Hauses wurde[116] – dazu »viele Mozartplatten, die hier in meinem Studierzimmer oft und oft erklingen dürfen. Ich habe mich, entsprechend einer Neigung, die ich schon als kleines Büblein hatte, nunmehr ganz auf diesen Mozart konzentriert und festgelegt, im Verhältnis zu dem doch auch Bach nur als Johannes der Täufer, Beethoven aber nur als Origenes, wenn nicht gar als Hirte des Hermas zu verstehen ist«[117]. Was Barth von dem sonst bei Theologen so beliebten Johann Sebastian Bach zurückhielt, war für ihn dessen allzu absichtliches, allzu kunstvolles »Verkündigenwollen«, während ihn an Mozart das von solcher Absichtlichkeit freie, reine Spielen anzog[118]. »Durch Alles hindurch erschollen« darum nun »immer wieder die Zauberflöte, die Symphonien, die Konzerte und das Requiem des Unvergleichlichen«[119]. Die »immer wachsende Diskothek« stand »in meiner Bibliothek kurioser Weise unmittelbar unter der Weimaraner Lutherausgabe«[120]. Zu dieser Zeit bürgerte sich »die schöne Sitte« ein, »daß ungefähr jeden Morgen, sobald meine Dusche droben verrauscht« war, eine dieser Platten durchs Haus zu tönen anfing: »zum Zeichen, daß ein neuer Tag der befristeten Zeit begonnen hat«[121].

Nach Beendigung des Wintersemesters erholte sich Barth von seiner anhaltenden großen Müdigkeit, die durch eine hartnäckige Grippe und eine kleine Operation noch verstärkt war, mit Arthur

---

* in priesterlichem Dienst

Frey in Locarno. Er führte seinen elenden Zustand darauf zurück, daß – »wahrscheinlich . . . das Nichtige selbst«, über das er gerade in der Dogmatik schrieb, »sich dagegen sträubte, eingehender beleuchtet zu werden«[122]. Aber er hoffte, es möchte ihm noch einmal gegeben werden, »mit Flügeln aufzufahren wie ein Adler oder doch wie ein zufriedener alter Sperling«[123]. Seine Frau weilte in der folgenden Zeit zusammen mit ihrem Jüngsten einige Monate bei ihrer Schwester in Portugal. Und Lollo von Kirschbaum hielt sich eben in dieser Frühlingspause in Bièvres zur Abhaltung von vier Vorträgen über eine »evangelische Lehre von der Frau« auf (»Die wirkliche Frau«), deren Sinn sie jenseits der katholischen Maria-Auffassung einerseits, der existentialistischen Deutung von Simone de Beauvoir andererseits sah. Mit diesem Themenkomplex befaßte sie sich seit längerem sehr eindringlich. Ein Teil ihrer Forschungen und Einsichten war bereits stillschweigend in KD III/2 eingegangen, andere Teile kamen später in weiteren Vorträgen zum Vorschein: im Frühjahr 1950 in Genf über Simone de Beauvoir und Anfang 1951 in Basel über den »Dienst der Frau in der Wortverkündigung«. Für ihre Vorträge gab ihr Barth »10 Anweisungen für eine Rednerin« an die Hand, in welchen er ihr den Rat gab: »Sei ganz bei der Sache, von der du herkommst, und ganz bei den Zuhörern, die du erreichen willst! Die Rede werde unterwegs von dort nach hier geboren!« – und schließlich: »Fürchte dich nicht! Vergiß dich selbst und bedenke, daß es sicher gut kommt!« Als er seinen nächsten Dogmatik-Band herausgab, gedachte er im Vorwort ehrend der nun »zwanzigjährigen Arbeit«, die diese seine treue Mitarbeiterin »in aller Stille an meiner Seite geleistet hat. Sie hat im Dienst der laufenden Entstehung dieses Werkes ihr Leben und ihre Kraft nicht weniger eingesetzt als ich selber . . . Ich weiß, was es heißt, eine Hilfe zu haben«[124].

Im Sommer 1949 brachte er diesen weiteren (im Sommer des Vorjahres begonnenen!) Band zum Abschluß. Er gab ihn allerdings erst im folgenden Sommer in den Druck, als er erkannte, daß er die Schöpfungs-Ethik wegen ihres Umfangs nicht, wie geplant, in diesen Band III/3 hineinnehmen konnte.

»Die drei großen Themata dieses Bandes: Gottes väterliche Vorsehung, sein Reich zur Linken, der Dienst der Engel – sind unter dem Titel ›Der Schöpfer und sein Geschöpf‹ etwas lockerer als die Unterteile der früheren Bände zusammengefaßt. Aber die straffere formale Systematik, die dort von Manchen teils bewundernd, teils mißtrauisch festgestellt worden ist, war auch dort nicht mein ›Anliegen‹. Sondern wenn ich ein solches hatte und habe, so ist es dies, den christologischen Faden durch Alles hindurch um jeden Preis festzuhalten, eben das, was man mir neuerdings unter dem Hieb- und Stichwort ›Christomonismus‹ zum Vorwurf gemacht hat. Daran wollte ich auch in diesem weiteren Bereich festhalten. Die deshalb mit mir unzufrieden sind, wollte ich wohl fragen dürfen: ob ein christlicher Theologe etwas Anderes mit gutem Gewissen und fröhlichem Herzen denn überhaupt anstreben kann, als eben bei Allem und Jedem erstlich und letztlich ›Christus allein‹ zu bedenken?«[125]

Dieser »christozentrische« Gesichtspunkt war es, der es Barth, dem Kämpfer gegen alle Formen von »natürlicher Theologie«, erlaubte, nun schon einen dritten Band über die Schöpfung zu schreiben.

»In der Lehre von der Vorsehung, die ich immerhin als die eigentliche Substanz dieses Bandes zu betrachten bitte, meinte ich mich dem Schema der alten orthodoxen Dogmatik (conservatio, concursus, gubernatio*) nun doch vertrauensvoller anschließen zu können, als ich es selbst voraussah. Die durchgehende Korrektur, in der ich es aufgenommen habe, wird man ja nicht übersehen.« Die Korrektur bestand in der möglichst konsequenten Hervorhebung der Erkenntnis, daß der Vorsehungsglaube (nie eine ohne weiteres zugängliche Wahrheit, sondern) im strengen Sinn *Glaube* und zwar (nicht eine Weltanschauung oder Geschichtsphilosophie, sondern) Glaube an *Gott* selber und so (nicht an irgendeine »höhere Macht«, sondern) an den Gott des *Bundes* und des *Evangeliums* sei. Mithin wurde das Walten der göttlichen Vorsehung verstanden als »Gottes Treue«, in der »er das geschöpfliche Geschehen unter seiner Herrschaft dem Geschehen des Bundes, der Gnade und des Heils zuordnet, unterordnet und dienen läßt«. Im nächsten Paragraphen ging es um das Problem der Vorsehung Gottes hinsichtlich des *Bösen,* das Barth als »das Nichtige« bezeichnete – nicht als ein Nichts (da es vielmehr so wirklich ist, daß es dem Menschen, sobald er selbst ihm widerstehen zu können glaubt, geradezu übermächtig wird), aber als ein »wirklich Nichtiges« (weil es in Jesus Christus besiegt ist!). »Ich möchte Gott und den Teufel so wenig als möglich in einem Atem genannt wissen«[126], daran lag Barth hier vor allem. Das wurde auch in einigen Exkursen verdeutlicht, in denen »von Leibnizens Theodizee, von Schleiermachers Lehre von der Sünde und endlich vom Nichts bei den Existentialisten Heidegger und Sartre ausführlich die Rede war, durchgehend mit dem Ergebnis, daß sie zwar etwas gewittert, im Grunde aber vom Nichtigen nichts gewußt haben«[127]. Nach Barth kann das Böse als das Nichtige und das Nichtige als das Böse strikt nur in dem erkannt werden, der es überwunden hat, in Jesus Christus, während es außerhalb von ihm nur verkannt werden kann.

Im Schlußteil des Buches, der im Sommer 1949 entstand – also gerade in der Zeit, als die Wogen in Sachen »Entmythologisierung« hochzugehen begannen! – wandte er sich mit besonderer Lust der Angelologie zu. In ihr erklärte er die Engel als »die reinen Zeugen Gottes«. Bei der Schilderung der modernistischen Engellehre, die er eine »Angelologie des Achselzuckens« nannte, ergab sich im Kolleg eine »etwas fastnächtliche Stunde . . . Und als ich sagte, daß den Engeln bei jenen Theologen zwar keine Niederlassungs- wohl aber eine Aufenthaltsbewilligung erteilt werde, erfüllte heller Jubel das Lokal«[128]. Und als er sich auf die in diesem Zusammenhang erwähn-

---

* (Gottes) Erhalten, Begleiten, Regieren

te Lehre vom »Himmel« vorbereitete, trat er einmal »ganz hell« ins Zimmer von »Lollo« mit dem Satz: »Der Himmel ist wirklich eine überaus interessante Gegend!«[129] Mit erklärter Unlust und nur »sehr kurz und unwirsch« erwähnte er hingegen in diesem Zusammenhang »die Dämonen«. »Ich liebe die Engel; ich mag aber die Dämonen und die Dämonologie nicht (nicht aus Entmythologisierungsgründen, sondern weil sie es sachlich nicht verdienen, daß man sie mag).«[130] Damit grenzte sich Barth auch gegen einen Trend in der deutschen Nachkriegstheologie (z. B. bei Asmussen) ab, in die Dämonologie eine wichtige Rolle spielte.

In der Sommerpause 1949 überlegte er einen Moment lang, ob es nicht am Platz und an der Zeit sei, einen kritischen Vortrag – »Barmen oder Augustana« – zu halten. Er hätte darin vor einem deutschen Publikum gern Stellung genommen zu der ihn mit wachsender Sorge erfüllenden deutschen kirchlichen Lage, in der er den dortigen Lutheranern eben diese »Confessio Augustana« immer teurer werden sah. Ihm selbst war diese Confessio in seinem Seminar während des Sommersemesters (in dem er parallel dazu in der Sozietät Wollebs Ethik durchnahm) immer bedenklicher geworden. Sie erschien ihm jetzt als »ein mangelhaftes Produkt . . . Es braucht wirklich hölzerne Stirne und das entsprechende Gehirn, um sich und Andern einreden zu wollen, dies sei der Felsen, auf dem [man] heute die Kirche zu erbauen habe«[131]. Aber der Vortrag, in dem das wohl ausgesprochen worden wäre, blieb unausgeführt. Immerhin hat Barth diese seine Gedanken und Bedenken in Ferientagen auf dem Bergli vor Ernst Wolf und Georg Merz ausgebreitet. Dabei fand er wohl bei dem ersteren, nicht aber bei Merz Verständnis. »Noch nie habe ich so gewaltig den Kopf über ihn geschüttelt, und noch nie habe ich ihn so gern gehabt wie in den Tagen, da wir mit ihm gemeinsam dort waren. Er ist für mich eines der eindrucksvollsten Beispiele dafür, daß die Gemeinschaft zwischen Menschen darin besteht, daß man sich ihre Anziehungskraft gefallen läßt, daß man aus aller Kraft an ihnen rüttelt, daß man sich nicht verwundert, sie im Grunde nicht ändern zu können, und daß man sich dann dennoch und gerade so mit ihnen zusammen ›aufgenommen‹ sein läßt.«[132] – Im Dezember wiederholte Barth in einem Brief an den in der Ökumenischen Zentrale tätigen Amerikaner Sylvester Michelfelder seine ernsten Bedenken gegen die deutschen Lutheraner (die zu seinem Bedauern publik wurden und einigen Ärger anrichteten): seine Bedenken gegen »ihren zähen konfessionalistischen Romantizismus, ihre hartnäckige Verbindung mit der politischen Reaktion, ihr ungeklärtes rituelles Romantisieren, ihre matte Haltung in der Zeit des Kirchenkampfes und nun neuerdings: ihre Sabotage der

Einheit der EKD durch ihre Separation als VELKD« – von diesen Bedenken nahm er nur einige »Einzelgänger wie Iwand, Ernst Wolf und Heinrich Vogel« aus[133].

Zustande kam in jener Sommerpause 1949 hingegen ein anderer Vortrag, der bei einem interessanten Anlaß zu halten war: bei den »Rencontres Internationales de Genève«, zu denen Barth Ende August fuhr, um dort zehn Tage lang in öffentlichen Diskussionen über das Thema »Pour un nouvel humanisme«* zusammen mit dem französischen Dominikaner Maydieu »das Christentum unter allerhand intellektuellen Weltkindern . . . zu repräsentieren«[134]. Eben zu dieser Veranstaltung steuerte er selbst einen Vortrag bei über »Die Aktualität der christlichen Botschaft«. »Die dort nicht nur vor demselben Publikum, sondern wirklich auch unter sich um einen Tisch versammelten Philosophen und Historiker, Orientalisten und Naturwissenschaftler, Theologen und Marxisten aus ganz Europa haben – ein Jeder von seinem besonderen Ort her – offen und deutlich, aber auch verbindlich und wenigstens teilweise nicht ohne Humor, miteinander geredet.« Bei den Diskussionen verstand Barth sich besonders gut mit jenem Maydieu, der ihm schon seit Jahren ein sehr geschätzter, lieber katholischer Freund war. Eben dieser »mein katholischer Nebenmann und ich waren auffallenderweise . . . auch darin einig, daß wir den von den anderen Teilnehmern vorgetragenen Konzeptionen nicht etwa die eines ›Christlichen Humanismus‹ an die Seite und gegenüberzustellen hatten«.

»›Christlicher Humanismus‹ ist ein hölzernes Eisen . . . Zentral um den *Menschen* geht es freilich auch im Evangelium. Aber was von ihm her *vom* Menschen, *für* den Menschen (auch *gegen* den Menschen!) und *zum* Menschen zu sagen ist, fängt dort an, wo die verschiedenen Humanismen aufhören . . . Man kann von ihm her sie alle verstehen, ein gutes Stück weit bejahen und gelten lassen . . . Aber man muß vom Evangelium her schließlich auch allen Humanismen widersprechen«. Sie schmecken »nun einmal zugleich nach ein bißchen Gottlosigkeit und nach ein bißchen Götzendienst. Ich selbst habe in Genf – eben um das Thema der Konferenz aufzunehmen, aber in bewußter Umbiegung des historischen und abstrakten Sinnes dieses Begriffs – vom ›Humanismus *Gottes*‹ gesprochen, worunter aber gerade keine von Menschen erdachte und betätigte Menschlichkeit zu verstehen sein sollte, sondern die Menschenfreundlichkeit Gottes als die Quelle und Norm aller Menschenrechte und aller Menschenwürde«[135].

»Man kann das Ergebnis« der Konferenz »dahin zusammenfassen, daß die alten Humanisten auf ihrer Suche nach einem neuen Humanismus sich zwischen Christentum und Kommunismus (als zwischen den zwei Kiefern eines Gebisses, wie sich einer wörtlich ausdrückte) unsanft in die Mitte genommen fühlten, dann aber

* Für einen neuen Humanismus

besonders durch die relativistische Weisheit des großen Jaspers einen Ausweg gezeigt erhielten, so daß man sich zuletzt in guter Ruhe im Dampfschiff nach dem Schloß Coppet begeben konnte, um daselbst bei einem reichen Buffet der Manen der Madame de Stael zu gedenken . . . Eine große Nebenfreude dieses Festes war das häufige Zusammensein mit Pierre Maury, mit dem Höhepunkt eines gemeinsamen Besuches im Cirkus Knie, wo wiederum die Seelöwen . . . mit ihrem erstaunlichen Können und mit ihrem plötzlich ausbrechenden revolutionären Zorn . . . den Höhepunkt meiner Freude bildeten«[136].

Nach dem Genfer Kongreß erholte sich Barth für einige Tage in Gerzensee, wo er erneut mit General Guisan zusammentraf. Er zog mit ihm »Arm in Arm« durch den Park – in gegenseitiger Sympathie, »weil auch er jetzt beim Bundesrat in hohen Ungnaden« stand (wegen seines Berichts über die Schweizer Politik während des Krieges)[137]. Wieder zurück in Basel, hatte Barth den Besuch des katholischen Theologen Romano Guardini, »mit dem ich aber, weil er in Ästhetik und Weltanschauung macht, nicht eben zu Rande kam« – und darauf den des amerikanischen Gelehrten Paul Minear, »zwischen dem und mir sich ein völliges agreement* über Wichtigstes gab«[138]. Im folgenden Winter kam Barth in seiner Vorlesung zum Vortrag seines nächsten Dogmatikbandes, einer »Ethik«. In der Sozietät wurden die Confessio Gallicana und die Confessio Belgica besprochen, im Seminar die Rechtfertigungslehre des Tridentinums. Bei jenen Übungen fiel unter den Studenten diesmal Wolfhart Pannenberg auf. Im gleichen Semester hatte Barth zusätzlich in Zürich – und zwar »über Calvin, Instit. I,1–9, Seminar zu halten, weil Emil Brunner im fernen Osten [weilte] – vermutlich um die Japaner und Indier für den ›Anknüpfungspunkt‹ usw. zu gewinnen, während ich nun seine Studenten sanft und ohne Bezugnahme auf ihn davon zu überzeugen [suchte], daß jedenfalls Calvin sich solcher Künste enthalten habe«[139]. »Vorher und nachher gab es regelmäßig ein gutes Zusammensein mit Arthur Frey, manchmal auch mit Adolf Keller oder mit . . . Walter Gut.«[140] Bei einem solchen Zusammensein wurde Barth mit dem »trink- und literaturfesten« Zürcher Psychologen Dr. Hans Huber bekannt, der – »als Agnostiker . . . sich präsentierend« – doch eine »Art von wildem Interesse« an der Theologie, vornehmlich an der von Barth hatte und der nun während der nächsten Zeit einen recht freundschaftlichen Verkehr mit diesem pflegte[141]. In dessen Hause wiederum lernte Barth im Januar 1950 den Literaturprofessor Emil Staiger

* Übereinstimmung

kennen, »bekam viel üble Goethe-Theologie zu hören, war aber
zum Verzeihen geneigt, weil er in Sachen Wolfgang Amadeus die
strenge, reine und wahre Lehre vortrug«[142].

Barths Vorträge während dieses Winters bestanden zumeist in
freien Erläuterungen zu schon Dargelegtem. Im Herbst beantwortete er im Lehrerseminar Muristalden Fragen zu KD III/2 und sprach
im Männerverein Birsfelden über »Das Christentum hat versagt«.
Im Januar referierte er – in Zürich und Straßburg – über den Genfer
Humanismus-Kongreß. Dabei bereitete insbesondere Straßburg »mir
eine glänzende ›Reception‹ . . .: Behörden, Universität, Militär (!),
katholische und protestantische Kirche, Damen in Hüten, französische Discours aus dem Ärmel zu schütteln, außerdem dito zwei
Interviews am ›Radio Straßburg‹, Diskussion mit Studenten der
Sciences politiques und doch auch der Theologie, Vortrag mit
Übertragungen . . . alles in 24 Stunden geschafft«[143]. Im Februar
redete Barth in der Berner »Zofingia« anhand von zwölf Thesen
über »Die Kirche als Faktor der politischen Erziehung«. Und im
März diskutierte er mit Pfarrern aus dem Bezirk Zofingen und aus
dem von Montbéliard und mit dem Kreis der Emil-Brunner-Freun-
de in Zürich.

Ein Vortrag im vorangegangenen Dezember am Schweizer Rundfunk über »Die Judenfrage und ihre christliche Beantwortung«, der
eine vereinfachte Wiedergabe einer Passage aus KD III/3 darstellte,
fand weitum Beachtung. Die These, daß man von einem allgemeinen Toleranzbegriff her weder die Besonderheit der Juden verstehen noch dem Antisemitismus beikommen könne – und ferner: daß
das Juden und Christen Trennende das sie in Wahrheit Verbindende
sei, nämlich »der Jude am Kreuz von Golgatha«, diese These »hat
bei den Juden selbst wie besonders bei den Antisemiten (die es in
voller Pracht auch hier in der Schweiz gibt!) einigen Rumor erregt«[144]. Sie führte im Januar und noch einmal im März 1950 mit der
Basler Jugendgruppe der Juden (»Emuna«) zu einem »Religionsge-
spräch, zu dem sich freilich auch allerhand sonstiges Israel eingefun-
den hatte – ich fühlte mich noch nie so auf der Jordanaue wie in
jenem eng gefüllten Hotelsaal«. Barth meinte hier seinen jüdischen
Gesprächspartnern »nur bestätigen« zu können, »daß der Messias
schon gekommen sei, das Gesetz schon erfüllt, die Moral nur ein
Akt der Dankbarkeit usw.«[145]. Die Schwierigkeit des Gesprächs mit
diesem Partner gerade an diesem Punkt zeigte sich Barth aufs neue
im folgenden Winter bei einem Vortrag Martin Bubers, »in welchem genau das halbe Alte Testament« – nämlich nur »Jahwe in der
Donnerwolke seines Zornes bzw. seiner Verborgenheit sehr eindrücklich zur Sprache kam«[146].

In den Frühlingsferien 1950 führte Markus Barth einmal den
Vater im Auto an den Thunersee zu einem Theologengespräch mit
den von ihm sehr geschätzten christkatholischen Gelehrten Gilg und
Gaugler. Barth hatte schon als Safenwiler Pfarrer Arnold Gilg
(1887–1967) kennengelernt und hat seitdem »in all den Jahren
unserer Bekanntschaft immer gern« zu ihm »hinübergeblickt als zu
einer in ihrer ganzen Eigenart ganz zuverlässigen und verheißungsvollen Gestalt in der weithin so verworrenen Szenerie der theologischen Forschung und Lehre«. Wohl auf dieser Autofahrt hörte »ich
[ihn] . . . einem wißbegierigen Scholaren über ein intrikates Problem bei Tertullian – unter freier Zitierung von Namen und Seiten-
zahlen verschiedener von mir nie gelesener Spezialzeitschriften –
aus dem Handgelenk umfassende Auskunft geben, . . . als ob man
das einfach so könne!«[147] Kurz darauf fuhr Barth, abermals mit
Markus, eine Woche lang »durch Burgund an die Loire und dieser
entlang . . . an den atlantischen Ozean . . . Wir haben Alles in vollen
Zügen in uns aufgenommen: Täler, Berge und Ebenen, Kathedralen
und besonders auch Schlösser . . ., aber [auch] die vorzüglichen
Speisen und Getränke, die dieses Land bietet, mit Inbegriff von viel
großen und kleinen Krebsen, Austern, Schnecken . . . und nicht
zuletzt die frei beschwingte Lebensart der Bevölkerung«[148]. Gesprächsstoff bot unterwegs der brisante Inhalt eines neuen Buches,
an dem Markus soeben schrieb. Nachdem dieser ursprünglich die
väterliche Kritik an der Säuglingstaufe abgelehnt hatte, war er
inzwischen dazu übergegangen – nicht nur seine eigenen Kinder
nicht mehr taufen zu lassen, sondern auch, in Überbietung der
väterlichen Kritik, überhaupt das sakramentale Verständnis der
Taufe zu verwerfen (was nun eben in jenem Buch seinen Niederschlag fand). Im Sommersemester wurde in Barths Seminar Calvins
Eschatologie und in der Sozietät die Mariologie durchgenommen.
Indem er ein starkes Bedürfnis nach Erholung verspürte, ergaben
sich anschließend auf dem Bergli »seit Menschengedenken meine
ausruhendsten und angenehmsten Ferien«. In ihnen wurde morgens
etwas aus der im Entstehen begriffenen Ethik und abends aus
Gotthelfs Werken vorgelesen und zwischendurch gewandert oder
»Tisch-Rugby« gespielt oder auch einmal in Zug ein – Stierenmarkt
besucht. Immerhin fanden auch jetzt viele Besucher »wie ein Amei-
senzug ihren Weg dort hinauf«: etwa die Holländer Berkhof und
Miskotte, die Ungarn Bereczky und Peter und »der wirklich erfreu-
liche Prof. Paul Lehmann aus Princeton«, dem Barth für 1952 eine
USA-Reise versprach (ohne das Versprechen halten zu können)[149].
Schließlich fuhr er einige Tage mit Arthur Frey ins Gyrenbad bei
Turbenthal – eine fortan öfters aufgesuchte Erholungsstätte.

1950 war auch das Jahr, das von Rom als ein »heiliges« ausgerufen worden war. Es verstand sich, daß das Barths gesammelte Aufmerksamkeit und Anteilnahme erregte. Zur Begleitung dieses Ereignisses hatte er sich schon durch sein Seminar im Winter 1949/50 gerüstet. Die »Rechtfertigungslehre des Tridentinum« erschien ihm darin freilich als »eine böse, böse Geschichte«, angesichts derer man sich wohl fragen kann, »ob die Una Sancta diesseits der Wiederkunft Christi jemals wird Gestalt annehmen können«[150]. Eine Frage, die sich Barth gerade in jenem »heiligen Jahr« noch erheblich verstärken sollte! Wiederum mit Bezugnahme auf dieses Festjahr ließ er dann im Sommer in seiner Sozietät die katholische Mariologie und im folgenden Winter die Enzyklika »Mystici Corporis« untersuchen. Im August erschien eine neue päpstliche Enzyklika, »Humani generis«, die von ihm gleich studiert wurde und ihm zu »kopfschüttelnden Beratungen« mit von Balthasar Anlaß gab. Er meinte, durch sie sei »allen meinen katholischen Freunden das Lebenslicht wenn nicht ganz, so doch fast ausgeblasen worden«[151]. Er hatte dabei »einen ganzen Chor von deutschen und besonders französischen Freunden« im Auge, die ähnlich wie von Balthasar »in verschiedener Weise und Akzentuierung alle ganz neu auf die Mitte, auf den ›Anfänger und Vollender des Glaubens‹ . . . blicken zu wollen scheinen, von dem her Theologie und auch jeder Versuch ökumenischer Verständigung allein möglich ist«[152]. Zu diesen »Freunden« gehörte – neben von Balthasar – seit einiger Zeit z. B. auch der belgische Dominikaner Jérôme Hâmer, mit dem sich Barth eine Zeitlang viel besser verstand, als das in dessen Doktorarbeit (über Barth!) zum Ausdruck kam, ja, von dem er erwartete, er möchte ein neuer »Aljoscha« sein[153] – eine Erwartung, die freilich später enttäuscht wurde, als der Père auf einmal Barth allzu orthodox-thomistisch entgegentrat. Neuerdings gehörte zu jenen »Freunden« der kluge französische Jesuit Henri Bouillard, der über Barth doktorieren wollte, und nicht zuletzt der fröhliche Gascogner Maydieu, mit dem er sich seit der Genfer Begegnung wiederholt traf. Maydieu erquickte ihn mit seiner unbesorgten Antwort auf die Frage: »Wie er in Zukunft die päpstlichen Enzykliken ernster zu nehmen gedenke, nachdem das in ›Humani generis‹ ausdrücklich verlangt worden sei? O, das sei ja selbst nur in einer Enzyklika und also nicht unfehlbar gesagt.« Ein andermal unterhielten sich beide wieder über das »leidige Thema« der päpstlichen Unfehlbarkeit. »Und als wir uns dabei dann völlig verrannt hatten, hat er mir ganz freundlich gesagt: Ne parlons plus du Pape, parlons de Jésus Christ!* Da habe ich erwidert: . . . dann sind wir einig.«[154]

* Reden wir nicht mehr vom Papst, reden wir von Jesus Christus!

Natürlich bewegte Barth auch die Ankündigung der Dogmatisierung der Himmelfahrt Mariae am 1. November durch Pius XII. Sie gab ihm sogar den Wunsch zur Teilnahme an dieser Feierlichkeit ein: um »einmal dabei gewesen [zu] sein, wenn Einer etwas Unfehlbares sagt« – und sachlich: weil »mich die Mariologie immer ganz besonders interessiert hat, indem ich in ihr so etwas wie das methodische Prinzip des ganzen römischen Katholizismus erblicken zu müssen meinte«, wie Barth seinen Wunsch gegenüber seinem Waldenser-Freund und früheren Bonner Schüler Valdo Vinay begründete[155]. Aber den schon reservierten Platz im Petersdom konnte er schließlich doch nicht einnehmen. Daß er wie schon jene Enzyklika, so auch dieses Dogma für fragwürdig hielt, war klar. »Mit den 1950 gefallenen Entscheidungen sind . . . verschiedene Türen ins Schloß gefallen, angesichts derer man zunächst ein wenig Distanz nehmen muß.«[156] Immerhin erschien im Jahr 1951 »das bekannte Buch, das Hans Urs von Balthasar mir zugewendet hat, in welchem ich mich nun doch gerade, was die in der KD angestrebte Konzentration auf Jesus Christus und auf den damit implizierten christlichen Wirklichkeitsbegriff angeht, unverhältnismäßig viel kräftiger verstanden finde als in den allermeisten Bestandteilen der kleinen Bibliothek, die sich nachgerade um mich angesammelt hat«[157]. Indem von Balthasar diese Christozentrik jedoch nicht nur guthieß, sondern zugleich als »christologische Engführung« bemängelte, wurde Barth seither allerdings auch ihm gegenüber zurückhaltend.

Vor dem Wintersemester 1950/51 begann er in Neuchâtel einen neuen, mit längeren Unterbrechungen durchgeführten Seminarkurs – über Calvins Institutio, Buch III. In diesem Semester selbst wurde im Seminar von neuem Schleiermacher (anhand seiner Glaubenslehre) analysiert – und dabei »so hoch emporgehoben, daß man zuletzt kaum mehr wußte, ob er nicht doch recht habe: ein Schein, den ich freilich in der letzten Sitzung zerstreut habe«[158]. Barth hatte für die Besprechung, die im Sommer fortgesetzt wurde, streng den Grundsatz aufgestellt: »Es gehöre sich, daß Schleiermacher gerade in der heute im ganzen so gar nicht an ihm orientierten theologischen Schule von Basel nicht nur mit der gleichen, sondern mit noch größerer Gründlichkeit und Liebe studiert werde, als an irgend einer anderen Bildungsstätte dieser Art.«[159]

Mehr denn je suchte Barth jetzt allen anderen Verpflichtungen neben seinem üblichen Unterrichtsbetrieb aus dem Wege zu gehen. Er lehnte es erneut ab, (während des Jahres 1951) Basler Rektor zu werden. Und er bedankte sich auch für eine Einladung nach Athen zur Feier der 1900jährigen Ankunft des Paulus in Europa – »ich glaube, daß man mich auf den Areopag stellen wollte, um daselbst an Ort und Stelle – –«[160]. Wenn er fortan je Zusagen gab, dann am liebsten nicht als Referent, sondern als Gesprächsteilnehmer an Diskussionen und Fragebeantwortungen. So setzte er sich im Dezember mit Ökumenikern aus Bossey und (in Schwamendingen) mit Zürcher Pfarrern zusammen. Da die letzteren ihm etwas »verkrampft« vorkamen, verabschiedete er sich von ihnen mit dem Lied »Zittere nit eso, tue nit eso, s'Hüsli fallt hüt nit um«[161]. Im Frühling hatte er eine ähnliche Begegnung mit aargauischen Pfarrern.

Ebenfalls nicht als Referent, sondern als Gesprächsteilnehmer und schlichter Zuhörer erschien er im März endlich auch wieder einmal in Deutschland. Es war (abgesehen von einem Abstecher im letzten Herbst ins Badische für ein Gespräch mit Studenten) das erste Mal seit bald vier Jahren, daß er in dieses Land kam. Und zwar nahm er an einer Theologischen Tagung von etwa 70 seiner deutschen Freunde im hessischen Predigerseminar im Schloß Herborn teil, bei der über die gerade aktuellen Fragen der Hermeneutik, über »Schöpfung und Bund«, »Gesetz und Evangelium« und über die politische Lage verhandelt wurde. Referenten waren Otto Weber, der indirekt Barths Nachfolger auf dem Göttinger Lehrstuhl war, Helmut Gollwitzer, der, eben aus russischer Gefangenschaft zurückgekehrt, nunmehr an der einstigen Stätte Barths in Bonn Dogmatik las, und Hans Joachim Iwand, über den Barth in Herborn sagte: es gebe nichts Schöneres als einen reformierten Lutheraner[162]. Barth lag bei diesem Deutschland-Besuch daran, die kirchliche Opposition gegen die allgemeine »Reaktion« zu stärken. Er suchte aber auch vor der »Versuchung« zu warnen, in der er »nicht Wenige« stehen sah, »nach Maßgabe eines affektiven Reagierens gegen [jene] – zum Ausderhautfahren gewiß reichlich Anlaß gebende – kirchlich-theologische Reaktion« Theologie zu treiben[163].

Konnte Barth sich durch die Absage von Vorträgen eine gewisse Erleichterung für sein Arbeiten verschaffen, so war das weniger leicht möglich im Blick auf die vielen Einzelnen, die ihn in seinem Basler Haus mit ihren mancherlei Anliegen, Berichten, Fragen und Bitten zu sprechen begehrten. Er wollte denen, die ihn ernstlich um seinen Rat und seine Meinung ersuchten, so gut er konnte, immer gern zur Verfügung stehen. Und er brauchte zweifellos selbst zur Anregung und Ausreifung seiner Gedanken den fortlaufenden Kontakt mit verschiedensten Mitmenschen.

Unter den besonders eindrücklichen Gestalten, die in dieser Zeit zu ihm kamen, war etwa der Indonesier Takdir Alisjahbana, der ihn um seine Stellungnahme bat zu der Absicht, das neue Indonesien auf einen Toleranz verkündigenden »liberalen Individualismus« zu gründen. »Ich warnte den Guten ernstlich, seinen Landsleuten nun gerade diese Medizin eingeben zu wollen, bei deren Genuß wir nach zweihundert Jahren schließlich bei zwei Weltkriegen und endlich bei Hitler etc. herausgekommen seien und mit der sie gegen den Kommunismus, der ihm offenbar das Gefürchtete ist, schwerlich zu immunisieren seien. Aber ich sah wohl, daß ich tauben Ohren predigte.«[164] Er mißverstand Barths Antwort und klagte ihn später als Befürworter der – Intoleranz an! Ein andermal erschien »ein köstlicher armenisch-amerikanischer Professor Haroutourian, der mir als Gastgeschenk eine Pfeife und vier Kriminalromane mitbrachte und . . . einen Abend lang seine sehr erstaunlichen Ansichten über das Filioque*, über die physische Erlösung u. A. vortrug«[165]. Dann erschien der Präsident der United Church in Japan, Kozaki, »mit dem ich die Hauptprobleme der dortigen Situation durchgesprochen habe«[166].

Weiterarbeit an der Kirchlichen Dogmatik

Im übrigen bemühte sich Barth in diesen Jahren, sich in größtmöglicher Intensität auf die Fortführung seiner Dogmatik zu konzentrieren. Daß diese Arbeit mehr als jede andere von ihm verlangt sei, davon war er allerdings überzeugt. Und diese Arbeit kostete ihn beträchtlich viel Mühe und viel Zeit. Während eines laufenden Semesters war er »täglich zur Lieferung von mindestens 8 Blättern druckreifen Manuskripts schwierigsten Inhalts verbunden«[167]. Vier Stunden Dogmatik-Vorlesung war für ihn »gleichbedeutend mit rund 30–40 Stunden Vorbereitung«[168]. Und dabei glaubte er durchaus kein flinker Schreiber zu sein. »Ich lebte und arbeitete immer viel schwerfälliger, als Manche es sich vielleicht noch heute vorstellen.«[169] Das zunehmende Alter brachte es mit sich, »daß mich . . . die Vorlesungen viel, viel mehr in Anspruch nehmen als früher, so daß ich jetzt regelmäßig nicht nur die ganzen Vormittage, sondern auch die Vorabende und auch die freien Mittwoche und Samstage in der Hauptsache durch diese Centralbeschäftigung in Anspruch genommen bin, durch Verschärfungen und Korrekturen des Textes sogar bis fast in die letzte Viertelstunde jeweils vor der Vorlesung«[170]. Anschließend wurden dann die Stücke, »die ich am Nachmittag in der Vorlesung« vortrug, »für den Druck bei Seite« gelegt[171].

Das zunehmende Alter machte die Arbeit an der Dogmatik nicht nur mühsamer, sondern trieb Barth auch zur Eile an. »Wie lange der

---

* Die Lehre, daß der Hl. Geist auch von Gott »dem Sohn« ausgeht

liebe Gott mit meinem Treiben noch Geduld hat, weiß er allein.«[172] Jedenfalls, »die untere Randmöglichkeit des in der Bibel vorgesehenen menschlichen Normalalters liegt . . . vor mir. Ich muß mich sputen. Der unausweichlichen Abrufungen und Nebenbeschäftigungen und der Unterbrechungen durch höhere Gewalt werden noch gerade genug sein. Mit den 10 Wochenstunden, die ich nun seit Jahren lese bzw. übe, . . . meine ich meinen akademischen Verpflichtungen Genüge zu tun. Schlaf und die nötigen Rekreationen wollen ihre Zeit auch haben. Wo ich aber eine Gelegenheit, besonders eine solche mehr dekorativer Art sehe, bei der ich mich für entbehrlich halten kann, da muß ich sie ergreifen«[173]. Barth bedauerte es, wie viel er nunmehr absagen, wieviel er liegenlassen oder sonst schuldig bleiben mußte, weil es ihm neben der »nachgerade ozeanischen Produktion der Dogmatik« an der nötigen Zeit fehlte. Aber es ging nicht anders. Die Dogmatik erwies sich immer mehr als »ein eifersüchtiger Konkurrent für alle anderen Unternehmungen«[174].

Indem er sich derart zäh auf die Arbeit an seinem Hauptwerk einstellte, entstand in verhältnismäßig rascher Folge eine Reihe weiterer (wegen der Seitenzahl und wegen des Inhalts) gewichtiger Bände. Nach Charlotte von Kirschbaum, die wie kein anderer das Entstehen und Wachsen der Dogmatik aus nächster Nähe begleitete, war es bei jedem Band und jedem Kapitel »jedesmal eine atemberaubende Sache, mitzuerleben, wie ein solcher Felsblock langsam, langsam Gestalt gewinnt in einer stetigen Konzentration in unzähligen, unermüdlichen Bewegungen des Abtastens und Nachformens«[175]. Sieben Bände lagen bereits vor und ein achter wurde gerade in jenem Frühjahr, als Barth nach Herborn fuhr, fertig. Angesichts des ständig breiter anschwellenden Umfangs der Dogmatik stellte sich Barth gelegentlich selber die Frage: «Salomonischer Tempelbau oder babylonischer Turmbau? das ist mir sicher, daß die Engel manchmal kichern über mein Unternehmen; aber wir wollen einmal vermuten, es könnte auch ein wohlwollendes Kichern sein.«[176] Zuweilen stieß er bedrückt den Seufzer aus: »Ach, wie schön könnte ich es haben – meine Altersgenossen sind jetzt alle schon auf dem nächsten Weg zur Pensionierung oder schon dort angekommen! – wenn ich mir nicht vor 20 Jahren angemaßt und zugemutet hätte, diese unabsehbare Gratwanderung antreten zu wollen. Das cui bono?* geht mir oft genug durch den Kopf, nur daß ich dann doch wieder jeden neuen Bereich, der sich mir auf diesem Weg eröffnet, so anregend und aufregend finde, daß ich es wirklich

---

* Wem zunutze?

nicht anders haben möchte, als daß ich nun eben immer aufs Neue zum Sprung anzusetzen habe.«[177] Die Dogmatik war mittlerweile so umfangreich geworden, daß es durchaus sinnvoll war, daß Otto Weber 1950 eine geraffte Inhaltsangabe der Dogmatik in Buchform herausbrachte – gleichsam der »Entwurf einer Landkarte des schon so weit gewordenen Gebietes der KD«[178].

Was Barth bei der Ausarbeitung jener acht Bände vor allen Dingen gelernt zu haben glaubte, war dies: »daß ich allmählich (übrigens immer noch ›freudvoll im Streit‹!) mehr und mehr Sinn für *Bejahungen* gewonnen habe, von denen und mit denen der Mensch *leben* und *sterben* kann«. »Das Neinsagen ist schließlich keine letzte Kunst und das Stürzen von allerlei falschen Götzen keine letzte Aufgabe.«[179] Das sagte Barth nicht zuletzt in Abgrenzung gegen das »Destruieren« der dem Existentialismus verschriebenen Theologie. Wichtiger, zentraler als die destruktiven wurden ihm die konstruktiven, die positiven, die aufbauenden Aussagen. Die Auseinandersetzungen und direkten Polemiken traten denn tatsächlich auch mehr und mehr in seiner Dogmatik zurück. Allerdings verstand er unter einem positiv-aufbauenden Denken ja nicht etwa die Errichtung und Bewohnung eines konservativ-»orthodoxen« Lehrgebäudes. Gewiß, er wollte sich gerne »einen ›Orthodoxen‹ schelten lassen«, sofern damit gemeint war: ein Theologe mit der offenen Bereitschaft, von den Vätern »zu lernen«. Aber die Festlegung auf die Lehr-Position irgendeines Lehrers, irgendeiner Schule oder Konfession lehnte er ab. Den gerade aktuellen Konfessionalismus konnte und wollte er nicht gutheißen. »›Konfessionen‹ sind dazu da, daß man (nicht nur einmal, sondern immer aufs neue) durch sie hindurch gehe, nicht aber dazu, daß man zu ihnen zurückkehre, sich in ihnen häuslich niederlasse, um dann von ihnen aus und gebunden an sie weiter zu denken. Es tat der Kirche nie gut, sich eigenwillig auf *einen* Mann – ob er nun Thomas . . . oder Luther oder Calvin hieß – und in seiner Schule auf *eine* Gestalt ihrer Lehre festzulegen. Und es tat ihr überhaupt nie gut, prinzipiell rückwärts statt vorwärts zu blicken.«[180] Auch seine eigene Dogmatik wollte Barth nicht als Fixierung eines neuen Lehr-Stand-Punktes verstanden wissen. »Ich habe die ganze Kirchliche Dogmatik nie als ein Gehäuse verstanden, sondern als Anleitung zu einem *Weg,* der zu gehen ist, als Darstellung der Bewegung einer Sache, die nur in dynamischen Begriffen beschrieben werden kann und nicht in statischen. Ein ›Gehäuse‹ ist aber eine statische Angelegenheit.«[181]

Barth erwartete von keinem, daß er jene acht Bände lesen müsse. »Aber wer schon von mir reden will, der müßte mich . . . jedenfalls gelesen, und zwar (wenn er nicht ein Journalist, sondern ein ernster

Mensch und gar noch ein ernster und also nicht bloß blätternder Theologe ist) ganz gelesen haben. Nicht alle von denen, die allerhand über mich zu wissen und sagen zu können meinen, haben auch nur diese Bedingung erfüllt. Darum durfte und darf ich denn auch einfach schweigen zu so vielem, was ich über mich sagen höre.« Vom Leser aber hoffte Barth »nicht nur gelesen, sondern auch verstanden« zu werden – wohlgemerkt: nicht Zustimmung zu finden. »Wir sind nicht dazu da, um einander zuzustimmen und Beifall zu spenden. Wenn es ›Barthianer‹ gibt, so gehöre ich selbst nicht zu ihnen. Wir sind dazu da, um voneinander zu lernen, gegenseitig das Beste aus dem zu machen, was wir einander literarisch vorlegen, und um dann – nicht in einer theologischen ›Schule‹, sondern in der Kirche und also selbständig – unsere Straße zu ziehen. Eben dazu muß man einander aber verstehen.«[182]

Jenen neuen (810 Seiten umfassenden Dogmatikband) – KD III/4 – widmete Barth der (vor allem naturwissenschaftlich orientierten) »American Academy of Arts and Sciences in Boston«. Damit bedankte er sich dafür, daß diese ihn an seinem 64. Geburtstag zu ihrem »Foreign Honory Member« erkoren hatte. Bei der Bereitung des Buches für den Druck assistierte ihm diesmal sein Schüler Heino Falcke. Der Verlag ließ das Buch übrigens – wie seine Vorgänger und Nachfolger – bei der Graphischen Anstalt Schüler in Biel setzen und drucken, »wo ein eifriger Herr Haag die Sache« betreute: »so eifrig, daß er mir« just beim Abschluß der Setzarbeit für KD III/4 durch das Telephon »sogar richtig etwas aus einem Choral . . . vorgesungen hat«[183].

In diesem neuen Band war nun »die Lehre von der Schöpfung . . . mit einer Darstellung der in *diesem* Raum christlicher Erkenntnis sich ergebenden *ethischen* Fragen und Antworten zum Abschluß gebracht«[184]. Barth schrieb diese Ethik unter Zugrundelegung folgender Prämisse: »Das Wort Gottes ist Wahrheit und Verheißung, aber auch *Gebot*. Es stellt sich zunächst dar als Gebot Gottes des Schöpfers: gerichtet an den Menschen, der sein Geschöpf ist. Es ist auch in dem damit abgesteckten Raum das in Jesus Christus gesprochene Wort Gottes: sein Gebot als sein gnädiges Angebot.« Dieses Gnadenwort nimmt den Menschen schon in seiner Kreatürlichkeit in Anspruch. Und eben »in dieser in den vorangehenden Bänden der Lehre von der Schöpfung begründeten Zusammenschau des ersten und zweiten Artikels des Glaubensbekenntnisses* und also nicht von einem abstrakten Gesetz, sondern vom Evangelium her«, wollte Barth seine Schöpfungs-Ethik schreiben[185].

Darum lehnte er sofort entschieden die Lehre von den »Schöpfungs-Ordnungen« ab – sofern darunter gegenüber dem Wort Gottes selbständige und »natürlich« erkennbare Gesetzmäßigkeiten verstanden sind. Es gibt auch nach Barth »Ordnungen«; aber sie sind jedenfalls nicht »so etwas wie Gesetze, Vorschriften, Imperative«,

---

* Glaube an den Schöpfer und an den Versöhner

sondern »sie sind die Bezirke, *in* welchen Gott gebietet und *in* welchen der Mensch gehorsam oder ungehorsam ist«. Diese »Bezirke« sind, indem das Gebot des Schöpfers das Geschöpf trifft, nach ihm allemal kein neutraler Bereich, sondern sind die Strukturen des Menschseins, wie es in Jesus Christus offenbar wird. Darum gliederte er seine Ethik entsprechend den vier in seiner »Anthropologie« aufgezeigten Aspekten des Menschseins: Freiheit vor Gott (Feiertag, Bekenntnis, Gebet) – Freiheit in der Gemeinschaft (Ehe, Eltern-Kinder usf.) – Freiheit zum Leben (Problem des Selbstmordes, der Todesstrafe, des Krieges, der Abtreibung – und der Arbeit) – Freiheit in der Beschränkung (Beruf, Lebensalter, die Ehre). Der zentrale Grundbegriff dieser Ethik ist also der der »Freiheit«: nicht als Gegensatz zum »Gehorsam« verstanden, sondern als »die Freiheit der Kinder Gottes«, die gerade »die Freiheit des Gehorsams und darum die rechte Freiheit ist«. Eine auffallende Eigentümlichkeit dieser Ethik bestand darin, daß Barth sie mit der Einschärfung und Erörterung des – Feiertags-Gebots begann. »Das Gebot des Feiertags *erklärt* alle anderen Gebote«, meinte er sogar. Denn es gebiete dem Menschen, es sich gefallen zu lassen, daß Gott in seiner Gnade »des Menschen Sache in seine *eigene* Hand genommen und also der Hand des Menschen *entnommen* hat«. Und das heißt: es gebietet dem Menschen, zu *glauben* – und *so* an seine »Arbeit« zu gehen[186].

Als diese Ethik gedruckt vorlag, beantwortete Barth – im Herbst 1951 – Ernst von Schenck im Schweizer Rundfunk Fragen über das Thema dieses Buches.

Die Versöhnungslehre

Nach Abschluß des Bandes stand die Hauptaufgabe seiner Dogmatik, die Lehre von der Versöhnung, erst vor dem gerade 65jährigen Theologen. Über den Inhalt und die Disposition dieser Lehre, mit deren Vortrag er im Sommer 1951 beginnen wollte, sann er in den Ferientagen nach, die er nach jener Herborner Tagung mit Arthur Frey im Tessin verbrachte. Er überlegte einen Moment, ob er die Lehre nicht besser »Lehre vom Bund« überschreiben solle, blieb aber bei dem traditionellen Titel, wenngleich er ihn im Sinn jenes anderen interpretierte. Aber wie war nun das Ganze zu entfalten und zu gliedern? »Ich hatte in Locarno einen richtig gehenden Traum hinsichtlich des Planes, der sich ja nun von der Christologie bis hin zur Ekklesiologie samt zugehöriger Ethik erstrecken muß, an dem ich nachts zwei Uhr erwachte, um ihn dann am folgenden Morgen eilends zu Papier zu bringen.«[187] Eben diesen damals »geschauten« Plan umriß er zunächst in der Sommervorlesung in einem ersten Abschnitt, »in welchem ich in Form einer Umschreibung des ›Immanuel‹ eine Einleitung zum Ganzen und zugleich einen Prospekt über das Ganze« der Versöhnungslehre gab[188].

Die Disposition der (dann in drei dicken Bänden auf fast 3000 Seiten ausgebreiteten!) Versöhnungslehre schloß sich an die calvinische Lehre vom »munus triplex«, vom dreifachen – priesterlichen, königlichen und prophetischen – »Amt Christi« an – und zwar so, daß jeder dieser drei damit anvisierten Aspekte jeweils nacheinander erst in einem christologischen, dann in einem soteriologischen und schließlich in einem pneumatologischen Gang durchdacht wurde. Des weiteren wurden zum näheren Verständnis jener drei Ämter Christi die beiden ersten kombiniert mit der klassischen Lehre von den zwei Ständen (Erniedrigung und Erhöhung) und mit der von den zwei Naturen Christi (wahrer Gott und Mensch), während bei der Darstellung des prophetischen Amtes die *Einheit* der zwei Stände und der zwei Naturen betont wurde. Und so war der kunstvolle Aufriß gestaltet: »Der Inhalt der Lehre von der Versöhnung ist die Erkenntnis *Jesu Christi,* der (1) der wahre, nämlich der sich selbst erniedrigende und so der versöhnende Gott, aber (2) auch der wahre, nämlich der von Gott erhöhte und so versöhnte Mensch und der in der Einheit beider (3) der Bürge und Zeuge unserer Versöhnung ist. In dieser dreifachen Erkenntnis Jesu Christi ist beschlossen die Erkenntnis von des Menschen *Sünde:* (1) seines Hochmutes, (2) seiner Trägheit, (3) seiner Lüge – die Erkenntnis des Geschehens, in welchem sich seine Versöhnung *vollzieht:* (1) seiner Rechtfertigung, (2) seiner Heiligung, (3) seiner Berufung – die Erkenntnis des Werks des *Heiligen Geistes:* in der (1) Sammlung, (2) Auferbauung, (3) Sendung der *Gemeinde* und des Seins der *Christen* in Jesus Christus (1) im Glauben, (2) in der Liebe, (3) in der Hoffnung.«[189]

Mit dieser Disposition waren wichtigste Entscheidungen gefallen. Barth wollte nicht mehr – wie weithin in der alten Tradition – von der Person Christi, von ihren »Naturen« an sich reden, abgesehen von seinem Werk für uns; d. h. er wollte nicht mehr eine Christologie entfalten unabhängig von der Soteriologie. Er wollte aber auch nicht – wie weithin in der neueren Theologie – von seinem Werk reden, von seiner »Bedeutung« für uns (pro me), unabhängig von seiner Person. Er wollte vielmehr die Lehre von seinem Werk ganz hineinnehmen in die von seiner Person und umgekehrt. Er wollte ferner nicht mehr eine isolierte und vor allem nicht mehr eine der Versöhnungslehre vorausgesetzte Lehre von der Sünde aufstellen. Sondern sie sollte der Versöhnungslehre unmittelbar ein- und nachgeordnet sein. Sünde ist dabei also strikt verstanden als Gegenbewegung gegen das, was Gott tut: als Widerspruch nicht gegen ein abstraktes, allgemeines Gesetz, sondern gegen Gottes Gnade – als Widerspruch, der in Wahrheit nicht ohne die Gnade erkannt wird – als Widerspruch, der im Grunde zu spät kommt und Gottes Gnade nicht aufheben kann. Barth wollte ferner die Heilserkenntnis nicht mehr im entscheidenden bloß (wie im Luthertum) an der Rechtfertigung oder (wie im Pietismus) an der Heiligung oder (wie in den angelsächsischen Kirchen) an der Berufung orientieren; sondern er wollte in dem Sinn ökumenische Theologie treiben, daß er, von der Erkenntnis Christi her, diese drei Gesichtspunkte mit gleichem Gewicht hervorhob. Und er wollte schließlich auch nicht mehr eine für sich stehende Lehre vom Heiligen Geist vertreten, sondern sie als integrierenden Bestandteil der Versöhnungslehre selber ansehen. Sie ist nach ihm zu verstehen streng als Lehre von der »Macht Jesu Christi«, bzw. als Lehre von der »subjektiven Realisierung der Versöhnung« – wobei diese sich zuerst nicht am Einzelnen, sondern zuerst an der Gemeinde und erst daraufhin und nur in ihr auch am Einzelnen vollzieht.

In dem Band KD IV/1, der jetzt zunächst in Angriff genommen wurde, ging es also bloß um einen, den ersten Aspekt der Versöhnungslehre: nämlich um die Person und das Werk Jesu Christi, insofern er »wahrer Gott« ist. Barth studierte für seine Darstellung neu die altkirchliche Christologie – anhand von Harnacks »brilliant« geschriebener Dogmengeschichte; freilich, »ich bin irgendwie geneigt, ihm kein Wort zu glauben: es *muß* Alles ganz anders gewesen sein, als er es uns glauben machen will«[190]. Nach Barth »erweist« sich aber nun die wahre Gottheit Jesu Christi darin, daß er – als wahrer Gott! – Gott (dem Vater) »gehorsam« ist, daß er – als der ewige Sohn Gottes – »des Menschen Bruder« und – als »der Herr« – »Knecht« wird und sich selbst erniedrigt, daß er – als der Richter – »der an unserer Stelle Gerichtete« wird. So versieht er gerade als wahrer Gott das priesterliche Amt. In dieser Sicht ist einerseits die Statik der Begriffe überwunden, in der die klassische Christologie von den »Naturen« Christi sprach. »Die Versöhnung ist Geschichte«, lautete gleich der erste Satz. In dieser Sicht ist andererseits aber auch daran festgehalten – und Barth legte großen Wert darauf – daß die Gottheit Christi durch seine Erniedrigung weder geschmälert noch verdunkelt noch gar aufgehoben wird; sondern eben: sie »erweist« sich gerade darin. Indem sich dieses priesterliche Werk besonders am Kreuz vollzogen hat, verstand Barth Ostern als das Ereignis der göttlichen Bestätigung und Feststellung, »daß Jesu Christi Tun und Leiden nicht ohne, nicht gegen, sondern nach seinem heiligen und guten Willen, und vor Allem: daß es als sein Sterben an unserer Stelle nicht umsonst, sondern *gültig,* und nicht zu unserem Verderben, sondern zu unserem *Heil* geschehen sei«. Gegenüber aller bloßen Kreuzestheologie hieß es: »Es gibt ja *kein Zurück* hinter den Ostermorgen.« In dem Abschnitt über die »Rechtfertigung« suchte Barth dann zu zeigen, daß in ihr nicht nur der Mensch gerechtfertigt wird, sondern auch Gott sich selber rechtfertigt – und: daß in ihr Gottes Gnade und Gerechtigkeit keine Gegensätze sind, weil hier vielmehr Gott in seiner Gnade Recht tut. Im ekklesiologischen Teil ging es ihm darum, daß die Kirche ganz von ihrem »Haupt« Jesus Christus her verstanden werden müsse – als dessen »Leib« sie, wie er formulierte, seine »irdisch-geschichtliche Existenzform« ist. Die Erkenntnis, daß ihr Haupt zugleich auch das »der ganzen Menschheit« ist (während sie nur ein Teil derselben ist), bedeutet nach ihm eine Relativierung der Kirche, dergestalt, daß der Satz »außer der Kirche kein Heil« korrigiert werden muß in: »außer Christus kein Heil«. Sie bedeutet nach ihm aber auch eine Herausforderung der Kirche, nicht bei sich selber zu verharren. Viel zu reden gab schließlich, daß er – in bewußter Antithese zu den »Glaubenslehren« der Neuzeit mit ihrer Erhebung des »Glaubens« zum Prinzip der Theologie – auf den Glauben des Christen erst am Ende dieses Buches und zwar nur sehr kurz zu sprechen kam – und das erst noch (in Überwindung einer falschen Alternative »Glaube oder Werke«) unter dem Titel »Die *Tat* des Glaubens«. Diese »Tat« besteht aber in einem – ganz auf den »Gegenstand des Glaubens« bezogenen – Anerkennen, Erkennen und Bekennen[191].

Barth beschäftigte sich, indem er nun derart mit der Ausarbeitung der »Versöhnungslehre« befaßt war, im Grunde mit demjenigen »Gegenstand«, der nach seiner Einsicht das Herzstück aller Theologie ist: mit der Erkenntnis *Jesu Christi.* »Verfehlt man sich hier, so hat man sich im Ganzen verfehlt. Ist man hier wenigstens auf der rechten Spur, so kann auch das Ganze nicht einfach verkehrt sein.«[192] Barth galt als »Christozentriker«, und er war es in bestimmtem Sinn auch. »Ich bin freilich selbst erst auf einem langen Weg (oder Umweg!) dazu gekommen, besser und besser einzusehen, daß das Wort Joh. 1,14 das Zentrum und Thema aller Theologie und eigentlich selbst die ganze Theologie in nuce ist ... Wie man eigentlich dazu kommt, die Lösung aller theologischen Fragen in Christus zu finden? ... Man kommt dazu, indem man sie entschlossen und beharrlich in Christus *sucht,* um dann die Feststellung machen zu dürfen, daß sie eben in ihm *tatsächlich* auch zu finden ist: in quo *sunt* omnes thesauri sapientiae et scientiae absconditi (Kol. 2,3) ... Ich besitze kein christologisches Prinzip und keine christologische Methode. Ich suche mich vielmehr bei jeder einzelnen theologischen Frage ... aufs neue – gewissermaßen ab ovo – nicht an einem christologischen Dogma, sondern an Jesus Christus selbst (vivit! regnat! triumphat!*) zu orientieren. Da muß ich dann zur Beantwortung jeder besonderen Frage immer wieder je einen ganz besonderen Weg gehen – vielmehr: mich von dort aus, wohin ich zu blicken versuche, in je besonderer Weise führen lassen. Die Methode muß sich also dabei immer wieder erneuern, verändern, modifizieren. Ich liebe durchaus das Wort des Hilarius von Poitiers: Non sermoni res, sed rei sermo subjectus est**. Es steckt eine ganze theologische Revolution in diesem Wort, die, wenn man sie beachtet hätte, unendlich viele Irrtümer, Unfruchtbarkeiten und Langweiligkeiten in der Theologie unmöglich gemacht hätte. Die Frage der christologischen Theologie ist zuerst eine *Lebens*frage – die Frage der Konfrontation der Theologie mit der res, d. h. mit Dem, qui est imago Dei invisibilis, primogenitus omnis creaturae, caput corporis ecclesiae*** ... (Kol. 1,15–20!).«[193]

Gerade in der Zeit seiner Beschäftigung mit den Bänden IV widerfuhr der Theologie der Barthschen Dogmatik eine Fülle von Deutungen und kritischen Beurteilungen. 1952 hielten z. B. der Holländer Marinus Pieter van Dijk und der Welschschweizer Maurice Neeser ihm vor: »daß ich selber im Grunde nichts Anderes als ein ›Existentialist‹ sei«, während im selben Jahr »Bultmann sich bitter beklagt[e], daß ich den Existentialismus so gar nicht ernstnehmen wolle«[194]. In ihrer Weise nahm natürlich auch die »Theologische Literaturzeitung« zu Barths Dogmatik Stellung, indem diese für sie 30 Jahre lang nicht »auch nur existent« war[195]. Und 1953 schrieb der Fundamentalist Cornelius van Til ein ganzes Buch über

---

* Er lebt! regiert! siegt!
** Die »Sache« ist nicht dem Reden (des Menschen von ihr) unterworfen, sondern das Reden der Sache.
*** der da ist das Bild des unsichtbaren Gottes, des Erstgeborenen vor aller Schöpfung, das Haupt des Leibes der Kirche.

das Thema: »ich sei . . . womöglich der schlimmste Häretiker aller Zeiten«[196]. Eigentlich ernst nahm Barth unter der ihm zugewendeten Kritik freilich nur diejenige, die sich eben gegen seine Konzentration auf Jesus Christus richtete. Und dagegen meldete sich nun allerdings auch einige Kritik. 1951 erhob von Balthasar in seinem Barth-Buch den »Vorwurf« einer »bei mir vorliegenden ›christologischen Engführung‹«. Wie Barth den Vorwurf verstand, suchte Balthasar das, was er da als Enge empfand, damit zu vermeiden, daß er neben Christus auch mit heiligen »Wiederholungen« seiner Geschichte rechnete. Dagegen beharrte Barth darauf: »Das Sein und Tun Jesu Christi bedarf keiner Wiederholungen. Er ist gegenwärtig und wirksam in seiner eigenen Wahrheit und Kraft.« Und er fragte, ob, wenn man das anders sehe, damit nicht »Jesus Christus . . . aufgehört haben möchte, Gegenstand und Ursprung des christlichen Glaubens zu sein«[197]. Ebenfalls 1951 erschienen Bonhoeffers Gefängnisbriefe (»Widerstand und Ergebung«), die eine Vielzahl einander widersprechender Interpretationen auf den Plan riefen, angesichts deren »Rätselworte« sich Barth wohl fragte, ob man mit ihrer Veröffentlichung Bonhoeffer »einen guten Dienst« getan habe[198]. Speziell das dort fallende Stichwort des »Offenbarungspositivismus« wurde in der Folge in mancherlei Variationen gegen Barth eingewendet. Wozu er aber nur bemerken konnte: er wisse mit dieser Kritik »nichts Vernünftiges anzufangen«; einfach Dogmen vorlegen »Vogel friß oder stirb« – »wo tue ich das in meiner Kirchlichen Dogmatik?«[199] Nachdem Barth eine Zeit lang hart und eifrig von den »Gereformeerden« Hollands angegriffen worden war (so daß er sich wunderte, »daß ich an so viel Widerlegungen nicht längst gestorben bin«[200]), erschien 1954 das Buch eines Mannes dieser Gruppe, »Der Triumph der Gnade« von Gerrit Cornelis Berkouwer, das ihm wegen der Sorgfalt des Hörens und Fragens zu denken gab. Schon der Buchtitel deutete die Kritik an: daß Barth zu »triumphal«, das Böse zu verharmlosend von der »Gnade« rede. Freilich, »ich stutzte gleich ein wenig schon bei dem Titel: ›Der Triumph . . .‹ Natürlich brauchte und brauche ich das Wort. Aber es gibt dem Ganzen gleich so eine Geschlossenheit, die sie für mich nicht hat. ›Die *Freiheit . . .*‹ wäre schon besser gewesen. Und dann statt ›. . . der Gnade‹ viel lieber: ›. . . *Jesu Christi*‹. Alle gewiß auch bei mir vorhandene und sich durchsetzende Systematik will doch (in meiner Intention jedenfalls) nur eine möglichst pünktliche Entfaltung der Tragweite dieses ›Namens‹ (im biblischen Sinn dieses Begriffs) sein und insofern die in einzelnen Momenten verlaufende Erzählung einer *Geschichte*« – einer Kampfgeschichte, aber einer siegreichen Kampfgeschichte[201].

Zwischen den Feuern

Ausgerechnet während Barth derart von »der Versöhnung« redete, richtete die Schweizer Presse, heftiger denn je, ein wahres Trommelfeuer von Kritik und Polemik gegen ihn. Wie war es dazu gekommen? Er war nach jenem Berner Vortrag vom Februar 1949 weiterhin für einen »dritten Weg zwischen Ost und West« eingetreten. Er hatte darum im Mai 1950 Ilja Ehrenburg, der ihn »für die Unterzeichnung des Stockholmer (lies: Moskauer) Friedensaufrufs gegen die Atombombe« gewinnen wollte, »nach zweistündigem Gefecht mit leeren Händen abziehen« lassen. »Auf so ausgesprochene Propagandaunternehmen reagiere ich nun einmal . . . entschieden negativ. Er soll mich dann als ›Spießer‹ verschrieen haben . . . So ist man immer zwischen zwei Feuern.«[202] Wiederum mochte sich Barth auch mit der anderen Seite nicht identifizieren – und immerhin: im Sommer 1950 erfuhr er aus sicherer Quelle, daß er nachgerade vom amerikanischen Geheimdienst kontrolliert wurde und »daß ich in der Kartothek ihrer Stelle eine ganz schlechte Note habe (too many eastern friends!*)«[203]. Gleichermaßen ging es Barth um jenen »dritten Weg«, wenn er von Anfang an die deutsche Wiederbewaffnung ablehnte. Er sah in ihr schon als solcher eine ernste Verschärfung des Kalten Krieges zwischen Ost und West. Höchst beteiligt verfolgte er darum den »in Deutschland höchste Unvernunfts-, aber auch Bekenntniswellen aufwerfenden Streit über die ›Remilitarisierung‹ von West-Deutschland zum Kampf gegen Stalin«. Im Oktober 1950 nahm er in einem Offenen Brief an Wolf-Dieter Zimmermann in Berlin zu diesem Streit Stellung. Darin sagte er u. a.: »Das christliche Wort heute muß dahin lauten, daß wir uns nicht fürchten sollen« – und weiter: »Wer den Kommunismus nicht will – und wir wollen ihn alle nicht –, der . . . stehe für einen ernsthaften Sozialismus!«[204] Pazifismus als Prinzip lehnte er nach wie vor ab, aber aus Gründen der konkreten Situation ebenso bestimmt die deutsche Remilitarisierung – dies in grundsätzlicher Übereinstimmung mit Martin Niemöller und Gustav Heinemann. Heinemann, der soeben wegen dieser Frage als Minister mutig zurückgetreten war, kam Anfang Dezember zu einem Vortrag nach Basel und bei der Gelegenheit auch in Barths Haus, wo »zu seinen Ehren eine kleine Extrasitzung der Sozietät veranstaltet« wurde[205]. Die Art der Einigkeit mit Niemöller beschrieb Barth in einem Artikel zu dessen 60. Geburtstag (1952) so: »Ein vor nicht zu langer Zeit zwischen Martin Niemöller und mir geführtes Kurzgespräch

---

* Zu viele östliche Freunde!

verlief so: Ich: Martin, ich wundere mich, daß du trotz der *wenigen* systematischen Theologie, die du getrieben hast, doch fast immer das Richtige triffst! Er: Karl, ich wundere mich, daß du trotz der *vielen* systematischen Theologie, die du getrieben hast, doch fast immer das Richtige triffst!«[206]

Barths Plädieren für jenen »dritten Weg« meinte wirklich ein Drittes gegenüber dem östlichen und dem westlichen Weg. Es meinte das resolute Eintreten für den Frieden und gegen den »Kalten Krieg«. Und es schloß so allerdings auch das Nein zum Antikommunismus ein. »Nicht, daß ich für den östlichen Kommunismus im Blick auf seine bisherige Selbstdarstellung irgendeine Zuneigung aufzubringen vermöchte; ich ziehe es entschieden vor, nicht in seinem Bereich leben zu müssen, und wünsche es auch keinem Anderen, dazu gezwungen zu sein. Ich sehe aber nicht ein, daß es politisch oder gar noch christlich geboten oder erlaubt sein soll, solcher Abneigung und Ablehnung die Folgen zu geben, die man ihr im Westen ... in zunehmender Schärfe gegeben hat. Ich halte den prinzipiellen Antikommunismus für das noch größere Übel als den Kommunismus selber ... Hatte man vergessen, ... daß nur der ›Hitler in uns‹ ein prinzipieller Antikommunist sein kann? ... Ich denke ..., daß es Auftrag der christlichen Kirchen gewesen wäre, den politisch führenden Verantwortlichen und der öffentlichen Meinung durch ihr überlegenes Zeugnis vom Frieden und von der Hoffnung des Reiches Gottes zu Hilfe zu kommen. Sie haben der Sache des Evangeliums durch die weithin völlig unbesonnene Art, in der sie sie mit der eben so schlecht konzipierten wie ungeschickt geführten Sache des Westens identifiziert haben ..., einen Schaden zugefügt, der nach menschlichem Ermessen auch durch die besten ökumenischen und missionarischen Anstrengungen auf längste Zeit nicht wiedergutzumachen sein wird.«[207] Warum dieses deutliche Nein auch zum Antikommunismus? »Anti heißt *gegen*. Gott ist nicht gegen, sondern *für* die Menschen. Die Kommunisten sind auch Menschen. Gott ist auch für die Kommunisten. Also kann auch ein Christ nicht gegen, sondern nur *für* die Kommunisten sein. Für die Kommunisten sein, heißt nicht, für den Kommunismus sein. Ich bin nicht für den Kommunismus. Man kann aber über das, was *gegen* den Kommunismus zu sagen ist, nur reden, wenn man *für* die Kommunisten ist.«[208] In diesem Sinn war Barth – kein Kommunist, aber auch kein Antikommunist. In diesem Sinn rief er die Christen auf, gegen den Strom zu schwimmen – und zwar auf *beiden* Seiten der Machtblöcke, »in denen es die verfluchte Propaganda den Menschen hier und dort verbietet, etwas anderes als den Splitter im Auge des Andern auch nur zu sehen«[209].

Aber eben, nun geschah es, daß im September 1950 Regierungsrat Markus Feldmann vor dem Berner Großen Rat Barth wegen
dieser seiner Haltung heftig angriff und ihm die Gefährdung der
Existenzgrundlage (!) der Schweiz durch seine kirchlichen »Macht-
ansprüche« und durch seine Kommunistenfreundlichkeit vorwarf.
Noch aus den Ferien im Gyrenbad fragte Barth den Staatsmann,
»warum das eigentlich zwischen zwei Menschen, die doch beide in
ihrer Art Christen und Eidgenossen sein möchten, so zugehen
muß«[210], und bat ihn um eine Aussprache zu gegenseitiger Verständigung. Feldmann machte das Gespräch von der vorherigen Fixierung der zu behandelnden Fragen abhängig. Nachdem ihm Barth
sofort sieben kurze Fragen formuliert hatte, antwortete Feldmann
erst im Februar 1951 – nicht etwa mit einer entsprechenden Fragen-
liste, sondern mit einer umfassenden Widerlegung Barths anhand
jener Fragen: mit einer Schrift, die dieser nach Inhalt und Stil nur
als »eine einzige Anklageschrift (– oder müßte man nicht eher
sagen: schon eine regelrechte Urteilsbegründung?)« empfinden
konnte[211]. Darum sagte er das geplante Gespräch ab. Zu seiner
großen Verblüffung hat Feldmann wenig später – mit Steuergel-
dern! – »jene ganze Korrespondenz, ohne mich auch nur zu fragen,
in einer Broschüre als Publikation der Berner Regierung . . . veröffentlicht und . . . an die Zeitungen der ganzen Schweiz ver-
schickt«[212].
    Daraufhin erhob sich nun ein monatelanger wüster Sturm der
Entrüstung in fast sämtlichen »schweizerischen Blätter[n] und
Blättchen, die ihre Teilnahme an meiner Existenz fort und fort in
der Weise bezeugen« zu müssen meinten, »daß sie mich als Kom-
munistenfreund bis ins hinterste Dörfchen« verschrieen. Die
»Schweizerische Politische Korrespondenz« fragte sogar »allen
Ernstes . . ., ob es nicht an der Zeit wäre, den Herrn Theologiepro-
fessor endlich einmal vor den Strafrichter zu zitieren«. »Am
Schlimmsten haben mich – die Sozialdemokraten hergenommen;
am besten bin ich . . . im ›Volksfreund‹ von Spiez davongekom-
men.«[213] Auch Albert Schädelin und Arthur Frey verteidigten den
Freund. Rund 70 Berner Pfarrer schrieben ihm einen Solidaritäts-
brief, und es traf »auch eine Torte bei mir ein mit der Inschrift in
Zuckerguß: Multorum corda non Agricolae sed Barbae sunt!*«[214]
Barth beschloß selber, auf keinen der Vorwürfe zu antworten,
sondern »mich in fröhlich schweigender christlicher Geduld zu
üben, kann aber nicht verschweigen, daß diese oft einen etwas
bedenklichen Stich in eine dezidiert unchristliche Menschenverach-

---

* Die Herzen vieler sind nicht für »Feldmann«, aber für »Barth«

tung« hatte[215]. Eine Begründung dieses seines Verhaltens gab Barth
indirekt in dem unmittelbar bei Beginn der Pressekampagne verfaßten Schlußabschnitt seiner »Ethik« über die sich nicht wehren
müssende »Ehre«[216].

Jedenfalls war er auch jetzt nicht bereit, sich »von dem schmalen
Ort zwischen Ost und West . . . verdrängen zu lassen«. »Was wir
jetzt brauchen«, sind zwischen Ost und West »hin und her fliegende
Vögel – nicht das Parteinehmen für die Parteiischen!«[217] Und gerade
weil er auf eine Parteinahme für die Sache des Westens verzichtete,
glaubte er auch die Christen im Osten davor warnen zu dürfen, aus
ihrer »Bejahung des Kommunismus . . . ein Stück christlicher Botschaft, einen Glaubensartikel zu machen« – so im Spätsommer 1951
gegenüber Bischof Bereczky aus Ungarn erst mündlich (in Zürich),
dann schriftlich ausgesprochen[218]. Diese Warnung, die wirklich nur
an die Adresse der östlichen Brüder gerichtet war, gelangte zu
seinem Verdruß im Frühjahr 1952 durch eine Indiskretion, deren
Quelle gänzlich ungeklärt blieb, in die westliche Presse. Ebenfalls
durch Indiskretion drang ein Ausspruch Barths im Oktober 1951 in
einem privaten Kreis in Genf über die »Dollarhörigkeit« der
Schweizer Presse an die Öffentlichkeit und erregte neues Mißfallen.
Eine gewisse Beruhigung trat erst ein, als Feldmann – nicht zuletzt
aufgrund seiner eifrigen Wachsamkeit gegenüber der »Kommunistenfreundlichkeit« – Ende 1951 zum Bundesrat gewählt worden
war – »wobei in der Bundesversammlung immerhin 3 Stimmen auf
mich gefallen sind«[219].

Eine Befriedigung bedeutete es Barth, im Januar 1952 von der
Mitteilung überrascht zu werden, »daß S. Majestät der britische
König die Freundlichkeit hatte, mir die Kgl. Medaille for Service in
the Cause of Freedom zu verleihen*«[220]. »Aha! Ps. 23,5! Wer ist
nun von höchster westlicher Stelle von allem Verdacht des Kommunismus gereinigt? Doch soll man den Tag nicht vor dem Abend
loben.«[221] Denn »auf Grund wunderlicher Applikation eines Gesetzes von 1846«[222] verbot der Basler Regierungsrat die Annahme des
Ordens; Barth nahm ihn erst 1962 nach seiner Emeritierung entgegen. »Ich habe dann« damals bei der Arbeit an KD IV/1 sogleich
»die Sache zu einem Gleichnis des gekommenen, aber durch
Mächte und Gewalten verdeckten Himmelreichs verwendet«[223]. Zur
selben Zeit erregte Barth übrigens auch dadurch Kopfschütteln, daß
er sich bei einer Abstimmung über die Anschaffung neuer, bebilder-
ter Fenster für das Basler Münster mit einem streng »calvinistischen« Votum zu Wort meldete: »Man kann . . . auch mit Grund

---

* für den Dienst in der Sache der Freiheit

der Meinung sein, das zweite Gebot sei sinnvoll und beachtlich: ›Du sollst dir kein Bildnis machen‹ – auf gar keinen Fall nämlich im Zusammenhang mit dem christlichen Gottesdienst, auch dann nicht, wenn es sich um das einleuchtendste Werk des begnadetsten Künstlers handeln sollte.« Immerhin sprach sich der Stimmbürger dann tatsächlich gegen künstlerisch gestaltete Scheiben aus.

Auch in den folgenden Monaten blieb Barth ständig mit der – immer irgendwie um das Ost-West-Problem kreisenden – politischen Frage beschäftigt. Am 10. Mai hatte er in Aarau eine Diskussion mit prominenten Laien über Kirche und Politik zu bestehen. Am 25. Mai befaßte er sich im Schweizer Rundfunk mit der Frage »Was sollen wir denn tun?« – nämlich als »kleine«, ohnmächtige Leute, die keinen Einfluß auf die gegenwärtige Machtkonfrontation zu haben scheinen. Antwort: »Wir sollen nicht soviel Angst haben!« Im Sommer bewegte ihn der Streit um die deutsche Remilitarisierung, der die deutsche Kirche weiterhin aufwühlte und jetzt fast zu spalten drohte, zu einer grundsätzlichen Stellungnahme.

In einer Studie »Politische Entscheidung in der Einheit des Glaubens« suchte er die »Spielregeln« sichtbar zu machen, nach denen sich bei Christen eine solche Entscheidung vollziehen müßte. Die Kirche, so meinte er, könne ihnen ihre politische Entscheidung weder vorschreiben noch (als sei es eine bloße »Ermessensfrage«) »freigeben«, sondern sie habe ihnen einzuschärfen, es gehe dabei jedesmal um nicht weniger als um Gehorsam oder Ungehorsam gegen Gott, und es gebe dazwischen kein Drittes. Mit dieser These setzte sich Barth insgeheim nicht zuletzt mit dem vermittelnden Standpunkt seines Schülers Gollwitzer auseinander, der damals die »politische Entscheidung« in der Tat als eine »Ermessensfrage« qualifizierte.

In einem Brief an den Herausgeber von »Kirche und Mann« hatte Barth zuvor *seine* Entscheidung in der konkreten Situation der Gegenwart noch einmal unzweideutig kenntlich gemacht: nämlich daß er in der Ablehnung der Remilitarisierung »hundertprozentig neben Niemöller und Heinemann« stehe, selbst wenn diese sich zuweilen »zweideutiger« Argumentationen bedienten – »auch neben Mochalski, wie überhaupt neben jedem, der sich jener Entwicklung ehrlich und resolut entgegenwirft«.

Im September bekam Barth eine seltsame Gelegenheit, sich über die vatikanische Haltung in den politischen Tagesfragen zu informieren – in einem Gespräch mit Kardinal Tisserant in Kolmar im Elsaß. »Die Zusammenkunft mit dem Kardinal war . . . interessant . . ., obwohl ich bis auf diesen Tag nicht weiß, was der Mann eigentlich von mir wollte. Ich meinerseits habe freilich einige merkwürdige Dinge von ihm gehört, z. B., daß der Papst tatsächlich nicht optieren will zwischen dem Ost- und Westblock, daß er den Kommunismus nicht als solchen, sondern nur wegen seines ›matérialisme athée‹ bekämpft, daß er nicht *für* die Remilitarisierung ist, daß er die Fälle Stepinac und Mindszenty nicht als Fälle von persécution de la foi* betrachtet.«[224]

Entmythologisierung?

Eine andere Auseinandersetzung neben jener politischen hielt Barth mindestens ebenso in Atem, während er seine »Versöhnungslehre« ausarbeitete, niederschrieb und Stück um Stück vortrug. »Es geschah nämlich, daß wir ›alten Kämpfer‹ aus dem 2. und 3. Jahrzehnt unseres so ereignisreichen Jahrhunderts uns plötzlich durch eine neue theologische Bewegung überholt und überrollt sahen. ›Entmythologisierung‹ und ›Existentialisierung‹ der theologischen Sprache waren ihre Stichworte. Und der sie ausgegeben hatte, war kein Geringerer als unser Weggenosse von einst: Rudolf Bultmann.« »Was mich ihm gegenüber zur Zurückhaltung nötigte«, war »viel weniger seine von der Mehrzahl seiner Gegner beanstandete ›Entmythologisierung‹ des Neuen Testamentes, als seine ›Existentialisierung‹ von dessen Aussagen.«[225] »Das Unternehmen ließ mich, was die *Entmythologisierung* betraf, darum kalt, . . . weil ich sie viel zu humorlos fand, ferner, weil ich sie gerade für das ›Gespräch‹ mit dem modernen Menschen, auf das man ja damit im besonderen hinauswollte, nach meinen Erfahrungen mit diesem Geschöpf durchaus nicht für ein erfolgreiches Instrument halten konnte. Apologetik ist ein Unternehmen, das mir in jeder und so auch in solcher subtrahierender Gestalt nur eben tief verdächtig, jedenfalls fremd ist. Wohl aber horchte ich auf bei der anderen, der wuchtig vorgetragenen Nachricht von der *Existentialisierung,* deren die theologische Sprache angeblich bedürftig sei.«[226] Denn bei dieser Zielsetzung sah »ich die Theologie nur eben neu in die Sackgasse einer philosophischen Anthropologie laufen . . ., aus der ich sie nun seit . . . Jahrzehnten herauszurufen zu sollen gemeint habe. Daß ›von Gott reden‹ mehr heiße als: ›in etwas erhöhtem Ton vom Menschen reden‹, das war doch einst . . . mein kritischer Ausgangspunkt gewesen. Eben ihn sehe ich nun aufs neue preisgegeben. Ich verkenne nicht, daß Bultmann und seine Schüler dabei mehr mit dem Wind der Zeit segeln können als ich, so daß ich mich damit abfinden muß, mit meinem Einspruch gegen ihre Lehre manchen Schichten der noch jüngeren Generation nur eben erstaunlich zu sein«[227].

Wohlverstanden: Barth bestritt damit nicht die Möglichkeit, von

* Verfolgung wegen des Glaubens

der Philosophie – und sei es von der existentialistischen – auch positiv lernen zu können. »Als Christen müssen wir die Freiheit haben, uns die verschiedensten Denkweisen durch den Kopf gehen zu lassen. Elemente des Marxismus z. B. kann ich mir durch den Kopf gehen lassen, ohne dabei Marxist zu werden . . . Heute bietet sich der Existentialismus an; sicher ist auch in ihm Wichtiges vorhanden . . . Ich selbst habe eine gewisse Schwäche für Hegel und tue gern immer wieder einmal etwas ›hegeln‹. Dazu haben wir als Christen die Freiheit . . . Ich halte es hier mit dem Eklektizismus.«[228] Barth glaubte, daß der Einfluß philosophischer Gedanken auf die Theologie weder ausgeschlossen werden könne noch müsse. Nur dürfe ihr Gebrauch nie ein prinzipieller, sondern immer nur ein bewußt und erkennbar eklektischer sein.

Barth schrieb gerade den ersten Band seiner Versöhnungslehre »unter ständiger Berücksichtigung der . . . tobenden Bultmann-Kontroverse«[229]. Ja, er faßte den Band im ganzen auch als seine Antwort auf die Lehre seines Marburger Kollegen auf.

»Die theologische Lage des Augenblicks, aber auch die besonderen Themata dieses Buches haben es nötig gemacht, daß ich mich [darin] weithin in intensivem, in der Hauptsache stillem Gespräch mit Rudolf Bultmann befunden habe. Sein Name taucht nicht eben oft auf. Seine Sache war immer gegenwärtig: auch da, wo ich nun eben, seine Methode und seine Ergebnisse vor Augen, in vollem Bewußtsein an ihm vorbeigeredet habe.«[230]. »Ich denke nicht, daß man die Entmythologisierung entmythologisieren kann, es sei denn durch bessere Darstellung eben dessen, was Bultmann und die Seinen nur als ›Mythos‹ kennen gelernt zu haben scheinen und nun als solchen wieder und wieder perhorriszieren müssen.«[231]

An dieser impliziten Auseinandersetzung mit Bultmann nahmen die in dieser Sache lebhaft beteiligten Studenten sehr aufmerksam teil. Von den rund 160 Theologiestudenten in Basel kamen jetzt über die Hälfte aus Deutschland. Und gerade diese Deutschen wurden vor allem in den Seminaren alsbald »durch ihre Lust im Grübeln und am Diskutieren aufs Neue der Gegenstand der Bewunderung der anderen Nationen, insbesondere auch unsrer Schweizer«, die »wie der Mann am Teich Bethesda immer zu spät kommen, wenn es gilt, eine Frage zu beantworten«[232]. Im Sommer 1951 besprach Barth mit ihnen im Seminar Schleiermachers Glaubenslehre, bei deren Analyse fortwährend die brennende Bultmann-Frage im Hintergrund stand (die Sozietät war der Schrift Jacques Elluls über die theologische Begründung des Rechts zugewendet). Bei Barth hörten nunmehr auch soviele amerikanische Theologiestudenten, daß er von diesem Sommer an – neben dem ja schon länger bestehenden französischen – ein regelmäßig stattfindendes englischsprachiges Kolloquium für sie einrichtete.

Im Juli hatte er an einer Vorbereitungstagung für die Evanstoner Weltkirchenkonferenz teilzunehmen. Anschließend erholte er sich auf dem Bergli und dann mit Freys auf der Golzernalp ob Bristen, einem einsamen Ort in den Bergen, wo man sich noch am Brunnen im Freien waschen mußte. Als er hernach das Wintersemester 1951/52 antrat, ließ er sich durch das große Interesse jener Studentenschar an den durch Bultmann aufgeworfenen Problemen direkt zu einer expliziten Auseinandersetzung mit den Thesen des Marburger Lehrers bewegen. Die Sozietät fiel diesmal aus, während sich das Seminar also mit der Frage von »Kerygma und Mythos« befaßte. »Der Raum [war] . . . gedrängt voll Menschen, wie noch nie.«[233] »Das Interesse [der Studenten] machte es . . . unvermeidlich, daß die von Bultmann gestellten und die umgekehrt an ihn zu stellenden Fragen und also das sachliche Für und Wider sich diesmal lebhaft und gelegentlich hitzig in den Vordergrund drängten. Es konnte nicht unsere Sache sein, sie zur Entscheidung zu bringen. Es dürfte aber – als Voraussetzung verantwortlicher Stellungnahme jedes Einzelnen – das Profil der Probleme als solcher den Teilnehmern schließlich leidlich sichtbar geworden sein.«[234] Als am Ende des Semesters der anglikanische Bischof Stephen Neill vor der Fachschaft über seine Kirche redete, meinte Barth, daß man »Mühe hatte, sich nicht zum Übertritt dorthin anzumelden«[235]. Jedenfalls bekam er den Wunsch, selber »einen solchen Krummstab zu besitzen«, um einmal durch »einen autoritativen Hirtenbrief« gewisse Theologen zur Sache rufen zu können[236].

Barth hatte Bultmann persönlich das letzte Mal im Oktober 1950 kurz bei dessen Freund Baumgartner in Basel gesehen – und er hatte ihm damals beim Abschied mit Blick auf die neuen Basler Tramwagen zugezwinkert: die seien wohl gewiß ein besonders wichtiger Beweis für das Erfordernis der »Entmythologisierung«!? Am 18. März 1952 konnte er sich nun erneut mit ihm im »Charon« zusammensetzen und ihm seine Fragen vorlegen. Dabei fand er den Marburger so offen wie noch nie für den Einwand des Baslers: »Die Sache mit dem ›objektiven Gegenstand‹ des Glaubens müsse er sich noch durchdenken. Da sei in der Tat eine Lücke.«[237]

Einen »Extrakt« der Seminararbeit des letzten Winters legte Barth in schriftlicher Form nieder: in einer Schrift, die in den Sommerferien entstand. Es handelte sich nicht um eine Streitschrift gegen Bultmann, sondern um einen Seiten lang mit bloßen, offenen Fragen gefüllten »Versuch, ihn zu verstehen«, wie Barth schon im Titel ankündigte. Er widmete ein Exemplar direkt seinem Kontrahenten – mit einem Zitat aus »Figaros Hochzeit«: »O Engel, verzeih mir.« Woraufhin Bultmann seine lange Antwort charmant mit der versöhnlichen Fortsetzung des Zitats abschloß: »Wie könnt ich denn zürnen? Mein Herz spricht für dich!« In seiner Rückantwort konstatierte Barth es freilich als ein Rätsel, daß das, was Bultmann durchaus als »*die* sachgemäße Auslegung« des Neuen Testaments behaupte, er seinerseits als die »Anlegung einer Zwangsjacke« empfinde[238]. In jener Bultmann-Schrift grenzte sich Barth in einem Nachwort übrigens zugleich von seinem Basler Kollegen Buri ab, im Blick auf dessen Theologie er den Eindruck hatte, »daß Buri die Badehose, die Bultmann immerhin noch trägt, auch noch ausgezogen hat«[239].

Im Juni referierte Barth auch einmal vor den »positiven« Pfarrern Basels über die Entmythologisierungs-Frage. Und gleichzeitig mit jener Bultmann-Studie veröffentlichte er in diesem Sommer 1952 jene exegetische Passage über Römer 5 aus dem fortgefallenen Paragraphen von KD III/2 – unter dem Titel »Christus und Adam«.

Er verstand die Studie als eine indirekte Antwort auf das von Balthasar (in seinem Barth-Buch) neu gestellte Problem des Verhältnisses von »Natur und Gnade«, aber eben auch als eine indirekte Stellungnahme zu Bultmann, der die Studie später rezensierte und »unter dem sofort Alles sagenden Titel: ›Adam und Christus nach Röm. 5.‹ (das Rad wurde wieder energisch zurückgedreht!) total ablehnte«[240].

Ein Echo auf jene direkt Bultmann zugewendete Schrift bestand auch darin, daß Barth von Gerhard Ebeling eingeladen wurde, im Frühjahr 1953 auf einem Fakultätentag über das Problem der theologischen Methode zu reden. Er sagte ab: »Es scheint mir, auch auf Grund der Antwort, die Bultmann mir auf meine Studie gegeben hat, nicht verheißungsvoll, mich noch einmal auf das Feld dieser Diskussion zu begeben.« Was er dazu zu sagen habe, habe er gesagt. Er glaube ferner, »daß die Frage nach der rechten Hermeneutik sich nicht in der Diskussion über die exegetische *Methode,* sondern nur in der Exegese selbst entscheiden kann. Und ich meine zu sehen, daß sich die Diskussion über die Methodenfrage als solche heute in einen Leerlauf zu verlieren droht«[241].

Barth hatte das Wintersemester 1951/52 ziemlich angeschlagen beendet, weil geschwächt durch eine im Winter erkannte Diabetes-Erkrankung. Er erholte sich aber rasch durch eine strenge Diät (»Wie gerne werde ich die Nudeln los!«[242]) und durch Ferien, die er mit seinem Schwiegersohn Max Zellweger in Lugano verbrachte. So konnte er mit neuen Kräften ins nächste Semester schreiten. »Es war doch nicht nur in der Erinnerung [an das lebhafte Bultmann-Seminar im Winter], sondern auch in einem sachlichen Zusammenhang begründet, wenn dann auch das [Seminar-]Thema des Sommersemesters, Melanchthons Loci von 1521, fast ebenso aufgenommen wurde, als ob es sich wieder um einen zeitgenössischen Text gehandelt hätte. Daß Bultmann sich heute mindestens auf eine Linie berufen kann, die schon in den Anfängen jedenfalls der von Luther inspirierten reformatorischen Theologie sichtbar ist, ist ja nicht zu verkennen, und die Mitgliedschaft des Seminars war denn auch hellhörig genug, um dessen gleich in den ersten Sitzungen gewahr zu werden.«[243] Unter den Studenten gefiel ihm diesmal besonders der Schwede Gunnar Hillerdal. Und wie ergötzte es ihn, als ihm von ihnen – eine heitere Reaktion auf das Seminar! – an seinem 66. Geburtstag »ein, wie es scheint, direkt aus dem Himmel eingetroffenes Sendschreiben von Dr. M. Luther vorgelesen wurde«[244].

Im Winter 1952/53 wagte Barth sich in seinem Seminar – »einsam auf weiter Flur!« – an ein seltsames Thema: an die Lektüre der Dogmatik des Hegelianers Alois Emanuel Biedermann. »Was war das für eine mühsame und für den Liberalismus doch etwas beschämende Jagd, die ich . . . nach den nötigen Exemplaren veranstalten mußte!«[245] Bei der gemeinsamen Lektüre hat Barth diesen Zürcher Liberalen, »bei aller Mißbilligung seiner Grundvoraussetzung, doch sehr bewundern müssen, den Studenten als Gegenstand geziemenden Respektes empfohlen und insbesondere meinen vielen Deutschen . . . als typisches ›Landesprodukt‹ verständlich zu machen versucht«[246]. In seinen Sozietäten besprach er von jetzt an – wie in den fremdsprachigen Kolloquien – fortlaufend seine eigenen Dogmatik-Bände. Im Frühjahr schrieb er – nicht zuletzt durch jenes Seminar dazu animiert – in einem Brief an Johannes Rathje seine Erinnerungen an die einst von ihm selbst erlebte »Welt des freien Protestantismus« nieder. Er machte ihr dabei den Vorwurf, daß es in ihr wohl Freundschaften, aber nicht »so etwas wie die ›communio sanctorum‹*« gab. Im Mai kam er gleich noch einmal, nun in Basel selbst, mit den Liberalen in eine direkte Berührung. »Bei Anlaß der Tagung des sog. freien Christentums (bei der übrigens Jaspers den Verblüfften den Bultmann bis aufs Letzte kaputt gemacht hat!) hatte ich einen denkwürdigen Abend im St. Albanpfarrhaus mit Buri und Werner: ich habe sie freundlich, aber bestimmt eingeladen, sich in die Gemeinschaft der Heiligen, die sie offenbar verlassen hätten, zurückzugeben, mußte aber von Buri hören, daß auch dies ein ›Mythos‹ sei.«[247]

»Erhöhung des Menschen«

Im gleichen Frühjahr besorgte er – unter Mithilfe seiner Schüler Friedrich-Wilhelm Marquardt und Gerhard Bauer – den Druck des

*Gemeinschaft der Heiligen

ersten Teils seiner Versöhnungslehre (KD IV/1). Er hatte den Band im vergangenen Wintersemester abgeschlossen – und zwar so, daß er mit dem Stoff akkurat am letzten Vorlesungstag »genau mit dem Glockenschlag fertig wurde«[248]. Er widmete das (895 Seiten starke) Buch seinen drei Söhnen. Von diesen war der Älteste, Markus, inzwischen (Anfang Februar) in die USA fortgezogen, um dort im »Middlewest«, an dem kleinen presbyterianischen Seminar in Dubuque (Iowa), einen Lehrstuhl für Neues Testament einzunehmen – an der Seite von Arthur Cochrane, einem Freunde von Karl Barth. Bei der letzten Predigt von Markus in Bubendorf war der Vater anwesend, der nicht verhehlen konnte, »daß ich damals in der Kirche . . . auch ein wenig geheult habe, weil der ganze Abschluß und Abschied doch auch mir richtig naheging«[249]. Christoph, der zweite Sohn, hatte zu dieser Zeit gerade Heimaturlaub. Im Juli des letzten Jahres hatte ihn der Vater persönlich im Amsterdamer Hafen abholen und »gerührt in meine Arme schließen« können, um darauf das Wiedersehen festlich – »zwar nicht mit einem gemästeten Kalb, wohl aber mit der Verzehrung eines ›wilde eendvogel‹*«[250] zu feiern. In der nächsten Zeit hat der Vater dann gern, »durch Christophs Anwesenheit angeregt, das Schachspielen wieder aufgenommen . . . Wobei ich freilich nach stundenlangen Kämpfen etwa im Verhältnis von 4 : 1 den Kürzeren zu ziehen pflege!«[251] Anfang Mai ging Christoph für weitere fünf Jahre zurück nach Indonesien: jetzt an die Hochschule von Djakarta. Und als auch Hans Jakob davonfuhr, um den Sommer hindurch in der Gegend von München zu malen, meinte der Vater: »daß ich wohl mit Jakob (Gen. 42,36) sprechen könnte: ›Ihr beraubt mich meiner Kinder; Joseph ist nicht mehr vorhanden, Simeon ist nicht mehr vorhanden, Benjamin wollt ihr hinnehmen; es geht alles über mich‹«[252]. Der Vater tröstete sich aber mit dem Gedanken: »daß die Sonne nun beständig auch mindestens einen von unserem Stamm wachend und im Dienst der schönsten aller Wissenschaften an der Arbeit findet«[253]. Hans Jakob war jetzt verlobt mit der Krankenschwester und Masseurin Renate Ninck, Tochter eines Riehener Psychologen und speziell Graphologen, mit der er dann im April 1954 von Gottlob Wieser getraut wurde. Ihre Hochzeit sollte ein erschütterndes, abruptes Ende finden, als der Brautvater bei seiner Tischrede plötzlich umsank und starb. Thurneysen und Wieser redeten zwei Tage später bei seiner Beerdigung.

Während Barth in zunehmender Zurückgezogenheit an der Dogmatik arbeitete – »Hieronymus im Gehäuse« wurde er in einer Zeitschrift genannt –, fand seine Arbeit zunehmende Beachtung. In dieser

* Wildente

Zeit kam zu ihm – in einer ganzen Kette von Besuchern (z. B. von Visser't Hooft und Präses Held) – auch »wichtiger Besuch aus Genf: Senarclens und Ryser, die mir nicht mehr und nicht weniger als einen stattlichen Band, enthaltend die französische Übersetzung der ersten Hälfte von KD I/1, zu überbringen hatten. Die nötigen 1000 Abonnenten sind erreicht, noch mehr stehen in Aussicht«[254]. Es war der Genfer Verlag Labor et Fides, in dem von jetzt an Barths Dogmatik auf französisch erscheinen sollte. Und es war der welsche Pfarrer Fernand Ryser, der nach und nach die Übertragung seiner ganzen Dogmatik besorgen sollte. Zur selben Zeit waren bereits auch die Vorbereitungen für eine englische Übersetzung der Kirchlichen Dogmatik in vollem Gange, die – unter der Herausgeberschaft von G. W. Bromiley und T. F. Torrance – von einem Team von fünfzehn Experten vollzogen wurde und in den Verlagen Clark in Edinburgh und Scribner's in New York von 1956 an herauskommen sollte. Von 1959 an begann dann auch der Verlag Shinkyo Shuppansha in Tokio eine japanische Übersetzung der Dogmatik zu edieren, übertragen von dem Germanistikprofessor Yoshio Inoue. Vor allem die deutsche Originalausgabe der Dogmatik fand in zunehmendem Maße Verbreitung (schließlich über 7000 Subskribenten), und sie wurde speziell in Deutschland »fleißig gekauft und wohl auch gelesen . . ., auch ohne den Segen der Theologischen Literaturzeitung und der andern Fachorgane«[255].

Mit dem neuen Semester, dem des Sommers 1953, begann Barth mit dem Vortrag des Stoffs des nächsten, seines zehnten Dogmatik-Bandes (IV/2) – und zwar so, »daß ich zur Eröffnung der zweiten Linie der Versöhnungslehre (von unten nach oben!) zunächst mehrere Stunden über das – Mönchtum gesprochen habe«[256]. »Was man mich diesmal vertreten hört, könnte da und dort noch mehr – freudige oder auch ärgerliche – Überraschung erregen, als das schon in früheren Stadien des langen Weges der ›Kirchlichen Dogmatik‹ gelegentlich vorgekommen ist. Wer etwa deren wesentliche Aussage immer noch (vielleicht immer noch in der Nachwirkung der einst durch den ›Römerbrief‹ von 1921 erregten Betäubung!) in der Alternative: ›Entweder Aufstieg zu Gott *oder* Herabsteigen Gottes zum Menschen‹ zu vernehmen meinte, wer da (vielleicht auch noch im ersten Teil dieses vierten Bandes) vom erneuernden Werk des Heiligen Geistes, von des Menschen Erhebung, von seinem Anteil an der Versöhnung, von der Heiligung und von der Liebe (zu seiner Befriedigung oder zu seinem Kummer) nichts oder doch nur wenig zu vernehmen meinte, der wird sich nun damit auseinandersetzen müssen, daß es diesmal in größter Dringlichkeit und Ausführlichkeit gerade um diese Seite der Sache geht.«[257]

Nachdem Barth in KD IV/1 das Anliegen der Reformation aufgegriffen hatte, meinte er somit in KD IV/2 einerseits dem Anliegen der römischen Theologie und dessen, »was dort die ›heiligende Gnade‹ genannt wird«, andererseits »dem Anliegen der Pietisten und Gemeinschaftsleute diesmal ein Stück weit Genüge getan« zu haben[258]. Daß er nun auch diefes »andere« Anliegen offen aufgreifen konnte, hing damit zusammen, daß er die Erhöhung Christi neben seiner Erniedrigung und die Heiligung neben der Rechtfertigung nicht als eine bloße, beiläufige Folgeerscheinung, daß er beides überhaupt nicht als zwei verschiedene, aufeinander folgende Akte verstehen wollte, sondern beides als die zwei Aspekte ein und desselben Aktes, der einen Wirklichkeit des einen Jesus Christus. »Wer ›Jesus Christus‹ sagt, der kann nicht nur ›Erniedrigung des Gottessohnes‹ sagen; er hat *eben damit* schon ›Erhöhung des Menschensohnes‹ gesagt.« Insofern, nämlich durch die Hervorhebung dessen, daß die Erkenntnis Christi auch diesen anderen Aspekt hat, grenzte Barth sich jetzt ab gegenüber »den unentwegt ›von Luther her‹ Denkenden«. Wiederum nahm er aber auch das römische bzw. pietistische »Anliegen« nicht auf ohne erhebliche Korrektur an der Vertretung dieses Anliegens bei den betreffenden Gesprächspartnern. Die Korrektur ergab sich von da aus, daß er bei der Entfaltung des zweiten den ersten Aspekt der Christuswirklichkeit konsequent voraussetzen und mitbedenken wollte. Und sie ergab sich zugleich von da aus, daß er grundsätzlich damit ernst machen wollte, daß »der Mensch *Jesus*« die einzige und ganze Begründung, Kraft und Gewähr für des Menschen Erhebung und Heiligung ist. Nach Barth können die Menschen also nur so »geheiligt« werden, daß sie der schon geschehenen Heiligung, daß sie *des* Heiligen, des *einen* Heiligen teilhaftig werden. Darüberhinaus war in diesem neuen Buch bemerkenswert, daß Barth – in Aufnahme des um die Jahrhundertwende diskutierten Problems eines »Lebens Jesu« und in dem Moment, als die Diskussion über den »historischen Jesus« neu aufflackerte – hier eine ausführliche Darstellung des *Menschen* Jesus vorlegte. Nur war sie so gehalten, daß sie betont nicht hinter das Zeugnis der Evangelien zurückging, sondern dieses nur eben nachzeichnete und daß sie darum bewußt keinen »vorösterlichen«, sondern gerade nur den von Ostern her gesehenen und also »königlichen Menschen» zeigen wollte. In dem Abschnitt über die Sünde wurde der erstaunliche Satz gewagt: »Sünde ist auch Dummheit und Dummheit ist auch Sünde.« In dem Abschnitt über die Kirche erklärte Barth die Gemeinde als »bruderschaftliche Christokratie«, in der der klassische Gegensatz von Geistkirche und rechtlicher Institution eigentlich doch kein Gegensatz ist, zu deren Lebendigkeit tatsächlich auch die Aufstellung eines evangelischen »Kirchenrechts« gehört. Im Schlußabschnitt über die Liebe war dann das Ungewöhnliche zu hören, daß es, was die Theologie der Neuzeit weithin bestritt, doch eine direkte Gottes- und Jesusliebe gebe – und weiter: daß der zu liebende »Nächste« nicht automatisch jeder beliebige Mitmensch, sondern zunächst der einem in der Gemeinde Jesu Christi begegnende Nächste sei; denn die Nächstenliebe ist nach Barth die wesentlich in Gegenseitigkeit sich vollziehende Bezeugung der Liebe Gottes durch den »Nächsten« an mir und durch mich an ihm[259].

Daß Barth jetzt im Unterschied zu früher in ein gedeihlicheres Verhältnis zu den Pietisten gekommen war, »auch wenn ich dabei nicht einfach der Ihrige werden konnte«, lag wohl an der inzwischen eingetretenen Wandlung seines eigenen theologischen Denkens,

aber zugleich daran, daß sich unterdes seines Erachtens dieser
Partner gewandelt hatte. „Wenn ich mich nicht sehr irre, gibt es
heute auch bei ihnen sehr viel mehr Aufgeschlossenheit und Besonnenheit als in den Gestalten ihrer Lehre und Praxis, die ich in
früheren Jahren vor Augen hatte – oder zu haben meinte: denn ich
schäme mich nicht, zu gestehen, daß ich sie nun auch besser verstehe, als mir das früher gegeben war.«[260] Es ist hier vornehmlich eines
Freundes zu gedenken, den Barth seit 1937 kannte und seitdem
mehr und mehr schätzen lernte: »Richard Imberg, Leiter des Diakonissenhauses Siloah in Gümligen, ein unakademisch wild, aber
umso kräftiger gewachsener Theologe, in dessen warmer Menschlichkeit sich mir die Gemeinschaftsbewegung von einer ganz neuen
Seite erschlossen hat«[261]. Imberg war übrigens »ein Prediger der
Allversöhnung. Ich habe ihm einmal gesagt: ›Ich glaube nicht an die
Allversöhnung, aber ich glaube an Jesus Christus, den Allver-
söhner‹«[262].
    Während Barth sich zäh und stetig in dem »Tunnel« von KD IV/2
vorwärtsarbeitete, nahm zunächst das Sommersemester 1953 seinen
Lauf. In der Sozietät wirkte diesmal anregend Helmut Gollwitzer
mit. Und im Seminar wurde jene Problematik der »unentwegt von
Luther her Denkenden« nun direkt aufgerollt. Das Seminar stach
hervor durch »übernatürlich starke Beteiligung (Leute auf allen
Fensterbänken etc.!)« und »durch viel Elektrizität in der Luft von
wegen des Themas: Luther 1520«[263] – insbesondere »durch die
Aufregung, die den zahlreichst teilnehmenden Deutschen dadurch
bereitet wurde, daß als Resultat keine weitere Kanonisierung,
sondern eher so etwas wie eine gewisse Entmythologisierung des
großen Dr. Martinus herausschaute«[264]. »Anima Germanica natura-
liter Lutherana«*, hatte Barth schon in der Göttinger Zeit spöttelnd
gesagt[265] und wiederholte er jetzt öfters, um die »deutsche Seele« zu
kritischer Bewältigung dieser ihrer Tradition anzustacheln. Das Lu-
ther-Thema regte Barth dazu an, im nächsten Winter demgegenüber ein Seminar über »die Rechtfertigungslehre Calvins« abzu-
halten.
    An seinem Geburtstag in jenem Sommer hat »ein Flötentrio,
vorgetragen von zwei Studenten und unserm die Bratsche mei-
sternden Universitätspedellen, . . . den Tag so festlich eröffnet, daß
ich die Künstler bat, die Darbietung (es ging natürlich um Mozart)
am folgenden Tag im Hörsaal vor den etwa 120 Dogmatikbeflisse-
nen zu wiederholen, so daß dann auch in dieser Stätte ein unge-
wohnter Lichtglanz entstand«[266]. Im gleichen Monat reiste Barth für

---

* Die deutsche Seele ist von Natur aus lutherisch

einen Tag nach Männedorf zu einer »Konferenz von 160 (hundert-
sechzig) Pfarrfrauen aus der ganzen deutschen Schweiz, denen ich
auf eine ganze Fülle von schriftlich eingereichten Fragen zu antworten hatte: ›Wie werde ich meines Heils gewiß?‹ . . ., aber auch: . . .
›Gibt es im Jenseits ein Wiedersehen mit den lieben Vorangegangenen?‹ (Antwort: Ja – aber auch mit den *andern*!).«[267] Die Begegnung
verlief so gut, daß Barth sie gern ein Jahr später fortsetzte. Ein
andermal disputierte er mit Hendrik van Oyen vor den Basler
Pfarrvereinen über die Frage von Bildern in Kirchen – er contra,
dieser pro! Auf dem Heimweg widersprach ihm Gottlob Wieser
heftig: »Du wottsch immer rächt ha!« – worauf er schmunzelnd
erwiderte: »I ha halt immer rächt!«

Die Vorbereitung der Weltkirchenkonferenz von Evanston

Während der Sommerpause nahm er – nach einigen netten Ferientagen mit Thurneysens in St. Luc – Ende August an der dritten
Vorbereitungstagung des Beratenden Ausschusses der Evanstoner
Weltkirchenkonferenz teil. Er machte bei der Vorbereitungsarbeit
mit wachsender Freude mit. 1951 war vom 20. bis 30. Juli ein
25köpfiges Experten-Gremium zum ersten Mal zu dieser Arbeit in
Rolle zusammengetreten. Barth hatte keine gute Erinnerung an
diese Tagung. »Ja, da saßen und redeten wir . . . 10 Tage lang:
Amerikaner (Niebuhr an der Spitze!) mit blanken, gesunden Gebis-
sen, großen Entschlossenheiten und wenig Problemen, . . Briten
(der verheerende Baillie aus Edinburgh ihr bemerkenswertester
Mann), Deutsche (hier der liebe, tiefsinnige Heinrich Vogel und der
klug-spitzige Schlink aus Heidelberg zu erwähnen), aus Holland
Hoekendijk . . . und Kraemer«, aus Prag Hromádka, aus Ceylon
Niles, aus Frankreich der Orthodoxe Florovsky und Roger Mehl,
»aus Schweden Herr Wingren, von der Goldküste das Ehepaar
Baeta (kohlrabenschwarz, aber mir sehr sympathisch), aus Japan die
intelligente Miß Daketa, die gerne Deutsch lernen möchte, um
ordentliche Theologie kennen zu lernen, und die ich darum in den
Zwischenstunden wenigstens in einige Geheimnisse dieser Sprache
einführte, und aus der lieben Schweiz Emil Brunner und ich«[268].
Barth war damals von dem Geist, in dem das Konferenzthema im
ganzen angefaßt wurde, wenig befriedigt, ja enttäuscht. Vergeblich
setzte er sich dafür ein, die Konferenz nicht in den USA, sondern in
New Delhi durchzuführen – und dafür, nicht die »Hoffnung der
Kirche und der Welt« zum Thema zu erheben, sondern: »Jesus

Mitarbeiter in der Ökumene

72 Arbeit in der Sektion I der Amsterdamer Weltkirchenkonferenz unter dem Vorsitz von Bischof Lilje (1948).

73 Vorbereitung der Evanstoner Weltkirchenkonferenz in Bossey (August 1953). Links von Barth Florovsky, Newbigin, Visser't Hooft, hinter ihm seine spätere Schwiegertochter M. Cl. Frommel, links neben ihr H. Vogel, E. Schlink, D. T. Niles.

74 Begegnung mit Kardinal Tisserant im September 1952 in Kolmar.

75 Empfang beim Erzbischof von Canterbury, Geoffrey Francis Fisher, im Lambeth Palace im Juli 1956.

Atempausen

76 *Angesichts der Kapitolinischen Venus in Rom (August 1954).*

77 *Mit Dr. Arthur Frey, dem Leiter des Evangelischen Verlags Zollikon, beim Besuch eines Hunderennens (1950).*

78 *In Bubendorf, der Gemeinde seines Sohnes Markus, mit den Enkelkindern Anna und Peter Barth (1946).*

79 *In einer Pause während einer Vorbereitungskonferenz für Evanston in Bossey (September 1952) mit dem Sohn von Pf. Marcel Sturm.*

Christ, the crucified Lord, the only hope for the world«*. Als Niebuhr bei einer Besinnung auf das Konferenzthema ausgerechnet die Eschatologie »auf der Seite gelassen« hatte, wurde Barth »heftig und wollte, nun seinerseits hoffnungslos, ... den Schauplatz verlassen« – was aber jene Japanerin durch die Herbeiführung einer Aussprache zwischen Barth und Niebuhr zu verhindern wußte[269]. Gleichwohl kehrte er »mit sehr gemischten Eindrücken« zurück nach Basel – im Zweifel, »ob ich weiter mittun werde. Die Anglosachsen, das ökumenische Lächeln ... das ewige Ausgleichen der verschiedenen points** ... – das Alles macht, wenigstens mich, auf die Länge müde«[270]. Vor allem bedauerte Barth, »daß wir uns ausgerechnet über die christliche Hoffnung, statt uns ihrer zu freuen, so sehr den Kopf zerbrechen müssen«[271]. In einem Artikel für eine amerikanische Zeitschrift faßte er damals sein Verständnis des Besonderen der »christlichen Hoffnung« zusammen: »The Christian's hope has its foundation in an event in which all other human hopes end: in the death of Jesus Christ on the cross of Golgatha***.«[272]

Bei der zweiten Vorbereitungstagung Anfang September 1952 war dann auf einmal eine sehr viel gedeihlichere Zusammenarbeit möglich geworden. Zu ihr kam man diesmal »in dem schön und ruhig gelegenen, neu hergerichteten Château de Bossey bei Céligny am Genfersee ..., übrigens gleichzeitig mit einer Schar von jüngeren Industriellen«, zusammen. »Die Kommission, in der außer uns, in diesem Fall unvermeidlichen Theologieprofessoren, auch eine Reihe von Nichttheologen sehr energisch« mitredeten, wie z. B. der Philosoph Donald MacKinnon, suchte einen einmütigen Bericht zur Vorlage bei jener Konferenz zu erarbeiten. »Wirklich nicht selbstverständlich bei einem Werk von 20 so verschiedenen Köpfen so verschiedener Herkunft und Richtung!« Im Unterschied zum Vorjahr ergab sich bei dieser Zusammenkunft aber eine gute Verständigung untereinander: »Vielleicht weil man sich nun gegenseitig schon kannte. Vielleicht weil unterdessen alle weiter über die Sache nachgedacht, in der Bibel gelesen hatten und von daher automatisch näher zueinander geführt waren ... Vielleicht auch, weil die Not der Zeit uns alle von selbst zur Verständigung drängte. Ich vermute freilich auch: weil wir diesmal in der Person des jugendlichen südindischen Bischofs Leslie Newbigin einen Vorsitzenden hatten, der uns nicht nur durch die sachliche Bestimmtheit und humane

---

* Jesus Christus, der gekreuzigte Herr, die einzige Hoffnung für die Welt
** Gesichtspunkte
*** Die christliche Hoffnung ist in einem Ereignis begründet, in dem alle menschlichen Hoffnungen aufhören: im Tod Jesu Christi am Kreuz auf Golgatha

Verbindlichkeit, sondern vor allem durch die geistliche Disziplin seines Auftretens und Verhaltens von Anfang an zusammenzuführen und dann auch zusammenzuhalten wußte. Die Konferenz von Bossey war ein kleiner Schritt auf einem langen Weg ... Es war aber so, daß wir von der christlichen Hoffnung nicht nur geredet haben, sondern tatsächlich in guter christlicher Hoffnung beieinander waren.«[273]

Bei der dritten Vorbereitungstagung fand man in gegenseitigem Respekt gar noch einmal besser zueinander. Barth mußte selbst zufrieden feststellen: »Man ist sich in diesen drei Aktionen 1951, 1952 und 1953 nun doch wesentlich näher gekommen, auch die Amis und ich (Minear, Calhoun, Muelder u. A. sind in ihrer Art gute Leute). Auch Dodd hat mir menschlich sehr gut und (mit Vorbehalten eigentlich mehr nach der ekklesiastischen Seite) doch auch theologisch nicht übel gefallen, und auch das nicht unbedrohte Zusammenspiel mit den andern Kontinentalen (Schlink, Roger Mehl, dem jederzeit zu ekstatischem Losbrechen und zum Vortrag eigener musikalischer Kompositionen bereiten Freund Vogel) gelang aufs Beste. Aber wenn doch nur die Anglosachsen ihre Gebetsriemen nicht so unerhört breit und lang machen wollten! Ich erlebte ein evening prayer*, bei dem das Unser Vater zweimal und das Gloria patri 5 oder 6mal vorkam, und sagte ihnen nachher, wenn ich der liebe Gott wäre, würde ich ihnen mit Donnerstimme antworten: Yes, yes, that will do, I have heard you!** ... Das Schönste war eine kleine Katze, die einmal an diesem Kult illegitimerweise Anteil nahm, da und dort herummiaute und schließlich einem der eifrigsten Beter auf den Rücken sprang und von da aus ihren Schwanz wie eine Fahne hin und her schwang. In Evanston sollte dann wohl ein Löwe in ähnlicher Funktion tätig sein.«[274]

Bei dieser Konferenz bekam – in konzentrierter Teamarbeit – der »Bericht« des Ausschusses zum Hauptthema seine dritte und endgültige Fassung. Einstimmig wurde Barth dazu ausersehen, diesem Bericht ein Schlußwort anzufügen, das er in einem Tagewerk verfaßte und das tatsächlich die Zustimmung der ganzen Kommission erhielt.

Es begann mit dem Geständnis, daß die große Wahrheit, »daß Jesus Christus die Hoffnung der Welt ist, ... sehr viel angemessenerer Gedanken würdig« wäre als der hier vorgelegten. Und es endete mit lauter Fragen an die Kirche: »Ist sie der authentische Zeuge ihres Herrn und Hauptes ...? Ist sie das Volk der Pilger, die hier keine bleibende Stätte haben, sondern die zukünftige suchen ...? Ist sie die Schar der Wächter, die, weil sie im Osten schon Licht sahen, den neuen Tag schon

---

* Abendandacht
** Ja, ja, das reicht, ich habe euch gehört!

angebrochen wissen . . .? Ist sie die Gemeinde, die den kommenden König schon jetzt in seinen hungrigen, durstigen, fremden, nackten, kranken, gefangenen Brüdern zu erkennen weiß . . .?«

»Das Geschenk der Freiheit«

Einen Monat später, am 21. September, hielt Barth wieder einmal einen Vortrag in Deutschland (den ersten seit sechs Jahren!): in Bielefeld vor der Gesellschaft für evangelische Theologie. Er machte die Reise dorthin mit zwei Freunden: mit »dem schwäbischen Zinn- und Silberschmied« Harald Buchrucker und dem schwäbischen Pfarrer Hermann Diem, dem späteren Tübinger Ordinarius, der in »charaktervoller Originalität« nach einer Brücke zwischen Barth und Bultmann suchte[275]. Auf der Fahrt bekam Barth »so etwas wie ein ordentliches Heimweh nach dem in seiner ganzen dämonisch-angelischen Verworrenheit so einzigartig interessanten und liebenswürdigen Deutschland«. Die von Ernst Wolf geleitete Bielefelder Tagung wurde eines der glänzendsten Treffen Barths mit einer unübersehbaren Fülle seiner alten und neuen, deutschen und anderen ausländischen Freunde und Schüler – wobei er sich nur vor dem »unerfreulichen Aspekt einer ›Heerschau‹ der speziell um mich sich scharenden Nicht-Bultmannianer« fürchtete![276] Und im Blick auf sich selbst dachte er: »Für meine geistliche Gesundheit ist es mir bestimmt viel bekömmlicher, in der Regel . . . im schweizerischen Demutstal zu existieren.«[277] Theologen aus der DDR kamen angereist, angeführt von Walter Feurich und Johannes Hamel. Barth hatte im Frühjahr DDR-Minister Zaisser um die Freilassung des damals gerade inhaftierten Freundes Hamel gebeten. Nun freute er sich, ihn wiederzusehen. Vor 1000 Hörern redete Barth über »Das Geschenk der Freiheit«.

In stiller Auseinandersetzung mit Bultmann, in anderer Weise aber auch mit *der* »Freiheit«, die jetzt die westliche Politik auf ihre Fahne geschrieben hatte, führte er aus: Freiheit sei weder ein natürliches Recht noch ein natürlich gegebener Besitz, sondern gnädiges Geschenk Gottes, begründet in Gottes eigener Freiheit. Freiheit sei aber auch keine formale Verfügungsgewalt, keine Wahlfreiheit, sondern Freiheit in Begegnung, Freiheit *für* . . . Besondere Heiterkeit erregten einige Andeutungen, wie wohl die Existenz eines freien Theologen aussähe. Er hätte z. B. die Freiheit, »in seinem Denken allezeit mit dem Anfang anzufangen, d. h. die Auferstehung Jesu Christi auch als Weisung für seinen Vernunftgebrauch ernst zu nehmen . . . Es gibt so viel ernsthaft, fromm, gelehrt und scharfsinnig unternommene und durchgeführte Theologie, der nur gerade das Oberlicht und damit die Serenität fehlt, ohne die der Theologe ein trüber Gast auf der dunklen Erde und ein unerquicklicher Belehrer seiner Brüder sein muß, dem es im besten Fall immer nur bis zu Beethoven und Brahms . . . reicht!«[278]

Auf der Rückreise besuchte Barth in Münster Heinrich Scholz, »den wir geistig in alter Munterkeit und auch Schärfe, körperlich [jedoch] in einem [sehr labilen] Zustand vorfanden«[279]. Dann kehrte Barth in der »fröhlichen Pfalz« bei Pfarrer Karl Handrich ein, in dessen Gemeinde er sechs Stunden lang einem Interessenten-Kreis Fragen beantwortete; in ihm gefielen ihm besonders die Voten des Vikars Ferdinand Hahn, des späteren Professors für das Neue Testament.

Er kehrte äußerst erschöpft nach Basel zurück und – entschlossen, den schon fest ins Auge gefaßten Plan, an der Kirchenkonferenz in Evanston teilzunehmen und bei dieser Gelegenheit Vorträge an den Universitäten Columbia, Yale, Princeton, Berkeley und Toronto zu halten, fallen zu lassen. »Es wurde mir anläßlich der Konferenz von Bielefeld doch sehr eindrücklich, daß ich der Menschheit – wenn überhaupt! – mit der Erstellung dieser dicken Bücher [der Dogmatik] doch den besseren Dienst leiste, als mit all dem, was in Amerika von mir erwartet und gefordert wäre. Ich habe dort aber auch gemerkt, wie rasch ich in solchen Tagen an den Grenzen meiner Kräfte bin.«[280] Seine Teilnahme an der zweiten Weltkirchenkonferenz beschränkte sich also auf die Mithilfe an der theologischen Vorbereitung des dortigen Hauptthemas – über welche er nun in den nächsten Monaten in Bern, vor den Basler Pfarrern, an der aargauischen Synode, in der Zürcher Volkshochschule und in St. Gallen referierte.

Seine Lust zum Vorträgehalten nahm im ganzen jetzt freilich noch weiter ab. »Ich halte nun einmal keine Vorträge mehr – . . . es sei denn, daß ich mich, was aber ganz selten der Fall ist, durch Anlaß oder Thema von mir aus sehr bestimmt dazu gerufen finde.«[281] Dafür ließ er sich fortan in zunehmendem Maße »an Stelle von Vorträgen gern« zu »Fragebeantwortungen« einladen[282]. »Ich [habe] mir eine Technik entwickelt, die darin besteht, daß ich mir von ganzen größeren oder kleineren Kreisen, die mich durchaus zu hören wünschen, vorbereitete Fragen stellen lasse und diese dann in laufender Diskussion zu beantworten versuche.«[283] Eine solche Unternehmung fand vor Jahresende in Schwamendingen statt, zu der »viel ›besseres‹ Zürich und allerlei Volk aus der Ostschweiz . . . herbeigeeilt« kam und das mit einem Mozart-Quartett solenn eröffnet wurde[284] (sie wurde ein Jahr später fortgesetzt). Eine solche Unternehmung fand nach Jahresbeginn 1954 in einem Pfarrerkreis in Reinach statt und dann im März vor 300 Teilnehmern in Stuttgart. Folgenden Tags »hörte ich in Schwäbisch-Gmünd einen Vortrag [des von ihm recht geschätzten Musikforschers Jürgen Uhde] über – mich selbst! nämlich über ›Die Musik Mozarts in der Theologie von Karl Barth‹ (mit musikalischen Einlagen, eine schöne Sache!)«[285]. Im Winter 1953/54 war aber auch Charlotte von Kirschbaum wieder als Rednerin unterwegs: mit Vorträgen über die biblische Sicht der Frau, mit denen sie in Hamburg und Mülheim/ Ruhr auftrat. In Basel selbst konnte Barth in dieser Zeit Rudolf Bultmann, der gerade ein Gastsemester in Zürich las, in einem Vortrag über »Eschatologie und Geschichte« hören, in dem dieser seines Erachtens »nichts Neues und das Alte nicht eben eindrucksvoll gesagt« hat[286]. Ein andermal empfing er den dänischen Theologen N. H. Søe, »der wie die meisten Skandinavier nicht so recht mit mir zufrieden ist: ich nehme den Sündenfall etc. nicht ernst genug. Ich faßte das Gespräch schließlich in dem Satz zusammen: ›Wir sind wohl in Christus einig, aber im Teufel nicht einig‹«[287]. Unter den »Skandinaviern«, die Ähnliches gegen Barth einzuwenden hatten, traten Regin Prenter und Gustav Wingren literarisch hervor. Im Blick auf das »Gott-Teufel-Schema«, anhand dessen der letztere allerlei bei Barth vermißte, meinte dieser: »Widerlegen kann man mich nur in Form eines dem meinen entsprechenden Gesamtentwurfs und nicht mit solchen . . . Schnurren.«[288]

Im Sommersemester war das aktuelle Thema von Barths Seminar – »der vorbereitete Text für das Hauptthema der ökumenischen Konferenz in Evanston (August 1954): ›Christus – die Hoffnung der Welt‹. Die Beschäftigung mit dieser Sache wurde abgeschlossen mit der Abfassung einer Eingabe an die Konferenzleitung betr. die Judenfrage, die zwar nicht zu dem von uns erwünschten Ergebnis führte, immerhin einen gewissen Achtungserfolg erzielt hat!«[289] Die Mehrheit der Konferenzteilnehmer verwarf die Eingabe, die eine gründliche Einbeziehung Israels in die Hoffnung der Christen forderte. »Daß es gerade die Nachkommen der alten Amoriter, Amalekiter usw. sein würden, die der Hoffnung Israels an diesem christlichen Konzil zum Verderben wurden, hätte ich mir allerdings nicht so vorgestellt.«[290] Kam Barth nun nicht nach Evanston, so hatte er in diesem Seminar wenigstens doch gewissermaßen ein ökumenisches Publikum: neben den Deutschen derzeit über 30 Amerikaner, dazu Vertreter aus allerlei Nationen – und »zum Glück auch 5 Schweizer«[291]. »Ein Grieche, der zwei Semester hier war . . ., hat mir, sei es aus Dankbarkeit, sei es nach dortiger Sitte, zum Schluß zweimal die Hand geküßt! Dafür ist jetzt ein Mann aus Uruguay da, der sich bei mir zum Kampf gegen den . . . Voltaireanismus stärken will. Nein, es gibt gar nichts, was es nicht gibt!«[292] Unter den Ausländern trat Barth der muntere Südafrikaner Johannes Lombard nahe, der unentwegt bei »›Schwester Charlotti‹ (sic!) und ›Väterchen‹ (das bin ich!)« aufkreuzte, »zwischen ›himmelhoch jauchzend‹ und ›zu Tode betrübt‹ in sausender Fahrt dauernd unterwegs«[293]. Er gehörte auch – mit (dem später »mir so wild aus der Schule gelaufenen«[294]) Paul van Buren, Shirley Guthrie, John Godsey, Charles Hall u. a. – zu den fünfzehn Doktoranden, die Barth derzeit hatte. Unter den Deutschen waren es etwa Rudolf Smend, Ekkehard Börsch, Holger Samson, Dietrich Braun, Jürgen Fangmeier, Trutz Rendtorff und Heinz Eduard Tödt, die in dieser Zeit mitmachten. Freilich bedauerte Barth: »Wer und was die beteiligten Studenten sind, kommt ja in der Regel erst gegen Ende ihres Basler Aufenthalts zum Vorschein. Da sieht man sie dann nicht ohne Wehmut scheiden, indem man denkt, nun müßte es eigentlich erst losgehen.«[295] In den Sozietäten kam das Gespräch gegenwärtig »immer wieder auf die . . . von etlichen jungen Weislingen . . . aufgeworfene Frage zurück, welches nun eigentlich die der KD eigentümliche ›Denkform‹ sei, im Blick auf die man sich dann entscheiden könne, ob man in den von seinem spezifischen Ausgangspunkt her offenbar unaufhaltsam seinem Ziel entgegenrollenden Zug einsteigen oder nicht einsteigen wolle«[296].

In jenem Sommer 1954 hatte Barth einmal den Besuch eines bemerkenswerten »amerikanischen Spezimens . . . aus dem Moody Bible Institut in Chicago . . . Kam herein, setzte sich ab und bot mir 100 Dollar an für einen Artikel über die Wiederkunft Christi. Ich mußte an Judas Ischarioth denken und lehnte darum höflich, aber bestimmt ab . . . Ich schob ihn dann hinaus, mußte aber vorher noch hören: es heiße in der Bibel: ›Weide meine Lämmer!‹, während ich offenbar handle, wie wenn es hieße: ›Weide meine Giraffen!‹«[297] Ein andermal vernahm er aus dem Mund des englischen Alttestamentlers Rowley dessen Ableitung von Moses' »Monotheismus« aus dem Anschauungen seines Schwiegervaters Jethro. »Ich sagte ihm nachher: . . . I am now going to tell my son-in-law, what a glorious thing it is to have a wise father-in-law*.«[298] Ein weiteres Mal hatte er »den Besuch des überaus merkwürdigen Zeitgenossen Gisevius«, dessen kenntnisreichen Schilderungen der Hitlerzeit ihn immer neu faszinierten und der auch diesmal »bei viel Chianti sehr aufgeschlossen redete«[299]. Im August machte er erneut in St. Luc Ferien – mit Thurneysens, Freys und Hilda Heinemann. Währenddem hat er immerhin »einen Berg von 3030 m Höhe namens Bella Tola bestiegen«[300]. Anschließend unternahm er mit »Lollo« von Kirschbaum, Ernst Wolf und den Pestalozzis eine weitere Italienreise: nach Rom und Neapel, zunächst aber nach Florenz. »Mein großer Freund in dieser Stadt heißt Sandro Botticelli und wohnt in den Uffizien. Ihm

---

* »Ich werde jetzt meinem Schwiegersohn sagen, welch herrliche Sache das ist, einen weisen Schwiegervater zu haben.«

habe ich denn auch einen gründlichen Besuch gemacht.«[301] Barth
staunte aufs neue über »die reiche, aber immer ruhig geschwungene
Linienführung« und vor allem über »das unergründliche Wissen,
Fragen und Antworten der menschlichen *Augen* in den Malereien«
dieses Italieners[302]. In folgenden weiteren Ferientagen in Gerzensee
ließ er sich von Maury genauestens über »Evanston« informieren.
    Wieder in Basel, traf er Hromádka, der ihn auf der Rückreise von
jener Konferenz aufsuchte. Das Gespräch ging in der Hauptsache
um die Frage der Mitarbeit der Christen im kommunistischen Staat.
Barth bat ihn dringend, doch ja nicht den »schmalen Weg« zu
verlassen, »den die Gemeinde im Westen wie im Osten mitten
hindurch zwischen den ... Systemsmenschen auf beiden Seiten
suchen und finden müßte«[303]. Aber er bat ihn das in der Klammer
der Voraussetzung, daß »Hromádka mir am kleinen Finger lieber
[ist] als gewisse andere Zeitgenossen«[304] an der ganzen Hand.
    Als – nach Fragebeantwortungen in Gümligen bei dem Freund
Imberg und bei den »positiven« Pfarrern Basels auf der Schauenburg – das Wintersemester anbrach, stieß Barth in seinem Seminar
über »Luther und die Schwärmer« in anderer Weise wieder auf die
ganze politisch-theologische Problematik, die ihn in der bewegten
Nachkriegszeit laufend beschäftigt hatte. Unter den Sitzungen war
»keine, die nicht irgendwelche Aufregung brachte. Luther war uns
am Ende so befremdlich oder noch befremdlicher wie am Anfang
und daran konnte auch der zuletzt ... aus Frankfurt zu seiner
Erklärung bzw. Verteidigung herbeigeeilte K. G. Steck nicht mehr
viel ändern«[305]. »Die (›meine‹) lieben Deutschen« waren wie schon
beim letzten Luther-Seminar Barths »etwas perplex ..., daß man
an ihrem Vater Luther (den sich ja jeder deutsche Theologe nach
seinem eigenen Bild zurechtzumachen und dann als Kanon aufzurichten pflegt) auch mit bestimmten Fragen zu Leib rücken kann.«[306]
In diesem Semester traf Barth sich ebenfalls regelmäßig mit 25
jurassischen Pfarrern zu Diskussionen.
    Im Spätherbst ergriff er eine ihm sich bietende Gelegenheit zu
einem direkt politischen Wort über den deutschen »Neuaufbau«,
wie er in den jetzt zehn Nachkriegsjahren praktisch Gestalt angenommen hatte. Die Gelegenheit bot sich durch die Einladung der
hessischen Regierung zu einer Gedenkrede anläßlich des »Volks-
trauertages« am 14. November in Wiesbaden. »Ich habe mir Alles,
was ich gesagt habe, sehr genau überlegt«[307] – denn was er sagen
wollte, hatte scharfe Spitzen.

Er redete deutlich von der Mitschuld auch der »Anständigen« am letzten Krieg.
Er zählte zu seinen Opfern an erster Stelle die Juden, aber z. B. auch die »Rote
Kapelle«. Und er forderte schließlich auf, den Trauertag mit einer tätigen Entschei-

dung zu begehen: »Was damals geschah, darf, so weit es an uns liegt, nicht mehr geschehen.« Und dann wiederholte er, was er schon im Mai und im Spätsommer in zwei Interviews (zur Genfer Konferenz und zur EVG-Politik Adenauers) erklärt hatte: daß Deutschland neutralisiert werden und entmilitarisiert bleiben müsse. Sein Votum »*gegen* die Remilitarisierung« verstand er dabei als eines »*für* die Entmythologisierung des deutschen Wesens«[308].

Damit stellte er sich in eine Linie mit Gustav Heinemann, Heinrich Grüber, Prof. Ulrich Noack (der ihn kurz zuvor in Basel besucht hatte) und mit Martin Niemöller, der Barth am Vorabend empfangen – und ihm dabei »das goldene Kreuz« ausgehändigt hatte, »das ich bei diesem Anlaß zum ersten und bestimmt letzten Mal für einen Augenblick tragen durfte«[309]. Die Rede wirbelte ungemein viel Staub auf. Wohl speiste Barth hinterher mit Ministerpräsident Zinn, aber dessen SPD-Regierung distanzierte sich sofort von seiner Rede – was er mehr bedauerte als den »Krakehl der Adenauer-Leute«[310].

Unter diesen »Adenauer-Leuten« fertigte ihn sehr energisch Eugen Gerstenmaier ab, dem Barth im nächsten März mit einem kleinen Votum antwortete »Gerstenmaier auf den Stehkragen«. Im selben März kam es in Herrenalb, wohin er zu einer Diskussion mit den west- und ostdeutschen Studentenpfarrern eingeladen war, in dieser Sache zu einem Zusammenstoß mit Eberhard Müller und mit Hans von Campenhausen. Dieser »bebte vor Zorn, daß K. Barth seine politische Ansicht so vortrage, daß damit notwendig diejenigen, die anderer Meinung sind, in Frage gestellt werden, worauf K. B. nur sagen konnte: Warum tragen Sie Ihre Ansicht nicht in der gleichen [christlichen] Verbindlichkeit vor?«[311].

Im ganzen hatte Barth den Eindruck, mit seiner in all den Nachkriegsjahren beharrlich vertretenen politischen Meinung gegen den Strom geschwommen zu sein und fast kein Ohr gefunden zu haben. »Daran, daß man sich bei uns wie im übrigen ›christlichen Abendland‹ in der Gesellschaft von Dulles und Adenauer so wohl aufgehoben findet und also den kalten Krieg durchaus fortsetzen will, kann ich offenbar nichts ändern.«[312] Das änderte aber auch nichts an Barths Verurteilung des Kalten Krieges. Der vielfache Widerspruch, den er deswegen im In- und Ausland zu hören und zu spüren bekam, bedeutete ihm »immerhin eine Anfechtung, die mich in diesem Jahrzehnt faktisch dauernd begleitet und auch beschäftigt hat . . . Je älter ich werde, desto mehr bestätigt sich mir die Einsicht, daß es – weil die Dinge früher oder später von selber in den richtigen Proportionen ans Licht zu kommen pflegen – ratsam ist, sich, wenn man in solcher Anfechtung ein gutes Gewissen hat, nicht allzu eifrig oder noch besser gar nicht verteidigen und rechtfertigen

zu wollen«[313]. Vor allem bestätigte sich Barth die Einsicht, die er
einmal dem japanischen Kollegen Kuwada (der ihn mit einem seiner
ältesten dortigen Freunde, Enkichi Kan, im Sommer 1955 aufsuchte) so mitteilte: »Was heute im Interesse des Friedens geschehen
müßte, das wäre in erster Linie . . . eine geistliche Reformation und
insofern eine Bekehrung der Christen und der christlichen Kirchen
selber – ihre Bekehrung zur Wahrheit ihrer eigenen Botschaft. Dazu
gehört aber neben Anderem auch ein gutes Stück bessere Theologie! Und damit . . . stehen wir vor dem Beitrag, den auch . . . ich
zum Frieden unter den Völkern zu leisten« habe[314].

In seinen Ferien kehrte Barth in diesen Jahren immer weniger bei
den Pestalozzis im »Bergli« ein, das er seit 1920 so oft und so gern
bewohnt hatte. Es gab äußere, aber auch innere Gründe, aus denen
er jetzt nicht mehr dorthin gehen konnte und mochte. Die Interessen, die sie einst zusammengeführt hatten, waren auf beiden Seiten
allmählich, zunächst fast unmerklich, in andere, verschiedene Richtungen auseinandergegangen. Ja, es war im Verhältnis zu diesen
lieben Freunden, denen Barth so viel verdankte, im Lauf der letzten
Jahre, wie man sich schmerzlich bewußt wurde, eine gewisse Entfremdung eingetreten. Darum war Barth seit einiger Zeit mehr und
mehr dazu übergegangen, sich für seine Ferien fortan eine neue
Unterkunft zu suchen. Im Frühjahr 1955 ließ er sich so zum Beispiel
in einem von Thurneysens gemieteten Feriensitz, in einem sogen.
»Stöckli« am Kapf im Emmental, nieder: mit herrlichem Blick auf
die Alpen des Berner Oberlandes und auf »ein Meer von Hogern
und Tälern«, auf »weidende und bimmelnde Kühe«[315]. Hier bereitete er den dann im Sommer vorgetragenen letzten Teil von KD IV/2
– über »die Liebe« – vor. In diesem Semester führte er ferner ein
Seminar über Schleiermachers »Reden« durch. In der folgenden
Sommerpause, in der er sich auch wieder Zeit für allerlei Fragebeantwortungen nahm (in Lörrach für badische, in Basel für pfälzi-
sche, in Stuttgart für schwäbische Pfarrer), fuhr er vergnügt zu der
anderen »Ausweichstelle, die wir, seit das Bergli seine Pforten
geschlossen hat, . . . aufzusuchen pflegen«: in sein neues »Patmos«
Gyrenbad[316] – eine Ferienstätte »noch im Stil von etwa 1890, aber
ein wunderbarer, stiller Ort mitten in den Waldbergen des Zürcher
Oberlandes, von lauter einfachen und nicht genannten Leuten besucht, eine Stätte der Zufriedenheit, dazu mit sehr guter Küche –
›und billig!‹ wie einst der alte Grützmacher nach einem Schweizer-
aufenthalt zu jauchzen pflegte. Am Morgen um ½6 Uhr Kohlensäu-
rebad . . . und jeden Tag eine Stunde Massage und des Abends ein
kühler Trunk in der Gaststube«[317]. »Hier ist mir der Kanton Zürich,
gegen den ich sonst einige Bedenken habe, ganz recht.«[318] Hier

schrieb er nun das Vorwort zu seinem nächsten Dogmatikband (von 982 Seiten!), bei dessen Herausgabe ihm diesmal Hinrich Stoevesandt, der Sohn seines Bremer Freundes, an die Hand ging. Darin hatte er u. a. mitzuteilen,»daß ich vom 1. Oktober dieses Jahres ab nicht mehr Pilgerstraße 25, sondern Bruderholzallee 26 in Basel zu erreichen sein werde«.

Dieser Wohnungswechsel markierte einen weiteren Abschnitt in Barths Leben: Das erste Nachkriegsjahrzehnt war vorbei. Der Übergang in sein achtes Lebensjahrzehnt stand unmittelbar bevor. Seine reguläre Dienstzeit als Professor war mithin abgelaufen, und an der Universität wurde schon über seinen Nachfolger verhandelt. Er selber wollte den unvermeidlichen Schritt in das nächste Jahrzehnt weder dramatisch noch tragisch nehmen.»Das Beste ist, wenn man auch da durch Menschen und sachliche Aufgaben und in dieser Form vom lieben Gott selber so in Anspruch genommen ist, daß man . . . wie ein Rößlein aufgefordert ist, immer wieder eine und noch eine Hürde zu nehmen.«[319] »Ein Student hat mich neulich in wohlgewählter Sprache gefragt: wie denn Alles werden solle, ›wenn Sie, mit Verlaub zu sagen, nicht mehr da sein werden?‹ Er hatte ganz recht, . . . an diese Möglichkeit zu erinnern. ›Doch noch wandl' ich auf dem Abendfeld‹.«[320] »Die Schatten unsres Lebenstages werden länger . . . Aber weil sie ja von dem Licht herkommen, das *vor* uns leuchtet, ist es gewiß erlaubt und geboten, nicht auf sie und also nicht zurückzublicken, sondern dem großen Licht *vor* uns entgegen.«[321]

VIII. Fröhlicher Partisan des lieben Gottes

Die Zeit von 1955 bis 1962 in Basel, Bruderholzallee 26

Das Jubiläumsjahr 1956

Vom Oktober 1955 an wohnte Barth mit seiner jetzt wieder klein gewordenen Familie nicht mehr wie bisher mitten in der Stadt, sondern »auf dem Hügel westlich von Basel, in viel besserer Luft, mit viel Grün in unserer Umgebung, in einem wesentlich kleineren, dafür moderneren und behaglicheren Haus, aus dem man uns nicht mehr vertreiben kann, weil ich es gekauft habe«[1]. Der Umzug dorthin, auf das sogen. »Bruderholz«, gestaltete sich schwierig »in Anbetracht des Umfangs und der Umständlichkeit unsres Haushalts (durch Abtretungen und ein paar Verkäufe kaum gemindert – wir brauchten 30 Meter Laderaum, worunter 70–80 Kisten – alle zu vernageln! – nur für Bücher)«. Barth empfand den Wohnungswechsel als »eine gleichniskräftige Angelegenheit, bei der man durchaus an den Übergang vom alten zum neuen Kosmos (beachtet die Bildlichkeit von 2. Kor. 5,1 f!) denken konnte«[2]. Seine Sozietäten führte er nun in dem wenige Häuser entfernten Restaurant »Bruderholz« durch. Der Weg zur Universität und zum Theologischen Seminar war hingegen weit geworden. Er legte ihn in der Regel mit der »Tram« zurück. Während der Fahrten in dieser Tram beschäftigte er sich, angeregt durch die dort sichtbaren Reklamen, gern damit, Werbesprüchlein zu dichten – wie etwa: »Wie Buchman in der Oxfordgruppe, herrscht Knorr in jeder guten Suppe« oder (in Arbon dann tatsächlich für die Werbung benützt!) »Hutlose Mode? Nicht zu sagen! Warum nicht kopflos? möcht ich fragen!« Dabei trug er selber schon seit Jahren keinen Hut mehr! Stattdessen diente ihm eine Baskenmütze als Kopfbedeckung.

Klein wie das ganze neue Haus war auch das Stüblein, das ihm fortan als Studierzimmer diente. Über seinen Schreibtisch hängte er auch hier das Kreuzigungsbild von Matthias Grünewald und darunter eine Photographie seines Vaters. Von seinem Platz aus fiel sein Blick linker Hand unmittelbar in einen »kleinen, aber netten und stillen Garten (unser ›Gertli‹, wie meine Frau in ihrem unverbesserlichen St. Gallerisch sagt)«[3]. In der Studierstube hatten ferner noch, zum Empfang der Gäste, vier Sessel und ein Tischlein und sonst nur, bis zur Decke aufgereiht, die ihm wichtigsten Bücher Raum: die

Werke der Kirchenväter, der Scholastiker, der Reformatoren, der Orthodoxen und die Schleiermachers; dazu seine eigenen Schriften sowie seine umfangreiche Mozartliteratur. Seine weiteren Bücherschätze befanden sich fast in allen übrigen Zimmern des Hauses, vornehmlich im angrenzenden Arbeitsraum von Charlotte von Kirschbaum und in der – Garage. Als Christoph seinem Vater später ein »Tuchgebilde voller Zeichen, mit denen sich in Indonesien nur Könige schmücken dürfen«, schenkte, hängte er es in seinem Studierzimmer auf »als Schutz und – Verdeckung der Büchse der Pandora«, nämlich der Weimarer Lutherausgabe[4]!

Das Jahr 1956, dem er jetzt entgegenschritt, sollte in besonderem Maße durch das Jubiläum seines 70. Geburtstages bestimmt sein. Freilich, »mir war . . . 1956 tatsächlich noch bedeutsamer als das Jahr, in welchem vor 200 Jahren W. A. Mozart geboren wurde«[5]. »Daß 1756 der große kleine Mann in Salzburg geboren wurde, das, das ist die wichtigste Erinnerung dieses Jahres.«[6] Barth nahm denn auch an diesem im Januar fälligen Gedenktag in seiner Weise herzlich Anteil: durch die Ausgabe von viel Geld für den Erwerb neuer Platten (»Kann man das in dem sparsamen Basel verantworten?«[7]), durch die Abfassung einiger Gedenkartikel, wovon einer geradezu ein »Dankbrief an Mozart« im Himmel war, und auch durch den Besuch einer großen Anzahl von Konzerten. »In einem Konzert im [Basler] Musiksaal, in welchem Clara Haskil das F-Dur Konzert spielte, habe ich ihn sogar visionär plötzlich dort vorne am Flügel gesehen, so konkret, daß mir fast die Tränen kamen. Das geht weit, nicht wahr – so weit, daß sogar Balthasar mit seinen mystischen Erfahrungen ehrfurchtsvoll lauschte, als ich es ihm erzählte. Ich weiß jetzt jedenfalls genau, wie er etwa in seinem letzten Lebensjahr ausgesehen hat.«[8] Ähnlich wunderlich war das Geständnis Barths in einem jener Gedenkartikel: »daß ich, wenn ich je in den Himmel kommen sollte, mich dort zunächst nach Mozart und dann erst nach Augustin und Thomas, nach Luther, Calvin und Schleiermacher erkundigen würde«[9].

Der Höhepunkt des Jubiläums aber »bestand für mich darin, daß ich eingeladen wurde, bei der in Basel veranstalteten Feier die Gedenkrede auf diesen Mann und sein Werk zu halten«. Nachdem sie bereits zwei Tage vorher in Thun gehalten worden war, kam sie am 29. Januar im Großen Musiksaal im Basler Stadtcasino zum Vortrag, umrahmt von zwei Bläser-Serenaden Mozarts. Die Feier wurde direkt im Rundfunk übertragen. Bei der Vorbereitung auf den Vortrag meinte Barth, daß er bei näherer Beschäftigung mit der Musikwissenschaft »zweifellos auch mit den großen dort das Wort führenden Autoritäten alsbald in ähnliche Konflikte geraten«

würde, »wie auf unserm Felde einst mit Harnack, Troeltsch usw.«[10].
Der Vortrag gab ihm Gelegenheit, näher über sein Verhältnis zu
Mozart nachzudenken.

»Mozarts Freiheit«, so der Titel des Vortrags, sah er hier darin: »Er spielt und
hört nicht auf zu spielen«, und das im klaren Wissen um die Grenze des Menschen
und um den Tod. Dieses Spielen zeichne sich aus durch eine »große freie Sachlichkeit« und so durch die »Abwesenheit aller Dämonen«; »das Subjektive wird bei ihm
nie Thema«[11]. »Ich bin kein ästhetisch besonders begabter und gebildeter Mensch
und überdies gewiß nicht geneigt, die Heilsgeschichte mit irgendeinem Stück Kunst-
geschichte zu verwechseln und gleichzusetzen. Aber die goldenen Klänge und Weisen
der Mozartschen Musik haben nun einmal – nicht als Evangelium, aber als Gleichnisse des im Evangelium von Gottes freier Gnade offenbarten Reiches – von jeher zu
mir geredet und tun es mit größter Frische immer wieder. Ohne sie könnte ich mir,
was mich persönlich wie in der Theologie, wie in der Politik bewegt . . ., nicht
denken. Es gibt wohl auch nur wenige theologische Studierzimmer, in denen das Bild
Calvins und das Mozarts auf gleicher Höhe nebeneinander zu sehen sind.«[12].

Merkwürdig, im selben Zeitraum, in dem Barth sich derart mit
Mozart beschäftigte, kam er in seiner Dogmatikvorlesung (in der er
seit Beginn des Wintersemesters mit dem Stoff des neuen Bandes
KD IV/3 begonnen hatte) ausgiebig und grundsätzlich auf das
theologische Problem von »Gleichnissen des Himmelreichs« im
Bereich des Menschlichen und Irdischen zu reden. Er wollte die
Christenheit anleiten, für solche Gleichnisse ein Auge zu haben und
mit ihnen zu rechnen – auch außerhalb des Bereichs der Kirche.
Jenen Mozart-Vortrag wiederholte er im Juni auf französisch in
Neuenburg und Genf. Durch seine Äußerungen zu Mozart erschlos-
sen sich ihm bald allerlei wertvolle Kontakte – z. B. der mit dem
Heidelberger Dermatologen Dr. Greither oder der mit dem Göttin-
ger Historiker Heimpel oder auch, nach langem gegenseitigen
Schweigen, aufs neue der mit dem Erlanger Theologen Paul Althaus
oder auch der mit seinem früheren Mitschüler, dem Berner Medizinprofessor Albert Schüpbach, der ihn nachgerade fragte: »Warum
ich mich so mit der Theologie plage, da ich abseits von ihr so nette
Sachen zu schreiben fähig sei!!?«[13] Kurioserweise wirkte Barth recht
aktiv in einem Schweizer Mozart-Komitee mit, dem u. a. der
Schriftsteller Minister Carl Burckhardt und der Dirigent Paul Sa-
cher angehörten und für dessen Sitzungen er selbst weitere Anreisen
nicht scheute. Er kam dadurch im Herbst auch einmal zu einer
eindrucksvollen Begegnung mit dem Historiker Jean R. von Salis
auf Schloß Brunegg. Im März unterhielt er sich in Ludwigsburg über
das gleiche Thema mit dem befreundeten Pianisten und Musikge-
lehrten Jürgen Uhde, der ihn dabei – vergeblich – für Paul Hinde-
mith zu erwärmen versuchte. Er mußte nämlich überhaupt gestehen: »daß ich leider, leider gerade für die . . . moderne Kunst (aller

drei Sparten!!) einfach kein Sensorium habe. Ein negatives Urteil ihr gegenüber habe ich nicht auf Lager, habe darum m. W. auch nie ein böses Wort über sie gesagt. Es ist nur eben traurige Tatsache, daß ich kein Verständnis, kein Auge, kein Ohr dafür habe ... Vielleicht wird sich mir im Himmel erschließen, was mir jetzt so verborgen ist? Aber es ist doch beklagenswert, daß mir das nicht schon jetzt widerfährt«[14].

Diese letztere Unterhaltung fand während einer von zwei interessanten Reisen statt, zu denen Barth im März aufbrach. Die erste führte ihn nach Wuppertal an eine Tagung der Gesellschaft für evangelische Theologie.»Die Sache in Elberfeld hieß übrigens im Spöttermund die ›Barth-Festspiele‹.« Er wiederholte vergnügt an einem Abend – in einer übervollen Kirche – seinen Mozart-Vortrag und erklärte in einer Diskussion seine Meinung zur politischen Lage, die in Westdeutschland nun stark durch die Frage der Beziehung zur DDR bestimmt war. »Mein Hauptsatz lautete: ›Das Problem der deutschen Ostkirche ist die deutsche Westkirche‹.« Allen Ernstes suchte Barth hierbei seine Freunde in gleicher Weise zu warnen vor der »Skylla einer Theologie, vor der die Politik ins Wesenlose versinkt«, wie vor der »Charybdis einer Politik, über und in der man für die Theologie keinen Atem mehr hat«[15]. Bei diesem Anlaß geschah es auch, »daß ich ... sogar meinem lieben und in wichtiger Beziehung hoch über mir stehenden ... Freund Hans Iwand entgegentreten mußte. Er hat uns einen Vortrag gehalten ... und hat dort mit großer Wucht, wie er das konnte, gesagt: christologische Konzentrierung der ganzen Theologie! ... Und ich wurde aufgefordert, mich zu äußern, und habe dann gesagt: Mir sei manchmal bei dem Wort ›Christologie‹ nicht wohl. Es geht nicht um Christologie, auch nicht um Christozentrik und christologische Orientierung, sondern es geht um *Ihn selber*. Und alle Beschäftigung mit Christologie – und ich habe mich auch ein bißchen damit beschäftigt – kann doch nur kritische Hilfsarbeit sein, um zu dem Punkt vorzudringen, wo es dann geschehen mag, daß es heißt wie bei den Jüngern auf dem Berg der Verklärung: ›Sie sahen niemand denn Jesum allein‹«[16]. Auf der Heimreise besuchte Barth seine alten, alt gewordenen Freunde Karwehl, Stoevesandt und Scholz.

Die zweite Reise, zu der er, geschwächt durch eine hartnäckige Grippe, antrat, führte »schön über den Gotthard, unschön durch die lombardische Tiefebene nach Venedig«, wo er auf Einladung des Philosophen Umberto Campagnolo an einer Versammlung der Société de Culture Européenne teilnahm – neben Silone, Vercors, Stephen Spender und vier Sowjet-Intellektuellen u. a. »Es war uns auch unter den Kulturträgern (ich saß neben J. P. Sartre!) nicht unwohl, obwohl meine Anfrage: was eigentlich Kultur sein möchte, unbeantwortet blieb, worauf ich eine kleine (französische) Rede improvisierte mit dem Hinweis auf Glaube, Liebe und Hoffnung, ferner auf die Arbeiter, die nicht wie wir hommes de sciences, d'art, de literature* etc., aber vielleicht noch kultivierter seien, ferner auf Karfreitag und Ostern (die Sache spielte am Karsamstag) – die von dem Chef der sowjetischen Delegation als ›rrrevolutionär‹ gerühmt wurde, obwohl ich durch die Grippe merklich gehändikäpt war.« »Ein italienischer Senator führte Lollo und mich persönlich durch den Dogenpalast.« »Gondel gefahren sind wir auch und die Tauben habe ich reichlich (mit mehreren 100 Lira) gefüttert, so daß sie fürs Erste satt sein dürften. Es war dann aber auch schön, am Ostermorgen bei den Waldensern eine (an Hand der citierten Bibelsprüche ungefähr zu erratende) Predigt zu hören, zum Abendmahl zu gehen und von den erfreuten Presbytern . . . fast umarmt zu werden.«[17] Als Barth sich anschließend einige Tage mit Lollo von Kirschbaum und Max Zellweger auf dem Signal de Chexbres bei Vevey ausruhte, widerfuhr ihm das Seltsame, daß ihm bei einer Ausfahrt nach Frankreich mit der Begründung, er stehe auf irgendeiner schwarzen Liste, die Einreise verweigert wurde. Es stellte sich aber heraus, daß man nach der Befreiung Frankreichs vergessen hatte, seinen Namen von der Liste zu streichen.

Nach damaligem Basler Gesetz wurde ein Professor mit Vollendung seines 70. Altersjahres automatisch pensioniert. Darum war es lange Zeit offen geblieben, ob Barth das Sommersemester 1956 überhaupt noch als Ordinarius werde antreten können. Es gab einige Monate lang »Wirren um die Frage meiner Pensionierung und Nachfolge – in welchen vieler Herzen Gedanken offenbar geworden sind« – bis schließlich »die Regierung mir auf einem kleinen Wisch trocken« mitteilte, »daß meine Amtsdauer trotz Erreichung der gesetzlichen Altersgrenze ›ausnahmsweise und bis auf Weiteres‹ verlängert sei« und daß mithin auf die Benennung eines Nachfolgers verzichtet werde. »Es war – Jaspers, der in [dem Experten-]Gremium von meiner ›säkularen‹ und ›globalen‹ Bedeutung gesprochen und damit jenes Ereignis mindestens mit herbeigeführt« hatte[18]. Infolge seiner gesundheitlichen Schwächung durch jene Grippe und zur Schonung für die bevorstehenden Festivitäten ließ Barth aber jetzt die Vorlesung im Sommersemester ausfallen, die er ohnehin seit zwei Jahren nur noch dreistündig pro Woche las. Er führte nur das Seminar, die Sozietät und die Kolloquien durch. Im Seminar wandte er sich, nachdem er dort zweimal hintereinander

---

* Menschen der Wissenschaft, Kunst, Literatur

kleinere Schriften Schleiermachers behandelt hatte, diesmal der
katholischen Lehre von der Kirche zu. Dies regte ihn wiederum an,
im Seminar des nächsten Winters Matthias Scheebens »Mysterien
des Christentums« zu studieren. Dieser Scheeben war seiner Ansicht nach »auf deutschem Gebiet sicher der größte, den die römisch-katholische Kirche in der Neuzeit hervorgebracht hat«[19].

An der Basler Theologischen Fakultät hatte es in der letzten Zeit
einige Änderungen gegeben und bahnten sich weitere an. Anfang
Januar 1956 war Karl Ludwig Schmidt nach längerer Krankheit
gestorben; er war schon seit dem Winter 1953/54 auf seinem
Lehrstuhl durch den schwedischen Lutheraner Bo Reicke ersetzt
worden. 1954 war Mathias Rissi und schon vorher, 1951, waren
Eduard Bueß und Martin Anton (der Sohn von Karl Ludwig)
Schmidt Privatdozenten geworden. Letzterer zog bald in die USA,
während Bueß 1959 Nachfolger von Eduard Thurneysen wurde.
Und eben im Jahr 1956 wurden Max Geiger und Heinrich Ott
gleichfalls Privatdozenten. 1958 kam Ernst Jenni auf den Lehrstuhl
Baumgartners. Barth hatte freilich im ganzen keinen sehr intensiven
Kontakt mit seinen Kollegen. »Ich habe – von meinem leiblichen
Bruder Heinrich, mit dem ich hier . . . Jahre lang auf reichlich
kühlem Fuß stand, nicht zu reden – auch mit den meisten . . .
unserer Fakultätsgenossen in all den Jahren, wenn überhaupt, dann
nur gelegentlich nähere Beziehung gepflegt. Ein jeglicher sah auf
seinen Weg, teils aus praktisch-technischen, teils wohl auch aus
tieferen Gründen. Das war ferne davon, ein Idealzustand zu sein.
Wiederum hängt es doch wohl auch damit zusammen, daß – nicht
Alle, aber Einige von uns . . . sehr intensiv durch unsere eigenen
Werke in Anspruch genommen waren und – zu unserer (begrenz-
ten) Rechtfertigung mag es doch gesagt sein – jeder für sich etwas
Beträchtliches auf die Beine gestellt hat.«[20] Unter den Professoren
der anderen Fakultäten kannte Barth von sehr viel früheren Zeiten
her den Juristen Max Gerwig und den Gerontologen Adolf Vischer.
Im übrigen hatte er mit ihnen – mit spärlichen Ausnahmen, etwa der
des Historikers Bonjour – noch weniger Kontakt, jedenfalls nicht
viel mehr, als er sich zufällig im Dozentenzimmer ergab. Die Atmosphäre in diesem Zimmer liebte er in seiner Weise gewiß auch –
»Herr Kägi und Frl. Bindschedler reden milden Humanismus. Herr
Blin stellt mir diffizile theologische Fragen, die ich ihm auf Französisch beantworten muß, und Herr Wolfram von den Steinen lächelt
zu Allem sehr geheimnisvoll. Es geht doch nichts über die Universi-
tas literarum!*«[21] Als den Vertreter einer auch für Theologen

---

* Die »Universität« (Gesamtheit) der Wissenschaften

vorbildlichen wissenschaftlichen Haltung achtete Barth immer besonders den Biologen Adolf Portmann.

Der 70. Geburtstag Barths am 10. Mai machte ihm bewußt, daß er nun unverkennbar ein alter Mann geworden war. Im gleichen Jahr wäre übrigens sein Vater 100 Jahre alt geworden, woran im Herbst in einer kleinen Familienfeier in Bern ausdrücklich gedacht wurde. Und er selbst war ja nun schon längst ein ergrauter Großvater. Soeben hatte er sein zehntes Enkelkind bekommen – »entsprechend den zehn bis jetzt verfaßten Bänden der Dogmatik«[22]. »Mir ist es so, daß ich immer mehr einer alten, von Sonne, Regen, Wind und gelegentlichen Blitzschlägen versehrten und auf ihrer Rinde die Inschriften von allerlei Passanten tragenden Wettertanne gleiche, die nun eben an ihrem Orte steht.«[23] »Die Jahre, in denen ich zu Pferd durch Feld und Wald zu eilen pflegte . . ., liegen nun . . . weit zurück. Bergauf zu steigen, ist mir keine reine (vgl. Koh. 12,5 a) Lust mehr. Auch mein Arbeitstempo am Schreibtisch ist merklich langsamer geworden.«[24] »Eigentlich sollte ich ja in meinem hohen Alter – *alle* meine theologischen Studiengenossen sind jetzt schon im Ruhestand! – nur noch der interessiert zuschauende Begleiter« der Taten der Jüngeren sein. Aber – so meinte Barth – »noch scheint diese Wendung zum Müßiggang (und ev. Zerfall) für mich nicht fällig zu sein. Der vorzügliche Dr. Tschopp, dem ich mich [einmal vor einiger Zeit] zur Totaluntersuchung gestellt habe, hat sowohl Herz als Nieren in befriedigendem Zustand gefunden, vom ersteren sogar behauptet, es sei das eines jungen Mannes«. Und so darf »ich . . . im Blick auf die Beschwerden so vieler Gleichaltriger wahrhaftig dankbar sein für das Unverdiente, daß ich mich von keiner mir bewußten Krankheit angefochten finde, daß Luft, Wasser, sinnvolle Ernährung und mäßige Bewegung mir noch und noch dazu helfen, mich in angemessener Weise munter zu erhalten, und daß mir auch die treu gerauchte Pfeife nach wie vor nicht schlecht, sondern gut bekommt . . . Den solidesten irdischen Beitrag zur Erhaltung dieses meines äußeren Zustandes meine ich freilich« der Kirchlichen Dogmatik zu verdanken, »die nach Fortsetzung und Vollendung ruft, mir also nicht erlaubt, den Kopf hängen und die Hände sinken zu lassen . . . Wie lange das noch so sein kann, ist eine Frage für sich«[25].

Barth begann seinen 70. Geburtstag, der auf den Himmelfahrtstag fiel, damit, daß er (über Psalm 34,6) eine Predigt hielt – »diesmal buchstäblich ›den Geistern im Gefängnis‹«, nämlich den Insassen der Basler Strafanstalt[26]. »Ernst Wolf hat es auf die klare Formel gebracht: ›Karl Barth endigt im Zuchthaus!‹«[27] Denn er predigte nun schon seit zwei Jahren öfters gerade und fast nur noch an diesem Ort. »Martin Schwarz, der dort als reformierter Prediger und Seelsorger arbeitet, hatte mich eines Tages gebeten, ihn zu vertreten. Von da an bin ich jedes Jahr ein paar Mal und immer gerne in dieser Hausgemeinde zu Gast gewesen«[28] – bis 1964 im ganzen 28 mal.»Mancher hat sogar schalkhaft mit dem Gedanken gespielt: man sollte auf baselstädtischem Boden straffällig werden, um Gelegenheit zu bekommen, ihn predigen zu hören.«[29] Barth lockte diese Aufgabe – »im Bedürfnis nach dem festen Boden des wirklichen Lebens, der ja dort sehr spürbar ist, wo dann auch das Evangelium ganz von selbst eine merkwürdige Nähe und Selbstverständlichkeit gewinnt«. »Es war ja alles irgendwie realer als in einer gewöhnlichen Kirche mit der da versammelten normalen Christenheit.«[30]

Barth predigte in der Regel über kurze Bibelworte – einmal nur über die vier Worte: »Meine Gnade genügt dir.« Und er suchte dabei immer so hell wie nur möglich das Evangelium zu verkündigen. So, wenn er ausführte, daß die erste christliche Gemeinde aus Jesus und den mit ihm gekreuzigten Verbrechern bestanden habe, oder wenn er in dem Text Röm. 11,32 das Wörtlein »Alle!« dick unterstrich. In einer Predigt hieß es: »Wenn es Einen gegeben hat, der solidarisch gerade mit den Gefangenen war, so war Er es«, Jesus Christus; »das ist der Herr dein Erbarmer: dieser Gefangene, der dein, der unser Aller Befreier ist.« In einer anderen Predigt wurde erklärt, daß *alle* Menschen Angeklagte seien, daß es aber der Richterstuhl *Christi*, des Versöhners, ist, vor dem »wir offenbar werden müssen«. Und in einer weiteren Predigt betonte Barth, »das Gebot Gottes laute: Du darfst dich von mir lieb haben lassen!«, und wieder in einer anderen: »Ich bin nicht so ganz sicher, ob das Weihnachtsfest ins Münster oder in die Engelgaßkapelle paßt, wo es von den besseren Leuten gefeiert wird. Wohl aber bin ich ganz sicher, daß es hieher und also ins Zuchthaus paßt.«[31] Der Mehrzahl der Predigten schloß sich das Abendmahl an. Und es war so, »daß mir die Gebete bei der Vorbereitung und beim Halten der mir dort anvertrauten Gottesdienste mindestens ebenso wichtig waren wie die Predigten selbst«[32]. Barth wollte seinen Hörern nicht bloß predigen. Gerade um ihnen recht zu predigen, wollte er sie auch persönlich kennenlernen und suchte sie darum des öfteren einzeln in ihren Zellen auf. Er berichtete z. B. einmal: daß »ich heute Morgen 3 Mördern, 2 Betrügern und 1 Sittlichkeitsübertreter ausgiebig zugehört habe, kleine Anmerkungen dazwischen gestreut und jedem eine dicke Cigarre überreicht habe«. Ein andermal fragte er sich erstaunt: »Sollte ich eigentlich doch so etwas wie ein Optimist oder gar eine wandelnde Darstellung der Irrlehre von der apokatastasis panton* geworden sein, daß ich nun noch keinen dieser Männer einfach kopfschüttelnd und betrübt verlassen konnte, vielmehr bei Jedem irgendetwas mich selbst Ermutigendes und Erfreuendes gesehen zu haben meinte?«[33]

Mit einem Gottesdienst gerade an diesem Ort begann nun also auch der 10. Mai 1956. Anschließend sprach bei Barth Heinrich Held vor, der »Praeses der Evangelischen Kirche im Rheinland, der

---

* Allversöhnung

mich . . . in unverdient feierlicher persönlicher Anrede begrüßt hat«[34]. Den Nachmittag verbrachte er im Kreis seiner Angehörigen. Sie führten ihm dabei ein Theaterstücklein vor, in dem der über 100jährige Karl Barth vor der Himmelstüre erscheint, seine Dogmatik ablädt und gleich begierig nach Mozart Ausschau hält. An dieser familiären Feier nahmen auch einige der nächsten Freunde teil, die ja nun auch alle älter und alt geworden waren. Einige fehlten, weil sie durch den Tod genommen waren: vor allem die beiden herzlich geliebten Freunde Pierre Maury und Arthur Frey, die kurz vorher gestorben waren. Der letztere »hat mir all die Jahre hindurch jeden Mittwoch und jeden Samstag angeläutet (›Arthur ist da!‹) zu einem längeren Gespräch; und was ist er mir (auch Lollo!) für ein treuer, schlechthin zuverlässiger Freund gewesen«[35]. Das galt auch von Maury. Ihr Tod »bedeutet für uns einen persönlichen und sachlichen Verlust, den wir für immer als solchen empfinden werden. Umso mehr fühlt man sich zu den Freunden hingezogen, die man noch hat«[36]. In der Nachfolge von Arthur Frey wurde Max Geiger im »Evangelischen Verlag« verantwortlicher Lektor und Präsident des Verwaltungsrats. Noch von Frey selbst war Marcel Pfändler als Geschäftsführer des Verlags vorgeschlagen worden.

Noch ein anderer war nun nicht mehr da: »mein freilich in ganz anderen Welten beheimateter Vetter, der Maler Paul Basilius Barth, zwischen dem und mir es« zuletzt noch »zu einer späten, aber merkwürdig guten persönlichen Berührung gekommen war«[37]. Karl Barth glaubte, daß es seinem Vetter (1881–1955) gegeben war, »ohne Prätention, Krämpfe, aufdringliche Eigenwilligkeiten, einleuchtend, überzeugend und wohltuend« mit Auge und Herz viel Schönes zu sehen. »Es gibt zwischen [seinen] und meinen Bemühungen einen sehr unterirdischen und sicher nicht zu definierenden, aber realen Zusammenhang.«[38] 1954/55 hatte Paul Basilius in vierzehn Sitzungen zwei Bilder von seinem theologischen Vetter gemalt. Das eine war von der reformierten Gemeinde Frankfurt bestellt, die es »in einer mit Calvin und Johannes a Lasco anfangenden Reihe in ihrem Presbyteriumssaal aufzuhängen« begehrte[39]. Das andere wurde von Barths Basler Freund Benedikt Vischer gekauft und von ihm – eben an jenem 70. Geburtstag – der Basler Universität geschenkt. Die ließ es im Regenzsaal »neben dem eines Professors für Frauenheilkunde (!! auch er von P. B. B. gemalt) und dem eines Professors für griechische Sprache und Altertumskunde« anbringen[40].

Die Übergabe des Bildes geschah am 11. Mai bei der eigentlichen Jubiläumsfeierlichkeit, für die Barth sich auch den Zugang seiner Studenten ausbedungen hatte. In ihr würdigten Freunde und Vertreter verschiedener Universitäten und Kirchen sein Wirken. Pfarrer Vollenweider redete im Namen der Basler, Constantin von Dietze im Namen der deutschen Kirche, Visser't Hooft im Namen der Ökumene usf. Dabei wurde Barth auch eine umfangreiche Festschrift überreicht – unter dem Titel »Antwort«, von Ernst Wolf redigiert, »in der besonders die Deutschen, aber doch auch allerlei andere Erdbewohner bis hin zu einem indischen Buddhisten sich ausbreiten, ein Riesenwerk«[41]. 78 Mitarbeiter schrieben darin, deren Arbeiten nicht nur die Vielzahl von Barths wissenschaftlichen und kirchlichen Freunden, sondern auch die vielseitige Fülle der von ihm ausgegangenen Anstöße dokumentierten. Eine Delikatesse stellte in dem Band Thurneysens Veröffentlichung eines Teils des Briefwechsels zwischen ihm und seinem Freund aus den Jahren 1914–1921 dar (woraufhin Barth zwei Jahre später zu Thurneysens 70. Geburtstag – unter dem Titel »Lebendige Vergangenheit« – die Fortsetzung dieser Korrespondenz in den Jahren 1921–1925 drukken ließ). Die dem »Antwort«-Buch angefügte Bibliographie Barths umfaßte – bis Ende 1955 – 406 Veröffentlichungen und wies Übersetzungen in zwölf Sprachen auf. Er bekam aber darüberhinaus noch eine Reihe weiterer Festschriften: von seinen Basler Kollegen, von den jungen Schweizer Theologen, einen von Martin Rohkrämer herausgegebenen Predigtband rheinischer Pfarrer, eine südamerikanische und eine japanische Festgabe sowie eine von lutherischen Theologen. Er freute sich an all diesen Würdigungen, auch an der Flut von Glückwunschschreiben – nur mit der Frage: »Was aber hätte Kierkegaard zu solcher Veranstaltung gesagt? Was . . . wäre vom NT her dazu zu bemerken? Wie endlich wird das Alles vom Himmel her betrachtet und beurteilt?« »Die Propheten des Alten und die Apostel des Neuen Testaments konnten keine solche 70. Geburtstage feiern.«[42]

Barth wollte also die Ehrungen seiner »Person« nicht unkritisch entgegennehmen. Insbesondere gegenüber seinen Schülern, die sich gerade auch zu jenem Jubiläum auf mancherlei Weise äußerten, war es ihm ein Anliegen, von sich wegzuweisen. Gewiß war er dankbar für ihr freundliches Echo. Aber er suchte sie zu mahnen, sich doch ja nicht als *seine* Schüler zu verstehen. »Theologie erfordert . . . freie Menschen . . . Und nun möchte ich nicht, daß das Ergebnis meines Lebens die Bildung einer neuen Schule wäre. Ich pflege . . . Jedermann, der es hören will, zu sagen, daß ich selbst jedenfalls *kein* ›Barthianer‹ bin: weil ich, nachdem ich Einiges gelernt habe, frei bleiben möchte, weiter zu lernen.« Barth konnte es auch so sagen: »Das Kriterium eines *guten* ›Barthianers‹ – wenn es solchen denn schon geben sollte! – ist sicher das: daß Barth selbst etwas von ihm

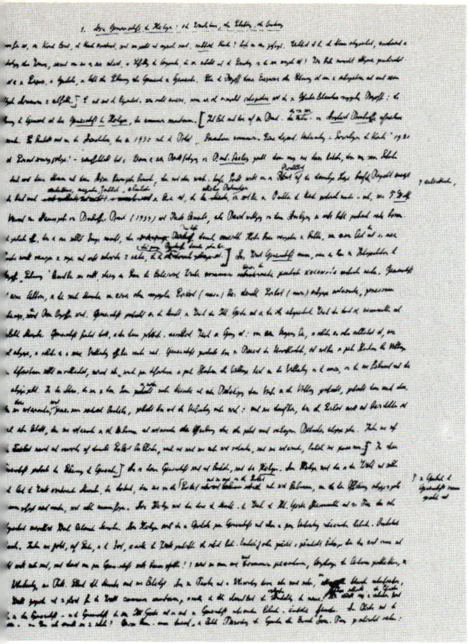

80 Ausschnitt aus seinem Entwurf für die Vorlesung über das »Wachstum der Gemeinde« (Kirchl. Dogmatik IV/2,725) innerhalb der Versöhnungslehre.

81 Drei Jahrzehnte lang arbeitete er in der Hauptsache an den zwölf dicken Bänden seiner »Kirchlichen Dogmatik«. Hier korrigiert er sein Konzept (1959).

82 Sein Arbeitszimmer im Haus auf dem Basler Bruderholz. »Es gibt wohl nur wenige theologische Studierzimmer, in denen das Bild Calvins und das Mozarts auf gleicher Höhe nebeneinander zu sehen sind.«

Freunde

83 Indem einem so viele Freund[e] genommen, »fühlt man sich z[u] denen hingezogen, die man noc[h] hat«. An seinem 70. Geburtsta[g] die Freunde G. Dehn, H. Gol[l]witzer; links Hans Jakob Barth.

84 In den fünfziger Jahren be[-] fand er sich in laufendem, stille[m] oder direkten Gespräch mit se[i-]nem Weggefährten von einst, Ru[-]dolf Bultmann (1952).

85 Als der Maler Paul Basili[us] Barth zwei Porträts von Ka[rl] Barth schuf, erschloß sich diese[m] ein herzlicher Zugang zu seine[m] »freilich in ganz anderen Welte[n] beheimateten« Vetter (1954).

86 Bei ihrer letzten Begegnu[ng] am 22. November 1960 auf de[m] Basler Bruderholz: Emil Brunn[er] und Karl Barth – zwei Geschö[p]fe, so verschieden wie Walfis[ch] und Elefant?

lernen kann und muß.«[43] Jedenfalls: »Machen Sie möglichst wenig Aufhebens von meinem Namen! Weil es nur *einen* interessanten Namen gibt, während die Erhebung aller sonstigen nur zu falschen Bindungen führen und bei den Anderen nur langweilige Eifersucht und Verstockung erregen kann. Und nehmen Sie auch von mir keinen Satz ungeprüft entgegen, sondern messen Sie einen jeden von ihnen an dem allein wahren Wort Gottes, das unser aller Richter und überlegener Lehrmeister ist! Sie verstehen mich dann recht, wenn Sie sich durch das, was *ich* sage, zu dem führen lassen, was *Er* sagt. Ein guter Theologe wohnt nicht in einem Gehäuse von Ideen, Prinzipien, Methoden. Er durchschreitet alle solche Gehäuse, um immer wieder ins Freie zu kommen. Er bleibt unterwegs. Er hat die Ferne, die hohen Berge und das unendliche Meer Gottes vor Augen – und eben damit sicher auch und in größter Nähe die guten und die bösen, die glücklichen und die unglücklichen, die christlichen und die heidnischen, die westlichen und die östlichen Mitmenschen, denen er in aller Bescheidenheit ein Zeuge sein darf.«[44]

Eines von dem, was er auf seinem langen Weg bestimmt gelernt zu haben glaubte, war dies: »Theologie ist unter allen Umständen eine schöne, eine freudige Aufgabe . . . Als ich als junger Mensch damit anfing, war ich auch oft bekümmert und grämlich bei der Sache. Später konnte ich einsehen, daß man durch die Theologie, wenn man sie richtig anfaßt, an einen Ort geführt wird, der – aller Schwierigkeiten, aller mühsamen Arbeit, die ihn da erwartet, ungeachtet – ein heller Ort ist, an dem der Mensch bei aller Sehnsucht nach dem Sehen ›von Angesicht zu Angesicht‹ (1. Kor. 13,13) *leben* kann: für sich *und* für Andere.«[45] Überhaupt regte der Geburtstag Barth an, sich Rechenschaft zu geben über den in nun ungefähr 50 Jahren durchschrittenen Weg seines theologischen Denkens und speziell über den seit seinem »Römerbrief« eingetretenen Wandel. Er meinte, er sei heute »zwar nicht, wie Jemand etwas schnell behauptet hat, ein ›neuer Barth‹«. »Es ist aber wahr, daß ich unterdes Einiges gelernt habe. Hoffentlich ist es so! Wird man nicht dazu alt und bleibt man nicht darin jung, indem man alt wird, daß man zu lernen (in diesem Fall: Theologie zu studieren) fortfährt und nicht müde wird? Ich meine seither gelernt zu haben, von Gott dem Schöpfer so zu reden, daß der Mensch als sein Geschöpf im Gegenüber und im Verhältnis zu ihm nicht unsichtbar, sondern erst recht sichtbar wird. Ich meine mich heute besser darüber ausdrücken zu können, daß es eben durch die Macht der freien, souveränen Gnade Gottes auch eine echte Freiheit des Menschen gibt: seine Freiheit zum Gehorsam, die Freiheit der Kinder Gottes. Ich meine heute die weise Geduld Gottes, aber auch das angreifende und erneuernde

Werk seines Wortes und Geistes im Menschen und in der Menschheit besser zu verstehen und ehren zu können, als es mir damals
gegeben war. Ich denke nicht, daß ich dabei etwas von dem, was ich
früher gelernt und vertreten hatte, vergessen und verleugnet habe.
Ich meine aber in meinem Denken und Reden von der großen Sache
Gottes und des Menschen friedlicher und fröhlicher geworden zu
sein, als ich es damals in der scharfen Auseinandersetzung mit
meiner damaligen Umwelt sein konnte.«[46]

Dieser Gedankenfortschritt hatte sich in all den Jahren in einem
umfangreichen Schrifttum niedergeschlagen und vollzogen. Es ist
aber nun eigenartig, wie in Barths Sicht sein literarisches Werk
nach und nach entstanden ist.»Es gab nach meiner Erinnerung kein
Stadium meines theologischen Weges, auf dem ich mehr als die
allernächsten Schritte nach vorwärts vor Augen gehabt und geplant
hätte. Sie ergaben sich jeweils von selber aus den Schritten, die ich
schon getan hatte, und unter den Eindrücken meines Bildes von den
sich mir je an einem neuen Tag und in einer neuen Lage darbieten-
den Notwendigkeiten und Möglichkeiten. Ich sah mich als den
Mann, der ich bis dahin geworden war, und mit dem, was ich bis
dahin gelernt und begriffen zu haben meinte, in dieser und dieser
Gegenwart angekommen, vor irgend einem biblischen oder geschichtlichen oder lehrhaften Komplex, oft vor irgendein mir von
außen zugeworfenes Thema, oft auch praktisch vor irgendein aktu-
elles, z. B. politisches Thema gestellt: vor ein Neues, das mehr nach
mir griff, als daß ich nach ihm gegriffen hätte. Diesem Neuen suchte
ich dann, so gut ich es konnte, standzuhalten. Ich fand das jedesmal
schwer genug und habe darum kaum je an den nächsten und
übernächsten Tag denken können. Ich habe kaum je so etwas wie
ein Programm gehabt und dann ausgeführt. Sondern mein Denken
und Schreiben und Reden verlief in meinen Begegnungen mit den
auf mich zukommenden Menschen, Ereignissen, Verhältnissen und
ihren Fragen und Rätseln . . . Ich wollte nicht dies oder das sein, tun
[und] sagen, sondern ich war, tat und sagte es, wenn jeweilen die
Zeit dafür für mich da war. So geht es mir – nun schon seit 25 Jahren
– gerade bei der Ausarbeitung der Kirchlichen Dogmatik: von
einem Semester zum anderen, von einer Woche in die andere
hinein. So waren aber auch meine anderen Bücher, Vorträge,
Predigten usw. so etwas wie lauter kleine und große Bäume, die ich
vor mir aufschießen, wachsen, sich ausbreiten sah, deren Leben
nicht von mir abhängig, das ich vielmehr nur mit gesammelter
Aufmerksamkeit zu begleiten hatte . . . Ich betete um mein tägliches
Brot, bekam es und aß es und ließ den nächsten Tag seine eigene
Sorge haben.«[47]

Mitte Juni 1956 fuhr Barth zusammen mit Hans Urs von Balthasar und Frau Adrienne Kaegi-von Speyr nach Paris. Sie wollten dort
»die Doktorpromotion eines Jesuiten«, Père Henri Bouillard, mit-
erleben, »der 1200 Seiten über mich geschrieben und 5 Stunden
lang (an der Sorbonne) über mich verhört wurde, mit Nachfeier in
einem Chinesischen Restaurant«[48]. Dieses Examen »war insofern
ein außerordentliches Ereignis, als das ›Objekt‹ einer solchen These
nicht mehr unter den Lebenden weilen darf . . . Daß es nun höchst
lebendig sogar anwesend war, gab dem ganzen Vorgang eine erhöhte Spannung und zugleich Heiterkeit«[49]. Bouillard war wieder so ein
Katholik, den Barth erstaunt in eigentümlicher Nähe zu seinem
eigenen Denken entdeckte. »Auch er ist in aufsehenerregender
Weise d'accord mit mir, auch er möchte mich als eine Art trojanisches Pferd in die römische Theologie einführen, aber auch er hängt
mir ein kritisch-verbesserndes Schwänzlein an, nur daß dies bei ihm
im Unterschied zu Hans Urs [von Balthasar] nicht im Leben irgendeiner heiligen kleinen Therese oder Elisabeth, sondern in einer
transcendentalen ontologie de la foi* besteht, zugestandener Maßen kantischen Charakters . . . Es weist . . . doch Vieles darauf hin,
daß ich die Chance habe, noch einmal eine Art katholischer Kirchenvater in partibus infidelium** zu werden.«[50] Im gleichen Paris
sollte dann bald darauf auch »ein köstlicher katholischer Eidgenos-
se«, »der überaus muntere Luzerner Theologe Küng« promovieren,
»der am Germanicum in Rom und also sozus. unter der Nase von
S. Heiligkeit eine Arbeit über ›meine‹ Rechtfertigungslehre erstellt«
hatte[51]. Barth stand schon seit einiger Zeit mit ihm in angeregtem
Kontakt. In Hans Küngs Buch fand der Leser »haarscharf nachge-
wiesen, . . . daß zwischen der reformatorischen Lehre, so wie sie
jetzt von mir ausgelegt und vorgetragen werde, und der recht
verstandenen Lehre der römischen Kirche gerade in dem zentralen
Punkt der Rechtfertigung kein wesentlicher Unterschied bestehe!
Das Buch ist drüben bis jetzt von keiner offiziellen Stelle desavouiert, vielmehr von verschiedenen Prominenten ausdrücklich gelobt worden. Was soll man dazu sagen? Ist das Millennium angebrochen oder wartet es doch hinter der nächsten Ecke? Wie gerne
möchte man es glauben!«[52] Im Januar 1957 verfaßte Barth ein
Vorwort zu diesem Buch (für das er zum ersten Mal in seinem
Leben ein amtliches Imprimatur erhielt!). Darin hieß es: Wenn die
von Küng vorgetragene Lehre genuin katholisch sein sollte, »dann
werde ich wohl, nachdem ich, um mit dem genius loci Zwiesprache

* Glaubens-Ontologie
** für die Ungläubigen

zu halten, schon zweimal in der Kirche S. Maria Maggiore zu Trient
gewesen bin, ein drittes Mal dorthin eilen müssen: diesmal zum
Bekenntnis eines zerknirschten: patres peccavi!*«

Zwei Wochen nach jener Paris-Fahrt unternahm Barth eine weitere Auslandsreise. Nachdem er im Herbst 1954 von der Theologischen Fakultät der Reformierten Kirche in Budapest mit einem
(seinem fünften) theologischen Ehrendoktor ausgezeichnet worden
war, verlieh ihm nun 1956 die Universität Edinburgh einen (seinen
zweiten) juristischen »Dr. h. c.«. Er bedankte sich für jene Ehrung
mit der Widmung von KD IV/2, für diese mit der Widmung von KD
IV/3. Und er beschloß, wenigstens die zweite Doktorierung persönlich – am 6. Juli in Schottland – mitzumachen. Zusammen mit
seinem Sohn Markus, der nunmehr an der Federated Theological
Faculty in Chicago Neues Testament las, reiste er auf die britische
Insel. »Ich war in London und in Edinburgh, um dort eine weitere
Festschrift (Essays in Christology), hier den Titel eines LL.D.
entgegenzunehmen und um dort dem Erzbischof von Canterbury
(ich fragte in dem mit Bildern vieler alter Gentlemen dieses Standes
geschmückten Lambeth-Palace vergeblich nach dem des Anselm!),
hier dem Prinz-Consort die Hand schütteln zu dürfen.«[53] Prinz
Philip sagte »mir auch irgend etwas Persönliches . . ., was ich im
Getümmel des Beifallsturmes [jedoch] nicht verstehen konnte«.
Wiederum waren »die Reden im Lambeth-Palace . . . – I have not
read his books, but he is certainly a most outstanding man, but I
disagree completely with him . . .** – nicht ohne eine leicht humori-
stische Note«[54]. Auf dieser Reise wurde auch noch einmal Bischof
George Bell besucht, »ein Ökumeniker ohne Falsch, der mir . . . in
seiner Residenz in Chichester einen Empfang bereitete, dessen
Herzlichkeit ich nie vergessen werde«[55]. Barth sah ihn dabei zum
letzten Mal.

Dadurch, daß er im Sommer seine Vorlesung ausfallen ließ, hatte
er reichlich Zeit und Muße für allerlei weitere Sonderunternehmun-
gen. So hielt er im Sommer und Herbst wieder eine Reihe von
»Fragebeantwortungen«: in Straßburg und Genf, bei den »positiven« Pfarrern Basels und im dortigen Missionshaus und schließlich
auf der Synode des Berner Juras in Tavannes (über den Band KD
IV/2). Einmal fuhr er auch mit seinem Schwiegersohn und zwei
Söhnen nach Mülligen im Aargau, um in »eigener Anschauung«
kennen zu lernen, »wo die Familie Barth seit dem 11. Jahrhundert
und sicher noch länger gelebt hat, wo also auch ich im Grunde zu

---

* Väter, ich habe gefehlt!
** Ich habe seine Bücher nicht gelesen, aber er ist zweifellos ein ganz hervorragender Mann, aber
ich bin gänzlich anderer Meinung als er.

Hause bin«. Dort wurden »wir vom Gemeinderat und der übrigen Bevölkerung nicht minder festlich begrüßt und bewirtet, als dort drüben vom Erzbischof und vom Duke«[56]. In anderer Weise wurde Barth in derselben Zeit mit seiner Vergangenheit konfrontiert durch die Beschäftigung mit einem Vortrag, den zu halten er gerne angenommen hatte.

»*Die Menschlichkeit Gottes*«

Im August, in wiederum im Gyrenbad verbrachten Tagen, schrieb er in einem Zug diesen Vortrag nieder, den er dann am 25. September 1956 in Aarau vor dem Schweizerischen Pfarrverein hielt. Er knüpfte darin sachlich an einen Vortrag über »Die Menschlichkeit Jesu« an, den er im Frühjahr für den Süddeutschen Rundfunk verfaßt hatte. Der Aarauer Vortrag – mit dem charakteristischen Titel »Die Menschlichkeit Gottes« – enthielt zwar nichts inhaltlich Neues gegenüber dem schon längst in der Dogmatik Gesagten, aber er machte es wie kaum ein anderes Dokument Barths publik, daß sich sein Denken seit den »Anfängen der Dialektischen Theologie« tatsächlich tiefgreifend gewandelt hatte. »Merkwürdigerweise ist's dabei den Leuten erst zum Bewußtsein gekommen, obwohl sie es längst hätten lesen können. Für mich war das ein Rückblick, für viele war's eine Entdeckung.«[57] Genau im selben Großrats-Saal, »in dem ich« – im Jahre 1920 – »meinem großen Lehrer Adolf von Harnack gegenüberstand« und die Erkenntnis vom »Ganz Anderen« bekanntgab, vollzog Barth nun eine Retraktation* seiner damaligen Theologie.

Freilich, »eine *echte* Retraktation besteht . . . keineswegs in einem nachträglichen Rückzug, sondern in einem neuen Ansatz und Angriff, in welchem das zuvor Gesagte erst recht, nur eben besser, zu sagen ist«. Und so wollte er jetzt keineswegs zurücknehmen, »was sich uns vor nun rund vierzig Jahren stürmisch aufzudrängen begann«, im Gegensatz zu all den frommen, liberalen, »positiven« Spielarten anthropozentrischer Theologie, nämlich die Erkenntnis der »Göttlichkeit Gottes«. Aber eben diese Erkenntnis wollte er nun in einem Sinn erläutert wissen, der ihm damals noch im ganzen verborgen war, und zwar in dem Sinn: Gottes Göttlichkeit sei »die Divinität, die als solche auch den Charakter von Humanität hat. In dieser und nur in dieser Form war und ist der Satz von der Göttlichkeit Gottes jener [anthropozentrischen] Theologie der Vorzeit entgegenzustellen: in positiver Aufnahme, nicht in unbesonnener Verwerfung der particula veri**, die man ihr, auch wenn man ihre Schwäche bis auf den Boden durchschaut, unmöglich absprechen kann. Eben Gottes recht verstandene *Göttlichkeit* schließt ein: seine *Menschlichkeit* . . . Ist Jesus Chri-

* Revision
** Körnlein Wahrheit

stus das Wort der Wahrheit, der ›Spiegel des väterlichen Herzens Gottes‹, dann ist Nietzsches Satz, der Mensch sei etwas, was überwunden werden muß, eine freche Lüge; dann ist gerade die Wahrheit *Gottes* diese und keine andere – ... seine *Menschenfreundlichkeit*«[58]. Bei einem anschließenden Essen erfreute der aargauische Regierungsrat Kim Barth damit, daß er auf den Satz des einstigen Safenwiler Pfarrers »O Aargau, daß Gott erbarm!« anspielte und dann hinzufügte: »Und Gott *hat* sich des Aargaus erbarmt!«

An diesen Vortrag schloß sich innerlich ein anderer an, der während des folgenden Winters (am 8. Januar) in Hannover im Rahmen einer Vortragsreihe der Goethegesellschaft (»Panorama eines Jahrhunderts«) über »Evangelische Theologie im 19. Jahrhundert« gehalten wurde.

In ihm machte Barth deutlich, daß er wohl immer noch sehr bestimmte Fragen an dieses – von ihm einst so kritisch beleuchtete – Saeculum zu richten habe, daß er aber zu ihm jetzt gewiß nicht mehr einfach Nein sagen könne. »Das 19. Jahrhundert ist *nicht* erledigt und seine Theologie auch nicht.« Warum konnte Barth nun auch in dieser Richtung so offen und positiv denken? Zutiefst darum, weil er selber die »Theologie« nicht mehr bloß als eine »Lehre von Gott« verstanden wissen wollte, sondern als »Theanthropologie«, also als »›Lehre von Gott und vom Menschen‹: vom Verkehr und von der Gemeinschaft zwischen Gott und den Menschen«[59].

Er führte das in einem großen, überfüllten Saal aus, aus dem die Rede zugleich in zwei Nebenräume übertragen wurde. Während er 1954 bei seinem Wiesbadener Vortrag durch seine nachlässige Kleidung Anstoß erregt hatte, erregte er jetzt Aufsehen durch seine feierliche Kleidung im Cut. Anschließend an den Vortrag ergab sich ein angeregtes Zusammensein mit einigen Freunden und Gliedern der Goethe-Gesellschaft im Haus seines früheren Schülers Kurt Müller. Dort kam es zu einer munteren Begegnung mit Bischof Hanns Lilje, der bekannte, sich in dieser »Diaspora« sehr wohl zu fühlen. »In vorgerückter Stunde haben dann einige Verwegene Hochwürden Lilje meine Baskenmütze aufgesetzt, die ihn nicht einmal schlecht kleidete.« Als Barth bei dieser Gelegenheit der Einladung folgte, sich ins Goldene Buch der Stadt Hannover einzutragen, verblüffte er die anwesenden Journalisten, indem er – animiert durch ein Gemälde – »über den von den Hannoveranern 1866 über die Preußen (!) erfochtenen Sieg besser Bescheid wußte als jene«[60]. Auf der Hinreise nach Hannover traf er in Frankfurt – durch Vermittlung von Karl Gerhard Steck – mit den dortigen Philosophen Adorno, Horkheimer, Weinstock, Sturmfels u. a. zusammen. Dabei erwies sich das Andenken an den soeben verstorbenen Heinrich Scholz als eine gute Brücke für das Gespräch zwischen »Theologie und Philosophie«, während die Anknüpfung an den späten Heidegger das Gespräch eher ins Stocken brachte.

Im Wintersemester 1956/57 konnte Barth mit Schwung an die Fortsetzung seines nächsten Bandes KD IV/3 herantreten. In diesem Band ging es ihm, nachdem im ersten Teil der Versöhnungslehre die Erniedrigung des Gottessohnes, im zweiten die Erhöhung des Menschensohnes dargestellt worden war, um die Hervorhebung der *Einheit* des »Gottmenschen« Jesus Christus und seines Werks der Erniedrigung und Erhöhung. Davon wollte Barth aber nur reden in Entfaltung des Satzes, daß die in Jesus Christus, in seiner Erniedrigung und Erhöhung vollzogene »Versöhnung sich, indem sie geschieht, auch *kundgibt*«[61].

Dieser lapidare Satz wurde durchgehend entfaltet in der Abgrenzung einerseits gegen die Meinung, als sei die Versöhnung ein in sich statisch Abgeschlossenes, andererseits gegen die mancherlei Lehren, nach denen die Erschließung der Versöhnung für den Menschen eine Sache menschlicher Kunst ist. »Die Frage nach dem Sinn und der Tragweite des ›prophetischen Amtes‹ Jesu Christi hat mich in diesem dritten Teil der Versöhnungslehre in eine Thematik geführt, die heute theoretisch und praktisch in den verschiedensten Zusammenhängen und unter den verschiedensten Titeln weithin im Vordergrund der in der Kirche aller Konfessionen geführten Aussprachen steht. Diesen hat es aber, soweit ich sehe, an einer streng am evangelischen Zentrum orientierten theologischen Grundlage bisher gefehlt. In der reformatorischen und nachreformatorischen Theologie findet man wenig oder nichts . . . über die entscheidenden Voraussetzungen, von denen her wir heute frei und genötigt zu sein meinen, dem Problem ›Christus (bzw. die Kirche) und die Welt‹ so eifrig nachzugehen . . . Ein eigentliches Eingreifen in jene Diskussionen (etwa über Mission, Evangelisation, Laientätigkeit, Kirche und Kultur, Kirche und Staat, Christentum und Sozialismus usw.) konnte hier nicht meine Absicht sein. Mir ging es um das Aufdecken eben der gar nicht selbstverständlichen grundsätzlichen Voraussetzungen, wobei sich mir schließlich Alles in der Einsicht zusammendrängte, daß das auf der ganzen Linie aufzunehmende und durchzuführende ›Bekennen vor den Menschen‹ nicht nur am Rand, sondern – weil es in dem Tun des lebendigen Jesus Christus begründet ist – in die Mitte des Lebens der Christen in der Gemeinde gehört, ja daß es sich am Problem des Zeugnisses entscheidet, ob der Christ ein Christ, die christliche Gemeinde christliche Gemeinde ist oder nicht ist.«[62]

Barth ging in seinen Gedanken zu diesem ganzen Thema aus von grundlegenden Erwägungen über die Gestalt des Auferstandenen als des »wahrhaftigen Zeugen«: »Wenn es ein christlich-theologisches Axiom gibt, so ist es dieses: Jesus Christus ist auferstanden, er ist wahrhaftig auferstanden!«[63] Von dort her reflektierte er dann den ihm schon seit je teuren Begriff des »Zeugnisses«. Er wurde ihm überhaupt zum Inbegriff *alles* christlichen Tuns (einschließlich der Verkündigung). Und das in dem doppelten Sinn: daß alles christliche Tun im besten Fall (nicht kausal oder instrumental Verwirklichung, Vermittlung, Vergegenwärtigung, sondern) nur eben eine menschliche *Bezeugung* der Offenbarung sein kann, daß aber in der Gestalt eines Zeugen der Mensch tatsächlich (nicht bloß passiv-empfangend, sondern auch) *aktiv,* »kooperierend« an der Versöhnung und ihrer Offenbarung teilnimmt. Ja, Barth rechnete sogar damit, daß es – als »Zeugnis« der Macht Jesu Christi, sich aus »Steinen« Zeugen zu erwecken – neben dem einen Wort Gottes nicht nur innerhalb, sondern auch außerhalb der Kirche wahre Worte, Erscheinungen der einen Wahrheit gebe. Weil sich aber insbesondere die Kirche Jesu Christi als eine Gemeinschaft von »Zeugen« zu verstehen hat, darum wurde dann in größter Strenge betont, daß sie nicht Selbstzweck ist; sie »ist für die *Welt* da, will sagen: für alle, für jeden Menschen . . . Sie existiert ekstatisch, ekzentrisch . . . Das Zentrum, um das sie sich ›ekzentrisch‹ bewegt, ist [zwar] . . . nicht einfach die Welt als solche, wohl aber die Welt, für die Gott ist«[64]. Barth sah in der Aufgabe, das christliche Zeugnis auszurichten, geradezu den Sinn der Zeit zwischen Ostern und der »Wiederkunft Christi«. Darum mündete der Band in Ausführungen über die christliche Hoffnung. Eigentümlich an ihnen war einmal die begriffliche Distinktion zwischen drei Gestalten der einen Wiederkunft Christi: seine in der Auferstehung schon eingetretene, seine im Kommen des Heiligen Geistes gegenwärtig sich ereignende und seine in der zukünftigen (universalen, totalen, definitiven) Offenbarung erwartete »Parusie«! Und eigentümlich war ferner die dialektische Stellungnahme zur Frage der »Allversöhnung«, die Barths Kritiker immer mehr als »Gefahr« bei ihm drohen sahen: man dürfe damit (weil überhaupt mit Gottes Gnade) »gewiß nicht rechnen«, man habe sich aber dafür (weil für die Gnade, die immer größer ist als unser Herz) »offen zu halten«[65].

Am gleichen 23. Oktober 1956, an dem der Ungarn-Aufstand losbrach, begann Barth in jenem dritten Teil seiner Versöhnungslehre einen Abschnitt unter dem Titel »Jesus ist Sieger!« vorzutragen. Im Juni hatte er sich mit Bischof Bereczky und noch im Oktober mit Professor Laszlo Pap (der einst in Bonn sein Schüler war) über die ungarische Situation und doch auch über seine Sorgen hinsichtlich der Gefahr eines theologischen Konformismus mit dem herrschenden Regime aussprechen können. Die folgenden Wintermonate waren nun »ganz überschattet durch die Auseinandersetzung mit den Weltereignissen und noch mehr und bedrückender: mit der Art, in der wir unsre schweizerische Umwelt dazu Stellung nehmen sahen. Ich war seit 1933 in Bonn und 1938–41 hier in Basel nie mehr mit ein paar Wenigen zusammen so einsam wie in diesen Wochen . . . Häßliche Hexenjagden auf die paar PdA-Leute*. Unsinniges Geschrei nach Aufhebung der schweizerischen Neutralität . . . Auch in der Christenheit kam Alles ins Wackeln«[66]. In diesen Tagen »predigte ein mir sehr lieber Kollege im Basler Münster über Matth. 8,28 ff.: die Austreibung der Dämonen aus den Besessenen in die Säue. Er machte das sehr gut und ließ durchblicken, daß die Dämonen eines Tages auch aus dem Kreml ausgetrieben werden würden. Nach der Predigt sagte ich ihm, er hätte nur eines vergessen: die Säue, in die die Dämonen fahren. Die sind in solchen Fällen oft wir selber«[67]. Der Prediger hieß – Eduard Thurneysen.

Barth war der Auffassung, daß der Kommunismus sich dort in Ungarn »selber das Urteil gesprochen – und also das unsrige . . . gar

---

* PdA = Partei der Arbeit, schweizerische Linkspartei

nicht nötig« habe – und ferner: daß man vor dem Interesse am Splitter im Auge des Anderen zunächst den Balken im eigenen zur Kenntnis zu nehmen habe. In diesem Sinne hätte er jetzt am liebsten »etwas geschrieben, neben dem die Theologische Existenz heute! von 1933 ein sanftes Säuseln gewesen wäre«[68]. Aber dann fragte er sich, »ob heute nicht« vielmehr »der Fall von Amos 5,13 oder 1. Sam. 3,11 gegeben sein könnte?«[69] So schrieb er dann doch nichts, sondern er schwieg dazu. Und »indem ich zu dem Allem – nicht nur 3 Minuten (›der Trauer und des Abscheus‹), sondern überhaupt geschwiegen habe, habe ich mich im Vaterland leider aufs Neue unbeliebt gemacht«[70]. Und darüberhinaus! »Die Frage Why is Karl Barth silent about Hungary?* ist seither sogar von Amerika aus feierlich an mich gerichtet worden« – nämlich von Reinhold Niebuhr. »Karl Barth ist aber silent geblieben und weiß warum.«[71] Denn »es war mit Händen zu greifen, daß das keine echte Frage war. Sie kam nicht aus der praktischen Bedrängnis eines Christen, der mit einem anderen Austausch und Gemeinschaft sucht, sondern aus der sicheren Burg eines hart gesottenen westlichen Politikers, der . . . einen Gegner aufs Glatteis führen, mich entweder zu einem Bekenntnis zu seinem primitiven Antikommunismus zwingen oder mich als heimlichen Prokommunisten entlarven und mich so oder so auch als Theologen diskreditieren wollte. Was hätte ich dazu sagen sollen?«[72] Immerhin, gerade weil er schwieg, war Barth daraufhin in der Lage, gefährdeten Ungarn in ihrem Land selber zu helfen. »Ich habe . . . zugunsten von fünf Leuten . . . interveniert, damals . . . ein höfliches Antworttelegramm von einem Minister erhalten und das Gewünschte auch erreicht.«[73]

Eine indirekte Stellungnahme zur Ungarnkrise und speziell zu den westlichen Reaktionen auf sie war allerdings deutlich enthalten in den Darlegungen, zu denen er im Sommersemester 1957 in seiner Dogmatik geführt wurde.

Er betonte hier seltsam stark, daß Jesus »der Sieger« ist nur als »der Sieger von Gethsemane und Golgatha«, »vollkommener Sieger« nur »in seinem vollkommenen Unterliegen«, daß mit dem »Größerwerden des Wortes Gottes« im Lauf der Geschichte sich auch eine Verdichtung der Finsternis und des Widerspruchs abzeichne und daß also die »Aktion« Jesu des Siegers in der Gegenwart immer noch auch in seiner »Passion« und in seinem »Mitleiden« mit den »Brüdern« bestehe. Er erklärte dann insbesondere die Lüge als die eigentlich christliche Gestalt der Sünde – was er in einer breiten Auslegung des Hiobbuches erläuterte; danach offenbart sich die an sich richtige Theologie der Freunde des Hiob in der konkreten Situation von dessen Leid eben als »Lüge«. Unverkennbar verarbeitete Barth hier aber auch heimlich seine Gedanken im Blick auf die gerade anlaufende Diskussion über die Atomwaffen, wie im Blick überhaupt auf die Problematik eines »Christlichen Abendlandes«.

* Warum schweigt K. B. zu Ungarn?

Neben der Dogmatik-Vorlesung gab es auch jetzt einige weitere Verpflichtungen. Schon in den Frühlingsferien hatte er zwei Rundfunkvorträge vorbereitet: der eine ging über das Problem der (nach ihm für einen Christen wirklich problematischen) »Unsterblichkeit«, der andere ging über die Frage des (von der »Vermassung«, weil zugleich von der »Privatisierung« bedrohten, so oder so aber zur Freiheit berufenen) »Einzelnen in dieser Zeit«. Zudem referierte er in Neuchâtel über das Problem der Kindertaufe bei Calvin. Ein anderes Mal hörte er in Basel den Vortrag von Gottlieb Söhngen aus München über die analogia fidei, den er dabei freudig als einen der Vorreiter »auf den neuen Spuren katholischer Gottesgelehrsamkeit« entdeckte und begrüßte[74]. Wie im Winter unterbrach er auch in diesem Sommer das Semester für einige Tage – diesmal, um (vom 7. bis 12. Juni) eine Woche lang kreuz und quer durch Bayern zu fahren. Er besuchte Frau Maria Lempp, hörte gern Karl Steinbauer predigen, übernachtete im »Mütterheim« der geschätzten Frau Liselotte Nold und hatte eine – letzte – nachdenkliche Begegnung mit dem stark gealterten Georg Merz. Sie hatten sich in den letzten Jahrzehnten weit voneinander entfernt. Und sie waren sich doch immer noch sehr nah. Noch ein Stücklein zuzweit Arm in Arm gehend, so verabschiedeten sie sich. Den Höhepunkt der Reise bildete die Teilnahme an einer Tagung der Bayrischen Pfarrbruderschaft in Rummelsberg, auf der ihm die Gestalt von Bischof Dietzfelbinger eindrücklich wurde. Er selber hatte hier in einer Podiumsdiskussion Fragen zu beantworten. Dabei ging es um die Problematik des Gottesdienstes, zu der er – angestachelt durch das z. T. »anticalvinistisch« und jedenfalls betont lutherisch auftretende Gegenüber – mit einigen pointierten Thesen und Antithesen Stellung nahm. Wie z. B. im Blick auf die Idee einer himmlischen Kirche: »Nicht ewig Kirche, die schon hier auf Erden die Weltkinder langweilt!« Oder im Blick auf die Liturgie: »Der primäre ›Liturg‹ ist Jesus Christus selber« und der sekundäre ist – nicht der Pfarrer, sondern »die ganze Gemeinde«! Oder im Blick auf das Sakrament: »Es gibt nur *ein* Sakrament: der von den Toten Auferstandene selber.« Oder im Blick auf die Predigt: sie sei »nicht nur Verkündigung, sondern auch Anrufung und Anbetung« und sie sei strikt »ein Akt der Gemeinde«![75]

Das deutsche Luthertum hatte ihm, so wie er es in der Zeit unmittelbar nach dem Krieg kennen gelernt hatte, nicht recht gefallen können. Jetzt war er ihm in Bayern wieder begegnet. Und jetzt interessierte es ihn immerhin so sehr, daß er beschloß, sich in seinem Seminar während des Winters 1957/58 einmal eingehender mit dem neueren Luthertum zu befassen. Er suchte es zu begreifen, indem er Werner Elerts Dogmatik zu begreifen suchte. »Aufrichtig gesagt: dies ist uns trotz ernsten Bemühens eigentlich nicht gelungen. Wir standen in erschrockener Bewunderung vor dem Phänomen einer Systematik, für die ein dunkler Geschichtsfatalismus auf der einen Seite ebenso bezeichnend ist wie ein sich stur durchsetzender Konfessionalismus auf der anderen und in der wir das Zentrum der biblischen Botschaft doch nur eben von ferne wiedererkennen konnten . . . Ich denke . . . nicht, das Seminar so bald wieder mit einem Produkt dieser bei allem gläubigen Tiefsinn reichlich unfruchtbaren Schule zu beschäftigen.«[76]

Der Zudrang der Studenten, die bei Barth hören wollten, nahm eher noch zu als ab. Im ganzen war unter diesen Studenten – so fand er – das Interesse an der Fragestellung Bultmanns zurückgegangen. »Ich freute mich besonders, feststellen zu können, daß die Aufmerksamkeit der nachrückenden Generation sich von der im letzten Jahrzehnt das Feld allzusehr beherrschenden Methoden- auf die Sachfragen zu verschieben scheint.«[77] Und dabei kamen jetzt – und das sollte auf Jahre hinaus so bleiben – regelmäßig auch einige bei Ebeling hörende Studenten aus Zürich zu Barths Seminar und Sozietät herbeigereist. Unter ihnen trat gerade in jenem Winter Eberhard Jüngel hervor, der »sich lebhaft an der Diskussion beteiligte«[78]. Im Seminar des folgenden Sommers nahm Barth nach der Exkursion ins neuere Luthertum dann wieder freudig Zuflucht bei »Calvin«. Es wurde übrigens auch von dem schweizerischen Kommunisten Konrad Farner eifrig besucht. »Ein Kuriosum: unter den ›Schülern‹ im Englischen Kolloquium im Sommersemester befanden sich nicht weniger als vier amerikanische Kollegen, die ihren einjährigen sabbatical leave* wie vor ihnen schon Andere gern zu einem Aufenthalt in Basel benützten.« Und ein weiteres Kuriosum: im französischen Kolloquium nahm nur noch *ein Student* teil – »und dieser war ein italienischer Waldenser!«, dazu allerdings eine Reihe elsässischer Pfarrer[79].

Formal ähnlich wie seine Seminarstunden und seine Kolloquien verliefen die »Gespräche« mit allerlei Gruppen, die nunmehr fast ganz an die Stelle seiner früheren Vorträge traten. In ihnen suchte er auf schriftlich eingereichte Fragen und dann auch auf folgende freie Diskussionsvoten zu antworten. Hierbei zeigte sich, daß er eine überraschende Fertigkeit und Beweglichkeit besaß, seine Einsichten und Erkenntnisse in spontaner Auseinandersetzung mit ihm direkt begegnenden Einwänden und Widersprüchen zu begründen und zu entfalten. In dieser Weise setzte er sich im Winterhalbjahr 1957/58

* Studienurlaub

mit Missionaren im Basler Missionshaus zusammen, ferner mit Basler Pfarrern, mit den evangelischen Klosterfrauen vom »Sonnenhof« im Baselbiet, mit den Teilnehmern eines ökumenischen Kurses in Bossey und mit Tübinger Stiftsrepetenten – und im folgenden Sommer auch mit dem lutherischen Predigerseminar aus Hildesheim. In einer gewissen Regelmäßigkeit wiederholten sich alljährlich die »Gespräche« im Basler Missionshaus, wo mit den auf Heimaturlaub befindlichen Missionaren die sie bewegenden Probleme zu besprechen waren – und ebenso die Begegnung mit jenen Leuten von Bossey, die, von den Theologieprofessoren Hans Heinrich Wolf oder Nikos Nissiotis angeführt, jeweils an einem Januartag zu einer Diskussion nach Basel kamen.

»Es geht ums Leben«

Das Jahr 1958 war für Barth in besonderem Maße bestimmt durch seine Beschäftigung mit der sich ihm von verschiedenen Seiten her aufdrängenden Frage der atomaren Aufrüstung. Schon 1957 hatte er sich zweimal dazu geäußert: Am Karfreitag hatte er sich dem Appell Albert Schweitzers und dem der zehn protestierenden deutschen Wissenschaftler gegen Atomwaffen mit einem lapidaren Aufruf angeschlossen: »Die Menschen im Westen und im Osten sollen aufstehen gegen den Wahnsinn, der in dieser Sache im Gange ist . . . Es geht ums Leben. Es geht um sie, die Menschen.« Und dann im Juni hatte er in einem Telegramm an Radio Warschau die Weltmächte zu einem notfalls auch einseitigen Verzicht auf Kernwaffenversuche aufgefordert. 1958 stellte Barth sich das Problem dann vor allem unter dem Aspekt einer eventuellen Atombewaffnung der deutschen resp. der Schweizer Armee. Im April richteten die deutschen kirchlichen Bruderschaften an die Synode der EKD eine Anfrage, deren Kern in zehn Thesen bestand, die schon die Vorbereitung des Atomkrieges als Sünde bezeichneten. Ihr kritischer Höhepunkt war die zehnte These, »angesichts derer sich ein wahres Jammergeheul und unter schwächeren Brüdern mindestens ein gelindes Seufzen erhoben hat«[80]. Besonders vehement widersprach Hans Asmussen – mit der Gegenthese, daß nicht nur der Abwurf einer Atombombe, sondern auch dessen Unterlassung Sünde sein könne. Der polemische Titel seiner Schrift – »Verleugnung der drei Glaubensartikel« – bezog sich eben auf jene zehnte These, in der es hieß: »Ein gegenteiliger Standpunkt oder Neutralität dieser Frage gegenüber ist christlich nicht vertretbar. Beides bedeutet die Verleugnung aller drei Artikel des christlichen Glaubens.« Als sich in deutschen Zeitungen das Gerücht verbreitete, »daß Prof. Barth mit den 10 Thesen der ›Anfrage‹ theologisch nicht übereinstimme«, ließ er verlauten, »daß ich mit diesen Thesen (mit Einschluß der 10.!) übereinstimme, wie wenn ich sie selber geschrieben hätte«[81]. Er konnte das leicht sagen – denn er selber war ihr anonymer Verfasser! Allerdings hielt er in dieser Sache engen Kontakt mit Vertretern der Bruderschaften. Ernst Wolf suchte ihn deswegen mit Hannelore Hansch, Martin Rohkrämer und Helmut Simon mehrfach auf. Im Frühling und Sommer besprach er sich darüber auch mit Gustav Heinemann – »mit dem ich, bevor er etwa Bundeskanzler werde, noch rasch Du gemacht habe«. Am 31. Juli diskutierte er mit der Studentengemeinde von Freiburg i. Br. über diese Frage am Feldberg – wobei »es leider herauskam, daß der so liebe und kluge Erik Wolf (anders seine rüstige Frau!) auf dem lätzen Finger verbunden* ist«[82]. Zu Händen jener Bruderschaften entwarf Barth in diesen Sommertagen auch sechs auf diese ganze Problematik zielende Thesen »Barmen heute. Zur Aktualisierung der Verwerfungssätze von Barmen 1934«. Im Sinne dieser Thesen wollte er Anfang Oktober in Frankfurt an einer Tagung der Bruderschaft einen Vortrag über »Glaube, Bekenntnis, Entscheidung« halten. Wegen zu großer Müdigkeit mußte er ihn aber schließlich absagen.

Barth lehnte die Atombewaffnung nicht nur für Deutschland ab, sondern »für alle Staaten und Völker, da der Atomkrieg in keinem Sinne mehr ein rechtlicher Krieg sein kann, sondern nur noch der Vernichtung Aller dienen würde«[83]. Angesichts des Eifers so vieler Politiker, aber nun dennoch nach diesen Waffen zu greifen, stieß er manchmal für sich den Seufzer aus: er habe den »Eindruck, daß wir in einem Irrenhaus oder in einer Kleinkinderschule oder kumuliert: in der Kleinkinderabteilung eines Irrenhauses leben. Kyrie eleison!«[84] So war Barth selbstverständlich auch gegen eine Atombewaffnung der Schweiz. Er stieß in seinem Protest dagegen aber auf eine breite Gegenströmung: zunächst in der Theologischen Kommission des Kirchenbundes der Schweiz, der er seit einiger Zeit angehörte (für die er übrigens im selben Jahr 1958 ein Gutachten zur anglikanisch-presbyterianischen Union anfertigte). Eben diese Kommission hatte sich auch mit der Atombewaffnungs-Frage zu befassen. Es kam zu »förmlich radioaktiv geladenen« Sitzungen, aus denen schließlich zwei gegensätzliche Gutachten für den Kirchenbund hervorgingen: »das eine inspiriert von Ernst Staehelin, das auf dem Umweg über die leider immer noch zerbrochene und offenbar immer mehr zerbröckelnde Schöpfung zu dem seufzend vorgebrach-

---

* schief gewickelt

ten Resultat kommt, man müsse unsere atomrasselnden Bundesräte und Militärgewaltigen gewähren lassen (*wer* fand sich auf dieser betrübten Seite: Eduard Schweizer – so kommt es eben, wenn man jahrelang . . . mit Bultmann geflirtet hat!) – das andere von mir«, unterstützt von dem Berner Alttestamentler Stamm[85].

Barth beriet sich über die Frage auch mit einem – die »Kirchliche Dogmatik« lesenden! – Oberstdivisionär der Schweizer Armee, Alfred Ernst, den er Ende 1957 kennen und (»anders als die auf dem finsteren Platze Zürich!«) »human und christlich wohl respektieren« gelernt hatte[86]. Sie schrieben und besuchten sich fortan des öfteren – der Theologe an militärischen, der Oberst an theologischen Fragen interessiert! An dem Punkt der Atomfrage wurden die Beiden sich freilich nicht gerade einig. Wiederum gelang es auch Ernst nicht, Barth eines Anderen zu überzeugen. Er blieb bei seiner Meinung, daß – abgesehen von allen grundsätzlichen Einwänden – eine allfällige Atomaufrüstung speziell auch eine Aufhebung der politischen Neutralität der Schweiz bedeute. Darum beteiligte er sich mit Heinrich Buchbinder und Fritz Lieb an einer Initiative gegen die Einführung von Nuklearwaffen in der Schweiz. Unter den Theologen war neben Lieb Gottlob Wieser »ungefähr der Einzige, der mir« in diesem ganzen Fragenkomplex »auch öffentlich zur Seite« stand; er imponierte Barth »durch die Umsicht, die Ruhe und den Mut seiner persönlichen Stellungnahme«[87]. Auch mit Hanns Dieter Hüsch, dessen Kabarett er liebend gern aufsuchte und mit dem er in dieser Zeit gelegentlich persönlich zusammenkam, verstand er sich in dieser Frage. Die offizielle Politik aber ließ jene Einwände so wenig gelten, daß sie im Juli geradezu die Durchführung eines Internationalen Kongresses gegen die Atomrüstung in Basel verbot. Als dann ein solcher Kongreß Anfang 1959 in London abgehalten wurde, konnte Fritz Lieb eine schriftliche Grußadresse Barths dorthin mitbringen. In ihr vertrat er die Meinung, daß sich die Atomaufrüstung doch wohl nicht direkt bekämpfen lasse, sondern nur indirekt, nämlich durch die Überwindung des ideologischen Gegensatzes und der dadurch hervorgerufenen Ängste in der gegenwärtigen weltpolitischen Situation.

Der Ost-West-Gegensatz beanspruchte im Sommer 1958 noch in anderer Weise seine Aufmerksamkeit. In einem »Nachwort« zu einer Schrift von Josef Hromádka formulierte er (im Juli) in sieben Thesen aufs neue seine Sicht von der Stellung der Kirche zwischen Ost und West.

Darin hieß es, daß die Kirche hier wie dort sich durch nichts, auch durch keine Tradition und Ideologie und Geschichtsdeutung prinzipiell binden lassen dürfe – außer allein durch die Aufgabe, das Evangelium zu verkündigen. Und diese Aufgabe sei in der ganzen Offenheit des Glaubens anzufassen, in der man davon ausgehen dürfe: »Jesus Christus ist auch für die ›Marxisten‹, er ist aber auch für die ›Kapitalisten‹, ›Imperialisten‹ und ›Faschisten‹ gestorben.«[88]

In diesen Thesen war nicht explizit, aber implizit der Punkt angedeutet, an dem nach Barths Sicht zwischen ihm und Hromádka vorläufig noch keine Klarheit herrschte. Dieser ungeklärte Punkt war für Barth mit ein Grund, aus dem »ich mich . . . in der ganzen Luft der [sogen. Prager] Allchristlichen Friedensbewegung bei aller Sympathie nicht so recht daheim« fühlen konnte[89] – im Unterschied zu manchen seiner Freunde. Dieser ungeklärte Punkt hat Beide noch jahrelang weiter beschäftigt, ohne ihrer aufrichtigen Freundschaft je Abbruch tun zu können, aber auch ohne je – zu ihrem beiderseitigen Leidwesen – zwischen ihnen ganz geklärt zu werden. Barth glaubte sich über diesen Punkt mit den beiden anderen Prager Freunden, Josef Souček und Jan Lochman, besser verständigen zu können. Er konnte jedenfalls nicht anders, als in immer neuen Wendungen zu wiederholen: das Evangelium stelle uns an einen Ort »oberhalb des Gewölks der sich im jetzigen ›Kalten Krieg‹ gegenüberstehenden und befehdenden Ideologien, Interessen und Mächte«. Darum reagiere er »höchst allergisch . . . gegen alle Identifikationen, aber auch gegen alle solche Parallelisierungen und Analogisierungen des theologischen und des sozial-politischen Denkens, in welchem die Superiorität des analogans* (des Evangeliums) gegenüber dem analogatum** (den politischen Einsichten und Ansichten des betreffenden Theologen) nicht eindeutig, unumkehrbar festgehalten und sichtbar bleibt«. Allerdings bedeutete jener den Gegensätzen überlegene Ort für Barth keine Erlaubnis zu sozial-politischer Indifferenz, vielmehr den Anstoß zu einer entschlossenen »Stellungnahme, in der wir mit unserem Wort, um Gottes Willen solidarisch mit *dem* Menschen als solchen (und also mit *den* Menschen zur Rechten und zur Linken, den Leidenden und Streitenden, den Gerechten und Ungerechten, den Christen und den Atheisten . . . miteinander, kritisch verständnisvoll ihnen Allen gegenüber), hilfreich sein möchten«[90].

Im August schrieb Barth in Form einer ganzen Broschüre einen Offenen »Brief an einen Pfarrer in der Deutschen Demokratischen Republik«, in dem er allerlei seelsorgerliche Ratschläge zu ihm von dort vorgelegten Fragen hinsichtlich der Existenz der Christen im dortigen Staat erteilte.

Zunächst aber gab er in freier Paraphrase zu 1. Petr. 5,8 f. eine Erklärung, was heute in Ost und West das »fest im Glauben widerstehen« heißen möchte. Der

* das, woran angepaßt werden muß
** das, was sich anpassen muß

eigentliche »Löwe« (ob als »Ostlöwe« oder als »Westlöwe«), dem es zu widerstehen gelte, sei nicht irgendeine äußere Bedrohung der Christen, sondern sei die Versuchung »zum Heulen mit den Wölfen oder zur Furcht, von ihnen gefressen zu werden . . ., kurzum: zur tätlichen Gottlosigkeit«. Und das Widerstehen bestehe nicht in irgendwelchen Kämpfen, sondern in der schlichten Bereitschaft, »an den *Gott* ernstlich und fröhlich zu *glauben,* den zu bezeugen . . . unser Auftrag ist«. Insbesondere gelte es nicht, den Bestand der »volkskirchlichen« Gestalt der Kirche krampfhaft zu verteidigen. Vielmehr könnte es die Berufung der Christen in der DDR sein, »uns Anderen das Leben einer den neuen Weg einer Kirche *für* das Volk (statt *des* Volkes) suchenden und vielleicht schon antretenden christlichen Gemeinde als ›Gottes (allen Ernstes besonders) geliebte Ostzone‹ exemplarisch vorzuleben«[91]. Barth schrieb jenen »Brief« in einem Zug in Thurneysens Feriensitz am Kapf im Emmental. Und er las ihn dort als ersten Hörern »Lollo« von Kirschbaum und Gertrud Staewen vor, die wie so oft auch jetzt mit ihnen Ferien machte, dazu Hellmut Traub, der sich ganz in der Nähe zu erholen pflegte.

Der »Brief« fand bei den betroffenen Christen selber ein weithin dankbares Echo, dagegen diesmal zugleich in der östlichen wie in der westlichen und ganz besonders in der schweizerischen Presse eine überwiegend kritische Aufnahme. Etwas enttäuscht stellte Barth fest: »Mit den Schweizern d'accord zu sein, wird mir wohl in diesem Leben nicht mehr gelingen.«[92] »Ich denke manchmal des Nachts an eine weitere Schrift mit dem Titel: ›Brief an einen Pfarrer in Seldwyla‹, in der ich mit dieser hinter dem Mond lebenden Mannschaft einmal zu Boden reden möchte, daß es eine Art hat.«[93] Mit den in jenem »Brief« vertretenen Ansichten erregte Barth aber auch in den westdeutschen Regierungskreisen Mißfallen. Als ihm im Herbst 1958 der »Friedenspreis des deutschen Buchhandels« verliehen werden sollte, wußte Bundespräsident Theodor Heuss das zu verhindern. Den Preis bekam an seiner Stelle sein Basler Kollege Karl Jaspers.

»Nicht müde werden, sondern weiter, weiter . . .«

Die gewisse Isolation, in der er sich jetzt befand, machte ihm doch etwas zu schaffen. Und so drängte es ihn, im nächsten Frühjahr einige der »Bruderschaftler« wiederzusehen und wieder zu sprechen, die ihm durch die Atomdebatte aufs neue nahegerückt waren: Hannelore Hansch bei Durlach, Helmut Simon in Karlsruhe und dann allerlei enge Freunde in und um Stuttgart. Dort erheiterte ihn Dore, die Frau seines Freundes Gotthilf Weber, mit der in breitem Schwäbisch geseufzten Frage: »Ach Karl, darf man denn nie beim ›Hauffe‹ sein?«[94] Aber er verstand den Seufzer. Er kam sich ja selber angesichts des vielfachen Widerspruchs und Unverständnis-

ses, das ihm wegen seiner Stellungnahme zur DDR und zur Atomfrage begegnet war, wieder einmal als »ein nonkonformistischer
Vogel« vor: als einer von den Einsamen, die »ein Lied zu singen
haben, mit dem sie gegen die brausenden Gesänge der Mehrheit
unserer frommen und unfrommen Zeitgenossenschaft im Westen
und im Osten von ferne nicht aufkommen und dann oft genug nahe
dabei sind, sich danach zu sehnen, auch einmal beim großen Haufen
sein zu dürfen und, weil sie das ja doch nicht können, den Mut
verlieren«. Was tun in dieser Lage? Barths kurze, nüchterne Antwort: »Nicht müde werden, sondern weiter, weiter . . .!«[95]

Nicht müde, sondern weiter! Unmittelbar nach Abschluß jenes
»Briefes an einen Pfarrer in der DDR« *war* er bereits weiterge-
schritten und hatte sich einem ganz anderen Thema zugewendet, das
er so direkt noch nicht angefaßt hatte: der Frage des Verhältnisses
von »Theologie und Philosophie«. Er stieß auf die Aufgabe, sich mit
dieser Frage auseinanderzusetzen, indem er um einen Beitrag für
eine Festschrift zum 70. Geburtstag seines Bruders Heinrich (1960)
gebeten wurde. Und so schrieb er nun – ebenfalls noch auf dem
»Kapf« im Sommer 1958 – einen Aufsatz, in welchem er »das
Gegeneinander und Miteinander des Philosophen und des Theologen« aus seiner Sicht zu verstehen und zu klären versuchte.

Er tat das unter der Voraussetzung, daß erstens *beide* »mit der einen einzigen, . . .
ganzen Wahrheit« konfrontiert seien und daß zweitens *beide* nicht in der Lage seien,
»vom Himmel herunter« zu reden, indem jene Wahrheit »doch beiden überlegen«
sei! Den eigentlichen Unterschied zwischen dem Philosophen und dem Theologen
sah Barth nicht eigentlich in einem verschiedenen Gegenstand, sondern in einer
verschiedenen »Ordnung« und »Folge« ihrer Erkenntnisbemühung. In seiner Erkenntnisbemühung denke der Theologe von »oben« (von Gott) nach »unten« (zum
Menschen) und nur so auch von »unten« nach »oben«, während der Philosoph auf
seinem Weg gerade umgekehrt verfahre. Gefragt, wie der Theologe zu seinem
besonderen Weg komme, muß er nach Barth, »ohne sich solcher Naivität schämen zu
dürfen, direkt und unverklausuliert antworten . . ., daß Jesus Christus die eine, ganze
Wahrheit ist, durch die ihm der Weg seines Denkens und Redens ebenso strikt
gewiesen, wie der philosophische Weg abgeschnitten ist«.

An den Philosophen Wilhelm Weischedel, mit dem Barth dann
1960 über diesen Aufsatz korrespondierte, schrieb er: »Natürlich
geht es da um einen ›Streit‹. Aber den kann man vielleicht nur
faktisch – indem der Philosoph als Philosoph, der Theolog als
Theolog denkt, redet und schreibt – führen, nicht aber bereden.
Dies zu tun, habe ich mich dies eine Mal breitschlagen lassen.«[96]

Nicht müde, sondern weiter! Barth verspürte freilich gerade in
dem Sommer, als er den Festschrift-Aufsatz für den Bruder wie
jenen »Brief« schrieb, noch in einem anderen, nämlich schlicht im

physischen Sinn eine große Müdigkeit, die nur langsam von ihm wich. Er merkte jetzt überhaupt so beschwerlich wie noch nie sein Alter. Während des letzten Sommersemesters hatte er einmal laut geseufzt:»Was für eine Mühsal von Woche zu Woche! Lollo meint zwar, sie habe mich nie anders als in dieser keuchenden Fortbewegung gekannt . . ., aber subjektiv empfinde ich doch die Last immer schwerer. Ab und zu verordnet mir dann Lollo einfach den Ausfall einer Stunde, damit ich wieder Luft schöpfen kann.«[97] So brauchte er nun mehr denn je Ferien und in den Ferien längere Atempausen, die nicht mit weiterer Arbeit, sondern rein mit Erholung ausgefüllt waren. Und er entdeckte jetzt, wie heilsam es sein kann, seine Zeit mitunter auch so zu füllen:». . . ein bißchen lesen und dann auch wieder damit aufhören, Pfeife stopfen und rauchen, aufmerksam oder auch einmal ganz leer in die Gegend schauen, keine Vorsätze fassen und ausführen wollen, infolgedessen auch keine verlorenen Stunden zu beklagen haben, weil alle gewonnen sind.«[98] Seine Frühlingsferien verbrachte er in diesen Jahren regelmäßig im tessinischen Brione, gewöhnlich begleitet von seinem Schwiegersohn Max Zellweger, den er als den originalen Basler, der er durch und durch ist, besonders gern mochte. Dort traf er zumeist mit seinen Freunden Helmut Gollwitzer, Ernst Wolf, Gustav Heinemann u. a. zusammen. Die Sommerferien verbrachte er an den anderen gewohnten Plätzen. Öfters beteiligte er sich jetzt auch an den Erholungsaufenthalten seiner Kinder.

Er tat indessen während der Semesterarbeit bewußter etwas dafür, sich munter zu halten. Die kalte Dusche am Morgen wurde weiterhin pünktlich und fleißig exerziert und ebenso die Regel, »jahraus jahrein bei weit offenem Fenster« zu schlafen. Darüberhinaus machte er »abends Atemübungen und morgens Gymnastik – ›Dogmatik in Bewegung‹!« – dazu genehmigte er sich jetzt von Zeit zu Zeit den »Genuß einer ›Vollkurpackung‹ jener Bienenköniginspeise . . ., zu deren prominenten Verzehrern außer mir auch Adenauer und Pius XII. gehören«, dazu »allerlei Vitaminzufuhren«. »Außerdem habe ich einen sehr vertrauenswürdigen Arzt, an dessen Weisungen ich mich ganz genau halte, umso mehr, da er vernünftig genug ist, des Mannes Pfeife von ferne nicht in Frage zu stellen.«[99] Dank dem allem – und dank einer offenbar besonders kräftigen Konstitution war Barth im ganzen für sein Alter noch sehr rüstig. War er zuweilen müde und erschöpft, so war er – abgesehen von einem seltsam häufig auftretenden »Hexenschuß« – doch auch in dieser Zeit nicht eigentlich krank. Vielmehr »bin ich im Vergleich mit Andern meines Alters erstaunlich und unverdient gesund und kann zu den verschiedenen theologischen Exercitien immer wieder,

wie Lollo nicht ohne Rührung sagt, ›antraben‹«[100]. Und so wollte er
es als ein großes Geschenk ansehen und annehmen, »daß der liebe
Gott noch immer Geduld mit mir hat, mir noch immer Atem und ein
paar Einfälle zum Schaffen gibt und immer noch viele und nette
Studenten zuführt«[101].

Trotz seiner zunehmenden Erholungsbedürftigkeit mochte Barth
noch nicht an einen Rückzug in den »Ruhestand« denken. Und die
eher noch wachsende als abnehmende Beanspruchung seiner Zeit
und seiner Aufmerksamkeit von vielen Seiten und durch viele
Aufgaben tat das Ihre, daß er daran noch nicht denken konnte. Zu
den Aufgaben, die fort und fort auf ihn zukamen, gehörte über seine
akademischen und literarischen Produktionen hinaus ja doch immer
auch die Erledigung einer umfangreichen Korrespondenz, in der er
mit einer Fülle von Anliegen angesprochen wurde. Zu diesen Aufgaben gehörte aber auch der Empfang von allerlei bei ihm vorspre-
chenden und einkehrenden Mitmenschen. Noch immer wurde er
aufgesucht von »vielen lieben und interessanten, aber eben *vielen*
und so als ›Chronophagen‹* sich auswirkenden« Besuchern. Es gab
Zeiten, in denen »kaum ein Tag« verging, »an dem ich nicht einen
längeren Besuch . . . zu absolvieren hatte«. Da kamen ältere und
jüngere Schüler und Freunde, bekannte und unbekannte Theologen, Kirchenmänner und Laien aus verschiedensten europäischen
Ländern mit mancherlei Mitteilungen und Fragen. »Auch Indier
und Chinesen gingen über die Bühne.« Ferner Japaner – »die
Dankbarkeit und Generosität, mit der die Leute dieses fernen
Volkes seit Jahr und Tag mit mir umgehen, hat etwas ganz Beschä-
mendes«. Überdies »aus dem Land Amerika« kamen ernsthafte
Gelehrte nicht nur, sondern auch dutzende von »Neugierigen (May
I take a picture?**)«[102]. Die letzteren pflegte Barth freilich meist mit
der Empfehlung eines Besuchs bei den Giraffen und Nashörnern
des Basler Zoos schnell zu veabschieden. Unter den Besuchern, die
im Herbst 1958 auf dem Bruderholz auftauchten, war »bemerkenswert ein Mann von der indischen Mar-Thoma-Kirche, dem meine
Hochachtung für ihren besonderen Apostel auszusprechen ich nicht
umhin konnte« – und dann »Paul Tillich, der menschlich entzük-
kend, sachlich (o weh, ich habe mich . . . unterwunden, den ganzen
Winter über ihn Seminar zu halten!) ganz unmöglich ist«[103]. Eines
der Hindernisse, sich gerade mit diesem Kollegen zu verständigen,
sah Barth zu seinem Bedauern darin, daß Tillich (wie auch Niebuhr)
ihn immer noch so verstehe, »wie wenn ich seit 1920 geschlafen
hätte«[104].

* Zeitverschlinger
** Darf ich ein Foto machen?

In jenem Tillich-Seminar im Winter 1958/59 ging es dann vor allem um eine »Verarztung von Tillichs ›Korrelationsmethode‹: keine gute Sache, ich suche ihn aber dauernd in meliorem partem!* auszulegen und gegen die Studenten, die wie Jagdhunde nach ihm schnappen wollen, zu verteidigen«[105]. Dieses Semester nahm Barth übrigens als vorübergehender Bewohner des Basler Augenspitals in Angriff; er mußte den Ort künftig verschiedentlich zur Kontrolle seiner gefährdeten Sehkraft aufsuchen. Im Seminar des nächsten Sommers wollte er seinen Studenten – in Gegenüberstellung zu der nun vorgeführten Denkmethode Tillichs – wieder einmal explizit seine eigene theologische Erkenntnismethode zeigen. Er legte dem Seminar darum sein Buch über Anselm zugrunde, das soeben nach einer Revision durch Hinrich Stoevesandt in neuer Auflage erschienen war. Dazu kamen in diesem Semester einige Einzelveranstaltungen: einmal redete er (in Bern) mit Predigerseminaristen aus Wuppertal, ein andermal mit Pfarrern aus dem Neuenburgischen, ein weiteres Mal in der Studentenverbindung »Zofingia«, in die er sich auch im nächsten Winter wieder einladen ließ.

Das Calvin-Jubiläum, das in diesem Sommer 1959 in Genf gefeiert wurde, beschäftigte auch ihn. Calvin war ja seit je wie kaum ein anderer für ihn ein theologischer Lehrer, dessen Denkhaltung er seinen Studenten als vorbildlich hinstellte, der aber auch ihm selber höchst anregend viel zu denken und gewiß auch viel zu fragen gab. So hatte er im Sommer 1957 und wieder im Sommer 1958 ein Calvin-Seminar veranstaltet.

In dem einen »erhellte noch und noch einmal, daß die Kindertaufe, wenn überhaupt, dann sicher nicht so, wie es Calvin tun wollte, zu begründen ist«[106]. Im anderen wurde dann Calvins Abendmahlslehre abgehandelt, wobei es sich erneut zeigte: »Ernste Vorbehalte sind freilich auch diesem theologischen Klassiker gegenüber unvermeidlich: insbesondere gegenüber seiner Gotteslehre, seiner auf diese gegründeten Auffassung der Prädestination und deren Auswirkungen in allen Bereichen seiner Auslegung des christlichen Glaubens. Es ist aber nicht schwer, diesen problematischen Komplex einzuklammern, und dann freut man sich bei Calvin immer wieder der klaren Aussicht eben auf das evangelische Zentrum.«[107]

Im Winter 1959/50 und im Sommer 1960 sollten weitere Calvin-Seminare folgen: diesmal über die Barth seit langem bewegende und beunruhigende Erkenntnislehre Calvins (Institutio I, 1–9).

Jenes Calvin-Jubiläum nun veranlaßte ihn, sich in zwei Artikeln Rechenschaft zu geben über sein Verhältnis zu dem Genfer Reformator. Neben einem Aufsatz über »Calvin als Theologe« schrieb er ein Vorwort zu einer Ausgabe der »Institutio«. Darin hieß es:

* in möglichst günstigem Sinn

»Calvin war – anders als Luther – kein Genie, dafür ein gewissenhafter Ausleger, ein strenger und gediegener Denker und zugleich ein unermüdlich um die Praxis des christlichen und kirchlichen Lebens . . . bemühter Theologe . . . Er zwingt – ein guter Lehrer, wie es in der Kirche nur Wenige gegeben hat – den verständigen Leser, nicht die Resultate seines Studiums zu übernehmen, wohl aber sein Studium aufzunehmen, in seiner Spur neuen Resultaten entgegen, fortzusetzen. Ein ›Calvinist‹ kann nur ein Christ und Theologe sein, der in Calvins Institutio gelernt hat, der Wahrheit, um die es diesem geht, unter Gebrauch seiner eigenen Augen und Ohren nachzugehen.« Daß die Deutschen Luther nur eben in diesem Sinn zum »Lehrer« haben sollten, wünschte sich Barth oft. Er selbst wollte jedenfalls in keinem anderen Sinn Schüler Calvins sein. Und übrigens wollte auch er selber in keinem anderen Sinn Lehrer *seiner* Schüler sein.

Anläßlich jenes Jubiläums verlieh ihm die Universität Genf am 6. Juni einen theologischen Ehrendoktor, der ihn ganz besonders freute – weil die Ehrung im Zusammenhang gerade mit derjenigen Calvins stand, und dann: weil sie genau 50 Jahre nach Beginn seines Vikariates in Genf erfolgte, und schließlich: »weil mir damit zum ersten Mal von einer schweizerischen verantwortlichen Stelle aus ein solches freundliches Wort gesagt« wurde. Die Jubiläumsfeierlichkeiten, in die Barth dadurch geriet, behagten ihm dagegen weniger – so wenig wie ihm vor 50 Jahren die damaligen Feiern gefielen. »Das Ganze kam mir wie eine zwar wohlgemeinte, aber im Grund ungeheuerliche Chinoiserie vor (Calvin hätte gesagt: une mommerie*), bei der ich dauernd an die Frage: ›Wie könnt ihr glauben, die ihr Ehre von einander nehmt?‹ denken mußte.«[108]

Gut einen Monat später tauchte Barth erneut in Genf auf: jetzt, um seinen zu einem Heimaturlaub eintreffenden Sohn Christoph auf dem Flughafen zu begrüßen. Er hatte ihn zuletzt im Sommer 1957 gesehen. Kurz nach seiner Rückkehr nach Indonesien hatte sich dieser dort mit Marie-Claire Frommel, einer im Dienst des Studenten-Weltbundes in Indonesien tätigen Theologin, verheiratet. Sie war die Tochter eines Genfer Pharmakologie-Professors und die Enkeltochter des Theologieprofessors Gaston Frommel, dessen »fast glühenden Pietismus« Barth 1905 bei einer Studentenkonferenz in St. Croix unvergeßlich erlebt hatte[109]. Erst auf dem Genfer Flughafen lernte er seine neue Schwiegertochter – samt ihrem ersten Kind kennen. Dieses Enkelkind war erst zwei Monate alt, ergötzte »mich aber bereits durch merkliche Anzeichen von Intelligenz, Musikalität und Frömmigkeit«[110]. Angesichts der Erweiterung des Familienkreises durch die neue Schwiegertochter meinte Barth: »Ich bin ja nun auch in der Hinsicht ein reicher Mann, daß ich nicht

---

* Mummenschanz

weniger als drei je so eigentümlich geprägte Schwiegertöchter habe, von denen mir jede allerhand zu denken . . . gibt, weil eben keine von ihnen eine von den langweilig auf ein allgemeingültiges Leitbild ausgerichteten und an diesen zu messenden Personen ist, von denen die übrige Landschaft erfüllt ist.«[111]

Während des Wintersemesters, am 22. November 1959, empfing Barth in Straßburg noch einen weiteren theologischen Ehrendoktor. Dabei durfte »ich . . . dem General de Gaulle – auf dessen dickleibige Selbstbiographie ich . . . [gleich anschließend] eingestiegen bin! – zweimal das Pfötchen geben«. Der eben zum Präsidenten gewordene General »wirkte sympathischer als auf den . . . Bildern in der Zeitung, hat eine wohltuende Sachlichkeit . . ., aber mit der Demokratie dürfte es in Frankreich fürs erste wohl vorbei sein«[112]. Gern benutzte Barth die Gelegenheit zu Gesprächen mit dortigen Freunden und Bekannten: mit Georges Casalis und André Dumas, mit Roger Mehl und dem Dominikaner Yves Congar. Gesprächsstoff bot das brennende Algerien-Problem und das vom neuen Papst Johannes angekündigte Konzil. »Ich habe damals . . . Père Congar . . . gefragt: Was wir Anderen tun sollen für das Konzil? Darauf hat er gesagt: Wir sollen für das Konzil beten! – Gut, das war eine Antwort.« Tatsächlich betete Barth damals in einem Gottesdienst öffentlich und direkt für den Papst. Darüber gab es ein kopfschüttelndes Gerede: »›Er hat für den Papst gebetet!‹ Ich sagte daraufhin: ›Jawohl, er hat es aber auch nötig!‹«[113]

Im Winter 1959/60 widerfuhren Barth noch zwei andere, seltsame Würdigungen: Zu Weihnachten erschien im »Spiegel« eine Titelgeschichte über ihn; er selbst hatte als Überschrift vorgeschlagen: »Ein fröhlicher Partisan des lieben Gottes«[114]. Und nach Neujahr wurde er in der Fasnacht im sogenannten »Zofingerkonzärtli« sogar »leibhaftig auf die Bühne gebracht« und von einem Mimen durch den Kakao gezogen. Dieser fragte dabei z. B., was der Unterschied zwischen einem perpetuum mobile und Barth sei. »Man meint: keiner. Aber: das perpetuum mobile ist *un*möglich; K. B. aber ist un*meeglig*. In Basel ist wirklich dafür gesorgt, daß keine Bäume in den Himmel wachsen.« »Ich ließ mich dann mit dem mich repräsentierenden jungen Mann in der Pause coram publico photographieren . . . In solcher . . . Weise muß man jedenfalls hier in Basel solche Situationen meistern.«[115]

Die Kategorie »Antwort«

In der Vorlesung des Winters 1958/59 hatte Barth einen weiteren Dogmatik-Band zum Abschluß bringen können: KD IV/3. Er war so umfangreich (1107 Seiten!), daß er in zwei Teilen veröffentlicht werden mußte – so daß der Leser »diesmal zwei jede für sich im wörtlichsten Sinne ›tragbare‹ Hälften in die Hand« bekam[116]. Beim Korrekturenlesen half ihm wieder Hinrich Stoevesandt. Um sich auf den Einstieg in den neuen Dogmatik-Band gründlich vorzubereiten, ließ er im nächsten Sommer seine Dogmatik-Vorlesung wohl oder übel ausfallen.

Mit Beginn des Winters 1959/60 setzte er dann entschlossen mit dem Vortrag des für einen Band KD IV/4 bestimmten Stoffes ein. »›Sie ewiges Füllhorn!‹ hat mich Balthasar . . . angeredet« – wegen der auch jetzt noch weiter- und weitergehenden Produktion. In Vorbereitung auf diesen neuen Band habe »ich . . . im Sommer das Neue Testament wieder einmal von A-Z und Wort für Wort gelesen (wenn ich doch nur mit der Apokalypse mehr anzufangen wüßte!), mir viele, viele Notizen gemacht und das bricht nun stromweise über mich herein, unvermeidlich auch über die künftigen Hörer und Leser! . . . Kurios, mit 73 Jahren noch so am Anfang zu sein!«[117]

Auch jetzt konnte sich Barth freilich nicht rein auf diese Arbeit konzentrieren. Während er sich Schritt um Schritt in dem neuen Stoff vorwärtstastete, übernahm er nebenher immer noch wenigstens einige Aufträge und Aufgaben, zu denen man ihn einlud. So redete er im Dezember 1959 vor der Basler Klinikerschaft über »Christliche Ethik«. Und als er im Frühling wieder in Brione weilte, erstellte er binnen kurzem »einen merkwürdigen Aufsatz ›Möglichkeiten liberaler Theologie heute‹«, um den ihn die Zeitschrift der Schweizer Freisinnigen gebeten hatte. »Ich riet ihnen, noch einmal bei Biedermann oder bei Schleiermacher oder bei Martin Buber oder bei Ragaz einzusetzen und ihr Heil zu versuchen, wobei ich aber für das Gelingen keine Garantie übernehmen könne.«[118] Am 10. Mai, seinem 74. Geburtstag, befand Barth sich »diesmal auf einer eiligen Fahrt nach Fulda – nicht als Wallfahrer zum Grab des hl. Bonifatius, . . . wohl aber zu einer Zusammenkunft der deutschen Gefängnispfarrer und -fürsorger, die mich zu einer Aussprache über die theologischen Probleme dieses besonderen Arbeitsbereichs dorthin eingeladen hatten . . . Mehr als ein kurzer Seitensprung – doch haben wir uns in Würzburg durch Tilman Riemenschneider ernstlich aufhalten lassen – konnte und durfte diese Reise, mitten im laufenden Semester unternommen, nicht werden«[119].

Barth gab dort in Fulda in Form einer Fragebeantwortung grundlegende Erklärungen zum Problem des Straf- und Gefängniswesens, mit dem er als gelegentlicher Gefängnisprediger und -seelsorger ja immer wieder direkt konfrontiert wurde. Auf die Frage, ob es eine (göttliche) Vorherbestimmung zum Verbrecher gebe, antwortete er: es gebe wohl krankhafte »Dispositionen zum Verbrechen«; aber auch die »Gesunden« litten an unguten (»minder gefährlichen?«) Dispositionen und jedenfalls: es gebe keine göttliche Vorherbestimmung zum Bösen, sondern es gebe nur »eine göttliche Vorherbestimmung (= Gnadenwahl) zur Errettung« *aller* verlorenen Menschen. Und auf die Frage nach dem Wesen der Strafe antwortete er dementsprechend, sie müsse konsequent »als Fürsorgemaßnahme, nicht als Sühne verstanden – vollzogen – entgegengenommen . . . werden«.

Am 19. Juli fuhr Barth für einen Tag nach Straßburg hinüber zu einer anderen Fragebeantwortung, die im Rahmen einer Konferenz des Weltbundes Christlicher Studenten stattfand. Auf ihr meldete sich auf Seiten der Studenten ein stürmisch-engagiertes Interesse an den sozialen Fragen der Welt von heute, das unverkennbar eine gewisse neue Orientierung im Denken der ökumenischen Bewegung ankündigte. Als weitere Referenten traf er dort die ökumenischen Freunde Visser't Hooft, Leslie Newbigin und Daniel T. Niles.

Am Ende des Sommersemesters 1960 – Barth war in ihm nun genau 25 Jahre in seinem Basler Lehramt tätig – feierte die Universität Basel das 500jährige Jubiläum ihres Bestehens. Bei der Vorbereitung der Feier »hatte ich einen Konflikt mit der von Jaspers angeführten Majorität« in der Regenz der Universität, die »für eine integrale Einladung *nur* [der Universitäten] des ganzen *Westens* (einschließlich Madrid, Guatemala, Honduras etc.)« eintrat, dagegen »alle und jede Gäste aus den Ländern hinter dem Eisernen Vorhang ausschließen« wollte[120]. Barth schrieb in einer Eingabe an das Erziehungsdepartement und einem Zeitungsartikel gegen diese Einteilung in »würdige und unwürdige« Gäste. Als es in dieser Sache schließlich einen gewissen Kompromiß gab, ließ er sich dennoch nicht mehr davon abbringen, dem Jubiläum demonstrativ fernzubleiben. Er zog sich in diesen Tagen ins Gyrenbad zurück. Dort arbeitete er weiter für seine Dogmatik, während »Lollo« von Kirschbaum sich auf Vorträge vorbereitete, die sie demnächst in Deutschland halten sollte.

Allerdings äußerte sich Barth aus Anlaß jenes Jubiläums doch wenigstens dreimal schriftlich. Für eine Festschrift schrieb er nieder, was er unter der Aufgabe des von ihm vertretenen Fachs »Systematische Theologie« verstand. Und in zwei Artikeln für die beiden großen Basler Tageszeitungen nahm er sodann Stellung überhaupt zum Problem der »Theologischen Fakultät« innerhalb der Universität.

In dem einen Beitrag erklärte er die praktische Aufgabe dieser Fakultät: sie
bestehe »schlicht darin, die künftigen Pfarrer mit dem zur Ausübung ihres Berufs
nötigen Schulsack und mit der ihnen zur Anwendung von dessen Inhalt nötigen
Kopfklärung zu versorgen. Sie werden in ihrem Beruf noch viel Wichtigeres als das
nötig haben. Sie werden aber auch des Schulsacks und der Kopfklärung bedürfen und
das oder doch einen Anfang dazu – sie sollen ja auch später studieren! – können und
sollen wir ihnen bieten«[121]. In dem anderen Beitrag ging er auf die Frage ein, ob die
Theologie heute noch einen Platz an der Universität habe. Er antwortete: »Hier liegt
die spezifisch moderne Aufgabe der Theologie, wie ich sie in meiner Lebensarbeit
aufzunehmen versucht habe: auf der ganzen Linie wieder darzustellen, was Christentum eigentlich ist – mit all seinen Konsequenzen, all seinen Gefahren. Und
wenigstens aus meiner Erfahrung kann ich sagen: in dem Maße, als die Theologie das
tut, findet sie wieder Gehör, wird sie respektiert. Theologie . . . dagegen als Vermitteln, Ausweichen, Überspielen – das verhallt heute mehr denn je.«[122]

Der neue Dogmatikband, an dem er unterdes unentwegt weiter-
schrieb, »sollte (parallel zu III/4) ein Kapitel spezieller Ethik unter
dem Gesichtspunkt der in Jesus Christus vollzogenen Versöhnung
der Welt mit Gott enthalten . . . Die Absicht war, die christliche
Ethik diesmal als Darstellung der dem göttlichen Gnadenwerk und
-wort (IV/1–3) entsprechenden freien menschlichen Tatantwort
und also das christliche Leben in seinem intimsten Aspekt zu
entfalten: Schritt für Schritt beginnend mit der Erinnerung an die
diese Tatantwort ermöglichende und fordernde göttliche Gabe und
weitergehend als Bezeichnung der dem Menschen so als Aufgabe
gestellten Antwort«. Barth wiederholte seinen schon in KD III/4
vorgetragenen Satz: Christliche Ethik könne nicht selbst Weisungen
erteilen, sondern nur Unterweisung – nämlich in der Kunst, die
Frage »Was soll ich tun?« sachgemäß zu stellen, um Gottes Antwort
willig und offen zu vernehmen. Hatte KD III/4 unter dem zentralen
Gesichtspunkt der »Freiheit« gestanden, so sollte nun KD IV/4
unter dem der (dem Gnadenbund entsprechenden) »Treue« stehen.
Als Barth an den Mittelteil seiner Versöhnungsethik – »auf die
Sache gesehen: das eigentliche Corpus des Kapitels« – herantrat,
verwarf er jedoch kurzfristig die ursprünglich ins Auge gefaßte
Disposition unmittelbar nach den einzelnen Momenten des Begriffs
»Treue«. Statt dessen wollte er die »verschiedenen praktischen
Aspekte des christlichen Lebens« nunmehr »am Leitfaden des
Herrengebetes« zur Sprache bringen, und dementsprechend glie-
derte er also diesen Mittelteil nach den einzelnen Bitten des »Unservater«. Nach seinem Plan sollte aber, dem allem vorausgehend,
am Anfang der Versöhnungsethik – »als Darstellung der Begründung des christlichen Lebens« – überraschenderweise die Lehre von
der Taufe entfaltet werden: »als Werk Gottes selbst: Taufe mit dem
Heiligen Geist – und als gottesdienstliches Menschenwerk: Taufe

mit Wasser«. Und am Ende des Buches sollte dann »abschließend und krönend« die Lehre vom Abendmahl zur Behandlung kommen – als Darstellung der Erneuerung und Erhaltung des christlichen Lebens. Dabei wollte er das Abendmahl offenbar verstehen als das gehorsame Tun der Gemeinde angesichts solcher von Gott selbst und von Gott allein gewirkten »Erneuerung und Erhaltung«. Und so wollte er das Abendmahl begreifen »als die auf die Präsenz Jesu Christi in seinem Selbstopfer antwortende und seiner Zukunft entgegenblickende Danksagung«[123].

In der Tauflehre kam es wie in der Taufschrift von 1943 auch wieder zu einer entschiedenen Ablehnung der Säuglingstaufe. Im Unterschied zu jener Schrift aber lehnte Barth – überzeugt durch das Taufbuch seines Sohnes Markus – darüberhinaus überhaupt das sakramentale Verständnis der Wassertaufe ab. »Sakrament« wollte er nunmehr nur noch die Auferstehung Jesu Christi und die Ausgießung des Heiligen Geistes nennen. Und sofern dieses »Sakrament« das christliche Leben *begründet,* wollte er von »Taufe mit dem Heiligen Geist« reden. Diese ist aber nun nach Barth strikt von der Wassertaufe als einem rein menschlichen Tun zu unterscheiden; nur eben als Antwort und Bitte könne die Wassertaufe auf sie bezogen sein. Die Wassertaufe hat, so betonte Barth, ihren Grund in Jesu eigener Taufe. Und sie ist als erster offizieller Schritt im christlichen Leben bezeichnend für alle weiteren Schritte.

Wenn Barth im folgenden seine Ethik dann anhand des »Unservater« entfaltete, so geschah das in der Meinung, daß das »Bete und Arbeite!« (ora et labora!) tatsächlich aufs engste zusammengehört, ja daß die Invokation »Abba, Vater« geradezu der »Grundakt des christlichen Ethos« ist. Entsprechend der ersten Bitte handelte Barth zuerst vom »Eifer um die Ehre Gottes«. Darunter verstand er vor allem das Leiden des Christen daran, daß Gott der Welt, der Kirche und ihm selbst so bekannt und doch so unbekannt ist (Unglaube, Atheismus in seinen verschiedenen Gestalten usf.). Auffallend, daß Barth – nach aller Kritik an der »natürlichen Theologie« – hier nun sogar davon sprach, daß Gott der »Welt« – nicht subjektiv, aber doch objektiv bekannt sei! Hier griff er positiver denn je Erkenntnisse aus dem Anfang von Calvins Institutio auf, den er in seinem Seminar wie im Winter so im Sommer 1960 durchnahm. In Auslegung der zweiten Bitte redete Barth sodann vom »Kampf um menschliche Gerechtigkeit«. Dieser richtet sich nach ihm gegen die »herrenlosen Gewalten« – gemeint sind diejenigen Mächte, die dadurch entstehen, daß sich die Lebensmöglichkeiten des Menschen, analog seiner Emanzipation von Gott, ihrerseits vom Menschen emanzipieren, um ihn zu regieren (politischer Absolutismus, Geld, Ideologie, aber auch Mode, Sport, Verkehr!). Bemerkenswert schroff hob Barth hervor, daß das Reich Gottes vom Menschen weder verwirklicht noch auch nur vorbereitet werden könne, daß es nicht nur gegenüber der Welt, sondern auch gegenüber der christlichen Welt »ein Faktor sui generis«* ist.

An dieser Stelle mußte Barth allerdings die Arbeit an diesem Buch und damit überhaupt an der Kirchlichen Dogmatik abbrechen. Vorerst traten nur drei kleine Auszüge aus dem sonst unveröffent-

---

* eigener Art

licht liegen gelassenen Fragment von KD IV/4 gedruckt ans Licht
der Öffentlichkeit: als Beiträge zu Festschriften für die Freunde
Kornelis Heiko Miskotte, Erik Wolf und Ernst Wolf. Der Beitrag
zum 60. Geburtstag des letzteren fand besondere Beachtung wegen
seiner kühnen Zusammenstellung dreier Begriffe, die in der Theologiegeschichte sonst oft gegeneinander ausgespielt worden waren:
»Extra nos – pro nobis – in nobis«.

Wenn Barth in der Gegenwart die Bultmannianer das »pro me« (für mich) und die
Pietisten das »in me« (in mir) des Heilshandelns Gottes betonen sah, so meinte er –
das besagte offenbar jener Titel – hier nun durchaus mitreden zu können. Er glaubte
es aber nur unter der Bedingung zu können, daß anstelle des »Ich« (pro *me*, in *me*)
von einem »Wir« (pro und in *nobis*) geredet wird und daß vor allem die grundlegende
Voraussetzung des »*extra* nos« (außerhalb von uns) unaufhebbar festgehalten bleibt.
Was er in seinem neuen Band grundsätzlich zum Verständnis der christlichen
Existenz als »freie Tatantwort« sagte, war in der Tat auch als ein Beitrag speziell zum
Gespräch mit dem Pietismus einerseits, mit der Bultmannschule andererseits gedacht. Indem er bei diesem Verständnis der christlichen Existenz beides hervorhob:
die fundamentale Bezogenheit auf das Gegenüber von Gottes Tun *und* die Existenz
in eigener Verantwortung und Entscheidung, war seine These sowohl eine kritische
Alternative gegenüber dem Reden von der Existenz und der Entscheidung in jenen
beiden Gruppen wie zugleich auch eine positive Aufnahme ihrer Fragestellung.

». . . zu seufzen und zu hoffen«

Es fügte sich, daß er gerade in diesem Zeitraum mehrfach wenigstens mit der einen jener beiden Gruppen, mit den Pietisten, verheißungsvoll in Berührung kam. Noch vor Inangriffnahme von KD
IV/4, am 6. Oktober 1959, hatte er ein ganztägiges Gespräch mit
einem Kreis deutscher und Schweizer Gemeinschaftsleute, die von
Pfarrer Max Fischer zusammengerufen waren und unter denen
Barth seit längerem den Göttinger Architekten Otto Knobloch
kannte und schätzte. Das Gespräch war durch die offene Aufnahme
des »pietistischen Anliegens« in Barths Dogmatikband IV/2 angeregt worden. Barth erinnerte zu Anfang an seine frühere Opposition
gegen den Pietismus, aber auch an die pietistische Opposition gegen
ihn. »Es ist ein Glück, daß wir alle miteinander vorwärts geführt
werden. Wir sprechen miteinander in der Gewißheit, daß wir im
Wesentlichen beieinander sind. Es geht jetzt noch um Bereinigun-
gen, nicht mehr um Streit.« Freilich, was noch zu bereinigen blieb,
war nicht wenig. Die Diskussion kreiste vorwiegend um die Frage
einer klaren Grenze und Trennung zwischen Gläubigen und Ungläubigen. Barth konnte das Pathos, mit dem seine Gesprächspartner an einer solchen Grenze interessiert waren, nicht verstehen und

nicht gutheißen. Umgekehrt mochten diese die eigentümliche Relativierung dieser Grenze in der Theologie Barths nicht akzeptieren, und sie widersprachen darum seiner These: »Wir Gläubigen . . . müssen immer wieder werden, was wir sind . . . Die Anderen sind schon, was sie noch erst werden . . . sollen.« Diese These markierte die Schranke, jenseits derer eine gegenseitige Verständigung im Augenblick nicht möglich war.

Praktisch dieselbe Schranke zeigte sich in einem Gespräch mit Billy Graham, den Barth im August 1960 durch die Vermittlung seines Sohnes Markus im Wallis kennen lernte. Doch auch diese Begegnung fand in einer menschlich freundlichen Atmosphäre statt. »Er ist ein jolly good fellow*, mit dem sich persönlich gut und offen reden läßt und von dem man den Eindruck hat, daß er sogar zuhören könne, was sich ja bei einem solchen Posaunisten des Evangeliums nicht von selbst versteht.« Zwei Wochen später bekam Barth von ihm den gleichen guten Eindruck, als dieser ihn erneut, nun in seinem Basler Haus, aufsuchte. »Anders wurde die Sache, als wir ihn dann am selben Abend im Stadion St. Jakob loslegen hörten und Zeugen der von ihm ausgehenden Massenwirkung wurden.«[124] Da »war ich nur eben entsetzt. Er wirkte wie ein Rasender und was er vortrug, war sicher nicht das Evangelium«[125]. »Das war ein Pistolenschießen . . . Das war Predigt des Gesetzes, nicht frohmachende Botschaft. Er hat die Leute erschrecken wollen. Drohen – das macht immer Eindruck. Die Leute wollen viel lieber erschreckt als erfreut sein. Je mehr man ihnen die Hölle heiß macht, desto mehr ›laufen‹ sie.« Aber auch dieser Erfolg rechtfertige solche Predigt nicht. Man dürfe das Evangelium weder zum Gesetz machen noch »wie einen Geschäftsartikel ›vertreiben‹ . . . Wir müssen doch dem lieben Gott die Freiheit lassen, sein Werk zu treiben«[126].

Im ganzen ausgesprochen positiv verlief demgegenüber eine andere Begegnung, zu der es vor Beginn des Wintersemesters, am 12. Oktober 1960, kam: die mit deutschen, holländischen und schweizerischen Vertretern der Herrnhuter Brüdergemeine. Das Gespräch, zu dem sich Barth mit ihnen in den Räumen der Basler Brüdergemeine traf, entsprach in seiner Denkwürdigkeit dem mit den Vertretern des Pietismus. Es manifestierte indes, daß er in noch ganz anderem Maße in den letzten Jahren Zugang gerade zu Zinzendorf, dem Fremdling unter den Pietisten seiner Zeit, gefunden hatte. Schon am Heiligen Abend 1952 hatte er Bultmann geschrieben, »daß ich insofern immer mehr Zinzendorfianer geworden bin, als mich im Neuen Testament immer mehr eigentlich gerade

---

* sehr netter Bursche

nur die Zentralfigur als solche – oder eben Alles und Jedes nur im Lichte und Zeichen dieser Zentralfigur zu beschäftigen begann«[127]. So eröffnete Barth dieses Gespräch mit dem Bekenntnis: »Wenn Zinzendorf recht hatte in der Hauptsache – nicht immer in der Form – in bezug auf sein Zentrum: Jesus Christus, er allein und ganz . . ., hinsichtlich der Anschauung über die schon vollkommen geschehene Versöhnung Gottes mit der Welt, hinsichtlich des Verhältnisses von Evangelium und Gesetz, hinsichtlich der Anschauung der Kirche als der Gemeinde des Lammes, des lebendigen Christus – wenn er recht hatte, dann darf ich in aller Bescheidenheit sagen: dann habe ich auch recht. Darum dreht sich auch mein ganzes theologisches Denken, darin werde ich angefochten. Wenn, dann stehen und fallen Zinzendorf und ich miteinander.«[128]

Rund ein halbes Jahr später, Mitte Mai 1961, kam Barth zu einer ähnlichen Aussprache mit den Predigern der Schweizerischen Methodistenkirche in Reuti-Hasliberg zusammen. Auch sie vollzog sich in einem Klima der Verständnisbereitschaft, nur daß von einem Bekenntnis Barths zu John Wesley so wie damals zu Zinzendorf allerdings doch nicht die Rede sein konnte. Das Gespräch drehte sich vor allem um die Frage der »Heilserfahrung« und um die der Bußpredigt. Im Blick auf das erstere Problem antwortete Barth: »Ich leugne das Heilserlebnis nicht . . . Das Heilserlebnis aber ist das, was auf Golgatha geschehen ist. Demgegenüber ist mein eigenes Erleben nur Gefäß.« Im Blick auf das andere Problem sagte er: »Mir ist immer unheimlich, wenn das Bild entsteht: da die Kirche und dort der moderne Mensch; und wir, die Christen, rufen jetzt zur ›metanoia‹* auf . . . Es kommt dabei auf ein Freund-Feind-Verhältnis hinaus. Und wenn die Welt das merkt: es kommen Leute daher, die es zu haben und zu wissen meinen, so reagieren sie sauer. Wir können als Christen nicht aufgeschlossen genug sein. Die Andern, diese Leute in den Kinos und auf dem Sportplatz, sie sind unsere Brüder und Schwestern, die wir nur aus der Solidarität mit ihnen heraus einladen können, diesen großen Schritt in die Nachfolge Christi zu tun . . . Wenn wir nicht die ›vornehmsten‹ unter den Sündern sein wollen, können wir den andern Sündern nichts sagen.«

Kam Barth jetzt also mit jenen unter sich verschiedenen Gemeinschaftsleuten, bei allen bleibenden Fragen, in einen gewissen Konsens, so gelang zu seinem Bedauern das Gespräch mit jener anderen Gruppe, die er bei seiner weiterlaufenden dogmatischen Arbeit stillschweigend vor Augen hatte, nämlich mit der Bultmann-Schule, weniger gut. Allerdings öffnete sich ihm in dieser Zeit ein Stück weit

* Buße, Umkehr

eine Türe wenigstens zu dem Tübinger Neutestamentler Ernst Käsemann. Im Januar 1960 war es mit ihm in einem Briefwechsel zu
einem ersten, freundlichen Sich-Grüßen gekommen. Barth lud ihn
damals zu sich ein, um sich mit ihm »über das offenbar uns Beide
beunruhigende Problem des Verhältnisses von exegetischer und
›systematischer‹ Theologie auszutauschen«[129]. Mitte Mai besuchte
ihn der Tübinger tatsächlich, und Barth verblüffte ihn bei der
Gelegenheit zunächst mit der »schlichten« Frage: »Sagen Sie mir
einmal, was heißt ›historisch‹? und was ›kritisch‹? und was bedeutet
das Bindestrichlein zwischen den beiden Worten?« Die weitere
Unterhaltung zeigte jedenfalls, daß Käsemann unter den Vertretern
der Bultmann-Schule derjenige war, mit dem sich Barth am ehesten
verständigen zu können hoffte.

Eben diese Schule (und nicht so sehr ihr Meister selber mehr) war
es ja, die nunmehr, mindestens im deutschsprachigen Raum, in der
Theologie den Ton angab. Die Lage war da weithin »von den
Experimenten der einstigen Angehörigen des tief in Widerstreit mit
sich selbst geratenen Hauses Bultmann und von der Lust der
Studenten an diesen Experimenten beherrscht«[130]. Ja, Barth meinte,
er würde sich »nicht wundern, wenn die Sache in den Formen, in
denen sie in allerlei Varianten von Bultmanns Schülern vertreten
wird, noch eine beachtliche Zukunft haben sollte«. Jene »Experi-
mente« aber konnte er nicht für fruchtbar und weiterführend halten.
»Merkwürdig war und ist es mir, die heutige alttestamentliche
Wissenschaft speziell in Sachen des alten und immer neuen Themas
›Glaube und Geschichte‹ im ganzen auf viel besseren Wegen zu
sehen als die maßgebenden« – d. h. von Bultmann herkommenden
– »Neutestamentler, die sich zu meiner nicht geringen Verblüffung
aufs neue, mit Schwertern und Stangen bewehrt, auf die Suche nach
dem ›historischen Jesus‹ begeben haben, an der ich mich nach wie
vor lieber nicht beteiligen möchte«[131]. Ebensowenig wie diese »Suche« nach einem »vorösterlichen«, abgesehen von seiner Auferstehung zu betrachtenden Jesus konnte Barth den bei Vertretern dieser
Schule (z. B. bei Ebeling) unternommenen Versuch gutheißen, die
Theologie in den Rahmen einer »isolierten Lehre vom Glauben«
hineinzupressen – und zwar von einem Glauben, dem es auch noch
wesentlich sein soll, den »Gegen-Stand eines persönlichen Gegen-
übers« zu entbehren[132]. Diesen Versuch konnte er nur als einen
theologischen Rückschritt auffassen. »Das 19. Jahrhundert ist auf
der Bultmann-Linie . . . wieder zum verlorenen und wieder zu ge-
winnenden Paradies Vieler geworden, für oder gegen die – die
Geistesgeschichte verläuft nun einmal in solchen Spiralen – wir . . .
kaum noch etwas Effektives tun können. Es sei nun eben eine

›post-barthianische‹ Zeit im Anbruch, las ich neulich irgendwo und habe dann meinen Studenten erklärt, dem möge wohl so sein, nur möchten sie sich darüber im Klaren sein, daß es nun an ihnen sei, es in verantwortlicher Weise anders und besser zu machen.«[133]

Barth glaubte das Vorherrschen jener Schule geradezu in »engem Zusammenhang« sehen zu müssen »mit dem, was mir als politische, kirchliche und kirchenpolitische Reaktion in Westdeutschland seit dem Ende des Krieges immer betrüblicher erschienen ist«[134]. »Da regieren in der Theologie die Bultmanniden aller Couleurs und in der Politik der unverwüstliche Adenauer.«[135] Immerhin, angesichts dieser Situation wollte Barth sich fragen, »ohne vorläufig deutlich zu sehen, was wir – die . . . schließlich auch eine der Vorzeit gegenüber sicher bessere Theologie auf den Plan geführt haben – nun doch nicht so gut gemacht haben möchten, daß es uns heute gegeben wäre, der allgemeinen Reaktion (zu der ich . . . auch das Treiben der Bultmanniden rechne) ein wirksames Halt! und Vorwärts! entgegenzustellen. Die ganze Situation ruft nach einem dem Herrn zu singenden neuen Lied. Ob wir es noch singen werden? . . . Oder ob wir Alle – die Alten mit den Jungen, die Weisen mit den Törichten – in ein großes Gericht hinein müssen, das dann irgendwelchen, die nach uns kommen, Mores lehren wird? Ja, das kann man so hin und her überlegen, und ich tue es sehr häufig . . ., um das dann doch für das Beste zu halten, einen Psalm oder auch ein P. Gerhardt-Lied (etwa: ›Du bist ein Mensch, das weißt du wohl . . .‹) zu lesen und dann das Entsprechende zu seufzen und zu hoffen«[136].

Ein anderer Partner, mit dem Barth jetzt eine Verständigung suchte – und nicht fand, war sein Zürcher Kollege Emil Brunner. Ein Wiedersehen, das am 19. November von dem amerikanischen Japan-Missionar John Hesselink, der gerade in Basel doktorierte, auf dem Bruderholz arrangiert wurde, endete enttäuschend. Die erhoffte gegenseitige Annäherung der Weggefährten von einst wollte nicht recht in Gang kommen. Es schien sich zu bestätigen, was Barth kurz zuvor einem Reporter der BBC London in einem Interview u. a. über sein Verhältnis zu Brunner gesagt hatte: es sei dem Verhältnis zwischen einem Wal und einem Elefanten vergleichbar – »Beide sind Geschöpfe Gottes, aber sie können einander nicht begegnen«[137].

Mitten während des Sommersemesters 1961 konnte Barth seinen 75. Geburtstag feiern. Und noch immer war er in erstaunlicher Rüstigkeit am Werke. Er schrieb in dieser Zeit in einer deutschen Vertriebenen-Zeitschrift etwas zum Thema »Heimat« – nämlich: daß »Heimat« einem wohl als »unverdiente Gabe« gewährt sein kann, daß es aber »kein absolutes ›Recht‹ auf Heimat« gebe. Seine

Sätze erregten einen Sturm der Entrüstung unter den Vertriebenen, an dem sich auch die Schriftstellerin Agnes Miegel beteiligte. Ein andermal sprach er im Rahmen einer Sendereihe über das Thema »Freiheit« im Rundfunk. Zudem machte er einmal in der Radiosendung »Was mainet Sie Herr Profässer?« mit (in der er 1960 schon aufgetreten war). Dann verfaßte er einen Zeitungsartikel über »Möglichkeiten konfessioneller Koexistenz«, die er nur da gegeben sah, wo man bestimmt auch das Gemeinsame, aber ebenso klar auch das Unterscheidende zwischen den Konfessionen sehe und ernstnehme. Ferner beantwortete er zum Schweizer Nationalfeiertag für eine Zürcher Zeitung die Frage: »Welches ist heute unsere größte nationale Aufgabe?« Antwort: die Schweiz müßte heute »menschlich überlegen gegenüber den Zwistigkeiten« (speziell des Kalten Krieges!) und zugleich »menschlich solidarisch mit den echten Sorgen der übrigen Welt« (vor allem der Dritten Welt!) und »eben damit ihrer eigenen guten Sache gewiß und ihrer Zukunft sicher« sein. Barth sprach hier seinen seit längerem erwogenen Gedanken aus, daß »das Erwachen Asiens und Afrikas« wohl *das* Problem der Zukunft sein werde. Und er sprach auch seine Überzeugung aus, daß »jeder draußen [in der Dritten Welt] sich einsetzende schweizerische Ingenieur, Lehrer, Arzt, Missionar das Beste tut, was heute für unser Land und Volk getan werden kann«. Ähnliches hatte er bereits gesagt, als er sich beim Jahreswechsel 1960/61 um Mitternacht über den Rundfunk an seine Landsleute wenden konnte. Auch einige kleinere Fragebeantwortungen gab es in dieser Zeit wieder: im Basler Missionshaus, mit Zürcher Pfarrern, mit Gliedern seiner Kirchgemeinde auf dem Bruderholz, mit katholischen Studenten aus Paderborn und ihrem Professor Albert Brandenburg, mit den Insassen des Basler Gefängnisses und mit den Basler Pfarrern. Des weiteren hielt er einen kleinen Vortrag über »Kirche und Theologie« – in Zofingen, wohin er im September aus seinen Ferien im Gyrenbad fuhr. Zu seinem Vergnügen ergriff dort auch sein alter Safenwiler Kirchenpflegspräsident das Wort.

Schwanengesang

Seinen 75. Geburtstag feierte er im Mai im Kreis seiner nächsten Freunde, zu denen sich auch der Oldenburger Bischof Jacobi und Präses Beckmann aus dem Rheinland gesellten. Bei diesem Anlaß geschah es, daß »ich . . . meinen holländischen Freund Miskotte . . . furchtbar erzürnt« habe, »indem ich gesagt hatte: ich warte auf einen Gegner! – aber auf einen Gegner, der nun auf dem gleichen

ls Redner und Gesprächspartner

or allem in seiner freien Rede
st er ganz da. Es ist da eine
ffenheit, Bereitschaft für den
nwand... und dabei eine derar-
e Konzentration und ein unge-
imes Drängen auf die Sache,
r zuliebe man stolz oder be-
heiden, rechthaberisch oder
llig unsicher reden kann« (D.
onhoeffer).

Beim Vortrag der Dogmatik
961)

Unter bayrischen Pfarrern im
use Lempp am Starnberger
 (1957).

In einer Seminardebatte.

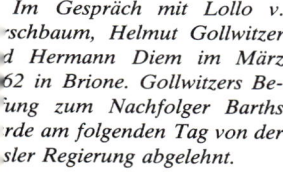

Im Gespräch mit Lollo v.
schbaum, Helmut Gollwitzer
d Hermann Diem im März
62 in Brione. Gollwitzers Be-
ung zum Nachfolger Barths
rde am folgenden Tag von der
sler Regierung abgelehnt.

91 Ehrenpromotion in Straßbu
am 22. November 1959, bei d
auch Präsident Charles de Gau.
(Mitte) anwesend war.

92 Podiumsdiskussion im Ap
1962 vor 2000 Zuhörern in Ch
cago: mit Fr. Cooke, E. J. Ca
nell, J. J. Petuchowski, Mark
und Karl Barth, J. Pelikan,
Stringfellow, H. Frei und S
Ogden.

93 Probeschuß mit einem G
wehr aus dem amerikanisch
Bürgerkrieg auf dem Schlachtfe
von Gettysburg (Mai 1962).

94 Mit den Freunden Max G
ger und Dr. Alfred Briellman
seinem Hausarzt, im Febru
1968 in der Heimstätte auf d
Leuenberg.

Boden, im gleichen Umfang mir entgegentritt und mich überholt. Denn ich sei [mir] der Vergänglichkeit meines Werkes völlig bewußt«. »Ich habe nie gemeint, mit der Kirchlichen Dogmatik das letzte Wort gesprochen zu haben. Es ist mir sehr klar, auf jeder Seite könnte die Sache anders und besser gemacht werden.«[138] Zu diesem Jubiläum wurde »von Karl Kupisch in Berlin eine Sammlung von Aufsätzen von mir herausgegeben unter dem merkwürdigen Titel ›Der Götze wackelt‹. Wie er mir das mitteilte, daß er dem Buch diesen Titel geben wolle, war ich zunächst ein bißchen erschrokken . . . und habe gesagt, das wird jedermann auf mich beziehen: So, er ist jetzt 75 Jahre alt geworden – ›der Götze wackelt‹. Er hat mir dann aber erklärt, das sei nicht so gemeint«[139].

Der Geburtstag erinnerte Barth noch in anderer Weise an seine Grenzen. Schon länger hatte er sich gewünscht: »Hoffentlich merke ich es rechtzeitig, wenn die jetzt noch zahlreich und munter um mich versammelten Studenten dann doch einmal genug von mir haben.«[140] Noch kamen sie immerhin in – für Basler Verhältnisse – großen Scharen: allein zum englischen Kolloquium über 80, »die z. T. aus Heidelberg, Tübingen, Zürich dazu in Autos angefahren kommen und unter denen doch immer wieder erstaunlich helle und tüchtige Leute auftauchen . . . In der Vorlesung habe ich übrigens (neben drei Kamerunnegern und drei Indonesiern) auch einen Japaner, der Alles von A-Z auf Band aufnimmt, nachher . . . fünfmal laufen läßt und so zugleich Deutsch und Theologie lernt«[141]. Noch betreute Barth auch eine Reihe von Doktoranden, zu denen u. a. Gyula Barczay, Keiji Ogawa, Karl Hammer, Hans Ruh und die Amerikaner Conditt, Fuller, Wagner, McKelway gehörten. Aber er meinte nun doch zu sehen und zu spüren, daß die Zeit zum Rücktritt vom öffentlichen Lehramt gekommen sei. Er glaubte, diesen seinen Platz nicht mehr angemessen ausfüllen zu können – angesichts dessen, »daß ich so schrecklich schwerfällig und ängstlich geworden bin in Allem, was meine Produktion betrifft«[142]. Schon seit geraumer Zeit mußte »jede Vorlesung« vor dem Diktat »zweimal von Hand geschrieben« werden[143]. Er konnte sie auch nur noch zweistündig vortragen. Ja, er mußte jetzt gestehen, »daß ich oft nur noch des Treibens müde bin«[144].

So sollte denn nach seinem Wunsch das Sommersemester 1961 sein letztes sein. In seinem Seminar während dieses Sommers bereitete er sich offensichtlich auf die Behandlung des Abendmahls in seiner eigenen Dogmatik vor: nachdem er dort im Winter vorher die katholische Lehre von der Eucharistie besprochen hatte, nahm er jetzt die entsprechende lutherische Lehre durch. Er hatte ja fest im Sinn, nach seiner Emeritierung wenigstens in reiner Schreibtischarbeit seine Dogmatik soweit wie möglich vorwärtszutreiben. In diesem Sommer kam er in der Dogmatik bei seiner großen »ethischen« Auslegung der zweiten Bitte »Dein Reich komme« genau bis zu der Stelle, an der er in einer längeren Würdigung der beiden Blumhardts auf die Gewährsmänner hinwies, durch die ihm zu Anfang seines langen Weges das Verständnis für das »Reich Gottes« aufgegangen war. Und er schloß mit dem Liedvers:

Jesus ist der Siegesheld, der all seine Feind besieget.
Jesus ists, dem alle Welt bald zu seinen Füßen lieget.
Jesus ists, der kommt mit Pracht
Und zum Licht führt aus der Nacht.

In einem kleinen Nachwort sagte Barth, daß er nun 40 Jahre im Lehramt tätig gewesen sei. Und er verglich diese Jahre mit den 40 Jahren der Wanderung Israels durch die Wüste. Was vor ihm liege, sei nicht ein Ruhestand, sondern, ähnlich der Situation Israels nach der »Landnahme«, zunächst ein neuer Kampf.

Unterdes war längst die Diskussion über seinen Nachfolger im Gang. Sie zog sich freilich ungewöhnlich in die Länge, »indem bei der Wahl meines Nachfolgers – es handelt sich um Gollwitzer in Berlin – politische Schwierigkeiten entstanden sind (MacCarthy-Schwierigkeiten!!)«[145]. Es gab geradezu einen »kleinen baslerischen bzw. gesamtschweizerischen Kirchenkampf um Gollwitzer, an dem ich zwar nicht [teilnahm], in dem sich aber sonst Vieler Herzen Gedanken offenbart haben«[146] – einen Kampf, in dem Gollwitzers politische Untragbarkeit für die Schweiz behauptet wurde, in dem aber auch noch einmal die alte Abneigung gegen Barths Theologie und Politik hell aufflammte. Die Wahl konnte bis zum Semesterschluß nicht entschieden werden. So ist es »mir . . . nach meinem Rücktritt vom akademischen Lehrdienst zugefallen, im WS 1961/62 als mein eigener und meines noch unbekannten Nachfolgers Stellvertreter noch einmal Seminar, Übungen und eine Vorlesung zu halten.«[147] Den ganzen nächsten Winter hindurch ging der Streit um die Nachfolge weiter. »Es war ein geradezu apokalyptischer Triumph von vielgestaltiger Dummheit und Heimtücke.«[148] Dabei war es »deutlich genug . . ., daß man mir nur ja keinen Nachfolger geben wollte, an dem ich auch hätte Freude haben können«[149]. Und »was für Narren die Basler, die Schweizer überhaupt, daß sie sich die nicht wiederkehrende Gelegenheit, einen solchen Geist und Kopf und ein solches Herz« – nämlich eben Gollwitzer – »in ihre Mitte zu bekommen, entgehen ließen – und in so schmählicher Unsachlichkeit entgehen ließen!«[150] »Ich verhülle mein Haupt und schäme mich der Vaterstadt, der Schweiz und der angeblich freien Welt. Der liebe jüngste Tag ist wohl nicht mehr ferne, hätte Luther gesagt, immerhin mit der Ergänzung, daß vorläufig noch ein paar Bäumlein zu pflanzen seien.«[151] Nachfolger Barths wurde dann tatsächlich nicht Gollwitzer, sondern der junge Schweizer Heinrich Ott. Sein Abschied vom Lehramt gestaltete sich vollends »zu einer Art Entlassung cum infamia*«[152], als der Nationalökonom Salin in seiner Eigenschaft als Prorektor im Anschluß an Barths letzte Vorlesung am 1. März 1962 eine Rede hielt, in der er kritisch mit dessen politischer Haltung abrechnete. Immerhin reagierten die Studenten auf diese unfreundliche Verabschiedung mit energisch protestierendem Scharren und Rufen. In seinem nun eben so zuende gehenden letzten Semester besprach Barth in seinem Seminar »Das christliche Leben« nach Calvin, und in seiner Vorlesung setzte er – nicht etwa den Vortrag seiner Dogmatik fort, sondern da »wollte ich die Gelegenheit dieses Schwanengesangs ergreifen, mir selbst und den Zeitgenossen in Kürze darüber Rechenschaft abzulegen, was ich auf dem Feld der evangelischen Theologie fünf Jahre als Student, zwölf Jahre als Pfarrer und vierzig Jahre lang als Professor auf allerlei Wegen und Umwegen bis jetzt grundsätzlich erstrebt, gelernt und vertreten habe«. Dabei »wählte ich die Form einer ›einführenden‹ Disziplin, die auf dem Lehrplan unserer Basler Fakultät ohnehin schon lange nicht mehr erschienen ist. Über mangelnde Teilnahme seitens der Studenten konnte ich mich nicht beklagen« – man mußte zuerst in den größeren Hörsaal 2, zum Schluß in die Aula umziehen[153].

In dieser seiner »Einführung in die evangelische Theologie« redete Barth in vier mal vier Abschnitten vom Ort der Theologie, von der theologischen Existenz (in Verwunderung, Betroffenheit, Verpflichtung!), von der Gefährdung der Theologie (durch Einsamkeit, Zweifel, Anfechtung) und von der Arbeit der Theologie (in Studium, Gebet und Dienst). In einer Einleitung erklärte er die Theologie als bescheidene *und* freie, als kritische *und* als fröhliche Wissenschaft. Neu war im ersten Abschnitt die Unterscheidung zwischen dem Wort Gottes einerseits und dem Wort der Bibel und der Kirche (als dem bloßen – primären und sekundären – *Zeugnis* des Wortes Gottes) andererseits. Die Unterscheidung bedeutete offenbar eine Korrektur gegenüber seiner früheren Lehre von der dreifachen Gestalt des Wortes Gottes (in Offenbarung, Bibel und Verkündigung).

Barth verstand seine »Einführung« auch als eine Darlegung seiner »Alternative zu der Mixophilosophicotheologia (eine Prägung des alten Abraham Calov!) . . ., die im Augenblick Vielen als das Neueste vom Neuen so mächtig einzuleuchten scheint«. Darum sagte er es nun noch einmal: daß die Theologie thematisch – nicht vom Menschen, auch nicht vom Glauben, sondern von *Gott* rede, aber vom »Gott des *Evangeliums*«, und zwar von ihm nie »erst nachträglich und beiläufig«, so als wäre er, »der Krone von England vergleichbar, nur ein Symbol«.

---

* in Schmach

So bestimmt er in dieser Hinsicht redete, so auffallend war zugleich doch auch die eigenartige Aufgeschlossenheit seines hier vorgelegten Stückleins Theologie. Diese Aufgeschlossenheit wurzelte für ihn in der grundlegenden Antwort auf die Frage: »Wie kommt die Theologie dazu, Theologie, menschliche Logik des göttlichen Logos* zu sein? Antwort: Sie kommt gar nicht dazu. Es kann ihr aber widerfahren, daß . . . [Gottes] Geist zu ihr und über sie kommt, und daß sie sich dann seiner nicht erwehrt, sich seiner aber auch nicht bemächtigt, sondern nur eben freut, ihm nur eben Folge leistet.« In dieser Aufgeschlossenheit konnte er fragen: »Könnte ein so problematischer Theologe wie Albert Schweitzer nicht – immer gerade vom Gegenstand der Theologie her gesehen – das bessere Teil erwählt haben, und mit ihm die ersten Besten, die da und dort ohne alle theologische Besinnung versucht haben, Wunden zu heilen, Hungrige zu speisen, Durstige zu tränken, elternlosen Kindern eine Heimat zu bereiten?« Und in dieser Aufgeschlossenheit sagte er – am *Ende* seiner amtlichen Tätigkeit! – über die theologische Arbeit: »daß, wer sie tun will, nie mit freiem Rücken von schon erledigten Fragen, von schon erarbeiteten Resultaten, von schon gesicherten Ergebnissen herkommen . . . kann, sondern darauf angewiesen ist, jeden Tag, ja zu jeder Stunde neu mit dem *Anfang* anzufangen«. Krönung und Abschluß dieser Vortragsreihe war dann die allerletzte Vorlesung unter dem Thema »Die Liebe«. Und in ihr bestand wiederum der allerletzte Satz im Rezitieren des altkirchlichen Lobpreises: »Gloria Patri et Filio et Spiritui Sancto, Sicut erat in principio et (est) nunc et (erit) semper et in saecula saeculorum!«**[154]

---

* Wort, Vernunft
** Ehre sei dem Vater und dem Sohn und dem Heiligen Geist, wie er war im Anfang, jetzt und immerdar und von Ewigkeit zu Ewigkeit!

IX. »Die uns noch gegönnten letzten Schritte«*

Die Jahre nach der Emeritierung 1962–1968

Die Reise in die USA

Am 1. März 1962 hatte Barth seine Abschiedsvorlesung gehalten und damit seinen Ruhestand angetreten – »den sog. ›Ruhestand‹«[1]. Im Vorblick auf diesen Lebensabschnitt hatte er einst geschrieben, daß man »das Sein und Tun des alten Menschen in dem Maße als unweise [wird] bezeichnen müssen, als es etwa den Charakter des Fertigseins mit der Frage des ihn angehenden Gebotes, den Charakter automatischer Wiederholung von bisher gegebenen Antworten tragen – in dem Maße, als es ein vermeintliches Recht des Alters auf unbeteiligte Ruhe in Anspruch nehmen sollte. Als ob es für den alten Menschen keine Zukunft und also auch kein eigentliches, gefülltes Heute mehr gäbe, sondern nur noch Vergangenheit und also zufriedenen oder kritisch abrechnenden, aber jedenfalls untätigen Rückblick, nur noch die Stabilität des Feierabends! . . . Als ob es ihm erlaubt wäre, . . . ausgerechnet da einzufrieren und zu erstarren, wo der Fluß der Verantwortung gerade infolge des nahen Falles, gerade wegen der Nähe des kommenden Richters am reißendsten strömen müßte! . . . Christlich ist nur das höchst Positive dazu zu sagen, daß gerade der alte Mensch die außerordentliche Chance hat, eben von dem leben zu müssen – nein, zu dürfen! – was er früher oft genug fröhlich gesungen haben mag: ›Mit unserer Macht ist nichts getan, wir sind gar bald verloren; es streit' für uns der rechte Mann, den Gott hat selbst erkoren!‹«[2]

So war es vielleicht bezeichnend, daß Barth seinen »Ruhestand« mit der Unternehmung einer Reise begann, die ihn so weit wegführte wie bisher noch keine andere. »Unmittelbar nach jenem Abschied, also bei Antritt meines 76. Lebensjahres – die jüngeren Kollegen pflegen das heute schon wesentlich früher und ausgiebiger zu tun – verfügte ich mich für 7 Wochen nach dem Land Amerika, wo ich an verschiedenen Plätzen im Osten, im Westen und in der Mitte des Kontinents Vorlesungen zu halten . . . hatte.«[3] Seit Ende der zwanziger Jahre hatte Barth von dort her zahlreiche Einladungen erhalten und nach dort immer wieder Absagen erteilt. Er hatte

---

* Zitat aus: »Lebendige Vergangenheit«. In: Festschrift für E. Thurneysen, 1958, 8.

sich gern damit entschuldigt, daß ja genügend Amerikaner umgekehrt schon zu ihm kämen, um bei ihm zu studieren: »Ich denke . . .,
daß ich in dieser Form Gediegeneres und Nützlicheres auch für
Amerika leisten kann, als wenn ich mich mit so vielen Europäern
auf Reisen begäbe.«[4] In der letzten Zeit hatte Barth sich fast schon
damit abgefunden, »daß ich Amerika erst von der mir einst beschiedenen Ecke in einer der untern Partien des Himmels aus zu Gesicht
bekommen werde«[5]. Und nun sah er das Land doch noch zu
Lebzeiten. Auf der Flugreise wurde er von Charlotte von Kirschbaum und seinem Sohn Christoph, in den USA selbst auch noch von
Markus begleitet. Er reiste etwas mit der Sorge, »wie ich in meinem
ehrwürdigen Alter Alles wohl überstehen werde«, und »ob ich alle
jene Leute . . . nicht enttäuschen bzw. ob ich bei solchen Anlässen
nicht einen fool of myself* machen werde?« Barths Absicht war vor
allem, seine dortigen »Zeitgenossen zu sehen und zu hören«[6]. Aber
er sollte dort ja auch selber reden – und hatte dafür die fünf ersten
Vorlesungen seiner »Einführung in die evangelische Theologie« bei
sich, die ihm von seinem Schüler Grover Foley übersetzt worden
waren.

Er genoß die Reise. Christoph behauptete sogar, »ich sei der
›Genußfähigste‹ der ganzen Familie, hoffentlich nicht der ›Genuß-
süchtigste‹ –; ich kann aber nicht leugnen, daß mir das Leben, das
Land und die Leute in diesen Wochen ungemein Freude gemacht
haben«[7]. Welche Fülle der verschiedensten Eindrücke! »Ich könnte
sie . . . eigentlich nur in dem Wort ›fantastic‹ zusammenfassen, das
in einem Schauspiel von Tennessee Williams, das ich in New York
gesehen habe, eine bemerkenswerte Rolle spielt . . . Ja, ›fantastic‹:
die kleine Unendlichkeit von Flußläufen, Ebenen, Hügeln und
Bergen zwischen den beiden Ozeanen, die ich dort kreuz und quer
überflogen oder im Auto durcheilt habe – die Wüsten von Arizona,
der Grand Canyon, in den hinunterzusteigen ich mich aus guten
Gründen wohl hütete, die Bucht von San Francisco samt der Goldenen Brücke – Chicago und New York mit ihren himmelstürmenden
Bauten, mit ihren von beständiger glitzernder Bewegung unzähliger
Wagen erfüllten Zufahrts- und Ausfallstraßen, mit ihrem Gewim-
mel von Individuen aller Länder, Stände, Rassen und Bestrebungen
– die gewissermaßen mit der göttlichen Vorsehung konkurrierend
durchgeführte Organisierung und Standardisierung des ganzen
(auch des kirchlichen, auch des theologisch-wissenschaftlichen!)
Lebens – die pertinente, manchmal auch ein bißchen impertinente
Wißbegierde und Darstellungskunst der amerikanischen Reporter«,

---

* mich selbst zum Narren machen

denen in drei großen Pressekonferenzen standzuhalten war. »›Fantastic‹ waren für mich doch auch die Tausende, die . . . zu meinen Vorlesungen und öffentlichen Diskussionen zusammenströmten, und überhaupt das Ausmaß an ›publicity‹, von der ich mich dort, an Solches nun doch nicht gewöhnt, plötzlich umgeben sah.«[8] Das Magazin »Time« brachte z. B. über Barth aus Anlaß seines USA-Besuchs sogar eine Titelgeschichte.

Etwa drei Wochen lang hielt er sich zunächst in Chicago auf, wo er bei der Familie seines dortigen Sohnes wohnte. Hier führte er eine Fülle von Gesprächen: mit Studenten, mit »business-men«, mit gelehrten Juden, mit Schauspielern, mit katholischen Theologen, mit einem Schärlein leibhaftiger Kommunisten, mit dem Religionsgeschichtler Mircea Eliade und dem Evangelisten Billy Graham. Hier hielt er auch jene fünf Vorlesungen und erhielt am 27. April einen theologischen Ehrendoktor. Und hier stellte er sich auch, unter der Gesprächsleitung von Professor Jaroslav Pelikan, an zwei Abenden einer Podiumsdiskussion – »einem öffentlichen ›Gespräch am runden Tisch‹ mit einem Jesuiten, einem jüdischen Rabbiner, einem liberalen Protestanten, einem orthodoxen Protestanten und einem Laien«, dem von ihm sehr geschätzten Anwalt William Stringfellow. »Wir hatten jeden Abend zwei- bis dreitausend Zuhörer. Man stelle sich das in Basel im Großen Musiksaal vor! Da wurde völlig offen diskutiert, die Gegensätze, die natürlich zutage traten, wurden weder vertuscht noch überspielt, sondern leidenschaftlich und doch sachlich ausgefochten – eben jenes ›Man muß halt reden miteinander‹, von dem wir so viel reden . . .«[9] Barth schloß mit dem Votum: er würde, wenn er amerikanischer Theologe wäre, eine Theologie der Freiheit, »a theology of freedom«, zu erarbeiten versuchen – »a theology of freedom . . . from any inferiority complex over against good old Europe«, aber zugleich auch der Freiheit »from a superiority complex . . . over against Asia and Africa« und so der Freiheit »for humanity«*: eine Theologie, in der die in der »Freiheits-Statue« von New York zum Ausdruck kommende Freiheit (liberty) entmythologisiert würde, die vielmehr auf die Freiheit (freedom) begründet wäre, zu der »der Sohn« frei macht.

Von Chicago aus machte Barth einen Abstecher zum theologischen Seminar in Dubuque am Mississippi. Anschließend an die Wochen in Chicago weilte er in Princeton, ebenfalls zum Vortrag jener Vorlesungen (im Rahmen der Warfield Lectures) und für eine

---

* eine Theologie der Freiheit von allem Unterlegenheitskomplex gegenüber dem guten, alten Europa und vom Überlegenheitskomplex gegenüber Asien und Afrika, der Freiheit zur Menschlichkeit.

wieder stark besuchte Podiumsdiskussion – hier freundlich begrüßt von Dr. McCord und von seinem einstigen Bonner »Englischlehrer« Dr. Mackay. In Princeton hörte er auch eine Predigt von Martin Luther King; hinterher reichte die Zeit leider zu keiner Unterhaltung, sondern nur für eine – Fotoaufnahme unter der Kirchentüre. Von dort ging es weiter nach Washington, wo er vom schweizerischen Botschafter Lindt, aber auch einen Abend lang von Männern aus dem Stab des Präsidenten Kennedy zu einem Gespräch empfangen wurde. Seinen 76. Geburtstag feierte er dann in Richmond – von den Studenten besungen mit dem Lied »He is a jolly good fellow*«. Es folgte der Besuch von San Francisco, der ihn anziehenden Chinatown und der theologischen Schule San Anselmo und schließlich (zum zweiten Mal) der von New York und der des Union Theological Seminary.

»Einiges habe ich drüben mitgemacht, was anderen Amerikareisenden nicht ohne Weiteres wichtig sein oder aus anderen Gründen nicht zufallen mag wie mir.« Dazu gehörte einmal das Kennenlernen von amerikanischen Gefängnissen, zu denen Barth als Basler Gefängnisprediger sich Zugang erhoffte und auch Zugang bekam. Er fand ihre Zustände z. T. so erschreckend, daß er sie an einer Pressekonferenz mit Dantes Hölle verglich. Sodann interessierte ihn – in seiner Teilnahme überhaupt an der Rassenfrage – »das berüchtigte East-Haarlem im Norden von Manhattan«, durch das er denn auch »unter sicherem Geleit«, nämlich an der Seite des dort wirkenden Advokaten Stringfellow, einen Gang tun konnte. Seine Neugier in diesen beiden Beziehungen wurde übrigens auch befriedigt durch die »Fülle der Mitteilungen zweier außerordentlich rüstiger Frauen«: Mrs. Anna M. Kross, Verfechterin einer Gefängnisreform, und Dr. Anna Hedgeman, »die Vorkämpferin eines neuen, selbstbewußt aufsteigenden amerikanischen Negertums«. Drittens aber hatte er auch den lebhaften Wunsch, die – Schlachtfelder des amerikanischen Bürgerkriegs zu besichtigen. Sachlich fand er diesen Krieg darum wichtig, »weil ich zu sehen meine: was damals unter viel Schmerzen und Geschrei geboren wurde, war zugleich die Wirklichkeit und der Mythos des modernen Amerika«[10]. Und so fuhr Barth wahrhaftig auch zu »den verschiedenen Schauplätzen der am 2. Juli 1863 geschlagenen Entscheidungsschlacht von Gettysburg . . ., wo mir ein flotter junger Offizier Alles und Jedes, was ich aus den Büchern kannte, gezeigt und erklärt hat. Darunter übrigens auch ein – Lutherdenkmal, das dort vor dem lutherischen Seminar steht, in welchem damals General Lee sein Hauptquartier hatte«[11].

---

* »Er ist ein sehr netter Bursche«.

Bei dieser Besichtigung geschah es, »daß ich . . . am St. James River in einem zerfallenen Fort aus dem Civil War mit einer 100 Jahre alten Muskete geschossen und zur Ehre der schweizerischen Armee sogar getroffen habe – ein Ereignis, das man bei gutem Willen ja als symbolisch für meine sonstigen Fähigkeiten und Erfolge ansehen« könnte[12].

Gespräche

Erst nach der Rückkehr aus den USA sah sich Barth so richtig vor die Aufgabe gestellt, sich in das Leben eines Emeritus zu finden. Er äußerte sich zunächst durchaus zufrieden darüber, »wie wohl ich daran lebe, in dem mir nun beschiedenen ›Ruhestand‹ einfach viel und ruhig lesen zu können – Geistliches und Weltliches in bunter Folge –, beim Anhören des unendlichen Geredes der Existentialisten zwar öfters von mächtigem Gähnen geschüttelt . . . Aber ich sehe schon ein . . ., daß das kein Dauerzustand werden darf«. Es war ja geplant, – jetzt ohne den ständigen Vorlesungsdruck – die »Kirchliche Dogmatik« weiter auszuarbeiten. »Es wird jetzt eben um eine Rückkehr in den Urzustand gehen müssen, in welchem ich den Römerbrief ja schließlich auch ohne Studenten sogar zweimal kommentiert habe.«[13] Barth begann nun freilich doch unsicher zu werden, ob er sich wirklich an eine Fortsetzung der Dogmatik begeben sollte. »Wenn ich da nur nicht im Blick auf die ganze gegenwärtige theologische Lage von einer an acedia* grenzenden Müdigkeit befallen wäre! Vor dem Treiben unsrer theologischen Existentialisten kann ich je länger umso mehr nur noch Ekel und Abscheu empfinden . . . Hat es viel Sinn, wenn ich, nachdem ich mit meinen bisher 12 Bänden den Einbruch dieser Sintflut nicht verhindern konnte, noch einen 13. und 14. schreibe? Braucht es, um sie zum Stehen zu bringen, nicht anderer, neuer Zungen . . ., während ich . . . respektvoll angehört, aber im Ergebnis – nicht gehört werde? . . . Wie, wenn ich meine Zeit nun eben gehabt hätte und . . . eingeladen wäre, ›in orientalischer Ruhe, allen Aktivisten zum Hohn‹ – noch ein bißchen zuzusehen, wie Andere die nun ihnen gegebene Zeit zu nützen gedenken?«[14]
Nun, er ließ die Antwort auf diese Frage vorläufig noch offen. Er fuhr Ende Juni in das bündnerische Flims, wo neben Walter Lüthi und dem Methodisten-Bischof Ferdinand Sigg, denen er gern zuhörte, auch er zu 300 evangelischen Buchhändlern zu reden hatte: er in

---

* Überdruß

Form einer »Fragebeantwortung«, die sich besonders intensiv um die Frage der »Möglichkeiten der Kirche im totalen Staat« drehte. Barth antwortete: einmal, »daß . . . eigentlich jeder Staat etwas vom totalitären Staat an sich hat« – und zum anderen, »es gibt für die Kirche in der totalen Welt und im totalen Staat nur *eine* Möglichkeit«, nämlich, daß sie sich »um Jesus herum« schart; »sie ist der Umkreis und er ist die Mitte – das ist ihre Möglichkeit«. Denkwürdig war darüberhinaus Barths Antwort auf die etwas persönliche Frage nach der Existenz des alternden Theologen. Er berichtete, daß bei ihm mit dem Alter die Lust am Neinsagen, am »Abschneiden und Absägen« abgenommen und die Freude daran, »etwas Positives zu sagen«, zugenommen habe. Er fügte aber die Vermutung hinzu, daß diese Wandlung nicht nur aus einer wachsenden Weisheit zu erklären sei, sondern daß diese Weisheit sich wohl auch »merkwürdig vermischt mit ein bißchen Altersschwäche«. Zur selben Frage, die ihn jetzt auch sonst beschäftigte, schrieb er wenig später: »Daß man im Alter und im Rückblick weise und milde wird, das unter der Asche noch glimmende Feuer aber doch nicht einfach löschen kann, ist auch meine Erfahrung. Da treten dann – mit allen Vor- und Nachteilen, die das mit sich bringt – an die Stelle der Kohle- die Bleistiftstriche, an die Stelle der Ölfarbe die Pastellfarbe, an die Stelle der Posaune die Okarina.«[15]

Barth hatte im übrigen in diesem Sommer »angenehme Zeiten mit Sohn, Schwiegertochter und zwei sehr originellen Büblein aus Indonesien«. Im September verreiste er zu Ferien bei seinem Freund Ernst Wolf am Walchensee, »wo ich es mir leistete, meinen rechten Oberarm zu brechen«[16]. Er mußte für ein paar Tage sogar in ein Spital in Bad Tölz disloziert werden. Und von dort aus »habe ich schwer bandagiert für einige Stunden auch an einer kleinen theologischen Konferenz [des Chr. Kaiser Verlages] in Josefstal teilnehmen können«[17]. Barth freute sich hier an Gesprächen mit den anwesenden Kollegen, besonders an denen mit Gerhard von Rad, dem er seine Verwunderung darüber gestand, daß sich die alttestamentliche Theologie der Gegenwart im ganzen so wenig vom Existentialismus habe anstecken lassen. Anläßlich jenes Unfalls hat »Lollo . . . mir übrigens . . . offen gesagt, ich sei der ›leidensunwilligste‹ Mensch, der ihr je begegnet sei«[18].

Nachdem Barth den Sommer hindurch seine Lehrtätigkeit in Basel gänzlich hatte ruhen lassen, verlangte ihn im Winter doch wieder nach einer Arbeit zusammen mit den Theologiestudenten. Freilich war »die Basler Universität . . . mir nun tief verleidet«. So beschloß er, künftig »zwar noch streng privat in der benachbarten Wirtschaft« – im Restaurant Bruderholz – »ein paar Colloquien [zu] halten, im Vorlesungsverzeichnis aber ein eintöniges ›Wird nicht lesen‹ erscheinen [zu] lassen«[19]. In all diesen Kolloquien, die Barth nun noch einige Semester lang halten konnte, wurde fortlaufend jeweils ein ungefähr 30 Seiten langer Abschnitt aus der »Kirchlichen Dogmatik« besprochen. So daß also der Student »in der ›Sozietät‹ und im englischen, bzw. französischen Colloquium eingeladen« war, »sich mir selbst gegenüber in den ihn beschäftigenden Fragen, Bedenken und Einwänden zu ergehen und meine Erläuterungen dazu entgegenzunehmen«[20]. Barth wunderte sich, »daß ich das Ohr der theologischen Jugend ... noch immer zu haben scheine«. Die Studenten kamen tatsächlich »so zahlreich wie nur je« und erwiesen sich als »meine kräftigste Erfrischung«[21]. Das englische Kolloquium zählte »50–60 Teilnehmer, unter denen diesmal auch ein achtjähriges Kind zu erblicken war: von seiner eines baby-sitters entbehrenden Mutter mitgebracht. Das nächste Mal wird gewiß auch der eine oder andere Säugling auftauchen, um sich über die Grundbegriffe der Ethik etc. informieren zu lassen«[22]. Die deutschsprachige Sozietät wies eine noch größere Besucherzahl auf, darunter jedesmal auch ein kleines Kontingent aus Zürich. Die Studenten kamen von verschiedensten Lehrern her. Aber nach einer gewissen Angewöhnungszeit – so hatte Barth den Eindruck – hat es sich immer wieder »erfüllt ..., was geschrieben steht – nicht in der Bibel, sondern bei Rilke: ›sie lächelten und wurden langsam froh‹«[23]. Obendrein veranstaltete Barth jetzt regelmäßig auch noch ein Kränzlein für einen engeren Kreis seiner Schüler, z. T. seiner Doktoranden, in dem er dem freundlichen Geplänkel zwischen dem Deutschen Jürgen Fangmeier und dem Amerikaner Grover Foley gern zuschaute und an dem sich zeitweise auch der alte Freund Eduard Thurneysen, Dietrich Ritschl und Martin Anton Schmidt beteiligten. In diesem Kreis wurden eigene Doktorarbeiten, dann aber auch allerlei neuere theologische Literatur besprochen – von Jürgen Moltmann, Wolfhart Pannenberg, Heinrich Vogel, Oscar Cullmann, Teilhard de Chardin, Eberhard Jüngel, Milan Machovec u. a. Der letztere, der so seltsam an der Theologie interessierte Atheist aus Prag, wurde einmal von Barth zu einer Aussprache in diesem Kreis eingeladen.

Zu dem »freien Nebenunterricht«[24], den Barth jetzt noch erteilte, gehörte neben diesen regelmäßigen Veranstaltungen aber auch eine Fülle von außerordentlichen Verpflichtungen. Gerade Ende 1962 brach eine Zeit an, in der er für einige Monate noch einmal in einer erstaunlich frischen und mobilen Weise einer fast nicht abreißenden Kette von Aufgaben und Unternehmungen nachgehen konnte. Zwar hatte er jetzt »seltsamerweise ... eine mächtigste Bedürftigkeit und auch Fähigkeit zum Schlafen«[25], welche »dazu führte, daß ich die von mir in früheren Jahrzehnten tief verachtete Sitte des Nachmittagsschläfchens ziemlich überhand nehmen ließ, obwohl ich doch irgendwo las, daß das Bett der Bruder des Sarges sei«[26]. Zwar machte sich gewiß auch sonst das Alter bemerkbar: »leiblich und doch auch seelisch, in der Abnahme eines gewissen Lebensmutes, den ich so gerne noch hätte und betätigen würde, nun aber eben nicht mehr so recht habe«[27]. Aber das alles hinderte Barth vorläufig noch nicht ernstlich, sich gleichwohl in vielerlei Weise und nach verschiedenen Seiten zu betätigen und zu äußern. So daß er doch auch sagen konnte: »Mit der Ruhe ist es . . . noch nicht weit her, indem ich viele Besuche bekomme (auch Briefe . . .) – und indem ich von größeren oder kleineren Kreisen hier und auswärts zur Beantwortung ihrer Fragen herangezogen werde.«[28] Ja, »es geht um mich herum . . . zu wie in einem Bienenhaus. Ich hatte mir den Ruhestand noch etwas ruhiger vorgestellt«[29].

Zu Weihnachten 1962 schrieb er in einer Verbraucherzeitung einen Artikel über »Gottes Geburt«. Vor allem war es eine Serie von eben solchen »Fragebeantwortungen« und auch Interviews, die Barth vorerst nicht zu seinem »Ruhe-Stand« kommen ließen. »Ich habe gern solche Aussprachen. Ich lebe jetzt eigentlich wesentlich noch in solchen Aussprachen«, meinte er[30]. Und es war – wie er ein andermal bemerkte – nun doch nicht etwa bloß in seinen nachlassenden Kräften begründet, wenn die Form seiner öffentlichen Rede jetzt fast ausschließlich nicht mehr in Vorträgen, sondern in solchen Gesprächen bestand: »Ich glaube, die Zeit der großen Vorträge, wo einer so stundenlang redet und die Anderen verdammt sind, dem nun zuzuhören, was dem alles in den Sinn gekommen ist . . ., ist vielleicht – nicht nur für mich, sondern überhaupt ein bißchen vorbei. Sondern was wir nötig haben in der Theologie und in der Kirche, sind – ach! ich mag das blöde Wort nicht wieder brauchen: ›Gespräche‹. Was ich meine, ist einfach: daß man miteinander redet und miteinander vorzudringen sucht zu antworten, statt daß da jemand irgendwie, als ob ihm der Heilige Geist diktiert hätte, den Anderen etwas vorzutragen versucht.«[31]

In dieser Art fand am 26. November 1962 im Basler Blaukreuz-Hotel eine Begegnung Barths mit den Agenten des »Blaukreuzes« in der Schweiz statt. »›Evangelische Freiheit‹ – das war so das Thema. Und ich ermunterte sie dann: Gut, in evangelischer Freiheit dürft und sollt ihr eure Wege mit dem ›Blauen Kreuz‹ gehen. Das ist eine rechte und notwendige Sache. Geniert euch nicht damit! Macht das, so gut ihr könnt!«[32] Im Januar 1963 fand er sich zu Fragebeantwortungen mit ökumenischen Studenten aus Bossey, mit Zürcher

Studenten und mit Gliedern der reformierten Bruderholzgemeinde zusammen. Im selben Monat erregte er durch ein Interview über sein Verhältnis zur heutigen Schweiz in diesem seinem Vaterland Ärgernis: weil er darin »vernehmen ließ, wir seien in Gefahr, die ›Dorftrottel Europas‹ zu werden. O diese bei mir immer noch und wieder aufkommenden ›Sünden der Zunge‹!«[33] Titel des Interviews: »Uns fehlt das Bewußtsein der eigenen Relativität!« Eine für Anfang März vorgesehene Reise nach Prag und Ostberlin, bei der sich Barth auch in Form von solchen Gesprächen hätte äußern wollen, sagte er wieder ab – darum, weil er die damit verbundenen Anstrengungen scheute. Dagegen brach er Mitte Mai zu einer ersten von insgesamt drei Reisen nach Paris im Lauf von 1963 auf. Bei jedem dieser drei Aufenthalte stellte er sich je für ein Fernsehinterview mit Georges Casalis zur Verfügung – einem Freund, mit dem er sich »in den großen wie in den kleinen Dingen so gut« verstand[34]. Beim ersten Aufenthalt hielt er zudem eine Fragebeantwortung an der Protestantisch-Theologischen Fakultät ab, beim zweiten Aufenthalt, Ende Oktober, führte er mit 120 Pfarrern in Bièvres ein viertägiges Kolloquium (über seine »Einführung in die evangelische Theologie«) durch.

Im Juni redete Barth wieder in Form solcher Fragebeantwortungen in Basel in einem ökumenischen Studentenkreis und in der – von seinem Schwiegersohn Max Zellweger präsidierten – Stadtmission. Am 15. Juli erschienen dann 74 Mitglieder der Kirchlichen Bruderschaft in Württemberg zu einem ganztägigen munteren Gespräch – speziell über den politischen Gottesdienst der Christen. Nach der Sommerpause gab er im September einer Basler Zeitung ein Interview (über Rolf Hochhuths »Stellvertreter«), im Oktober gab er je eines der BBC und dem NDR und im November eines – über die nun bald 30 Jahre alte »Barmer Erklärung« – dem Süddeutschen Rundfunk. Am 12. Oktober empfing er eine Gruppe von Göttinger Studenten zu einer Aussprache über das Verständnis der Bibel, der menschlichen Freiheit, der Wissenschaftlichkeit der Theologie und der Eschatologie in Barths Denken. Und am 4. November hatte er über ziemlich ähnliche Fragen eine Diskussion mit rheinischen Jugendpfarrern. Wie es auch fast wieder die gleichen Fragen waren, die Barth dann am 2. März 1964 bei einem ganztägigen Gespräch mit den Repetenten und Studenten des Tübinger Stifts gestellt wurden. Mitte November 1963 hatte er zudem eine weitere Fragebeantwortung in jenem »evangelischen Nonnenklösterlein in Gelterkinden, dessen Insassinnen von mir noch und noch hinsichtlich der Vortrefflichkeit ihrer Ordensgelübde getröstet bzw. ermutigt zu werden begehrten«[35].

Alle diese Gespräche fanden in schöner Friedlichkeit, ja oft geradezu in Heiterkeit statt, zuweilen unterbrochen durch lautes Gelächter – bis auf jenes mit den rheinischen Jugendpfarrern, bei dem es wegen der Bultmann-Frage, über die die Gruppe unter sich höchst uneinig war, zu heftigen Wortwechseln kam. Dabei hat »mir . . . ein junger Mann . . . entgegengeschmettert: ›Herr Professor, Sie haben Geschichte gemacht, aber nun sind Sie auch Geschichte geworden. Wir Jungen aber sind im Aufbruch zu neuen Ufern!‹ Ich antwortete ihm: ›Wie schön, das höre ich gern, erzählen Sie uns etwas von diesen neuen Ufern!‹ Er wußte nur leider nichts davon zu erzählen . . . Es gibt heute . . . in der Kirche sehr viele sympathische junge Menschen . . ., die uns laut genug sagen, daß ungefähr Alles anders werden müsse. Wenn Gott [es] ihnen sagen wird, wenn sie es sich von Gott werden sagen lassen und wenn sie es dann auch Anderen werden sagen können, was an die Stelle des Bisherigen treten soll, dann, dann erst wird die Sache mit dem Aufbrechen der Kirche ernst und glaubwürdig werden«[36].

In vielen dieser Gespräche und Interviews gab Barth seinem Befremden über den gegenwärtigen Zustand der protestantischen Theologie Ausdruck. Er empfand diesen Zustand als »theologische vanity fair*«. »Auf der Plattform toben . . . Tillich und die Bultmanniden samt dem problematischen Schatten von Bonhoeffer. Und der armselige Bischof Robinson hat in seinem in 200 000 Exemplaren verkauften ›Honest to God‹ von dem Allem den leeren Schaum oben abgeschöpft, um ihn als letzte Weisheit – von Bultmann übrigens ausdrücklich belobt – auf den Markt zu bringen.«[37] Die Theologie dieses Bischofs, »die nun also auch rückwärts auf diese deutschen Theologen ein etwas düsteres Schattenlicht« warf[38], erschien Barth als eine kümmerliche »Plattfußtheologie«[39]. Ähnlich kritisch äußerte er sich dazu Anfang 1964 kurz in einer »Vorbemerkung« zu einer Neuauflage seiner Schrift über Bultmann. Dort erteilte er obendrein auch »den nicht wenigen älteren und jüngeren Zeitgenossen, die heute so gerne einen Standort ›jenseits von Barth und Bultmann‹ beziehen möchten«, den Rat: »davon zu lassen, um statt dessen entweder konsequent den einen oder ebenso konsequent den anderen der beiden da in Frage kommenden Wege zu wählen und zu Ende zu gehen. Als koexistierende Wappenlöwen links und rechts des Eingangstors zu dem Paradies einer künftigen besseren Theologie eignen sich offenbar weder Rudolf Bultmann noch ich – Tillich und ich übrigens auch nicht – und auch nicht Bonhoeffer (der posthum nach der heutigen Mode frisierte Bonhoeffer nämlich) und ich«[40].

* »Jahrmarkt der Eitelkeiten«

In einem größeren Teil dieser Gespräche wurde Barth namentlich *eine* Frage gestellt, die gerade in der Diskussion in der protestantischen Theologie eine erhebliche Rolle spielte: die nach der Verstehbarkeit der biblischen Texte, also die nach dem »hermeneutischen« Problem. Barth hielt – nicht das Problem selber, aber seine Erhebung zu einem beherrschenden und isoliert zu behandelnden Thema für eine Sackgasse: für eine Rückkehr zu der Situation, aus der »wir um 1920 aufgebrochen zu sein meinten«. Darum spöttelte er über »das kleinkarierte Gerede über Hermeneutik«[41] und nahm sich »die Freiheit, mich beim Anhören des ›Sprachgeschehens‹ auf dem theologischen Markt, das ich aufmerksam verfolge (dessen lauteste Teilnehmer ich übrigens abwechselnd als Rotte Korah oder als die vereinigten Gartenzwerge aller Länder zu bezeichnen pflege), kräftig zu ärgern oder auch köstlich zu amüsieren«[42]. Seine eigene Sicht des Problems umriß Barth im Gespräch mit den Rheinländern so: »Es geht nicht darum, daß wir dem Zeugnis der Schrift begegnen, sondern daß wir dem begegnen, der im Zeugnis der Schrift bezeugt ist.« Daß man Ihm begegne, darum müsse man beten, aber auch arbeiten. Und das nötige Arbeiten bestehe darin, daß man jenes Zeugnis »historisch-kritisch« lese – mit der Frage, »ob und inwiefern« es »Ihn« bezeuge. Dabei dürfe aber dann unter keinen Umständen »die Freiheit des Wortes Gottes . . . beschränkt werden durch eine Souveränität, die wir an seine Bezeugung schon herantragen, sondern es muß ihm seine Souveränität gelassen werden. Das ist kein ganz einfacher Prozeß im einzelnen. Das wird immer wieder ein neues Problem sein, was sich da zu ereignen hat. Wir haben natürlich alle irgendeine Ontologie oder Weltanschauung im Köpfchen. Und es ist auch nicht verboten . . . Nur, wenn wir die Bibel lesen, dürfen wir nicht meinen, das sei eine letzte Instanz, mit der wir es da zu tun haben, sondern die hat sich dann schön unterzuordnen . . . Was wir dafür zu tun haben, ist schlicht, dafür zu sorgen, daß es bei uns schlechthin offene Türen und Fenster gibt. Also nicht in einer Bude drinsitzen, wo es nun so schmeckt nach dem ›Fleisch‹ und zwar auch nach dem frommen und nach dem vernünftigen Fleisch! Vielmehr, wir sind in dieser Bude samt und sonders, aber jetzt Fenster auf! Türen auf! – daß der Wind hereinkommen kann!«[43]

In jenen Gesprächen und Interviews brachte Barth auf der anderen Seite aber auch häufig sein hoffnungsfreudiges Erstaunen über den neueren Katholizismus zum Ausdruck. »Nachdem wir alle den Katholizismus noch bis vor kurzer Zeit für ein ganz starres Gebilde gehalten haben, ist es jetzt auf einmal . . . in eine neue Bewegung gekommen, und zwar nun in sehr interessanter Richtung.«[44] Als Exponenten dieser Bewegung schätzte Barth den im Juni 1963 verstorbenen Papst Johannes XXIII. »Mir scheint es bedenkenswürdig, daß dieser alte Angelo Roncalli dem Papsttum nun doch de facto eine Fülle gegeben hat, angesichts derer man viel, was gegen diese Einrichtung zu bemerken ist, nicht mehr so ungebrochen wie bisher wird vortragen können. Er war ein guter Mann.«[45] »Man kann 300, 600 Jahre zurückgehen und kommt an all diesen anderen Päpsten vorbei: da sieht es nun wirklich nicht nach ›pastor bonus‹*

---

* »guter Hirte« (ein päpstlicher Titel)

aus. Aber jetzt haben wir einen gesehen . . ., der mindestens ganz
bestimmte Eigenschaften des guten Hirten sichtbar gemacht hat.«[46]
Als Exponenten jener Bewegung begleitete Barth aber auch höchst
aufmerksam das Zweite Vatikanische Konzil, über dessen bewegten
Verlauf er sich nicht nur literarisch, sondern auch direkt durch den
dort als »peritus«* beschäftigten Hans Küng und durch den evangelischen Konzilsbeobachter Oscar Cullmann informieren ließ. Er
wurde sogar im Herbst 1963 vom Sekretariat des Kardinals Bea
eingeladen, selbst an der dritten Session des Konzils als Beobachter
teilzunehmen. Er mußte aber absagen, da er sich dem gesundheit-
lich nicht gewachsen fühlte. Als Exponenten jener Bewegung interpretierte er aber auch – um ein kleines, von ihm geliebtes Detail zu
nennen – die Aufnahme Josephs in den Meßkanon. »Ich finde
nämlich diese so bewegend nur eben gehorsame und dienende
biblische Figur als protector (+ exemplar) ecclesiae** viel geeigne-
ter als die der Maria, mit deren Funktion die der Kirche doch wohl
unvergleichbar ist.«[47] Sein Erstaunen über den neuen Katholizismus
brachte Barth 1963 auch in einem längeren Interview für die
Zeitschrift »Réalité« zum Ausdruck: »Über die Annäherung der
Kirchen« sowie in einem Aufsatz »Überlegungen zum Zweiten
Vatikanischen Konzil«. Im letzteren schrieb er, »der irgendwie
sichtbare Renouveau innerhalb des Katholizismus müßte uns interessanter sein als die etwas langweilige Frage nach den Möglichkeiten künftiger ›Dialoge‹ mit den Römischen«[48].

Barth unternahm im Jahre 1963 über all das Genannte hinaus
noch mancherlei anderes. So reiste er Mitte April mit seinem
Schwiegersohn nach Kopenhagen. Von dort hatte ihn »völlig unerwartet die Nachricht erreicht, er sei . . . zum Empfänger eines
Preises bestimmt worden, unter dessen früheren Trägern so illustre
Namen wie die von Winston Churchill, Albert Schweitzer, Igor
Strawinski, Niels Bohr u. a. figurieren – und das darum, weil auch er
sich Verdienste um die Verbreitung der europäischen Kultur erworben habe«[49]. »Ein Glück, daß dort Kierkegaard nicht mehr lebt und
mir vorhalten kann, daß man die wirklichen Propheten mit Steinen
und nicht mit solchen Preisen zu bedenken pflegte.«[50] Bei der
Verleihung des Sonning-Preises am 19. April hielt Niels Hansen Søe
die Laudatio für Barth, während dieser in seiner Dankesrede die
Geschichte seiner Beziehung eben zu – Kierkegaard skizzierte. Ihre
Quintessenz: »Ich halte ihn für einen Lehrer, durch dessen Schule
jeder Theologe einmal hindurch gegangen sein muß. Wehe einem

---

* Sachverständiger
** Beschützer (und Vorbild) der Kirche

Jeden, der sie versäumt haben sollte! Nur daß er nicht in ihr sitzen bleiben und besser nicht in sie zurückkehren würde!«[51] Im gleichen Sinn verfaßte Barth bald darauf einen weiteren Artikel über Kierkegaard, dessen Geburtstag sich im Mai zum 150. Mal jährte. Den größeren Teil des mit 110 000 dänischen Kronen dotierten Preises – »mehr hat ja auch Zachäus nicht getan«[52] – verschenkte er an die Basler Mission und Stadtmission, an das kirchliche Hilfswerk HEKS und an die Armenkasse seiner Stammgemeinde Mülligen; den kleineren Teil verwandte er zur Abtragung der auf seinem Häuslein liegenden Schuld.

In demselben Jahr widerfuhr Barth noch eine zweite bedeutende Ehrung: die Verleihung eines weiteren Ehrendoktors am 6. November in Paris. Der Hauptzweck seiner dritten Frankreichreise in diesem Jahr bestand in der »Inempfangnahme (unter den Klängen der Marseillaise) des mir von der Sorbonne verliehenen Dr. des Lettres h. c. (nicht ohne Erinnerung an die im 16. Jahrhundert von der selben Sorbonne dem Scheiterhaufen zugeführten Reformierten . . .!)«[53]. Die Laudatio war hier von dem Philosophen Paul Ricoeur verfaßt.

Eine Woche nach jener Reise im Frühling nach Kopenhagen hatte Barth 300 Studenten, meist aus Entwicklungsländern, die als Gäste der »Mustermesse« in Basel weilten, in einem Vortrag die »Theologie« vorzustellen.

> Er gab darin der Religions-Kritik von Marx recht, aber allerdings: »Das Christentum ist keine Religion.« Des weiteren erklärte er darin Gott als den, »der in dem Mann Jesus Christus . . . den Beweis seiner Existenz führt, neben dem es keinen anderen gibt«. Dementsprechend hieß es kritisch: »Es gibt ein religiöses, es gibt aber kein christliches Abendland, es gibt nur mit Jesus Christus konfrontierte abendländische Menschen.« Dazu der Zusatz: »Es könnte sein, daß [das wahre Christentum] eines Tages in Asien und Afrika besser verstanden und gelebt werden wird als in unserem alten Europa.«[54]

Mitte Juni erschien dann in der »Zürcher Woche« ein Beitrag Barths zum Thema »Atheismus pro und contra«. Er sollte sich darin, dazu aufgefordert, mit dem Atheismus des Stuttgarter Professors Max Bense auseinandersetzen, erklärte aber sofort, weshalb er gerade das nicht könne: »da ein ›Christentum‹, das, von einem Professor angegriffen, der Verteidigung durch einen anderen Professor bedürftig wäre, seines Namens nicht wert wäre«. Und weiter: Gott in Jesus Christus habe »den ›Atheisten‹ gültig für Max Bense wie für mich längst, gründlich, ein für allemal aus Abschied und Traktanden entlassen«. Im übrigen müsse sein Partner nicht Angst haben um seine Rationalität. Der christliche Glaube sei nicht gegen, sondern für das Denken – aber für ein bestimmtes Denken: »Denken heißt . . .: nachdenken.« Und schließlich: gefährlich sei weder der milde Atheismus Benses noch der wilde des Ostens, sondern der *praktische* Atheismus der Christen!

In diesem Sommer schrieb Barth ferner einen (später in einer Festschrift zu Ehren seines einstigen Kontrahenten Berkouwer veröffentlichten) Aufsatz über Eigentümlichkeiten der »Reformierten Theologie in der Schweiz«. Er bestritt, »daß die Tätigkeit der schweizerischen Theologen sich, wie ich einen deutschen Kollegen einmal unartig sagen hörte, darin erschöpfte, deutschen Tabak zu Zigarren für den heimischen Gebrauch zu verarbeiten«[55]. Er behauptete vielmehr, die Theologie in der Schweiz zeichne sich spezifisch aus: durch einen »gewissen trockenen Radikalismus«, »durch eine auffallende Nüchternheit«, durch »ihre ausgesprochene Neigung zur Vermittlung« und durch ihre Vorliebe für Ethik und Pädagogik. Wieder von anderer Art war ein Aufsatz, den er – auf Bitten der Reformierten in Brandenburg – ebenfalls in diesem Sommer verfaßte: ein »Theologisches Gutachten« zu den »Zehn Artikeln über Freiheit und Dienst«, in denen soeben die Kirchen in der DDR ihr Selbstverständnis im Verhältnis zu ihrem Staat formuliert hatten. Er vermißte in ihnen eine durchgehende christologische und eschatologische Zentrierung sowie eine klare Verbindung der Begriffe von »Freiheit« und »Dienst« im Sinn einer »Freiheit zum Dienst«.

Gerade 1963 kam auch wieder eine Vielzahl von Besuchern zu Barth: »fast unzählige Einzelne, die . . . alle beträchtliche ›Sprechstunden‹ in Anspruch nehmen« – aus vieler Herren Ländern, vor allem »natürlich die Deutschen, für die ich ja im Besondern geboren bin«, einmal auch »aus Spanien ein junger Jesuit, der die Umkehrung des Verhältnisses von Natur und Gnade energisch mitzumachen entschlossen ist, aber auch ein sehr erfreulicher Heilsarmeeoberst aus Frankreich«, dem gegenüber Barth sein lebenslang fleißig gepflegtes Pfeifenrauchen verteidigte, dem er aber konzedierte: »le péché ne commence que par la cigarette«*. »Kurz, über Vereinsamung kann ich mich . . . auf keinen Fall beklagen.«[56] Im Sommer verbrachte Barth – nach Tagen in Klosters, auf dem Kapf und (zum letzten Mal!) auf dem Bergli – seine Ferien im Gyrenbad zusammen mit seinem holländischen Freund Kornelis Heiko Miskotte. Auf Unterhaltungen mit ihm war Barth darum gespannt, weil gerade dieser Mann das Erscheinen seiner Dogmatik-Bände »mit einem so freudigen Verständnis und mit so verständnisvoller Freude« wie nur wenige andere begleitet hatte. Er schätzte Miskotte als den »Seher

---

* Die Sünde beginnt erst bei der Zigarette

und Dichter unter meinen Freunden«, und seine »im Verhältnis zu mir so viel ausgebreiteteren Aussichten und Einsichten in all die literarischen Welten« machten ihm Eindruck[57]. Bewegend war dann im Dezember ein letztes Zusammensein mit Paul Tillich. »Ich mahnte ihn, daß es jetzt an der Zeit sein möchte, sich einmal ordentlich zu bekehren. Er schien aber zunächst keine große Lust dazu zu haben.«[58]

»*Noch nicht gar aus*«

Etwa von Anfang 1964 an nahm aber nun Barths 1963 noch so großes Arbeitstempo mit einemmal merklich ab. Am Heiligen Abend 1963 hielt er im Basler Gefängnis noch eine weit beachtete Predigt über Joh. 16,33, die vom schweizerischen und südwestdeutschen Rundfunk direkt übertragen wurde. Ostern 1964 predigte er dort noch einmal – über Joh. 20, 19–20. Ende Februar gab er für den Hessischen und für den Norddeutschen Rundfunk je ein Interview und dann im Mai eines für den Südwestfunk und eines für die amerikanische Zeitschrift »Christianity Today«. Im selben Monat erschien von ihm auch ein – nicht unkritisches, aber in auffallender Dankbarkeit geschriebenes Artikelchen zum 400. Todestag Calvins. Anfang April hatte er sogar noch einmal eine weitere Reise ins Rheinland gewagt: nach Mülheim, zur Teilnahme an einer Tagung über die Frage des Taufaufschubs bei Kleinkindern. Er wollte dort einem Vortrag seines Sohnes Markus (der vor kurzem von Chicago an eine Lehrstelle in Pittsburgh gekommen war) zuhören. Und er wollte dort durch seine Teilnahme den in dieser Sache Erwachenden und Suchenden den Rücken stärken. Wie er denn auch etwa ein Jahr vorher bei einem Besuch des westfälischen Präses Ernst Wilm in Basel die Kirchenleitungen zur Offenheit für das Anliegen dieser Leute hatte gewinnen wollen. »Als er mich . . . wieder verließ, habe ich noch auf die Straße nachgerufen: ›Den Geist dämpfet nicht!‹, hatte aber nicht den Eindruck, daß er gesonnen sei, dies zu unterlassen.«[59]

Barth fühlte sich unter dem allem aber nun längst nicht mehr wohl. Im Frühling 1964 »setzte eine gewisse Kränklichkeit ein, die sich allmählich zu einem regelrechten Kranksein erweiterte«[60]. Nach seinem 78. Geburtstag teilte er seinen Freunden mit: »Noch ist es . . . trotz gewisser Anzeichen des beginnenden Abbruchs dieser irdischen Zeltwohnung nicht gar aus mit mir. Ja, noch!« Aber immerhin seufzte er jetzt doch: »Offengestanden: ich hatte mir ja das Altwerden . . . etwas leichter und hatte mir auch den sog.

›Ruhestand‹ . . . irgendwie vergnüglicher vorgestellt.«[61] Im August
mußte Barth – zur Behebung eines Prostata-Leidens – in das Basler
Bethesda-Spital, »wo ich von freundlichen und kundigen Diakonissen und anderen Schwestern geduldig und wohltuend umsorgt
wurde«[62]. »The Lord will preserve you to do more work!* sagte mir
ein amerikanischer Medizinprofessor, der sich, hier durchreisend,
ebenfalls für die Funktionen meiner unteren Organe interessierte.«[63] Kaum von der Operation erholt, mußte Barth zu einem
weiteren längeren Aufenthalt in das Bethesda zurückkehren. Es
geschah nämlich, »daß ich kurz vor der Weihnacht 1964 so etwas
wie einen kleinen Schlaganfall erlebte, der mich (vielleicht ein
aufgehobener Finger angesichts des viel zu Vielen, das ich in meinem Leben geredet habe?) auf einen halben Tag zum Verstummen
brachte, bis – möglicherweise ein unterbewußter Protest gegen die
unter dem heute herrschenden Volk der Neutestamentler übliche
Geringschätzung des dritten Evangelisten, jedenfalls zur Erbauung
der mich betreuenden Diakonisse – der Name ›Zacharias‹ (Luk.
1,22!) zur Beschreibung meines Zustandes deutlich über meine
Lippen kam. Verhältnismäßig bald habe ich mich dann auch in
weiteren Worten zur Lage und zur Sache äußern können. Ähnliches
ist mir denn auch seither nicht mehr widerfahren – immerhin!«[64]
    Bald nachdem er aus dem Spital heimgekehrt war, konnte er
tatsächlich wieder – z. B. in einem Interview mit dem Holländer
Puchinger über die Geschichte seines Verhältnisses zum Katholizismus – ausführlich Rede und Antwort stehen. Freilich, kaum war er
recht genesen, wurde bereits ein weiterer Spitalaufenthalt nötig,
diesmal im Basler Bürgerspital, »wo ich als Objekt der modernen
medizinischen Wissenschaft wunderbare Erfahrungen gemacht habe
(vier volle Monate lang!)« – vom Juli bis zum Oktober 1965[65].
Dabei habe »ich . . . Gelegenheit gehabt, von der wenigstens Jesus
Sirach 38 so hoch gepriesenen Kunst und Wissenschaft des Arztes
und auch des Apothekers (Weissagung auf die Basler chemisch-phar-
mazeutische Industrie!) sehr existentiell beteiligt nach allen Seiten
Kenntnis zu nehmen, fand aber auch die mir widerfahrende Pflege
durch ein ganzes Heer von lieben Schwestern über alles Lob erha-
ben«[66]. Mit diesen Schwestern veranstaltete er regelmäßig eine
Abendandacht, wobei er es zuließ, daß eine Katholikin dabei auch
das »Ave Maria« sprach. Für eine von ihnen verfaßte er einige
»Testfragen zur Wahl eines Ehepartners«. »Das Netteste, was die
Netteste unter meinen Pflegerinnen im Bürgerspital zu mir gesagt
hat, war: ich sei ein ›Schwestern-Bruder‹.«[67] Barth bekam dort

---

* Der Herr wird Sie erhalten zu weiterer Arbeit

ziemlich bald neue Kraft und Lust »zum Lesen dessen, was andere
Theologen schreiben, und vor allem dazu, aus dem Gesangbuch dies
und das vor mich hin zu singen . . . Und die Pfeife erlosch auch im
Spital nur selten . . . Ich habe dort neben der Bibel seltsamer Weise
auch viel – Goethe gelesen«[68].

Ende Oktober kehrte Barth wieder zurück aufs Bruderholz –
»Gott und Menschen dankbar, daß ich noch am Leben bin, lesen,
Gespräche führen, rauchen, Psalmen und Choräle singen, Mozart
hören, mich an meinen 14 Großkindern freuen und in ähnlichen
positiven Formen von Tag zu Tag dasein darf«[69]. »Es ist offenbar
der gute Wille Gottes gewesen, mir . . . vorläufig noch einigen
Lebensraum zu schaffen.«[70] »Meine noch nicht gänzlich beseitigte
leibliche Schwachheit – ich pflege die Gegend, in der sie sich geltend
macht, als ›Zürich-Niederdorf‹ zu bezeichnen – ist zwar für mich
peinlich und für meine Umgebung lästig, aber vorläufig nicht gefährlich. Die Tätigkeit meines Köpfleins ist durch sie offenbar nicht
behindert.«[71] Allerdings war es künftig so, »daß ich oft mit einer mir
selbst ganz unerklärlichen Traurigkeit zu streiten habe, in der mir
alle Erfolge, die das Leben mir gebracht, *gar nichts* helfen«[72]. »Aber
ich sagte und sage mir beständig, daß der liebe Gott und die Engel
sich wahrscheinlich erkundigen wollten und noch wollen, ob ich in
der Lage sei, einige von den schönen Dingen, die ich seit 50 Jahren
geschrieben habe, nun auch ein bißchen zu *leben*.« Und obendrein:
»Andere hatten seit Jahren und Jahren Schwereres durchzumachen,
während mir an rüstigen Zeiten genug und übergenug geschenkt
war.«[73] Aber jedenfalls sah Barth es fortan deutlicher denn je, »daß
es im Leben eines jeden Menschen . . . Schatten gibt, . . . schwere
Schatten, die nicht weichen wollen und vielleicht nach Gottes Willen
auch nicht weichen sollen, um uns genau dort festzuhalten, wo wir
gerade nur noch, als die nun eben so von Gott Geliebten, ihn wieder
lieben und loben können.«[74]

Barth war nach seiner zweiten Prostata-Operation, infolge eines
nun zu tragenden Katheters, für den Rest seines Lebens dauernd
etwas pflegebedürftig geworden. Zu dieser Pflege kam von jetzt an
täglich ein- oder zweimal eine Helferin. Die übrige nötige Pflege
wurde ihm von seiner Frau Nelly zuteil; sie beherrschte »alle
nötigen Maßnahmen ebensogut oder besser . . . als eine Krankenschwester«[75]. Seine ärztliche Betreuung übernahm seitdem ein in
der Nähe wohnender Arzt: »mein 40 Jahre jüngerer und katholischer Doktor-Freund Alfred Briellmann«. Er kam »zu meiner
Erquickung in nahen Abständen . . . zu immer neuen medizinischen, zu sehr persönlichen, aber auch zu christlichen und kirchlichen Aussprachen«[76].

Zur selben Zeit, in der Barth »in einen relativ annehmbaren Zustand der Menschenwürde zurückversetzt« wurde[77], kam es aber leider dazu, »daß meine mir seit 1930 in jedem Sinn unentbehrlich zur Seite stehende getreue Mitarbeiterin Charlotte von Kirschbaum durch eine viel einschneidendere Krankheit als die meine (definitiv seit dem Jahreswechsel 1965/66) behindert und – was die ›Kirchliche Dogmatik‹ betrifft, an deren Entstehung und Fortgang sie soviel unermeßbaren Anteil hatte – außer Gefecht gesetzt wurde«[78]. Eine Gehirnkrankheit, die sich schon seit längerer Zeit zunehmend bei ihr bemerkbar gemacht hatte, war Anfang Januar 1966 soweit fortgeschritten, daß sie zu dauernder Pflege in ein Heim überführt werden mußte. Barth freute sich fortan von Woche zu Woche auf »die Stunde, die ich allsonntäglich bei und mit meiner lieben Lollo von Kirschbaum auf ihrer ›Sonnenhalde‹ in Riehen verbringe . . . Jetzt ist sie infolge ihrer Gehirnkrankheit nur noch wie tief verschleiert, was sie einst gewesen ist«. Barth pflegte ihr bei diesen Besuchen vor allem Choräle vorzusingen. Einmal sagte sie ihm daraufhin »beim Abschiednehmen: ›Gelt, wir haben es doch gut!‹ . . . Sie ist mir in ihrer ganzen Hinfälligkeit erbaulich«[79]. Zur regelmäßigen Erledigung von allerlei Sekretärs- und sonstigen Hilfsaufgaben zog Barth nach ihrem Fortgang Eberhard Busch, einen seiner Studenten, heran. »Lollo« aber starb erst nach zehn Leidensjahren (am 24. Juli 1975): »es war ein langes, langsames Weggehen . . ., immer weiter sich entfernend« (H. Gollwitzer).

Bereits im Dezember 1965 wollte Barth wieder in der Basler Strafanstalt predigen – aber es ging nicht mehr. Und er kam auch später nicht mehr dazu. So blieb denn seine Osterpredigt vom 29. März 1964 über das Frohwerden der Jünger, »als sie den Herrn sahen« (Joh. 20,19 f.), seine letzte Predigt. Die letzte der rund 670 Predigten, die er in seinem Leben verfaßt hatte! So viele er gehalten und auch veröffentlicht hatte, so waren merkwürdigerweise »Predigt-Meditationen« ein »literarisches Genre, in welchem ich mich . . . nie versucht habe . . . Fällt es mir schon jedesmal schwer, über eine von mir selbst zu haltende Predigt zu ›meditieren‹, so wüßte ich erst recht nicht, wie ich dabei Anderen zu Hilfe kommen sollte«[80]. Barth wurde nun gänzlich ein Predigt-*Hörer*. Schon seit Jahren war sein bevorzugter Prediger der auf der Baselbieter Seite des Bruderholzes, in Binningen-Bottmingen wirkende Pfarrer Fritz Dürst. Aber er besuchte auch die Gottesdienste der baselstädtischen Bruderholzgemeinde und jetzt auch öfters einmal die »der dem Bruder Klaus verschriebenen katholischen Quartiergemeinde, deren Pfarrer mich . . . coram publico als ›Kirchenvater vom Bruderholz‹ apostrophiert hat«. Ja, Barth bemühte sich sogar eine Zeitlang,

ein ökumenisches Sich-Begegnen zwischen diesen beiden Gemeinden in Gang zu bringen, »zwischen denen ich als eine Art ›Grenz-
gänger‹ hin und her wandle«[81]. Als er dann mehr und mehr am
Gottesdienstbesuch gehindert wurde, hörte er am Radio »an jedem
lieben Sonntagmorgen . . . nicht nur eine, sondern . . . gleich zwei
Predigten: eine katholische und eine evangelische«[82].

Nachdem 1959 von Barth ein erster Band mit Gefängnispredig-
ten – unter dem Titel »Den Gefangenen Befreiung« – veröffentlicht
worden war, erschien Ende 1965 immerhin noch ein zweiter Band
mit »Neuen Predigten aus der Strafanstalt Basel«, wie die des ersten
dort nicht nur gehalten, sondern auch gedruckt.

Der Titel dieses letzten Predigtbuches von Barth – »Rufe mich an!« – sollte
absichtlich auch ein Hinweis auf sein Verständnis der Predigt als solcher und
überhaupt des ganzen Gottesdienstes sein. »Der Gottesdienst als Zentrum des
ganzen Lebens der Gemeinde hat sich seinerseits als ein Ganzes und zwar als ein
Ganzes der Anrufung des gnädigen Gottes darzustellen.« So beginnt er mit dem
Gesang der Gemeinde und mit »der Aussprache ihres Dankes, ihrer Buße, ihrer
besonderen Bitte um Gottes Gegenwart und Beistand in dem besonderen Tun ihrer
gottesdienstlichen Versammlung durch den Mund des als Leiter der Aktion dienen-
den Gemeindegliedes. Er steigt auf zur Predigt, in der die Anrufung in Auslegung
und Anwendung eines (besser kurzen als langen!) Schriftwortes zur Anrede und
Verkündigung wird. Er gestaltet sich von da aus absteigend zum Schlußgebet, in
welchem die Aussage der Predigt (nun wieder in direkter Anrufung Gottes) straff
zusammenzufassen ist, in welchem sich aber der Gottesdienst vor allem als möglichst
ausgebreitete Fürbitte . . . nach außen, nach allen andern Menschen, nach der
übrigen Kirche und Welt hin zu öffnen hat. Im zweiten gemeinsamen Gesang macht
sich die Versammlung dieses Schlußgebet zu eigen« und dann endet der Gottesdienst, wie ihn Barth im Alter verstehen wollte, mit dem Segen[83].

Entsprechend diesen Vorstellungen hatte der alte Karl Barth einige konkrete
Änderungswünsche im Blick auf den Vollzug und auch auf den Raum des Gottesdienstes. Was den Raum betrifft, wünschte er die Sitzanordnung der Gemeinde in
einem Halbrund, und »die ideale Lösung des Problems der Gestaltung der Mitte« sah
er »in der Aufstellung eines markanten, aber von einem ›Altar‹ deutlich unterschie-
denen, hölzernen und leicht erhöhten Tisches. Er hätte – dazu mit einem beweglichen
Pultaufsatz zu versehen – zugleich als Predigtstätte *und* als Abendmahlstisch *und* an
Stelle eines ›Taufsteins‹ zu dienen . . . Bildliche und symbolische Darstellungen sind
an keiner Stelle des protestantischen Kirchenraums am Platze. (. . . Der Wirklichkeit
der Person und des Werkes Jesu Christi kann nur die . . . im ›Gottesdienst‹ im
engeren Sinn des Begriffs, dann aber und vor allem im Leben handelnde Gemeinde
selbst entsprechen: kein Bild und kein Symbol!)«[84] Des weiteren meinte er, »daß die
Orgel – ein im Zusammenhang des christlichen Gottesdienstes mir im wörtlichsten
Sinn ›unheimliches‹ Element, das in den Konzertsaal, nicht in die Kirche gehört – zu
ersetzen wäre durch vier Blasinstrumente als Träger des Gemeindegesangs«[85]. Im
Blick auf die Gestaltung des Gottesdienstes schlug Barth vor, die Kollekte nicht »erst
beim Ausgang, also nach Schluß des Ganzen« zu erheben, und vor allem: regelmäßig
Abendmahl zu feiern. »Warum wird bei uns nicht jeden Sonntag in jeder Kirche

(mindestens in Anwesenheit der ganzen Gemeinde) auch das Heilige Abendmahl gefeiert? Und wäre es auf Kosten der Länge unserer Predigten und des viel zu vielen . . . Orgelspiels, dafür in legitimer Entkrampfung des Predigers und seiner Hörer . . .! Gelegentlich könnte dann auch die Taufe . . . (auch sie ohne unnötigen Wortschwall) den Beginn des Ganzen bilden. Würden wir nicht gerade so umfassend ›Kirche des Wortes‹ – des Wortes, das nun einmal nicht Rede, sondern Fleisch wurde?«[86]

Die durch sein Alter und seine Krankheiten enger gewordenen Grenzen seiner Kraft hinderten Barth wohl an weiteren Predigten. Aber er wollte sich durch sie keinesfalls daran hindern lassen, dann wenigstens in anderer Weise sich einer bestimmten Arbeit und Aufgabe zuzuwenden. Ja, er dachte: »Das ist nach meiner Erfahrung das Beste, vielleicht im Grunde das Einzige, was auf der menschlichen Ebene als Antwort auf die Frage: Was sollen wir tun? angesichts der mannigfachen äußern und innern Unbilden des Lebens geschehen kann: daß man sich praktisch in Anspruch genommen finden und versuchen darf, sich – seinerseits anspruchslos! – auf das jeweils Geforderte zu konzentrieren. Man kann damit keine wirklichen Schmerzen heilen. Man kann sie aber damit würdig und so oder so fruchtbar ertragen lernen.«[87] Wenn nun also nicht mehr auf der Kanzel, so konnte Barth sich jetzt doch immerhin wieder am Schreibtisch betätigen. Der Tisch, an den er sich dabei setzte, war nicht mehr der von seinem Vater übernommene, an dem von ihm selber die ganze »Kirchliche Dogmatik« geschrieben worden war. Sondern er besaß nun einen »herrlichen, von den Presbyterianern in Pittsburgh im Austausch mit dem alten (dort zum Museumsstück mit Inschrift geworden!) geschenkten neuen Schreibtisch«[88]. Eben an diesem neuen, schönen Platz begann Barth im Januar 1966 in großem Eifer die Abfassung einer – Selbstbiographie. Er stellte sie unter das Motto:

Was sind wir doch, was haben wir
auf dieser ganzen Erd,
das uns, o Vater, nicht von dir
allein gegeben werd?

Und er setzte sofort ein mit der Erklärung, daß das eigene Leben noch in einem anderen Sinn nicht sich selbst verdanke: insofern nämlich, als es mit dem der Vorfahren beginne. Besonders viel Mühe verwandte er auf eine geduldige, liebevolle Darstellung seines Urgroßvaters Karl Friedrich Sartorius, der ihn gerade darum interessierte, weil dieser Ahne wegen seines schmählichen Strauchelns am Alkohol in der Familie totgeschwiegen worden war. Aber kaum war dieses Kapitel abgeschlossen, da beschloß Barth, seine Arbeit doch bis auf weiteres auf Eis zu legen.

Es war zunächst die Begehung seines 80. Geburtstages am 10. Mai, die ihn in dieser Arbeit unterbrach. Er selber war ja nun *auch* schon ein Urgroßvater. Und er konnte als so alt Gewordener an diesem Jubiläum auf einen umfangreich gewordenen Kreis von »Nachfahren« blicken. »Wir haben eigentlich . . . ein nahes und schönes Zusammenleben mit ihnen allen«, meinte er[89]. Die Zeiten, in denen er sich mit Maxuli, dem Dritten seiner Tochter, und Peter, dem Ältesten von Markus, unter dem brennenden Weihnachtsbaum in einen Ringkampf verwickelte, waren längst, längst vorbei. Die fünf Kinder des Markus und die vier der Franziska waren inzwischen herangewachsen und begannen ihre eigenen Wege zu gehen. Durch die zweite Tochter von Zellwegers hatte er sogar schon zwei Urenkel, an denen er sich herzlich freute. Denn »alles, was Kleinkind ist, hat in wachsendem Maß meine volle Teilnahme«[90]. Dieter, der Jüngste von Zellwegers, erhielt als Gymnasiast einen eigenen theologischen Unterricht vom Großvater, woraufhin er sich – als zweiter unter den Enkeln – zum Studium in diesem Fach entschloß. Auch die noch jüngeren zwei Töchter von Hans Jakob kehrten öfters im großelterlichen Haus ein. Seit 1965 wohnte nun auch Christoph mit seiner Frau und seinen drei Kindern, zu denen 1967 noch ein viertes kam, definitiv nicht mehr in Indonesien, sondern in unmittelbarer Nähe auf dem Basler Bruderholz. Karl Barth freute sich besonders an den so möglich gewordenen immer neuen alttestamentlichen Belehrungen durch diesen Sohn. Im Herbst 1967 zog der aber wieder mit seiner Familie fort: nach Mainz, wohin er auf einen alttestamentlichen Lehrstuhl gerufen wurde. In welchem Sinn Karl Barth die ganze nachkommende Generation begleiten wollte, sprach er kurz vor seinem 80. Geburtstag in einigen »Lebensregeln für ältere Menschen in ihrem Verhältnis zu jüngeren« aus. Darin hieß es z. B.: »Du sollst dir klar machen, daß die jüngeren dir verwandten Menschen . . . ihre Wege nach ihren eigenen, nicht nach deinen Grundsätzen . . . zu gehen . . . das Recht haben.« Und: »Du sollst sie unter keinen Umständen fallen lassen, sollst sie vielmehr, indem du sie frei gibst, in heiterer Gelassenheit begleiten, im Vertrauen auf Gott auch ihnen das Beste zutrauen, sie unter allen Umständen lieb haben und für sie beten.«

Barth feierte seinen 80. Geburtstag in Verwunderung darüber, »daß ich diesen Tag überhaupt erleben . . . durfte, wo doch so viele meiner einstigen ferner- und näherstehenden Zeit- und Streitgenossen seit längerer oder kürzerer Zeit nicht mehr unter uns sind«. Und das, obwohl es unlängst »mehr als einmal so hätte sein können, daß ich mich dem Zug jener Dahingegangenen hätte anschließen müssen!«[91] Im Vorjahr waren Heinrich Barth und Paul Tillich gestor-

ben. Tillich, der bei seinem letzten Besuch Ende 1963 Barth von
einer Palästina-Reise erzählt hatte – so glaubte Barth – »weiß es
nun hinsichtlich der von ihm in Nazareth entdeckten und mißbillig-
ten Inschrift: *Hic* verbum caro factum est* sicher auch besser, und
wir werden es, ›die Schickung im Zusammenhang‹ preisend (Gellert), einst sicher auch noch besser wissen!«[92] Und eben im April
1966 war Emil Brunner gestorben. Barth bat kurz vorher dessen
Freund Peter Vogelsanger, ihm doch mitzuteilen: »Sagen Sie ihm,
wenn er noch lebt und wenn es geht, noch einmal: ›*Unserm* Gott
befohlen!‹ auch von mir. Und sagen Sie ihm *doch ja*, die Zeit, da ich
meinte, ihm ein ›Nein!‹ entgegenrufen zu müssen, sei längst vorüber,
wo wir doch alle nur davon leben, daß ein großer und barmherziger
Gott zu uns allen sein gnädiges Ja sagt.«[93] Diese Zeilen waren das
Allerletzte, das Brunner im Leben gehört hat . . . Im Mai starb dann
Paul Althaus und im nächsten Winter Friedrich Gogarten. Bultmann »und ich sind . . . [nun] die letzten etwas morschen Säulen
einer älteren Zeitgenossenschaft«[94]. Bultmann wünschte Barth zum
80. Geburtstag »getrosten Mut«; das war das letzte persönlich
zwischen ihnen ausgetauschte Wort.

Als Auftakt zur Geburtstagsfeier fand in der Martinskirche unter
der Leitung von Max Geiger ein Mozart-Konzert statt. Bei der
offiziellen Geburtstagsfeier am 9. Mai waren neben den nahestehenden, befreundeten Theologen aus der Schweiz, aus der Bundes-
republik und der DDR, aus Frankreich, Norwegen (Prof. Reidar
Hauge), Holland, aus den USA und der ČSSR so verschiedene
Geister anwesend wie der Politiker Gustav Heinemann, der Diplomat und Historiker Hans Bernd Gisevius, der Historiker Edgar
Bonjour, die Mediziner Fritz Koller, Gerhard Wolf-Heidegger und
Paul Kielholz, der Oberstkorpskommandant Alfred Ernst, die in der
Arbeit des »Friedensdienstes« stehenden Paul Vogt und »Mutter«
Kurz, das Barth im Tessin bekannt gewordene Malerehepaar von
Stockhausen u. a. Der Bonner Rektor hängte ihm »eine schwer
goldene Kette, die als Ehrensenator der Universität Bonn von
demselben Bundespräsident Heuss, der mich damals in Frankfurt
durchaus nicht dabei haben wollte, getragen wurde**, . . . in ehrenvoller Weise um den Hals«[95].

Der Basler Rektor rehabilitierte Barth im Blick auf seine Emeritierung »cum infamia« im Frühjahr 1962. Und Jürgen Fangmeier
überreichte ihm eine von ihm mit Max Geiger und Eberhard Busch
herausgegebene voluminöse Festschrift »Parrhesia« (= fröhliche

---

* *Hier* wurde das Wort Fleisch
** Er verhinderte die Verleihung des Friedenspreises des deutschen Buchhandels an Barth.

5 An seinem 80. Geburtstag im Gespräch mit dem katholischen Theologen Hans Küng und dem reformierten Prediger Walter Lüthi (1966). Links Hellmut Traub.

6 Während seiner Reise zum Vatikan mit Bischof Willebrands vor dem Kolosseum in Rom (September 1966).

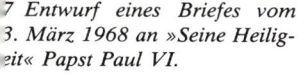

7 Entwurf eines Briefes vom 13. März 1968 an »Seine Heiligkeit« Papst Paul VI.

8 Mit den Spitzen der Schweizer Kirchen am 28. Februar 1968 auf dem Leuenberg: Bischof Küry, . Lavanchy, Bischof Vondersch, H. U. von Balthasar, Bischöfe Hasler und Hänggi.

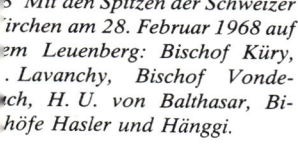

Der alte Barth

99 Mitunter nahm er sich gern Zeit für ein Schachspiel: hier im Kampf gegen seinen Enkel Lukas, der ihn in die Enge zu treiben wußte.

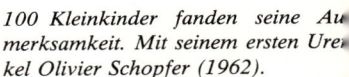

100 Kleinkinder fanden seine Aufmerksamkeit. Mit seinem ersten Urenkel Olivier Schopfer (1962).

101 Mit seiner Frau Nelly, seinem Schwiegersohn Max Zellweger und seinem zweiten Urenkel im Juni 1968.

Zuversicht) mit 32 Beiträgen, in der diesmal – mit wenigen Ausnahmen – »Jüngere, Junge und sogar Jüngste« unter den theologischen
Forschern zu Worte kamen. Auf das bunte Bouquet von Grußwor-
ten hin antwortete Barth mit einer »Dankesrede«, in der er sich
verglich mit einem – Esel, nämlich mit dem, der »den Herrn Jesus
nach Jerusalem [hat] tragen dürfen«. »Wenn ich etwas geleistet
habe in diesem meinem Leben, so ist es die Leistung eines Verwandten jenes Esels, der damals immerhin mit einer gewichtigen
Last seines Weges zog. Die Jünger haben vorher zum Besitzer
gesagt: ›Der Herr bedarf ihrer.‹ Und so scheint es Gott gefallen zu
haben, daß es in unserer Zeit meiner bedurfte, so wie ich war, und
trotz all des Fatalen, das mir nachzusagen ist und bleibt. Und dann
bin ich gebraucht worden . . . Ich bin dabei gewesen, ja: ›Die
Schlacht ging fort, der Feind ward geschlagen und ich saß auf dem
Bagagewagen.‹ *So* bin ich dabei gewesen, und das ist meine Leistung
gewesen. Ich war eben dabei«[96]. Einige Tage nach dem Fest erschienen zur Gratulation aus der DDR geradezu »*drei* . . . wichtige
Männer . . . bei mir: Götting, Seigewasser und der Unions-Verleger
Wirth: in einem ungeheuren Auto russischer Fabrikation (von den
Bruderhölzlern 3½ Stunden vor meinem Haus zu besichtigen) und
mit Gaben beladen wie die drei Weisen aus dem Morgenland
(Meißener Geschirr u. Ä.!)«[97].

Ad Limina Apostolorum

Nachdem die Geburtstagsfeier vorüber war, mochte Karl Barth sich
erst recht nicht mehr in einer Autobiographie mit sich selbst und
seiner »Vergangenheit« beschäftigen. Er stellte die Arbeit daran
also endgültig ein, um sich dafür »noch einmal der theologischen
Gegenwart zuzuwenden«[98]. Das wollte er aber tun »nicht etwa in
Form einer Beteiligung an der Diskussion über die törichte ›Gott ist
tot‹-Bewegung, die sich diesseits und jenseits des Atlantiks als letzte
und schönste Frucht der glorreichen Existentialtheologie erwiesen
hat – . . . und noch weniger in Form einer Beteiligung an der ebenso
törichten sogen. ›Bekenntnis-Bewegung‹, in die sich etliche, um
jener anderen zu widerstehen, geistig und geistlich dazu wirklich
nicht berufen und fähig, stürzen zu sollen gemeint haben!«[99] Schon
Mitte März hatte Barth eine knappe Stellungnahme zu dieser Be-
kenntnisbewegung verlauten lassen. Er fragte sie darin, ob ihr
Bekenntnis auch das gegen die Atombewaffnung, gegen den Viet-
namkrieg der USA, gegen den neuen Antisemitismus und für einen
deutschen Friedensschluß mit Osteuropa unter Anerkennung der

Grenzen von 1945 in sich schließe. »Wenn euer *richtiges* Bekenntnis zu dem nach dem Zeugnis der Heiligen Schrift für uns gekreuzigten und auferstandenen Jesus Christus das in sich schließt und ausspricht, dann ist es ein *rechtes,* kostbares und fruchtbares Bekenntnis.« Wenn nicht, dann ist es »*kein rechtes,* sondern ein totes, billiges, Mücken-seigendes und Kamele-verschluckendes und also pharisäisches Bekenntnis«[100]. In einem Interview im Norddeutschen Rundfunk wiederholte Barth im Mai diesen Gedanken – und fügte hinzu: daß er diese Bewegung genau so wie »die ganze Bultmannschule als eine einzige Rückkehr zu längst überholten Fragestellungen des 19. Jahrhunderts« ansehe.

Während Barth also jenen ganzen Komplex wenig erheblich und belangvoll fand, nahm er dafür ein »immer brennenderes Interesse an den Ergebnissen des Zweiten Vatikanischen Konzils« und am nachkonziliaren Katholizismus[101]. »Ich . . . hatte – an dem uns viel dringlicher angehenden und objektiv viel wichtigeren Problem des römischen Katholizismus von jeher interessiert – schon auf meinem Krankenlager außer Goethe, Jeremias Gotthelf, Gottfried Keller und anderen guten Autoren auch alles mir Erreichbare an Nachrichten und (zunächst deutschen) Texten aus dem Bereich des Konzils zu mir genommen.«[102] Im Lauf des Frühjahrs und Sommers 1966 »habe ich mich« dann »ernstlich an das Studium der 16 vom Konzil erarbeiteten lateinischen Texte und wenigstens einiger Specimina der dem Konzil bereits reichlich zugewendeten Literatur gemacht«[103]. Barth sah dabei auf Schritt und Tritt, »diese für uns Andere so merkwürdige Sache, die man ›Katholizismus‹ nennt, ist . . . heute in eine Bewegung von neuen Ansätzen her neuen Zielen entgegen geraten, die uns viel mehr zu denken geben muß als alles Herkömmliche, das dort unverkennbar auch noch mitläuft und vielleicht zu unserer Belehrung auch gar nicht so rasch verschwinden darf«[104]. Und er selber zählte sich gern zu «denen, die sich an den ernsthaften und gewaltigen Bewegungen, die in der katholischen Kirche vor und an und nach dem Konzil entstanden sind und offenbar weitergehen, ohne Optimismus, aber in christlicher Hoffnung aufrichtig freuen«[105].

»Keine Sorge, ich werde nicht katholisch!«[106] »›Konversionen‹ von uns hinüber zur römisch-katholischen Kirche, oder umgekehrt: von dort herüber zu einer unserer Kirchen haben als solche keinen Sinn (peccatur intra muros et extra!*). Sie können einen Sinn nur haben, wo sie die gewissensmäßig notwendige Gestalt von ›Konversion‹ – nicht zu einer anderen Kirche, sondern zu Jesus Christus,

---

* es wird hier wie dort gesündigt!

dem Herrn der einen, heiligen, katholischen und apostolischen Kirche sind. Grundsätzlich kann es hüben und drüben nur darum gehen, daß ein jeder sich an seinem Ort in seiner Kirche zum Glauben an den einen Herrn und in seinen Dienst rufen lasse.«[107] Aber Barth fragte sich immer unruhiger, ob eine solche «Konversion« im neuen Katholizismus nicht entschiedener vollzogen werde als gegenwärtig auf der protestantischen Seite.»Wie, wenn Rom (ohne aufzuhören Rom zu sein) uns Andere eines Tages, sofern es um die Erneuerung der Kirche aus dem Wort und Geist des Evangeliums geht, einfach überflügeln und in den Schatten stellen würde – wenn wir es erleben müßten, daß aus Letzten Erste und aus Ersten Letzte würden, daß nämlich die Stimme des guten Hirten drüben ein klareres Echo fände als bei uns?«[108] Gewiß wollte Barth die Erneuerung in jener Kirche auch nicht überschätzen. Ja, er glaubte: daß »ich allzu konkret in die auch dort waltende Misere hineinschaue«[109]. Insbesondere war für Barth das, was er als Erneuerung der Kirche im Sinn solcher Konversion zu Jesus Christus erhoffte, nicht ohne weiteres identisch mit dem Anliegen des »progressiven« Flügels im katholischen Lager. Vielmehr hatte er auch ihm gegenüber Bedenken – vor allem die Sorge, »daß gewisse Katholiken nur allzu ›protestantisch‹ werden« und die »Irrtümer, die bei uns seit dem 16. Jahrhundert begangen worden sind«, wiederholen könnten[110]. Dazu die Warnung: »Denken Sie an Papst Pius IX. – aus jungen Revolutionären werden leicht alte Reaktionäre!«[111] Trotz aller Bedenken wollte Barth wiederum keinesfalls die »ruhig brüderliche Hoffnung« aufgeben – »verbunden mit der Willigkeit, unterdessen im Kleinen und Großen gründlich vor unseren eigenen Türen zu wischen«[112].

Eine kleine Anregung zur Erneuerung des Mönchtums hatte Barth schon im Frühjahr damit gegeben, daß er – auf Bitten der Benediktinerabtei vom Montserrat – einige Thesen über das »monastische Leben« aufgestellt hatte. In ihnen hieß es, solche besonderen Gemeinschaften von Brüdern bzw. Schwestern seien *besonders* von der freien Gnade abhängig und ihr Auftrag und Sinn sei der, »exemplarisch« die Brüder bzw. Schwestern *aller* Christen und *aller* Menschen zu sein. Im Juni kam dann Hans Küng von Tübingen mit einer Schar junger katholischer Gelehrter zu einer längeren Aussprache. Unter den Gesprächspartnern befand sich zu Barths Erstaunen auch ein richtiger Bultmannianer, aber auch ein Calvin-Kenner und -Freund. Aussichtsreich endete das Gespräch für Barth mit der Frage: »Ob und inwiefern wir nun eigentlich als ›getrennte‹ oder ›ungetrennte‹ Brüder bzw. Schwestern um unsern Eßtisch herum saßen?«[113] Das Studium der Konzils-Literatur ging weiter, als er im Sommer – erst mit der Familie seines Sohnes Christoph, dann mit der seines Sohnes Markus – in den Walliser Bergen Ferien machte. Dankbar besuchte er sonntags die Messe – und er freute sich im übrigen seines noch einmal neu aufblühenden Lebens. »Die morgendliche Dusche ist wegen des kalten Bergwassers besonders erfrischend, und ich laufe für einen so alten Herrn ganz ordentlich durch die Landschaft. Auch der hiesige Wein ist durchaus trinkbar.«[114]

Ihren krönenden Höhepunkt erreichte Barths Beschäftigung mit dem nachkonziliaren Katholizismus im Herbst 1966. Nachdem er 1963 die Einladung zur Beobachtung der letzten Sessionen des Zweiten Vatikanums hatte absagen müssen, bat er Kardinal Bea, nunmehr den damals verhinderten Besuch nachholen und an Ort und Stelle sich über den Sinn und die Bedeutung des Konzils informieren zu dürfen. Tatsächlich erhielt er von dort eine ehrenvolle Einladung. Und so wagte er also Ende September eine sechstägige »peregrinatio ad limina Apostolorum«*. Er wurde auf der Reise dorthin von seiner Frau und seinem Arzt, Dr. Briellmann, begleitet. »Und von der anderen Seite wurden wir abwechselnd von Bischof Willebrands . . . und von dem urchigen P. Magnus Löhrer aus Einsiedeln . . ., gelegentlich auch von Mgr. Salzmann, einem Oberwalliser, geführt, eingeführt, belehrt und gelegentlich auch in mehr weltlicher Form erfreut und erheitert.«[115] Barths Rombesuch bestand »in der Hauptsache in einer Reihe von Gesprächen mit kleineren Kreisen von Jesuiten, Dominikanern etc. an Hand von je zwei Fragenschemata« – nämlich je einer Reihe von kritischen und einer von Verständnisfragen – »zu 9 von den verschiedenen Texten des Vatikanum II, die ich . . . diesem und jenem Gremium vortrug, um die die entsprechenden Antworten entgegenzunehmen . . . Nur bei Ottaviani und Parente stieß ich (im Hl. Offizium!) auf etwas düstere Gesichter«[116]. Leider auch »etwas kritisch habe ich . . . die Abendstunde bei Eminenz Bea in Erinnerung, in der ich tatsächlich überrascht war, ihn seine so gute Sache nicht auch mit einer noch besseren Theologie vertreten zu hören, und daher, wie meine Begleiter mir nachher sagten, mit einigen etwas nervösen Bewegungen reagierte«[117]. »Die in meiner Erinnerung heiterste dieser Zusammenkünfte war . . . die mit den Jesuiten auf der Zinne ihrer Gregoriana, wo ich von meinem Sitz aus bei strahlendem Herbstwetter beständig die Kuppel von St. Peter direkt vor Augen hatte und also im Strom der ausgetauschten Reden nie vergessen konnte, wo ich mich befand.«[118]

* Pilgerreise zu den Apostelgräbern

Er vergaß es nicht – wie die Fragen ausweisen, die er stellte. Sie richteten sich vor allem auf den Punkt: »Wo bleibt die *Distanz* zwischen *Christus* als dem Herrn, König und Richter und seiner *Kirche*?« Richtige Verlegenheit löste er durch seine scharfsinnige Frage aus: wenn Maria als das »Vorbild des Laienapostolats« *und* als die »Königin der Apostel« bezeichnet werde, so bedeute das doch eine »*Überordnung* des Laienapostolats über alle anderen Gestalten des Apostolats der Kirche«?! Bei diesem Rom-Besuch verbrachte Barth zudem einige Stunden in der Fakultät der »waldensischen Glaubensbrüder«. Am letzten Tag nahm er auch an einem Internationalen katholischen Theologen-Kongreß teil. Dabei »wurde ich von den Anwesenden mit Händeklatschen begrüßt . . ., mit den anwesenden Kardinälen (als wäre ich selbst dergleichen, mir fehlte aber das dazu gehörige Käppchen) persönlich vorgestellt und . . . auf gleicher Höhe mit ihnen in einem Lehnstuhl untergebracht«. Unmittelbar anschließend fand »noch eine vertrauliche Unterhaltung mit den Kollegen Rahner, Ratzinger und Semmelroth« statt, »in der ich sie bat, sich über ihre etwas divergierenden Ansichten in Sachen Mariologie vor meinen Ohren auszusprechen«[119].

»Nicht der sachliche, aber der dramatische Höhepunkt unserer Römer Tage war natürlich unser Empfang im innersten Sanktuarium der römisch-katholischen Kirche« – bei Papst Paul VI. im Vatikan, der »uns . . . buchstäblich mit ausgebreiteten Armen empfing.«[120] Er »machte mir den Eindruck eines achtungswürdigen, ja liebenswürdigen, aber irgendwie zu bedauernden Mannes. Er begann (nach einer kleinen Lobrede auf mich) mit der fast rührenden Mitteilung, wie schwer es doch sei, die ihm vom Herrn anvertrauten Schlüssel Petri zu tragen und zu handhaben«[121]. »Ich wagte es dann, . . . auch ihm die eine und andere meiner mitgebrachten Fragen vorzulegen: z. B. die nach meinem theologischen Status als einer von den ›fratres sejuncti‹*, wie wir in den Konzilsdokumenten ständig genannt werden – ob er damit einverstanden sei, daß . . . in dieser Formel das Wort ›fratres‹ zu unterstreichen sei? Er schien damit einverstanden zu sein. Auch der schwierige Punkt der Mariologie blieb nicht unberührt: der Papst hatte davon gehört, daß ich Joseph, den Nährvater Jesu, als Urbild des Wesens und der Funktion der Kirche der nachträglich zur Himmelskönigin erhobenen ancilla Domini** vorziehen möchte, und versicherte mir, er werde für mich beten, daß mir in meinem hohen Alter in dieser Sache noch tiefere Einsicht geschenkt werden möchte.« Zum Schluß der ein-

* getrennte Brüder
** Magd des Herrn

stündigen Audienz schenkte Barth dem Papst vier seiner Bücher – »hervorgeholt aus einer alten . . . Aktenmappe, die schon die Barmer Synode von 1934 mitgemacht hat«[122] – während dieser ihm ein Faksimile des Codex Vaticanus verehrte. Gleich im Anschluß an die Audienz suchte Barth die Gräber von Johannes XXIII. und Pius XII. auf. – Der Gesamteindruck, den er von dieser Reise mit heimbrachte: »Die Kirche und Theologie drüben ist in einem Maß in Bewegung geraten, das ich mir *so* nicht vorgestellt habe«[123] – und jedenfalls: »Der Papst ist nicht der Antichrist!«[124]

> In den handschriftlichen Widmungen seiner Bücher an Papst Paul war Barth noch weiter gegangen. Es war geradezu ein Stück Vorwegnahme seiner sehnlichen Hoffnung auf eine von Grund auf erneuerte und so zu einer »evangelisch-katholischen« Kirche vereinte Christenheit, wenn er in einer ihnen bekannte: »In communi servitio unius Domini Paulo sexto episcopo, servo servorum Dei, dedicavit hunc librum frater sejunctus Karl Barth« (das heißt: Im gemeinsamen Dienst des einen Herrn widmet dies Buch dem Bischof Paul VI., dem niedrigsten Diener Gottes, der getrennte Bruder Karl Barth).

Die Rom-Reise »regte mich dann wiederum an, wenigstens in Form einer kleinen Seminarübung noch einmal ein bißchen in die akademische Lehrtätigkeit zurückzukehren«[125]. Nachdem Barth wegen seiner Krankheiten seit 1964 seine verschiedenen Sozietäten hatte ausfallen lassen müssen, zeigte er nun für das WS 1966/67 wieder ein Seminar (oder wie er jetzt lieber sagte: ein »Kolloquium«) an, das samstags im neuen Theologischen Seminargebäude am Nadelberg stattfand. Die Methode der Seminarführung war nicht mehr die, die in früheren Jahren bei ihm üblich war: Einleitung mit dem Referat eines Studenten, über das dann diskutiert wurde. Sondern Barth griff jetzt auf die Methode zurück, die er 1959 neu in seinen Seminaren eingeführt hatte: »Round-Table-Konferenz mit je vier in jeder Sitzung wechselnden Teilnehmern.«[126] Thema des Seminars in diesem Winter war die Konstitution »Dei Verbum« (De Divina Revelatione*) des letzten Konzils, die Barth für besonders wichtig und im ganzen auch für gut hielt. Zur letzten Sitzung lud er den katholischen Gelehrten Joseph Ratzinger aus Tübingen ein, dem die offen gebliebenen Fragen vorgelegt wurden. Auf Bitten des Dominikaners Yves Congar aus Straßburg, dem er auch in Rom begegnet war, faßte Barth das Ergebnis des Seminars in einem »irenisch-kritischen« Aufsätzlein (»Conciliorum Tridentini et Vaticani I inhaerens vestigii?!«**) zusammen, in dem er nachwies: daß das Vaticanum II, entgegen seiner eigenen Behaup-

---

* Von der göttlichen Offenbarung
** Den Spuren des Trienter und des Ersten Vatikanischen Konzils folgend

tung, z. T. weit über das Trienter und über das 1. Vatikanische Konzil hinausgehe.

Der Abbruch der Dogmatik

In diesem Winter entschloß sich Barth dazu, aus dem unvollendeten, seit dem Abbruch der Dogmatik-Vorlesung nahezu unberührt liegen gebliebenen vierten (ethischen) Teil seiner Versöhnungslehre nun doch wenigstens »ein ausgearbeitetes Fragment« zu veröffentlichen. Der Grund dafür, gerade jetzt gerade diesen Auszug herauszugeben, lag zum einen in der Absicht, den wenigen nach einer Erneuerung der Taufpraxis Fragenden einen gewissen Beistand zu geben – speziell gegenüber den »›protestantischen‹ Kirchenregierungen in Deutschland und in der Schweiz, die auch nur von praktischen Alternativlösungen in Sachen des wahrhaftig immer deutlicher sich meldenden Problems weithin nichts wissen wollen: unter feierlicher, autoritativer Berufung auf die nun einmal gültige hochheilige Ordnung!«[127] Als Barth dann im Sommer 1968 den Eindruck hatte, daß speziell im Rheinland in dieser Weise die Säuglingstaufe verteidigt werde, rief er Präses Beckmann in einem direkten Schreiben zur Freigabe der Diskussion der gegensätzlichen Tauflehren auf und dazu, »das Kreuz, das Ihnen als Träger des leitenden Dienstes in der Kirche zweifellos auferlegt ist . . ., in der Nachfolge unseres Herrn sichtbar zu schultern, statt es als Zeichen Ihrer potestas* vor sich her zu tragen«[128]. – Der andere Grund für die Herausgabe war das sachliche Anliegen, anhand seiner Erklärung der Taufe als Verantwortlichkeitstaufe »noch einmal« grundsätzlich eben von der »der Kirche und den Christen auferlegten Verantwortung« zu reden. Denn »man redet heute so gern und viel (zu gern und zu viel) von der Gott gegenüber angeblich mündig *gewordenen Welt.* Wie es auch damit stehe: mich interessiert viel mehr als sie der Gott und der Welt gegenüber mündig *werden sollende Mensch:* der mündige Christ und die mündige Christenheit, ihr Denken, Reden und Handeln in der Verantwortung vor Gott, in ihrer lebendigen Hoffnung auf ihn, in ihrem Dienst in der Welt, in ihrem freien Bekenntnis, in ihrem Beten ohne Unterlaß«[129].

Nach Einfügung einiger neuer Exkurse wurde dieses Fragment immerhin auch ein Band von 247 Seiten. Er widmete ihn – »in großer Dankbarkeit« – seiner Frau Nelly, »mit der zusammen ich jetzt – Philemon und Baucis, wie sie im Buche stehen – einen recht harmonischen sogen. ›Lebensabend‹ feiern darf«[130]. Sie waren sich

* Amtsgewalt

in den letzten Monaten neu nahegekommen, und es war ihnen nach all dem, was war, eine Zeit geschenkt, in der sie ihr Verhältnis zueinander gnädig in einem friedlicheren Licht sehen konnten. Nelly Barth verwandte nicht nur viel Mühe auf die Pflege ihres Mannes. Sie fand auch mehr Muße zur Lektüre in seinen Werken und begleitete ihn des öfteren zu seinen verschiedenen Darbietungen.

Karl Barth wußte um die Gewagtheit der entscheidenden Thesen seiner Tauflehre. »Ich sehe voraus, daß ich mit diesem Buch, das nach menschlichem Ermessen meine letzte größere Veröffentlichung sein wird, noch einmal in der gewissen Einsamkeit auf dem theologisch-kirchlichen Plan stehen werde, in der ich ihn vor bald 50 Jahren betreten habe, daß ich mir also mit ihm einen schlechten Abgang zu verschaffen im Begriff stehe. Sei es denn! Der Tag wird kommen, an dem man mir auch in dieser Sache nachträglich Recht geben wird.«[131]

Das Buch war tatsächlich Barths »letzte größere Veröffentlichung«. Es war auch sein letztes Stück »Kirchliche Dogmatik«, das er herausgeben konnte. Und damit blieb sie nun »in dem jetzt vorliegenden Bestand trotz dessen nicht unbeträchtlichen Umfangs« – von 9185 Seiten! – »ein opus imperfectum«*: neunmal so lang wie Calvins »Institutio« und fast doppelt so lang wie Thomas von Aquins »Summa«! »Wie oft bin ich in den letzten Jahren nach dem Verbleib der einst angekündigten restlichen Teile der ›Kirchlichen Dogmatik‹ gefragt worden!« Einige der Fragenden hielten »mir das Beispiel der Taten des 85jährigen Adenauer vor«; ihnen antwortete Barth: »sie sind aber auch danach!«[132] Andere unter den Fragenden »pflegte ich dann wohl mit der Gegenfrage in Verlegenheit zu setzen: ob, in welchem Umfang und in welcher Aufmerksamkeit sie wohl das schon vorliegende Material gelesen und verarbeitet haben möchten? ... Andere erinnerte ich an die Unvollendetheit, in der die meisten theologischen ›Summen‹ und auch wichtige Dombauten des Mittelalters zurückgeblieben sind – Andere daran, wie Mozart in der Arbeit an seinem Requiem mitten in dem Satz ›Lacrimosa‹ durch sein so frühzeitig eintretendes Sterben unterbrochen wurde ... Wieder Andere endlich daran, daß ›Vollkommenheit‹ nicht nur in der Heiligen Schrift, sondern doch auch nach ›Kirchliche Dogmatik‹ II/1 der Inbegriff der Eigenschaften Gottes und also in einem menschlichen Werk besser nicht anzustreben und zu imitieren sei. Aber das waren und sind natürlich – besonders soweit es sich um jene Vergleichungen handelt, sogar ziemlich überhebliche – Ausreden, hinter denen sich die schlichte Tatsache verbarg

* unvollendetes Werk

und verbirgt, daß es mir zur Fortsetzung und Beendigung des begonnenen Werkes allmählich an der dazu nötigen physischen Kraft und auch an dem dazu unentbehrlichen geistigen Schwung zu fehlen begann . . . Für den ›späten Barth‹, der ich nun einmal bin, ist es tatsächlich zu spät, das auch noch in würdiger Weise zu leisten«[133].

So blieben nun – abgesehen vom zweiten Teil der Versöhnungs-Ethik (IV/4) – vor allem die vorgesehenen Bände (KD V) zur »Lehre von der Erlösung« (Eschatologie) unausgeführt. Einerseits meinte Barth zwar, daß schon Vieles »gerade aus dem so besonders begehrten Bereich der Eschatologie den früheren Bänden indirekt und z. T. doch auch direkt zu entnehmen sei«[134]. Andererseits aber wäre dieses Thema erst noch als Ganzes zu entfalten und im Einzelnen zu durchdenken gewesen. Ohne Zweifel, Barth hätte sich gern an diese Arbeit begeben. Er wäre an sie zu einer Zeit gekommen, in der auch sonst in der Theologie die Nachfrage gerade nach diesem Thema neu erwacht war. Er mutmaßte aber, daß er, falls er noch seine Thesen zur Eschatologie hätte vortragen können, doch auch auf diesem Feld »mindestens zunächst ebenso allein stehen« würde, »wie es mir mit den anderen Hauptthesen der Kirchlichen Dogmatik . . . ergangen ist«[135]. Er vermutete das auch im Blick auf das, was bei jener neuen eschatologischen Nachfrage vorgebracht wurde. Am wenigsten konnte er mit Teilhard de Chardin anfangen. »Immer wieder die Apologetik in der Wurzel aller Gnosis! Denn das scheint mir . . . unverkennbar, daß es sich bei Teilhard de Chardin um einen geradezu klassischen Fall von Gnosis handelt, in deren Kontext das Evangelium unmöglich gedeihen kann. Die Wirklichkeit, die da angeblich offenbar und zu glauben ist, ist . . . die Gottheit der ›Entwicklung‹.«[136] Aber auch gegenüber Moltmanns »Theologie der Hoffnung« hatte er sein Bedenken: nämlich das der »Einlinigkeit«, in der er »die ganze Theologie eben in Eschatologie aufgehen« lasse. »Das Heil kommt . . . von der Erkenntnis des ›ewig *reichen* Gottes‹.« Moltmanns »Gott kommt mir [dagegen] ein bißchen pover vor«[137]. Ebenso an Pannenberg hatte er Fragen: ob er das Haus nicht auf den »Flugsand der gestern so, heute so verlaufenden ›historischen‹ Wahrscheinlichkeitsrechnungen« baue und ob sein Christus nicht bloß »Symbol einer vorausgesetzten allgemeinen Anthropologie, Kosmologie und Ontologie« sei[138].

Wie wollte aber Barth selbst die Eschatologie auffassen? »Ich deute nur eben an: ›Alte‹ und ›neue‹ Welt sind indirekt identisch, die neue in der alten schon präsent, sofern deren Versöhnung in Jesus Christus schon geschehen ist. Was noch aussteht ist (also doch ›apokalyptische‹ Eschatologie!!) ihre Offenbarung« – ihre allgemeine, endgültige, universale Offenbarung![139] Mit anderen Worten: »Das ›ewige‹ Leben ist kein anderes, zweites hinter unserem jetzigen Leben, sondern eben *dieses,* aber in seiner uns jetzt und hier verborgenen *Kehr*seite, so wie Gott es sieht: in seinem Verhältnis zu dem, was er in Jesus Christus für die ganze Welt und so auch für uns getan hat. Wir warten und hoffen also – auch im Blick auf unsern Tod – darauf, mit ihm (dem von den Toten auferstandenen Jesus Christus) *offenbar* zu werden in der Herrlichkeit des Gerichts, aber auch der Gnade Gottes. Das wird das *Neue* sein: daß die Decke, die jetzt über der ganzen Welt und so auch über unserm Leben liegt (Tränen, Tod, Leid, Geschrei, Schmerz), weggenommen sein, Gottes (in Jesus Christus schon vollzogener) Ratschluß uns vor Augen stehen, der Gegenstand unsrer tiefsten Beschämung, aber auch unsres freudigen Dankes und Lobes sein wird. Ich sage es gern mit den Versen des alten guten Gellert:

> Dann werd' ich das im Licht erkennen,
> Was ich auf Erden dunkel sah,
> Das wunderbar und herrlich nennen,
> Was unerforschlich hier geschah,
> Dann schaut mein Geist mit Lob und Dank
> Die Schickung im Zusammenhang.«[140]

Barth sagte selbst, daß er mit seiner Kirchlichen Dogmatik keine letzten Worte gesprochen habe. Gerade das nicht! »Ich verstehe . . . die . . . ›Kirchliche Dogmatik‹ nicht als den Abschluß, sondern als Eröffnung einer neuen gemeinsamen Aussprache« – nämlich über die Frage nach der rechten Theologie[141]. Das meinte er allerdings mit seiner Dogmatik geleistet zu haben. Und so konnte er dankbar ihre Beachtung, aber auch gelassen ihre Nichtbeachtung während seiner letzten Zeit zur Kenntnis nehmen. »Wer liest sie? Ich brauche mich nicht zu beklagen: eine, soweit ich sehe, beachtliche Zahl von Pfarrern, eine gute Gesellschaft von Nicht-Theologen und . . . die Katholiken tun es. Die evangelisch-wissenschaftliche Theologie aber? Speziell die deutsche? und specialissime die systematische Theologie? . . . Ich weine über das Alles nicht die kleinste Träne.«[142] Seiner Sache gewiß, um die es ihm jedenfalls gegangen war, glaubte er angesichts auch mancher Nichtbeachtung seiner Entdeckungen ruhig sagen zu dürfen: daß seine Kirchliche Dogmatik »Zeit hat zu warten«[143]. Daß sie immerhin doch von nicht wenigen Pfarrern benutzt und gelesen wurde, bedeutete ihm eine erfreuliche Genugtuung. Gerade sie, ihre Arbeit und Aufgaben, standen ihm ja bei der Niederschrift fortwährend vor Augen. Nicht zuletzt darum war es ihm lieb, auch einige Pfarrer zu treuen Freunden zu haben wie etwa Hellmut Traub, die Schwaben Helmut Goes und Gotthilf Weber, den Pfälzer Karl Handrich und das hessische Pfarrerpaar Schwenzel, der Bayer Karl Steinbauer, die Rheinländer Werner Koch und Martin Rohkrämer, die in der DDR wirkende Hannelotte Reiffen und viele mehr.

Es war Barth in der »Dogmatik« um die Auslegung und Erklärung des Evangeliums gegangen. Und wenn etwas in ihr gut war, so konnte es seines Erachtens nur der immer neue Hinweis auf das Evangelium sein – das Evangelium, »das sich, während ich meine Pfeife rauchend in der Bibel und andern guten Büchern gelesen, über die Dinge nachgedacht und dann meine entsprechenden Expektorationen* zu Papier gebracht habe, ohne und gegen mich Luft und Raum verschafft hat«[144]. »Ja, ich erschrecke manchmal fast, wenn ich sehe, wieviel freie, unverdiente Gnade über und in meinem Leben, Tun und Wirken gewaltet hat: fast wie ein mir fremdes Geschehen – in seltsamem Gegensatz zu dem ganz unheroischen Vorgang, wie ich von Tag zu Tag und von Jahr zu Jahr . . . nur eben, und von jeher etwas keuchend, vor mich hin dachte . . ., was mir jeweils an der Reihe zu sein schien, und immer unter dem Eindruck, hinter dem, was eigentlich geschehen sollte, in weitestem Abstand zurück zu bleiben. Mich beschäftigt ja auch immer wieder der Gedanke an die sicher Vielen, deren Lebenstage im Unterschied zu den meinigen bei gleicher oder wohl noch größerer Mühe, die auch sie sich geben, im Dunkel oder Halbdunkel bleiben. ›Berühmt‹ zu werden . . ., ist ja ganz nett. Aber wer wird endlich und zuletzt ›gerühmt‹ werden und sein?«[145] Indem Barth die Entstehung seiner Dogmatik so verstand, konnte und wollte er ihre Worte in der Tat auch selber relativ sehen. »Im Himmel werden wir alles Nötige wissen und kein Papier mehr beschreiben und lesen müssen.«[146] Ja, »irgendwo auf einem himmlischen Estrich werde ich dann auch die Kirchliche Dogmatik, über deren Anwachsen sich die Engel längst gewundert haben, zum Altpapier geworden, deponieren dürfen«[147]. Entsprechend dachte er auch über das künftige Los seiner elf Ehrendoktorhüte: er werde sie gewiß »im Himmel alle an der Garderobe abzugeben« haben[148].

Die Herausgabe jenes letzten Stücks Kirchliche Dogmatik signalisierte überhaupt das Ende von größeren Produktionen Barths. Er sah das nicht ohne Wehmut. Er sah aber auch das, »daß ich ja sicher mehr Bücher geschrieben habe als irgendein lebender Theologe«[149]. Und er sah auch das, daß es nun schon »nachgerade schrecklich viel cis- und transozeanische Bücher über mich« gab: »Es ist wohl noch selten einem Theologen widerfahren, schon zu seinen Lebzeiten Gegenstand von so viel Forschung und Darstellung zu werden, wie es mir nun widerfahren ist.« »Gelegentlich kommt es mir auch vor, als läge ich als Träger einer besonders interessanten Krankheit, umgeben von zahlreichen älteren und jüngeren Feierlichkeiten in Weiß auf dem Operationstisch und habe nun mitanzuhören, was

---

* Herzensergießungen

jetzt Dieser, jetzt Jener nach dem Maß seiner Sachverständigkeit über die Beschaffenheit und Zustände meiner verschiedenen Organe und deren Ursprünge in meiner früheren Geschichte entdeckt und mitzuteilen hat.«[150] Wenn Barth sich jetzt weitgehend aus der produktiven Arbeit zurückzog, so tat er es in der Hoffnung und mit dem Wunsch, daß die nachrückenden Theologen-Generationen bei der ihnen gestellten Aufgabe gute Arbeit leisten möchten. »Sehe . . . ein Jeder zu, dasselbe, was ich versuchte, auf seinem Felde zur Ehre Gottes und seiner Nächsten noch ein bißchen, ja noch sehr viel besser zu machen als ich!«[151] Im Blick auf das Verständnis seines eigenen Werkes war es Barth wichtig, daß seine Leser und Erforscher sich klar machten, daß er in seinen Schriften wohl eine möglichst sorgfältige Gedankenarbeit, aber nie ein bloßes Gedankenspiel vollziehen wollte. »Es ist wohl gut zu bedenken, daß sie nicht nur aus meinen Studien hervorgegangen sind, sondern aus einem nun schon langen und oft nicht leichten Kampf mit mir selbst und mit den Problemen der Welt und des Lebens. Und so wollen sie, um recht verstanden zu werden, nicht nur mit theoretischem Interesse gelesen sein, sondern mit dem Versuch, teilzunehmen an dem praktischen Hören, das mich in all den zurückliegenden Jahren bewegt hat.«[152]

»Auf schmalem Raum«

Jedenfalls, mit größeren Produktionen konnte Barth fortan nicht mehr hervortreten. Es konnten sich »meine Füße jetzt in jeder Hinsicht nur noch auf schmalem Raum bewegen . . . Vorbei das Reisen, Laufen, Wandern oder gar Reiten von einst, vorbei alles Reden in größerem Kreise, vorbei die Teilnahme an Tagungen und dergl. Alles hat seine Zeit, und für mich hat alles Derartige, wie es scheint, seine Zeit gehabt«[153]. Möglich waren nur noch kleinere Schritte. Selten schrieb Barth noch einmal einen Aufsatz – wie etwa auf Ostern 1967 den Zeitungsartikel über »Das Geheimnis des Ostertages« (das in der »Existenz eines neuen, nämlich des freien Menschen« bestehe!!). Im ganzen war er jedoch »kaum mehr Produzent, wohl aber eifriger Konsument von geistigen Gütern aller Qualitäten«[154]. Er las »in einem Umfang, . . . wie es mir früher kaum vergönnt war«. Briefe schrieb er nicht mehr so gern und viel – und wenn, dann allenfalls »in Form von ausgiebigen Sendschreiben«[155]. Auch viele Besucher konnte er nicht mehr so recht vertragen, lieber einige wenige, die ihn dafür regelmäßig aufsuchten. Einer, der jetzt häufig zu ihm kam und mit dem er den Austausch schätzte, war der

seit dem Winter 1966/67 in Zürich lehrende Systematiker Eberhard
Jüngel: einer der Jungen, den Barth – wegen seines Versuchs, von
Bultmann und Ernst Fuchs herkommend, die Gotteslehre der
»Kirchlichen Dogmatik« neu zur Sprache zu bringen – hoffnungs-
voll begleitete. Im Sommersemester 1967 fühlte sich Barth kräftig
genug, wieder ein weiteres Seminar anzuzeigen: jetzt über Calvin –
gerade über ihn, weil er ihn als den ökumenischen Theologen unter
den Reformatoren präsentieren wollte, und zwar gerade über seine
Lehre vom Heiligen Geist und vom Glauben, weil er sie für das
Beste in Calvins Theologie hielt.

Als er im Juli erneut im Wallis weilte, ist ihm »im hohen Alter
noch eine sehr merkwürdige neue Freundschaft zuteil geworden –
mit dem Dichter Carl Zuckmayer nämlich, den ich . . . in Saas-Fee
aufsuchte und mit dem ich dann in eine muntere Korrespondenz
geriet.« Im Frühling des nächsten Jahres machte der Schriftsteller
einen Gegenbesuch in Basel – »und es schien ihm zwischen meinen
starrenden Bücherwänden leidlich wohl zu sein. Er ist ein Mensch.
Und er hat viele ganz ernste und viele ganz heitere Möglichkeiten«.
Weil Barth dort in den Walliser Bergen im Sommer 1967 plötzlich
schwer erkrankte – er fühlte sich selbst dem Tode nahe –, wurde
unversehens eine »nächtliche Fahrt im Krankenwagen aus einer
beträchtlichen Höhe irgendwo im Wallis hinunter direkt ins Basler
Bürgerspital« nötig[156]. Erstaunlich rasch erholte er sich aber.

Und bald beschäftigte er sich wieder eingehend mit Fragen des
Katholizismus. Er schrieb einen Zeitungsartikel gegen das Jesuiten-
Verbot in der Schweizerischen Bundesverfassung und einen Offenen Brief an einen seines Erachtens allzu forsch auftretenden jungen, progressiven katholischen Theologen, dem er zurief: »Die
Wahrheit hört . . . auf, die Wahrheit zu sein, wo sie nicht in Liebe
vertreten und ausgesprochen wird.« Wie er im Sommer im »Maria-
stein«-Kreis geredet hatte, so traf er sich jetzt zu einigen »Unterhaltungen mit einem angeregten Trupp katholischer Vikare aus Basel
und Umgebung«[157] (über eine berichtete er selber in der katholischen Zeitschrift »Orientierung«); ein andermal traf er sich zu
einem Gespräch mit dem Freiburger katholischen Theologen Adolf
Kolping und seinen Studenten. Er kam in einen Briefwechsel mit
Karl Rahner und sogar mit »Seiner Heiligkeit« Papst Paul VI., der
teils selber, teils durch Kardinal Cicognani antwortete. Als Barth
ihm die Anregung machte, den Römerbrief in einer Ausgabe des
Vatikans zu edieren, und dann erfuhr, daß das soeben schon geschehen sei, schrieb er Ende September 1968 dem Papst: er freue sich,
»daß sich auch in diesem speziellen Fall die Gedanken in Rom und
in Basel – wenn ich diese beiden Orte für einen Augenblick in einem

Atemzug nennen darf – zufällig oder nicht zufällig faktisch in derselben Richtung bewegt haben«. Ausführlich brachte Barth – mit Bezug auf die sogen. »Pillen-Enzyklika« – die Sprache auch auf das Problem der natürlichen Offenbarung, und er legte dem Papst dar, daß nach seinem Verständnis der Bibel weder das Naturgesetz noch das Gewissen als »Offenbarungsquelle« in Betracht käme. – Begreiflicherweise war das Thema des Kolloquiums während des Winters 1967/68, das »im dritten Semester meiner bescheidenen akademischen Rekonvaleszenz« stattfand[158], wieder ein katholisches: nämlich die Konstitution »Lumen Gentium« (über die Kirche) des Zweiten Vatikanums.

Am 13. Dezember verfügte er sich zu den Mennoniten auf dem Bienenberg (Baselland), um ihnen auf ein Bündel Fragen Rede und Antwort zu stehen. Er begrüßte dabei freudig das alte Täufertum mit seinem Protest gegen die »Volkskirche«, ja – »ein bißchen Pfingstlertum als Salz der Erde kann uns allen nicht schaden«. Andererseits warnte er vor ängstlicher Frömmelei: »Es kommt darauf an, daß es Menschen gibt, die in Gott lustig sind«. Was ihn an der Christenheit im ganzen heute am meisten freue, sei der Zug zur Bibel, der zur Einheit und zur Erkenntnis, daß das Christentum weder eine private noch religiöse, sondern eine *Welt*angelegenheit ist. Zur Israelfrage, die nach dem »Oktoberkrieg« (1967) nicht zuletzt auch seine Freunde in zwei Lager spaltete, bemerkte er: Man müsse wohl unterscheiden zwischen der eigenen politischen Beurteilung der Lage und der biblischen Sicht des Volkes Israel. Freilich dürfte man in der Staatsgründung Israels etwas der Landnahme unter Josua Analoges sehen und so ein Zeichen dafür, daß Gott sein Volk nicht untergehen lassen kann. »Jetzt können wirs in der Zeitung lesen: Gott hält seine Verheißung«.

Eben während dieses Winters kam es aber dann zu einer weiteren gesundheitlichen Krise bei Barth. Zunächst befand »sich meine liebe Frau Nelly . . . im Dezember 1967 plötzlich ein wenig arg nahe am Ende ihrer ein Leben lang treu und eifrig verwendeten Kräfte«[159]. Sie, die fast 75jährige, mußte für zwei Monate ins Spital, während ihr Mann zur Familie seiner Tochter umsiedelte. Von dort mußte dann aber auch er – wegen einer schweren Lungenentzündung – ins Krankenhaus eingeliefert werden. Immerhin, am 28. Februar, vier Tage nach seiner Entlassung aus dem Spital tauchte er auf dem Leuenberg »mitten in der Hügelwelt des Kantons Basel-Land« auf, um – neben Hans Urs von Balthasar – einen Vortrag zu halten: über »Kirche in Erneuerung«. Darin entfaltete er den Gedanken: »Wo die Kirche nicht in Erneuerung, nicht in . . . Reformation existierte, wo es ihr nicht wesentlich wäre, in Erneuerung zu leben . . ., da wäre sie gar nicht Kirche.« Die Zuhörerschaft war bemerkenswert: »5 römisch-katholische Bischöfe + 1 christkatholischer + die entsprechenden ›Hierarchen‹ des evangelischen Kirchenbundes + die Vertreter zwei halb-offizieller ›Gesprächs‹-Kommissionen . . . Alle waren zufrieden. Und Gottes Sonne leuchtete erstaunt, aber freundlich über dem Ganzen. Ob eigentlich das Millennium schon round the corner* ist? Daß zweimal auch Mozart gespielt und gehört wurde, könnte ein Hinweis in dieser Richtung sein. Ich empfahl den Herren Bischöfen, etwas für seine – nicht Heilig- aber Seligsprechung in Rom in Bewegung zu setzen«[160].

Auch im Sommersemester 1968 wagte Barth es, erneut ein Kolloquium in Angriff zu nehmen. Hier wollte er sich ein weiteres und letztes Mal – anhand von Schleiermachers »Reden« mit dem »Kirchenvater des 19. (und auch des 20.!?) Jahrhunderts«[161] auseinander- und zusammensetzen. Er wollte damit zugleich seinen Beitrag leisten zur Feier des 200. Geburtstages dieses Mannes – betrübt, daß sonst »die Basler Fakultät zu dem . . . Jubiläum in keiner Weise hat von sich hören lassen«[162]. In einem »Nachwort« zu einer Anthologie von Schleiermacher-Texten gab Barth dann im Sommer einen Überblick über die wechselvolle Geschichte seines Verhältnisses zu diesem großen Theologen, den er erst so begeistert begrüßt, dann so heftig kritisiert hatte, ohne doch je von ihm loszukommen, aber auch ohne seine Fragen ganz loszuwerden. Es war so, »daß ich Schleiermachers tatsächlich bei allem Gegensatz . . . wohl nie ganz ohne die Empfindung gedenken konnte, die der Doktor Bartolo in ›Figaros Hochzeit‹ so schön zum Ausdruck bringt: ›Immer sprach zu seinem Vorteil eine innere Stimme schon‹«[163]. Ja, er meinte sogar, »daß ich mir mein ›Wiedersehen‹« mit Schleiermacher im Himmel sehr »fröhlich vorstellen kann«[164].

Am Schluß des »Nachwortes« deutete Barth auch seinen – gelegentlich schon mündlich geäußerten – »Traum« an, es möchte einmal einem und vielleicht einer ganzen Zeit gegeben sein, eine »Theologie des Heiligen Geistes« auf den Plan zu führen – eine Theologie, »die ich jetzt nur noch wie einst Mose das gelobte Land von ferne ins Auge fassen« kann[165]. Er meinte eine Theologie, die nicht, wie die seine, unter dem beherrschenden Gesichtspunkt der Christologie, sondern unter dem der Pneumatologie geschrieben und in der dann die Theologie des 18. wie des 19. Jahrhunderts – nicht wiederholt und fortgesetzt, aber in ihrem Anliegen verstanden und aufgegriffen wäre.

Nach Abschluß des Semesters und jenes »Nachwortes« und dann

---

* hinter der nächsten Ecke

auch noch eines Gespräches mit Wuppertaler Studenten unter Leitung ihres Professoren Fangmeier fühlte sich Barth sehr elend. Er litt an schweren Depressionen. Er konnte mitunter wohl etwas ironisch sagen: er sei nun eigentlich »neugierig . . ., zu erfahren, was ›der ewig reiche Gott‹ mit diesem Restbestand meiner Existenz noch . . . vorhaben möchte«[166]. Am 21. August, am Tag des russischen Einmarsches in Prag, wurde Barths Leben, das durch eine Darmverschlingung plötzlich ernstlich bedroht war, durch eine rasch unternommene Operation noch einmal gerettet – »eine ziemlich grimmige Sache«, die durch eine Lungenentzündung noch kompliziert wurde. Verhältnismäßig bald, aber doch reichlich »ermüdet und immer noch kränklich« kehrte er im September heim. Er konnte nun nicht mehr daran denken, sein im Winter geplantes Kolloquium – über seine eigene Erwählungslehre (KD II/2)! – durchzuführen. Er konnte auch nicht daran denken, Ende Oktober nach Darmstadt zu reisen, »wo ich – nicht Ebeling, nicht Fuchs, überhaupt kein Hermeneutiker und auch kein Kybernetiker mit ihren Reden vom ›Sprachgeschehen‹ – einen ›Sigmund Freud-Preis‹ (auch das noch!) zum Lob der ›Sprachkraft meiner wissenschaftlichen Prosa‹ entgegennehmen sollte«[167]. Die Ehrung freute ihn auch so – ebenso wie seine kurz zuvor erfolgte Erhebung zum »Membre Associé de l'Académie des Sciences Morales et Politiques de l'Institut de France«.

»*Das letzte Wort – ein Name*«

Möglich war Barth hingegen noch allerlei Lektüre – er stieß da z. B. auf ein von Wilhelm Dantine und Kurt Lüthi (»N. B. bei Christian Kaiser veröffentlichtes«) Buch, »in welchem die tiefsinnige Frage: ›Ist Barth überholt?‹ unter den verschiedensten Gesichtspunkten ventiliert wird«[168]. Möglich waren ihm sogar noch einige kleine neue Produktionen: Für eine französische Zeitschrift beantwortete er die Frage, was ihm Jesus bedeute? – nämlich mit dem eigenartigen Bekenntnis: »Jesus Christus ist für mich genau das (nicht mehr und nicht weniger und nichts Anderes als das), was er für die von ihm zusammengerufene und beauftragte Kirche . . . immer und überall – und laut der ihr anvertrauten Botschaft für alle Menschen, für die ganze Welt war, ist und sein wird.«[169] Sodann besprach er Tonbänder für zwei Anfang 1969 im Schweizer Rundfunk geplante Sendungen: auf dem einen gab er Eindrücke und Bemerkungen als Hörer der »Katholischen und evangelischen Predigten am Radio« zum Besten, auf dem anderen gab er Auskunft über sein Verständnis des

2 *Das letzte Bild des 82jährigen Karl Barth, aufgenommen am 6. Dezember 1968 an seinem Arbeits-*
atz. »Es wird dann im Licht der Gnade Alles sehr hell werden und sein, was jetzt dunkel ist.«

Begriffs des »Liberalen« und speziell der »liberalen Theologie«; er
faßte ihn so, daß er kühn antworten konnte: »ich bin selber auch
liberal – und vielleicht sogar liberaler als die, die sich . . . Liberale
nennen«[170]. Ferner ließ er sich einladen, bei einer Mitte November
gleichfalls im Schweizer Rundfunk ausgestrahlten Sendung in der
Reihe »Musik für einen Gast« mitzuwirken. Er wünschte sich
ausschließlich Mozart und plauderte zwischendurch über seinen
Lebenslauf. Er schloß mit den Sätzen: »Das letzte Wort, das ich als
Theologe und auch als Politiker zu sagen habe, ist nicht ein Begriff
wie ›Gnade‹, sondern ist ein Name: Jesus Christus. *Er* ist die Gnade,
und *er* ist das Letzte, jenseits von Welt und Kirche und auch von
Theologie . . . Um was ich mich in meinem langen Leben bemüht
habe, war in zunehmendem Maße, diesen Namen hervorzuheben
und zu sagen: dort! Es ist in keinem Namen Heil, als in diesem
Namen. Dort ist denn auch die Gnade. Dort ist auch der Antrieb zur
Arbeit, zum Kampf, auch der Antrieb zur Gemeinschaft, zum
Mitmenschen. Dort ist alles, was ich in meinem Leben in Schwachheit und in Torheit probiert habe. Aber dort ist's.«[171] Und dann
wünschte er sich, daß ihm der Schluß der »Missa brevis« in D-Dur
gespielt werde: Agnus Dei, qui tollis peccata mundi, miserere nobis,
dona nobis pacem!*

Eben von Mozart, aber auch von Thomas Mann und Friedrich
Schiller war viel die Rede, als Ende November der Schriftsteller
Albrecht Goes bei Barth einkehrte: der Bruder des ihm seit Jahren
wohlbekannten schwäbischen Pfarrers Helmut Goes. Am 3. De-
zember bekam er den Besuch des katholischen Professors Johannes
Feiner, der ihm die Bitte überbrachte, Mitte Januar 1969 anläßlich
der ökumenischen Gebetswoche in der Paulusakademie in Zürich
vor einem Forum von katholischen und reformierten Christen einen
Vortrag zu halten. Ihn lockte die Aufgabe. Er wählte spontan das
Thema »Aufbrechen – Umkehren – Bekennen« und machte sich
sogleich an die Erarbeitung des Vortrags, in dem er vor allem ein
Wort zur Verständigung – nicht so sehr zwischen den Kirchen,
sondern zwischen den »Progressiven« und »Konservativen« in den
verschiedenen Kirchen sagen wollte. Er verstand die drei Begriffe
des Titels als charakteristisch für die »eine Bewegung, in der sich die
Kirche befindet«[172]. Zu dieser Bewegung gehört nach ihm einerseits
immer die Zuwendung zu einem Neuen und damit die Abwendung
von einem Alten, wobei aber alles Suchen nach dem Neuen nicht
auf eigene Faust geschehen und alles Nein zum Bisherigen stets nur
ein »freundliches und fröhliches Nein« sein kann. Zu dieser Bewe-

---

* Lamm Gottes, das du trägst die Sünden der Welt, erbarme dich unser, gib uns Frieden!

gung gehört zugleich aber auch immer die Umkehr zurück zu einem
»Alten«, das jedoch mit keiner vergangenen Epoche identisch ist,
sondern einzig mit Jesus Christus, der freilich als solcher auch »der
Neue« ist und der einen so allerdings zur Dankbarkeit gegenüber
den vergangenen Zeiten ermuntert. Unterbrochen wurde die Arbeit
durch die Lektüre in Gertrud Lendorffs Büchern, die im älteren
Basel spielen.

Am 7. Dezember hatte er abends seinen Assistenten und dessen
Frau bei sich. Wie an so vielen Abenden in der letzten Zeit wurden
jetzt ein, zwei Predigten aus der allerersten Safenwiler Zeit vorgelesen, hierauf Mozart gehört und dazu Pfeife geraucht und Wein
getrunken; und zum Schluß wurden gemeinsam Adventschoräle
gesungen, und er selbst stimmte allein ein paar der in früher
Kindheit gelernten geistlichen Kinderlieder von Abel Burckhardt an
– eines, in dem der »Herr Jesus« gelobt wird, weil er seine
»Schefli . . . gryslig lieb« habe, und ein anderes, in dem es heißt:

Jetzt schlof i frehlig y;
's isch hitte luschtig gsi,
Der lieb Gott het recht an mi denkt . . .

Am 8. Dezember – es war der zweite Advent – hörte er dankbar
eine katholische Rundfunkpredigt aus Anlaß von Mariä Empfäng-
nis. Den übrigen Tag verbrachte er mit seiner Frau bei Zellwegers
und besuchte von dort aus, wie an jedem Sonntag von Max Zellweger geführt, Charlotte von Kirschbaum in ihrem Pflegeheim. Unterwegs sprach er seltsam viel von seinem Tode und wünschte gar
Einzelheiten seines Begräbnisses zu besprechen. Am Montag, 9.
Dezember, arbeitete er den Tag hindurch weiter an seinem Vortrag.
Er war noch immer an dieser Arbeit, als er abends gegen neun Uhr
von zwei Telefonanrufen unterbrochen wurde. Der eine, der sich
meldete, war sein Patensohn Ueli Barth, dem er einen Liedvers
zitierte, der trostvoll auf die christliche Hoffnung hinweist. Der
andere, der noch zu so später Stunde sich mit ihm unterhalten
wollte, war sein ihm seit über 60 Jahren treu verbundener Freund
Eduard Thurneysen. Sie sprachen über die dunkle Weltlage. Da
sagte Barth: »Aber nur ja die Ohren nicht hängen lassen! Nie! Denn
– ›es wird regiert‹!*« Als er von jenen Telefongesprächen erreicht
wurde, hatte er in seinem Vortragsentwurf gerade einige Sätze
geschrieben, in denen davon die Rede war, daß in der Kirche immer
auch auf die im Glauben vorangegangenen Väter zu hören ist. Denn
»›Gott ist kein Gott der Toten, sondern der Lebendigen‹. ›Ihm leben
sie alle‹ – von den Aposteln bis zu den Vätern von vorgestern und

---

* Ein Wort Christoph Blumhardts

103 Das letzte Stück seines letzten Vortrags, verfaßt am Abend des 9. Dezember 1968. In der folgenden Nacht starb er. Die Niederschrift bricht mitten im Satz ab.

gestern.«[173] Barth griff die mitten im Satz abgebrochene Niederschrift nun nicht mehr auf, sondern verschob die Fortsetzung auf den nächsten Tag. Aber er erlebte den anderen Tag nicht mehr. Er war irgendwann mitten in der Nacht unvermerkt gestorben. Er lag da wie schlafend. Die Hände waren unverkrampft gefaltet vom Nachtgebet. So fand ihn am nächsten Morgen seine Frau, während im Hintergrund eine Platte Mozart-Musik spielte, mit der sie ihn nichtsahnend hatte wecken wollen.

Wenig vorher hatte er in einem Brief geschrieben: »Im Rückblick habe ich mich über niemand und nichts ernstlich zu beklagen: es wäre denn mein eigenes Versagen heute, gestern, vorgestern und vorvorgestern – ich meine mein Versagen in der rechten Dankbarkeit. Vielleicht habe ich noch schwere Tage vor mir und in irgendeiner Nähe oder Ferne sicher meinen Todestag. Was bleibt mir schon übrig, als mir im Blick auf den gestrigen Tag und alle, die ihm vorangingen, und wieder im Blick auf die, die ihm noch folgen mögen, und schließlich auf jenen sicher kommenden letzten Tag unablässig vorzuhalten und einzuprägen: ›Vergiß nicht, was Er dir Gutes getan hat!‹«[174] Dazu hatte Barth in seinem Konzept die Sätze gesetzt, die aber dann nicht in jenen Brief hineinkamen: »Was weiß ich, ob ich leicht oder schwer sterben werde? Ich weiß nur, daß auch mein Sterben zu meinem Leben gehören ... wird ... Ich werde dann – das ist ja unser Aller Bestimmung, Grenze und Ziel – nicht

mehr ›dasein‹, wohl aber in und mit meinem ganzen ›Dasein‹ mit
Allem, was ich an wirklich Gutem und wirklich Bösem gedacht,
gesagt und getan, mit Allem, was ich an wirklich Schwerem erlitten
und an wirklich Schönem erfahren habe, offenbar werden – vor dem
Richterstuhl Christi nämlich, vor dem ich gerade nur als der Versa-
ger, der ich im Ganzen zweifellos war, gerade nur . . . laut seiner
Verheißung als peccator justus* werde bestehen können, aber
gerade so bestehen werde. Es wird dann . . . im Licht der Gnade
Alles sehr hell werden und sein, was jetzt dunkel ist.«

Am 13. Dezember wurde Karl Barth auf dem Basler Hörnli-
Friedhof beigesetzt. Bei der Bestattungsfeier, an der die Familien-
angehörigen und der engste Freundeskreis teilnahmen, redeten sein
letzter Gemeindepfarrer vom Bruderholz und sein letzter Assistent,
und am Grab sagten seine Söhne Markus und Christoph einige
Bibelworte. Am 14. Dezember fand im übervollen Basler Münster
eine Gedenkfeier statt, die gleichzeitig im Rundfunk übertragen
wurde. Hier sprachen der Dekan der theologischen Fakultät Max
Geiger und der Basler Regierungsratspräsident Lukas Burckhardt,
ferner: als Vertreter der deutschen Kirchen und Universitäten Helmut Gollwitzer, als Vertreter der Kirchen Osteuropas Joseph Hromádka, als katholischer Theologe Hans Küng, als Vertreter der
jüngsten akademischen Generation Eberhard Jüngel und als Vertreter des Ökumenischen Rates der Kirchen Willem A. Visser't
Hooft. Ihre Gedenkworte wurden unterbrochen durch den Vortrag
des ersten Satzes von Mozarts Flötenkonzert in G-Dur. Dem allem
voran aber standen die Worte des Psalms 103, die der Münsterpfarrer Werner Pfendsack verlas: »Lobe den Herrn, meine Seele, und
was in mir ist, seinen heiligen Namen! Lobe den Herrn, meine Seele,
und vergiß nicht, was er dir Gutes getan hat!« Und das alles wurde
abgeschlossen mit dem gemeinsamen Gesang des Liedes »Nun
danket alle Gott«, in welchem Karl Barth besonders immer den
zweiten Vers mit seiner Anrufung des »ewig reichen Gottes« ge-
schätzt hatte und in dem es schließlich heißt:

Lob, Ehr und Preis sei Gott
dem Vater und dem Sohne
und Gott dem Heilgen Geist
im höchsten Himmelsthrone.
Ihm, dem dreieinen Gott,
wie er im Anfang war
und ist und bleiben wird,
ihm danket immerdar.

* ein gerechtfertigter Sünder

Anmerkungen

Zitate, bei denen kein Autor angegeben ist, stammen von Karl Barth. Die Nachweise von Zitaten aus seinen gedruckt vorliegenden Werken sind so kurz wie möglich gefaßt; häufiger zitierte Werke, Namen, Zeitschriften usw. werden dabei in der unten angegebenen Weise abgekürzt. Zitate aus den noch ungedruckten Briefen und anderen Schriften Barths folgen dem Wortlaut der im Basler Barth-Archiv liegenden Kopien oder Originale; bei den Nachweisen von Zitaten aus Briefen ist jeweils das Briefdatum angegeben, doch ohne Nennung des Jahrhunderts (z. B. 13. 3. 55 = 1955).

Allgemeine Abkürzungen

Antwort	Festschrift für Karl Barth zum 70. Geburtstag, 1956
Br.	Brief
C.B.	Christoph Barth
Ch.v.K.	Charlotte von Kirschbaum
CW	Christliche Welt
EvTh	Evangelische Theologie
FS	Festschrift
KRS	Kirchenblatt für die reformierte Schweiz
M.B.	Markus Barth
M.Z.	Max Zellweger-Barth
Moltmann	»Anfänge der Dialektischen Theologie«. Theol. Bücherei 17, München 1963, hg. von J. Moltmann.
Nekr	gedruckt vorliegende Nekrologe
RGG	Lexikon für Religion in Geschichte und Gegenwart, 3. Aufl.
StdG	Stimme der Gemeinde
Th.	Eduard Thurneysen
ThExh	Theologische Existenz heute
ThSt	Theologische Studien
ZThK	Zeitschrift für Theologie und Kirche
ZZ	Zwischen den Zeiten

Abkürzungen von Werken Barths

ABT		Autobiographische Texte:
	I	(Autobiographische Skizze). Fakultätsalbum der Ev.-theol. Fakultät Münster, 1927
	II	Lebenslauf. In: Schweizer Köpfe, 1945
	III	(Autobiographische Skizze). Fakultätsalbum der Ev.-theol. Fakultät Bonn, 1946
	IV	Selbstdarstellung, 1964
	V	(Der Anfang der 1966 begonnenen Memoiren Barths)
	VI	How my mind has changed I – 1928–38 (zitiert nach: Der Götze wackelt, hg. von K. Kupisch, 1961, 181 ff.)
	VII	How my mind has changed II – 1938–48 (nach: Der Götze wackelt, 190 ff.)
	VIII	How my mind has changed III – 1948–58 (nach: Der Götze wackelt, 200 ff.)

IX		Rückblick. In: Das Wort sie sollen lassen stehn. Festschrift für Albert Schädelin, 1950, 1 ff.
BwBu		Briefwechsel Karl Barth – Rudolf Bultmann, 1922–1966, 1971
BwTh*		Briefwechsel Karl Barth – Eduard Thurneysen, 1914–1925. Siebenstern-TB 71, 1966
BwTh I		Briefwechsel Karl Barth – Eduard Thurneysen, 1913–1921, 1973
BwTh II		Briefwechsel Karl Barth–Eduard Thurneysen, 1921–1930, 1974
CD		Prolegomena zur Christlichen Dogmatik. Die Lehre vom Worte Gottes, 1927
GA		Gesamt-Ausgabe, erscheint seit 1971 im TVZ-Verlag Zürich
Gespr.		Gespräche (Stenogramme oder Tonbandaufnahmen von »Gesprächen« K. Barths mit diversen Gruppen)
	I	in Stuttgart, März 1954
	II	mit Pfälzer Pfarrern und Laien, September 1953
	III	mit christlichen Buchhändlern in Flims, 24. 6. 62
	IV	mit der württembergischen Bruderschaft, 15. 7. 63
	V	mit Göttinger Studenten, 12. 10. 63
	VI	mit rheinischen Jugendpfarrern, 4. 11. 63
	VII	mit Tübinger Studenten, 2. 3. 64
	VIII	mit Wuppertaler Studenten, 1. 7. 68
	IX	mit den Methodistenpredigern der Schweiz, 16. 5. 61
	X	mit Vertretern der Pietisten, 6. 10. 59
KD		Kirchliche Dogmatik, erschienen seit 1932
Kirchenkampf		Karl Barth zum Kirchenkampf. Beteiligung – Mahnung – Zuspruch. ThExh NF 49, 1956
LZ		Letzte Zeugnisse, 1969
Nachwort		»Nachwort«. Zu: Schleiermacher-Auswahl. Siebenstern-TB 113/114, 1968
Pred.		Predigtsammlungen
	I	Suchet Gott, so werdet ihr leben!, 1917, 2. Aufl. 1928
	II	Komm, Schöpfer Geist!, 1924
	III	Die große Barmherzigkeit, 1935
	IV	Fürchte dich nicht!, 1949
	V	Den Gefangenen Befreiung, 1959
	VI	Rufe mich an!, 1965
Prot. Theol.		Die protestantische Theologie im 19. Jahrhundert. Ihre Geschichte und Vorgeschichte, 1947
Protokoll		Sitzungsprotokolle der Kirchenpflege Safenwil (erstellt von K.B.)
Röm. I		Der Römerbrief, 1919
Röm. II		Der Römerbrief, 2. Aufl. 1922
Vortr.		Vortragssammlungen
	I	Das Wort Gottes und die Theologie, 1924
	II	Die Theologie und die Kirche, 1928
	III	Theologische Fragen und Antworten, 1957
	IV	Eine Schweizer Stimme 1938–45, 1945, 2. Aufl. 1953
	V	Der Götze wackelt, hg. von K. Kupisch, 1961

KAPITEL I

1. ABT I	6. ABT V
2. ABT II	7. ABT II
3. ebd.	8. ABT V
4. ABT V	9. Nekr. Sara Barth
5. Nekr. F. A. Barth	10. ABT V

11. F. Barth, Christus unsere Hoffnung, 1913, 325
12. ebd. VI
13. ABT II
14. Br. an E. Sartorius, 2. 1. 49
15. ebd.
16. ABT V
17. Br. an G. Merz, 5. 10. 48
18. Nachwort, 292
19. ABT V
20. Br. an E. Sartorius, 4. 6. 49
21. ABT II
22. ABT V
23. Vortr. »Der 3. Aug. 1833«, 1. 5. 01
24. ABT V
25. ebd.
26. Br. an Th., 22. 9. 31
27. Br. an Th., 26. 5. 28
28. Nekr. Anna Barth-Sartorius
29. ABT II
30. Prot. Theol., 124
31. ebd.
32. W. A. Mozart 1756/1956, 1956, 48 f.
33. Br. an W. Kaegi, 2. 1. 44
34. Br. an H. Barth, 3. 3. 55
35. Pred. IV, 300
36. Br. an Renate Barth, 18. 3. 56
37. ABT V
38. Br. an E. Sartorius, 5. 8. 55
39. ABT V und Br. an E. Sartorius, 1. 1. 48
40. Br. an E. Rickli, 21. 3. 50
41. KD IV/2, 125
42. Nachwort, 295
43. Gespr. IX
44. ABT I
45. Gespr. VIII
46. ABT II
47. ABT I
48. Br. an Dora Scheuner, 20. 6. 40
49. Nekr. Anna Barth
50. Br. an Daniel Barth, 6. 4. 60
51. Interview mit H. Fischer-Barnicol, 1964
52. F. Barth, Christus unsere Hoffnung, 4
53. Br. an G. Lindt, 17. 7. 40
54. Br. an G. Lindt, 30. 12. 39
55. Br. an G. Lindt, 17. 8. 44
56. Pred. V, 64
57. Br. an G. Lindt, 11. 5. 42
58. Dankesworte. In: EvTh 1966, 169
59. Br. an C. B., 14. 4. 49
60. Philosophie und Theologie. In: FS für H. Barth, 1960, 106
61. Br. an seine Familie, 13. 8. 47
62. Pred. V, 151 f.
63. Gesprek over Rome-Reformatie. In: Libertas ex veritate, 1965
64. Moltmann I, 40
65. ABT I
66. ABT II
67. A. von Tavel, 70 Jahre Freies Gymnasium, 1934, 129
68. ebd. 70
69. ABT I
70. Br. an G. Pfister, 29. 11. 41
71. Br. an E. Huber, 14. 1. 51 und an Fam. Zellweger, 29. 6. 47
72. Br. an Marie-Claire Barth, 22. 3. 59
73. Br. an Marie-Claire Barth, 14. 2. 60
74. ABT I
75. ABT II
76. W. A. Mozart, 7 und LZ, 17
77. ABT I
78. ABT II
79. ABT I
80. ABT V
81. »An meine Freunde in Japan«, Frühjahr 1956
82. Br. an C.B., 28. 4. 56
83. ABT IX, 1
84. Br. an W. Spoendlin, 4. 1. 28
85. ABT I
86. Vgl. Anm. 23
87. Br. an E. Sartorius, 7. 8. 41
88. Br. an A. v. Erlach, 21. 2. 42
89. ABT I
90. ABT V
91. ebd.
92. Nekr. Johanna Sartorius
93. Nekr. Elisabeth Sartorius
94. ABT V
95. Br. an die Eltern (1899?)
96. Br. an E. Rickli, 21. 3. 50
97. Die Lehre vom Worte Gottes, 1927, IX
98. Vgl. Anm. 23
99. ABT V
100. Br. an die Großmutter, 24. 12. 03 (?)
101. Br. an E. Sartorius, 2. 1. 44
102. Br. an M. Feldmann, 16. 9. 50
103. Br. an E. Huber, 14. 1. 51
104. ABT I
105. LZ, 16
106. Vgl. Anm. 103
107. ABT I
108. ABT II

109. Br. an H. Scholz, 24. 5. 53
110. Gespr. VIII
111. ebd.
112. Br. an Anna Barth-Sartorius (1899?)
113. ABT I
114. ABT II
115. ABT I
116. Nekr. Anna Barth
117. Br. an Anna Barth-Sartorius (1899?)
118. E. Bethge, D. Bonhoeffer, 1967, 217
119. Br. an A. Hirzel, 22. 7. 57
120. Br. an M.B., 27./29. 11. 63
121. Vgl. Anm. 119
122. Br. an G. Bohnenblust, Juli 1953
123. ABT IX, 1 f.
124. ABT II
125. Vgl. Anm. 122
126. ABT IV
127. Br. an J. Jaggi, 1. 8. 51
128. ABT IX, 3
129. F. Barth, in: Vorwort z. 2. Aufl. von: R. Aeschbacher, Seid Täter des Wortes, 1910, Vff.
130. ABT I
131. Vgl. Anm. 127
132. Systematische Theologie. In: Lehre und Forschung an der Universität Basel, 1960, 35 f.
133. ABT I
134. Vgl. Anm. 132
135. Vgl. Anm. 127
136. ABT III
137. Br. an die Eltern, 11. 7. 04
138. Br. an H. Petersen, 21. 7. 60
139. ABT I
140. ebd.

KAPITEL II

1. ABT I
2. ebd.
3. Interview mit H. Fischer-Barnicol, 1964; ABT IV und Nachwort, 290
4. ABT IV
5. Nachwort, 290 f.
6. Interview mit H. Fischer-Barnicol, 1964
7. Vgl. Anm. 5
8. ABT IV
9. Vgl. Anm. 6
10. Nachwort, 291
11. Vgl. Anm. 6
12. ABT IV

13. ABT I
14. Nachwort, 290
15. ABT I
16. Predigt 13. 10. 12
17. ABT I
18. Br. an W. Spoendlin, 16. 11. 04
19. Wunschzettel an K. Barths Großmutter
20. Br. an W. Spoendlin, 28. 11. 04
21. ebd.
22. Br. an A. Koechlin, 5. 1. 45
23. Br. an L. Christ, 27. 10. 51
24. Brief an Oskar Farner zum 70. Geburtstag. In: O. Farner, Erinnerungen, 1954, 111
25. KD IV/3, IX
26. E. Thurneysen zum 60. Geburtstag. In: Basler Nachrichten, 11. 7. 68
27. P. Gruner, Menschenwege und Gotteswege, 1942, 170
28. Br. an C.B., 11. 7. 42
29. ABT I
30. BwTh II, 288
31. ebd.
32. ABT I
33. Nachwort, 290 f.
34. Br. an Agnes von Zahn, 23. 12. 35
35. KD I/2, 734
36. Vgl. Anm. 34
37. Br. an E. Scholz, 6. 1. 57
38. Nachwort, 291
39. Vgl. Anm. 34
40. ABT I
41. Vgl. Anm. 6
42. Vgl. Anm. 34
43. ABT IV
44. Nachwort, 290
45. Nachwort, 291
46. Vortr. II, 240
47. Feuille Centrale de la société suisse de Zofingue, 48. Jg., 279 f.
48. Br. an W. Spoendlin, 11. 6. 07
49. Br. an R. Pestalozzi, 30. 12. 49
50. Br. an G. Dalsgaard, 28. 7. 56
51. LZ, 17 f.
52. Br. an G. Dehn, 13. 9. 62
53. Br. an W. Spoendlin, 29. 5. 06
54. Br. an G. Dalsgaard, 14. 2. 60
55. Br. an K. Huber, 13. 12. 48
56. Br. an G. Dalsgaard, 19. 5. 43
57. Gespr. VII
58. ABT I
59. ABT V

60. ABT I
61. Gespr. VII
62. ABT I
63. Gespr. VII
64. ABT I
65. Gespr. VII
66. Br. an W. Spoendlin, 6. 1. 08
67. ABT I
68. Br. an W. Spoendlin, 4. 11. 07
69. Gespr. VII
70. ABT I
71. Br. an A. Graf, 18. 3. 55
72. Br. an W. Spoendlin, 21. 6. 08
73. ABT I
74. Vortr. II, 265
75. ebd. 240
76. ABT I
77. Gespr. VIII
78. ABT I
79. Vortr. II, 265
80. ebd. 267
81. Interview mit H. Fischer-Barnicol, 1964
82. ebd.
83. Vortr. II, 279
84. Vgl. BwTh II, 386
85. Br. an W. Spoendlin, 21. 6. 08
86. ABT I
87. Br. an W. Spoendlin, 11. 8. 08
88. ABT I
89. ABT II
90. Br. an J. Rathje, 27. 4. 47
91. Br. an Dora Rade, 7. 4. 40
92. Br. an M. u. Dora Rade, 7. 10. 39
93. ABT I
94. Aus einem Teller. In: Gemeinde-Blatt Genf, 1909, Nr. 32
95. ABT I
96. Vgl. Anm. 26
97. Br. an W. Jannasch, 28. 11. 49
98. ABT I
99. KD IV/1, 427
100. ABT I
101. In: ZThK 1909, 319 f.
102. Vortr. II, 279
103. ABT IV
104. Vgl. Anm. 90
105. ABT II
106. Vortr. II, 241
107. Br. an W. Spoendlin, 12. 11. 09
108. ABT I
109. Christ ist geboren! In: Gemeinde-Blatt Genf, 1909, Nr. 33

110. Predigt 3. 7. 10
111. ABT I
112. Predigt 9. 7. 11
113. Etwas über die Kirche. In: Gemeinde-Blatt Genf, 1910, Nr. 39
114. Br. an F. J. Leenhardt, 14. 2. 59
115. Br. an A. Keller, 20. 5. 56
116. Predigten 14. 4. 11; 7. 8. 10; 1. 1. 10; 3. 6. 08; 3. 7. 10; 22. 5. 10; 1. 1. 10; 22. 5. 10; 30. 10. 10; 1. 1. 10.
117. Vgl. Anm. 113
118. Pour la dignité de Genève. In: Basler Nachrichten, 1911, Nr. 119
119. Konfirmanden-Abende. In: Gemeinde-Blatt Genf, 1910, Nr. 37
120. Br. an W. Spoendlin, 26. 1. 10
121. Gott im Vaterland. In: Gemeinde-Blatt Genf, 1910, Nr. 38
122. John Mott und die christl. Studentenbewegung. In: Zofinger Zentralblatt, 1910/11, Nr. 6
123. Nachwort, 292. Vgl. Tagebuch, 29. 8. 09: »Beutezug in Großvaters Bibliothek«
124. Nachwort, 292
125. Br. an H. Thielicke, 7. 11. 67
126. ABT I
127. KD IV/1, 316
128. Der christliche Glaube und die Geschichte. In: Schweizer Theologische Zeitschrift, 1912, 70. 72
129. ABT I
130. Vorträge von John Mott. In: Basler Nachrichten, 1911, Nr. 47; vgl. Anm. 122
131. Vgl. Anm. 118 und: Wir wollen nicht, daß dieser über uns herrsche! In: KRS 1911, Nr. 21
132. Über die Grenze! Predigt April 1917, 11
133. Wir wollen nicht . . .
134. Br. an W. Spoendlin, 19. 6. 11

KAPITEL III

1. ABT I
2. Br. an einen Pfarrer, 1. 4. 40
3. BwTh I, 375
4. E. Thurneysen, BwTh*, 18 f.
5. ABT II
6. ABT I
7. ABT II

8. LZ, 19
9. E. Thurneysen, BwTh*, 19.28
10. BwTh I, 188
11. BwTh I, 223
12. Vgl. Anm. 9
13. Protokoll 4. 9. 12
14. ebd. 27. 7. 11 (Nachtrag)
15. Predigt 22. 9. 12
16. Interview mit H. Fischer-Barnicol, 1964
17. Nachwort, 293
18. Predigt 3. 12. 11
19. Vgl. Anm. 15
20. Homiletik, 1966, 98
21. Predigten 5. 4. 12; 29. 9. 12; 29. 1. 11; 20. 8. 11
22. BwTh I, 176
23. Br. an einen Pfarrer, 17. 9. 53
24. BwTh I, 61
25. ebd. 269 f.
26. ebd. 393; vgl. 238
27. Protokoll 28. 8. 18
28. Vortr. V, 113
29. ThExh 37, 29 f.
30. BwTh II, 341
31. Br. an W. Spoendlin, 25. 11. 10
32. J. Fangmeier, Erziehung in Zeugenschaft, 1964, 25
33. BwTh I, 271
34. Protokoll, 29. 12. 11; 31. 3. 14
35. Protokollbuch d. aarg. Kirchenrates 24. 3. 20
36. BwTh I, 258
37. ebd. 220
38. ebd. 361
39. BwTh II, 144; I, 357
40. ebd. I, 30
41. BwTh II, 232
42. Gespr. IV
43. Br. an E. Wilhelm, 27. 4. 60
44. Vgl. Protokoll 9. 6. 16; BwTh I, 142
45. Generalbericht d. ev.-ref. Kirche d. Kt. Aargau, 1921, 14
46. BwTh I, 80
47. Gesprek over Rome-Reformatie. In: Libertas ex veritate, 1965; BwTh I, 217 und Br. an Pfr. Grolimund, 8. 1. 34
48. ABT I
49. Prof. D. F. Barth, Bern, 1912, 9
50. M. Lauterburg, Vorwort zu: F. Barth, Christus unsere Hoffnung, XVII
51. BwTh I, 26
52. Nachwort, 292
53. ABT I und Nachwort, 292
54. Kirchen- und Dorfgeschichte von Safenwil, 1966, 48
55. F. Barth, Christus unsere Hoffnung, 19 f.
56. Br. an Peter Barth, 29.8.12
57. Vortrag »Evangelium und Sozialismus«, 1. 2. 14
58. BwTh I, 21
59. Gespr. IV
60. BwTh I, 3
61. Br. an W. Spoendlin, 20. 6. 13
62. BwTh I, 84
63. E. Thurneysen zum 60. Geburtstag. In: Basler Nachrichten, 11. 7. 48
64. ABT I
65. E. Thurneysen, In: BwTh*, 18
66. E. Thurneysen, BwTh I, 524
67. BwTh II, 406
68. BwTh I, 85
69. BwTh II, 614
70. Vgl. Anm. 63
71. Vgl. Anm. 65
72. Lebendige Vergangenheit. In: FS für E. Thurneysen z. 70. Geb., 1958, 12 f.
73. ebd.
74. Geleitwort. In: E. Thurneysen, Das Wort Gottes und die Kirche, 1971, 227 ff.
75. BwTh I, 212
76. ebd. 158
77. G. Merz, Wege und Wandlungen, 1961, 254 f.
78. Br. an K. L. Schmidt, 14. 4. 39
79. BwTh I, 86
80. ABT II
81. BwTh I, 144, 192
82. ebd. 159
83. ebd. 232
84. Nachwort, 293
85. Vgl. Anm. 16
86. KD I/1, 75
87. KD II/1, 714
88. Reformierte Theologie in der Schweiz. In: FS für G. C. Berkouwer, 1965, 36
89. Br. an H. Schädelin, 20. 12. 61
90. ABT IX, 3 f.
91. Nachwort, 293
92. KD I/1, 275
93. Bericht von der XV. Aarauer Studenten-Konferenz, 1911, 3
94. ABT IX, 2
95. Nekr. M. Gerwig 1965, 8

96. KD IV/3, IX
97. BwTh I, 70
98. Br. an W. Spoendlin, 22. 12. 13
99. »Die Hilfe« 1913. In: CW 1914, 777
99a. Predigten 1914. GA Reihe I, 1974, 365 f. 168. 23. 241. 42. 47. 193
100. Homiletik, 1966, 98
101. ABT II
102. Nachwort, 293
103. Br. an W. Spoendlin, 4. 1. 15
104. ABT I
105. ABT IX, 4
106. Vgl. Anm. 102
107. BwTh I, 19
108. Vgl. Anm. 102
109. ABT I
110. Vgl. Anm. 105
111. KD III/4, 515 (Der Kongreß fand schon am 24. 11. 12 statt)
112. Gespr. IV
113. ABT II
114. Vgl. Anm. 105
115. BwTh I, 30
116. Br. an W. Spoendlin, 4. 1. 15
117. LZ, 41 f. und: Ein Wort an das aargauische Bürgertum. In: Neuer Freier Aargauer, 1919, Nr. 157
118. Br. an P. Barth, 18. 5. 14
119. Vgl. Anm. 116
120. ABT I
121. Vgl. Anm. 63
122. Br. an Dora Rade, 17. 4. 40
123. Moltmann I, 42
124. ebd. 48 f.
125. Moltmann I, 45
126. Auf das Reich Gottes warten. In: Der freie Schweizer Arbeiter, 1916, Nr. 47
127. BwTh I, 39
128. Br. an seine Söhne, 17. 9. 55
129. BwTh I, 62
130. ebd. 33
131. ebd. 79
132. ebd. 238
133. Vortr. I, 27
134. Kirchenkritik vom »Flohmärt«. In: Basler Nachrichten, 11./12. 12. 65
135. BwTh I, 143
136. ebd. 88
137. Vgl. Anm. 134
138. BwTh I, 103
139. ebd. 106 f.
140. ebd. 122

141. Br. an W. Spoendlin, 18. 1. 16
142. Br. an W. Spoendlin, 7. 1. 16
143. Vortr. I, 15
144. Vgl. Anm. 45: 21
145. BwTh I, 10
146. ebd. 46
147. ebd. 83
148. ebd. 157
149. ebd. 252. 247
150. Vortr. I, 101 f.
151. Br. an P. Barth, 29. 4. 32
152. Br. an W. Scherffig, 20. 8. 49
153. Vgl. Anm. 126
154. M. Mattmüller, Ragaz II, 1968, 220 ff. 228 f.
155. ebd. 229
156. ABT I
157. BwTh I, 110 f.
158. ABT I
159. BwTh I, 144 f.
160. Nachwort, 294
161. BwTh I, 525
162. Vgl. Anm. 160
163. BwTh I, 145
164. Vgl. Anm. 63
165. Vgl. Anm. 160
166. Nachwort, 294 f.
167. ABT II
168. ABT I
169. LZ, 19
170. Nachwort, 295
171. LZ, 19
172. ABT II
173. M. Mattmüller, Ragaz II, 245
174. BwTh I, 236
175. Gespr. VIII
176. Nachwort, 295
177. BwTh I, 148
178. ABT I
179. Nachwort, 295
180. Systematische Theologie, 1961, 36
181. Röm. I, 299
182. ebd. 39.25
183. ebd. 35 f.
184. ebd. 97. 118. 25. 264
185. Röm. II, 223
186. Vortr. II, 241
187. Röm. I, 24 f.
188. BwTh I, 148
189. ebd. 159
190. Vortr. I, 29
191. BwTh I, 223

192. ebd. 189
193. ebd. 247 f.
194. Pred. I, 98. 102 ff.
195. Das, was uns nicht geschehen soll. In: Neuer Freier Aargauer, 1919, Nr. 188 (Lesart nach Barths eigenhändiger Korrektur)
196. ABT II
197. Dankesworte. In: EvTh 1966, 618
198. Gespr. VIII
199. LZ, 44 f.
200. BwTh I, 229
201. Gespr. VIII
202. Protokoll 18. 12. 17
203. Gespr. VIII
204. BwTh I, 224
205. W. Vischer zum 60. Geburtstag. In: KRS, 1955, 134
206. Prof. Fritz Lieb. In: Basler Nachrichten, 22. 10. 58
207. Ein Brief an den Jubilar [F. Lieb]. In: EvTh 1962, 282 f.
208. BwTh I, 264
209. ebd. 281
210. Vorwort zum Nachdruck von Röm. I, 1963
211. BwTh I, 300
212. ebd.
213. ebd. 321
214. Protokoll 10. 8. 19
215. Vgl. Anm. 207
216. Br. an E. Sartorius, 14. 12. 44
217. BwTh I, 313. 350
218. ebd. 325
219. BwTh II, 105
220. BwTh I, 343
221. G. Dehn, Die alte Zeit, die vorigen Jahre, 1964, 217
222. G. Merz, Wege, 238
223. BwTh I, 344
224. Vortr. I, 51. 36
225. M. Mattmüller, Ragaz II, 255
226. G. Merz, Wege, 240 f.
227. ABT I
228. Br. an G. Dehn, 16. 7. 57
229. ABT I
230. Br. an H. Scholz, 2. 8. 54
231. BwTh I, 367
232. ebd.
233. ebd. 368
234. Vgl. Anm. 210
235. Vgl. Anm. 210

236. BwTh I, 441
237. Grußwort: In: Medicus Viator. FS für R. Siebeck, 1959, 1
237a. Pred. II, 253, 210. 226. 259. 243 f.
238. ABT I
239. Br. an H. Hug, 16. 2. 45
240. Br. an Agnes von Zahn, 23. 12. 35
241. BwTh I, 379 f.
242. Br. an einen Kollegen, 23. 12. 40
243. Nachwort, 295
244. ABT I
245. Dank und Reverenz. In: EvTh 1963, 339 f.
246. Vgl. Anm. 242
247. BwTh I, 398
248. Nachwort, 295
249. Vortr. I, 79
250. Vgl. Anm. 245
251. Nachwort, 295
252. ABT I
253. Nachwort, 295
254. ABT I
255. BwTh I, 435
256. Zitiert bei G. Merz, Wege, 244
257. BwTh I, 435
258. Vgl. Anm. 210
259. Nachwort, 295
260. Röm. II, XIX
261. BwTh I, 463
262. ebd. 481
263. ebd. 471
264. ebd. 492
265. ebd. 508
266. Röm II, XIX
267. BwTh I, 493
268. ebd.
269. Vgl. Anm. 207
270. ABT IV
271. BwTh I, 448
272. ebd. 438
273. Vgl. Anm. 245
274. Die Menschlichkeit Gottes. ThSt 48, 1956, 5 ff.
275. BwTh I, 485
276. Röm. II, 18. 6. 73
277. ebd. 12. 244. 84. 118
278. Vortr. V, 112
279. KD II/1, 715 f.
280. Vgl. Anm. 210
281. ABT II
282. CD, IX
283. Dankesworte. In: EvTh 1966, 616 f.

284. Br. an C.B., 29. 9. 49
285. BwTh I, 407
286. ebd. 315
287. ebd. 408
288. ebd. 312
289. ebd. 270
290. Röm. II, XIX
291. BwTh II, 489; I, 429
292. Vgl. Anm. 210
293. ABT I
294. BwTh I, 468
295. Reformierte Theologie in der Schweiz, 36
296. BwTh I, 488
297. ebd. 458
298. Generalbericht d. ev.-ref. Kirche d. Kt. Aargau, 1921, 12.44
299. BwTh I, 497
300. ebd. 526
301. ebd. 477
302. ebd. 526
303. ThExh 37, 23
304. BwTh I, 525
305. BwTh II, 235
306. ABT II

KAPITEL IV

1. ABT II und ABT I
2. Br. an W. Spoendlin, 21. 12. 21
3. BwTh II, 8
4. ABT IX, 5 f.
5. Pred. II, 31
6. BwTh II, 8
7. Nachwort, 291
8. ABT II
9. ABT I
10. Nachwort, 296
11. Rund-Br., Mai 1961
12. Interview mit H. Fischer-Barnicol, 1964
13. BwTh II, 91
14. ebd. 81
15. ebd. 91
16. ebd. 40
17. ebd. 134
18. ebd. 97
19. ebd. 105
20. ebd. 81
21. Br. an H. Stoevesandt, 29. 8. 59
22. ABT I und BwTh II, 34.75
23. ABT II
24. ABT I

25. BwTh II, 35
26. ebd. 6. 37. 9
27. BwBu, 215
28. ABT I
29. Vorwort zum Nachdruck von Röm. I, 1963
30. BwTh II, 127
31. ebd. 22
32. Gespr. VII
33. Die Auferstehung der Toten, 1924, 4. Aufl. 1953, III
34. Vgl. Anm. 2
35. BwTh II, 164.252.329
36. ebd. 72
37. ebd. 20
38. W. Trillhaas, K.B. in Göttingen. In: FS für M. Doerne, 1970, 364
39. ABT II
40. BwTh II, 9
41. Vgl. Anm. 12
42. BwTh II, 86
43. ebd. 9
44. ebd. 329
45. Zwischenzeit. In: Magnum, April 1961
46. Vgl. Anm. 2
47. ABT I
48. Vgl. Anm. 2 und BwTh II, 33
49. Vgl. Anm. 2 und BwTh II, 125
50. Vgl. Anm. 2
51. Vortr. II, 264 f.
52. Vgl. Anm. 12 und BwTh II, 21
53. BwTh I, 504 und II, 22
54. Vgl. Anm. 2
55. BwTh II, 59 f.
56. Vgl. Anm. 12
57. BwTh II, 77
58. Br. an Fr. Bolgiani, 12. 8. 63; BwTh II, 6; Br. an O. Cullmann, 12. 8. 63
59. BwTh II, 211
60. KD IV/3, 20
61. Vgl. Anm. 2 und BwTh II, 23
62. BwTh II, 41 ff.
63. ebd. 73
64. ebd. 35
65. ebd. 46
66. Gespr. VII
67. BwTh II, 46 f.
68. Gespr. VII
69. ebd.
70. BwTh II, 48 f.
71. Nachwort, 301
72. BwTh II, 50

73. Geleitwort. In: E. Thurneysen, Das Wort Gottes und die Kirche, 1971, 227
74. Lebendige Vergangenheit. In: FS für E. Thurneysen z. 70. Geb., 1958, 13 f.
75. BwTh II, 500
76. ebd. 64
77. ebd. 80
78. ebd. 643, 98
79. ABT I
80. BwTh II, 116
81. Br. an M. Neeser, 27. 12. 49
82. Vortr. I, 99.102.113,123
83. ebd. 133.147.140
84. BwTh II, 102.105
85. Vgl. Anm. 81
86. BwTh II, 103
87. Vortr. I, 158.178.165
88. BwTh II, 105
89. ebd. 111 f.
90. ebd. 116
91. Br. an K. Stoevesandt, 8. 8. 52
92. Gespr. VIII und BwTh II, 121
93. Br. an K. H. Miskotte, 12. 7. 56
94. Prot. Theol., 570.572
95. BwTh II, 307
96. KD IV/1, 585
97. BwTh II, 379.213
98. ebd. 151
99. ebd. 132.124
100. Gespr. VIII und BwTh II, 132 f.
101. ABT IV
102. BwTh II, 30
103. ABT IV
104. ABT IX, 5
105. Abschied. In: ZZ 1933, 536
106. Br. an Kröner-Verlag, 7. 3. 54
107. Vgl. Anm. 81 und BwTh II, 329
108. Die Menschlichkeit Gottes. ThSt 48, 1956, 6 f.
109. E. Thurneysen. In: BwTh II, 204
110. Gespr. VII
111. Br. an Th., 9. 8. 31 und ABT I
112. BwTh II, 110
113. Vgl. Anm. 105
114. Röm. II, XXIV
115. Abschied, 537
116. BwTh II, 129 und Br. an G. Merz, 5. 5. 50
117. W. Trillhaas (vgl. Anm. 38), 365
118. E. Wolf, Der Chr. Kaiser Verlag. In: 125 Jahre Chr. K. Verlag, 1970, 140
119. Vgl. Anm. 115
120. Vortr. III, 14.17
121. Agnes von Zahn. A v. Harnack, 1936, 534 f.
122. LZ, 22
123. Vgl. Anm. 45
124. BwTh II, 198
125. ebd. 130
126. ebd. 131
127. LZ, 42 f.
128. Gespr. VIII
129. ABT II
130. ABT I
131. BwTh II, 130
132. ABT I
133. Die Auferstehung der Toten, 59
134. Vgl. Anm. 81
135. Vortr. I, 180.188.200 f.
136. BwTh II, 286.209
137. ebd. 232
138. ebd. 232 ff.
139. Nachwort, 297
140. BwTh II, 223.235
141. Nachwort, 296 f.
142. Moltmann I, 175.184
143. BwTh II, 231
144. Zum Geleit. Vorwort zur Dogmatik von H. Heppe, 1935
145. BwTh II, 224
146. ebd. 251
147. ebd. 254
148. ebd. 253
149. ebd. 328 f.
150. ebd. 302
151. Nachwort, 297
152. BwTh II, 213
153. ebd. 221
154. ebd. 251
155. ebd. 303.252
156. ebd. 287 ff.
157. ebd.
158. Menschenwort und Gotteswort in der christlichen Predigt. In: ZZ 1925, 127
159. Vgl. Anm. 156
160. Rund-Br. 25. 5. 60 (Barth datiert die Begegnung irrtümlich ins Jahr 1922)
161. BwTh II, 291.285
162. ebd. 306 f.; Nachwort, 299; Gespr. VII (Barth datiert die Begegnung irrtümlich ins Jahr 1922)
163. BwTh II, 306 f.
164. ebd. 330
165. Vortr. II, 283

166. BwTh II, 331
167. ebd. 236
168. ebd. 313 ff.
169. Formulierung Kutters in seinem Brief vom 16. 6. 25 an K.B.
170. Vgl. Anm. 74
171. ABT I und BwTh II, 359
172. BwBu, 50
173. BwTh II, 336
174. ebd. 255.166.238
175. ebd. 383
176. ebd. 615
177. Pred. V, 7
178. Br. an E. Sartorius, 2. 1. 44
179. Br. an L. Christ, 18. 5. 52
180. BwTh II, 370 f.
181. BwBu, 56; BwTh II, 377 f.
182. BwTh II, 397 f.
183. ebd. 393
184. ebd. 400
185. ebd. 291
186. ebd. 397
187. ebd. 377
188. Br. an Agnes von Zahn, 23. 12. 35
189. KD I/2, 403 f.
190. BwBu, 50.53
191. BwTh II, 390
192. ebd. 396
193. ebd. 396 f.
194. ebd. 650
195. ebd. 398
196. Br. an A. Lüpkes, 21. 5. 44
197. BwTh II, 398.365
198. Br. an K. Heim, 12. 6. 28
199. Br. an Wuppertaler Dozenten, 26. 10. 57
200. BwTh II, 639
201. Gesprek over Rome-Reformatie. Interview mit G. Puchinger, 1965
202. ABT II
203. KD III/3, 462
204. BwTh II, 680
205. ebd. 409
206. Br. an Rheinfelder, 14. 7. 62
207. BwTh II, 409
208. ebd. 423
209. Vortr. II, 226.228
210. BwTh II, 411
211. ebd. 413 ff.
212. Vortr. II, 372.384
213. BwTh II, 429
214. ebd. 557

215. Erklärung des Philipperbriefes, 1927, 5. Aufl. 1947, Vorwort und 98 f.
216. BwTh II, 407
217. ebd. 442
218. ebd.
219. ebd. 435
220. ebd. 436.448
221. ebd. 441
222. ebd. 390
223. CD, VII
224. ebd. VI
225. Interview mit H. Fischer-Barnicol, 1964
226. ABT IV
227. CD, 25.112.16
228. ebd. VIII f.
229. KD I/1, VI
230. CD, VII
231. ebd. V. VIII
232. BwTh II, 516 f.
233. Br. an W. Spoendlin, 4. 1. 28
234. Rechtfertigung und Heiligung. In: ZZ 1927, 285.290
235. Vortr. III, 35.37
236. BwTh II, 499
237. ebd. 490 f.
238. ebd. 500 f.
239. ebd. 507
240. ebd. 639
241. Vortr. II, 286 f.
242. BwTh II, 535 ff.
243. Vortr. II, 349
244. Vortr. II, 344; Br. an K. Heim, 12. 6. 28
245. Vortr. II, 361
246. BwTh II, 523
247. Br. an P. Althaus, 12. 2. 58
248. BwTh II, 596
249. ebd. 598.558 f.
250. ebd. 578
251. BwBu, 90
252. Br. an Th., 22. 2. 31
253. In: Antwort, 871
254. Br. an M.B., 26. 2. 63
255. BwTh II, 615
256. Ethik 1928, GA II, 10
257. ebd. 18.29.81.82.79.92 ff.
258. BwTh II, 638
259. ebd. 628
260. ebd. 652
261. E. Przywara. In: Gespräch zwischen den Kirchen, 1956, 7 f.
262. BwTh II, 652 f.
263. Vortr. III, 61

264. BwTh II, 659 f.
265. Die Lehre von den Sakramenten. In: ZZ 1929, 429
266. KD IV/4, VIII
267. Zeugnis Juni 1940
268. »Italienische Eilreise« (handschriftl. Reisebericht von K.B.)
269. ABT VI, 183
270. Br. an Th., 30. 5. 29
271. ebd.
272. BwTh II, 668
273. ebd. 678
274. Zur Lehre vom Heiligen Geist, 1930, 39 f. 95
275. BwTh II, 555
276. Br. an Th., 2. 4. 31
277. BwTh II, 590.578
278. Gespr. VIII
279. Zwischenzeit. In: Magnum, April 1961
280. Universitätslehrer – eine Gefahr? In: Göttinger Univ.-Zeitung, Juli 1947
281. Vgl. Anm. 279
282. Br. an J. Scheiwiler, 11. 12. 43
283. Vgl. Anm. 279
284. Vgl. Anm. 279
285. Vortr. V, 31.28
286. Gutachten zur Dissertation von G. Schmidt, 2. 4. 52
287. Bemerkungen zu H. M. Müllers Lutherbuch. In: ZZ 1929, 563
288. BwTh II, 210.113
289. Vorwort zum Nachdruck von Röm. I, 1963
290. Vgl. Anm. 279
291. Gespr. VII
292. BwBu, 70
293. Abschied. In: ZZ 1933, 536 f.
294. ebd.
295. BwTh II, 688
296. Gespr. VII
297. BwTh II, 716
298. Gespr. VII
299. Br. an H. W. Bartsch, 20. 3. 59
300. Gespr. VII
301. BwBu, 70
302. Ethik 1928, GA II, 74
303. BwTh II, 700
304. BwBu, 101
305. Abschied, 538
306. Nein! ThExh 14, 7 f.
307. Vgl. Anm. 305
308. KD III/4, VIII
309. Vgl. Anm. 306
310. Vgl. Anm. 305
311. BwTh II, 482
312. ebd. 693
313. Br. an E. Scholz, 6. 1. 57
314. BwBu, 102
315. Vgl. Anm. 279

KAPITEL V

1. RGG I, 1359 f.
2. BwTh II, 117
3. Br. an Prof. Becker, 14. 8. 47
4. Br. an H. Weber, 24. 6. 50
5. BwTh II, 677
6. Br. an K. L. Schmidt, 4. 2. 41
7. BwTh II, 677
8. Br. an E. Wolf, 28. 7. 61
9. Br. an E. Wolf, 31. 7. 52
10. Br. an C.B., 7. 6. 54
11. Br. an Th., 22. 2. 31
12. Br. an Th., 20. 3. 30
13. ebd.
14. Br. an Th., 24. 11. 31
15. Br. an Th., 29. 5. 31
16. Br. an K. Takizawa, 4. 8. 58
17. In: Antwort, 911
18. ebd. 874
19. BwTh II, 225
20. ABT VI, 182
21. Br. an Th., 8. 3. 31
22. Br. an Th. 24. 11. 31
23. Rede im Lambeth Palace, 4. 7. 56
24. BwBu, 160 f.
25. Br. von Ch.v.K. an Th., 14. 6. 30
26. BwBu, 160 f.
27. Gutachten für Dissertation von J. Leitch, März 1952
28. Br. an Erik Wolf, 27. 11. 68
29. Brief an K. Heim. In: ZZ 1931, 451
30. Fides quaerens intellectum, 1931. 2. Aufl. 1958, 7
31. ABT VI, 185 f.
32. Fides quaerens intellectum, 21.26.59.30
33. ebd. 10
34. H. Scholz. In: Antwort, 866 f.
35. Br. an H. Kraemer, 29. 11. 52
36. Br. an Th., 10. 12. 30
37. Gespr. V
38. Gespr. VII
39. BwBu, 118

40. BwBu, 105–129
41. Die Not der evangelischen Kirche. In: ZZ 1931, 91.100.115.116
42. Br. an Th., 22. 2. 31
43. Die Not der evangelischen Kirche, 122.120
44. Br. an O. Dibelius, 17. 5. 56
45. Br. an Th, 22. 2. 31
46. ebd.
47. Br. an Th., 8. 3. 31
48. KD I/1, VI
49. Fides quaerens intellectum, 10
50. ABT VI, 185 f.
51. ebd. 186
52. ABT IV
53. KD I/1, VIII
54. Abschied. In: ZZ 1933, 537
55. Geleitwort zur engl. Ausgabe von: Dogmatik im Grundriß, 1947 (engl. 1949)
56. Systematische Theologie. In: Lehre und Forschung an der Universität Basel, 1960, 38
57. KD I/1, VII
58. ebd.
59. ebd. 41.43.313.318.323.404
60. Br. an Th., 9. 1. 31
61. KD I/1, 168 f.
62. Br. an Th., 29. 5. 31
63. ebd.
64. H. Gollwitzer. In: StdG 1966, 284
65. Zitiert bei: E. Bethge, D. Bonhoeffer, 216 f.
66. Br. an Th., 2. 7. 31
67. Br. an H. U. von Balthasar, 25. 1. 50
68. KD I/2, 924
69. KD I/1, VIII f.
70. ebd. 257 f. 234
71. Br. an Th., 24. 11. 31
72. Bei: K. Kupisch, K.B., 1971, 75
73. Br. an Th., 24. 11. 31
74. Abschied, 543
75. Br. an O. Dibelius, 17. 5. 56
76. Br. an E. Wolf, 15. 11. 65
77. Vgl. Anm. 74
78. Warum führt man den Kampf nicht auf der ganzen Linie? In: Frankfurter Zeitung, 15. 2. 32
79. Vortr. III, 94.96
80. Die Theologie und die Mission in der Gegenwart. In: ZZ 1932, 191.202.197
81. Vorwort zur engl. Ausgabe des »Römerbriefs«. In: ZZ 1932, 477 f.

82. Br. an Th., 23. 12. 32
83. Die Kirche Jesu Christi. ThExh 5, 3 f.
84. Br. an L. Kreyssig, 18. 9. 50
85. ABT VI, 186.182
86. Rund-Br., Mai 1968
87. Br. an Th., 23. 12. 32
88. Br. an Th., 21. 12. 28
89. Br. an Th., 23. 12. 32
90. Br. an S. Barth, 23. 12. 59
91. Prot. Theol., V
92. Br. an Th., 23. 12. 32
93. Prot. Theol., 65 f. 379.424
94. ebd. VI
95. Br. an A. Keller, 18. 9. 47
96. ABT VI, 187 f.
97. Interview mit H. Fischer-Barnicol, 1964
98. Ein Brief an den Jubilar. In: EvTh 1962, 283
99. LZ, 34 f.
100. Vortr. IV, 258
101. Kirchenkampf, 62
102. ebd.
103. ABT VI, 187
104. Br. an K. Ihlenfeld, 4. 6. 55
105. ABT II
106. Vortr. III, 138.143
107. Vortr. IV, 91
108. Vgl. Anm. 72
109. Gespr. VIII
110. Br. an Th., 27. 6. 33
111. Br. von Ch.v.K. an Th., 2. 6. 33
112. Kirchenkampf, 31
113. Theologische Existenz heute. ThExh 1,15
114. Br. an Th., 27. 6. 33
115. Gespr. VII
116. Theologische Existenz heute, 3.24.30
117. ABT VI, 187 f.
118. In: EvTh 1963, 390
119. Br. an Th., 3. 7. 33
120. Br. an Th., 27. 6. 33
121. Für die Freiheit des Evangeliums. ThExh 2, 10.13
122. ABT VI, 187
123. Vgl. Anm. 112
124. Lutherfeier 1933. ThExh 4,4
125. Kirchenkampf, 31
126. Reformation als Entscheidung. ThExh 3,3
127. Br. an Th. 16. 10. 33
128. Br. an Th., 25. 8. 33
129. Abschied, 539

130. ebd. 544
131. Vgl. Anm. 126
132. Lutherfeier 1933, 3
133. ebd. 22 ff.
134. Der deutsche Kirchenkampf, 1937, 12
135. W. Niemöller, Wort und Tat im Kirchen-kampf, 1969, 72
136. ebd. 70.71.73
137. Lutherfeier 1933, 3.17
138. BwBu, 152 f.
139. BwBu, 138
140. D. Schmidt, M. Niemöller, 2. Aufl. 1960, 104
141. Die Kirche Jesu Christi, 6
142. BwBu, 140
143. Br. an Th., 16. 11. 33
144. Lutherfeier 1933, 3
145. ebd. 5
146. Br. an Th., 29. 11. 33
147. Lutherfeier 1933, 3
148. Br. an Th. 16. 11. 33
149. D. Schmidt, M. Niemöller, 121
150. BwBu, 140
151. Niemöller. In: Basler Kirchenbote, Nov. 1945
152. Br. an M. Niemöller, 7. 1. 62
153. KD I/2, 64
154. Die Kirche Jesu Christi, 16.3
154a. Br. an E. Steffens, 10. 1. 34
155. Gebete, 1963, 5
156. Vortr. IV, 259 f.
157. Kirchenkampf, 32 f.
158. Br. an W. Niesel, 31. 12. 54
159. Gottes Wille und unsere Wünsche. ThExh 7,3 ff. 9.6 f.   160. ebd.
161. Br. an Th., 8. 1. 34
162. Gottes Wille und unsere Wünsche, 25
163. Vgl. Anm. 161
164. Br. an J. Baillie, 3. 12. 37
165. Interview mit H. Fischer-Barnicol, 1964
166. ABT II
167. Gottes Wille und unsere Wünsche, 4
168. Br. von Ch.v.K. an Th., 26. 1. 34
169. Gottes Wille und unsere Wünsche, 4
170. Kirchenkampf, 19
171. Ein Brief an den Jubilar, 284
172. Handschriftl. Reisebericht von K.B. und Ch.v.K.
173. Erica Küppers. In: StdG 1966, 301
174. Offenbarung, Kirche, Theologie. ThExh 9,13.34
175. Der gute Hirte. ThExh 10,14.19

176. Gespr. VII
177. Br. an W. Niemöller, 17. 10. 53
178. Gespr. VII   179. ebd.
180. Barmen – damals und heute. In: Kirche und Mann, Mai 1954
181. Vgl. Anm. 177
182. Gespr. VII
183. Vgl. Anm. 180
184. KD II/1, 194.196 f.
185. Br. an E. Bethge. In: EvTh 1968, 555
186. Nein! ThExh 14, 11.4
187. ebd. 7.4 f. 56
188. ebd. 32 und Gespr. VIII
189. Br. an R. Barth, 8. 6. 64
190. ABT VI, 186
191. ebd. 184
192. Gespr. VII
193. Br. an K. Kupisch, 10. 2. 56
194. Br. an H. Vogel, 5. 9. 56
195. Br. an D. Bonhoeffer, 20. 11. 33
196. Br. an A. Finet, 25. 1. 56
197. Br. an Th., 24. 3. 32
198. Préface. Zu: P. Maury, La prédestina-tion, 1957, 6 f.
199. Br. an M.B., 8. 3. 53
200. Br. an G. Dehn, 16. 4. 57
201. Br. an T. List, 16. 2. 54
202. Br. an C.B., 29. 12. 59
203. Br. an Anna Barth, 5. 8. 35
204. Erica Küppers. In: StdG 1966, 301 f. ebd.
205. Der Christ als Zeuge. ThExh 12, 4.25; Vort. III, 189.192.195
206. Br. an Th., 22. 10. 34
207. KD II/1, 197
208. Br. an Th., 23. 11. 34
209. Vortrag 1. 12. 34
210. Br. an Erik Wolf, 16. 3. 46
211. Br. an M. Niemöller, 29. 6. 46
212. Br. an J. Beckmann, 20. 7. 49
213. Vgl. Anm. 210
214. Die evangelische Kirche in Deutschland nach dem Zusammenbruch des Dritten Reiches, 1945, 33
215. Some remarks on the allied policy, 21. 7. 46
216. Drei Predigten. ThExh 17, 5
217. Br. an H. von Soden, 5. 12. 34 und BwBu, 266 f.
218. ABT II und BwBu, 262
219. Kirchenkampf, 75
220. In: Antwort, 877

221. Br. an Th., 24. 12. 34 und Pred. VI, 89
222. Br. an Th., 24. 12. 34
223. In: BwBu, 157
224. K. Kupisch, K.B., 91
225. ebd.
226. W. Niemöller, Kampf und Zeugnis der Bekennenden Kirche, 1948, 230
227. Br. an E. Imobersteg, 15. 3. 46
228. Br. an P. Humburg, 9. 2. 35 und an W. Niesel, 24. 1. 48
229. Das Evangelium in der Gegenwart. ThExh 25, 16 f.
230. Credo, 1935, 150 f. 5 f. 46.16.46.37.113
231. W. Niemöller, Kampf und Zeugnis, 246
232. Br. an H. Hesse, 30. 6. 35
233. Zitiert bei W. Niemöller, Kampf und Zeugnis, 238
234. Vgl. Anm. 232
235 ebd.
236. Das Evangelium in der Gegenwart, 33.31.34 f.
237. Dankesworte: In: EvTh 1966, 618
238. Br. an Th. Creighton, 28. 12. 46
239. W. Niemöller, Kampf und Zeugnis, 231
240. ABT II
241. Vgl. Anm. 237
242. Br. an K. Huber, 13. 12. 48

KAPITEL VI

1. ABT II
2. Zitiert bei: W. Niemöller, Wort und Tat im Kirchenkampf, 171
3. Br. an E. Sartorius, 3. 8. 35
4. Br. an E. Wolf, 30. 7. 35
5. ebd.
6. ABT II
7. E. Thurneysen zum 60. Geburtstag. In: Basler Nachrichten, 11. 7. 48
8. Vgl. Anm. 4 und Br. an Nelly Barth, 1. 8. 35
9. Vortr. III, 217.225
10. Br. an J. Hromádka, 6. 6. 64
11. Vortr. III, 233.237
12. ebd. 260 f.
13. Br. an H. Traub, 29. 9. 35
14. Reformierte Theologie in der Schweiz. In: FS für G. C. Berkouwer, 1965, 33 f.
15. Br. an A. Koechlin, 28. 6. 44
16. Vgl. Anm. 13 und Br. an W. Niesel, 21. 8. 36

17. Vgl. Anm. 15
18. Evangelium und Gesetz. ThExh 32, 5.11
19. Br. von Ch.v.K. an A. Lempp, 10. 10. 35
20. Br. an E. Fuchs, 15. 11. 35
21. Br. an K. Preiswerk, 18. 1. 36
22. Br. an K. Hesse, 16. 11. 35
23. Br. an seine Söhne, 9. 3. 54
24. Kirchenkampf, 74
25. Vgl. Anm. 21
26. Br. an seine Söhne, 20. 12. 53
27. Br. an Frau Prof. N.N., 7. 8. 37
28. Br. an A. Keller, 27. 6. 36
29. Br. an A. Koechlin, 26. 6. 39
30. Zum Andenken an E. Vischer. In: KRS, 21. 2. 46, 54 f.
31. Br. an C.B., 18. 9. 60
32. KD IV/3, IX und Br. an E. Wolf, 30. 7. 35
33. Vgl. Anm. 22 und Anm. 7
34. Prof. F. Lieb. In: Basler Nachrichten, 22. 10. 58 und: Ein Brief an den Jubilar. In: EvTh 1962, 284
35. Br. an die Kuratel, Basel, 19. 2. 44
36. W. Vischer zum 60. Geburtstag. In: KRS, 28. 4. 55 und Br. an K. Immer, 27. 2. 37
37. Br. an M. Schoch, 17. 10. 67 und an G. Lindt, 12. 12. 36 und 12. 7. 40
38. Br. an Dr. Geßler, 28. 7. 36
39. Reformierte Theologie in der Schweiz, 36
40. Br. an W. Lüthi, 17. 10. 39
41. Die Kirche Jesu Christi. ThExh 5, 3. Vgl. Vorwort, Pred. III
42. Nein! ThExh 14, 62
43. Br. an J. Beckmann, 31. 3. 47
44. Gebete, 1963, 6
45. Br. an W. Vischer, 29. 2. 48
46. Br. an W. Vischer, 18. 3. 55
47. KD III/4, 400
48. ABT VI, 188 f. und Br. an H. Hesse, 26. 7. 37
49. Br. von M. Buber an K.B., 21. 9. 36
50. Br. an W. Niesel, 19. 1. 36
51. Br. an H. Asmussen, 11. 8. 35
52. Br. an R. Grosche, 1. 8. 35
53. Kirchenkampf, 34
54. ABT VI, 188
55. Vgl. Anm. 53
56. Br. an H. Dohle, 19. 8. 60
57. Br. an M. Niemöller, 29. 6. 46
58. Kirchenkampf, 91

59. Vortr. IV, 260
60. Br. an K. Immer, 27. 2. 37
61. Zum Geleit. Zu: A. Frey, Der Kampf der evangelischen Kirche in Deutschland, 1937, 8
62. Kirchenkampf, 66
63. Vgl. Anm. 60
64. Br. an W. Niesel, 21. 8. 36
65. Br. an A. Koechlin, 28. 6. 44
66. Br. an Pfr. Hellbardt, 10. 1. 37
67. KD I/2, 260
68. Br. an G. Spörri, 26. 3. 36
69. Prot. Theol., 124
70. Br. an K. Hesse, 16. 5. 36
71. ABT II
72. Br. an W. Niesel, 21. 8. 36
73. ABT II
74. ABT VI, 182 f.
75. Br. von Ch.v.K. an R. Karwehl, 27. 5. 36
76. Calvinfeier 1936. ThExh 43, 7
77. KD II/2, 168
78. Vorwort. Zu: P. Maury, Prädestination, 1959, 5
79. Gottes Gnadenwahl. ThExh 47, 3.6.10.13
80. »Bericht über unsere Herbstreise in den Osten« von Ch.v.K.
81. Br. von Ch.v.K. an P. Maury, 18. 10. 36
82. Vortr. III, 284 f.
83. Gotteserkenntnis und Gottesdienst, 1938, 7.44.5 f. 68 f.
84. Br. an E. Wolf, 30. 3. 37
85. Br. an H. Hesse, 29. 3. 37
86. Vgl. Anm. 84
87. Br. an G. Henderson, 8. 10. 37
88. ABT VI, 183
89. Br. an W. A. Visser't Hooft, 22. 7. 37
90. Br. an K. L. Schmidt, 7. 8. 37
91. Br. an H. Hesse, 26. 7. 37
92. KD I/2, 327
93. ebd. 743.890.967
94. KD I/1, IX f.
95. Gespr. X
96. ABT VII, 191
97. KD II/1, 1.200
98. Gespr. VII
99. KD II/1, 150.157
100. Vgl. Anm. 91
101. Nachruf für Dr. A. Frey. In: Schweiz. EPD, 7. 11. 55
102. KD III/4, X
103. Vgl. Anm. 101
104. Br. an A. Koechlin (?), 1. 9. 38
105. Br. an Pfr. Spiro, 12. 3. 52 und an P. Maury, 12. 10. 38
106. Gotteserkenntnis und Gottesdienst, 215
107. Br. an Principal Fyfe, 3. 4. 38 und an Herrn Voigt, 18. 4. 38
108. Br. an G. Bell, 31. 5. 46
109. Br. an W. G. Meyer, 13. 4. 38
110. Rechtfertigung und Recht. ThSt 1, 3
111. ebd. 7.20.41.43.45
112. Vortr. IV, 11
113. Kirchenkampf, 60
114. ebd. 57
115. ebd. 58. 79
116. Br. an P. Maury, 12. 10. 38
117. Br. an H. Vogel, 19. 9. 38
118. Br. an A. Keller, 17. 10. 38 und Vortr. V, 152
119. Br. an B. Vasady, 9. 11. 38 und Vortr. V, 150
120. Vgl. Anm. 116 und Vortr. V, 150 f.
121. Noch einmal: Frieden oder Gerechtigkeit? In: KRS, 24. 11. 38
122. ABT VI, 189
123. Br. an H. Thomas, 19. 6. 47
124. Vortr. IV, 90
125. Die evangelische Kirche in Deutschland nach dem Zusammenbruch des Dritten Reiches, 1945, 59
126. ABT VII, 193
127. Br. an einen Pfarrer in Bern, 22. 1. 39
128. Ein Brief. In: Wege des Friedens. FS für Gertrud Kurz, 1960, 15
129. ebd. und Br. an M. Niemöller, 9. 7. 46
130. Br. an P. Vogt, 2. 6. 43
130a. Br. an M. Niemöller, 9. 7. 46
131. Br. an P. Vogt, 21. 5. 50
132. Br. an F. Lieb, 20. 2. 64
133. Br. an M.B., 8. 3. 39
134. ABT VII, 192
135. Die Souveränität des Wortes Gottes. ThSt 5, 16 f. 21
136. Br. an einen Kollegen in Holland, 27. 2. 39
137. Br. an Studenten in Leiden, 27. 2. 39
138. Br. an K. L. Schmidt, 7. 4. 39
139. KD II/1, 288
140. ebd. 362 f.
141. Br. an Dorothy Sayers, 7. 9. 39
142. Br. an W. A. Visser't Hooft, 13. 4. 39
143. H. Gollwitzer, Forderungen der Freiheit, 2. Aufl. 1964, 338

144. Br. an C.B., 3. 8. 39
145. Vortr. IV, 164
146. Br. an F. Zellweger, 7. 9. 39
147. Br. an G. Lindt, 18. 9. 39
148. Vgl. Anm. 146
149. ABT VII, 192 f.
150. Br. an G. Lindt, 2. 1. 43
151. Br. an A. Bronkhorst, 27. 4. 40
152. Das christliche Geheimnis und das menschliche Leben. In: Junge Kirche 1956, 204
153. Das Glaubensbekenntnis der Kirche, 1967, 17. 18. 19. 140. 53. 33
154. Br. an Pfr. Maller, 22. 2. 42
155. Br. an O. Weber, 20. 6. 49
156. KD II/2, VII
157. ebd. 13. 108. 115. 133. 177. 182. 291. 466
158. Br. an C.B., 31. 5. 41
159. KD II/2, 564. 598. 640
160. Vgl. Anm. 158
161. Br. an H. Oprecht, 17. 1. 42
162. Br. an Dr. Tökés, 25. 9. 40
163. Vortr. IV, 8
164. Br. an H. Oprecht, 7. 3. 41
165. Vortr. IV, 136
166. ebd. 111 f.
167. ebd. 102
168. ebd. 12
169. ebd. 164. 166
170. ABT VII, 193
171. Vgl. Anm. 161
172. Vortr. IV, 109
173. ebd. 8 f.
174. Br. an W. A. Visser't Hooft, 24. 1. 40; an Ch. Westphal, 20. 3. 40; an P. Barth, 20. 3. 40
175. Vortr. IV, 113
176. Br. an A. Bronkhorst, 27. 4. 40
177. ABT II, und ABT VII, 193
178. Br. an E. Sartorius, 10. 9. 40
179. ABT VII, 193 f.
180. Gespr. II
181. ABT VII, 194
182. Vgl. Anm. 178
183. Peter Barths »Lebenslauf« von K.B., 1940
184. Vgl. Anm. 178
185. Vgl. Anm. 183
186. Br. an Dora Scheuner, 20. 6. 40; vgl. Anm. 183 und 178
187. Vortr. IV, 157. 215
188. Br. an Pfr. Maller, 22. 2. 42 und an G. Ott, 10. 5. 41
189. Br. an E. Sartorius, 10. 9. 40
190. Vortr. IV, 171
191. Gespr. IV
192. Vortr. IV, 167
193. Br. an die Abt. f. Presse etc. im Armeestab, 3. 5. 41
194. Vortr. IV, 155
195. ABT VII, 193
196. ABT V
197. Vortr. IV, 99
198. Vgl. Anm. 161; Br. an F. Frei, 31. 1. 42
199. Vgl. Anm. 161
200. Politiker fragen die Kirche. In: In Extremis, 1940, 181
201. E. Bonjour, Geschichte der schweizerischen Neutralität V, 1970, 185
202. Br. an »Pumchen«, 22. 12. 40
203. Kurze Erklärung des Römerbriefes, Siebenstern-TB 94, 1967, 5 f. 20 ff.
204. Vortr. IV, 167. 178
205. Br. an Pfr. Studer, 10. 5. 41
206. Br. an E. von Steiger, 11. 6. 41
207. Vortr. IV, 209 f. 218 ff.
208. Br. an Dr. Bally-Gerber, 6. 8. 41
209. Br. an Pfr. Roduner, 17. 5. 41
210. Br. an Oberst Bäschlin, 22. 9. 41
211. Br. an Pfr. Roduner, 14. 6. 42
212. Br. an R. Freymond, 25. 1. 46
213. Br. an W. Spoendlin, 29. 6. 41; an A. Frey, 2. 7. 41; an K. Takizawa, 28. 5. 49
214. Br. an E. Sartorius, 11. 5. 44
215. ABT VII, 192
216. Br. an W. Loew, 16. 2. 46
217. Br. an A. Cochrane, 16. 3. 53
218. Br. an die Lehrer von H. J. Barth, 6. 5. 42
219. Vgl. Anm. 212
220. Br. an M. Z., 10. 10. 43
221. Br. an »Pumchen«, 28. 10. 43
222. Vortr. IV, 367
223. Br. an Helene Barth, 22. 1. 44 und: Welches Buch halten Sie für wesentlich? In: (Basler) Nationalzeitung, 1934
224. Br. an Th., 9. 8. 31
225. KD III/2, 96
226. Br. an Nelly Barth, 17. 8. 41
227. Br. an Dr. Rothmund, 26. 11. 41
228. Vortr. IV, 240 f.
229. ebd. 243
230. ebd. 242

231. Br. an J. Glenthøj, 7. 9. 56
232. KD II/2, VI
233. KD III/1, Vorwort und 1
234. ebd. Vorwort
235. ebd. 1. 46. 44. 103. 258. 207. 377
236. Vortr. V, 112
237. Vortr. IV, 245 f.
238. ebd. 269
239. ebd. 285. 279 f.
240. ebd. 299 f.
241. Br. an Pfr. Maller, 22. 2. 42; Predigt über Dan. 9, 18 (1942) und: Unser Malaise muß fruchtbar werden. In: Weltwoche, 21. 12. 45
242. Manuskript Barths: Thesen zur Flüchtlingshilfe, Herbst 1942
243. Br. vom 6. 3. 47
244. Br. an K. L. Schmidt, 6. 8. 42
245. Br. an A. von Erlach, 17. 7. 57
246. Br. an C.B., 5. 8. 42
247. Br. an F. Frei, 31. 1. 42
248. Br. an A. Frey, 27. 10. 42
249. Vortr. IV, 306
250. Br. an C. Maurer, 5. 10. 43
251. Br. an K. L. Schmidt, 3. 7. 42
252. Die kirchliche Lehre von der Taufe. ThSt 14, 40. 39
253. Br. an W. A. Visser't Hooft, 9. 5. 43
254. Br. an U. Barth, 30. 9. 43 und an J. de la Harpe, 21. 9. 43
255. Br. an K. L. Schmidt, 15. 1. 44
256. Br. an O. Farner, 11. 12. 43
257. Br. an W. Gut, 21. 2. 44 und an A. Keller, 7. 5. 44
258. Br. an G. Lindt, 31. 12. 43
259. Br. an G. Lindt, 12. 12. 36
260. Br. an L. Ragaz, 22. 4. 44 und von Ragaz an K.B., 27. 4. 44
261. Br. an P. Vogt, 28. 6. 44
262. Br. an die Gesellschaft Schweiz-Sowjetunion, 22. 3. 45
263. Br. an R. Freymond, 25. 1. 46
264. Br. an A. Keller, 21. 7. 44
265. Vortr. IV, 330 f.
266. Br. an G. Schmidt, 20. 7. 44
267. Vortr. IV, 354 f.
268. ebd. 334 ff.
269. Br. an M. von Heyer, 27. 9. 45
270. Vortr. IV, 397. 392
271. ABT VII, 194
272. Br. an Dr. Sonntag, 21. 6. 45
273. Br. an K. Müller, 9. 6. 45

274. ABT VII, 194 f.
275. Br. an F. Siegmund- Schultze, 11. 5. 45
276. Br. an P. Vogt, 28. 3. 45
277. Vgl. Anm. 275
278. Auslegung von Matth. 28,16–20, 1945, 3. 12
279. Vortr. IV, 371 ff.
280. ABT VII, 194
281. Br. an G. Weber, 16. 5. 45
282. Br. an J. L. Leuba, 6. 7. 44
283. Kirchenkampf, 89
284. ebd. 92
285. Br. an G. Weber, 28. 6. 45
286. Br. an G. Ott, 7. 3. 60
287. ABT VII, 195
288. Und vergib uns unsere Schuld. In: Weltwoche, 14. 9. 45
289. Die evangelische Kirche in Deutschland nach dem Zusammenbruch des Dritten Reiches, 22
290. Br. an A. Keller, 28. 9. 45
291. Vgl. Anm. 288
292. Que pensez-vous du diable et des anges? In: Jeunesse, Dez. 1960
293. ABT VII, 195
294. Br. an E. Bizer, 10. 10. 46
295. Br. an O. Fricke, 30. 10. 45
296. Vgl. Anm. 289:37
297. Br. an H. Asmussen, 8. 6. 46
298. Br. an M. Hottinger, 18. 1. 46
299. Br. an C. Schmid, 18. 5. 56
300. Br. an W. Loew, 16. 2. 46
301. Ein Rückblick auf das Jahr 1945. In: Schweizer Radio-Zeitung, 1946, Nr. 2
302. Br. an Erik Wolf, 16. 3. 46
303. Br. an Broxil Koch, 12. 3. 46
304. Vortr. IV, 414 f.

KAPITEL VII

1. Br. an R. Siebeck, 19. 1. 46
2. ABT VII, 196
3. Br. an C. Milville, 12. 11. 45
4. Br. an A. von Erlach, 3. 3. 45
5. Prof. K. Barths Gruß an die deutschen Studenten. In: Bonner Universitäts-Zeitung, 18. 10. 46
6. Br. von Ch.v.K. an Gertrud Staewen, 5. 6. 46 und Br. an seine Familie, 17. 5. 46
7. Br. an A. Frey, 24. 5. 46 und an seine Familie, 17. 5. 46

536   *Anmerkungen Kapitel VII*

8. Br. an G. Lindt, August 1954
8a. Some remarks on allied policy, 1946, und Vortr. V, 98 f.
9. Br. an seine Familie, 9. 5. 47
10. Br. an seine Familie, 7. 7. 46
11. Br. an Frau Goeters, 16. 5. 53
12. Br. an seine Familie, 17. 5. 46
13. Dogmatik im Grundriß, 1947. Zitiert nach der 3. Aufl., 5 f.
14. ebd.
15. Br. an A. Frey, 24. 5. 46
16. Vgl. Anm. 13: 109. 84 ff. 77. 110
17. Vgl. Anm. 15
18. Abschiedsgruß an die Bonner Studenten. In: In Extremis, 1946, 71 f.
19. Br. von Ch.v.K. an E. Wolf, 17. 6. 46
20. Br. an seine Familie, 2. 6. 46
21. Br. an seine Familie, 26. 5. 47
22. Br. an das Basler Erziehungsdepartement, 5. 9. 46
23. Die christliche Verkündigung im heutigen Europa, 1946, 11. 17
24. Christengemeinde und Bürgergemeinde, 1946, 55. 14. 13. 29. 48
25. Gespr. VIII
26. Br. an seine Familie, 26. 7. 46
27. Vgl. Anm. 22
28. Gespr. IV und Br. an Erik Wolf, 27. 11. 68
29. Br. an K. Seifert, 23. 12. 46
30. Br. an M. Niemöller, 29. 6. 46 und 7. 6. 46
31. Die deutsche Frage heute. In: Journal de Genève, 1946, Nr. 303
32. Br. an G. Dehn, 26. 10. 47
33. Br. an M. Eras, 6. 4. 47
34. Ein Rückblick auf das Jahr 1945. In: Schweizer Radio-Zeitung, 1946, Nr. 2
35. Vgl. Anm. 32
36. Vgl. Anm. 29
37. Br. von Ch.v.K. an E. Wolf, 7. 11. 47
38. Vortr. V, 115
39. Br. an C.B., 25. 2. 48
40. Br. an C.B., 24. 11. 47
41. Br. an C.B., 1. 4. 47
42. Gespräche nach Amsterdam, 1949, 30
43. Br. an E. Sartorius, 1. 4. 47
44. Die Schrift und die Kirche. ThSt 22, 7. 19
45. Br. an N. Ehrenström, 1. 4. 47 und an E. Sartorius, 1. 4. 47
46. Vgl. Anm. 9

47. Br. an C. Milville, 22. 9. 47; an Rosemarie Barth, 16. 5. 47; an seine Familie, 1. 8. 47
48. Die christliche Lehre nach dem Heidelberger Katechismus, 7 f.; vgl. Anm. 9
48a. Die christliche Lehre, 12 f. 60. 16
49. Br. an seine Familie, 1. 8. 47 und an C. Milville, 22. 9. 47
50. Br. von Ch.v.K. an O. Knobloch, 23. 1. 60
51. Br. an G. Dehn, 20. 9. 47
52. Br. an seine Familie, 13. 8. 47
53. Die Kirche zwischen Ost und West, 1949, 30 f.
54. Vgl. Anm. 52 und Br. an H. Obendiek, 15. 8. 47 und an L. Denneberg, 27. 3. 59
55. BwBu, 287 ff.
56. KD III/2, 524. VIII. 47. 36
57. ebd. VII
58. Br. vom 13. 3. 54
59. Br. an H. Diem, 27. 11. 49
60. Br. an W. Baumgartner, 12. 7. 50
61. Br. an W. Vischer, 29. 2. 48
62. Br. an C.B., 11. 8. 49
63. Br. an C.B., 25. 3. 51
64. Br. an M.B., 11. 2. 64
65. Br. an G. Lindt, 31. 12. 43
66. Br. an E. Sartorius, 1. 1. 48
67. Br. an C.B., 13. 12. 47
68. Br. an C.B., 16./17. 1. und 14. 2. 48
69. Br. an W. Niesel, 8. 8. 50
70. Br. an W. Scherffig, 20. 8. 49
71. Br. an R. Karwehl, 28. 5. 49
72. Br. an C.B., 16./17. 1. 48
73. Br. an K. Jaspers, 21. 2. 53
74. Br. an K. Seifert, 7. 1. 48
75. Br. an C.B., 1. 5. 48
76. Seminarbericht, 9. 1. 50
77. Seminarbericht 1951
78. Br. an H. Ott, 21. 7. 50
79. Die christliche Gemeinde im Wechsel der Staatsordnungen, 1948, 55 ff.
80. ebd. 10. 57. 23. 35. 45
81. Br. an H. Mochalski, 25. 4. 48
82. Br. an G. Traub, 5. 12. 48
83. Vgl. Anm. 79: 57 f. 75
84. Br. an A. Koechlin, 20. 9. 48
85. Br. an C.B., 30. 9. 48
86. Vgl. Anm. 79: 66
87. Br. an W. Lüthi, 13. 6. 48
88. Vgl. Anm. 86
89. Vgl. Anm. 79: 69

90. Br. an die Kirchgemeinde Wattwil, 25. 12. 48
91. Br. an C.B., 6. 11. 48
92. Br. an C.B., 15. 2. 49
93. Die Kirche zwischen Ost und West, 3. 10 f.
94. Br. von Ch.v.K. an K. Seifert, 31. 1. 48
95. ABT VII, 197
96. LZ, 25 f.
97. Br. an C.B., 10. 8. 48 und: Die Unordnung der Welt und Gottes Heilsplan, 1948
98. Br. an C.B., 30. 9. 48 und an G. Lanzenstiel, 28. 11. 49
99. Br. an G. Merz, 5. 10. 48
100. Br. an K. Handrich, 3. 4. 53
101. Br. an C.B., 30. 9. 48
102. ebd.
103. ABT VII, 198
104. Vgl. Anm. 99
105. Die Wirklichkeit des neuen Menschen. ThSt 27, 3
106. Vgl. Anm. 101
107. Gespräche nach Amsterdam, 24
108. Vgl. Anm. 99
109. Vgl. Anm. 91
110. ebd.
111. Vgl. Anm. 92
112. Br. an F. Gehrig, 5. 12. 48
113. Br. an C.B., 30. 12. 48
114. Vgl. Anm. 92
115. ebd.
116. Br. an C.B., 23. 6. 49
117. Br. an H. Weber, 23. 5. 49
118. Br. an H. Stratenwerth, 5. 4. 60
119. Br. an C.B., 11. 8. 49
120. Br. an Dr. Studer, 19. 9. 50
121. Br. an C.B., 7. 1. 50
122. Br. an C.B., 30. 12. 48
123. Vgl. Anm. 113
124. KD III/3, VI f.
125. ebd. V
126. ebd. VI. 47
127. Vgl. Anm. 92
128. Br. an F. Herzog, 21. 5. 49
129. Br. von Ch.v.K. an C.B., 11. 6. 49
130. KD III/3, VI
131. Br. an O. Weber, 20. 6. 49
132. Br. an R. Pestalozzi, 30. 12. 49
133. Br. vom 17. 12. 49
134. Br. an H. Gollwitzer, 8. 1. 50
135. Humanismus. ThSt 28, 13 ff. 21 f.

136. Br. an C.B., 29. 9. 49
137. ebd.
138. Br. an C.B, 24. 11. 49
139. Br. an G. Gloege, 26. 11. 49
140. Br. an C.B., 26. 2. 50
141. Br. an C.B, 7. 6. 54 und an M.B., 11. 8. 50
142. Br. an H. U. von Balthasar, 25. 1. 50
143. Vgl. Anm. 140
144. Br. an C.B., 7. 1. 50
145. Br. an C.B., 26. 2. und 28. 3. 50
146. Br. an C.B., 22. 12. 50
147. Br. an A. Gilg, 23. 11. 56
148. Br. an C.B., 7. 5. 50
149. Br. an C.B., 21. 9. 50
150. Vgl. Anm. 134
151. Br. an D. Schellong, 12. 10. 50 und an H. Weber, 15. 10. 50
152. KD IV/1, 858
153. Br. an seine Söhne, 14. 9. 53
154. Br. an C.B., 25. 3. 51 und Gespr. VII
155. Br. an H. Weber, 15. 10. 50 und an V. Vinay, 15. 10. 50
156. Br. an C.B., 25. 3. 51
157. Vgl. Anm. 152
158. Vgl. Anm. 156
159. Seminarbericht 1950/51
160. Vgl. Anm. 156
161. Br. an Gerty Pestalozzi, 3. 1. 51
162. Br. an H. J. Iwand, 29. 4. 51
163. ebd.
164. Br. an C.B., 2. 6. 51
165. Br. an C.B., 13. 7. 51
166. Br. an C.B., 25. 8. 51
167. Br. an G. Harbsmeier, 29. 11. 52
168. Br. an Th. L. Haitjema, 14. 5. 49
169. Br. an den Coetus reform. Prediger, 26. 4. 49
170. Br. an C.B., 23. 6. 49
171. Br. an R. Will, 28. 12. 46
172. Br. an H. Scholz, 2. 8. 54
173. Br. an K. L. Schmidt, 2. 6. 48
174. Br. an P. Vogt, 10. 1. 53 und an Dr. Krueger, 16. 11. 53
175. Br. von Ch.v.K. an H. Gollwitzer, 19. 10. 52
176. Br. an C.B., 24. 11. 49
177. Br. an C.B., 7. 5. 50
178. Geleitwort. Zu: O. Weber, Karl Barths Kirchliche Dogmatik, 1950, 6
179. KD III/4, IX
180. ebd.

181. Gespr. VI
182. Vgl. Anm. 178: 5
183. Br. an C.B., 2. 6. 51
184. KD III/4, VII
185. Klappentext von KD III/4
186. ebd. und KD III/4, 31. 745. 58. 63
187. Vgl. Anm. 183
188. Vgl. Anm. 162
189. KD IV/1, 83
190. Br. an C.B., 13. 7. 51
191. KD IV/1, 171 ff. 336 f. 379 f. 738 f. 769
192. KD IV/1, Vorwort
193. Br. an B. Gherardini, 24. 5. 52
194. BwBu, 200 und Br. an A. Bronkhorst, 28. 12. 52
195. Br. an C. H. Ratschow, 2. 1. 58
196. Br. an G. W. Bromiley, 1. 6. 61
197. KD IV/1, 858 f.
198. Br. an H. Müller, 7. 4. 61
199. Br. an J. Glenthøj, 7. 9. 56 und Gespr. II
200. Br. an M. P. van Dijk, 29. 12. 52
201. Br. an G. C. Berkouwer, 30. 12. 54
202. Br. an C.B., 18. 11. 50
203. Br. an C. B., 21. 9. 50
204. Br. an C.B., 18. 11. 50 und Vortr. V, 150 ff.
205. Br. an C.B., 22. 12. 50
206. Barmen. In: Bekennende Kirche. FS für M. Niemöller, 1952, 9
207. ABT VIII, 201 f.
208. Br. an Th. Schnyder, 8. 6. 58
209. Br. an G. Jacob, 18. 2. 55
210. Br. an M. Feldmann, 16. 9. 50
211. Br. an M. Feldmann, 10. 2. 51
212. Br. an C.B., 25. 8. 51
213. Br. an H. Weber, 15. 10. 50 und an C.B., 25. 8. 51
214. Br. an Berner Freunde, 21. 12. 51
215. Vgl. Anm. 212
216. KD III/4, 782
217. Br. an A. Bereczky, 6. 1. 52
218. Br. an A. Bereczky, 16. 9. 51
219. Br. an C.B., 18. 1. 52
220. Br. an den Brit. Gesandten, 14. 1. 52
221. Br. an C.B., 9. 3. 52
222. Br. an H. Obendiek, 25. 3. 52
223. Vgl. Anm. 221
224. Br. an G. Casalis, 13. 10. 52
225. Nachwort, 298 und ABT IV
226. Nachwort, 298
227. ABT IV
228. Gespr. II
229. Br. an C.B., 25. 11. 51
230. KD IV/1, Vorwort
231. Br. an W. Herrenbrück, 15. 2. 52
232. Br. an G. Gloege, 26. 11. 49
233. Vgl. Anm. 229
234. Seminarbericht, 17. 1. 53
235. Br. an C.B., 9. 3. 52
236. Br. an St. Neill, 18. 3. 53
237. Br. von Ch.v.K. an W. Simpfendörfer, 16. 5. 52
238. BwBu, 197
239. Vgl. Anm. 235
240. Vorbemerkung. Zur Neuausgabe von »Rudolf Bultmann« und »Christus und Adam«, 1964, 5
241. Br. an G. Ebeling, 7. 12. 52
242. Vgl. Anm. 235
243. Vgl. Anm. 234
244. Rund-Br., 20. 5. 52
245. Möglichkeiten liberaler Theologie heute. In: Schweizer Theologische Umschau, 1960, 97
246. Br. an G. Merz, 16. 3. 53
247. Br. an seine Söhne, 22. 5. 53
248. Br. an M.B., 8. 3. 53
249. ebd.
250. Br. an E. Wolf, 31. 7. 51
251. Br. an M.B., 4. 4. 53
252. Br. an seine Söhne, 22. 5. 53
253. ABT VIII, 201
254. Vgl. Anm. 251
255. Br. an E. Wolf, 18. 3. 55
256. Vgl. Anm. 252
257. KD IV/2, VI
258. ebd. VII
259. ebd. 30. VII. 578 ff. 462. 770. 918 ff.
260. ebd. VII
261. KD IV/3, IX
262. Gespr. IX
263. Br. an seine Söhne, 12. 7. 53
264. Br. an G. und Lieselotte Schwenzel, 28. 7. 53
265. Br. an E. Kühler, 5. 4. 60
266. Br. an H. Scholz, 24. 5. 53
267. Vgl. Anm. 252
268. Br. an C.B., 25. 8. 51
269. Br. von Ch.v.K. an Nelly Barth, 26. 7. 51
270. Vgl. Anm. 268
271. Br. an St. Neill, 11. 3. 53
272. The Christian Hope. In: Episcopal

Churchnews, Richmond/USA, 6. 4. 52
273. Kirchen schließen Bekanntschaft. In: Die Woche, 1952, Nr. 44
274. Br. an seine Söhne, 14. 9. 53
275. Br. an K. Seifert, 7. 10. 53 und an W. Simpfendörfer, 12. 5. 54
276. Br. an E. Wolf, 3. 10. 53
277. ebd.
278. Das Geschenk der Freiheit. ThSt 39, 21 f.
279. Vgl. Anm. 276
280. Br. an W. A. Visser't Hooft, 18. 10. 53
281. Br. an G. Lindt, 24. 2. 55
282. Br. an U. Barth, 19. 3. 54
283. Br. an H. Scholz, 2. 8. 54
284. Br. an seine Söhne, 9. 3. 54
285. Vgl. Anm. 282
286. Br. an F. Herzog, 13. 2. 54
287. Br. an seine Söhne, 20. 12. 53
288. Br. an A. von Erlach, 22. 11. 49
289. Seminarbericht 1953/54
290. Br. an M.B., 19. 8. 54
291. Br. an M.B., 9. 5. 54
292. Vgl. Anm. 287
293. Vgl. Anm. 284
294. Br. an M.B., 11. 2. 64
295. Br. an C.B., 13. 7. 54
296. Br. an seine Söhne, 22. 12. 54
297. Br. an M.B., 12. 7. 54
298. Vgl. Anm. 295
299. Br. an seine Söhne, 19. 9. 54
300. Br. an G. Lindt, August 1954
301. Br. an B. Gherardini, 18. 9. 54
302. W. A. Mozart 1756/1956, 1956, 49
303. Br. an J. Souček, 4. 8. 54
304. Nachwort. Zu: J. Hromádka, Evangelium für Atheisten, 1969, 62
305. Br. an seine Söhne, 17. 3. 55
306. Vgl. Anm. 296
307. Br. an G. Heinemann, 19. 11. 54
308. Gerstenmaier auf den Stehkragen. In: Gesamtdeutsche Rundschau, 18. 3. 55
309. Br. an M. Niemöller, 28. 1. 55
310. Br. an H. Schmidt, 20. 11. 54
311. Br. von Ch.v.K. an H. E. Tödt, 19. 6. 55
312. Br. an H. H. Brunner, 30. 8. 55
313. ABT VIII, 205
314. Br. an H. Kuwada, 22. 1. 63
315. Br. an Dora Scheuner, 7. 9. 56
316. Br. an G. Merz, 28. 8. 56 und an H. Vogel, 9. 3. 60
317. Br. an C.B., 21. 9. 50

318. Br. an Daniel Barth, 8. 7. 54
319. Br. an Gertrud Staewen, 15. 7. 54
320. KD IV/2, X
321. Br. an H. Hesse, 27. 10. 54

KAPITEL VIII

1. Br. an P. van Buren, 18. 11. 55
2. Br. an seine Söhne, 20. 10. 55
3. Rund-Br., Mai 1968
4. Br. an M.B., 24. 8. 59
5. ABT VIII, 209
6. Br. an R. Ley, 31. 8. 55
7. Br. an B. Vischer, 19. 7. 55
8. Br. an M.B., 21. 4. 56
9. W.A. Mozart 1756/1956, 1956, 8
10. Br. an E. Wolf, 26. 12. 55
11. W. A. Mozart, 37. 39. 38. 44
12. Vgl. Anm. 5
13. Br. an R. Morgenthaler, 15. 10. 63
14. Br. an K. Lüthi, 22. 6. 63
15. Br. an M.B., 21. 4. 56; an D. Mendt, 22. 4. 56; an G. Heipp, 23. 3. 56
16. Gespr. V
17. Br. an M.B., 21. 4. 56 und an C.B., 28. 4. 56
18. Br. an G. Lindt, 16. 2. 55; an G. Merz, 28. 4. 56; an seine Söhne, 21. 12. 55
19. Br. an J. Scheiwiler, 22. 1. 44
20. Br. an H. van Oyen, Dez. 1968
21. Br. an H. Barth, 3. 3. 55
22. Br. an R. Barth-Ninck, 18. 3. 56
23. Br. an H. Obendiek, 25. 3. 52
24. ABT VIII, 200
25. Br. an seine Söhne, 14. 9. 53 und ABT VIII,201
26. Br. an H. Scholz, 2. 8. 54
27. Br. an W. Niesel, 31. 12. 54
28. Pred. V, VII
29. ebd. 189
30. Br. an A. von Erlach, 17. 5. 55 und an H. Scholz, 2. 8. 54
31. Pred. VI, 8 f. 69; Br. an K. Scherf, 5. 4. 60
32. Pred. V, VII
33. Br. an M.B., 15./16. 7. 57 und an M. Schwarz, 1. 8. 55
34. KD IV/3, VIII
35. Br. an seine Söhne, 21. 12. 55
36. Br. an B. Nagy, 18. 11. 55
37. Vgl. Anm. 34
38. Br. an P. B. Barth, 28. 10. 51

39. Br. an C.B., 7. 6. 54
40. Br. an E. Imperatori, 14. 7. 55
41. Br. an C.B., 28. 4. 56. Jener Buddhist war Japaner, nicht Inder.
42. Br. an M.B., 21. 4. 56 und an K. H. Miskotte, 12. 7. 56
43. Br. »An meine Freunde in Japan«, 1956 und an F. W. Camfield, 7. 10. 47
44. Br. »An meine Freunde in Japan«, 1956
45. ebd.
46. Rede im Lambeth Palace, Juli 1956
47. Br. an Th. A. Gill, 10. 8. 57
48. Br. an H. Vogel, 5. 9. 56
49. Br. an Ch.v.K. an K. G. Steck, 5. 7. 56
50. Br. an seine Söhne, 14. 9. 53
51. Br. an seine Söhne, 17. 9. 55 und an C.B., 16. 9. 56
52. ABT VIII, 208
53. Br. an K. H. Miskotte, 12. 7. 56
54. Br. an C.B., 16. 9. 56 und an J. S. L. Parker, 10. 7. 56
55. KD IV/3, IX
56. Br. an E. Barth, 13. 8. 56 und an C.B., 16. 9. 56
57. Interview mit H. Fischer- Barnicol, 1964
58. Die Menschlichkeit Gottes. ThSt 48, 7. 3. 10. 15
59. Evangelische Theologie im 19. Jahrhundert. ThSt 49, 3
60. Br. an W. Herrenbrück, 13. 7. 63
61. KD IV/3, 8 f.
62. ebd. VII f.
63. ebd. 47
64. ebd. 872
65. ebd. 550
66. Br. an seine Söhne, 26. 12. 56
67. Uns fehlt das Bewußtsein der eigenen Relativität. In: Die Woche, 1963, Nr. 4
68. Br. an R. von Bergen, 10. 11. 56; vgl. Anm. 66
69. Br. an F. Flückiger, 1. 12. 56
70. Br. an J. Bäschlin, 22. 7. 57
71. Br. an A. von Erlach, 17. 7. 57
72. Brief an einen Pfarrer in der DDR, 1958, 6
73. Br. an H. Ott, 17. 7. 57
74. Br. an M. B., 15./16. 7. 57
75. Br. von Ch.v.K. an Freunde, 17. 6. 57
76. Seminarbericht 1957/58
77. Seminarbericht 1955/56
78 Zeugnis für E. Jüngel, 1958
79. Vgl. Anm. 76

80. Br. an seine Kinder, 28. 7. 58
81. Br. an H. Simon, 25. 9. 58
82. Br. an seine Kinder, 12. 10. 58
83. Br. an Sun Bum Yun, 16. 6. 58
84. Br. an K. Stoevesandt, 25. 7. 58
85. Vgl. Anm. 82
86. ebd.
87. Br. an J. Hamel, 23. 3. 59 und Laudatio für G. Wieser, 1957
88. Nachwort. Zu: J. Hromádka, Evangelium für Atheisten, 1969, 63
89. Br. an M.B., 11. 2. 64
90. Br. an J. Hromádka, 18. 12. 62 und 10. 7. 63
91. Brief an einen Pfarrer in der DDR, 11. 15. 28
92. Br. an A. von Erlach, 26. 5. 59
93. Br. an Marie-Claire Barth, 22. 3. 59
94. Br. von Ch.v.K. an M.B., 1. 5. 59
95. Rund-Br., Mai 1959
96. Br. an W. Weischedel, 9. 5. 60
97. Br. an seine Kinder, 28. 7. 58
98. Br. an M.B., 15. 7. 57
99. Br. an R. Siebeck, 8. 10. 57; an seine Kinder, 12. 10. 58; an R. Karwehl, 13. 3. 52
100. Br. an C.B., 25. 5. 58
101. Br. an A. von Erlach, 18. 12. 58
102. Br. an M.B., 24. 8. 59; an C.B., 8. 1. 61; an M.B., 24. 12. 57; an seine Kinder, 28. 7. 58
103. Vgl. Anm. 82
104. Br. an C. W. Kegley, 9. 7. 60
105. Br. an M.B., 20. 12. 58
106. Br. an M.B., 15./16. 7 .57
107. Vgl. Anm. 76
108. Br. an F. J. Leenhardt, 14. 2. 59 und an C.B., 8. 6. 59
109. Br. an C.B., 11. 11. 57
110. ABT VIII, 201
111. Br. an Rosemarie Barth, 31. 12. 59
112. Br. an C.B., 29. 12. 59 und von Ch.v.K. an G. Barczay, 6. 12. 59
113. Gespr. VII und IX
114. Br. an G. Wolff, 2. 9. 59
115. Br. an Erik Wolf, 7. 3. 60 und an K. Handrich, 7. 3. 60
116. KD IV/3, VII
117. Br. an C.B., 29. 12. 59 und an M.B., 27. 9. 59
118. Br. an C.B., 6. 4. 60
119. Rund-Br., 15. 5. 60

120. Br. an M.B., 24. 8. 59 und an H. Vogel, 9. 3. 60
121. Die Theologische Fakultät. In: Basler Nachrichten, 26. 6. 60
122. Die Theologie in der heutigen Welt. In: (Basler) National-Zeitung, 26. 6. 60
123. KD IV/4, IX
124. Br. an C.B, 18. 9. 60
125. Br. an G. Casalis, 31. 8. 60
126. Gespr. IX
127. BwBu, 199
128. Protokoll des Gesprächs zwischen K.B. und Vertretern der Brüdergemeine. In: Civitas praesens, 1961, Nr. 13
129. Br. an E. Käsemann, 3. 1. 60
130. Br. an Rosemarie Barth, 7. 4. 61
131. ABT VIII, 207
132. Br. an G. Ebeling, 29. 7. 59
133. Br. an R. Karwehl, 26. 12. 60
134. Br. an A. Hege, 3. 4. 62
135. Br. an U. Smid, 11. 2. 62
136. Br. an F. Middendorf, 5. 4. 62
137. Fernsehinterview mit dem BBC. In: Junge Kirche 1961, 276
138. Gespr. VI
139. Gespr. III
140. Br. an C.B., 6. 4. 60
141. Br. an M.B., 24. 12. 60
142. Br. an G. Casalis, 31. 8. 60
143. Br. an C.B., 25. 5. 58
144. Br. an C.B., 8. 1. 61
145. Br. an A. Bereczky, 18. 7. 61
146. Br. an E. Wolf, 28. 7. 61
147. Einführung in die evangelische Theologie, 1962, 7
148. Br. an H. Goes, 17. 7. 62
149. Br. an K. H. Miskotte, 16. 7. 62
150. Br. an H. Gollwitzer, 31. 7. 62
151. Br. an M. B., 11. 2. 62
152. Vgl. Anm. 149
153. Einführung in die evangelische Theologie, 7 f.
154. ebd. 7. 11. 14. 65. 155. 182. 224

KAPITEL IX

1. Rund-Br., 25. 5. 64
2. KD III/4, 707 f.
3. KD IV/4, VIII
4. ABT VIII, 209
5. Br. an W. A. Visser't Hooft, 18. 10. 53
6. Br. an M.B., 11. 2. 62

7. Br. an M.Z., 19. 5. 62
8. Remembrances of America. In: The Christian Century, 1963, Nr. 1, 7 ff. (nach Barths deutschem Entwurf zitiert)
9. Uns fehlt das Bewußtsein der eigenen Relativität. In: Die Woche, 1963, Nr. 4
10. Vgl. Anm. 8
11. Br. an H. Goes, 17. 7. 62
12. Br. an E. Hubacher, 6. 6. 62
13. Vgl. Anm. 11
14. Br. an H. Gollwitzer, 31. 7. 62
15. Br. an G. Dehn, 13. 9. 62
16. Br. an A. Hirzel, 28. 11. 62
17. Br. an H. Dietzfelbinger, 27. 10. 62
18. Br. an E. Wolf, 8. 11. 62
19. Vgl. Anm. 14
20. Systematische Theologie. In: Lehre und Forschung an der Universität Basel, 1960, 37
21. Br. an C.B., 27. 2. 63 und A. Hirzel, 28. 11. 62
22. Vgl. Anm. 18
23. Gespr. VI
24. Br. an C.B., 27. 2. 63
25. Br. an M.B., 26. 2. 63
26. Br. an M.B., 27./29. 11. 63
27. Br. an E. Wolf, 14. 8. 63
28. Br. an N. N., 31. 10.63
29. Br. an O. Cullmann, 30. 10. 63
30. Gespr. VII
31. Gespr. IV
32. ebd.
33. Br. an C. B., 27. 2. 63
34. Br. an G. Casalis, 28. 10. 63
35. Vgl. Anm. 26
36. LZ, 65 f.
37. Br. an H. H. Brunner, 21. 11. 63 und an C.B., 18. 6. 63
38. Gespr. VI
39. Vorbemerkung. Zur Neuausgabe von »Rudolf Bultmann« und »Christus und Adam«, 1964
40. ebd.
41. Br. an C.B., 13. 3. 64
42. Rund-Br., Mai 1964
43. Gespr. VI
44. Gespr. VII
45. Br. an C.B., 18. 6. 63
46. Gespr. VII
47. Br. an B. A. Willems, 6. 3. 63
48. Vgl. Anm. 45
49. Dank und Reverenz. In: EvTh 1963, 337

50. Br. an M.B., 26. 2. 63
51. Dank und Reverenz, 341 f.
52. Vgl. Anm. 45
53. Vgl. Anm. 26
54. Das Christentum und die Religion. In: KRS 1963, 181 f.
55. Reformierte Theologie in der Schweiz. In: FS für G. C. Berkouwer, 1965, 28
56. Vgl. Anm. 26
57. Das Gebot des gnädigen Gottes. In: FS für K. H. Miskotte, 1961, 280 und Br. an K. H. Miskotte, 12. 7. 56
58. Br. an M.B., 11. 2. 64
59. Br. an D. Schellong, 5. 3. 63
60. KD IV/4, VIII
61. Rund-Brief, 25. 5. 64
62. Br. an A. de Quervain, 28. 4. 65
63. Br. an R. Karwehl, 8. 11. 64
64. Vgl. Anm. 60
65. Br. an E. Jüngel, 3. 11. 65
66. Br. an E. Wolf, 15. 11. 65
67. Br. an G. Schwenzel, 8. 11. 65
68. Br. an R. Karwehl, 5. 11. 65
69. Vgl. Anm. 67
70. Br. an E. Wolf, 15. 11. 65
71. Rund-Br., Mai 1967
72. Br. an Frau Brunner, 7. 3. 66
73. Br. an M. Gabriel, 14. 1. 66 und an A.de Quervain 28. 4. 65
74. Br. an N.N., 20. 12. 61
75. Br. an M. Löhrer, 18. 8. 66
76. Rund-Br., Mai 1968
77. Vgl. Anm. 68
78. KD IV/4, VIII
79. Vgl. Anm. 76
80. Br. an M. Fischer, 26. 10. 62
81. Rund-Br., Mai 1968 und Br. an R. Karwehl, 1. 2. 67
82. Vgl. Anm. 76
83. Gebete, 1963, 7 f.
84. Br. an das »Werk«, 23. 4. 59
85. Br. an Honemeyer, 13. 7. 68
86. LZ, 54 f.
87. Br. an J. Lombard, 24. 8. 54
88. Br. an E. Wolf, 15. 11. 65
89. Rund-Br., Mai 1968
90. Br. an M.B., 26. 2. 63
91. Rund-Br., Juni 1966
92. Vgl. Anm. 88
93. Br. an P. Vogelsanger, 4. 4. 66
94. Br. an E. Jüngel, 3. 11. 65
95. Br. an W. Querl, 30. 9. 68

96. In: EvTh 1966, 619
97. Br. an E. Wolf, 21. 5. 66
98. Ad Limina Apostolorum, 1967, 9
99 ebd.
100. Br. an A. Grau, 16. 3. 66
101. KD IV/4, VIII
102. Vgl. Anm. 98: 9 f.
103. ebd. 10
104. Autorität der Freiheit. In: Nachrichten aus dem Kösel-Verlag, F. 26, 1967, 23
105. In diesem Zeichen wirst du nicht siegen. In: Orientierung, 1967, 267
106. Vgl. Anm. 89
107. Vgl. Anm. 98: 18
108. Überlegungen zum 2. Vatikan. Konzil. In: Zwischenstation. FS für K. Kupisch, 1963, 15 f.
109. Vgl. Anm. 89
110. ebd und Ad Limina, 17
111. Vgl. Anm. 105
112. Vgl. Anm. 98: 18
113. Br. an H. Küng, 27. 6. 66
114. Br. an E. Busch, 10. 7. 66
115. Vgl. Anm. 98, 11
116. Br. an E. Wolf, 3. 10. 66
117. Brief an J. G. M. Willebrands, 11. 10. 66
118. Vgl. Anm. 98: 13
119. ebd. 27. 35. 15
120. ebd.
121. Br. an E. Schlink, 21. 10. 66
122. Vgl. Anm. 98: 18
123. Vgl. Anm. 116
124. Vgl. Anm. 122
125. KD IV/4, IX
126. Seminarbericht, 4. 1. 61
127. KD IV/4, XI
128. Br. an J. Beckmann, 29. 6. 68
129. KD IV/4, X
130. Rund-Br., Mai 1968
131. Vgl. Anm. 129
132. KD IV/4, VII und Br. an M.B., 26. 2. 63
133. KD IV/4, VII, IX
134. ebd. VII
135. Br. an W. A. Visser't Hooft, 8. 3. 53
136. Br. an G. Casalis, 18. 8. 63
137. Br. an J. Moltmann, 17. 11. 64
138. Br. an W. Pannenberg, 7. 12. 64
139. Vgl. Anm. 135
140. Br. an W. Rüegg, 6. 7. 61
141. Vgl. Anm. 8
142. Br. an C. H. Ratschow, 2. 1. 58

143. Br. an W. Herrenbrück, 13. 7. 63
144. Br. an M. Fischer, 26. 4. 56
145. Rund-Br., Mai 1961
146. Br. an J. Lombard, 24. 3. 55
147. Br. an H. J. Iwand, 27. 7. 53
148. Br. an K. H. Miskotte, 16. 7. 62
149. Br. an J. Lochman, 30. 10. 61
150. Br. an M. Storch, 26. 4. 64; an M. Neeser, 27. 12. 52 und Vorwort zum Nachdruck von Röm. I, 1963
151. Vgl. Anm. 145
152. Br. an N.N., 31. 10. 63
153. Rund-Br., Mai 1967
154. Rund-Br., Mai 1964
155. Vgl. Anm. 153
156. Rund-Br., Mai 1968
157. ebd.
158. Br. an H. Gollwitzer, 7. 11. 67
159. Vgl. Anm. 156
160. Br. an K. P. Gertz, 29. 2. 68
161. Nachwort, 290
162. Br. an G. Müller, 27. 11. 68
163. Nachwort, 297 f.
164. ebd. 310
165. Br. an C.B., 14. 5. 68
166. Br. an R. Karwehl, 1. 2. 67
167. Br. an R. Karwehl, 30. 10. 68
168. ebd.
169. LZ, 7
170. LZ, 33 f. 27
171. LZ, 30 f.
172. LZ, 61
173. LZ, 71
174. Rund-Br., Mai 1968

Namenregister

BILDERNACHWEIS

Karl Barth-Archiv, Basel: 2, 3, 4, 5, 6, 7, 8, 9, 10, 11, 12, 16, 17, 18, 19, 20, 21, 23, 25, 27, 28, 29, 33, 35, 38, 39, 40, 41, 42, 48, 49, 50, 52, 53, 54, 59, 60, 62, 63, 64, 66, 67, 68, 69, 71, 73, 74, 75, 76, 77, 78, 80, 84, 86, 87, 89, 91, 92, 93, 94, 95, 96, 97, 98, 99, 100, 101, 103 / Bildarchiv Foto Marburg: 13, 14, 15 / Bilderdienst Süddeutscher Verlag: 47 / Eberhard Busch, Uerkheim: 34 / Ex Libris Verlag, Zürich: 24, 61 / Helmut Gollwitzer, Berlin: 90 / Peter Heman, Basel: 82 / Photo Höflinger, Basel: 1 / Franz Hubmann-Magnum: 81 / Chr. Kaiser Verlag, München: 22, 30, 32, 37, 45, 55, 70, 79, 88/Gertrud Lindt, Gümligen: 36/Bernhard Moosbrugger, Zürich: 102/ Maria Netter, Basel: 65, 72, 83, 85 / Städt. Museum Göttingen: 31 / Gertrud Staewen, Berlin: 44, 56, 57, 58 / Karl Gerhard Steck, Münster: 29, 43, 51 / Ullstein Bilderdienst: 26 / Peter Walter, Gelterkinden: 46.

Korrekturen

528	Anm. 201	Gesprek over Rome-Reformation. In: Libertas ex veritate, 1965
	Anm. 204a	ebd.
531	Anm. 205	Vortr.
	Anm. 209	Vortrag 1.12.34, vgl. S. 271
533	Anm. 83	Gotteserkenntnis und Gottesdienst, 1938, 7.44.5 f.
	einfügen	Anm. 83a. ebd. 67 f.
540	Anm. 49	Br. von Ch. v. K.
	Anm. 54	T. H. L. Parker
541	Anm. 135	Br. an U. Smidt, 11.12.62
548	16 v. o.	Haroutunian
551	23 v. u.	Lesslie Newbigin
554	Vischer, Wilhelm	117, 127, 209, 282 ff., 307, 321, 364
555	Bildernachweis:	statt: Städt. Museum Göttingen: 31, lies: A. H. Wagner Silesia-Verlag, Oberwössen: 31

Sachliche Verbesserungen und Ergänzungen

229	17 v. o.	Siehe: K. B., Replik an D. Dr. G. Wobbermin. In: Theol. Blätter, 1932, 221 f.
	8 v. u.	Siehe: K. Barth, Protestantismus der Gegenwart. In: Jugend und Krisis der Kultur, 1932
238	7 v. u.	Zu der These, Barth habe die Schrift in diesen zwei Tagen geschrieben, gaben mir seine Datenangaben auf S. 7 und 40 in dieser Schrift Anlaß. Eine genaue Durchsicht von Barths Handschrift zeigt aber, daß er tatsächlich länger an der Schrift gearbeitet hat.
239	18 v. o.	Die Angabe, es habe eine »schärfere«, nicht veröffentlichte Urfassung der Schrift gegeben, geht auf einen unmittelbaren »Augenzeugen« bei der Entstehung der Schrift zurück (vgl. H. Gollwitzer, Reich Gottes und Sozialismus bei Karl Barth. In: ThExNF 169, 1972, 59). Dr. H. Stoevesandt hat unterdes nachgewiesen, daß diese Angabe sich nicht halten läßt.
246	4 v. o.	Daß Barth wegen seiner »politischen Unzuverlässigkeit« nicht bei der Delegation zu Hitler dabei sein dürfe, war schon am 9. November vom Bruderrat des Pfarrernotbundes beschlossen worden.
267	5 v. o.	Im Fall von Lücking irrte sich Barth. Lücking war bei der Sitzung nicht anwesend und distanzierte sich anschließend deutlich von dieser »Linie« (laut Mitteilung von W. Niemöller).
268	10 ff. v. o.	Nach der »Katastrophe« im Bruderrat suchte Barth offenbar zusammen mit anderen Reformierten das Anliegen der BK wenigstens im kleinen Kreis der Reformierten zu »retten«.
271	14 v. o.	Wie aus Briefen zu schließen ist, hat Barth wohl auch noch nach seinem Austritt aus dem Reichsbruderrat (vgl. S. 267, 5 v. u.) an Sitzungen von ihm *als Gast* teilgenommen.
285	6 v. o.	Ernst Wiechert war damals wohl von den Nazis verfolgt, emigrierte aber erst 1948 in die Schweiz.
289	23 v. o.	Siehe: In: EvTh 1936, 205 ff.
290	12 v. o.	Der Titel der Festschrift lautete dann nur schlicht: »Theologische Aufsätze. K. Barth zum 50. Geburtstag«.
300	8 v. o.	Rauschning hatte in Danzig tatsächlich die Funktion eines Senatspräsidenten.
304	5 v. o.	Die Kristallnacht war sogar der unmittelbare Anlaß für diese Versammlung.
	14 v. o.	Der genaue Titel hieß: »Hilfswerk für die bekennende Kirche *in Deutschland*«. Der letztere Zusatz ist darum von Wichtigkeit, weil der Schweizer Bundesrat im Krieg die Tilgung dieses Zusatzes forderte.
307	zu Bild 52	Links neben bzw. hinter Karl Barth ist Wilhelm Vischer sichtbar.
327	20 v. u.	Barths Meinung war: die karitative Tätigkeit *müsse* angefaßt werden, hingegen könne er keine theologische Gemeinschaft pflegen mit Vertretern jenes Verständnisses der Juden. Als dann Emil Brunner seines Erachtens allzu schnell auf die Beschränkung auf das Karitative einging, betonte Barth sofort wieder die Einheit von theologischer und karitativer Arbeit und

559

schlug als Thema der nächsten Wipkinger Tagung die Behandlung von Römer 9–11 vor.

392 10 v. o. Barth ist bei der Ausführung von KD IV/3 von seinem ursprünglichen Plan in dem Sinn abgewichen, daß er dort dann nicht sowohl die *Einheit* des Gottmenschen als die *Kundgabe* seiner Person und seines Werks zum zentralen Gesichtspunkt hatte.

400 5 v. o. Siehe: K. B., Du sollst dir kein Bildnis noch irgendein Gleichnis machen. In: Basler Nachrichten, Nr. 32, 22. Jan. 1952

14 v. o. Siehe: In: KRS, 3. 7. 1952

405 11 v. u. Siehe: In: Freies Christentum, 1953

438 3 v. o. Siehe: H. Küng, Rechtfertigung, 1957, 12

446 19 v. u. Siehe: K. B., Zum Kernwaffenproblem. In: StdG 1957, 262

16 v. u. Siehe: K. B., Antwort an Radio Warschau. In: KRS 1957, 191

451 10 v. u. Siehe: K. B., Philosophie und Theologie. In: Philosophie und christliche Existenz. FS für H. Barth, 1960, 93 ff.

465 4 v. u. Dieser Beitrag wurde schon 1960 veröffentlicht.

466 18 v. u. Siehe: In: Zürcher Woche, 28. 7. 1961

468 zu Bild 93 Der Schuß fiel tatsächlich am St. James River.

509 5 v. o. Durch Jüngel wurde zwischen Barth und Fuchs ein neues, nach Verständigung suchendes gegenseitiges Interesse aneinander entfacht, das schon am 11. Dezember 1965 bei einem Besuch von Fuchs auf dem Bruderholz Ausdruck gefunden hatte.

510 11/12 v. o. Hier wäre auch noch zu erwähnen, daß Barth noch vor Semesterbeginn am 22./23. Oktober an einer Tagung der Verfasser der Festschrift zu seinem 80. Geburtstag teilnahm. Er mahnte sie, wie der Ritter auf Dürers bekanntem Bild zwischen den unseligen Fronten der Gegenwart »mitten hindurch« zu reiten: nicht auf einem langweiligen Mittelweg, sondern auf dem gewagten »Weg des Durchbruchs«.

541 Anm. 48 Der Aufsatz »Überlegungen zum Zweiten Vatikan. Konzil« erschien u. a. in: Zwischenstation. FS für K. Kupisch, 1963, 9 ff.

Eberhard Bethge

Dietrich Bonhoeffer

Theologe · Christ · Zeitgenosse

3. Auflage. 1104 Seiten mit 32seitigem Beiheft und 20 Seiten Abbildungen.

Es ist eine einzigartige Biographie, in der das Gleichgewicht zwischen Erzählkunst, Darstellung schwieriger Vorgänge und theologischer Probleme, zwischen Teilnahme und Distanz vorbildlich hergestellt ist.   *Professor Dr. Walther Killy, Zürich*

Eine der großen, bleibenden Biographien unseres Jahrhunderts, ein unersetzliches Buch, für jeden, der wissen will, was ein ernstgenommenes Christentum in unserer gegenwärtigen Welt neu und überraschend bedeuten kann.   *Der Spiegel*

In Hunderten von literarischen Momentaufnahmen entrollt sich beim Studium der Biographie ein Streifen Welt-, Wissenschafts- und Kirchengeschichte von umfassender Aktualität.   *Zeitwende*

Ein Dokument protestantischen Geistes und christlicher Existenz.
                               Internationale Dialog Zeitschrift

Dieses Buch ist ein Ereignis, in aller gebotenen Nüchternheit sei es so gesagt. Von nicht vielen Lebensbeschreibungen deutscher Autoren könnte Ähnliches behauptet werden. Hier liegt eine große Arbeit vor, eine bewegende, spannende, sprachlich glänzende, materialreiche Schilderung eines erregenden Lebens. Die deutsche Biographie der Nachkriegszeit hat einen Höhepunkt erreicht. Bethge leistete mehr als einen Freundschaftsdienst; er gab, indem er das außergewöhnliche Leben dieses Mannes beschrieb, der Nation ein Vorbild, der Jugend dieses Landes vor allem.   *Die Zeit*

Hier werden zwölf Jahre Nationalsozialismus in einem intensiv gelebten Christsein widergespiegelt, gemessen, befragt, verworfen, angegriffen und bekämpft bis zur letzten Konsequenz.   *Ruhrwort*

Ein großartiges Buch, das dem eigenen Denken und Leben weiterhelfen kann, auch wenn man nicht Theologe ist.   *Junge Stimme*

CHR. KAISER VERLAG